老龄经济学

李军◎著

ECONOMICS
IN POPULATION AGEING

中国社会科学出版社

图书在版编目（CIP）数据

老龄经济学/李军著 . —北京：中国社会科学出版社，2022.10
ISBN 978 - 7 - 5227 - 0917 - 8

Ⅰ.①老…　Ⅱ.①李…　Ⅲ.①人口老龄化—经济特征—研究—中国　Ⅳ.①C924.24 - 05

中国版本图书馆 CIP 数据核字（2022）第 184117 号

出 版 人	赵剑英
责任编辑	黄　晗
责任校对	王佳玉
责任印制	王　超

出　　　版	中国社会科学出版社
社　　　址	北京鼓楼西大街甲 158 号
邮　　　编	100720
网　　　址	http://www.csspw.cn
发 行 部	010 - 84083685
门 市 部	010 - 84029450
经　　　销	新华书店及其他书店

印　　　刷	北京明恒达印务有限公司
装　　　订	廊坊市广阳区广增装订厂
版　　　次	2022 年 10 月第 1 版
印　　　次	2022 年 10 月第 1 次印刷

开　　　本	710×1000　1/16
印　　　张	37
插　　　页	2
字　　　数	600 千字
定　　　价	189.00 元

凡购买中国社会科学出版社图书,如有质量问题请与本社营销中心联系调换
电话:010 - 84083683

前　言

当今人类社会已经进入 21 世纪，人口老龄化成为不可逆转的常态。这意味着，未来的人类将始终处于人口老龄化的背景之下。这是人类自诞生以来还从未经历过的全新阶段，标志着人类社会发展已经迈入了新的里程碑。人类社会的主体是人，因此人口的总量及其结构是决定人类发展状况的最基本因素，由此未来以人口老龄化为主要特征的人口结构的变化，必然对人类自身的发展产生深刻而重要的影响。

在经济方面，人口老龄化成为不可逆转的常态，表明未来人类经济的运行将始终处于人口老龄化的背景之下，即人口老龄化成为未来经济运行的基本约束条件。为此，称以人口老龄化为基本背景的经济，或者说以人口老龄化为基本约束条件的经济为老龄经济。按此定义，21 世纪的经济就是老龄经济。

一　21 世纪的经济是老龄经济

在人类发展的历史长河中，19 世纪以前人口增长是极为缓慢的。然而，进入 20 世纪后，随着科学技术进步而导致经济快速发展，世界人口经历了"爆炸"式的增长。总的来看，在 20 世纪的绝大部分时间里，经济中的劳动力供给处于相对充分的状态。因此，在 20 世纪劳动力总体上不构成经济运行的约束条件。现行主流和经典的经济学理论，正是在这种人口和劳动力供给相对充分的背景下形成和发展的。

随着人类社会进入 21 世纪，世界人口形势开始出现了明显的深刻变化，其中之一的主要特征是人口老龄化。所谓人口老龄化是指一定社会（国家或地区）中的老年人口超过一定程度并持续提高的过程。目前国际上评判人口老龄化程度的一种通行方式是：如果一定社会中 65 周岁及以上年龄人口占该社会总人口的比重超过 7%，或 60 周岁及以上年龄人口占该社会总人口的比重超过 10%，便认为该社会进入了人口老龄化，并称该社会为老龄社会。

来自世界银行的数据显示，2002 年全世界 65 周岁及以上年龄人口占总人口的比重为 7.05%，①即超过了 7%，这标志着以世界人口为总体的人类社会由此开启了进入老龄社会的进程。或者说，人类社会由此进入了有史以来从未经历过的老龄社会。客观地说，人口老龄化的出现是人类文明进步的结果，是经济与社会发展取得巨大成就的表现。从数据方面看，出现人口老龄化的原因是人类生育率、死亡率持续下降及人均寿命不断延长这三方面因素的共同作用的结果。

然而在人口结构数据的背后，人口老龄化的本质性原因在于社会生产力水平不断提高，以及与之有关的人类思想观念包括生育观念不断变化的结果。科学技术水平不断提高，由此人类的生活水平、医疗水平和健康水平相应不断提升，导致人类总体平均预期寿命不断延长成为必然趋势。即人口老龄化的趋势是必然的且不可逆转的。

不可逆转的人口老龄化成为人口结构变化的大趋势，意味着人类未来的总体经济将始终处于人口老龄化的背景之下，或者说人口老龄化成为经济运行的基本约束条件。为此，本书将以人口老龄化为常态化基本背景的经济，或以人口老龄化为基本约束条件的经济，称为老龄经济（Economies in Population Aging）。按此定义，由于 21 世纪的人口老龄化是不可逆转的常态，因此 21 世纪的经济就是老龄经济。

二　人口老龄化是问题吗？

需要强调的是，这里的老龄经济并不是指有关老年人的经济问题，而是指以人口老龄化为基本背景和基本约束条件的宏观经济。具体地说，这

---

① 本段数据来自世界银行 2021 年数据库（https：//data. worldbank. org. cn/indicator）。

里的老龄经济所涉及的问题，主要是以人口老龄化为基本背景和基本约束条件的一些有关重大宏观经济问题，如涉及人口老龄化背景下的经济增长、国民储蓄、消费行为、产业发展、养老保障、财政稳定、金融风险、通货膨胀乃至实体经济与金融经济关系等多方面的问题。

老龄经济同以往的经济有何不同？人口老龄化对经济各方面有怎样的影响？人类应该如何应对人口老龄化的不利影响？对诸如此类问题的探究，目前已经不只是理论与学术性的问题，而是事关人类长远发展的重大现实问题。为此，本书旨在从经济学的范畴探寻对这些及有关问题的回答。

事实上，人口老龄化首先引发的最普遍、最直接的现实问题是养老问题。虽然养老从来都不是新的问题，因为自有人类存在以来就有养老问题的存在，但是不同时代的人类所面临的养老问题的情况是很不相同的。原始社会的人类平均寿命仅有 15 岁，[①] 表明生活在原始社会的人们总体上是不需要考虑养老问题的。显然，15 岁的平均寿命期表明那个时代的绝大多数人活不到需要养老的年龄。因此，原始社会时代的养老问题仅为个例问题，而不是具有普遍性的总体问题。

实际上，养老问题成为人类社会的总体问题，也只是最近几十年以来的事情。世界银行的数据表明，直到 1973 年人类的总体平均预期寿命才达到 60.05 岁。[②]这意味着，若以 60 岁作为退休年龄，那么到 1973 年时人类总体的退休后的生命余年只有 0.05 年。这一数据表明，至少在 20 世纪 70 年代之前，养老问题都不能称是人类总体问题。但是这并不是说人类在此之前不存在养老问题，而是表明在人类历史上的大部分时代里，养老问题是人类社会的个例问题，而不构成总体问题。或者说，在人类历史的长河中，在多数时间里养老问题是少数人才能遇到的问题。注意，这里的"总体"是统计意义的总体概念，指生活在一定时间内的人类成员的全体。

18 世纪 60 年代出现了工业革命，由此经济社会开始不断加速发展。特别是 20 世纪 70 年代后，以计算机和信息技术为代表的科学技术进步，极大地促进了人类生产能力的提高。其中，一个明显的成就是人类总体的

---

① 张元：《现代生命科学与工程》，浙江大学出版社 1995 年版，第 220 页。

② 本段数据来自世界银行 2021 年数据库（https：//data. worldbank. org. cn/indicator）。

平均预期寿命水平显著提高。世界银行的数据显示，到 2000 年人类总体的平均预期寿命已经上升至 67.55 岁。① 这表明人类社会进入 21 世纪后，养老问题很快成为人类的总体问题，即人类总体进入了老龄社会。

长寿是人类发展所追求的一个重要目标，因此人口老龄化现象的出现是符合人类发展目标的。问题在于，人口老龄化在作为人类文明进步结果的同时，也必然不断产生人类有史以来从未遇到的一些棘手问题。如当今世界许多国家普遍采用的一种传统型养老保障制度是现收现付（pay as you go）制，这种养老保障制度是适合年轻型人口结构的。随着人口老龄化程度的不断提高，目前已经充分显现出这种养老金制度是不可持续的。于是，一些国家早在 20 世纪七八十年代就开始着力对本国养老金制度进行改革，以应对人口老龄化对传统养老保障制度的挑战。因此，积极应对人口老龄化的核心目的是人类社会更好地发展，使人口老龄化产生的有关负效应降到最低。

三 人口老龄化影响经济的基本原理

事实上，人口老龄化的影响远不限于养老方面。人口老龄化对人类社会的影响是全方位和非常深刻的。人口老龄化影响经济的基本原理，源于人口与经济有着密不可分的内在关系。即人口兼有劳动者与消费者的双重属性。一方面，人口是基础性的生产要素即劳动力的来源，因此人口影响经济供给主体的状况。另一方面，人人都是消费者，因此人口也必然影响经济需求主体的状况。而经济中的供给水平及关系与需求水平及关系，最终决定经济增长及经济活动的状况，因此人口因素必然对经济运行有着内在和深刻的影响。

在一定的社会中，人口老龄化是老年人口比重不断上升的动态过程。在此过程中，老年人口作为纯粹消费者的比重趋向不断上升，而劳动年龄人口的比重趋向不断下降。此效应不仅改变供给与需求双方格局，而且相应改变经济资源配置关系，如降低国民储蓄率而降低经济增长潜力。

老龄经济已经是当前乃至未来宏观经济的一种总体经济形态。即不断

---

① 本段数据来自世界银行 2021 年数据库（https：//data.worldbank.org.cn/indicator）。

深化的人口老龄化已经成为宏观经济运行的常态化背景，因此，经济中的方方面面都将深受人口老龄化因素的影响。而人口老龄化之所以成为影响人类发展的重大因素，核心问题在于人类寿命不断延长所引发的各种效应。

四　人口老龄化已经凸显现行经济学理论的局限性

事实上，人口老龄化不仅是有关养老、老年人照护、老年人医疗或老年人福利等局限于老年人方面的问题，也不只是老年人事业属性问题，而是有关对经济增长、产业发展、国民储蓄、政府财政乃至金融系统等诸多方面都有系统性影响的重大经济属性问题。从现实和长远来看，人口老龄化已经成为深刻影响经济运行的基础性和背景性的约束因素。

然而，人口老龄化对经济诸多方面的深刻影响，在现行主流和经典的经济学中并没有清晰的系统性理论，对有关人口老龄化的诸多问题是难以从中找到现成答案的。客观地说，在现行的主流经济学中，尚没有分析人口老龄化经济效应的经典理论存在，甚至都难以在现行主流经济学中找到体现人口老龄化因素的变量。这意味着在当今人口老龄化的现实背景下，现行主流经济学的局限性已经凸显。

在 20 世纪人口"爆炸"式增长的背景下，现行主流经济学中通常有这样的假定：人口增长既定，劳动力被视为无限供给，忽略人口年龄结构因素，人口的增长等同于劳动力的增长，等等。简而言之，人口或劳动力因素在现行主流经济学中通常是不作为约束条件的。

然而，21 世纪的人口形势同 20 世纪已经大为不同。其中一个不同之处就是人口老龄化成为现行经济运行的基本背景和约束条件，由此导致现行经济学的一些适用条件不再成立。因此，现行经济学的发展已经远远滞后于现实经济的需要，以至于以往的一些经典经济理论的不适应性招致了越来越多的批评。在 21 世纪人口老龄化为常态的背景下，经济学的发展正面临重大挑战。

五 本书的目的

人口老龄化具有持续的深刻改变经济资源配置关系的效应,由此对经济社会发展产生系统性的重要影响。然而,人口老龄化既带来挑战,也伴有机遇。从养老及社会保障方面看,老年人口不断扩大是增加全社会负担的不利因素。但是,从经济的需求方面看,规模不断扩大的老年人口是经济中越来越重要的消费群体,是促进消费、扩大需求的重要主体,由此成为推动相关产业发展的重要机遇。

因此,积极还是消极看待规模越来越大的老年人口,是一个至关重要的问题。积极应对人口老龄化,就是不仅要看到人口老龄化的负面效应,而且要善于发现其中的机遇,并抓住机遇促发展,使人口老龄化的负面效应降至最低。显然,对中国而言,数亿的老年人口无疑形成了规模巨大的消费市场。而充分挖掘这一消费市场,不仅可以满足老年人的消费需求,提高老年人的福祉,而且可以促进相关产业发展,乃至成为新的经济增长点。

总的来看,人口老龄化对经济的影响是内在系统性的,是非常深刻且长期性的。在经济学框架内深入讨论人口老龄化对经济各方面的影响是本书的主要内容。本书将以人口老龄化为基本背景和约束条件的经济定义为老龄经济。或者说,老龄经济是以人口老龄化为经济运行基本背景和约束条件的经济。而如何在经济学框架内认识与分析老龄经济的相关问题是本书的核心内容。

本书主要涉及老龄经济的基本问题、老龄经济与经济增长、老龄经济中的国民储蓄与消费、老龄经济与产业发展、老龄经济与养老保障、老龄经济与经济的系统性风险、人口老龄化背景下实体经济与金融经济的关系、老龄经济与政府财政及老龄经济与人口健康红利及老龄健康等多方面的问题。总之,本书是在经济学领域进行有关人口老龄化效应理论与实证分析的书籍。

目　录

第二篇　老龄经济与经济增长

第三篇　老龄经济中的国民储蓄与消费

第四篇　老龄经济与产业发展

第五篇　老龄经济与养老保障

第六篇　老龄经济与经济系统性风险

第七篇　老龄经济与老龄健康

第一篇

老龄经济的基本问题

本书的总体框架是按"人口→人口老龄化→人口老龄化与经济→老龄经济"的逻辑关系构建的。本篇为首篇,主要讨论人口、人口老龄化与经济等有关的基本问题,旨在为全书提供必要的基本概念和基本理论。

第一章讨论人口的概念、特征、分类、结构,以及劳动力、劳动者、劳动和供养比等概念及有关问题。其中,对人口的概念及其本质以及人口结构等有关概念的正确理解,是进行人口老龄化及老龄经济有关问题分析的重要基础。

第二章讨论人口老龄化的有关基本问题。如涉及人口老龄化和老龄社会的基本概念,人口老龄化的本质内涵,以及人口老龄化影响经济的基本原理等方面的内容。其中,人口老龄化问题的本质不是统计问题是需要特别注意的。

第三章分析世界范围内的人口老龄化的基本情况,旨在为理解和分析人口老龄化相关问题提供有关的现实背景。数据样本期为1960—2020年,具体分析了世界总体以及191个国家和地区的人口老龄化情况。其中,对中国人口老龄化问题的特殊性进行了分析。

第四章结合21世纪老龄经济的现实背景,论述当前经济学发展中存在的若干突出问题和局限性。在此基础上,探讨如何建立适用于老龄经济分析的经济理论。当前经济学的发展需要同人口老龄化的背景相适应,否则经济学就会失去对现实经济的指导意义。

第五章论述老龄经济分析的有关理论基础问题。其中,人口老龄化改变经济资源的稀缺性,以及改变经济资源配置关系及其格局,是老龄经济学的主要立论基础。老龄经济学是关于在经济学框架内研究人口老龄化效应的理论,而人口老龄化对经济影响的效应是多方面且复杂的。

第 一 章

人口的概念及相关问题

老龄经济的基本特征是人口老龄化成为经济运行的常态化背景，由此人口老龄化成为经济运行的基本约束条件。而人口老龄化首先是有关人口的问题，确切地说是有关人口年龄结构的问题。因此，对人口及其有关概念的正确理解，是进行人口老龄化及老龄经济有关问题分析的重要基础。为此，第一章主要讨论有关人口的概念、特征、分类、结构以及劳动力、劳动者、劳动和供养比等有关的基本概念和有关问题。

第一节　人口的概念

一　概述

"人口"在现实生活中是很常见的概念。如在政府历年发布的有关统计公报中，人口的信息是经常被提及的。看一个具体的事例，即中国国家统计局发布的《中华人民共和国 2019 年国民经济和社会发展统计公报》中写道："2019 年末，全国大陆总人口 140005 万人，比上年末增加 467 万人，其中城镇常住人口 84843 万人，占总人口比重（常住人口城镇化率）为 60.60%，比上年末提高 1.02 个百分点。"

只要是受过适当基础教育的人，对上述信息的理解通常是不存在困难的。然而，如果问人口的定义是什么？对此问题的答案，似乎并不是显然的。虽然"人口"一词几乎是人人皆知的概念，但是关于其确切的定义却很少见到。或许有人说：人口就是人，或人口是人的另一种名称。的确，

"人口"与"人"是有着直接关系的概念,因为人口的主体自然是由人构成的。

一般而言,人口指生活在一定时间、一定区域内具有一定数量和质量的有生命的个人所组成的社会群体。联合国将人口(population)定义为一定区域的全体居民(inhabitants)。在此定义中,人口包含居民的规模(size)和个体的总数(total number)两方面的含义。然而,这样的定义并不易于理解,并未体现人口概念的本质内涵。只有对人口的概念给出确切的内涵,对人口相关的其他概念以及人口相关问题才能进行准确地表述。这是学术研究规范性、严谨性和科学性的必然要求。因此,本书作为在经济学框架内讨论人口老龄化问题的书籍,明确人口的基本定义及其本质内涵,是首先需要解决的基本问题。

二　词典中对人口概念的解释

在《现代汉语大词典》中有这样的解释:"人口是居住在一定地域内或一个集体内的人的总数,或是人的总称"。[①] 可见,在该词典中是将"人口"解释为"人的总数"或"人的总称"。客观地说,这样的解释是有局限性的,因为在此解释中没有真正表明人口概念的本质内涵究竟是什么。难道人口概念的本质内涵是"人的总数"或"人的总称"?

若将人口的本质内涵界定为"人的总数"或"人的总称",实际是不充分的,因为这样的解释会导致在现实中对"人口"有关的问题不易理解。例如,人们经常提及的"人口问题"究竟是什么问题?若是根据上述词典中对人口概念的解释,那么对"人口问题"的意思解释,是否为关于"人的总数"的问题?或是关于"人的总称"的问题?

显然,在现实中人们经常提及的"人口问题",绝非仅限于"人的总数"或"人的总称"的问题。事实上,"人口问题"是涉及有关人类生存与发展的诸多方面的问题。如在目前的现实背景下,有关的人口问题涉及人的生育、人的素质、人的性别以及人口年龄结构等诸多方面的问题。这些问题是有关"人"作为总体的一些实际问题,而不是有关"人"的总数

---

① 《现代汉语大词典》,商务印书馆 2016 年第 7 版,第 1097 页。

或总称的问题。如人口问题中的生育问题，主要是有关生育能力、生育水平、生育意愿等问题；素质问题，主要是有关人的教育素质、身体素质、心理素质及道德修养等问题；性别问题，主要是男女数量比例关系、性别歧视及性别文化等问题；年龄结构问题，主要是不同年龄段的人口数量比例关系问题，如人口老龄化实际就是关于人口年龄结构的问题。

三 以"口"代人的意义：视人为客观存在体

事实上，"口"字既有表示人的意思，也可以用作人数的计量单位。于是产生一个问题：当用"口"字指代人时，有何特别的意义？这是理解人口概念的一个关键点。

不难理解，当将人视为"口"时，实际上是抛开了具体人的特点或特征，其结果是所有的人都是"口"。这意味着，当将人视为"口"时，每个人都是客观存在体。即人口是从人的客观属性方面看待人的结果。人的客观属性指人所具有的客观存在的特征，如性别、年龄、职业、民族、国籍、居住地、身高、体重、健康状况等，这些都是人的客观属性特征，即这些特征是同人的主观意识无关的特征。或者说，无论你或他如何看待一个人，这个人所具有的性别、年龄、民族、身高及相貌等特征，不会因为你或他怎么看此人而变化。因此，人口是将人作为客观存在的"物"或"对象"来看待的结果。

人的客观特征可以成为观测或考察人的角度或视角。而"口"就是从人的客观特征角度看待人的结果。因此，成为"口"的人，彼此都是平等的"物"或"对象"，而无关于人的主观意识或态度。对这种客观存在的"物"或"对象"，本书称为客观存在体。这意味着当从人的客观特征方面看待人时，人就成为人口。可见，客观存在体是人口的一种本质含义。

将人视为客观存在体，在现实生活中是经常需要的。例如，当一个国家或地区进行人口普查时，这时作为被普查对象的人，就是一种客观存在体。而当人成为客观存在体时，即意味着对这些人的关注点是在人的某些客观特征方面，如性别、年龄、婚姻、职业、民族等方面，而无关于人们的主观思想等非客观性因素。

第二节　人口的定义与理解要点

根据上一节的讨论，现在可以对"人口"下这样的定义：人口是作为客观存在体的人的总体。其中，一个核心点是：人口概念中的人是作为客观存在体而存在的。而所谓客观存在体，就是与人的主观意志无关而客观存在的事物。然而，对人口概念的深入理解还需要从以下多方面把握。

一　人口是关于人的总体的概念

人口是关于人的总体的概念，这是首先需要指明的是理解人口概念的要点。注意这里的"总体"并不是词典里所说的"总称"。"总体"和"总称"二者是完全不同的概念，是有根本性的区别的。总体即全体之意，是由实实在在的具体个体组成的全体。而总称是对一些称呼的概括。

总体作为全体之意，是由一定的个体（要素或元素）构成的整体。人口是关于人的总体的概念。这意味着人口不是针对个人而言的概念，而是针对一定范围内的人的全体（总体）而言的概念。总称则是对一些各种各类称呼的概括性的简称。如瓜子、豆干、糖果、饼干等可以总称为零食，工人、农民、教师等可以统称为劳动者，而小学生、中学生、大学生及研究生等可以统称为学生。更进一步地说，总体是由具体事物构成的实体，而总称是对一些称呼所进行的概括、汇总的简称，并不要求含有具体的实物。

因此，根据人口是总体属性概念的理解要点，这时可以再看前面所提到的统计公报中的信息。例如，"截至 2019 年底，中国人口已经超过 14 亿人"，从这段表述可以发现，在此表述中的"人口"没有被表述为"人口总量"或"人口总数"，这实际就是遵循了"人口"概念本身已有人的总体的意思。即人口概念本身已经具有了人口总量的含义。因此，如果表述为"人口总量"或"人口总数"，这样的表述虽然不是错，但是其中的"总量"或"总数"属于重复表达，是多余的，因为"人口"本义即人口总体。当然，如果特意强调人口是总量的概念时，写成"人口总量"，也是可以的。

如果考察英文中"人口"的概念，则同样体现人口是总体属性概念之意。在英文中"人口"对应的单词是"population"。查阅英文字词典得到的解释是，"population"指全体居民、全体人。可见，英语中的人口概念同样指人的总体，而不是指单个人。因此，在英文中若要表示一个人，可以是"one person"，而不能是"one population"。事实上，统计学中的专业术语"总体"，在英文中恰好就是用"population"这一单词表示的。可见，无论是中文里的"人口"，还是英语中的"population"，都表明了人口是总体属性的概念。

二　人口是集合属性的概念

当把人作为客观存在体或自然人时，人就是可以作为数学集合理论中的元素，即人口是以人为元素的集合。可见，基于数学集合理论也可以定义人口的概念。事实上，基于集合理论定义的人口概念，不仅可以精确地表述人口概念的内涵，而且有利于借助数学工具分析人口相关问题，从而为利用数学工具分析人口及人口老龄化相关问题提供了新的途径。

在数学中，若干个（有限或无限多个）固定事物的全体称为一个集合，简称集。组成一个集合的事物称为这个集合的元素，简称元。对一个没有元素的集合称为空集合，简称空集。注意，空集是一种集合，而不是没有集合。确切地说，空集是一种特殊状态的集合，即这个集合内没有元素。对此，可用一个箱子来比喻一个集合。一个箱子里面可能有东西（元素），也可能没有任何的东西（元素）。显然，当一个箱子里面没有任何东西（元素）时，箱子是空的，这就如同集合是空集。但是，当箱子是空的时候，箱子仍然是存在的，只是箱子里面没有任何东西而已。因此，对于集合而言，空集不是没有集合，而只是空集是没有任何元素的集合，如同空箱子。①

当把人视为元素时，人口就是由人作为元素的集合。对人口的数学定

---

① 本段论述参考了《近世代数基础》（张禾瑞，人民教育出版社 1978 年版）一书中关于集合理论的部分。

义具体表述如下：设有 n 个人，n 为非负整数，即 $n \geq 0$；设元素 a_i 表示这 n 个人中的第 i 个人，$i = 1$，2，$\cdots$，n。由此可以得到由这 n 个人组成的集合 A 如下：

$$A = \{a_1, a_2, \cdots, a_i, \cdots, a_n\}$$

于是，称集合 A 是由 n 个人组成的人口，或者说 A 是人口集。因此，用文字表述人口的数学定义是：人口是由人作为元素的集合。

有了上述基于集合理论定义的人口概念，就容易解释"人口"与"人"二者概念的区别了。即人口是一种集合，而人是一种元素，因此人口与人不是同一层级上的问题。由于元素与集合的关系是属于或不属于的关系，因此作为元素的人与作为集合的人口，自然是"属于"或"不属于"的关系，而不是"相等"或"不相等"的关系。

具体地说，"中国人口"是一种集合，而张三是一个具体的人，因此张三是一个元素。这意味着，张三与"中国人口"之间是属于或不属于的关系。于是，我们可以说张三是属于中国人口中的一员，即表明张三是中国人，或者说张三不属于中国人口，即表明张三不是中国人。如果说张三是中国人口，这就相当于一个元素等同于一个集合了，显然这是逻辑性的错误。

三　人口是由不同独立自然人组成且存在结构问题的主体

理解此要点的意义在于明确人口中的人是彼此不同的、是彼此独立的。换句话说，一定人口中的人是不能重复出现的。事实上，世界上每个人都是彼此不同的独立个体，因此每个人彼此之间必然有不同点。

人与人之间的差别可以用近乎无限维的人的特征之间的差别来体现。如从明显的方面看，人与人之间有性别、年龄、身高、体重、民族、国籍、学历、职业等多方面的差别。而在细小、微观的方面，人与人之间的差别则是难以胜数的，如在相貌、体质、肤色、毛发、指纹乃至性格等方面，每个人都是唯一独有的。正是人与人之间在不同特征方面的差别，决定了人口是由不同独立个体的自然人组成的。

总之，人口作为总体属性概念，不仅有数量问题，而且有结构问题。

结构是有关一定总体或总量的内部构成问题。人所具有的各种特征可以成为划分人口结构的维度。或者说，人的各种特征可以构成人口结构的类别。例如，人口结构可以有人口性别结构、人口年龄结构、人口职业结构、人口地区结构、人口学历结构、人口种族结构、人口国别结构，等等。关于人口结构的问题，本章第四节将进行专门讨论。

第三节　人口的分类

人口的特征可以成为观测人口的视角。因此，可依据人口的特征对人口进行分类。而这种分类通常是分析人口状况，特别是分析人口结构状况的一种基础性工作。因此，了解和掌握人口分类的相关问题是非常必要的。

一　人口特征及其分类

人口特征指人所具有的某种属性或标识性特点，如性别、年龄、种族、职业等都是人所具有的属性，而高个子、高鼻梁、大眼睛、黑头发等也可以成为人的标识性特点。人的这些属性或标识性特点都可以成为人或人口的特征。而对人或人口按怎样的特征分类，主要取决于观测者分析问题的目的。

一般而言，人口有怎样的特征，就可以按怎样的特征分类。按常见的人口特征可以对人口进行如下的分类。

（1）按性别分类。如分为男性与女性两类人口。

（2）按年龄分类。如分为未成年人口、劳动年龄人口及老年人口；或按具体的年龄或年龄段分类，如按每1年，或每5年，或每10年作为一年龄段进行分类。

（3）按受教育的程度或学历分类。如分为大学及以上、高中、初中、小学及以下等类别的人口。对受大学及以上教育程度的人口还可以细分为专科学历、本科学历、研究生学历等。

（4）按行业分类。如分为农业、工业、建筑业、交通运输业、信息技术业、金融业、其他服务业等行业类别的人口。

（5）按职业分类。如分为教师、律师、科研、公务员、医护人员、军人、警察等职业类别的人口。

（6）按国籍分类。如分为中国、美国、英国、日本、德国、俄罗斯、韩国、朝鲜等国家类别的人口。

（7）按民族分类。如分为汉族、蒙古族、朝鲜族、回族、满族、土家族、藏族等民族类别的人口。

（8）按地区分类。如分为北京、上海、河北、山东、河南等地区类别的人口。也可按更大类别的地区分类，如东北、华东、华北、华中、华南、西南、西北等地区的人口。

（9）按患病情况分类。如分为恶性肿瘤、心脏病、脑血管病、呼吸系统疾病等患病类别的人口。

（10）按收入水平分类。如分为高收入、中等收入、低收入等收入类别的人口。

在现实中，对人口结构的划分，肯定不止上述所列。总之，有多少类别的人口特征，就可以有多少种对人口分类的方式。按人口特征对人口进行分类，通常旨在考察人口结构，进而反映人口总体状况。因此，仅有人口数量，并不能全面反映人口状况。对人口状况的考察需要从多视角，即从多维特征方面展开。

二　人口数据的特征

在有关人口数据的描述中需要一些关键词来体现数据所具有的特征。例如，在"中国有 14 亿人口"这一数据中，"人口"和"中国"是两个关键词，前者表明 14 亿是关于人口的数据，后者进一步表明是中国的人口数据。描述数据的这种关键词称为数据特征。或者说，数据特征是指赋予数据的各种属性，这些属性是对数据信息在不同方面的解释。数据具有的特征越多，所包含的信息也相对越多。如在"中国有 14 亿人口"中增加时间特征，即变成"2019 年中国有 14 亿人口"，则该数据的信息可被进一步明确。

然而，数据所具有的不同特征，其地位和性质可能是不同的。例如，在"中国有 14 亿人口"这一数据中,"人口"是最主要的特征,因为这一特征决定了该数据是人口的数据,而如果没有这一特征,该数据的含义将不明确。"中国"只是对数据本身的进一步说明,是一种辅助性特征。可见,数据特征分为主特征和辅特征两类。

主特征是表明数据本身属性的特征。或者说,主特征是决定数据所属对象的特征。如在"2019 年中国有 14 亿人口"中,数据的主特征是人口,因为有了这一特征的存在,才表明此数据是关于人口的数据,而不是关于其他方面的数据,如不是钢铁、粮食或金钱等方面的数据。辅特征是对主特征的进一步解释或说明,是辅助性、从属性的特征。如在"2019 年中国有 14 亿人口"中,时间、国别和地域都是辅特征,"2019 年"及"中国"则分别是相应辅特征的一组具体的对应值。

可见,上述的分析表明,存在如何对多维特征的数据进行描述的问题。可以归纳出,描述一个多维特征的数据可以按下面的结构形式进行:

$$主特征(辅特征 1,辅特征 2,\cdots,辅特征 n) \tag{1-1}$$

式(1-1)表明,对一个数据的描述必须要一个主特征,同时可以有若干个(如 n 个)辅特征。需要注意的是,主特征和辅特征应具有各自的对应值,这取决于主特征和辅特征各自的具体情况。因此,描述"2019 年中国有 14 亿人口"这一数据的结构形式是:

$$人口(时间,国别) \tag{1-2}$$

它的一个具体对应值是:

$$14 亿人口(2019 年,中国) \tag{1-3}$$

可见,获取数据的过程,实际就是在确定一定的辅特征值后,取得相对应主特征值的过程,该过程可用如下关系表示:

$$(辅特征 1 的值,辅特征 2 的值,\cdots,辅特征 n 的值) \Rightarrow 主特征的值$$

辅特征的情况决定了数据分类的情况。如式(1-1)所表现的数据特征的结构形式,可用数学中的多维空间来表示。因此,一个具有多维特征的数据可表示为:

$$A(A_{j_1},A_{j_2},\cdots,A_{j_n}) \tag{1-4}$$

其中,A 为主特征的对应值,$A_{j_i}(i=1,2,\cdots,n)$ 为第 i 辅特征的第 j 个对应值;而 $j_i \leq m_i(i=1,2,\cdots,n)$,即 m_i 为第 i 个辅特征所有对应值的个数。实际上,式(1-4)可进一步简记为 $A_{j_1,j_2,\cdots,j_n}$。

三　按人口特征进行交叉分类的数据

人口有多种乃至无数种特征，因此按人口的特征进行分类，不仅可以按单一种类的特征分类，如单纯按性别分类或单纯按职业分类，而且可以按多种特征进行交叉分类。因此，对具有式（1-4）结构形式的数据，亦称为有多维特征数据。在式（1-4）中，i 和 j 的不同组合，可以形成具有不同特征组合的数据，对此可称之为按不同特征进行交叉分类的数据。按照排列组合的计算方法，容易计算出这些不同辅特征组合的最多结果为：

$$m_1 \times m_2 \times \cdots \times m_n \tag{1-5}$$

举例说明，如果一个数据的描述结构形式如下：

$$劳动力人数（时间，产业，教育程度，性别） \tag{1-6}$$

其中，辅特征的具体对应值如表1-1所示。

表1-1　　　　　　　　　　　辅特征的对应值

辅特征	时间	产业	教育程度	性别
对应值	2016	第一产业	大学及以上	男
	2017	第二产业	中学	女
	2018	第三产业	小学及文盲	
	2019			

从表1-1可以看到，时间特征有4个值，产业特征有3个值，教育程度特征有3个值，性别特征有2个值。因此，由这些特征组合所形成的最多数据有 $4 \times 3 \times 3 \times 2 = 72$ 个。这72个数据可按表1-2的格式表示。在表1-2中，A表示人口数据，并且A分别具有性别、职业、受教育程度和时间这4个方面的特征，对此也可以说A是具有4维特征的人口数据。将这些特征综合在一起，并按时间特征（时间序列）进行排序，由此形成了表1-2的数据。

表1-2　按时间分布的产业、受教育程度和性别交叉分类的人口数据

时间	产业	男			女		
		大学及以上	中学	小学及文盲	大学及以上	中学	小学及文盲
2016	第一产业	A (1, 1)	A (1, 2)	A (1, 3)	A (1, 4)	A (1, 5)	A (1, 6)
	第二产业	A (2, 1)	A (2, 2)	A (2, 3)	A (2, 4)	A (2, 5)	A (2, 6)
	第三产业	A (3, 1)	A (3, 2)	A (3, 3)	A (3, 4)	A (3, 5)	A (3, 6)
2017	第一产业	A (4, 1)	A (4, 2)	A (4, 3)	A (4, 4)	A (4, 5)	A (4, 6)
	第二产业	A (5, 1)	A (5, 2)	A (5, 3)	A (5, 4)	A (5, 5)	A (5, 6)
	第三产业	A (6, 1)	A (6, 2)	A (6, 3)	A (6, 4)	A (6, 5)	A (6, 6)
2018	第一产业	A (7, 1)	A (7, 2)	A (7, 3)	A (7, 4)	A (7, 5)	A (7, 6)
	第二产业	A (8, 1)	A (8, 2)	A (8, 3)	A (8, 4)	A (8, 5)	A (8, 6)
	第三产业	A (9, 1)	A (9, 2)	A (9, 3)	A (9, 4)	A (9, 5)	A (9, 6)
2019	第一产业	A (10, 1)	A (10, 2)	A (10, 3)	A (10, 4)	A (10, 5)	A (10, 6)
	第二产业	A (11, 1)	A (11, 2)	A (11, 3)	A (11, 4)	A (11, 5)	A (11, 6)
	第三产业	A (12, 1)	A (12, 2)	A (12, 3)	A (12, 4)	A (12, 5)	A (12, 6)

　　一般而言，表现在纸面上的数据表通常是一种二维平面表。因此，如何设计具有多维特征的数据表并不是一件轻松的事。在表1-1中，行是按时间和产业特征组合来划分，由于时间的对应值的个数为4，产业对应值个数是3，因此表1-2中的数据行数为$4 \times 3 = 12$行；列是按教育程度和性别来划分，由于教育程度对应值的个数是3，性别对应值个数是2，因此表1-2中的数据列数为$3 \times 2 = 6$列。

　　可见，用表格的形式表现多维特征数据时，一种可借鉴的方法是：将全部数据辅特征划分为2组，即把式（1-4）中的A_{j_1}，A_{j_2}，…，A_{j_n}分为两组，其中一组数据的辅特征的组合将决定行，另一组数据辅特征的组合将决定列。数据表中的数据行数，等于行的辅特征组的特征组合数目；数据表中的数据列数，等于列的辅特征组的特征组合数目。因此，将所有数据的辅特征分为怎样的两个组，将影响数据表中的数据行数和列数。这需要根据实际而定。但无论是多少维特征的数据，最终都可以通过这样的方法做成二维平面数据表。

四　人口的内在特征与外在特征

容易看到，在人口的诸多特征中，一些特征的性质是不同的。如有些特征一旦形成便不可变更，而有些特征则是可以变化的。于是，可将人口的特征分为内在特征和外在特征两大类性质。

（一）人口的内在特征

人的年龄、性别、种族、学历等这些特征，一旦形成或拥有便不可更改或不再失去。因此，对这种一经形成或拥有便不可更改或不再失去的特征，称为人口的内在特征。例如，年龄是人口的一种内部特征，因为人的年龄是由人的成长时间决定的，是人的生理发生变化的过程所决定的。人的年龄只能随时间的推移而增长而无法逆回。再如，性别也是人口的一种内部特征，因为性别是一种生命现象，是由受精卵结合的情况决定的，一旦形成则无法改变。虽然可以通过现代医疗技术手段实现变性，但是这并不是真正的性别改变，并且不是决定性别的一般性意义的方式。学历也是人口的一种内部特征，因为学历是人受教育的经历，是人力资本积累的一种形式，这种学习和受教育的经历一旦形成则是无法改变的。学习和受教育的经历只能继续发展而无法逆回。

（二）人口的外在特征

人的职业、国籍、职务、职称、党派等这些特征是可以改变的。例如，一个人的职业可以从农民转变为工人，可以从工程师转变为教师，可以从军人转变为警察。再如，一个教师的职称可以从讲师转变为副教授，再转变为教授。因此，对这些可以改变的人的特征称为人口的外部特征。

（三）区分人口的内在特征与外在特征的意义

内在特征与外在特征的形成机理通常是不同的。内在特征主要是由内在性因素决定的，而外在特征主要是外在性因素决定的。因此，按内在特征分类的人口结构是由内在性因素决定的，外在性因素难以对其改变。这意味着内在特征的人口结构的改变通常具有长期性和非主观性。例如，按年龄特征分类的人口结构，即人口年龄结构，是由人口的生育状况与人的生长客观规律决定的，不是人的主观意志所能决定的，甚至计划生育政策在相对短的时间内也是难以改变的。这提示我们，一项政策的有效性，需要考虑人口结构的特征是内在性还是外在性的。一般而言，对内在特征的人口结构的调整，需要通过长期政策的作用，而不能期望一蹴而就。

第四节　人口结构及其度量

人口结构是分析人口问题时常用的重要概念。要反映人口状况，不仅需要有反映人口总体数量规模的指标，而且需要有反映人口结构的指标。其中，人口结构的指标值的差异，通常可以用来反映不同人口之间的特征、素质及质量方面的差异。例如，假设分别有两组人口都是1万人，其中第一组人口中90%的人拥有大学及以上学历，而第二组人口中90%的人是文盲。显然，这两组人口的数量规模是相同的，但学历结构差异是很大的，由此反映出两组人口的素质或质量是有很大差异的。

一　人口结构的内涵

人口结构的概念实际上是一种相对抽象的说法，因为人口结构所包含的内容是多方面的。或者说，人口结构包括多种具体不同类型的人口结构。如人口结构包括人口的年龄结构、性别结构、民族结构、城乡结构、地域结构、学历结构以及产业或职业结构，等等。理解人口结构内容的多样性，其意义是在论及人口结构问题时，需要明确所论及的人口结构内容具体是什么，而不能空泛地谈论人口结构问题。

人口结构是对各种具体的人口特征结构的统称。事实上，任何事物都存在着结构的问题。一般而言，"结构"指构成事物的各个组成部分之间的各种关系的总和。例如，构成事物的各个组成部分之间可以有组合、搭配、融合、比例、顺序、秩序、连接及作用机制等各方面的关系，这些关系的总和就是事物的结构。而结构的本质是构成与支撑事物成立的基本架构。因此，可以通俗地说，结构问题即有关一定事物的构成问题。

构成一定事物的各种要素的数量比例关系，通常是体现事物结构的一种重要视角。从人的不同特征方面来看，人口自然也存在各种特征的各类人口数量比例关系的问题。因此，在本书中人口结构特指按人口的某种特征分类的各类人口数量之间的比例关系。例如，性别结构指男性人口同女性人口之间的数量比例关系，具体的度量指标可以是男性人口或女性人口分别占总人口的比重，也可以是男性人口或女性人口之间的数量比例。而在实际问题分析中，可以结合所论问题的具体背景来理解人口结构的具体意义。例如，在谈论人口老龄化问题时，所说的人口结构通常是指人口的年龄结构。因此，在本书中论述人口老龄化或老龄社会相关问题时，除非有特别的说明，所涉及的人口结构概念通常指人口的年龄结构。

二 人口年龄结构的"三分"法

按目前国际上普遍采用的人口年龄划分方式，现行未成年人口的年龄范围是0—14周岁，劳动年龄人口的年龄范围是15—64周岁，老年人口的年龄范围是65周岁及以上年龄。而这三个年龄段人口之间的数量比例关系，或每个年龄段人口数量占总人口数量的比重，均体现人口年龄结构的情况。所谓的人口老龄化，实际是人口年龄结构变化的一种情况，即老年人口占总人口的比重情况。因此，人口老龄化现象可归属于人口年龄结构变化的现象。

0—14周岁是人的未成年期，是一个人经历从出生、幼儿、儿童及少年阶段的成长时期。处于这个时期的人是未成年人，是需要成年人抚养的人。从目前人的生理发育规律方面看，15—64周岁是人的成年期，或者说是劳动年龄期。在此时期的人，其身体发育已经成熟，可以通过个人的体力与智力活动进行社会劳动和创造经济价值。因此，对处于此年龄时期的人口称为劳动年龄人口。劳动年龄人口负有对下抚育孩子、对上赡养老年人口的责任。65周岁及以上的人口处于生理上的老年期。这是人的生命周期中处于生理机能开始下降、衰老直至失去劳动能力的阶段，因此是人生中的退休期，即需要其下一代人赡养的阶段。

三　人口年龄结构的相对性

事实上，按年龄将总人口划分为三类群体，所反映的人口结构具有一定的相对性。例如，是以 14 周岁、15 周岁或 16 周岁作为未成年与成年人的分界线，实际上各国并不是完全一致的。特别是对老年人口的年龄的界定更是没有达成广泛的统一。这种情况与退休年龄的界定有关。在现实社会中，关于退休年龄的界定通常是一个复杂的问题，如性别、职位、行业、地区等因素不同，法定的退休年龄可能不同。目前各国法定的退休年龄仍有较大的差异。目前中国有关退休年龄规定主要是：男性职工 60 周岁，女性职工 55 周岁退休。其中，女性职工又分干部和工人等情况，如女性工人退休年龄提早到 50 周岁。就一般而言，目前中国的退休年龄可界定在 60 周岁左右。但是从发达国家的情况看，其劳动年龄人口的年龄一般界定在 15—65 周岁。

四　体现人口结构的变量及老龄化率变量

定量分析人口老龄化效应的一个重要环节，是需要设定有关的人口变量。这里的人口变量主要指有关人口的总量与结构的变量。设一定社会（国家或地区）的总人口为 N，按"三分"法划分，即未成年人口为 N_Y、劳动年龄人口为 N_L、老年人口为 N_R。于是，该社会的总人口 N 是这三类人口之和，即有下面的关系式：

$$N_Y + N_L + N_R = N \qquad (1-7)$$

假设人口总 $N \neq 0$，式（1-7）可以变形为下面的表达式：

$$\frac{N_Y}{N} + \frac{N_L}{N} + \frac{N_R}{N} = 1 \qquad (1-8)$$

于是分别设式（1-8）中的各项为下面的表达式：

$$\alpha_Y = \frac{N_Y}{N} \qquad (1-9)$$

$$\alpha_L = \frac{N_L}{N} \qquad (1-10)$$

$$\alpha_R = \frac{N_R}{N} \qquad\qquad (1-11)$$

其中，α_Y 为未成年人口占总人口的比重，α_L 为劳动年龄人口占总人口的比重，α_R 为老年人口占总人口的比重。因此，式（1-8）可以表示为下面的形式：

$$\alpha_Y + \alpha_L + \alpha_R = 1 \qquad\qquad (1-12)$$

式（1-12）表明，三类人口比重 α_Y、α_L、α_R 之和为1。

式（1-8）与式（1-12）均是体现人口年龄结构的表达式，而 α_Y、α_L、α_R 分别是体现人口年龄结构的具体变量。由于 α_R 是老年人口占总人口的比重，体现了人口老龄化的程度，因此 α_R 是本书中研究人口老龄化相关问题时的一个重要、核心的变量，故称 α_R 为老龄化率。

在现实中，老龄化率 α_R 等同于老年人口比重，如65周岁及以上年龄人口占总人口的比重，或60岁及以上年龄人口占总人口的比重。老龄化率 α_R 将老年人口数量同总人口数量联系起来，即由式（1-11）得到下面的关系式：

$$N_R = \alpha_R N \qquad\qquad (1-13)$$

而由式（1-9）至式（1-10）可以分别得到下面的关系式：

$$N_Y = \alpha_Y N \qquad\qquad (1-14)$$

$$N_L = \alpha_L N \qquad\qquad (1-15)$$

于是，式（1-13）至式（1-15）实际上是以人口年龄结构变量表现的不同年龄群体的人口数量关系的表达式。由（1-12）式可以得到下面的关系式：

$$\alpha_L = 1 - \alpha_R - \alpha_Y \qquad\qquad (1-16)$$

因此，式（1-15）即劳动年龄人口数量的表达式可以表示为：

$$N_L = (1 - \alpha_R - \alpha_Y) N \qquad\qquad (1-17)$$

可见，式（1-17）体现了劳动年龄人口与人口老龄化程度（α_R）的关系。因此，式（1-17）是体现劳动年龄人口同人口老龄化关系的一个重要表达式。

第五节　劳动力、劳动者及劳动等有关概念和问题

劳动力、劳动者、劳动及劳动年龄人口等，这些概念都是很常见的。事实上，这些概念彼此既有联系又有质的不同。准确认识这些概念的内涵及其联系和区别，对正确分析有关问题是非常必要的。下面首先介绍劳动年龄人口的概念及其意义。

一　劳动年龄人口的概念与意义

劳动年龄人口是按年龄划分人口的一种结果，即处于劳动年龄范围内的人口为劳动年龄人口。可见，确定怎样的劳动年龄是决定劳动年龄人口的关键。在现实中，劳动年龄通常是由一个国家或地区的相关法律或制度决定的适合于从事劳动活动的年龄范围。一般而言，劳动年龄的确定需要和具体的实际情况相结合。或者说，不同情况下的劳动年龄的范围是不同的。具体的劳动年龄，同所从事的行业、职业甚至性别等因素有关。如在统计、养老、社保乃至不同的行业里，对劳动年龄范围的界定或有所不同。

本书中的劳动年龄主要指在人的生理上适合从事职业劳动的年龄范围。实际上，劳动年龄的界定同人类不同经济社会发展水平下的人口健康与劳动能力关系的情况有关。目前国际上普遍采用15—64岁作为劳动年龄的范围。如联合国和世界银行等国际机构发布的劳动年龄人口数据，均以15—64岁作为劳动年龄范围。而在目前中国的统计制度下，对劳动年龄范围的界定存在两种口径，即15—59岁或15—64岁。

一般而言，对劳动年龄人口的范围界定，通常是和一个国家或地区的退休制度紧密相关的，因为退休制度中规定的退休年龄就是一个人在规则上的职业生涯结束的年龄。但是，不同国家或地区的退休年龄是不一致的，因此从这个意义上说劳动年龄人口的范围是相对的，而非绝对的。

如果从人的经济行为能力方面看，劳动年龄人口的重要意义是：它体

现了人口结构中按年龄划分的最为主要和最为核心的人力资源状况。虽然劳动年龄人口不一定全部都从事劳动，如可能因为残疾而失去劳动能力，但是从年龄方面看，劳动年龄人口必然是劳动力的主要来源。因此，劳动年龄人口的数量与质量是评判一个国家或地区的人力资源状况的一个重要指标。同时，由于处于劳动年龄人口的劳动力担负着对未成年人口进行抚养、对老年人口进行赡养的责任，因此如果劳动年龄人口数量多，不仅意味着劳动力来源的潜力大，而且意味着总体上劳动力的抚养与赡养的负担也相应较轻。

然而，劳动年龄人口最终都要成为退休的老年人口。如果现实中一个社会中有较大规模的劳动年龄人口，意味着这个社会在未来也要出现相应较大规模的老年人口。因此，许多问题最终仍然归结为如何应对人口老龄化的问题，即并不是现时拥有较大规模的劳动年龄人口，就没有应对人口老龄化的问题。

二 劳动者、劳动力及劳动的概念

劳动者、劳动力及劳动都是现实中常见的概念，也是经济学中的重要概念。这些概念都和人及其行为有着非常密切的关系。因此，明确这些概念无论是对学术用词的规范性，还是对相关问题的认识与分析，都是非常必要和重要的。

（一）劳动者的概念

劳动者指有劳动能力并有从业意愿的人。注意，在此定义中没有涉及劳动年龄的问题。这意味着劳动者不仅可以是来自劳动年龄人口的人，而且可以是来自老年人口和未成年人口。这里的劳动能力既包括人的体力方面的劳动能力，也包括知识、智力、技能等脑力方面的劳动能力。因此，劳动者可以进一步分为以体力劳动为主的体力劳动者以及以脑力劳动为主的脑力劳动者。

劳动者的属性是人，或者说劳动者的概念指向是人，而非指向人的能力或人的其他方面的事情。这样的表述是为了便于区别劳动者和劳动力的概念。在现行的经济学中，劳动力同劳动者的概念是有差别的。

（二）劳动力的概念

在现实中，劳动力也是很常见的概念，而且很多时候人们是将劳动力和劳动者视为同义的。然而，经济学中的劳动力（labor force）是指从业者和非从业者的总和，或者说是就业者和非就业者的总和。其中，非从业者是指那些有劳动能力且有劳动意愿的劳动者但尚未实际从业的人（如正在寻找工作的失业者）。

可见，劳动力在经济学中是总体属性概念，而非个体属性概念，特别是劳动力的范围并没有限定为劳动年龄人口。这里的"总和"含有两方面的意思：一是从业者和非从业者的数量之和；二是从业者和非从业者构成人力资源的一个总体。这意味着老年人口中那些有劳动能力且有劳动意愿的老年人，也可以成为劳动力中的成员。

如果设 L 表示一定社会中的劳动力数量，L_E 表示从业的劳动力数量，L_U 表示未从业的劳动力（如失业人员）数量，则劳动力 L 是 L_E 与 L_U 的和，即有下面的关系式：

$$L = L_E + L_U \qquad\qquad (1-18)$$

经济学中这样定义劳动力的概念，意在表明一定经济中的人力资源的状况是由有劳动能力的人构成的。因此，对于那些有劳动能力并有从业意愿的老年人，同样可以作为人力资源中的成员。

（三）劳动者和劳动力两个概念的区别

在现实中劳动力的概念通常与劳动者的概念没有进行严格的区分，而是经常互相通用的。然而，若按经济学的规范性看，劳动力的概念同劳动者的概念是有区别的。这是因为人口的概念属性必然是总体属性，而劳动者的概念则不要求必然是总体属性。即劳动者既可以是总体性概念，也可以是个体性概念，对此需要结合具体问题而定。或者说，劳动者既可以用于指个体性的劳动者，也可以指总体性的劳动者。例如，可以说"每个劳动者"，但是不能说"每个人口"。同样，"每个劳动力"则是不规范的说法，因为在经济学中劳动力是总体性概念。然而，由于在中国，"劳动力"和"劳动者"二者概念混用的情况是非常普遍的，因此，在实际中劳动力是作为宏观的总体性的概念，还是作为微观的个体性的概念，需要结合具体实际问题的情况而定。

（四）劳动的概念

劳动是劳动者实际发挥劳动能力从事生产和相关经济活动的过程。劳动的主体一定是劳动者，而劳动的行为可以是体力劳动，也可以脑力劳动，或者是二者的结合。劳动是创造价值和使用价值的具体手段。而劳动的成效性同劳动者的素质和相关技术水平等多方面因素有关系。

三　劳动力与劳动年龄人口的区别与联系

值得注意的是，劳动力与劳动年龄人口也不是相同的概念。如前面所述，劳动力指有劳动能力并有意愿参加职业性经济活动的人，而劳动年龄人口则是按一定的年龄范围界定的人口，如国际通用的是处于15—64岁（或15—59岁）的人都属于劳动年龄人口。

当然，劳动力与劳动年龄人口有很大的交集，因为劳动力的主要部分来自劳动年龄人口。但是，在理论上劳动力与劳动年龄人口都有彼此互不包含的部分。一方面，并不是劳动年龄人口中的所有人都是劳动力中的成员。例如，一些丧失劳动能力的残疾人，或虽有劳动能力但没有参加职业性劳动意愿的人，尽管他们属于劳动年龄人口，但却不属于经济中的劳动力成员。另一方面，经济中的劳动力来源也并不是只限于劳动年龄人口。在现实经济中，一些在劳动年龄之外的老年人或未成年人，实际参加职业性经济活动是大有人在的，这些人成为事实上的劳动力成员。

但是无论怎样，劳动年龄人口之外的劳动力不构成劳动力队伍的主体成员，这种情况在现实中必然是如此的。一定经济中的劳动力数量与劳动年龄人口数量之间存在高度相关性。此结论的得出是基于这样的理性判断：劳动年龄人口是劳动力的主要源泉，劳动年龄人口数量在很大程度上决定着劳动力数量。

然而，老年人口或未成年人口中属于劳动力成员的情况，在现实中毕竟相对是少数的。因此，在一般分析中为了方便起见，可将劳动力视为主要是由劳动年龄人口决定的函数关系。即如果设 L 表示劳动力，N_R 表示劳动年龄人口，则劳动力 L 是劳动年龄人口 N_R 的函数，如可以用下面的函数式表示二者之间的关系：

$$L = L(N_R) \qquad (1-19)$$

在式（1-19）中，劳动力数量 L 与劳动年龄人口数量 N_R 是正向关系。

事实上，劳动年龄人口可以看成劳动力资源的一种近似。因此，如果有关问题的分析并不需要严格区分劳动力与劳动年龄人口时，那么便可以将劳动年龄人口视同为劳动力。即在非严格的条件要求下，可以视劳动年龄人口数量和劳动力数量相等，即有下面关系式成立：

$$L = N_R \qquad (1-20)$$

然而，式（1-20）是否成立，要视具体问题的情况而定。实际上，劳动年龄人口是按人的年龄划分，其中一个意义就是为了识别怎样年龄段的人口可以成为劳动力的来源。因此，劳动年龄人口也可以称为劳动力型人口。而与此概念对应，未成年人口和老年人口则都是非劳动年龄人口，因此也都是非劳动力型人口。

第六节　供养比有关概念与实际测算

一般而言，未成年人口和老年人口都是需要劳动年龄人口供养的人口。因此，未成年人口与劳动年龄人口的比值，以及老年人口与劳动年龄人口的比值，都是很有意义的指标。供养比即是从劳动年龄人口视角出发度量人口结构状况的指标。

一　供养比的概念

"三分"法将人口分为未成年人口、劳动年龄人口及老年人口。其中，劳动年龄人口数量是非常重要的问题。这是因为劳动年龄人口既是经济中劳动力的主要来源，是影响生产能力乃至经济增长的重要因素，同时劳动年龄人口也负有抚养未成年人口和赡养老年人口的义务和责任。

在理论上，未成年人口和老年人口都是不从事劳动的纯粹消费者，因此未成年人口和劳动年龄人口的数量之比，以及老年人口同劳动年龄人口的数量之比，均体现了劳动年龄人口的负担。于是，这两个比值不仅是体现人口结构状况的重要指标，而且成为度量劳动年龄人口所担负的抚养未成年人口与赡养老年人口负担的指标。

由式（1-7）可以得到劳动年龄人口 N_L 有下面的关系式成立：

$$N_L = N - N_R - N_Y \qquad (1-21)$$

于是，可以得到下面的关系式：

$$\frac{N}{N_L} - \frac{N_R}{N_L} - \frac{N_Y}{N_L} = 1 \qquad (1-22)$$

在式（1-22）中，$\frac{N_R}{N_L}$ 是老年人口与劳动年龄人口之比，称为老年赡养比或老年抚养比（elderly dependency ratio）。即老年赡养比或老年抚养比定义的公式为下面的表达式：

$$老年赡养比 = \frac{老年人口数量}{劳动年龄人口数量} \qquad (1-23)$$

在式（1-22）中，$\frac{N_Y}{N_L}$ 是未成年人口与劳动年龄人口之比，称为少儿抚养比（child dependency ratio）。即少儿抚养比定义的公式为下面的表达式：

$$少儿抚养比 = \frac{未成年人口数量}{劳动年龄人口数量} \qquad (1-24)$$

事实上，上述定义的老年供养比和少年供养比也是体现人口结构变量的形式。从理论上讲，少儿供养比的大小体现了劳动年龄人口所负担的抚养未成年人口的情况。少儿供养比越大，表明单位劳动年龄人口所负担的抚养未成年人口的数量越多，即反映劳动年龄人口抚养未成年人的负担相对越重。反之，如果少儿供养比越小，表明单位劳动年龄人口所负担的抚养未成年人口的数量越少，即劳动年龄人口抚养未成年人的负担相对越轻。

同样，老年供养比体现了劳动年龄人口所担负的赡养老年人口的情况。老年供养比越大，表明单位劳动年龄人口所负担的赡养老年人口的数量越多，即劳动年龄人口赡养老年人的负担相对越重。反之，如果老年供养比越小，表明单位劳动年龄人口所负担的老年人口的数量越少，即劳动年龄人口赡养老年人的负担相对越轻。

总之，未成年人口和老年人口都是需要劳动年龄人口供养的人口。因此，未成年人口与老年人口数量之和，同劳动年龄人口数量之比称为总供养比（total dependency ratio），即总供养比 $= \dfrac{N_R + N_Y}{N_L}$。

因此，总供养比定义的公式为下面的表达式：

$$总供养比 = \frac{未成年人口数量 + 老年人口数量}{劳动年龄人口数量} \qquad (1-25)$$

式（1-25）在理论上体现了劳动年龄人口所负担的抚养未成年人与赡养老年人的总负担。若总供养比越大，表明单位劳动年龄人口所负担的供养人口数量越多，即供养负担相对越重；若总供养比越小，则表明单位劳动年龄人口所担负的供养人口数量越少，即供养负担相对越轻。

二 实际供养比

事实上，在上述的少儿供养比、老年供养比和总供养比中，分母均是劳动年龄人口。而事实上劳动年龄人口并不都是从事实际经济活动的劳动者，如其中也含有失去劳动能力的人。因此，由劳动年龄人口作为分母的少儿供养比、老年供养比和总供养比，仅是理论上的劳动者所担负的供养负担。

在现实经济中由于各种原因，有一定数量的劳动年龄人口并没有实际从事创造经济增加值的劳动，如因为残疾、没有劳动意愿或找不到合适工作等原因而没有实际从事工作。因此，对各供养比的计算进行一定的修正是必要的，即存在实际供养比的问题。这时需要将劳动年龄人口换为实际参加劳动工作的劳动力数量。于是分别有实际老年供养比、实际少儿供养比以及实际总供养比的概念，即分别有下面三个公式：

$$实际老年赡养比 = \frac{老年人口数量}{经济中实际劳动力数量} \qquad (1-26)$$

$$实际少儿抚养比 = \frac{未成年人口数量}{经济中实际劳动力数量} \qquad (1-27)$$

$$实际总供养比 = \frac{未成年人口数量 + 老年人口数量}{经济中实际劳动力数量} \qquad (1-28)$$

三 劳动参率、供养比及实际供养比的关系

在现实经济中，由于劳动年龄人口并不都是实际从事经济活动的劳动者，因此经济中实际从事经济活动的劳动力数量同劳动年龄人口数量之比称为劳动参与率。即劳动参与率的定义式如下：

$$劳动参与率 = \frac{经济中实际劳动力数量}{劳动年龄人口数量} \tag{1-29}$$

在式（1-29）中，经济中实际劳动力数量指在一定经济中实际从事经济活动的劳动力的数量。式（1-26）至式（1-28），可以分别写成下面的形式：

$$实际少儿抚养比 = \frac{未成年人口数量/劳动年龄人口数量}{经济中实际劳动力数量/劳动年龄人口数量} \tag{1-30}$$

$$实际老年赡养比 = \frac{老年人口数量/劳动年龄人口数量}{经济中实际劳动力数量/劳动年龄人口数量} \tag{1-31}$$

$$实际总供养比 = \frac{（未成年人口数量+老年人口数量）/劳动年龄人口数量}{经济中实际劳动力数量/劳动年龄人口数量} \tag{1-32}$$

可见，在式（1-30）至式（1-32）中，每个表达式中的分母都是"经济中实际劳动力数量/劳动年龄人口数量"，这便是式（1-29）定义的劳动参与率。因此，实际少儿供养比、实际老年供养比和实际总供养比的表达式也可以分别表示为下面的形式：

$$实际少儿抚养比 = \frac{少儿抚养比}{劳动参与率} \tag{1-33}$$

$$实际老年养比 = \frac{老年赡养比}{劳动参与率} \tag{1-34}$$

$$实际总供比 = \frac{总供养比}{劳动参与率} \tag{1-35}$$

四 中国少儿供养比、老年供养比以及总供养比的计算

根据上面各供养比的公式，可以计算出中国的少儿供养比、老年供养比和总供养比的实际结果。中国目前的退休年龄总体上是 60 岁，但是在现实的中国统计数据中难以找到系统性的 15—59 岁的劳动年龄人口数。相对比较全面的是 15—64 岁的劳动年龄人口数。因此，下面的测算采用的劳动年龄人口数的年龄范围是 15—64 岁，少儿年龄范围是 0—14 岁，老年人年龄范围是 65 岁及以上。数据结果分别如图 1-1 至图 1-3 所示。

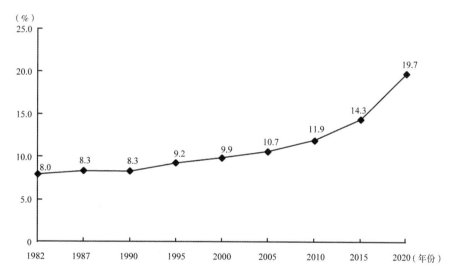

图 1-1 1982—2020 年中国老年供养比

资料来源：《中国统计年鉴 2021》表 2-4。

图 1-1 是 1982—2020 年一些年份的中国老年供养比的数据。1982 年中国老年供养比为 8%，之后一直呈不断上升的趋势。特别是 2000 年后，中国老年供养比呈现加速上升态势，到 2020 年上升至 19.7%。

可以将 2000 年作为一个分界点，即 1982—2000 年是中国老年供养比相对缓慢提高的阶段，而 2000—2020 年为快速提高的阶段。1982—2000 年，中国老年供养比提高了 1.9 个百分点，年均约提高 0.106 个百分点。

而 2000—2020 年，中国老年供养比提高了 9.8 个百分点，年均约提高 0.490 个百分点。即 2000—2020 年中国老年供养比提高的幅度是 1982—2000 年的 4.6 倍。

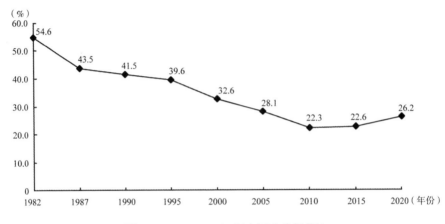

图 1 - 2　1982—2020 年中国少儿供养比

资料来源：《中国统计年鉴 2021》表 2 - 4。

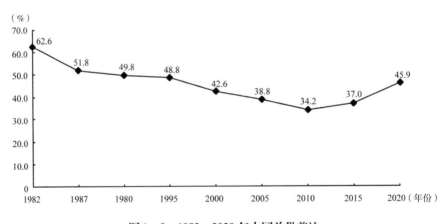

图 1 - 3　1982—2020 年中国总供养比

资料来源：《中国统计年鉴 2021》表 2 - 4。

　　对上述的数据情况，可以相对通俗地说，在 1982 年的中国，1 个老年人大约由 12 个劳动力赡养，2000 年变为 1 个老年人大约由 10 个劳动力赡养，而到 2020 年变为 1 个老年人大约由 5 个劳动力赡养。可见，劳动力赡养老年人的负担是明显提高了。

图 1-2 是 1982—2020 年一些年份的中国少儿供养比的数据。1982 年中国少儿供养比为 54.6%，之后呈不断下降的趋势，到 2010 年下降至 22.3%。而自 2010 年后，中国少儿供养比呈现一定程度的上升态势，到 2020 年中国少儿供养比上升到 26.2%。

图 1-3 是 1982—2020 年一些年份的中国总供养比的数据。1982 年中国总供养比为 62.6%，之后呈不断下降的趋势，到 2010 年下降至 34.2%。自 2010 年后，中国总供养比呈现明显上升态势，到 2020 年中国总供养比上升到 45.9%。

以上的数据情况基本表明，1982—2010 年中国经济获得了人口红利，即表现为劳动力的总供养比呈现显著下降情况。即其间中国总供养比降幅约 28.4 个百分点。2010 年后中国经济获得的人口红利开始减少，表现为图 1-3 中 2010 年后对应的曲线呈现回升，表明劳动力的总抚养负担呈不断提高的态势。可见，2010 年是中国人口结构转变的一个"拐点"性年份。

第 二 章

人口老龄化有关的基本问题

老龄经济的根源在于人口老龄化成为常态，由此人口老龄化成为经济运行的基本背景和约束条件。而在具体讨论老龄经济有关问题之前，需要了解和分析人口老龄化有关的基本问题。本章主要讨论人口老龄化和老龄社会的基本概念、人口老龄化内涵的本质、人口老龄化影响经济的基本原理等内容，旨在为深入讨论老龄经济有关问题提供相应的基本理论与现实背景情况。

第一节　人口老龄化与老龄社会的概念

一　人口老龄化的概念及其度量

根据第一章提出的人口概念的内涵，可以知道人口是关于人的总体的概念。这意味着人口老龄化自然是有关人的总体问题的概念，而不是有关人的个体问题的概念。事实上，人口老龄化概念的出现，源于在现代社会中老年人口不断增多的现象越来越突出。然而，并不是说老年人口越来越多就是人口老龄化。可以被称为人口老龄化的老年人口增多的现象是需要满足一定条件的，其中一个条件是老年人口在总人口中的比重超过一定的程度。

目前国际社会普遍认同的定义为：人口老龄化是一定社会（国家或地区）中的老年人口占该社会总人口的比重超过了一定的界限，并且该比重随着时间进展而不断上升的动态过程。目前具体的标准是：当一个社会的

65 周岁及以上年龄人口占其总人口的比重超过 7%，即认为这个社会进入了人口老龄化。这一标准是根据 1956 年联合国《人口老龄化及其社会经济后果》划分的标准确定的。1982 年维也纳老龄问题世界大会，又确定了另一个标准，即一个社会的 60 周岁及以上年龄人口占其总人口的比重超过 10%，同样认为这个社会进入了人口老龄化。因此，目前有两个认定一个社会是否进入人口老龄化的标准，只要符合其中的一个标准，就可以认为这个社会进入了人口老龄化。

为了叙述的方便，在本书中将"一定社会中老年人口占该社会总人口的比重"简称"老年人口比重"。可以看到，在上述关于人口老龄化的概念中有三个要点：一是老年人口比重，二是该比重的界限，三是该比重的动态化。比重的界限指老年人口比重需要超过一定的程度，比重的动态化则指老年人口比重是处于持续不断上升的动态变化过程。

总之，度量人口老龄化的核心指标是老年人口比重，其中该比重被要求超过一定的界限是可称为人口老龄化的一个必要条件，而人口老龄化中的"化"字体现了比重的动态变化状态，即老年人口比重处于不断上升的动态变化的过程。因此，如果某社会中的老年人口比重虽然是处于不断提高的状态，但是若还没有超过所明确的界限标准，那么这种情况是不能称为人口老龄化的，如当前的一些非洲国家就是这种情况。

目前一些非洲国家的 65 周岁以及以上年龄人口比重处于比较低的水平。如根据世界银行提供的数据，[1]2020 年撒哈拉以南非洲国家或地区（不包括高收入国家或地区）的 65 周岁以及以上年龄人口比重平均为 3.02%。虽然这些国家的 65 周岁以及以上年龄人口比重总体上目前也是呈上升的趋势，但是还远没有达到人口老龄化的标准比重线（7%），因此这些国家还没有进入人口老龄化状态。截至 2020 年，多数非洲国家的 65 周岁以及以上年龄人口比重是处于 2%—4% 的范围。

二　关于老龄社会的界定

老龄社会与人口老龄化是有密切关系但又有所不同的概念。老龄社会

---

① 本段数据来自世界银行 2021 年数据库（https：//data. worldbank. org. cn/indicator）。

表述的是一种状态的社会，即该社会是已经进入人口老龄化状态的社会。相比较而言，老龄社会的概念重在表述的对象是社会，而不是人口结构。人口老龄化的概念则重在表述一定社会的人口年龄结构的变化情况，而不在于表述社会的状态。

根据人口老龄化程度的不同，可以分为轻度老龄社会、中度老龄社会和高度（深度）老龄社会等不同程度的老龄社会。目前具体有两种划分标准，即按 65 周岁及以上年龄人口比重和按 60 周岁及以上年龄人口比重这两种指标进行划分。

按 65 周岁及以上年龄人口比重划分老龄社会的标准如下：

1. 轻度老龄社会：如果一个社会中的 65 周岁及以上年龄人口占该社会总人口的比重（简称"65 岁以上人口比重"）大于或等于 7%，而小于 14%，即在 ［7%，14%）区间，称该社会为轻度老龄社会。

2. 中度老龄社会：如果 65 岁以上人口比重大于或等于 14%，而小于 20%，即在 ［14%，20%）区间，称该社会为中度老龄社会。

3. 高度老龄社会：如果 65 岁以上人口比重大于或等于 20%，即在 ［20%，100%）区间，称该社会为高度老龄社会，也可称为重度或深度老龄社会。

按 60 周岁及以上年龄人口比重划分不同老龄社会的标准如下：

1. 轻度老龄社会：如果一个社会中的 60 周岁及以上年龄人口占该社会总人口的比重（简称"60 岁以上人口比重"）大于或等于 10%，而小于 20%，即在 ［10%，20%）区间，称该社会为轻度老龄社会。

2. 中度老龄社会：如果 60 岁以上人口比重大于或等于 20%，而小于 30%，即在 ［20%，30%）区间，称该社会为中度老龄社会。

3. 高度老龄社会：如果 60 岁以上人口比重大于或等于 30%，即在 ［30%，100%）区间，称该社会为高度老龄社会，也可称为重度或深度老龄社会。

实际上，上述不同程度的老龄社会的划分，基本上是按基准比重的倍数确定的。如按 65 周岁及以上年龄人口比重指标，老龄社会的基准比重为 7%，因此 7% 的 2 倍即 14% 作为中度老龄社会的标准线；7% 的 3 倍即 21%，因为与 20% 很接近，因此将 20% 作为高度老龄社会的标准线。如按 60 周岁及以上年龄人口比重指标，老龄社会的基准比重为 10%，因此

10%的2倍即20%作为中度老龄社会的标准线；10%的3倍即30%，因此将30%作为高度老龄社会的标准线。因此，如按65周岁及以上年龄人口比重指标，一个社会的该比重超过了7%的4倍，即超过28%，可称这个社会为超高老龄社会。

三　人口老龄化与老龄社会概念的有关理解要点

对人口老龄化与老龄社会概念的深入理解，需要把握以下几个方面的要点。

第一，人口老龄化是关于一定社会的人口总体问题，而非人的个体问题。此要点意在表明，人口老龄化是有关人口的群体性概念，而不是有关个人的问题。事实上，个人是无关人口老龄化问题的。对此，可以从度量人口老龄化程度的指标定义得到清楚的体现。这是因为度量人口老龄化的程度，需要计算老年人口比重这一指标。显然，当只有1个人时，这个人或是老年人或是非老年人，因此这个比重结果或是为零，或是为1。可见，对1个人计算老年人口比重是没有意义的，因为人口老龄化是有关人口的总体属性问题，而非个人属性问题。

第二，人口老龄化是动态性的概念。即人口老龄化中的"化"字体现了人口老龄化是处于动态变化的状态。相较而言，老龄社会则是静态的概念，即重在体现一定社会是处于怎样的人口老龄化程度的社会。将老龄社会划分为轻度、中度和高度等老龄社会，旨在体现处于不同程度人口老龄化的社会。老龄社会实际上就是以人口老龄化为基本背景的社会。相应地，可以如此理解老龄经济的概念。即老龄经济是以人口老龄化为基本背景的经济，或者说老龄经济就是老龄社会中的经济。

第三，人口老龄化是相对性的概念。在现实中，"老年人"是有一定相对性而非绝对性的概念。从人的健康状况和年龄的关系方面看，人到了一定年龄后身体的生理机能开始出现衰退是客观性的规律。因此，目前对老年人的界定，通常是依据人的年龄确定的。如《中华人民共和国老年人权益保障法》（1996年10月1日起施行）第二条指出：本法所称老年人是指六十周岁以上的公民。这表明凡是在中华人民共和国境内60周岁以上的公民都是法定的老年人。

然而，在不同的国家或地区，老年人的年龄标准可能是不同的。如目前发达国家普遍是以 65 周岁作为老年人的年龄标准。实际上，在经济社会发展的不同阶段，人类总体健康水平或不同，由此导致老年人的具体年龄标准也不尽相同。特别是随着人类文明进步的快速发展，人类总体健康水平普遍提高是大势所趋，因此老年人的年龄标准不断提高是很有可能的事情。显然，若将老年人的年龄标准从 60 周岁提高至 65 周岁，甚至提高至 70 周岁，则度量人口老龄化程度的结果必然是不同的。这意味着人口老龄化是相对性而非绝对性的概念。

第四，老年人口比重并非度量人口老龄化程度的唯一指标。人口老龄化实际是人口年龄结构变化的一种状态，而体现人口年龄结构的指标是多方面的，而并非只有老年人口比重这一个指标。如从反向的角度看，非老年人口占总人口的比重，也是体现人口老龄化程度的指标，该比重越小，对应的人口老龄化程度越高。实际上，凡是不同年龄人口之间的任何形式的比例关系，都可以直接或间接地反映人口老龄化的程度。如老年供养比的不断提高，也是体现人口老龄化状态的一种指标。

第五，老龄社会是从人口老龄化角度考察一定社会状态的结果。事实上，考察一个社会的角度可以是多方面的。例如，从人类使用工具的时代技术特征角度考察人类社会，可以分为农业社会、工业社会、信息社会以及智能社会等；从所有制形式角度考察，可以分为原始社会、奴隶社会、封建社会、资本主义社会和社会主义社会等；从经济制度角度考察，可以分为公有制社会和私有制社会；等等。老龄社会则是从人口年龄结构方面考察人类社会的一种社会状况结果，而这种人口年龄结构是以老年人口比重超过一定程度为度量指标的。

基于人口年龄结构特点考察社会状态，是利用人类自身内在属性特征划分人类社会状态阶段性的视角。这是极为重要的视角，因为这是人类社会内在属性特征的视角，体现的是人类社会总体年龄的状况，也是对人类社会进化进程的一种度量。21 世纪的人类社会已经进入老龄社会时代，这是人类社会发展进程的一种新标志。老龄社会的经济即老龄经济，同以往时代的经济相比有何不同？这是需要深入研究的重大现实问题。

第二节　人口老龄化概念内涵的本质

一　关于"老龄"的内涵

要理解人口老龄化内涵的本质，首先需要明确"老龄"的内涵。为此，先从"龄"字的意思说起。从字典中可知，"龄"字有三方面的意思。首先，"龄"字表示岁数。如张三的年龄是 30 岁，2000 年他刚满 10 岁。其次，"龄"字表示年数。如通常工龄、党龄、军龄等都是指年数，如张三的工龄是 10 年，张宏的军龄是 30 年。最后，"龄"字表示人或某种生命处于特定的成长阶段。如低龄儿童、育龄妇女、大龄青年、适龄青年、高龄老年人口等概念，都是指人所处在怎样的生命成长阶段。在生物界，如有一龄虫、二龄虫等词语，用来表示幼虫所处的成长期。可见，"龄"字的具体的意思，需要结合具体的语义背景而定。

再来看"老"字的含义。与"老"字有关的词语是很多的，如老年人、老师傅、老物件、老字号，等等。总的来看，"老"字通常有两方面的意思：一是成熟、老练、有经验的意思；二是老化、变老、衰老的意思。而在老龄化中的"老"字，主要是后者之意，即指老化、变老、衰老的意思。并且，这里的老化、变老、衰老是指人在身体的生理机能方面出现衰减、衰弱、下降的情况。

综上所述，人口老龄化中的"老龄"两字可以包含三个方面的意思，分别是：（1）变老、衰老的岁数。如果说一个人处于变老、衰老的岁数，显然这种情况对应的是老年人。（2）变老、衰老的年数。如果说一个人要经历 30 年变老、衰老的年数，显然这种情况对应的是人变老的时间长度。（3）变老、衰老的过程或阶段期。如果说一个人处于变老、衰老的过程或阶段期，显然这种情况对应的是人处于老年人不断变老的生命阶段期，并且是生理机能方面的衰老期。可见，"老龄"具有老年人、衰老期及处于老年人生命期等方面的含义。

从人的生命周期角度看，人的一生可以分为婴儿、幼龄、低龄、青年、中年、老龄及高龄等不同生命特征的阶段。在这些阶段中，老龄是指人在身体的生理机能方面开始走"下坡路"的阶段，如表现为人在精力、体力、活力乃至健康等方面的状况越来越差。因此，在人的生命周期里，变老是人生中的一个特定阶段，即处于不断衰老的阶段。因此，"老龄"对人而言的基本含义是人在身体上的衰老。

二 "老龄"与"老年"两个概念的区别

"老龄"与"老年"是既有联系又有区别的两个概念。其中，"老龄"概念的内涵比"老年"概念的内涵相对更为广泛。而两个概念的不同，主要是二者所强调的重点不同和涉及的范围也不尽相同。"老年"是年龄方面的概念，同所设定的老年人的年龄标准有关，针对的对象是人或生命体。如目前中国的老年人在法定年龄上指年龄在60周岁及以上的人。因此，"老年"人的概念没有涉及人在身体的生理机能方面的情况，其重点强调超过了老年人年龄标准的人。

相比较而言，"老龄"是相对宽泛的概念。其中，老龄具有"老年"的含义，也具有"老年"所不具有的一些含义。如"老龄"包括人在身体的生理机能方面变老、衰老的情况，即表示人或生命体处于生命周期中的衰老性阶段，这时所指对象并非针对人或生命体，而是指人以及任何生命体处于不断变老的阶段。

因此，"老龄工作"和"老年工作"的含义也是有所不同的。老龄工作是比老年工作相对更大、包括内容更多的概念。老年工作一般是针对有关老年人的工作。而老龄工作不仅包括针对老年人的工作，而且包括与老年人有关的直接和间接的相对更大范围内的工作，如涉及老年人和老龄化有关的制度、规则、环境、设施等多方面的内容。

同样，"老龄事业"和"老年事业"的概念也是不尽相同的。比较而言，"老年事业"一般特指老年人的事业，是针对老年人而言的事业。而"老龄事业"是相对较大的概念。"老龄事业"包含"老年事业"，但不限于"老年事业"，而是包含任何有关于老龄化问题的事业。

三 "老龄化"的内涵

"老龄化"的直接意思是"老龄"变化的动态化过程。而通过上面所述，可以得到"老龄化"的内涵是指生命体处于生理上的变老、衰老的过程。因此，人口的"老龄化"，即"人口老龄化"，指一定人口中的人处于身体的生理机能变老、衰老阶段的状态。简而言之，"老龄化"的内涵是指某种生命体处于超过一定生命状态阶段并且是越来越老的过程。

而"老年化"的概念是不成立的。这是因为"老年"指处于衰老的岁数或年数，没有指明对应的生命主体，从而不存在动态化的问题。如果一个人过了老年人的年龄标准，则称其为"老年人"是合适的。对"老年人"可以称为"老龄人"，但是表达的重点意思是有所不同的。老年人即表明是超过老年人年龄标准的人，而老龄人则意指处于变老的过程或阶段的人。因此，虽然在现实中也常有用"老龄人"表示老年人，用"老龄人口"表示老年人口的意思，但是严格地说，"老龄人"与"老年人""老龄人口"与"老年人口"的概念是有所不同的。如对"老龄人口"可以理解为"处于变老之中的老年人口"，而"老年人口"是指年龄超过老年人年龄界限的人口。从学术规范的角度看，对上述概念进行明确区分是非常必要的。

四 关于"个人老龄化"的概念

人口老龄化的基础是现实中的个人变老。如果没有个人变老，则必然没有人口的总体变老的问题。或者说，人口老龄化必然存在微观基础。即人口老龄化必然是以个人变老、衰老为基础的。因此，不仅可以有"人口老龄化"的概念，而且可以有"个人老龄化"的概念。

确切地说，个人老龄化是指在个人的整个生命周期中，处于老年期的时间长度越来越长的状态。或者说，个人老龄化是个人一生中处于老年期的时间比重越来越高的状态。可见，个人老龄化体现的是个人在身体生理上的变老、衰老的过程。

对个人老龄化的度量，可以用个人一生中处于老年期的时间比例来体现。如设 T 为一个人一生的生命周期时间长度，T_R 为此人处于老年期的时间长度，并设 μ_R 为此人处于老年人时间的长度同总生命周期时间长度的比率（个人老龄化率），即 μ_R 由下面的表达式决定：

$$\mu_R = \frac{T_R}{T} \tag{2-1}$$

该指标度量了个人一生中作为老年人的生活时间长度占其一生寿命时间长度的比例，因此体现了个人老龄化的程度。如果 μ_R 提高，则表明个人老龄化程度提高，反之则表明个人老龄化程度下降。可见，个人老龄化意在度量个人一生中处于老龄阶段的时间长度变动的情况。而人口老龄化度量的是一定人口（总体）中处于老龄化阶段的人数变动的情况。

例如，一个人的寿命为 70 岁，60 岁作为老年人的年龄标准。因此，此人作为老年人的生活时间长度为 10 年，由此可以计算出此人的个人老龄化率为 $\frac{1}{7}$。其含义是，此人一生中有 $\frac{1}{7}$ 的时间是处于老年人的生活阶段。如果此人寿命延长到 80 岁，则作为老年人的生活时间长度延长为 20 年，此时其个人的老龄化率提高至 $\frac{1}{4}$。其含义是，此人一生中有 $\frac{1}{4}$ 的时间是处于老年人的生活阶段。

如果假设在人的生命周期为两期的分析模式中，劳动工作期时间长度为 T_L，于是生命周期的时间长度 T 可以表示为劳动工作期和退休期这两部分时间的和，即有下面的关系式：

$$T = T_L + T_R$$

因此，式（2-1）可以转化为下面的形式：

$$\mu_R = \frac{T_R}{T_R + T_L} = \frac{1}{1 + T_L/T_R} \tag{2-2}$$

假设劳动工作期的时间长度 T_L 是固定不变的，于是寿命延长的效应体现为退休期时间长度 T_R 的不断延长。因此，根据式（2-2）可知，退休时间长度 T_R 的不断延长必然导致个人老龄化率 μ_R 将不断提高。这意味着在固定劳动工作时间长度的情况下，个人预期寿命的不断延长最终不断提高个人老龄化率的水平。

五　人口老龄化内涵的本质意义

通过上述可知，人口老龄化的概念意在刻画人口变老、衰老的状况。而对这种状况的刻画，同如何界定老年人的年龄标准是没有关系的。或者说，人口老龄化内涵的本质，指一定人口处于变老、衰老的状况。这种变老、衰老是人在身体的生理机能方面的变化，具体度量方式是用一定人口中有多大比例部分的人口有实体性变老来体现的。因此，人口老龄化内涵的本义并不是同老年人的年龄标准"挂钩"。

对此，可以通过分析与"老龄化"对应的英文单词"aging"的意思得到验证。在英文中"老龄化"用"aging"表示，"aging"可以是名词、动词或形容词，表示实体性的变老、衰老、变旧和老化的意思。因此，"老龄化"同样应该表明是实体性的变老、衰老或老化的意思。由此表明，"老龄"并不是指单纯的年龄大的意思，而是指生命体在生理机能上出现变老、衰老之义。因此，人口老龄化的英文为"population aging"或"aging population"。其中，"population"即"人口"之义。如果对"population aging"进行直译，则其意思是处于变老、衰老或老化的人口。可见，"population aging"同前面所述的"人口老龄化"的内涵是相同的。

总之，通过以上所述可见，人口老龄化不同于单纯的老年人口增多的意思。归纳起来，"老龄"之义重在体现生命体处于变老、衰老的阶段性，而"老龄化"之义重在体现生命体处于老龄阶段的时间长度不断延长的动态过程。因此，老龄化并不是指人的年龄不断增大的问题。或者说，在人口老龄化过程中，人口老龄化的决定因素是由人的生理健康与寿命相关的因素决定的，而不是由老年人的年龄标准决定的。

第三节　人口老龄化不是统计意义的现象

一　关于老年人的年龄标准问题

将一定社会中的 65 周岁及以上年龄人口比重是否超过 7%，或 60 周岁及以上年龄人口比重是否超过 10%，作为评判一个社会是否进入人口老龄化的标准，由此引发出一种观点，即认为"人口老龄化是一种统计现象"。这种观点认为，若提高老年人的年龄标准，比如从 65 周岁作为老年人的年龄标准提高到 70 周岁，甚至提高至更高的年龄，那么原来标准下的人口老龄化在新标准下可能就不是人口老龄化了，至少人口老龄化的程度会下降。由此在一些人看来，一定的社会是否为人口老龄化及其程度如何，同所确定的老年人的年龄标准有关，因而认为人口老龄化是一种统计现象，甚至认为人口老龄化是一个伪命题。

事实上，认为"人口老龄化是一种统计现象"的观点是完全错误的。持有这种观点的人，实际上是将人口老龄化的度量问题同人口老龄化内涵的本质相混淆了。老年人口比重仅是度量人口老龄化程度的一个指标，而不是人口老龄化问题的本质。提高老年人的年龄标准，自然可以产生老年人口数量减少而降低老年人口比重的效应。然而，人口老龄化所引发的系列问题，不会因此而消失或减弱。

人口老龄化概念的意义以及人口老龄化的本质内涵，是要反映处于衰老阶段的人口数量在总人口中的比例状况，而人的衰老期的长短同人的寿命长度有关，同如何设定老年人的年龄标准无关。或者说，人口老龄化的本质在于人类的一定人口中处于衰老状态的人口比重情况，根源在于人类预期寿命的不断延长，同设定的老年人的年龄标准是没有关系的。

英文中"population"作为人的总体的概念，同样指由人的实体构成的总体。因此，在英文中提到"人口分析"时需要明确其人口分析的内容究竟是什么，才能正确选择用词。例如，如果是基于统计意义的人口分析，如分析男女性别构成、年龄构成或职业构成等方面的内容，在这种情况下，"人口分析"对应的英文词汇是"demographic analysis"，而不是"population analysis"。英文单词"demographic"意为人口统计学的。如果是"population analysis"，则表达的是对人的身体进行分析，而不是统计意义上的人口分析。实际上，"population analysis"是种群分析的意思。

基于上述的认识，可以得到"population aging"，对应的人口老龄化的含义是人在身体方面出现衰老的总体情况。即人口老龄化中的"老龄"（aging）指身体在生理上出现衰老的人。因此，英文中"人口老龄化"是用"population aging"表示人口老龄化之义。这意味着人口老龄化是指一定群体人中身体出现老化的总体情况，表明人口老龄化的概念不是统计或计量意义上的概念。

如果认为人口老龄化是一种统计意义的概念，那么是不是意味着可以通过不断提高老年人的年龄标准的方式，由此使统计上的人口老龄化程度不断降低，人口老龄化的现象因此而不存在了吗？如果真是如此，那么应对人口老龄化似乎就是非常简单的问题了，因为只要把老年人的年龄标准提到足够高，人口老龄化就不存在了。显然，人口老龄化的问题并不是如此简单的，因为无论确定怎样的老年人的年龄标准，人口老龄化问题都是客观存在的。无论怎样，人类始终存在着变老、衰老的问题。特别是随着人类预期寿命的不断延长，即意味着人类生活在老年期的时间长度也是不断延长的，这同如何确定老年人的年龄标准是没有关系的。

事实上，老年人的年龄标准也不是随意可以改变的，而是由人的生理衰老状况与年龄关系决定的，是有一定客观性的。因此，基于上述分析可以认为人口老龄化是人口统计概念的观点是错误的，这种观点实际上只看到了人口老龄化的表面现象，而没有看到人口老龄化问题的本质。

二　老年人口比重仅是度量人口老龄化程度的指标

老年人口比重仅是度量人口老龄化程度的一个指标或一种方法而已，并不是人口老龄化概念本身所要表达的含义。提高老年人的年龄标准的确可以在统计上降低老年人口比重，形成人口老龄化程度下降的表面现象，但是人口老龄化所引发的有关问题本没有消除，如一个人的寿命不断延长必然意味这个人一生所消耗与占有的经济社会资源就越多。特别是随着人类健康水平的不断提高，提高老年人的年龄标准是可能的。但是，有关的实际问题并不会因为改变老年人的年龄标准而消失。否则，提高老年人的年龄标准就成为应对人口老龄化的灵丹妙药了。

三　从生命周期视角看人口老龄化问题

从人口年龄结构的方面看，人口老龄化是人口结构的一种深刻变化，而这种人口结构的变化是由一定人口中不同年龄人口的分布状况决定的。

从人的生命周期视角看，人的一生可以大体分为出生、成长、成熟、衰老和死亡的过程。这一过程是由人的生理状况决定的，而不是统计现象。而对于一定人口中不同年龄人口的分布状况的展现，可以不必通过对老年人或年轻人的年龄标准进行严格界定而实现。

图 2 – 1 展示了两种假定的按年龄组分布的人口情况，即有分布 1 和分布 2 两种情况。可以看到，在分布 2 情况下的人口老龄化程度，无论怎样确定老年人的年龄标准，都比分布 1 情况下的人口老龄化程度要高。或者说，无须确定老年人的年龄标准，分布 2 对应的人口年龄结构，比分布 1 对应的人口年龄结构要 "老"。

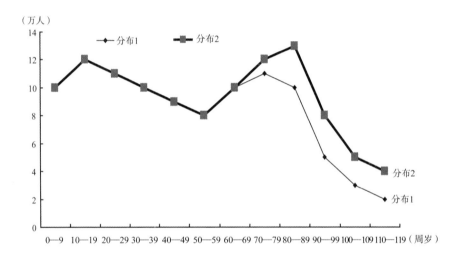

图 2 – 1   假定的两种按年龄组分布的人口情况

总之，无论以怎样的年龄作为老年人的年龄标准，只要是有关人口老龄化的度量问题，就不会对人口老龄化现象本身有任何的影响。或者说，无论怎样确定老年人的年龄标准，人类预期寿命不断延长的效应都将导致老年人口比重不断上升。

提高老年人的年龄标准对度量人口老龄化程度有一次性的影响。一旦老年人的年龄标准确定了，老年人的年龄标准对人口老龄化度量程度的影响便不存在了。在此情况下，只有人口预期寿命不断延长才是影响人口老龄化程度的永久性因素。

四　经济学意义的老年人

目前，在现实生活中对老年人的定义是按一定的年龄标准来进行的。事实上，何为老年人，基于不同的学科或从不同的考察目的，对老年人的定义或不相同。如从人的生理或健康情况同年龄的关系角度出发，认定 60 周岁及以上年龄者为老年人，这是界定老年人的一种方法。在此方法下，随着人类总体健康水平的提高和预期寿命的延长，老年人的年龄标准可以相应延长。目前在发达国家已经有将 65 周岁甚至 70 周岁作为老年人的年龄标准的情况。

然而，从经济学的角度看，老年人的含义同基于上述生理健康情况与年龄关系定义的老年人的含义是不同的。在经济学意义上，一个人一旦从劳动力队伍中退出而成为纯粹的消费者时，这个人便是老年人，而不论其年龄有多大。即经济学意义的老年人是不再从事生产活动创造经济增加值的纯粹消费者。例如，假定一个人只有 30 岁，因为此人拥有了足够的财富而以后不再从事职业劳动，即不再从事能够创造经济增加值的经济活动，那么此人 30 岁以后的人生无异于老年人。其道理就在于，此人 30 岁后成为纯粹的消费者，而不再是劳动者了，此人以后所吃、穿、用、行等消费行为，都是依靠其他劳动者提供的产品或服务，其为此所支付的费用如同养老金的花费。

可以想象，如果一个人能够自食其力一辈子，那么这个人对他人和社会而言不需要对其提供养老。在这种情况下，此人的年龄有多大、寿命多长与他人是无关的。然而，在现实生活中，一个人到了一定年龄后身体情况通常是无法支撑其自食其力一辈子的，因此存在退休、养老、需要他人照护等诸多问题。这便是人口老龄化必然引发相关问题的原因所在，也就是由于衰老、失能、失智等问题所引发的社会性和经济性问题。

一般意义上的退休老年人不再从事经济性生产活动，其所用的消费品及所需要的服务需要由下代人的劳动提供。即在实体经济的产品与服务方面，必然是年轻的下代人供养年老的上代人。因此，一定经济中的非劳动力数量（体现为退休的老年人）与劳动力数量（体现为年轻的劳动力）的比率，是一个体现人口结构的重要且关键性的指标。在学术上，非劳动数量与劳动力数量的比率也被称为赡养率，体现的是一个劳动力所担负的老年人数量。而从经济学的角度看，关于老年人的年龄标准之争，并不是有关人口老龄化的实质性问题，因为生理上的老年人的年龄标准并不是决定经济资源配置与经济负担的关键因素。因此，在经济学领域中，一个人是只消费而不从事经济性生产活动的纯粹消费者，那么这个人就是经济学意义的老年人。

第四节　人口老龄化的根源

一　基本原理分析

（一）人口老龄化是来自三类因素作用的综合结果

总的来说，人口老龄化的出现是源于人类预期寿命不断延长、生育率和死亡率同时不断下降这三类因素的综合效应结果。首先看人类预期寿命不断延长的效应。人类预期寿命延长即意味退休老年人的累计数量越来越多，从而导致在某时点上的老年人口数量增加。其次看生育率下降的效应。生育率下降即意味着新出生的人口相对减少，即年轻人口增量相对减少，这意味在未来的一段时间内进入劳动力市场的新生劳动力增量减少。最后看死亡率下降的效应。死亡率下降即意味着死亡的人口相对在世的总人口减少，即在世的总人口相对增长多，而这种增多的人口也就是老年人口增多。于是，三方面效应的综合结果，在总人口中就是老年人口增长相对较快，老年人口比重不断上升，即人口老龄化程度不断提高。

（二）提高生育率对降低人口老龄化程度仅具有短期效应

然而，在上述三类因素中，人类预期寿命不断延长是导致人口老龄化的主要和根本性的因素。生育率的下降主要是在一定时期内相对加快了人口老龄化的进程。事实上，只要人类预期寿命不断延长，那么即便生育率是不断提高的，也不会从根本上扭转人口老龄化不断上升的长期趋势。这是因为，从长远来看，现期的年轻人就是远期的老年人，因此生育率的提高可以导致现期年轻人口增加，由此可以起到一定程度的缓解人口老龄化进程的作用。但是，从远期来看，这些增加的年轻人口，也将是未来增加的老年人口。同样，现期年轻人口的减少，加剧现期一定时间内的人口老龄化程度，但是从远期看也有减少远期老年人口的效应。如果要依靠提高生育率来缓解人口老龄化，则必然需要持续不断地提高生育率，才有可能抵消人口预期寿命不断延长的效应。要保持生育率的持续不断提高，这显然是不可实现的。这是因为人的生育率终将是有限的。而死亡率下降的根源，实际上也是人类预期寿命不断延长的结果。

（三）人口老龄化根源在于人类预期寿命的不断延长

如果假设在足够长的生命周期内不出现意外的生命减损情况，如不发生严重的自然灾害、疫情或大规模战争，那么就可以基本假定现期的年轻人口就是远期等量的老年人口。因此，从生命周期的长远时间范围来看，现期生育率的下降，在现期具有提高人口老龄化的效应，但在远期则具有降低人口老龄化的效应。因此，从充分长期的生命周期范围来看，生育率对人口老龄化影响的短期效应和长期效应是有相互抵消效应的。因此，导致人口老龄化的根本性原因终将归结于是人类预期寿命不断延长的结果。

二　基于数理模型分析人类预期寿命延长的效应：利用人年数的分析

假设在一定社会中的 t 时刻，总人口为 N_t，设 i 表示年龄数，并设 i 取正整数，即年龄取为整数。令 n_i 表示年龄为 i 的人口数。于是，在此社会中的 t 时刻，年龄为 i 的人年数为 $i \times n_i$。因此，t 时刻总人口 N_t 的总人年数为 $\sum_{i=1}^{\infty} i \times n_i$。

在 $\sum_{i=1}^{\infty} i \times n_i$ 中，年龄可以从 1 取到无穷大，这只是理论上的假设。因为在现实中，人不可能活到无穷大。因此，设 M_t 是该社会在 t 时刻的最大寿命年龄。也就是当 $i > M_t$ 时，$n_i = 0$，因此，$\sum_{i=1}^{\infty} i \times n_i$ 等同于 $\sum_{i=1}^{M} i \times n_i$，即两者都表示人口 N_t 的总人年数。

设 P 为老年人的年龄标准，即 $i \geqslant P$ 时，n_i 都是老年人口数。于是，该社会中 t 时刻的老年人口的人年数为 $\sum_{i=P}^{M} i \times n_i$。于是，设 α_t 由下面表达式决定：

$$\alpha_t = \frac{\sum_{i=P}^{M} i \times n_i}{\sum_{i=1}^{M} i \times n_i} \qquad (2-3)$$

则 α_t 的含义是老年人口的人年数占总人口人年数的比重。

实际上，α_t 是度量人口老龄化程度的另一种方式。由于总人口的人年数可以分解为年轻人口的人年数与老年人口的人年数两部分之和，即有下面的表达式成立：

$$\sum_{i=1}^{M} i \times n_i = \sum_{i=1}^{P-1} i \times n_i + \sum_{i=P}^{M} i \times n_i \qquad (2-4)$$

因此 α_t 可以表示为下面的表达式：

$$\alpha_t = \frac{\sum_{i=P}^{M} i \times n_i}{\sum_{i=1}^{P-1} i \times n_i + \sum_{i=P}^{M} i \times n_i} = \frac{1}{\dfrac{\sum_{i=1}^{P-1} i \times n_i}{\sum_{i=P}^{M} i \times n_i} + 1} \qquad (2-5)$$

由式（2-5）可以看到，老年人的年龄标准 P 变动的效应是一次性的。即如果 P 增大，则 $\sum_{i=1}^{P-1} i \times n_i$ 增大，$\sum_{i=P}^{M} i \times n_i$ 变小，因此比值 $\dfrac{\sum_{i=1}^{P-1} i \times n_i}{\sum_{i=P}^{M} i \times n_i}$ 增大，由此 α_t 变小。这表明提高老年人的年龄标准，有一次性的度量人口老龄化程度降低的情况出现。但是，一旦老年人的年龄标准 P 确定后，P 值就不再影响度量人口老龄化程度的 α_t 值，而只有预期寿命 M 的变动和各年龄上的人口数 n_i 的变动才能导致 α_t 值变动。

这时，由式（2-5）可以看到寿命延长的效应。寿命延长的效应一方面表现当 $i \geqslant P$ 时所对应的 n_i 数量的提高。具体情况可以是所有 $i \geqslant P$ 时所对应的 n_i 的数量都提高，也可以是局部甚至某个年龄 i 上的 n_i 数量提高。无论怎样，这种效应导致 $\sum_{i=P}^{M} i \times n_i$ 增大。同时，n_i 数量提高导致 $\dfrac{\sum_{i=1}^{P-1} i \times n_i}{\sum_{i=P}^{M} i \times n_i}$ 变小。由式（2-5）可知，这一效应将导致 α_t 增大，即度量的人口老龄化程度提高。而寿命延长的效应另一方面表现为最大预期寿命的延长，即 M 的提高。这时 $\sum_{i=P}^{M} i \times n_i$ 的增大是由于 M 提高的结果。

生育率上升对应 $\sum_{i=1}^{P-1} i \times n_i$ 增大，因此在寿命不变的情况下，$\dfrac{\sum_{i=1}^{P-1} i \times n_i}{\sum_{i=P}^{M} i \times n_i}$ 增大，α_t 变小，即度量的人口老龄化程度下降。然而，t 时刻生育率的变动对 t 时刻增加经济中的劳动力是无意义的，因为 t 时刻出生的人是未成年人，而不是现实 t 时刻可用的劳动力。这些未成年人，不仅不能从事经济劳动活动，反而需要消耗经济资源，需要现时劳动力的照顾。

因此，现时生育率的变动只是改变现时人口老龄化程度的数值而已，而不会对人口老龄化有真正的影响，反而是相对加重劳动力的负担。但是，如果 t 时刻的老年人口寿命延长，其效应是 $i \geqslant P$ 时所对应的 n_i 的数量提高，这种效应导致人口老龄化程度提高是实效性的，对经济社会资源消耗有直接的重要影响。这表明人口老龄化的效应更是根源于人类预期寿命不断延长的效应。

三　人类预期寿命延长对经济资源配置关系的影响

人口老龄化之所以成为问题，本质上并不是因为由此产生养老问题。人口老龄化成为问题主要原因在于近几十年以来人类的预期寿命明显延长，导致人口年龄结构不断出现深刻变化，即老年人口比重超过一定限度并不断扩大。由于人口年龄结构对应经济中劳动力资源和非劳动力资源的比例关系，因此人口年龄结构的深刻变化必然对应经济资源配置关系的深刻变化。这意味着，人口老龄化并不是表现为老年人口比重变化的单一性问题，而是有关经济资源配置关系变化的问题，从而对经济社会发展各个方面产生系统性的影响。

一种相对通俗的理解方式是：一个人的寿命越长，其一生所占用与消耗的资源就越多，而无关于如何界定老年人的年龄标准。例如，一个人的寿命期可能是 60 年，也可能是 80 年，甚至可能是 100 年。显然，此人不同的寿命期意味着其一生所占用与消耗的经济资源总量必然是不同的。即寿命期越长，此人一生所占用与消耗的经济资源总量就相对越多。因此，人类预期寿命不断延长的一个效应是：增加资源消耗及经济社会负担。

对个人而言，一个人的预期寿命不断延长，意味着个人一生收入中的养老费用所占比重不断提高，家庭要为其成员的养老支付更多的财富，企业需要提供越来越多的养老金，政府要不断提高养老及社会保障支出规模，整个社会要为老年人口提供更多的资源。在宏观经济上，这些效应就是人口老龄化对经济社会资源配置关系产生深刻影响，而这些效应并不会因为老年人口年龄标准的改变而消失。因此，无论如何划定老年人的年龄标准，人口老龄化所引发的经济社会问题都是无法回避的。

第五节　人口老龄化与经济的基本关系

人口老龄化与经济的关系，本质上是由人口与经济的基本关系决定的。这种关系的变化，必然对应经济资源配置关系的变化，从而导致人口老龄化对经济各个方面都有系统性的影响。

一　如何认识人口老龄化和老龄社会问题

事实上，老龄社会即长寿时代的社会，是人类文明进步的结果。长寿是人类为之奋斗的一个重要目标。人类预期寿命不断延长，这是人类社会文明进步的重要标志，是国家发展、人民生活水平提高、医疗卫生健康条件改善的重大成果，是人类社会发展的一个重要目标。因此，长寿时代或者说老龄社会的出现是一种大好事。

然而，作为"大好事"的老龄社会并不意味着不存在需要解决的问题。例如，养老必然是老龄社会中首先面临的问题。如同家里有高龄的老年人自然是好事情。然而，一个重要的现实问题是如何照顾好老年人，而不能停留在人口老龄化是"大好事"的口头表述上。口头上说，人口老龄化是"大好事"，替代不了有许多老年人需要养老金、需要照护、需要陪伴的现实。承认人口老龄化问题的存在，以及积极应对人口老龄化，正是为了最大限度地维护老年人的利益，让老年人生活得有保障、有质量、有尊严。如果不能很好地应对人口老龄化，经济社会发展就会出现被动局面乃至陷入困境，老年人的利益也终将会受到很大损失。因此，说人口老龄化是"大好事"，是因为它体现了人类进步取得的成果，但并不表明人类不需要积极应对人口老龄化。如何积极应对人口老龄化与人口老龄化体现了人类进步取得的成果，这是两个不同层面的问题。

二　人口与经济的基本关系

人口老龄化对经济的影响，根源于人口与经济有着密不可分的内在关系。人口既是经济社会发展的主体，也是重要的基础性生产资源即劳动要素的来源。因此，人口兼有消费者与生产者的双重属性。一方面，人口是基础性生产要素劳动力的源泉，人口的数量与质量是决定劳动力乃至生产能力水平的基本因素。因此，人口因素影响经济供给方面。另一方面，人人都需要消费，因此人人都是消费者。人口的总量规模、结构以及消费行为，是决定需求水平与需求结构的基础性因素。因此，人口因素同时影响经济需求方面。而供给与需求两方面是决定经济活动水平乃至决定经济增长的根本性因素，因此人口对供给与需求的影响，最终成为对经济增长乃至对经济社会发展的影响。

人口老龄化是老年人口占总人口的比重不断上升的动态过程，是人口结构的一种深刻变化。在此过程中，纯消费者（不含劳动者）比重趋向不断提高，劳动者比重趋向不断下降。此效应不仅改变供给与需求双方面的格局，而且改变经济资源配置关系，降低国民储蓄率，进而降低经济增长潜力。因此，人口老龄化对经济的影响是内在和系统性的，是深刻且长期性的。

同时，经济的发展带来人类生活水平的不断提高，特别是科技进步下的营养、健康及医疗水平的不断提高，由此推动人类预期寿命不断延长。因此，经济发展的过程也是伴随着人口老龄化程度不断提高的过程。这意味着经济也反作用于人口老龄化，即经济发展同时促进人口老龄化程度的不断提高。可见，人口老龄化与经济有着非常密切、内在的系统性关系。

三   人口老龄化对供给方面的影响

在生产方面，人口老龄化最终导致"生产型"人口（劳动年龄人口）相对乃至绝对减少，"消费型"人口（老年人口与未成年人口）相对乃至绝对增加。此效应导致经济中的老年人口比重上升，相应要求提高产出或收入中用于老年人口支出的比例。由于老年人口是单纯的"消费型"人口，因此如果养老水平一定，则老年人口比重越高，即意味着其分享产出成果的比例越高，而可用于生产投资的产出比例相对越小。该效应对宏观实体经济的意义是：人口老龄化改变经济资源配置关系，导致国民储蓄率下降而消费率上升，由此不利于提高实体经济的资本积累而降低增长潜力。而劳动力供给能力及投资增长潜力两方面的下降，必然影响产出能力的提高，这是人口老龄化降低经济增长潜力的一个重要原因。

四   人口老龄化对需求方面的影响

在需求方面，经济中老年人口与劳动年龄人口数量关系的变化，对应经济对产品及服务乃至产业发展需求的变化，在宏观经济总需求层面反映为消费、储蓄（投资）及进出口关系的变化，由此对经济总需求水平及结构有重要影响。

事实上，人口老龄化既带来挑战，也伴有机遇。从养老及社会保障方面看，老年人口不断扩大是增加全社会负担的不利因素。但是，从经济的需求方面看，规模不断扩大的老年人口是经济中越来越重要的消费群体，是促进消费、扩大内需的重要主体，由此成为推动相关产业发展的重要机遇。因此，是积极还是消极看待规模越来越大的老年人口，是一个至关重要的问题。积极应对人口老龄化，就是不仅要看到人口老龄化的负面效应，而且要善于发现其中存在的有利机遇，并且要抓住机遇促发展，使人口老龄化的负面效应降至最低。显然，数量越来越多的老年人口无疑形成了规模巨大的消费市场，由此成为促进相关产业发展的机遇。

五　人口老龄化影响经济运行的基本逻辑

人口老龄化影响经济运行的基本逻辑是：人口老龄化改变经济中劳动年龄人口与非劳动年龄人口数量比例关系，这是一种人口结构变化，而这种人口结构的变化直接或间接地影响经济的供给与需求两个方面，从而最终体现为人口老龄化对总体经济运行产生重要影响。人口老龄化影响经济运行的基本机制如图2-2所示。

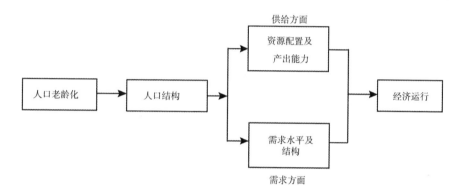

图2-2　人口老龄化影响经济运行的基本机制

第三章

世界人口老龄化的现状

当今世界各国面临的人口老龄化情况不尽相同。本章介绍当前世界范围内的人口老龄化基本情况，旨在为理解和分析人口老龄化相关问题提供现实的背景情况。首先展现2020年世界人口老龄化情况；其次分析191个国家或地区的人口老龄化进展状况及其差异；并实际估计以往人口老龄化进程同经济发展水平的相关性；对美国、日本、德国、意大利及中国五国的人口老龄化进程和人口结构进行比较分析；最后对中国人口老龄化问题的特殊性进行分析。

第一节 世界人口老龄化情况

对世界人口老龄化程度的度量，需要以全世界人口作为统计口径。度量指标采用全世界65周岁及以上年龄人口占全世界人口的比重，简称世界65岁及以上年龄人口比重。2021年的世界银行数据库提供了这一指标的数据，因此可以直接对这一指标的数据进行分析，数据的样本期为1960—2020年。

一 世界总体已经于2002年进入老龄社会

图3-1是1960—2020年，世界65岁及以上年龄人口比重的数据曲线图。可以看到，2002年世界65岁及以上年龄人口比重为7.05%，即超过了7%的作为老龄社会的基准比重。这意味着，自2002年起全世界作为总

体开始进入老龄社会时代。到 2020 年，世界 65 岁及以上年龄人口比重已经上升至 9.32%，即超过老龄社会的基准比重 2.32 个百分点。2020 年世界 65 岁及以上年龄人口总量达到 7.22 亿人。

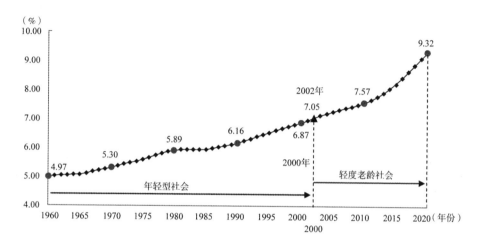

图 3 - 1　1960—2020 年世界总体的 65 岁及以上年龄人口比重

资料来源：2021 年世界银行数据库（https：//api.worldbank.org/v2/zh/indicator/SP. POP. 65UP. TO. ZS？downloadformat = excel）。

图 3 - 1 表明，1960—2020 年的世界 65 岁及以上年龄人口比重的曲线，虽然呈现不断上升的趋势，但是不同时期曲线变化幅度是不尽一致的。这意味着在不同时期，世界人口老龄化进程状态是不同的。其中一个显著特点是，世界人口老龄化进程在 21 世纪之前是缓慢的，而在进入 21 世纪后则呈现加速提升的趋势。

二　21 世纪前世界人口老龄化进程情况

图 3 - 1 显示，1960 年世界 65 岁及以上年龄人口比重为 4.97%。1960—2000 年，世界 65 岁及以上年龄人口比重曲线上升幅度是相对缓慢的，到 2000 年该比重上升为 6.87%。即 1960—2000 年世界 65 岁及以上年龄人口比重只提高了 1.9 个百分点，年均提高仅有 0.0475 个百分点。这表明在 1960—2000 年，虽然世界人口老龄化程度是持续上升的，但是总体的

进程速度是较慢的。其中，1970 年世界 65 岁及以上年龄人口比重为 5.30%，1980 年为 5.89%，1990 年为 6.16%。因此，可以说在 1960—2000 年，世界总体处于年轻型社会（非老龄社会）的状态。

1960—2000 年世界人口老龄化进程相对缓慢，实际上是同 20 世纪五六十年代在世界范围内出现"婴儿潮"有关。即此期间大量新生儿的出生，在很大程度上延缓了世界人口老龄化的进程。进一步的计算结果显示，1960—2020 年，世界 65 岁及以上年龄人口比重年均增长率仅为 0.82%。其中，在 1970—1980 年和 1980—1990 年，世界 65 岁及以上年龄人口比重仅分别提高 0.59 个和 0.27 个百分点。

三   21 世纪后世界人口老龄化进程显著加快

然而，进入 21 世纪后，世界人口老龄化进程呈现出明显加快态势。从图 3-1 可以看到，2000—2010 年世界 65 岁及以上年龄人口比重的曲线呈现明显上扬趋势。2010 年后，该曲线上扬的趋势更加显著，表明 2010 年后世界总体的人口老龄化程度呈现加速上升。

图 3-2 是 1961—2020 年世界 65 岁及以上年龄人口比重年度增长率的曲线。可以看到，2010 年后世界 65 岁及以上年龄人口比重年度增长率明显上升。计算结果表明，2002—2020 年世界 65 岁及以上年龄人口比重的年均增长率达到 1.55%，显著高于 1961—2001 年 0.82% 的年均增长率，是 1961—2001 年年均增长率的 1.9 倍。计算结果还表明，在 2010—2020 年世界 65 岁及以上年龄人口比重年均提高 0.175 个百分点，即年均增幅是 1960—2000 年的 3.7 倍。这意味着 2010 年可以作为世界人口老龄化进程进入加速发展阶段的标志性年份。

然而，图 3-2 的曲线表现出较强的波动性。如在 1983 年前后世界 65 岁及以上年龄人口比重出现下降的情况，表明此时间前后世界总体的人口老龄化程度呈现短期的下降情况，但是在绝大多数年份里世界人口老龄化程度是处于上升的态势，特别是 2010 年后世界人口老龄化程度上升幅度非常显著。图 3-2 呈现的世界人口老龄化进程的波动性较大，实际上意味着国家或地区之间的人口老龄化进程的差异性是较大的。

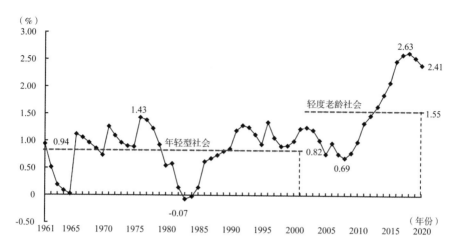

图 3 - 2 1961—2020 年世界 65 岁及以上年龄人口比重年增长率

资料来源：同图 3 - 1。

第二节 不同地区人口老龄化进程的差异性

虽然当今世界总体已经于 2002 年进入了老龄社会，但是不同国家或地区的人口老龄化进程是不同的，有很大差异性。如 2020 年日本已经进入超高老龄社会，其 65 岁及以上年龄人口比重达到了 28.4%。而有的国家尚处于非常年轻型的人口结构中，如 2020 年阿拉伯联合酋长国的 65 岁及以上年龄人口比重只有 1.26%。下面具体介绍不同国家或地区的人口老龄化进程的差异情况。

根据 2021 年世界银行数据库的数据情况，可以取得 191 个国家或地区的 2020 年 65 岁及以上年龄人口比重的数据。事实上，这 191 个国家或地区是足够大的样本，因为这 191 个国家或地区的数量占同期全世界国家或地区数量的比重达 82%，而这 191 个国家或地区的人口总和占全世界人口的比重已经达 99.6%。因此，基于这 191 个国家或地区的分析而得出有关结论，是可以体现 2020 年世界人口老龄化情况的。

一　2020 年分高度、中度和轻度老龄社会的情况

(一) 国家或地区的数量分布情况

数据分析的结果表明，在上述的 2020 年世界 191 个国家或地区中，已经进入高度老龄社会的国家或地区有 20 个，进入中度老龄社会的有 33 个，进入轻度老龄社会的有 43 个，而尚未进入老龄社会的年轻型国家或地区有 95 个。图 3－3 展示了 2020 年世界 191 个国家或地区进入不同类型老龄社会的比例分布情况。

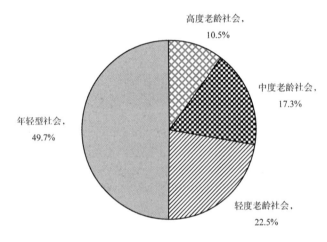

图 3－3　2020 年世界上 191 个国家或地区进入不同类型老龄社会的比例分布
资料来源：同图 3－1。

图 3－3 表明，2020 年在世界 191 个国家或地区中，已经进入老龄社会的国家或地区为 50.3%，尚未进入老龄社会的国家或地区为 49.7%。可见，2020 年进入老龄社会的国家或地区的数量已经过半。其中，进入高度老龄社会的国家或地区占 10.5%，进入中度老龄社会的国家或地区占 17.3%，进入轻度老龄社会的国家或地区占 22.5%。预计随着人口老龄化进程的快速发展，未来的趋势必然是进入高度、中度、轻度老龄社会的国家或地区的比例将分别不断扩大，而年轻型社会的国家或地区的比例将不断缩小。

（二）进入高度、中度和轻度老龄社会的人口数量分别情况

上述按国家或地区的数量考察人口老龄化进程情况是一方面的视角，而考察进入不同类型老龄社会的老年人口的数量分布，是反映人口老龄化进程情况的另一方面的视角。由于不同国家或地区的人口数量实际上有较大的差异，因此有必要从人口数量分布方面考察国家或地区的人口老龄化的差异性。

数据分析的结果显示，2020 年 20 个进入高度老龄社会的国家或地区所拥有的 65 岁及以上年龄人口的总数为 2.69 亿人，33 个进入中度老龄社会的国家或地区的 65 岁及以上年龄人口的总数为 10.76 亿人，43 个进入轻度老龄社会的国家或地区的 65 岁及以上年龄人口的总数为 44.24 亿人，而 95 个尚未进入老龄社会的年轻型国家或地区的 65 岁及以上年龄人口的总数只有 13.26 亿人。可见，95 个年轻型国家所拥有的老年人口数量，远低于 43 个进入老龄社会的国家或地区的老年人口数量。

如果将这 191 个国家或地区作为一个总体，分别统计进入高度、中度、轻度老龄社会的人口之和，可以得到 2020 年世界 65 岁及以上年龄人口中不同类型社会占有比例情况。其中进入高度老龄社会的人口数量占比为 3.79%，进入中度老龄社会的人口数量占比为 15.16%，进入轻度老龄社会的人口数量占比为 62.36%，而年轻型社会的人口数量占比为 18.69%（如图 3 - 4 所示）。

上述的数据情况表明，从人口的数量方面看，2020 年世界 65 岁及以上年龄人口中 62.36% 的人是生活在轻度老龄社会中，而只有 3.79% 的人生活在高度老龄社会中。

二　2020 年有 20 个国家进入高度老龄社会

按目前国际社会普遍认同的标准，如果一个国家或地区的 65 岁及以上年龄人口比重进入 20% 及以上范围，则认为这个国家或地区为高度老龄社会。2020 年已经进入高度老龄社会的国家有 20 个，这 20 个国家按 65 岁及以上年龄人口比重由高至低进行排序的结果是：日本 28.4%、意大利 23.3%、葡萄牙 22.8%、芬兰 22.6%、希腊 22.3%、德国 21.7%、保加

利亚21.5%、马耳他21.3%、克罗地亚21.3%、波多黎各20.8%、法国
20.8%、斯洛文尼亚20.7%、拉脱维亚20.7%、立陶宛20.6%、爱沙尼亚
20.4%、瑞典20.3%、丹麦20.2%、匈牙利20.2%、捷克20.1%及荷兰
20.0%（如图3－5所示）。

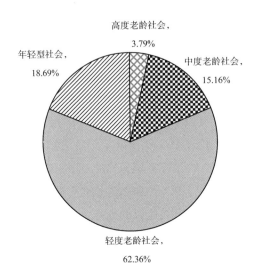

图3－4　2020年世界65岁及以上年龄人口中不同类型社会占有比例情况
资料来源：同图3－1。

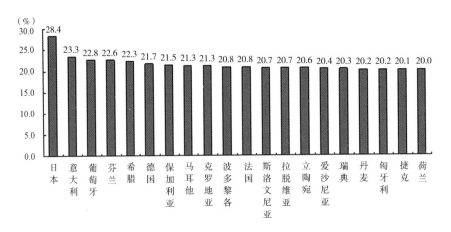

图3－5　2020年进入高度老龄社会的国家或地区
资料来源：同图3－1。

图 3 - 5 表明，日本是当今世界上人口老龄化程度最高的国家。2020
年，日本 65 岁及以上年龄人口比重比位居第 2 位的意大利高出 5.1 个百分
点。事实上，日本已经进入超高老龄社会阶段。从图 3 - 4 还可以看到，当
今世界的主要发达国家德国和法国都已经进入高度老龄社会之列，分别位
居第 6 位和第 11 位。美国和英国也都是当今世界上最主要的发达国家，然
而数据显示美国 2020 年 65 岁及以上年龄人口比重为 16.6%，英国为
18.7%。可见，美国离进入高度老龄社会还有一段距离，而英国是处于接
近进入高度老龄社会的状态。

三　2020 年有 33 个国家或地区进入中度老龄社会

按目前国际社会普遍认同的标准，如果一个国家或地区的 65 岁及以上
年龄人口比重进入 14% 及以上而低于 20% 的范围，则认为这个国家或地区
为中度老龄社会。表 3 - 1 是 2020 年 65 岁及以上年龄人口比重在 [14%，
20%）范围的国家或地区名录，可以看到 2020 年世界上已经有 33 个国家
进入中度老龄社会。其中，西班牙、比利时、罗马尼亚、奥地利、瑞士及
塞尔维亚这六个国家，2020 年 65 岁及以上年龄人口比重都在 19% 以上，
即这些国家已经非常接近进入高度老龄社会。英国、中国香港、美国、新
西兰、澳大利亚、古巴、韩国、俄罗斯等处于中度老龄社会。

表 3 - 1　　2020 年 65 岁及以上年龄人口比重在 [14%，12%）
范围的国家或地区

排序	国家（地区）	比重（%）	排序	国家（地区）	比重（%）
1	西班牙	19.98	18	新西兰	16.37
2	比利时	19.25	19	澳大利亚	16.21
3	罗马尼亚	19.23	20	古巴	15.89
4	奥地利	19.20	21	韩国	15.79
5	瑞士	19.10	22	黑山	15.77
6	塞尔维亚	19.06	23	冰岛	15.62
7	波兰	18.74	24	白俄罗斯	15.58
8	英国	18.65	25	俄罗斯联邦	15.51

续表

排序	国家（地区）	比重（%）	排序	国家（地区）	比重（%）
9	中国香港	18.20	26	格鲁吉亚	15.25
10	加拿大	18.10	27	乌拉圭	15.09
11	波斯尼亚和黑塞哥维那	17.92	28	阿尔巴尼亚	14.70
12	库拉索	17.67	29	阿鲁巴	14.61
13	挪威	17.53	30	爱尔兰	14.58
14	乌克兰	16.95	31	北马其顿	14.48
15	巴巴多斯	16.70	32	塞浦路斯	14.41
16	斯洛伐克共和国	16.70	33	卢森堡	14.39
17	美国	16.63			

资料来源：同图 3 - 1。

五 2020 年有 43 个国家或地区进入轻度老龄社会

按目前国际社会普遍认同的标准，如果一个国家或地区的 65 岁及以上年龄人口比重进入 7% 及以上而低于 14% 的范围，则认为这个国家或地区为轻度老龄社会。表 3 - 2 是 2020 年 65 岁及以上年龄人口比重在 [7%，14%) 范围的国家或地区名录，可以看到，2020 年世界上已经有 43 个国家进入轻度老龄社会。其中，中国和新加坡两国 2020 年 65 岁及以上年龄人口比重都在 13% 以上，即表明这两个国家已经非常接近进入中度老龄社会。中国仅差 0.5 个百分点即进入中度老龄社会。以色列、智利、中国澳门、巴西、朝鲜、越南及马来西亚等国家处于轻度老龄社会。

表 3 - 2　　　　2020 年 65 岁及以上年龄人口比重在 [7%，14%) 范围的国家或地区

排序	国家（地区）	比重（%）	排序	国家（地区）	比重（%）
1	中国	13.50	23	法属波利尼西亚	9.07
2	新加坡	13.35	24	哥伦比亚	9.06
3	泰国	12.96	25	土耳其	8.98

排序	国家（地区）	比重（%）	排序	国家（地区）	比重（%）
4	毛里求斯	12.52	26	突尼斯	8.87
5	摩尔多瓦	12.49	27	秘鲁	8.73
6	以色列	12.41	28	萨尔瓦多	8.65
7	智利	12.24	29	巴拿马	8.54
8	中国澳门	11.97	30	塞舌尔	8.07
9	亚美尼亚	11.80	31	委内瑞拉	7.97
10	特立尼达和多巴哥	11.51	32	哈萨克斯坦	7.90
11	阿根廷	11.37	33	越南	7.87
12	斯里兰卡	11.23	34	巴哈马	7.75
13	关岛	10.53	35	墨西哥	7.62
14	圣卢西亚	10.30	36	摩洛哥	7.61
15	哥斯达黎加	10.25	37	厄瓜多尔	7.59
16	圣文森特和格林纳丁斯	9.91	38	黎巴嫩	7.55
17	格林纳达	9.79	39	多米尼加	7.53
18	新喀里多尼亚	9.70	40	玻利维亚	7.49
19	巴西	9.59	41	马来西亚	7.18
20	朝鲜	9.35	42	苏里南	7.13
21	安提瓜和巴布达	9.33	43	圭亚那	7.00
22	牙买加	9.08			

资料来源：同图 3-1。其中，中国采用的是中国第七次人口普查数据。

五　2020 年有 95 个国家或地区尚未进入老龄社会

按目前国际社会普遍认同的标准，如果一个国家或地区的 65 岁及以上年龄人口比重低于 7%，则认为这个国家或地区为未进入老龄社会。表 3-3 是 2020 年 65 岁及以上年龄人口比重低于 7% 的国家或地区名录，可以看到 2020 年 191 个国家和地区中，还有 95 个国家或地区尚未进入老龄社会。其中，巴拉圭、阿尔及利亚、阿塞拜疆、印度及伊朗等国已经接近进入轻度老龄社会。

表3-3　　　　　　　　2020年65岁及以上年龄人口比重
低于7%的国家或地区

排序	国家（地区）	比重（%）	排序	国家（地区）	比重（%）
1	巴拉圭	6.81	26	乌兹别克斯坦	4.79
2	阿尔及利亚	6.74	27	佛得角	4.79
3	阿塞拜疆	6.74	28	土库曼斯坦	4.77
4	印度	6.57	29	吉尔吉斯斯坦	4.73
5	伊朗	6.56	30	吉布提	4.71
6	印度尼西亚	6.26	31	利比亚	4.53
7	缅甸	6.24	32	博茨瓦纳	4.51
8	不丹	6.20	33	密克罗尼西亚联邦	4.39
9	汤加	5.92	34	巴基斯坦	4.35
10	尼泊尔	5.83	35	蒙古国	4.31
11	斐济	5.82	36	东帝汶	4.28
12	尼加拉瓜	5.68	37	老挝	4.26
13	文莱	5.57	38	基里巴斯	4.22
14	菲律宾	5.51	39	斯威士兰	4.01
15	南非	5.51	40	约旦	3.95
16	埃及	5.33	41	苏丹	3.67
17	孟加拉国	5.23	42	所罗门群岛	3.67
18	海地	5.17	43	瓦努阿图	3.61
19	萨摩亚	5.08	44	马尔代夫	3.59
20	危地马拉	5.04	45	纳米比亚	3.59
21	伯利兹	5.01	46	巴布亚新几内亚	3.57
22	洪都拉斯	4.97	47	埃塞俄比亚	3.54
23	莱索托	4.95	48	加蓬	3.53
24	叙利亚	4.87	49	沙特阿拉伯	3.50
25	柬埔寨	4.85	50	伊拉克	3.44
51	南苏丹	3.35	74	中非共和国	2.80
52	利比里亚	3.32	75	刚果（布）	2.76
53	贝宁	3.28	76	尼日利亚	2.74
54	约旦河西岸和加沙	3.22	77	喀麦隆	2.72
55	塔吉克斯坦	3.18	78	巴林	2.65

排序	国家（地区）	比重（%）	排序	国家（地区）	比重（%）
56	毛里塔尼亚	3.18	79	阿富汗	2.65
57	加纳	3.14	80	坦桑尼亚	2.64
58	卢旺达	3.12	81	马拉维	2.64
59	塞内加尔	3.11	82	尼日尔	2.60
60	科摩罗	3.11	83	冈比亚	2.53
61	马达加斯加	3.10	84	阿曼	2.51
62	科威特	3.04	85	肯尼亚	2.51
63	刚果（金）	3.02	86	乍得	2.50
64	津巴布韦	3.01	87	马里	2.48
65	圣多美和普林西比	3.01	88	布基纳法索	2.41
66	几内亚	2.95	89	赤道几内亚	2.38
67	也门	2.93	90	布隆迪	2.38
68	塞拉利昂	2.93	91	安哥拉	2.19
69	多哥	2.91	92	赞比亚	2.13
70	索马里	2.90	93	乌干达	1.99
71	几内亚比绍	2.89	94	卡塔尔	1.69
72	科特迪瓦	2.88	95	阿拉伯联合酋长国	1.26
73	莫桑比克	2.86		世界平均	9.32

资料来源：同图 3 - 1。

数据显示，阿拉伯联合酋长国是 2020 年世界上最年轻的国家，其 65 岁及以上年龄人口比重仅为 1.26%。卡塔尔、乌干达两国的 2020 年 65 岁及以上年龄人口比重均未超过 2%。从表 3 - 3 的数据可以看出，波斯湾地区和非洲地区的国家的人口老龄化程度尚普遍较低，这些国家 2020 年 65 岁及以上年龄人口比重基本都在 4% 以下。

第三节　人口老龄化进程同经济发展水平的历史数据关系

根据前面有关章节的论述，人类预期寿命不断延长是人类社会出现人口老龄化的根本性原因,而人类预期寿命不断延长同经济发展水平不断提高有着非常密切的关系。因此,这从理论上可以推断出这样的结论:人口老龄化程度的不断提高同经济发展水平的不断提高有密切的相关性。本节通过国际经验的数据具体验证这一结论。

一 国家或地区收入水平的定义和有关国际经济组织的解释

为了考察人口老龄化进程同经济发展水平的数据经验关系,需要分别确定代表人口老龄化程度和经济发展水平的有关指标。显然,人口老龄化程度的度量指标依然采用65岁及以上年龄人口比重。问题的关键是怎样确定体现经济发展水平的指标。事实上,评价经济发展需要用综合性的评价体系性的指标,经济发展是比经济增长更大、涉及范围更广泛的概念。然而,这里并不是要专门讨论经济发展的问题。为了简便起见,这里采用人均国民总收入水平作为经济发展水平的度量指标。人均国民总收入(GNI per capita)指一个国家或地区的人均国民总收入水平。而国民总收入(gross national income, GNI)原称国民生产总值(GNP),指一个国家所有常住单位在一定时期内收入初次分配的最终结果。国民总收入是收入概念,而国内生产总值是生产概念。

目前,国际上根据不同国家或地区的人均国民总收入水平,将不同国家或地区划分为高收入、中高收入、中等收入、中低收入和低等收入等不同等级的国家或地区。2020年世界银行对不同收入等级的具体定义标准如下:

高收入国家或地区(High income group aggregate):2020年人均国民总收入在12696美元及以上;

中高收入国家或地区(Upper middle income group aggregate):2020年人均国民总收入在4096美元至12695美元;

中等收入国家或地区(Middle income group aggregate):2020年国民总收入在1046美元至12695美元;

中等和低等收入国家或地区(Low & middle income):2020年人均国民总收入在12695美元及以下;

中低收入国家或地区（Lower middle income group aggregate）：2020 年人均国民总收入在 1046 美元至 4095 美元；

低收入国家或地区（Low income group aggregate）：2020 年人均国民总收入在 1045 美元及以下。

分析中还采用了 EMU、EU 和 OECD 成员国这三个经济组织的人口老龄化程度的数据以及人均国民总收入的数据。欧洲货币联盟（EMU）指由采用欧元为货币的国家，目前成员包括：德国、法国、比利时、卢森堡、奥地利、芬兰、爱尔兰、荷兰、意大利、西班牙，以及葡萄牙等国家。欧洲联盟，简称欧盟（EU），是由欧洲共同体发展而来的，是由法国、德国、意大利、荷兰、比利时、卢森堡、英国、丹麦、爱尔兰、希腊、西班牙、葡萄牙、奥地利、瑞典、芬兰、塞浦路斯、匈牙利、捷克、爱沙尼亚、拉脱维亚、立陶宛、马耳他、波兰、斯洛伐克、斯洛文尼亚、保加利亚、罗马尼亚等 27 个会员国构成。OECD 即经济合作与发展组织，简称经合组织，是由 38 个市场经济国家组成的政府间国际经济组织。OECD 成员除了欧盟绝大部分国家之外，还包括美国、英国、日本、韩国、加拿大、瑞士、澳大利亚、智利、新西兰和以色列等国家。

二 不同收入水平总体的人口老龄化情况

表 3 - 4 是 2020 年按 EMU、EU、高收入国家或地区、OECD 成员国、中高等收入国家或地区、世界中等收入国家或地区、中等和低等收入国家或地区、低收入国家或地区分类的人口老龄化情况数据。

表 3 - 4　　　　　　　　2020 年有关人口老龄化情况数据

	2020 年 65 岁及以上年龄人口比重（%）
EMU	21. 14
EU	20. 78
高收入国家或地区	18. 65
OECD 成员国或地区	17. 40
中高等收入国家或地区	11. 07
世界	9. 32

续表

	2020 年 65 岁及以上年龄人口比重（%）
中等收入国家或地区	8.07
中等和低等收入国家或地区	7.58
中低收入国家或地区	5.82
低收入国家或地区	3.27

资料来源：世界银行数据库（http：//api. worldbank. org/v2/zh/indicator/SP. POP. 65UP. TO.
ZS？downloadformat = excel）。

由表 3 - 4 可以看到，2020 年 EMU 的 65 岁及以上年龄人口比重平均
是 21. 14%，EU 平均为 20. 78%。这表明 EMU 和 EU 已经进入高度老龄社
会。2020 年高收入国家或地区 65 岁及以上年龄人口比重平均为 18. 65%，
OECD 组织成员国平均为 17. 40%，表明高收入国家或地区以及 OECD 成员
国总体进入中度老龄社会阶段。中高等收入国家或地区 65 岁及以上年龄人
口比重平均为 11. 07%，中等收入国家或地区平均为 8. 07%，中等和低等
收入国家或地区平均为 7. 58%，表明中高等至中等和低等收入国家或地区
的总体已经进入轻度老龄社会阶段。中等低收入国家或地区为 5. 82%，低
收入国家或地区平均为 3. 27%，表明只有中等低收入和低收入的国家或地
区尚未进入老龄社会阶段。这表明了人口老龄化程度是和地区经济发展水
平呈正向关系的。

三 不同总体的人均国民总收入数据

表 3 - 5 具体给出了与表 3 - 4 分类相一致的人均国民总收入的数据。
由表 3 - 5 可以看到，按人均国民总收入 2010 年美元不变价计算，2019 年
EMU 以 44483 美元位居首位，EU 以 41564 美元位居第二，高收入国家为
39428 美元，OECD 成员国为 37208 美元。这四个经济样本体均处于当今世
界上高收入国家或地区之列。中高等收入国家的人均国民收入为 11069 美
元，中等收入国家为 5172 美元，中等和低等收入国家为 4737 美元，中等
低收入国家为 2385 美元，低收入国家 856 美元，世界平均 8833 美元。

表3-5　　　　　　　　**2019年人口老龄化和人均国民总收入数据**

	65 岁及以上年龄人口比重（%）	人均国民总收入（美元）
EMU	20.85	44483
EU	20.46	41564
高收入国家或地区	18.30	39428
OECD 成员国或地区	17.08	37208
中高等收入国家或地区	10.68	11069
世界	9.10	8833
中等收入国家或地区	7.84	5172
中等和低等收入国家或地区	7.38	4737
中等低收入国家或地区	5.68	2385
低收入国家或地区	3.25	856

资料来源：世界银行数据库（http：//api. worldbank. org/v2/zh/indicator/SP. POP. 65UP. TO. ZS？downloadformat = excel），人均国民总收入按2010年美元不变价计算。

四　人口老龄化程度与人均国民总收入水平相关性分析

　　首先考察不同经济总体的人口老龄化程度与人均国民总收入的数据，这些数据经过了标准化处理，具体图示见图3-6。从图3-6可以看到，人口老龄化程度与人均国民总收入水平在变化趋势上几乎是完全一致的。计算结果表明，两者数据序列的相关系数高达0.985。

　　由此可知，一个国家或地区的人口老龄化程度同其经济收入水平呈现明显的正向关系，这一经验结论是有实际数据支持的。可见，一个国家或地区的收入水平越高，其人口老龄化程度越高，这一结论是成立的。

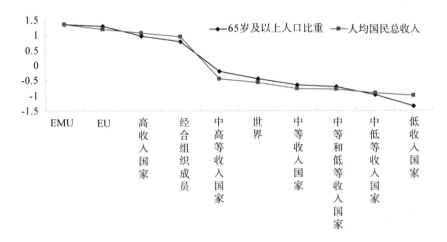

图3-6 不同经济总体的人口老龄化程度与人均国民总收入水平

资料来源：图中数据经标准化处理，原始数据同表3-1的数据。

第四节 人口老龄化进程的国际比较

美国、日本、德国和意大利都是当今世界主要发达国家，而这些国家的人口老龄化情况各具特色。本节主要展现这些国家在人口老龄化进程方面的有关情况，并同中国人口老龄化的情况进行比较分析。

一 "五国"人口老龄化进程的比较

这里的"五国"指中国、美国、日本、德国和意大利。美国是当今世界上最发达国家之一，其经济发展水平及综合国力都是位居最前列的。美国早在1941年就进入了老龄社会，但是直到2014年才进入中度老龄社会。可见，美国人口老龄化的进程是非常缓慢的。日本的人口老龄化程度是后来者居上，同时伴随着"少子化"现象。2006年后，日本成为世界上人口老龄化程度最高的国家。德国与意大利是老牌的发达国家，曾经分别是世界上人口老龄化程度最高的国家。

中国于 21 世纪之初开始进入老龄社会。与上述四国情况不同的是，中国是"未富先老"的国家。即中国作为进入老龄社会的国家，目前仍是最大的发展中国家。而上述四国在进入老龄社会时都已经成为发达国家，即都是"先富后老"的国家。中国又是当今世界上人口最多的国家之一，因此中国的人口老龄化有特别重要的意义。

从图 3-9 可以看到，在 1990 年之前，德国的人口老龄化程度是世界上最高的，1979 年德国 65 岁及以上年龄人口比重为 15.7%。1991 年后意大利 65 岁及以上年龄人口比重开始超过德国，达 15.24%，成为世界上人口老龄化程度最高的国家。这一局面持续到 2005 年。2006 年日本 65 岁及以上年龄人口比重上升至 20.18%，不仅超过意大利，而且成为首个进入高度老龄社会的国家。德国在 1960—1990 年，意大利在 1991—2005 年，日本从 2006 年起至今，分别是世界上人口老龄化程度最高的国家。到 2020 年，日本 65 岁及以上年龄人口比重为 28.4%，比位居第二位的意大利高出 5.1 个百分点。

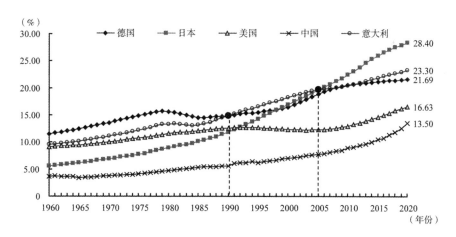

图 3-7　1960—2020 年美国、日本、德国、意大利及
中国 65 岁及以上年龄人口比重

资料来源：美国、日本、德国、意大利的数据来源同图 3-1，中国数据来源于万得数据库以及中国第七次人口普查。

同上述发达国家相比，中国的人口老龄化程度是相对较低的，但是中国人口老龄化进展速度是很快的。从图 3-8 可以看到，2000—2020 年中国的人口老龄化程度上升的速度是最快的,其65岁及以上年龄人口比重的年均增长率达3.26%,远高于其他国家。

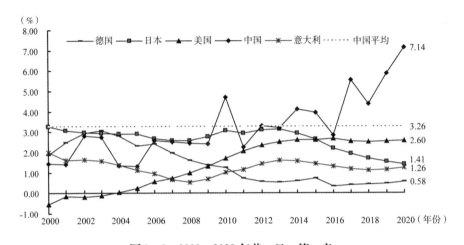

图3-8   2000—2020年美、日、德、意、
中五国65岁及以上年龄人口比重年度增长率

资料来源:同图3-9。

二   美国人口老龄化的进程

由于可以查到1929—2020年美国长时间序列的人口数据,这为分析美国长时期的人口老龄化进程提供了方便。其中,1929—1959年的数据来源于美国人口调查局(U. S. Census Bureau),1960—2020年的数据来源于世界银行2021年数据库。

从图3-9可以看到,1929年美国65岁及以上年龄人口比重为5.3%,即此时的美国处于年轻社会;1941年美国65岁及以上年龄人口比重上升至7.0%,由此标志着美国开始进入人口老龄化进程。然而,美国在轻度老龄社会停留的时间长达74年。到2014年,美国65岁及以上年龄人口比重才上升至14.3%,由此美国进入中度老龄社会。在1994年后美国65岁及以上年龄人口比重还历经了10年下降的过程,即1993年美国65岁及以上年龄人口比重上升至12.7%后,此后该比重则出现持续下降的情况,直到2003年该比重下降至12.3%后才重现回升。

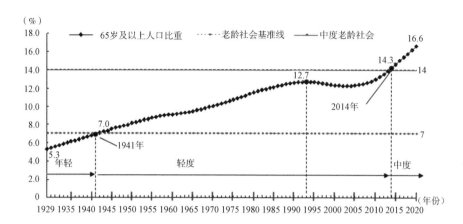

图 3 - 9　1929—2019 年美国 65 周岁及以上年龄人口比重

资料来源：1929—1959 年的数据来源于美国人口调查局（U. S. Census Bureau），1960—2019 年的数据来源于世界银行 2021 年数据库。

2004 年后，美国人口老龄化进程明显加快，可以说是美国人口老龄化进入快速发展期的开始。如 2004—2014 年，美国 65 岁及以上年龄人口比重年均提高 0.1985 个百分点，年均提高幅度是美国在轻度老龄社会期间（1941—2003 年）的 2.3 倍。截至 2020 年，美国 65 岁及以上年龄人口比重为 16.6%，即已经超过中度老龄社会标准 2.6 个百分点。

总体上看，导致美国在轻度老龄社会期间的人口老龄化进程相对缓慢，一个重要原因是美国是当今世界上最发达的国家，是有高度移民吸引力的国家，大量年轻而高素质的人才不断移民至美国，延缓了美国人口老龄化进程。另外，20 世纪 60 年代出现的"婴儿潮"也是延缓美国人口老龄化进程的重要原因。

三　日本人口老龄化的进程

当前，日本是世界上人口老龄化程度最高的国家。图 3 - 10 是 1960—2020 年日本 65 岁及以上年龄人口比重的数据曲线。可以看到，1960 年日本 65 岁及以上年龄人口比重为 5.62%，表明此时的日本尚未进入老龄社会。然而 1971 年日本 65 岁及以上年龄人口比重上升到 7.05%，表明日本由此开始进入老龄社会。

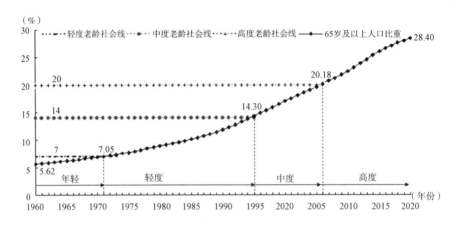

图 3 - 10 1960—2020 年日本 65 岁及以上年龄人口比重

资料来源：同图 3 - 1。

1970 年，日本人口老龄化程度水平还低于德国、意大利和美国。然而，自 1971 年日本进入人口老龄化后，其人口老龄化的进程发展是非常迅速的。到 1995 年，日本 65 岁及以上年龄人口比重上升到 14.30%，进入中度老龄社会阶段。2005 年，日本成为世界上人口老龄化程度最高的国家。2006 年日本 65 岁及以上年龄人口比重上升至 20.18%，日本成为首个进入高度老龄社会的国家。

以上的数据表明，在过去的近 40 年时间里，日本人口老龄化是加速发展的。从中度老龄社会到高度老龄社会，日本仅用了 11 年。到 2020 年，日本 65 岁及以上年龄人口比重上升到 28.4%，不仅成为当前世界上人口老龄化程度最高的国家，而且是首个进入超高老龄社会的国家。可见，日本在人口老龄化方面实现了世界上的两个"首个"，即分别是世界上"首个进入高度老龄社会"和"首个进入超高老龄社会"。

四 德国人口老龄化进程

德国也是当今世界上人口老龄化程度比较严重的国家之一。2020 年德国 65 岁及以上年龄人口比重达到了 21.69%，人口老龄化程度高居世界第六位。但是，总体上看，1960—2020 年德国人口老龄化程度变化可谓一波三折，曾在一段时间内出现过 65 岁及以上年龄人口比重下降的情况（见图 3 - 11）。

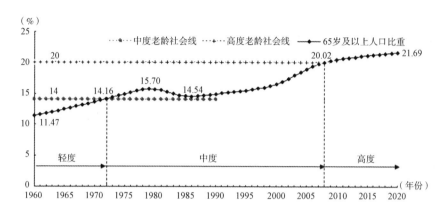

图 3 - 11　1960—2020 年德国 65 岁及以上年龄人口比重

资料来源：同图 3 - 1。

1960 年德国 65 岁及以上年龄人口比重为 11.47%，表明在此之前德国就已经进入了老龄社会。1972 年德国开始进入中度老龄社会，其 65 岁及以上年龄人口比重达 14.16%。然而，1979 年后德国人口老龄化程度出现下降的情况，1979 年德国 65 岁及以上年龄人口比重为 15.70%，1986 年下降至 14.54%，即下降了 1.16 个百分点。这意味着在 1980—1986 年德国老年人口数量出现了负增长，这是其他发达国家未曾出现过的情况。1987 年以后德国 65 岁及以上年龄人口比重又呈现回升，到 2008 年该比重上升至 20.02%，即德国由此进入高度老龄社会阶段。

五　意大利人口老龄化进程

意大利是当今世界上人口老龄化程度位居第二的国家。2020 年意大利 65 岁及以上年龄人口比重达到了 23.30%，人口老龄化程度仅次于日本。同德国一样，意大利在 1960 年以前也已经进入了老龄社会。1960 年意大利 65 岁及以上年龄人口比重为 9.52%，人口老龄化程度低于当时的德国，但是在 1990 年后意大利的人口老龄化程度超越了德国，成为当时世界上人口老龄化程度最高的国家，2005 年意大利被日本超越（见图 3 - 12）。

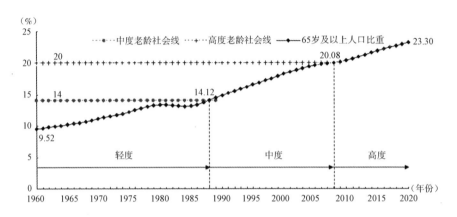

图 3 - 12　1960—2020 年意大利 65 岁及以上年龄人口比重

资料来源：同图 3 - 1。

1988 年意大利开始进入中度老龄社会，其 65 岁及以上年龄人口比重为 14.12%。在此之后，意大利人口老龄化程度保持持续上升，到 2008 年里意大利 65 岁及以上年龄人口比重达到 20.08%，即由此进入高度老龄社会。

六　中国人口老龄化进程

图 3 - 13 是 1960—2020 年，中国 65 岁及以上年龄人口比重的数据曲线。为了具有数据可比性，除了 2020 年以外，采用了 2021 年世界银行数据库的数据。2020 年采用了中国第七次人口普查的数据，因为普查年份的数据准确性相对更高。

从图 3 - 15 可以看到，1960 年中国 65 岁及以上年龄人口比重为 3.69%，即人口老龄化程度远低于上述四国。1960—2000 年，中国一直处于年轻型社会的状况。然而，2000 年中国 65 岁及以上年龄人口比重达到 7.00%，标志着中国由此进入了轻度老龄社会。进入 21 世纪后的中国人口老龄化进程是迅猛的，到 2020 年中国 65 岁及以上年龄人口比重达到 13.50%，已经非常接近中度老龄社会的门槛。

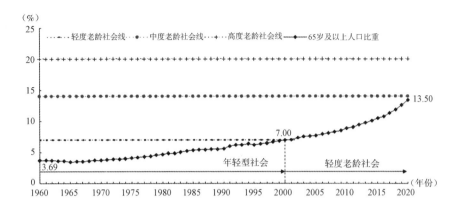

图 3 - 13　1960—2020 年中国 65 岁及以上年龄人口比重

资料来源：1960—2019 年数据来自 2021 年世界银行数据库，2020 年数据来自中国第七次人口普查。

以上数据均表明，进入 21 世纪以来五国的人口老龄化程度均呈现快速提升的态势。因此，如何应对人口老龄化同样是这五国共同面临的重大现实问题。虽然在 20 世纪，美、日、德、意四国的人口老龄化进程特点表现不尽一致，如美国属于缓慢型，日本是加速型，德国是有升有降型，意大利是平稳加速型，但是进入 21 世纪后这些国家的人口老龄化变化都呈现了快速发展的趋势。这似乎在表明，进入 21 世纪后，当今世界发达国家和主要国家的人口老龄化进程不断加快是共同的特征。

第五节　中国人口老龄化问题的特殊性

直到 2021 年，中国仍然是当今世界上人口最多的国家。这一特点决定了中国人口老龄化的问题有其特殊性，即中国拥有当今世界上数量最多的老年人口。只有充分认识到中国人口老龄化问题的特殊性，才能正确应对中国的人口老龄化，才能在未来的老龄经济中采取适合中国国情的措施，使中国经济与社会实现可持续发展。

一 中国人口总量巨大

1953—2020 年，中国进行了七次人口普查，数据见图 3 - 14。可以看到，2020 年中国人口为 141212 万人。而在 1982 年，中国人口为 101654 万人。1982—2020 年，中国人口增加了 39558 万人，年均增长率为 0.869%。

从图 3 - 15 可以看到，1964—1982 年中国人口年均增长率为 2.05%，是自 1949 年新中国成立以来人口增速相对最高的时期。在此期间出生的人口，经过 15 年左右时间后，恰好开始进入改革开放初期。因此，改革开放之后有大量的年轻劳动力进入经济中，为之后长达 30 多年的中国经济增长提供了人口红利。然而，1964—1982 年出生的人口，将陆续在 2024 年后进入退休期。因此，这意味着 2024—2042 年将是中国进入人口老龄化的高峰期。

在 2020 年世界人口总量位居前 30 位的国家中，中国居首位，见表3 - 6。这说明截至 2020 年，中国依然是世界上人口最多的国家。印度拥有 13.66 亿人口，居第二位。美国、印度尼西亚、巴基斯坦、巴西、尼日利亚、孟加拉国、俄罗斯及墨西哥的人口数量依次居第 3 位至第 10 位。值得注意的是，美国及其之后的各国人口数量，同中国和印度的人口数量相比，呈现"断崖"式的差距。中国和印度的人口数量均是美国的 4 倍多。

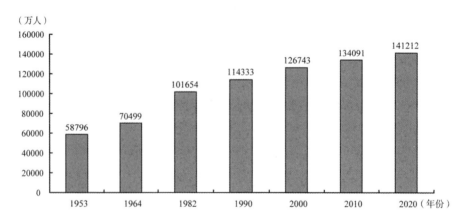

图 3 - 14 中国人口普查年份的总人口

资料来源：各年份均为中国人口普查的年份，1953—2000 年数据来自《新中国 60 年统计资料汇编》，2010 年后的数据来自《中国统计年鉴 2021》的表 2 - 4。

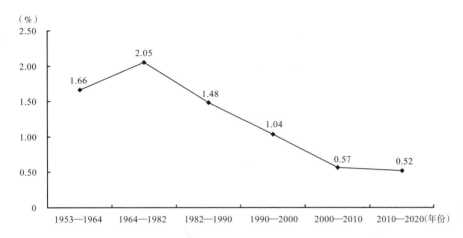

图 3 – 15　按人口普查年份划分区间的中国人口年均增长率

资料来源：同图 2 – 3。

表 3 – 6　　　　　　**2020 年世界人口总量位居前 30 位的国家**　　　　　　单位：亿人

序号	国别	人口	序号	国别	人口	序号	国别	人口
1	中国	14.12	11	日本	1.26	21	法国	0.67
2	印度	13.66	12	埃塞俄比亚	1.12	22	英国	0.67
3	美国	3.28	13	菲律宾	1.08	23	意大利	0.60
4	印度尼西亚	2.71	14	埃及	1.00	24	南非	0.59
5	巴基斯坦	2.17	15	越南	0.96	25	坦桑尼亚	0.58
6	巴西	2.11	16	刚果（金）	0.87	26	缅甸	0.54
7	尼日利亚	2.01	17	土耳其	0.83	27	肯尼亚	0.53
8	孟加拉国	1.63	18	德国	0.83	28	韩国	0.52
9	俄罗斯	1.44	19	伊朗	0.83	29	哥伦比亚	0.50
10	墨西哥	1.28	20	泰国	0.70	30	西班牙	0.47

资料来源：中国数据来自《中国统计年鉴 2021》，其他国家的数据来自世界银行数据库 2021 年版。

二　中国急速进入老龄社会

1982 年，中国 65 岁及以上年龄人口比重为 4.9%，属于人口年轻型国家。然而，到 2000 年，中国 65 岁及以上年龄人口比重达到 7.0%，标志着中国由此进入了老龄社会，开启了人口老龄化的进程。到 2020 年，中国 65 岁及以上年龄人口比重已经上升为 13.5%，距离进入中度老龄社会仅差 0.5 个百分点，见图 3 – 19。

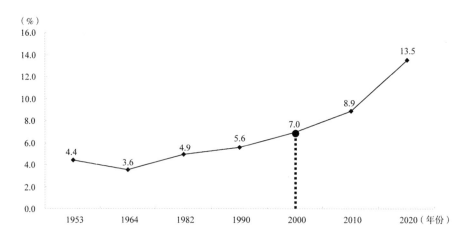

图 3 – 16　中国人口普查年份的 65 岁及以上年龄人口比重

资料来源：同图 3 – 16。

从图 3 – 16 不难看出，自 2000 年中国进入老龄社会后，人口老龄化进程是非常迅速的。特别是自 2010 年后，65 岁及以上年龄人口比重的上升幅度明显大于 2010 年之前的上升幅度。具体地说，2000—2010 年中国 65 岁及以上年龄人口比重年均提高 0.19 个百分点，而 2010—2020 年年均提高 0.46 个百分点，后者是前者的 2.4 倍。同国际社会相比，中国的人口老龄化进程也呈现快速趋势。根据世界银行数据显示，世界平均进入老龄社会的时间是 2002 年，而中国进入的时间是 2000 年。

由表 3 – 7 可以看到，从轻度到中度老龄社会，法国用了 125 年，瑞典用了 82 年，美国用了 71 年，英国用了 45 年，日本用了 24 年，而中国只用了 21 年。从中度到高度老龄社会，英国用 53 年（预计），瑞典用了 46年，法国用了 28 年，美国用 16 年的时间（预计），日本用了 11 年，而中国只需用 9 年（预计）。中国人口老龄化进程是这些国家中最快的，比日本人口老龄化进程还要快。因此，可以说中国是急速进入老龄社会的。

表 3 - 7　　　　　　一些国家进入不同程度老龄社会的时间

	美国	日本	英国	法国	瑞典	中国
轻度老龄社会进入年份	1942	1971	1930	1865	1890	2000
中度老龄社会进入年份	2013	1995	1975	1990	1972	2021
高度老龄社会进入年份	2029（预计）	2006	2028（预计）	2018	2018	2030（预计）
2020 年 65 岁及以上年龄人口比重（%）	16.6	28.4	18.7	20.8	23.3	13.5
从轻度到中度老龄社会的年数	71	24	45	125	82	21
从中度到高度老龄社会的年数	16	11	53	28	46	9

资料来源：轻度老龄社会数据和预计数来自 West and Kinsella（1998），*The Economics of an Aging Society*，2004；其他数据来自世界银行 2021 年数据库（https：//api. worldbank. org/v2/zh/indicator/SP. POP. 65UP. TO. ZS？ downloadformat = excel）。

值得一提的是，除了中国以外，表 3 - 7 中的国家都是在成为发达国家后才进入人口老龄化或中度人口老龄化的，而中国到目前仍是发展中国家。因此，中国是"未富先老"，这也是中国人口老龄化的一种特殊情况。

三　少子化问题

自 1964 年后，中国 0—14 岁人口比重呈现非常显著的持续性下降，见图 3 - 17。1982 年该比重下降至 33.6%，2010 年下降至 16.6%。2020 年有所回升至 17.9%，仅比 2010 年提高 1.3 个百分点。

根据第七次人口普查的数据显示，2020 年中国 0—14 岁人口为 25338万人，比 60 岁及以上年龄人口少 1064 万人。这意味着此时的中国已经不仅是老龄社会，而且同时是少子社会，预示着未来中国老龄社会人口结构引发的经济社会问题将更加突出。

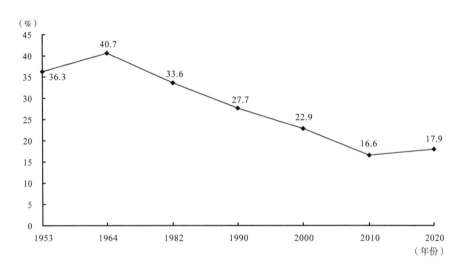

图3-17   普查年份中国0—14岁人口比重

资料来源：同图3-16。

四   中国人口变化轨迹同计划生育政策的实施有关

尽管实施了计划生育政策，中国依然成为当今世界的超级人口大国。从20世纪80年代起中国人口年均增长率呈现不断下降的趋势，这主要是自1970年后中国实施计划生育政策的结果。中国实施计划生育政策的一些重要时点大致如下。

（1）1971年7月，国务院批转《关于做好计划生育工作的报告》，把控制人口增长首次纳入国民经济发展计划。

（2）1980年9月，党中央发表《关于控制我国人口增长问题致全体共产党员、共青团员的公开信》，提倡一对夫妇只生育一个孩子。

（3）1982年9月，党的十二大把计划生育确定为基本国策，同年12月写入宪法。

（4）1991年5月，中共中央、国务院作出《关于加强计划生育工作严格控制人口增长的决定》，明确贯彻现行生育政策，严格控制人口增长。

（5）2002年9月，《中华人民共和国人口与计划生育法》施行。

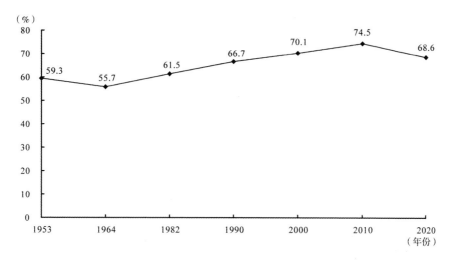

图 3 - 18　普查年份中国 15—64 岁人口比重

资料来源：同图 3 - 16。

（6）2013 年 11 月，《中共中央关于全面深化改革若干重大问题的决定》提出"启动实施一方是独生子女的夫妇可生育两个孩子的政策"。

（7）2013 年 12 月，中共中央、国务院印发《关于调整完善生育政策的意见》。

（8）2015 年 12 月 27 日，全国人大常委会表决通过了人口与计划生育法修正案，全面二孩政策于 2016 年 1 月 1 日起正式实施。

（9）2021 年 5 月 31 日，中共中央政治局审议《关于优化生育政策促进人口长期均衡发展的决定》，提出进一步优化生育政策，实施一对夫妻可以生育三个子女政策及配套支持措施。

五　中国老年人口数量巨大是特殊的问题

中国人口总量巨大，意味着中国老年人口的总量也必然是巨大的。第七次全国人口普查数据显示，2020 年中国 60 岁及以上年龄人口为 26402 万人。60 岁及以上年龄的人在中国是法定的老年人。根据表 3 - 6 的数据可以计算出，2.64 亿的中国老年人口大约相当于同期美国总人口的 80%，几乎相当于德国、英国、法国和意大利四国人口之和。如果将 2020 年中国 60 岁以上年龄人口作为一个"老年人口国"来看待，那么这个"老年人口国"的人口在世界各国人口由多到少的排序中居第 5 位。拥有如此数量巨大的老年人口是除中国之外的当今世界上任何国家都没有的情况，因此这必然是中国人口老龄化问题的一个特殊性。

目前，发达国家主要将 65 岁作为统计老年人数量的标准线。遵循这一规则，在中国国家统计局公布的有关中国老年人口统计数据中，65 岁及以上年龄人口数据是相对充分、系统和可获取的，而 60 岁及以上年龄人口数据则是缺乏的和不系统的。如可查阅的中国 60 岁及以上年龄人口的数据，主要是 2011 年以后的数据。因此，基于同国际数据的可比性以及数据的可获取性，下面主要按 65 周岁及以上年龄人口数据进行分析。

从图 3 - 19 可以看到，中国 65 岁及以上年龄人口是非常显著地不断上升的，从 1953 年的 2593 万人增加到 2020 年的 19064 万人，即增长约 6.4 倍。特别是从 2000 年后，中国 65 岁及以上年龄人口呈现加速增长。1953—2000 年中国 65 岁及以上年龄人口年均增长 2.64%，而 2000—2020 年则年均增长 3.93%，后者大约是前者的 1.5 倍。

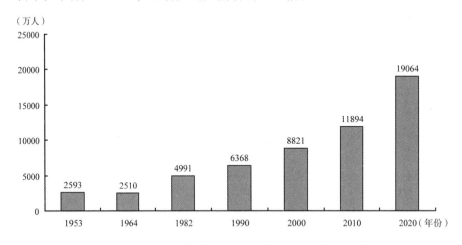

图 3 - 19   中国人口普查年份 65 周岁及以上年龄人口数量
资料来源：同图 3 - 16。

2020 年中国 65 岁及以上年龄人口为 19064 万人。而 2020 年美国 65 岁及以上年龄人口为 5479.6 万人，日本为 3573.4 万人，英国为 1253.8 万人。中国 65 岁及以上年龄人口，是美国的 3.5 倍，是日本的 5.3 倍，是英国的 15.2 倍。

总之，虽然目前中国人口老龄化的程度尚不及发达国家，但是中国老年人口的绝对数量巨大，这是中国人口老龄化问题的一个特殊性所在。而这种特殊性是当今世界上任何国家都未曾经历过的，因此没有可以借鉴的国际经验。这意味着中国必须探索适合自己国情的应对人口老龄化的路径和策略。

第 四 章

老龄经济背景下的经济学发展问题

21世纪人类进入老龄社会，人口老龄化成为常态化，由此深刻地改变了人类经济运行的基本背景。因此，经济学的发展应同21世纪的经济背景相适应。否则，经济学与现实经济不适应，就会失去其对现实经济的指导作用。本章旨在结合21世纪人口老龄化的基本背景，论述当前经济学发展中存在的若干突出问题。

第一节　老龄社会中经济学的意义

一个关键的问题：以人口老龄化为主要特征的时代背景，对经济学的发展有什么重要的意义？或者说，老龄经济对经济学有何重要的意义？

一　经济学意义之一：人口老龄化不断改变资源稀缺性的格局

在不断深化的人口老龄化过程中，人口结构的变化是以老年人口比重不断上升为主要特征的，而劳动年龄人口比重相对甚至绝对下降。人口结构对应着资源配置结构，因此人口老龄化的这种效应涉及劳动力资源稀缺性的变化。

劳动年龄人口是生产要素中劳动力的最主要来源。因此，劳动年龄人口比重下降，意味着生产要素的资源格局出现了变化。这种人口结构的变化，在经济学方面的意义是：在人口老龄化的背景下，劳动力稀缺性将不断上升，由此对经济各方面产生深刻和系统性的影响。

劳动力稀缺性上升的一个效应是导致劳动力价格上升。"物以稀为贵"。劳动力是经济中最基本的生产要素，因此劳动力价格的上升有"牵一发而动全身"的效应。与此相对应，在现实经济中易出现劳动力供给能力减弱、劳动力使用成本提高、企业运营成本增加、人工服务价格明显上升、经济利润空间下降等情况。特别是，劳动力稀缺性上升对劳动密集型企业的影响会更大，以至于劳动密集型企业可能面临被迫转型的压力。

在总体经济资源中，劳动力要素是基础性的，因此劳动力要素稀缺性的变化，深刻改变经济要素稀缺性原有的基本格局。而这种情况的出现，对经济学的影响是导致有关传统经济理论出现不适用的情况。如在 21 世纪人口老龄化的背景下，在经济增长分析中忽视人口结构变化的因素就是不适宜的。具体地说，如果依然假定劳动力或人口始终是正增长，这样的假定已经不合适于 21 世纪经济增长问题的分析。因此，在利用传统经典经济增长理论如索洛模型分析 21 世纪经济增长问题时，需要对相关的假设或背景条件进行适当的修正，如考虑人口老龄化的因素是非常必要的。

二　经济学意义之二：人口老龄化不断改变投资与消费的比例关系

在人口老龄化的过程中，伴随着老年人口不断增加。由此产生的一个重要效应是：经济中的纯粹消费型人口增加。由于一般意义的老年人，是只消费而不再从事职业性、经济性劳动的纯粹消费者，因此在总产出一定的情况下，老年人口增多的结果必然是增加消费而减少实体经济中的国民储蓄，由此相对乃至绝对地降低经济增长的潜力。老年人口是纯粹消费者，由此导致人口老龄化的结果必然是降低生产型资源的配置，而增加消费型资源的配置。此效应在宏观经济层面上的结果，就是深刻改变投资与消费的比例关系。即需要有越来越多的资源用于老年人口的消费。而投资与消费比例关系的变化，本质上就是经济资源配置关系的变化。因此，人口老龄化不断改变投资消费比例关系，是人口老龄化影响经济资源配置关系的一个重要问题。

三　经济学意义之三：人口老龄化改变总需求的内部结构

人口老龄化必然导致老年人口成为经济中越来越重要的消费者，因此老年人口的需求将成为越来越重要的影响经济增长乃至经济发展的因素。此效应的经济学意义是：在经济总需求的结构中，老年人口的需求在总需求中的比重将不断提高，由此导致总需求结构随人口老龄化而不断出现深刻变化。这表明在经济总需求分析中，人口老龄化是不可忽视的因素。而总需求结构的变化，对应相关产业发展需求的变化，因此人口老龄化必将影响产业经济发展的格局。或者说，人口老龄化使老年人口成为重要的需求主体，导致人口老龄化对相关产业的发展有重要的影响。为此，相关产业的发展必然要与人口老龄化背景下的需求结构变化相适应。这意味着人口老龄化对产业发展既提出严峻的挑战，又带来促进相关产业发展的机遇。如何适应和满足老年人口的需求，既是产业发展面临的重要问题，也是有关产业发展的重要机遇。

四　经济学意义之四：人口老龄化改变人类生命周期阶段性的格局

在经典的经济学生命周期理论中，通常将个人一生划分为两个阶段：一是工作期，二是退休期。在工作期，个人进行劳动而取得收入，其中收入的一部分作为储蓄以供退休期的养老之用。在传统的经济分析中，采用这种分析的模式旨在决策如何配置消费和储蓄的关系，以实现个人一生效用的最大化。然而，在不考虑人口老龄化因素的这种传统分析模式中，通常假定工作期的时间长度和退休期的时间长度都是既定的。即传统的两阶段配置消费和储蓄的关系，是没有考虑寿命延长因素的影响。而事实上，在人口老龄化的背景下，人类预期寿命不断延长已经成为常态化。因此，现实中既定的工作期时长和既定的退休期时长的设定，已经不适用于人口老龄化的场景。为此要求在人口老龄化为常态的背景下，需要动态考察退休期时长不断延长的效应。

综上所述，21 世纪人口老龄化为常态化的现实经济背景，必然对传统经典的经济学理论的适用性带来非常现实的重要挑战，因此发展适用于老龄经济分析的经济学理论是非常必要的。然而，当前的经济学发展存在诸多方面的问题。只有充分认识当前经济学发展中所存在的诸多问题，才能更好地发展经济学以适应现实经济的需要。

第二节　时代背景变化对经济学发展的影响

一　时代背景因素影响经济理论的前提条件

经济学之所以有用，在于它可以帮助人们分析、理解乃至指导解决现实经济问题。然而，任何经济学的理论都有其适用的背景及条件。这意味着任何经济学的理论都是有局限性的，而不是一劳永逸、一成不变的。如果理论的适用条件不成立或出现较大变化，那么原有的理论是否还成立就存在疑问。如在 18 世纪之前，总体上的资本和技术水平是相对落后的，因此劳动力成为最基本、最主要的生产要素。特别是在原始社会，除了石器外几乎没有什么资本设备可言，因此原始社会时代的劳动力几乎是唯一的生产要素。可见，在 18 世纪之前，人口和劳动力的状况就成为比资本和技术水平更为重要的影响经济的主要因素。因此，在 18 世纪的背景下，亚当·斯密认为经济增长取决于劳动力数量的增长和劳动生产率的提高。可见，这一经济增长理论与 18 世纪的背景是相适应的。即 18 世纪的背景是资本和技术水平相对较低，因此凸显这个时代的劳动要素的重要性。

人类历史上的第一次工业革命始于 18 世纪 60 年代。虽然出现了工厂制代替手工工场，以及用机器代替手工劳动的进步，但当时对机器的使用主要还是人工操作，而不是现代经济中的自动化。因此，在第一次工业革命后的相当长的时期内，劳动力依然是重要的生产因素。正因如此，在亚当·斯密时代的经济增长依然主要取决于劳动要素的状况。

然而，随着科学技术的不断快速发展，资本和技术作用的重要性逐渐显现和增大，资本和技术的作用已经远大于劳动要素的重要性。如在现代经济中，一个农场的生产与经营活动，几个人利用现代设备就可以完成而在过去则是几百人乃至上千人都无法完成的。因此，随着经济的快速发展，在现代经济增长理论中主要讨论资本和技术对增长的重要性，而人口和劳动力增长通常被假定为不变。理论的条件假定的变化，实际上反映了时代背景因素对经济理论的重要影响。因此，经济理论的假定需要符合时代背景情况。

二　经济理论需要与时代背景相适应

在 20 世纪人口"爆炸"式增长的时代背景下，人口、劳动力及人口老龄化因素是不构成经济运行的约束条件的，而重点关注的是资本与技术的作用。可见，一定的经济理论的适用性，与时代背景因素所决定的前提条件有直接的关系。然而，21 世纪已经以人口老龄化常态化作为经济的基本背景，由此必然对经济学的发展产生深刻影响，即核心的问题是经济学的发展需要适应人口老龄化常态化这一基本的现实背景。

在 20 世纪人口快速增长的背景下，索洛（1956）经济增长理论中设定劳动力数量增长不是约束条件，而是可以按一定正的常数增长率持续增长的。在此假定的条件下，按其模型得出的结论是：经济增长取决于人均资本水平和技术进步变化的情况。此结论与 18 世纪斯密的经济增长理论所得出的"经济增长取决于劳动力数量的增长和劳动生产率的提高"的结论相比，是有差别的，而产生这种差别的主要原因是两位经济学家所处的时代背景不同。由此表明经济理论的适用性，是与时代背景有密切关系的。而一旦时代背景出现了重大变化，经济理论也需要随之而发展，否则其适用性必然下降甚至失去实际意义。

进入 21 世纪人口老龄化成为常态，这便是现实经济背景已经出现重大深刻变化的具体表现。因此，现代经济学的发展应适应人口老龄化背景下的经济分析的需要，确切地说，就是要发展老龄经济分析的有关理论。然而，当前经济学的发展处于严重滞后的状态，特别缺乏适用于老龄经济分析所需要的有关经济理论。

三 不同时代人类寿命与工作期时长和退休期时长的变化

数据显示，人类预期寿命1900年仅为40岁，1973年才达到60.05岁，到2020年为73岁。① 这意味着，即使以40岁作为退休年龄，在1900年之前人类是没有退休期的。如果以60岁作为退休年龄，人类没有退休期的情况一直持续到1973年之前。可见，直到20世纪70年代后，人类才有退休期的存在（见图4-1）。

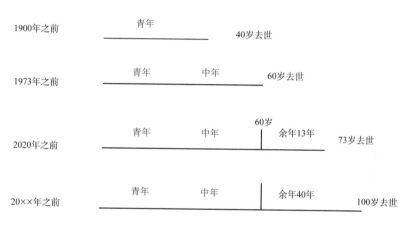

图4-1 不同时代人类工作期和退休期变化

如图4-1所示，2020年时假定个人的工作期为40年，则退休期为13年。因此，个人退休期的养老水平是用工作期40年的收入支持退休期13年的生活。然而，如果人类预期寿命不断显著地延长，假设到某年人均预期寿命达到了100岁，这种情况下，个人的工作期为40年，退休期也达到了40年，这种情况可以实现养老吗？这便是人口老龄化背景下个人生命周期的阶段性变化出现的问题。

对中国而言，上述情况是非常现实的问题。如1981年中国平均预期寿命为67.77岁。按中国男性60岁退休、女性55岁退休界定，粗略估计这

---

① 本段数据来自世界银行2021年数据库（https://data.worldbank.org.cn/indicator）。

个时期中国老年人退休后的余年为 8—10 年。这时对于中国老年人总体而言，养老负担虽然存在，但不是很大，因为这是以工作期 40 年的收入支持 8—10 年的退休期生活。然而，进入 2000 年之后中国平均预期寿命达到 71.40 岁，而到 2020 年达到 77.8 岁。若按男女平均 58 岁退休计算，则到 2020 年中国老年人退休后的生活余年已经达到了 20 年。这意味着需要用工作期 40 年的收入支持约 20 年的退休期生活，显然养老的压力显著增大了，由此养老成为突出的问题。

在 20 世纪不考虑人口老龄化的情况下，工作期的时间长度通常被假定为大于退休期的时间长度的。如假设 T_1 为工作期的时间长度，T_2 为退休期的时间长度，则 $T_1 > T_2$ 成立。事实上，在 1900 年之前，人类是没有养老问题的，即 $T_2 = 0$。但是，随着人类预期寿命的不断延长，即退休期时长 T_2 不断延长，这时相关经济分析应如何进行？甚至出现 $T_2 > T_1$ 的情况，那么经济会是怎样的情况？

上述问题是传统经典经济学理论没有论及的，而上述问题的核心在于人类退休期时长处于不断延长的经济效应是怎样的。特别是在人类退休期时长接近甚至超过工作期时长的情况下，经济学应如何考虑这种情况的分析，经济运行的场景会是怎样的，这些都是经济学领域有待展开研究的问题。

第三节　研究工具滥用误导经济学的发展

在当今科学技术日新月异的时代，经济社会的变化已经远超经济学条件假定的情况。目前经济学发展总体上呈现这样的倾向：研究经济的方法与工具越来越多，研究经济的手段与技术不断出新，但是能够告诉人们道理的经济原理却没有取得明显进展。在经济分析中，研究者通常注重的是经济变量间表面的数量关系，却淡化了对变量间内在基本逻辑关系的探究。重方法、轻原理，重计量、轻逻辑，这种局面反映出经济学发展已经出现了严重的问题。

一　经济研究工具的广泛运用并没有带来经济学的真正发展

随着现代科学技术的发展，特别是以计算机、互联网为核心的信息科学技术的迅猛发展，人们对利用计算机技术以及网络数据信息（如大数据）研究经济问题的期望越来越高，经济学发展得到越来越强有力的研究工具的支持，甚至可以说经济学发展进入了新的阶段。然而，强有力的经济研究工具的广泛运用，事实上并没有带来经济学的真正繁荣发展。主要表现为，研究经济的工具的广泛运用，并没有明显促进原理性经济理论的发展，反而是展现研究工具本身似乎成了主要内容。

不难发现，现代人们对现行经济现象与相关问题的理解，并没有因为经济学的发展而变得容易。相反，有关的困惑却是越来越多。最直接的表现是，2008 年美国发生了次贷危机，由此引发了持续数年的世界性经济下行。对此，世界经济学界没有能给出及时的预测和预警，发生后也提不出及时有效的应对策略。这充分表明现代经济学理论是远不能满足实现经济发展的需要。面对复杂多变的现代经济，人们似乎越来越难把控。在快速变化的现实世界面前，经济学的发展是严重滞后的。这种滞后并不是研究工具运用方面的滞后，而是经济理论特别是原理性的经济理论严重滞后。

二　研究经济的工具被滥用

掌握怎样的工具是非常重要的事情。工具是人类认识世界、改造世界的实现手段与能力的体现。人类社会进步的标志，通常是以人类所掌握的认识世界、改造世界的"工具"水平为标志的。例如，石器、青铜器、蒸汽机、计算机乃至信息网络等，都可作为划分人类不同文明阶段的标志。因此，有怎样的研究经济的工具水平，同样是衡量经济学发展水平的重要尺度之一。但是，经济学作为社会科学的属性，决定了研究经济的工具水平并不能全面体现经济学发展的总体水平。归根结底，经济学发展的水平是以其分析与解决实际经济问题的能力水平作为最终评判标准的。

事实上，当前研究经济的工具所取得的进步，实际上不仅没有起到明显提高现行经济学理论水平的作用，反而出现了研究经济的工具被滥用的情况。目前普遍存在的现象是，无论是针对怎样的经济问题，都要使用一定的研究工具特别是前沿性研究工具进行研究，似乎才能体现其研究水平的高低。在一些人看来，只要掌握了功能强大的经济研究的工具，就可以进行所有经济问题的分析，而不注重所采用的研究工具的适用性。

经济研究的工具随意滥用，不仅无助于正确分析有关经济问题，反而容易产生误导。例如，在现代农业经济中，农业产出的增加主要是通过物质要素投入与技术进步的作用而实现的。其中，技术进步是农业劳动生产率提高的主要原因，与之对应的是从事农业生产的劳动力数量减少，因此相对过剩的农业劳动力需要向其他产业转移。这时，如果简单地基于时间序列数据，建立农业产出与农业劳动力数量之间关系的计量经济回归方程，那么两变量间将呈现负向关系。如果不考虑实际经济的情况，而是简单地按此数量关系分析，结论将是农业劳动力投入越少，农业产出越多。显然这是十分荒谬的结论，农业产出水平增加与农业劳动力数量减少两者间并不是因果关系。事实上，农业产出水平的提高不是因为农业劳动力数量减少。在众多影响农业产出水平的因素中，农业技术进步是重要的因素。农业技术进步提高了劳动生产率，导致农业劳动力过剩，迫使过剩的农业劳动力向其他产业转移。因此，农业劳动力减少不是农业产出水平提高的因果关系。这意味着现实经济变量是否为因果关系，需要结合现实经济的具体因素进行判断，而不单是计量经济方法的问题，需要对现实经济的机理及有关经济原理进行深入的研究。再如，利用现代计算机技术可以模拟个人、城市乃至国家的某种经济场景，但是如果模拟不是基于正确的经济运行机理与机制而建立的，那么这种模拟实际就是一种偏离实际经济的自娱自乐的"游戏"。

研究经济的工具本质上不同于工程技术领域的工具。一般而言，运用经济研究工具的结果不具有标准性和一致性。这与自然科学、工程技术领域的工具运用结果不同。对自然科学、工程技术领域的工具运用，其结果是能够标准化、统一化、可重复生产的产品，如一台合格机器生产出来的产品的质量通常是有一致性的。而经济研究的工具，严格地说，它只是助人思维的一种艺术，而不是硬科学技术意义上的工具。例如，运用相同的工具分析同一经济问题，不同经济学家给出的结果可能是很不一致的。这是因为不同的经济学家分析问题的角度、理念与有关因素的考虑可能是不同的，因此即使采用相同的研究工具，其所得出的研究结论也可能不同。从这个意义上看，经济研究的工具同自然科学、工程技术领域的工具相比，实际上是不同性质的工具。

三　任何定量分析的结果都不能表明因果关系的存在性

对一些经济变量间因果关系的识别，并不是单纯靠定量分析方法能够解决的。对因果关系的分析，归根结底需要对现实经济问题进行符合实际的客观分析，需要对经济问题本身及相关因素进行深入探究，这是一种逻辑关系的分析与探究。这种探究需要借助有关原理性经济学的理论，而不是单纯运用定量分析工具可以解决的。如果脱离正确的经济理论的指导而滥用有关的研究工具，这种表面上科学的分析与决策模式，实际是一种伪科学的分析与决策模式。其不仅有悖于学术研究的规范，而且会对正常科学决策造成极大干扰，极易产生错误甚至是荒谬的结果，是非常有害的。

总之，从对经济原理的探究方面看，经济研究的工具化倾向对经济原理的探究并不是有效的。相反，对经济研究工具的滥用，容易导致误导性甚至是错误的结论。甚至研究工具的发展反而成为回避对经济原理的探究，另辟以数据经验及模拟分析为主要研究方法的途径。这样的局面对经济学的发展是十分不利的。上述问题在老龄经济分析中是需要高度重视的。

第 五 章

老龄经济学的理论基础

21 世纪的经济为老龄经济，是因为不断深化的人口老龄化成为 21 世纪经济运行的常态化基本背景。经济运行的基本背景出现深刻变化，必然要求经济学的发展顺应时代要求。本章主要论述 21 世纪人口老龄化背景下的经济学即老龄经济学的有关理论基础问题。

第一节 人口老龄化因素对经济学的影响

经济学不是抽象的理论，其核心任务是为现实经济服务的。因此，经济学的发展必然需要同其所处的时代背景紧密结合，适应时代发展的需要。根据 21 世纪经济运行以常态化的人口老龄化为基本背景的现实情况，经济学的发展必然要充分考虑人口老龄化因素的影响。

一 人口老龄化因素影响有关经济理论中的条件假定

在经济学中，无论是定性的理论还是定量的模型，都存在一定的适用前提条件或条件假定。这些前提条件与条件假定，实际上就是一定的经济学命题或经济理论是否成立的必要条件。这些前提条件与条件假定并不是任意设定的，而是需要基本符合现实经济的基本背景。如果前提条件与条件假定的适用背景发生变化，则需要对其理论的适用性进行重新审视、重新考察。

现代主流经济学是在 20 世纪人口"爆炸"式增长的背景下发展形成

的。在 20 世纪，特别是在 20 世纪五六十年代，即使在西方国家，劳动力供给也是充分的。1953—1973 年，世界人口增长出现了第一次 "婴儿潮"。在此后 20 多年的时间里，世界人口年均增长率达 1.9%。1978—1988 年，世界人口增长又出现了第二次 "婴儿潮"，其间世界人口年均增长率为 1.8%（见图 5 - 1）。

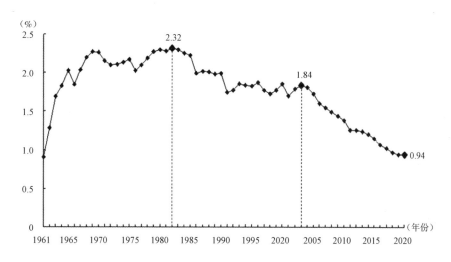

图 5 - 1　1961—2020 年世界 15—64 岁劳动年龄人口年度增长率

资料来源：世界银行 2021 年数据库。

1961—1982 年，世界 15—64 岁劳动年龄人口的年度增长率不断上升，并于 1982 年达到峰值。之后则呈现波动性下降趋势。特别是进入 21 世纪后，从 2003 年起，世界 15—64 岁劳动年龄人口的年度增长率呈现持续下降情况。到 2020 年时，世界 15—64 岁劳动年龄人口的年度增长率下降至 0.94%。

20 世纪世界人口年均增长率达到了 1.32%，因此，20 世纪经济学中一些经典的经济模型均假定人口增长率等同于劳动力增长率，并且该增长率是正的常数。如在经典的索洛经济增长模型中，其前提条件设定就是如此。从实际情况看，这种假设在总体上是符合 20 世纪人口增长的实际情况的。

然而，进入 21 世纪后的世界人口形势，特别是人口结构情况出现了深刻的变化。在 21 世纪人口老龄化的过程中，世界范围内的劳动年龄人口增速呈现明显下降的趋势。

2008—2020 年世界 65 岁及以上年龄人口增长率与 15—64 岁劳动年龄人口增长率的变动趋势总体上是相反的，即 65 岁及以上年龄人口增长率是显著上升的，而 15—64 岁人口增长率是持续下降的（见图 5 - 2）。这表明 2008 年以后，65 岁及以上年龄人口增速显著高于 15—64 岁劳动年龄人口增速，由此导致人口老龄化程度显著提高。2017 年后 65 岁及以上年龄人口增长率出现下降，但是仍然保持在相对高的水平上，到 2020 年的增长率为 3.47%，比 2020 年 15—64 岁劳动年龄人口的增长率高 2.53 个百分点。

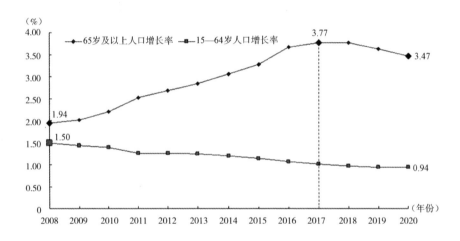

**图 5 - 2　2008—2020 年世界 65 岁及以上年龄人口
增长率与 15—64 岁劳动年龄人口增长率曲线**

资料来源：同图 5 - 1。

以上的数据表明，在 21 世纪老龄社会时代的背景下，关于人口增长等同于劳动力增长的假定显然已经不再适用。实际上，人口老龄化背景下的劳动力增长相对减缓甚至可能出现负增长。这种情况与经典经济增长理论中关于劳动力条件的假设情况是相反的。因此，如何考虑人口结构中劳动力比例不断下降，而老年人口比例不断上升对经济产生的影响，是 21 世纪经济学发展中需要分析的一个重要问题。

二　人口老龄化影响有关经济分析方法的有效性

人口老龄化将影响一些传统经济理论与方法的适用性，如在考虑人口老龄化因素后，有关的条件假定、变量设定、数据选取等都需要进行适当的修正或调整，否则可能得出不符合实际的甚至是错误的结论。一些宏观经济模型的建立，虽然是以微观个人行为作为研究的基础，但通常假定经济中的这些个体是无差异的，由此可以通过微观个体的加总而得宏观总体，这种假定方法的本身就是忽视了人口老龄化因素的效应。

又如，在经济学乃至社会保障理论研究中都得到广泛应用的世代交叠模型（OLG），是建立在基于微观个人行为基础上的关于储蓄与消费比例分配关系的分析模型，其目标是使个人一生的效用最大。该模型通过微观的个人加总而得到。而由于假定个人是无差异的，实际上这样加总的结果，是不能反映老年人口比重不断提高的效应的。因为这样加总的结果等同于微观各方面的同比例放大，实际上等同于个人储蓄率和国民储蓄率相等，从而不反映在不同人之间的财富转移的效应上，不受总人口结构比例关系变动的约束，也不受国民收入总量的约束。由此导致这样的研究，不能正确反映人口老龄化程度不断提高情况下的真实效应。劳动力与人口的不加区分，导致人口老龄化对经济有怎样的影响，在目前的经典经济学理论中尚未有清晰的论述。

同时，在21世纪人口老龄化的背景下，人口因素的有关变量如劳动力与老年人口等，必然是经济学中的重要变量。然而，在现行的标准的经济学教科书中，是难以找到体现人口老龄化因素变量的，同时也缺乏关于人口老龄化效应的分析理论。因此，基于对21世纪人口老龄化背景的考虑，在经济学中加入体现人口老龄化因素的变量是非常必要的现实问题。而有关人口老龄化因素变量的加入，必然对以往有关经典的经济理论与方法产生重要的影响。

从总体方面看，人口老龄化是经济社会基本背景的一种深刻变化，由此将催生新的经济理论乃至新的经济学科出现。例如，为了适应老龄经济分析的需要，亟待在经济学的框架内建立老龄经济学。老龄经济学是以人口老龄化常态化作为基本背景下的经济理论，是关于老龄经济的理论，是同老龄社会概念相并行的老龄经济理论。老龄经济学的重点与核心内容，不是关于老年人的问题，更不是关于老年人如何理财以获取经济收益的问题，而是关于人口老龄化因素对经济运行各个方面约束和影响的问题，是经济学属性的学科分支。其中老龄经济学中的"老龄经济"是指一定总体经济所处的经济状态，即这个经济状态是受到人口老龄化因素约束的，是处于人口老龄化成为常态化的经济运行状态。因此，本书的内容实际是关于"老龄经济"的理论。

第二节　资源稀缺性是经济学的基础

一　概述

发展经济是人类赖以生存与发展的重要基础。相应地，经济学成为越来越重要的学科。经济学是一门研究如何有效配置与管理稀缺资源的理论，即资源的有限性与稀缺性是经济学成立的基础。

资源的稀缺性凸显了经济学特殊的重要意义，即经济学旨在指导人们如何对有限的、稀缺的资源进行有效的配置，以实现稀缺资源的最佳利用。因此，经济学本质是关于稀缺资源优化配置的理论。然而，资源的稀缺性并不是一成不变的。大自然的不断变化、科学技术的不断进步以及人类经济社会的不断发展等，诸多方面的因素都可能导致既有资源的稀缺性发生从量到质的变化。而一些具有重大意义的基础性资源的稀缺性变化，意味着经济运行的基本背景出现了深刻变化。此情况对经济学而言，就是有关经济分析的基础条件、前提条件出现了深刻变化，由此必然对经济学的发展产生非常重大的影响。现行的人口老龄化，就是深刻改变人口与劳动力资源稀缺性的重大因素，因此人口老龄化对经济学的发展必然有重要的影响。

二　生产的本质是为了弥补资源的稀缺和满足人们的消费

从本质上看，人类从事的任何生产活动，实际上都是为了弥补某种资源的稀缺。例如，人们生活需要的消费品是稀缺的，于是人们不得不从事生产活动，进而才有产品的分配、交换和消费等行为。由于生产活动所需要的原材料是稀缺的，是需要付出成本代价才能取得的，人们才会努力以尽可能少地投入争取尽可能多地产出或实现利润最大化。于是，如何在资源稀缺的条件下进行资源配置与行为选择，就成了一门非常有用的学问，这门学问就是经济学。而现实中的资源稀缺性是处在不断变化中的，由此决定相应的经济学理论也要适时发展，否则经济学就失去了指导现实经济的意义。

因此，要素的稀缺性既是产生经济学的客观基础，也是促使经济学发展的内在动力。而资源的稀缺性及其变化状况是和时代大背景密切相关的，不同的时代背景对应不同水平的科学技术，从而对应不同的资源需求。人口本身既是生产性资源，又是人类社会的主体。作为生产性资源，人口是活的生产要素即劳动力的来源。而作为人类社会的主体，人口是消费者，是经济成果的分享者，也是经济总需求的来源。因此，人口是决定一个时代经济社会发展的基本背景性因素，是经济运行的基本约束条件。人口老龄化对应着劳动力资源的稀缺性不断上升，导致一些经典的经济学理论的适用条件被深刻改变，因而有关经典经济理论的适用性已明显下降甚至完全失效。因此，21世纪的生产活动应朝着适应人口老龄化的方向发展，相应的经济学发展也需要适应人口老龄化的基本背景情况。

三　资源稀缺性的变化是影响经济学发展的重要因素

经济学并不是一成不变的学问，其中一个重要原因是现实中资源的稀缺性并不是一成不变的。随着自然界的演变、经济社会的发展，特别是人类科学技术的快速进步，资源的稀缺性及其可利用的价值与可开发的价值必然随之不断变化。这种经济资源稀缺性格局的变化意味着一些有关经济理论的前提条件出现了深刻变化，其理论的适用性是需要重新审视，乃至重新建立的。因此，资源稀缺性状况对经济学的发展有非常深刻的影响。

事实上，资源的约束性也是划分经济学分支的一种基本方式。在现实世界中，资源的种类、存在方式及稀缺性程度等方面均存在不同的情况，因此基于不同的资源稀缺性的经济分析，可以划分出不同的经济学理论，即学术上可以根据不同资源约束条件下的经济分析，成为划分经济学分支学科的一种基本方式。例如，以能源稀缺为约束条件的经济分析理论，归属于能源经济学；以环境为约束条件的经济分析理论，归属于环境经济学；以技术创新为约束条件的经济分析理论，归属于技术创新经济学，等等。一般经济学则是以一般性资源为约束条件的经济分析理论。按此道理，以人口老龄化为约束条件的经济分析理论，为老龄经济学的内容。

第三节　人口老龄化是未来经济学
发展的基本背景

由于人口与经济有内在的关系，因此人口老龄化作为人口结构的深刻变化，不仅对现实经济发展产生重大影响，而且必然对经济学发展同样产生深刻而重要的影响。

一　现行主流经济学是在 20 世纪人口激增的背景下发展形成的

在人类发展的历史长河中，20 世纪是人口"爆炸"式增长的时代，对人类社会发展具有划时代的意义。纵观人类发展历史可以看到，已经过去的 20 世纪经历了之前历史上从未有过的人口快速增长的过程。目前仍在广泛采用的现行的主流经济学的理论，正是在 20 世纪人口快速增长的背景下发展形成的。

在 19 世纪之前，世界人口增长是十分缓慢的，如在公元 1000 年，世界人口总量仅有 3.1 亿人，到 1900 年世界人口总量也仅有 16.5 亿人（见表 5 - 1）。1000—1900 年，世界人口总量仅增加 13.4 亿人，其间的人口年均增长率仅为 0.186%，年均增加人口 148.9 万人。

表 5-1		1000—2000 年世界人口总量			单位：亿人
年份	1000	1500	1800	1900	2000
人口总数	3.1	5.0	9.78	16.5	61.4

资料来源：1900 年以前数据来自联合国 UN report 2004 data，2000 年以后数据来自 *World Population Prospects*：*The 2019 Revision*，UN。

然而，到 2000 年，世界人口总量达到了 61.4 亿人，比 1900 年增加了 44.9 亿人，20 世纪世界人口年均增长率为 1.32%，是 20 世纪之前的 7.1 倍。20 世纪世界均年均增加 4490 万人，是 20 世纪之前的 30.2 倍。

在这样的背景下，20 世纪的经济学中许多与人口或劳动力有关的条件假设，基本都设定人口或劳动力为非约束条件，将劳动力视为无限供给，将人口与劳动力等同视之，并忽略人口年龄结构的因素。如在经典的经济增长分析模型索洛模型中，劳动力与人口被视为同义，人口增长等同于劳动力增长，并假定劳动力增长率为正的常数。这种假定意味着人口与劳动力不仅不是经济中的约束性条件，而且可以忽略人口结构的变化，经济中可以有源源不断的劳动力供给。

二 人口老龄化下经典经济学理论的局限性凸显

经济学是关于稀缺资源有效配置的理论，然而在不同的时代，随着资源的利用及技术进步的变化，不同时期的资源稀缺性可能不同。就此而言，时代背景的重大变化导致资源稀缺性的变化，必然对经济学发展产生深刻的影响。随着人类社会发展进入 21 世纪，经济学的发展实际上正处于历史背景深刻变化的关键期。

事实上，人口年龄结构变化对经济产生的影响，不是单纯的人口总量变化的经济分析问题，而是整个经济学中诸多经典经济理论的前提都被改变了。而关于人口年龄结构变化对经济有怎样的影响，目前是无法从经典的经济理论中找到现成答案的。因此，在当前人口老龄化的背景下，将人口年龄结构因素以及将人口老龄化因素纳入经济学范畴进行深入研究，是具有重要经济学理论价值与实现意义的。

总的来看，当前经济社会乃至科学技术正处于快速发展变化之中，人口、资源、环境、能源等因素对发展的约束性不断加强。因此，经济学中有关理论的前提假设应当与时代背景相适应，否则其理论的适用性就会降低甚至完全没有意义。为此，特别需要发展适应新时代背景的有关经济理论。

三 人口老龄化必然是未来经济学发展的重要背景

从经济学的角度看，人口与劳动力都归属于经济资源，都是经济运行中的基本要素。因此，人口与劳动力作为经济中生产要素的稀缺性的变化，对经济诸多方面都有深刻的影响，同时对相关的经济分析理论也将产生重要的影响。而随着世界范围内人口老龄化的快速发展，意味着21世纪经济学发展的时代背景已经远不同于过去的20世纪。根据联合国人口部2019年报告中的预测结果显示，2035—2040年前后世界65岁及以上年龄人口比重超过14%，全世界将进入中度老龄社会；到2075—2080年前后，世界65岁及以上年龄人口比重超过20%，全世界将进入高度老龄社会。

上述的预测结果表明，在21世纪里人口老龄化将是常态。这意味着许多主流经典经济理论的适用条件已经与现实相去甚远，诸多经典经济理论的局限性凸显，以至于这些理论对现实经济分析的适用性显著降低。自然产生的一些问题是：在人口老龄化的条件下，原有的相关经济理论或模型的结论是否还成立？人口老龄化条件下的经济增长的源泉将怎样变化？人口老龄化对经济资源的配置究竟有怎样的影响？等等。对这些问题的回答，需要将人口老龄化因素纳入经济学分析框架之中，需要在经济层面研究人口老龄化的效应。经济学起源于资源的稀缺性，而人口老龄化深刻改变原有的资源稀缺性及资源配置格局，可见人口老龄化与经济学有密切的关系。因此，人口老龄化成为未来经济学发展的重要背景，这同时意味着经济学发展正面临着深刻的变革。

第四节　老龄经济的概念及老龄经济学的内涵

一　相关研究概况

　　总体上看，目前有关人口老龄化问题的研究，相对集中在养老保障、养老模式、老年人护理与照料、老龄事业及社会保障等领域，关于人口老龄化对经济影响的研究还很不够，亟待加强。而目前在经济领域有关人口老龄化问题的研究尚处于分散、不成体系的状态，现有文献多是针对特定国家或地区的具体现实问题的研究，难以成为具有经济学一般原理意义的成果，特别是还未形成具有特定的基本原理、特定的分析方法以及特定的主体内容的局面。事实上，至今对老龄经济学的内涵还有较多不同的认识。因此，从标准经济学的视角来看，老龄经济学及其学科体系尚未真正形成。

　　事实上，目前已经有冠以"老龄经济学""老年经济学"或"老龄化经济学"名称的学术成果。但是从这些成果的实际内容看，主要是围绕老年人相关的问题而展开的研究。例如，1976 年舒尔茨（James H. Shulz）出版的《老龄化经济学》（*Economics of Ageing*），主要是根据当时美国的经验探讨老年人所面临的一系列无法回避的物质生存问题。如该书各篇主题具体如下：（1）老年人的经济状况；（2）工作还是不工作；（3）退休计划；（4）社会保障：老年人和遗属收益；（5）社会保障筹资：谁出资？谁应该出资？（6）医疗、残疾与补充保障收入收益；（7）雇主资助的养老金计划发挥了什么作用？（8）人口老化：代际冲突。

　　从上述的主题内容可见，虽然该书的书名中有"经济学"的词语，但是实质内容并不是标准经济学框架内的经济学分析，而是主要论述老年人的现实问题，而没有涉及老年人及人口老龄化对经济增长、国民储蓄、产业发展及财税金融等经济属性问题的分析。同时，该书名中的"老龄化"一词的英文用的是"Ageing"，而不是用"Population Ageing"，这表明该书中的老龄化主要针对老年人个体，而非总体老龄化（人口老龄化）问题，这在一定程度上也表现出该书的研究重点不是经济学属性的问题。

中国学者也进行了有关老龄经济学的研究，但是从相关成果的内容看，也是局限于老年人问题的范畴。如 2009 年熊必俊出版了《老龄经济学》一书，该书各篇主题如下：（1）总论；（2）人口老龄化与经济发展；（3）人口老龄化与老龄社会保障；（4）老年人的经济状况；（5）老年人参与发展和开发老年人才资源；（6）发展老龄产业为老龄社会培育新的经济增长点。熊必俊教授在该书中明确地认为，老龄经济学在学科体系上是老年学的一个重要分支学科，在研究对象与范畴方面是介于人口科学与经济科学之间的边缘交叉学科。熊必俊认为老龄经济学运用经济学、人口学和老年学的理论与方法研究个体老化和人口老龄化进程中所产生的经济问题。可见，在其定义的老龄经济学中，经济学只是作为研究老年人问题的一种手段，研究的核心内容还是老年人的问题，老龄经济学在学科体系上仍属于老年学。李建民（2001）论述了老年经济学与老龄化经济学的学科属性区分，认为老年经济学与老龄化经济学是两个彼此独立又相互联系的经济学分支学科。他认为老年经济学的研究对象是老年人的经济状况及其决定因素与宏观经济影响，老龄化经济学的研究对象是人口年龄结构老龄化的经济后果及其对老年人的经济影响，因此二者的研究对象是不同的。彭松建（1987）将人口老龄化经济学论述为研究生命周期最后阶段人口的经济关系；这门学科结合生命周期，考察老年人口变动对社会经济发展的影响和社会经济条件对老年人口的影响。

2004 年一本由多国经济学者共同完成的《人口老龄化的经济学》（*The Economics of an Ageing Population*）出版，该书是 2000 年以来较全面地在经济学的框架内研究人口老龄化问题的学术成果，主要涉及人口转变及对增长的影响、人口转变与养老金系统、人口转变对世界经济的影响这三大主题，并以大规模的日本产业数据和多国跨国宏观经济数据进行实证研究，写作背景是 21 世纪初的以日本和欧洲国家为代表的工业化国家的老龄化问题凸显而经济增长减速。但是这本书实际上是论文集，而不具有逻辑性和独特性的内容框架体系。

总体上看，目前在不同的学科框架内对"老龄经济学"所赋予的内涵是不尽相同的。现行以"老龄经济学"或"老龄化经济学"为名称的相关成果，在学科属性方面归属人口学、老年学或社会学者居多，其研究的核心对象是老年人，而不是经济问题本身。这里的经济问题主要指有关宏观经济、产业经济、企业经济、财政金融、投资与资本市场等方面的问题。虽然在这些研究中运用了有关的经济学理论与方法，但主要是研究老年人问题的一种研究工具，经济问题在整个研究中处于非核心的地位。

人口老龄化必然不是单纯的老年人的问题，而是对经济有全方位影响的重大经济问题，从而有必要在经济学的框架内来认识人口老龄化的相关问题，这是本书的基本观点。虽然关于人口老龄化的相关问题的研究，早已在世界范围内广泛开展，然而由于不同国家或不同地区的具体情况不同，人们对人口老龄化问题的关注点通常是不尽相同的。从总体上看，目前有关人口老龄化问题的研究，相对集中在养老保障、养老模式、老年人护理与照料、老龄事业及社会保障等领域，而将人口老龄化问题纳入经济学范畴的研究还是很不够的。

目前在经济学框架内研究人口老龄化问题的成果多以论文形式出现，研究的问题总体上处于分散、不成体系的状态。同时，这些文献成果多是针对特定国家或地区的具体现实问题的实证分析，还没有形成具有经济学一般原理意义的成果。在经济学框架内的老龄经济学的有关基本原理、特定分析方法以及主体内容尚没有形成。为此，本书旨在经济学框架内探讨老龄经济学的有关基本问题，以期形成经济学框架内的老龄经济学的初步架构和基本内容。

二　老龄经济的概念和内涵

本书的老龄经济学首先是以老龄经济的概念为基础的，因此有必要进一步明确老龄经济的概念。老龄经济在本书中指以人口老龄化为常态化基本背景的经济，即以人口老龄化为基本约束条件的经济。其中，人口老龄化构成对经济运行的约束性，是老龄经济的核心内涵。

老龄经济是以人口老龄化为基本背景和基本约束条件的宏观经济，而不是指有关老年人个体问题的经济。即老龄经济所涉及的问题主要是以人口老龄化为基本背景和基本约束条件的一些有关重大宏观经济问题，如涉及人口老龄化背景下的经济增长、国民储蓄、消费行为、产业发展、养老保障、财政稳定、金融风险、通货膨胀乃至实体经济与金融经济协调关系等多方面的重大现实经济问题。

　　在老龄经济中，人类所面对的不仅是老年人总体需要养老的问题，而且是人类经济与社会发展都处于人口老龄化为约束条件之下。即经济中的劳动力供给资源配置乃至经济运行的动力与机制，都深受人口老龄化的约束，人口老龄化之所以成为影响人类发展的重大因素，核心原因是人口老龄化下的劳动力与非劳动力的数量比例关系不断深刻变化，由此引发相应经济资源配置关系的不断变化，进而深刻影响经济发展的各个方面。

三　老龄经济学的内涵

　　具体地说，本书的老龄经济学是关于在经济学框架内人口老龄化效应的经济分析理论。对此可以从两个方面来理解本书的老龄经济学的内涵：第一，老龄经济学是以人口老龄化为基本背景和基本约束条件而对有关经济问题进行分析的理论；第二，老龄经济学是在现行经济学体系中加入人口老龄化变量的经济分析理论。

　　（一）关于以人口老龄化为基本背景和基本约束条件的老龄经济学

　　从前面所论述的资源稀缺性对经济学的意义可以看到，在人口老龄化过程中，一方面是劳动力资源稀缺性上升，另一方面是经济原有资源配置关系出现深刻变化。这意味着，相应的经济分析理论需要适应人口老龄化作为经济运行背景因素的变化。或者说，人口老龄化背景之下的资源稀缺性变化，是在经济学框架内分化出老龄经济学的现实基础。

　　因此，老龄经济学可以概括为是以人口老龄化为基本背景和基本约束条件的经济分析理论。在资源稀缺性的视角下，老龄经济学研究在人口老龄化为基础性约束条件下，如何进行稀缺资源有效配置与管理的经济理论。在此方面，老龄经济学主要涉及两个方向的问题探讨：一是人口老龄化作为约束性因素对经济产生的影响，这是关于人口老龄化经济效应的探讨；二是在人口老龄化作为基本约束条件下如何进行经济行为选择的问题，或者说是从经济层面如何应对人口老龄化问题的探讨。

（二）关于在现有经济理论中加入人口老龄化因素变量的老龄经济学

事实上，本书的老龄经济学的研究对象，同标准经济学的研究对象是一致的，只是约束条件不同而已。即本书的老龄经济学是将人口老龄化作为经济运行的基本背景和基本约束条件，而研究的问题或对象同标准经济学中的问题或对象是一致的。例如，经济增长、就业（劳动力）、消费、储蓄、通货膨胀、产业、财政、金融及资源配置等都是标准经济学中的重要研究问题。将这些问题置于人口老龄化的基本背景之下，或者说以人口老龄化作为基本约束条件研究这些问题，则属于本书的老龄经济学的内容。

约束条件是经济分析中的背景性、前提性因素。注意，约束条件不是研究问题的本身，用数学语言说就是不属于优化目标方程，而是优化目标方程的约束条件。但是，优化目标方程的求解结果是与约束条件有关的。在不同的约束条件下，优化解的结果或是不同的。因此，加入人口老龄化作为约束条件，经济分析的结果可能会受到影响。这表明老龄经济学的内容与传统经济学的内容是有区别的，因为是否将人口老龄化作为相关经济分析的基本约束条件，对经济分析的结果可能有重要的影响。其中，将人口老龄化因素作为重要的经济变量加入现行相关经济理论或经济模型中，是建立与发展老龄经济学的一种重要实现路径，也是基本方法。

总之，本书的老龄经济学的主体内容，与一般经济学框架内的主体内容是一致的。而不同之处在于，本书的老龄经济学是以人口老龄化为基本背景和基本约束条件，在此基础上展开分析有关的经济问题以及人口老龄化问题。因此，本书的老龄经济学是在原有经济理论或经济模型基础上加入人口老龄化因素的拓展性研究。

四　老龄经济学的学科属性

总的来看，本书的老龄经济学仍属于标准经济学的范畴。同时，本书的老龄经济学与经济学的其他学科是既相对独立又有密切的联系。一方面，本书的老龄经济学的内容自成体系，主体内容是研究在以人口老龄化为约束条件下有关各种经济问题;另一方面,本书的老龄经济学以其他有关经济学理论与方法为基础,同时也与其他有关学科如人口学等存在交叉的关系。因此,本书的老龄经济学可归结为标准经济学框架内的一种分支经济学,是有关人口老龄化背景下的有关经济分析的理论。

在人口老龄化背景下,重新审视传统经济理论的适用性是非常必要的。这需要将人口老龄化作为相关经济分析中的基本背景、约束条件和重要经济变量来处理。如不可以轻易地忽略人口结构的因素,不能再视人口与劳动力等同,不能再随意设定个体无差异,不能再假定资源配置关系的不变性。只有从人口老龄化的现实背景出发,在基础经济理论层面上深入探讨人口老龄化的作用,才能不断提高对现实经济分析的科学性、有效性和准确性,才能更好地把握未来的经济发展。

五 老龄经济学的立论基础

经济学框架内的老龄经济学的立论基础,是人口老龄化深刻改变原有经济资源的稀缺性,进而改变原有经济资源的配置关系,而经济资源配置关系的变化必将影响经济的各个方面。人口老龄化的这种效应是由人口与经济的基本关系决定的,根源于人口是经济活动的主体。从这个意义上讲,以老年人口比重不断提高为主要特征的人口结构变化也就是经济活动主体结构的变化,因此必然对经济有全面的影响。

人口与劳动力都是经济学中的重要变量。人口作为经济活动主体有双重身份。一方面,人口是生产者的源泉;另一方面,人口是产出成果的最终使用者、消费者。因此人口与经济总需求和经济总供给均存在内在关系。供给与需求的均衡状态决定了现实经济的状况,而经济状况的变化反过来影响人口发展、劳动力行为和消费者行为。因此,人口与经济是相互作用的关系(见图5-3)。

21世纪人口老龄化的快速发展,将不断深刻地改变人口结构,即改变经济活动主体的结构,由此对应改变资源稀缺性的原有格局。在劳动力资源方面,人口老龄化提高劳动力的稀缺性,增加企业用工成本,降低劳动密集型产业的竞争能力。在经济负担方面,人口老龄化增加老年人口比重,提高经济资源消耗与占用比例,由此加剧物质资本对经济的约束性。

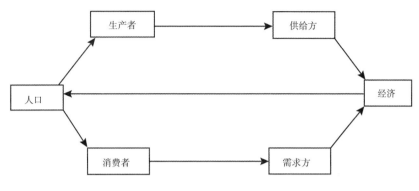

图 5 – 3 人口与经济的关系

特别是人口老龄化对供给与需求的影响效应，使人口老龄化成为经济运行的一种基础性约束因素。因此，人口老龄化对资源稀缺性原有格局的改变，成为发展人口老龄化相关经济理论即老龄经济学的内在动力。

六 老龄经济学相关的重要研究问题

人口年龄结构影响经济资源配置结构。人口老龄化是老年人口数量不断增加的过程，由此导致老年人口占用经济资源数量增加，表现为政府增加相关的财政支出、企业支付更多的养老费用、社会配置更多的有关公共设施等。人口老龄化对经济资源配置结构的影响，同时是对各方面利益关系的影响。事实上，老龄经济学涉及的相关研究问题是非常广泛的。一些有关的重要问题包括：

（一）老龄经济中的经济增长问题

一个国家的经济运行状况及其模式与其拥有的人口结构有着非常密切的关系。经济中人口的多少以及劳动力的多少，既影响总需求，也影响总供给的能力，而这种影响的综合结果就是对经济增长的影响。人口老龄化导致劳动力资源稀缺性上升，从而具有推动人工成本上涨的内在动力。由此对经济的影响效应是复杂而深刻的，一方面有助于提高劳动者的工资水平；另一方面则是增加企业的经营成本。因此，人口老龄化对劳动密集型产业以及低劳动力成本的贸易比较优势都有重要的影响，长期来看将影响产业结构、出口模式乃至经济增长方式。

（二）老龄经济中劳动供给与劳动要素作用

人口年龄结构决定了经济中不同年龄人口所占的比例。人口老龄化导致老年人口比重上升，改变了劳动力与非劳动力的数量比例关系，即劳动力数量相对（劳动力占人口的比重）乃至绝对数量减少，从而不利于经济中劳动力供给的增加。

（三）老龄经济中的储蓄问题

人口老龄化与储蓄关系的问题，具体可分为宏观国民储蓄与微观个人储蓄问题。人口年龄结构影响投资（储蓄）消费比例关系。在宏观经济层面上，一定技术水平下的资本劳动比率关系是局限在一定范围的。在劳动力资源相对过剩的经济中，只有投入大量的资本才能满足劳动力与资本组合的需求，从而在劳动力过剩的国家通常表现为高储蓄率、高投资率及低消费率。这与人口年龄结构有着密切的关系。

（四）老龄经济中的技术进步问题

在现代社会中，技术进步是非常重要的问题。人类所面临的诸多重大问题，都需要依靠技术进步加以解决。应对人口老龄化同样离不开技术进步的支持，依靠技术进步是积极应对人口老龄化的必然选择。然而，在老龄经济中，人口老龄化对技术进步有怎样的影响，如何充分利用技术进步应对人口老龄化，这些问题需要深入的研究。

（五）老龄经济中的产业问题

人口年龄结构影响需求结构及产业发展。人口老龄化导致老年人口成为越来越重要的消费群体，因此老年人口的消费需求必然成为影响未来产业发展的重要因素，如人口老龄化必然促进老龄产业的形成与发展。从长期来看，人口老龄化对产业发展的影响是机遇与挑战并存。只有充分认识人口老龄化对产业发展所产生的影响，及时、有效地进行产业结构调整，才能保持经济持续稳定健康地发展。

（六）老龄经济中养老与养老保障问题

自从有人类以来就有养老问题的存在，因此养老不是新的问题。为什么始终伴随着人类而存在养老问题，在当今社会成了影响广泛的重大问题，这是需要在老龄经济的背景下进行考虑的。养老需求作为宏观性的重大问题而提出来，主要是因为自 21 世纪以来人类预期寿命显著快速延长，使养老成为人类总体问题。

（七）老龄经济中的实体经济与金融经济的问题

在微观的个人方面，人口老龄化对应个人预期寿命的延长，为保持个人退休期间的生活水平不下降，消费者需要根据现期及未来预期的收入进行储蓄与消费的安排。同时涉及个人资产形式的选择，如购买养老保险、有价证券甚至投资房产以期实现"以房养老"等。微观个人行为汇集到宏观经济上的效应，是人口老龄化对实体经济与金融经济两种经济系统都产生重要的影响。

（八）老龄经济中的政府财政稳定性问题

一个国家财政的重要性是不言而喻的。财政不仅与国家宏观经济有着密切的关系，而且与居民生活息息相关。21 世纪，人口老龄化总体上有降低经济增长潜力的效应。在财政支出方面，人口老龄化导致为老年人支出的水平将不断增加是必然的趋势，为老龄社会建设的有关社会福利包括公共福利的支出必然越来越大。特别是社会的、企业的或有关制度性的养老金或养老保障系统出现问题，最终是需要政府进行兜底保障的。因此，老龄经济中的政府财政稳定性问题是至关重要的问题。

（九）老龄经济中的健康问题

在人口老龄化背景下，人的健康问题凸显其重要性。健康不仅对每个人及其家庭是极为重要的，而且对国家经济社会发展是至关重要的问题。健康的劳动力不仅有利于个人充分发挥其潜能，有助于充分实现劳动力个人价值，而且有利于经济增长取得"健康红利"。对健康的老年人而言，不仅可以使其拥有健康的人生，而且可以为经济增长提供"老龄健康红利"。

综上所述，人口结构变量对经济分析有重要的意义，因此将其纳入经济学分析的框架内是十分必要的。传统的经典经济学理论对人口结构变量的分析是非常不够的，不适应人口老龄化现实背景下有关经济分析的需要。因此，加强对人口结构变量的分析具有重要的经济学意义。

第二篇

老龄经济与经济增长

经济增长是人类发展的重要基础。因此，人口老龄化对经济增长的影响是人口老龄化影响经济的至关重要的方面。现行经典的经济增长理论主要是在20世纪人口快速增长的背景下形成的。然而在21世纪人口老龄化的背景下，这些经典的经济增长理论中所设定的一些前提条件，已经与现实情况严重不符。因此，老龄经济中的经济增长理论需要重新审视并进行必要的完善。这便是本篇的主题。

第六章简要介绍现行经济增长的有关基本理论，在此基础上分析现行有关经典经济增长理论在老龄经济中的不适用性及其局限性。该章旨在为建立适合老龄经济的经济增长理论提供必要的理论基础。

第七章分析人口老龄化对劳动要素的影响，介绍劳动投入的概念及其度量，分析人口老龄化对劳动投入的影响和作用机制，以及老龄化率影响劳动投入的关系式等问题。

第八章分析人口老龄化对资本要素的影响，介绍资本投入的概念及其度量，讨论人口老龄化与资本配置的关系以及人口老龄化对资本投入的影响等问题。

第九章分析人口老龄化对技术进步的影响，讨论经济学中技术进步的含义、全要素生产率的概念及其理解要点、全要素生产率与总体技术水平的关系以及人口老龄化对技术进步的影响等问题。

第十章分析人口老龄化对总产出的影响，引入老龄化率变量的总量生产函数，进行人口老龄化影响总产出的数理分析，建立老龄化率与经济增长率关系公式。

第十一章讨论人口老龄化对经济平衡增长路径的影响，建立含有老龄化率变量的经济平衡增长路径方程，分析人口老龄化因素对经济增长潜力的影响，从而得到一些人口老龄化影响经济增长效应的有益启示。

第 六 章

经济增长的基本理论

分析人口老龄化对经济增长的影响，需要了解有关的基本经济增长理论。因此，本章简要介绍经济增长的有关基本理论，在此基础上分析现行经典经济增长理论在老龄经济分析中的不适用性及其局限性。本章旨在为建立适合老龄经济情况下的经济增长理论提供必要的理论基础。

第一节　关于经济增长的问题

一　概述

人类的生存与发展离不开经济的发展，而经济的发展首先是以经济增长为基础的。因此，经济增长必然是人类发展中的一个永恒主题，并且是永不过时的主题。经济增长之所以重要，根本原因在于经济增长与现实中每个人的生活乃至国家或地区的经济实力都有着直接的重要关系。例如，居民收入水平的提高、人民生活水平的改善、劳动者就业机会的增加、政府财力的增强以及社会保障和社会福利事业的发展等，都有赖于以实现持续而适度快速的经济增长为基础。经济增长是如此的重要，以至于经济增长率（如 GDP 增长率）成为评价一个国家或地区经济发展状况核心性的一种重要指标。

经济增长在经济学中指一个国家或地区的经济产出总量的增长，是宏观经济层面的问题。在现实经济中，目前主要以 GDP 的变动情况作为经济增长的度量指标。GDP 即地区生产总值，是国民经济核算中的概念，指一定地域内在特定时间里所创造的产品或服务的增加值的总和。由于 GDP 的概念无论是在经济学中，还是在现实经济中都是非常重要的，因此下面首先介绍有关 GDP 的概念及其有关理解要点。

二　GDP 的概念与理解要点

第一，GDP 是与时间有关的概念。GDP 是与核算时间有关的流量概念，即存在核算 GDP 的时间期限。目前，核算 GDP 的时间长度主要分为年度和季度，即有年度 GDP 与季度 GDP 之分。因此，在谈论 GDP 时需要指明是什么时间期的 GDP。

第二，GDP 是地域性概念。地域性是 GDP 概念的标志性特征，即核算对象是限定在一定地域内的产出成果。因此，只要是在核算地域内生产出的最终产品与提供的服务，就属于 GDP 的核算对象，而无论生产者是属于哪个国家或地区的。

地域性是 GDP 与 GNP 的根本区别所在。GNP（Gross National Product）即国民总产值，是国民属性的概念，而非地域属性的概念。例如，外国的企业在中国地域生产出的成果属于中国的 GDP，但是不属于中国的 GNP；而中国的企业在外国的生产成果属于中国的 GNP，但是不属于中国的 GDP，而是属于外国当地的 GDP。目前 GNP 也被称为国民总收入，即 GNI（Gross National Income）。

第三，GDP 核算的内容是最终产品与服务。所谓最终产品与服务是指直接用于消费使用的产品与服务，而不是作为再生产之用的中间投入。所谓中间投入指在生产过程中消耗和使用的非固定资产货物和服务的价值。中间投入也称为中间消耗，反映用于生产过程中的转移价值。用于中间投入的产品也称为中间产品。

第四，GDP 的核算结果是增加值。增加值指生产产品与提供服务过程中新增加的价值。增加值是现代经济分析中经常使用的概念，是重要的经济指标。增加值不仅可以体现新增加的价值量，而且可以避免在价值合计中的重复计算。因此，核算增加值成为核算 GDP 的一种有效方法。在理论上，最终产品与服务的价值总和同全部产品与服务的增加值的总和，二者数量是相等的关系。

第五，GDP 与经济学中总产出或总收入的含义是相同的。GDP 无论是作为最终产品的总和，还是作为增加值的总和，其本质都是度量一定地域在特定时间内的经济产出总量。因此，GDP 的含义等同于经济学中的总产出或总收入。

实际上，经济学中的生产成果可以有多种"名片"，如总产出、总收入、总支出等，这些概念的本质都是同一的对象，即指经济中的最终生产成果，在现实中就是 GDP。不同的"名片"体现的是不同的观测角度，因此"名片"中的名称可以不同，但是所指对象是同一的，由此度量的数值是相同的。正因如此，目前国民经济核算体系中对 GDP 的核算有生产法、收入法及支出法等多种方法，而核算的对象是同一的。在实际中对总产出究竟采用哪张"名片"，可依据具体情况而定。

第六，以 GDP 增长为体现的经济增长同经济发展不是相同的概念。由GDP 体现的经济增长特指经济产出总量的增长，而经济发展包括的内容则相对更为丰富。如经济发展除了要求经济增长之外，还要求在居民收入、就业、教育、科技、卫生医疗、社会保障及社会福利等多方面取得发展。因此，对经济发展的度量需要多指标构成的评价体系，其中经济增长是评价经济发展状况的重要评价指标之一。可见，经济发展涉及的内容与范围是远大于经济增长的内容与范围的。

三 经济增长理论

经济增长理论是解释经济增长的动力源泉、运行机制及影响因素的有关理论。目前经济增长理论可大致分为古典经济增长理论和现代经济增长理论。古典经济增长理论是早期的经济增长理论，主要以亚当·斯密、马尔萨斯、大卫·李嘉图、穆勒等的经济增长理论为代表。现代经济增长理论是近代以来以经济模型为主要研究工具分析经济增长机制的经济理论，主要包括哈罗德—多马模型、新古典经济增长模型、新剑桥经济增长模型以及新经济增长模型等。其中，索洛经济增长模型是基本和经典的现代经济增长理论。正如罗默（1999）所指出的："索洛增长模型是几乎所有增长问题研究的出发点，甚至那些从根本上不同于索洛增长模型的理论也需要在与索洛增长模型的比较中才能得到最好的理解。因此，要理解各种增长理论就得首先理解索洛增长模型。"为此，本章第三节专门对索洛增长模型进行介绍。

（一）古典经济增长理论：强调人口和劳动力的重要性

古典经济增长理论是早期经济增长理论，主要以亚当·斯密、马尔萨斯、大卫·李嘉图、穆勒等的经济增长理论为代表。亚当·斯密（1776）的经济增长理论认为，经济增长是国民财富的增长，而实现经济增长主要有增加劳动的数量和提高劳动的效率两种基本途径。同时亚当·斯密认为，通过自由贸易能促进国际分工和各国劳动生产力的发展，由此促进经济增长。亚当·斯密这样的认识，实际上是局限于其所生活的时代背景，即在斯密生活的时代总体技术水平相对较低，资本性工具的能力相对不高，因此劳动要素是最主要的生产要素。生产能力的大小很大程度上取决于投入的劳动的数量，由此导致斯密认为增加劳动的数量和提高劳动的效率是提高经济增长的两种基本途径。而这两种途径都和人口和劳动力因素有关，可见亚当·斯密的增长理论重在体现人口和劳动力的重要性。马尔萨斯（1798）的经济增长理论强调人口与经济增长的关系，认为人口的增长既是一国或地区经济增长的动力源泉，同时是重要的制约经济发展的条件，并认为经济增长存在极限。大卫·李嘉图（1817）的经济增长理论认为，国民财富是一个国家所生产的商品生产物总量，而财富的增加可以通过增加劳动者和提高劳动生产率而实现，这与亚当·斯密的理论大体相同。同时大卫·李嘉图认为对外贸易是促进经济增长的发动机，即通过自由贸易可在更大的市场范围内实现稀缺资源与相对丰腴资源之间的置换，以此提高经济增长的有效性。穆勒（1848）的经济增长理论认为推动经济增长的生产要素概括为四种：人口增长、资本积累、技术进步和自然资源。

由以上的古典经济增长理论的主要代表人物的观点可以看出，人口与劳动力因素是经济增长的核心和主要的要素。而这些理论的形成是与其时代背景相适应的，即在技术水平和资本设备能力相对较低的时代，劳动力的数量和质量（技能）是决定生产能力水平的主要因素。

（二）现代经济增长理论：强调资本与技术的重要性

现代经济增长理论主要是近代以来，通过建立有关经济模型分析经济增长决定机制的有关经济理论,主要包括哈罗德—多马模型、新古典经济增长模型、新剑桥经济增长模型以及新经济增长模型。这些模型试图探究影响经济增长的关键性、本质性因素,而略去相对不重要、非关键的因素。例如,英国经济学家哈罗德与美国学者多马几乎同时提出了各自的经济增长模型。由于两者的模型在形式上非常相似,因此称为哈罗德—多马模型。哈罗德模型以凯恩斯的储蓄—投资分析方法为基础,多马模型以凯恩斯的有效需求原理为基础,这是二者的主要区别,然而二者得出的结论基本相同。

新经济增长理论主要是自20世纪80年代中期以来,以罗默和卢卡斯等学者在经济增长理论方面的研究成果为代表,一般称为"新增长理论"。新经济增长理论的核心内容是把有关解释经济增长的要素内生化。其中重要的突破是将知识、人力资本等内生技术变化因素引入经济增长模型中,由此假定要素收益可以递增,其相应的结果是资本收益率可以不变或提高,人均产出可以无限增长,并且增长在长期内可以独立递增。将技术内生化,表明技术在经济增长模型中不再是外生的,而是可以通过人为的有关投入而变化的。

1990年美国经济学家罗默提出了技术进步内生增长模型。在该模型中,他首次将经济增长建立在内生技术进步上,提出了技术进步内生的增长模型。罗默提出了边干边学的内生增长模型,将技术进步的一部分内生化,产出不仅是物质要素的投入结果,而且受学习和经验积累的影响。因此,在罗默的模型中资本对产出的贡献要大于传统情况下的贡献,因为学习与经验积累也增加了资本的效率。目前,关于技术内生化的实现途径主要有知识外溢和边干边学的内生增长、内生技术变化的增长、线性技术内生的增长、开放经济中的内生增长以及专业化和劳动分工的内生增长的研究方式。

目前新经济增长理论是经济学的一个重要分支,重点是解释经济增长的根本原因。新经济增长理论强调经济增长不是外部因素如外生的技术因素,而是经济系统内部因素如内生的技术进步作用的结果。这一理论自20世纪80年代产生以来,对世界经济增长的研究,尤其对一些发展中国家的经济增长的研究产生了重要的影响。

实际上,由于现实经济中影响经济增长的因素是广泛、复杂的,且在不同时期、不同国家或地区乃至不同的经济发展阶段，影响经济增长的主要机制及因素是不尽相同的，因此有关经济增长的理论是多方面的，同时经济增长理论也是始终处于不断发展变化状态之中。特别是随着当前人类社会赖以生存的资源环境状况以及人类自身的人口结构状况正在出现前所未有的深刻变化，传统经济增长理论的不适用性越加突出。因此，现行经济增长理论亟待出现创新性发展。实际上，本书所讨论的老龄经济背景下的经济增长问题，就是对现代经济增长理论内容的一种新拓展。

第二节　经济增长决定机制的分析

由于经济增长归结为一定经济中的总产出的增长，因此决定总产出的机制也就是决定经济增长的机制。归纳起来，决定总产出的机制来自两个方面：一是生产能力的作用；二是供给与需求关系的作用。其中，生产能力是主要、基本的因素，是决定经济增长潜力与长期变动趋势的因素，而供给与需求的关系状况决定了经济增长潜力的释放程度与短期波动性的情况。

一　生产能力是实现经济增长的根本因素

从长期来看，生产能力是决定经济增长的根本因素。这是因为生产能力是一切经济活动的基础，没有生产能力就谈不上生产，更谈不上经济活动。事实上，人类的生产能力在根本上决定了人类的生存能力以及生活水平。现代人类社会与原始社会相比，生活水平有天壤之别，关键在于两个时代的总体生产能力水平存在着巨大差异。当今世界上有发达国家和贫穷国家之分，本质上在于这两类国家之间存在着生产能力的巨大差距。生产能力决定着经济增长的潜力及其趋势。

生产能力的重要性不仅体现在生产方面或供给方面，而且体现在对需求方面有重要的影响。例如，生产能力水平的高低将直接影响生产的成本以及产品的质量与功能，由此将深刻影响产品的基础价格、需求的范围乃至消费者的行为。特别是产品的基础价格是决定产出市场价格的重要的基础性因素，由此影响消费者的实际可支付的能力，进而影响总需求。事实上，一定社会的总需求是建立在该社会生产能力水平基础上的，不能离开生产能力的水平而片面强调需求的作用。如生产能力水平提高导致生产成本下降，由此产品基础价格降低，此效应的结果之一是扩大对此产品的需求。

二 供给与需求关系决定了经济增长潜力的释放程度

虽然经济增长在根本上是由生产能力决定的，然而在现实经济中的一定短期内，经济增长则有赖于供给与需求关系的状况。或者说，在现实经济中仅有生产能力还是远远不够的，因为要将生产能力实际发挥出来，需要有对产出的需求。没有需求，生产设备就无须开动，生产便无法实现。如果长期没有需求，生产能力将难以持续提高甚至受损。而经济中的需求量越大，在生产能力可及的范围内实现的产出的数量就相应越多，从而越有利于生产能力的发挥和提高。因此，可以说需求是决定生产能力释放量的因素。

例如，某企业的生产能力是一天内最多可以生产出 100 个 A 产品。但是在现实中市场每天对 A 产品的需求量只有 70 个。在这种情况下，市场的需求量决定了该企业生产能力的释放量为 70%。如果企业按 100% 的生产能力进行生产，即意味着 30% 的 A 产品将无法实现销售而积压。可见，在这种情况下，需求水平将决定产出水平。因此，在市场每天对 A 产品的需求量只有 70 个的情况下，该企业生产 A 产品的数量通常不会超过 70 个。

事实上，影响企业决定产出数量的因素是非常复杂的，一般并不是简单地按市场需求决定其实际产出水平的。例如，如果一个企业是以利润最大化为目标，那么该企业需要综合各种因素进行成本核算，然后是将依据可以取得最大利润的产出量进行生产。假设在此例中的企业，经核算后可以实现其最大利润的产出数量是 60 个，那么这时企业的实际产出数量是 60 个，即还不到 70 个。

三 现实的经济增长取决于生产能力同供给与需求关系的综合作用

总的来说，在生产能力可及的范围内，经济中的实际产出水平将由以生产者为主体的供给方面和以消费者为主体的需求方面共同决定，即实际产出水平取决于各方面因素的综合作用结果。无论是生产者还是消费者，或者说供给方面还是需求方面，哪一方是制约性因素，哪一方就是决定产出量的主导性因素。但是产出的最终提供者是生产者，即产出是由生产者实际生产出来的，供给与需求关系只是决定生产者实际生产的产出数量。

从长期来看，生产能力是决定经济增长的基础性、根本性因素。因此，经济增长的长期路径主要由生产能力决定，供给与需求的均衡关系状况决定了实际产出距离经济增长长期路径的偏差程度。或者说，供给与需求的关系状况，主要起决定生产能力释放多少的作用。

供给与需求关系的变动，主要影响经济增长的波动性。具体到宏观经济层面，经济中的资本、劳动、技术等生产性要素是决定生产能力的基本要素，也就是决定长期经济增长潜力的主要因素。而价格、成本、制度、预期等是决定供给与需求关系的基本因素，是决定短期经济增长及其波动性的主要因素。

如图 6-1 所示，在时间 1 处的供给与需求的均衡关系决定了产出 1，在时间 2 处的供给与需求的均衡关系决定了产出 2。而在时间 1 到时间 2 的动态变化过程中，供给与需求的均衡关系变动轨迹就是产出 1 到产出 2 的实现路径，即经济增长的路径。

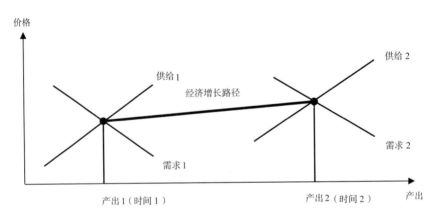

图 6-1   供给与需求的均衡关系及实际产出的增长路径

综上所述，本书中关于人口老龄化对经济增长影响的研究，主要从人口老龄化对经济增长潜力（生产能力）的影响，以及人口老龄化对总供给与总需求关系的影响等方面展开。其中，生产能力是决定长期经济增长的根本性因素，因此人口老龄化对经济增长潜力（生产能力）的影响是相对更为基础性的问题。

第三节　索洛经济增长模型简介

一　索洛增长模型简介

新古典经济增长理论的主要代表是美国经济学家罗伯特·索洛以及英国经济学家斯旺。本节主要介绍索洛增长模型。索洛增长模型主要包含四个变量：产量（Y）、资本（K）、劳动（L）和"知识"或"劳动的有效性"（A）。生产函数的形式为

$$Y(t) = F[K(t), A(t)L(t)] \qquad (6-1)$$

其中，t 表示时间。

索洛增长模型中的一个重要假定是，该生产函数对于其两个变量资本和有效劳动是规模报酬不变的。这样的生产函数被称为劳动增进型或哈罗德中性。事实上，生产函数的形式是多种多样的，不同形式的生产函数代表了不同的生产技术方式。式（6-1）的生产函数形式表明了技术变化是通过对劳动投入的影响而实现的。因此，设定生产函数形式体现了对技术变化类型的事先设定。

在式（6-1）中，劳动的有效性 A 的意义是体现技术水平，A 和 L 组合成 AL，意在表明技术变化是通过对劳动要素作用得以反映的。A 在索洛增长模型中是外生性参数。由于有规模报酬不变的假定，因此采用集约形式（intensive form）的生产函数对有关的讨论更为方便。具体进行如下变换：

$$\frac{Y}{AL} = F\left(\frac{K}{AL}, 1\right)$$

记 $k(t) = \dfrac{K(t)}{A(t)L(t)}$，$y(t) = \dfrac{Y(t)}{A(t)L(t)}$，$f[k(t)] = F[k(t), 1]$，则 y 可写成集约形式的生产函数：

$$y(t) = f[k(t)] \qquad (简记\ y = f(k))$$

其中，k 是每单位有效劳动的平均资本量，y 是每单位有效劳动的平均产出量。

对 $f(k)$ 的有关假定是：$f(k)$ 满足 $f(0) = 0$，$f'(k) > 0$，$f''(k) < 0$；其中，$f(k)$ 还满足稻田条件（Inada，1964）：$\lim\limits_{k \to 0} f'(k) = \infty$，$\lim\limits_{k \to \infty} f'(k) = 0$。满足上述条件的函数曲线的形态可用图 6-2 表示。

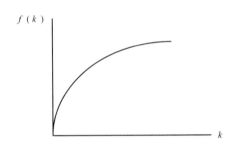

图 6-2 满足稻田条件的函数曲线

由 $y(t) = \dfrac{Y(t)}{A(t)L(t)}$ 可知，$Y(t) = y(t)A(t)L(t)$，因此总量产出可通过 $y = f(k)$ 来讨论。在索洛模型中，资本、劳动和知识的初始水平被看作既定的，即零时的 $K(0)$、$L(0)$ 和 $A(0)$ 是已知的。劳动力和知识以不变的速度增长。其中，人口与劳动力不加区别，即人口即为劳动力。如果人口用 N 表示，则 $L = N$。设人口增长率为 n，即 $\dfrac{\dot{N}}{N} = n$，于是有 $\dfrac{\dot{L}}{L} = n$。同时设 $\dfrac{\dot{A}(t)}{A(t)} = g$。其中，$n$ 和 g 为外生参数。变量上方加一点表示该变量关于时间的导数。如 $\dfrac{\dot{N}}{N} = \dfrac{dN}{dt}/N = \dfrac{d\ln N}{dt}$，其中 t 表示时间。

产出被分为消费和投资，其中产出中用于投资的比例 s 是外生的和不变的。这样，投资 $\dot{K}(t)$ 可表示为

$$\dot{K}(t) = sY(t) - \delta K(t) \qquad\qquad (6-2)$$

其中，δ 为折旧率。尽管对 n、g 和 δ 没有单独给予约束，但三者之和被假定为正。式（6-2）的 $\dot{K}(t)$ 实际是净投资。

二　索洛模型中的均衡增长路径方程

由 $y = f(k)$ 知，若 k 一定，则 y 一定。即 k 的变动直接影响 y 的变动，这是考察 $\dot{k}$ 情况的原因。注意：$\dot{k}$ 的经济意义是一种投资，具体说是每单位有效劳动的平均投资，这如同 $I = \dot{K}$ 为总投资的含义一样。

因为 $k(t) = \dfrac{K(t)}{A(t)L(t)}$，对该式两端对时间 t 求导，并结合式（6-2）得到下面的表达式：

$$\dot{k}(t) = sf(k(t)) - (\delta + g + n)k(t) \tag{6-3}$$

可以看出，式（6-3）在形式上与式（6-2）是相同的，表明对式（6-3）的理解可按对式（6-2）来理解。因此式（6-3）可理解为，是决定每单位有效劳动的净平均投资的表达式。式（6-3）是决定经济均衡增长路径（balanced growth path）的方程，因此称满足式（6-3）的 $\dot{k}(t) = 0$ 的 $k(t)$ 为经济的均衡增长路径，并记此 $k(t)$ 为 k^*。

下面对经济均衡增长路径的含义进行解析。首先，式（6-3）是一个微分方程。其次，$\dot{k}(t) = 0$ 不是指 $k(t)$ 的导数为零，而是指微分方程

$$\dot{k}(t) = sf(k(t)) - (\delta + g + n)k(t) = 0 \tag{6-4}$$

其含义是：满足微分方程（6-3）的解中，使式（6-4）成立的解，该解记为 k^*。其经济意义是：当单位有效劳动的平均投资量为 k^* 时，则单位有效劳动的净平均投资量为零。具体来看，假设 k^* 满足下面关系式：

$$sf(k^*) - (n + g + \delta)k^* = 0$$

即

$$sf(k^*) = (n + g + \delta)k^*$$

称 $sf(k)$ 为实际投资项（actual investment），称 $(n + g + \delta)k$ 为持平（补偿）投资项（break-even investment）。在图 6-3 中两线的交点处意味着实际投资与持平投资相等。而稻田条件保证两线存在交点，而交点决定了 k^*。

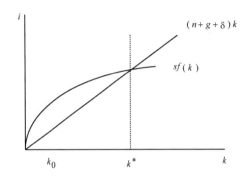

图6-3　索洛模型中的经济均衡增长路径

注意，k 表示每单位有效劳动的平均资本量，$\dot{k}$ 表示每单位有效劳动的平均投资量，记为 i，即 $i = \dot{k}$。

三　k^* 含义的分析

图6-3中 k^* 的含义是什么？如果经济中 $k^* = 0$ 即意味此处的每单位有效劳动的平均投资为零，这时如果曲线 $sf(k)$ 和直线 $(n+g+\delta)k$ 不变（即要求经济中的各参数不变），则 k 的水平将不再增加。

但初始的 k_0 不一定恰好等于 k^*，对此可用图6-4动态考察经济从某一初始状态开始变动的过程。索洛模型假定经济初始状况是既定的，如假设经济在初始 t_0 时的每单位有效劳动的平均资本水平为 k_0。这时每单位有效劳动的平均投资 i_0 为

$$i_0 = \dot{k}(t)\big|_{t=t_0} = sf(k_0) - (n+g+\delta)k_0$$

如果 i_0 不为零，则每单位有效劳动的平均资本水平 k 将变动（投资不为零而影响资本的积累）。如果 $i_0 > 0$，则在 t_0 处 k 是增函数，时间 t 的增加导致 k 的提高；同理，如果 $i_0 < 0$，则 k 下降。

具体考察如图6-4所示的情况。假定 k_0 为初始值，有 $i_0 > 0$，其中线段 BC 即是 i_0，即 $i_0 = sf(k_0) - (n+g+\delta)k_0$。假设 $i_0 > 0$ 导致 k_0 增加到 k_1，这时经济中产生的投资量 i_1 为线段 DE。如此下去，k_0 将收敛于 k^*。当到达 k^* 处时 k 不再增加，但也不减少，即经济保持 $k = k^*$ 的水平。同理可以考虑 $i_0 < 0$ 的情况。

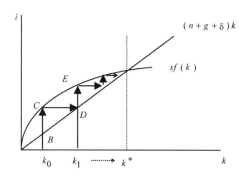

图6－4　索洛模型中 k_0 向 k^* 收敛示意

也就是说，无论 k_0 为何值，在满足索洛模型的假设条件下，k_0 都将收敛于 k^*。这便是这两条线（实际投资项的线和持平投资项的线）交点的经济意义。而稻田条件保证非零的交点是存在的且是唯一的。

事实上，只要满足实际投资项线和持平投资线的非零交点是存在的且是唯一的，则即意味 k^* 存在，而对此而言稻田条件实际上是一个过于严格的条件。换句话说，在一些不满足稻田条件的情况下，同样可能存在唯一的非零的交点（k^*）。例如，当满足 $\lim\limits_{k\to\infty} f'(k) = c$（$c$ 为大于零的常数），且有 $n + g + \delta > c$ 成立，同样可以保证实际投资项线和持平投资线的非零的交点是存在的且是唯一的。

上述的情况表明 k^* 还有更深层面的意义，即 k^* 体现了经济增长稳态下的产出能力水平。这一点对分析经济增长潜力是非常重要的。分析经济增长的潜力就是分析经济增长进入稳态下的产出能力，因为波动性的经济增长不代表经济增长的潜力。短期内的经济增长可以通过一些措施而实现，如在短期内大量增加投入而取得短期内的经济快速增长。但是，正如索洛增长模型所揭示的，无论经济的起点状况怎样，在相关参数既定的情况下，如经济中的储蓄率保持不变，产出增长最终都归于平衡增长路径上的 k^*。因此，只有 k^* 水平的高低才能体现长久的经济增长潜力水平的高低。

四　在索洛模型中达到均衡增长路径时的经济状态

如果在索洛模型中达到均衡增长路径，即 $k = k^*$，而在参数不变的条

件下 k^* 保持不变，因此有 $y^* = f(k^*)$ 为不变。由于 $y = f(k) = \dfrac{Y}{AL}$，因此在均衡增长路径上有 $\dfrac{Y}{L} = Af(k^*)$。

结论1：在均衡增长路径上人均产出 $\dfrac{Y}{L}$ 的增长率等于 A 的增长率 g，即等于技术进步率。

而对总量产出又 $Y = ALf(k)$，因此在均衡增长路径上有 $Y = ALf(k^*)$。

结论2：在均衡增长路径上总产出增长率等于 A 的增长率 g 加上 L 的增长率，即等于 $g + n$。

也就是说，在满足索洛模型中条件假设的情况下，无论经济中的初始投入是怎样的规模，经济向一个均衡增长路径收敛，当达到均衡增长路径的状态时，人均产出的增长率将只取决于技术进步率。这便是索洛模型所揭示的技术进步是经济增长的源泉的关键所在。而总产出增长率等于 A 的增长率 g 加上 L 的增长率，即等于 $g + n$。这些增长率都是常数。因此，罗默指出，索洛模型意味着不管出发点如何，经济向一平衡路径收敛，在均衡增长路径上，该模型中每个变量增长率是常数。在均衡增长路径上，工人平均产量的增长率仅仅决定于技术进步率。

注意，上述结论成立有前提条件，即要求 n、g 这些参数是不变的。这也是"模型中每个变量增长率是常数"结论成立的前提条件。显然，当 n、g 这些参数变动时，将不能保证"模型中每个变量增长率是常数"结论成立。而其中人口增长率 n、技术进步率 g、折旧率 δ 和储蓄 s 保持不变是索洛模型的假设条件，而不是模型决定的结果。

第四节   索洛增长模型及现行增长理论的局限性

一   在人口老龄化的背景下索洛增长模型存在局限性

事实上，索洛增长模型的目的不是分析人口结构因素对经济增长的影响，而是分析经济增长的源泉是什么、生产要素的作用、增长的路径及增长潜力的可持续性等问题。模型的目的决定了模型所需要考虑的变量。因此，在索洛增长模型中人口与劳动力被视为同义，即没有考虑人口结构的因素，因此没有直接体现人口老龄化因素的作用。

由于人口老龄化和人口结构不是索洛增长模型要分析的问题，自然在该模型没有涉及人口老龄化或人口结构的相关变量。因此，在索洛增长模型中没有涉及人口结构的变量，这并不是该模型有什么错误，而是模型研究的目的不同而导致采用的变量不同。例如，在索洛增长模型中，人口与劳动力被视为等同，即人口数量的增长率视为劳动力数量的增长率。索洛增长模型主要揭示了在假定资本产出比率及人口增长率都不变的情况下，经济增长的均衡轨迹是怎样被决定的。其主要结论是：经济增长的长期增长潜力最终将来自技术进步。

如果直接利用经典的索洛模型来分析人口老龄化的效应，一种方法是以降低劳动力增长率 n 来体现。如果人口老龄化对应的是人口增长率或者说是劳动力增长 n 下降，则根据 k^* 的表达式可知将导致持平投资项的水平提高，由此降低 k^* 的水平，这对应的结果是人口老龄化不利于经济增长。不过这种分析人口老龄化对经济增长的影响，是一种间接分析方式，并不能深入反映人口老龄化影响经济增长机制的本质。特别是这样的分析没有反映人口老龄化背景下人口结构变化对资本投入的影响，而资本投入是更为重要的影响经济增长的因素。可见，关于人口老龄化对经济增长的影响问题，需要进一步深入研究。

二　在人口老龄化为经济基本背景下需要考虑人口结构变量的因素

与索洛经济增长模型产生的时代不同，当今人类社会已经进入老龄社会，人口年龄结构问题已成为凸显的问题。事实上，在中国现实经济中，出生率不断下降，老年人口增长率不断上升，必然导致劳动力数量增长与人口总量增长不同步性越来越显著，归结为中国人口年龄结构正快速趋向老龄化。因此，中国经济的现实背景乃至全世界经济的现实背景下，经典经济理论中关于劳动力增长率等于人口增长率的假定，已经不合时宜了。由此引出的问题是：在经典经济学理论模型中关于劳动力增长率等于人口增长率假定下而得出的诸多结论，在人口老龄化下是否还成立？例如，人口年龄结构变化导致人口中劳动力与非劳动力的变化，对经济增长将产生怎样的影响？

老年人口作为社会的公民要参与国民收入分配，需要占用和消费一定的经济资源。因此，在扣除老年人口占用的经济资源后才是劳动力可以用于生产或消费的部分。在养老标准一定的情况下，老年人口的增加，意味着用于养老的资源就要增加，也就意味着可投入生产的资源相对减少。因此，忽略劳动力与人口概念的差别，实际上就是忽视了老龄化的作用效应，同时这样的研究不能体现经济增长的提高对国民福利水平提高的真实影响。

在当前经济学的经典理论中，劳动力与人口没有被严格区分，即劳动力与人口被视为等同，人口的增长即劳动力的增长。出现这种情况有两个方面的原因，一是这些理论的论述重点不在人口老龄化问题上，而是单纯的人口或劳动力的效应；二是这些经典经济理论不是出现在人口老龄化严重的时代，因此人口老龄化影响效应的因素通常被忽略。如果可以把劳动力（生产函数中的 L）的增长率作为外生给定，意味着劳动力可以外生性源源不断地进入劳动力市场，那么就无从谈起人口老龄化的效应。

在传统生产函数中，劳动力并没有和老龄化的因素直接联系起来。在以往的实际应用中，劳动力通常被假定与人口等同。这样的做法实际上是忽略了人口老龄化因素变动的作用效应。因此，传统生产函数不能直接用来进行老龄化作用效应的有关分析。

第五节　人口老龄化影响经济增长的基本途径与逻辑

老龄经济中的经济增长问题，实际上是以人口老龄化为约束条件下的经济增长理论问题。或者说，需要从理论上分析人口老龄化对经济增长有何影响。

一　人口老龄化影响经济增长的途径

从现有的文献看，人口老龄化对经济增长的影响，已经是广受重视的问题。这主要是由经济增长的重要性决定的。总结已有的文献，可以归纳出人口老龄化影响经济增长的主要途径如下。

（一）途径一：人口老龄化→影响养老制度选择→经济增长

人口老龄化对经济增长有深刻的影响，是学者们在研究人口老龄化与养老制度选择关系时认识到的。学者们发现：随着人口老龄化程度的不断提高，不仅现收现付的养老金制度不可持续，而且对经济增长也产生非常不利的影响。如费尔德斯坦（1974）发现，在现收现付的养老金制度下，美国人口老龄化减少了资本存量从而不利于经济增长。对此现象的解释并不困难，因为对发达国家普遍采用的现收现付的养老金制度而言，人口老龄化对应着现期劳动力数量相对乃至绝对减少，即意味着向现收现付养老金系统供款的劳动力的数量相对乃至绝对减少，所以此制度下的养老金来源不可持续。这是当前世界上所有发达国家都面临的问题，因此对传统的现收现付的养老金制度进行改革已迫在眉睫。

然而，无论选择怎样的养老金制度，其核心目的都是扩大养老金的来源。这一结果在宏观经济层面的效应是，将一定量的原本可以用于生产投资的资本金，转化为供老年人养老的纯粹消费金。这便产生了费尔德斯坦所说的人口老龄化减少资本存量的现象。而经济学的生产函数理论表明，资本存量是决定产出水平的重要变量，资本存量的减少必然对经济增长直接产生不利的影响。因此，人口老龄化迫使人们重新对养老制度进行选择。而无论怎样选择，人口老龄化背景下养老制度选择的结果，都难以避免经济中生产性资本存量相对乃至绝对减少的局面。可见，人口老龄化对养老制度选择的影响，是研究人口老龄化影响经济增长的重要途径。这意味着人们在重新对养老制度进行选择时，需要考虑对经济增长影响的代价。

（二）途径二：人口老龄化→影响代际转换消费决策→经济增长

世代交叠模型（Overlapping – Generations Model，OLG），又称代际交叠模型，是以微观分析为基础的动态经济增长模型。该模型由阿莱、萨缪尔逊提出，戴蒙德（1965）将其与索洛模型进行融合加以发展。该模型假设每个人分两期生存，第一期作为年轻人，第二期作为老年人，而在同一时期内既有年轻人存在，也有老年人存在。这样的假设意味着随时间的推移，在世的人是处于世代交替的状态，即第一期的年轻人在第二期为老年人，老年人的下一期即离开人世。该模型用于分析在个人一生（两期内）效用最大化下的消费与储蓄的决策，由此得到稳态条件下的消费增长率、资本积累的黄金率水平等。

而消费与储蓄的决策结果将影响经济增长，因此世代交叠模型本质上也是经济增长分析的模型。其中，将人的一生分为年轻人和老年人两期的假定，在总体经济层面上看就是代际转换的过程，因此该模型实际上也是通过代际转换的消费与储蓄的决策分析经济增长的模型。而人口老龄化的效应，可以通过在同一时期的两期人口数变动及消费行为决策得以体现。如 Fougere 等（1999）建立了基于生命周期理论的七个工业化国家可计算世代交叠模型，其研究结果表明，这些国家的人口老龄化对人均 GNP 有显著的负影响。而这种基于生命周期理论的世代交叠模型，本质上反映的是代际转换对经济增长的影响。

（三）途径三：人口老龄化→改变消费预期→经济增长

储蓄、投资和消费等都是与经济增长有密切关系的因素。因此，如果某些因素对储蓄、投资和消费有重要的影响，这些因素就是直接或间接对经济增长有重要影响的因素。在影响消费因素的分析中，凯恩斯在《就业、利息和货币通论》中提出消费是收入水平的函数，这是消费函数的一种最简单的形式，也称绝对收入假说的消费函数理论。在凯恩斯的消费理论基础上，发展出了其他一些理论，如杜森贝利的相对收入假说、佛里德曼的永久收入假说以及莫迪利安尼的生命周期假说，等等。

凯恩斯认为，消费是随着收入增长而增长的，但消费的增长速度不如收入的增长速度快，即边际消费倾向在大于零而小于 1 的范围。凯恩斯的消费理论是一种绝对收入消费理论，因为该理论只包含了收入单一因素，而且体现的是现期消费与现期收入的关系。为此，莫迪利安尼认为凯恩斯的这一理论过于简单，即消费与收入之间并不一定是单一的关系。他认为，消费者的总消费决定于其总收入，总收入包括现期收入、预期未来收入及以前积累的财富等。因此，利用莫迪利安尼的生命周期理论，可以分析人口老龄化对经济增长的影响。这是因为人口老龄化改变了人的预期收入和预期消费，如预期寿命延长而改变消费和储蓄行为。这一效果的宏观经济效应就是改变了国民储蓄率而影响经济增长。因此，人口老龄化影响消费预期而影响经济增长，是分析人口老龄化影响经济增长的一种途径。

（四）途径四：人口老龄化→降低人口红利→经济增长

David E. Bloom 和 Jeffrey G. Williamson 在 1998 年提出了人口红利的概念，主要是指人口年龄结构年轻化提供的经济增长的机会。他们在研究东亚（日本及亚洲四小龙）1960—1990 年的经济奇迹后认为，劳动年龄人口增长相对较快而产生有利于增加劳动力供给和提高国民储蓄水平的机会，由此成为促进这些区域经济增长的重要因素。

相较而言，人口年龄结构年轻化的反向是人口老龄化。人口老龄化对应劳动力年龄人口的相对乃至绝对减少，提高劳动力稀缺性而增加用工成本，这些都不利于经济增长的影响。因此，从人口红利看，可以认为人口老龄化是会降低人口红利效应的，不利于经济增长。如蔡昉（2009，2010）基于人口红利分析了人口老龄化对中国经济增长潜力的影响。

（五）途径五：人口老龄化→影响产业发展→经济增长

人口老龄化的结果之一是经济中老年人口比重不断提高，因此老年人口成为越来越重要的消费者，或者说老年人口的需求成为经济总需求中越来越重要的组成部分。而产业的发展是同经济中需求有直接关系的，即一种产业的出现与发展是以市场需求为重要推动力的。因此，老年人的需求成为影响产业发展的越来越重要的因素。同时，人口老龄化背景下的劳动力使用成本趋于提高，因此劳动密集型产业会受到人口老龄化的较大影响，由此产生促使产业结构发生变化的内在动力。只有适用人口老龄化大趋势的产业才能得以不断发展，否则必然受阻。

二 人口老龄化影响经济增长的基本逻辑

人口老龄化对经济增长的影响,可以从宏观经济总量的层面进行分析,也可以从产业经济层面进行分析。这里主要从宏观经济总量层面论述人口老龄化影响经济增长的基本逻辑。人口老龄化从产业层面影响经济增长的问题,在人口老龄化与产业经济章节中再进行分析。

实际上,上述人口老龄化影响经济增长的几种途径,基本可归结为是间接性分析人口老龄化影响经济增长的研究方式。目前从养老保障制度层面研究人口老龄化对经济增长的影响是较为普遍的。其基本逻辑是:人口老龄化影响养老制度选择,而养老制度的变动影响消费者的养老预期,进而影响储蓄与消费行为,储蓄、消费及投资的变化则影响经济增长。然而,通过这种人口老龄化影响养老制度选择的传导机制,进而影响经济增长的研究方式,并没有直接和完整地揭示出人口老龄化影响经济增长的关键机理。

本书的基本观点是:人口老龄化的本质效应是显著改变人口结构,人口结构的变化对应资源配置关系的变化,而资源配置关系的改变必然影响经济增长乃至影响经济运行的各个方面。如上述人口老龄化影响经济增长的途径,实际上也会导致原有资源配置关系发生深刻变化而影响经济增长的。而储蓄、投资和消费以及人口红利等,本质上都是人口老龄化改变资源配置关系进而影响经济增长的具体环节。因此,人口老龄化影响经济增长的基本逻辑,如图6-7所示:

人口老龄化 ——→ 人口结构 ——→ 资源配置结构 ——→ 经济增长

图6-7 人口老龄化影响经济增长的基本逻辑

基于宏观经济总量层面分析人口老龄化对经济增长的效应,可以通过总量生产函数进行。在总量生产函数中,物质性基本生产要素归结为劳动和资本两大类。因此,可以分别分析人口老龄化对劳动投入以及对资本投入的影响,来分析人口老龄化对经济增长的影响。总量生产函数反映的是生产方面的产出与要素的关系，属于供给方面的问题。而经济增长同时受需求方面的影响，体现为总需求中的储蓄行为与消费行为受到人口老龄化的影响。因此，人口老龄化影响经济增长的基本逻辑可以进一步如图6-8所示。

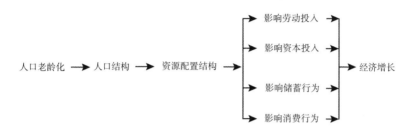

图6-8 按供给与需求展现的人口老龄化影响经济增长的基本逻辑

三 当前研究的不足

当前有关人口老龄化对经济增长作用效应的定量分析，多数是基于统计数据的经济计量分析，通常缺乏基于严格数理关系的原理与机制性的分析。现行经济学中通常采用的一些传统研究方法，本身就忽视了人口老龄化因素的作用效应。比如一些宏观经济模型的建立，虽然是基于微观个人行为的，但通常都假定经济中这些个体是无差异的。更为重要的是，现行主流经济增长理论是在20世纪人口激增的背景下发展形成的，通常以人口增长既定、劳动力无限供给及忽略人口结构变动（人口老龄化）为条件假设。而这样的条件假设已经与21世纪人口老龄化的现实相去甚远，从而凸显现行主流经济增长理论的局限性。因此，在人口老龄化已经成为常态化的背景下，发展适用于人口老龄化情况的经济增长理论具有重要的经济学理论价值与现实意义。

第 七 章

人口老龄化对劳动要素的影响

在经济增长理论中，劳动与资本是决定产出的最基本的生产要素。因此，人口老龄化对劳动要素和资本要素有怎样的影响，是分析人口老龄化影响经济增长的基本途径。本章主要分析人口老龄化对劳动要素的影响问题，从劳动投入的概念及其度量、人口老龄化影响劳动投入的途径和效应等方面展开。其中，将体现人口老龄化因素的老龄化率这一变量加入劳动投入的表达式中，是定量分析人口老龄化影响劳动投入以及经济增长的重要环节。

第一节　劳动投入的概念及其度量问题

在现实经济中，任何的生产活动都离不开劳动投入。这是因为劳动投入的主体是劳动者，而劳动者是活的具有主观能动性的生产要素。劳动者的主观能动性，决定了劳动者是特殊的生产要素，因为任何先进的资本设备，最终都需要由人来开动。因此，劳动者的主观能动性，是任何经济活动中其他生产要素都不可替代的。由此可以说，劳动投入是开展任何经济活动的必要条件。

一　什么是劳动投入

一般而言，如果在生产活动中使用了劳动者，也就是使用了人力，便可以说生产中有劳动投入。劳动投入是任何生产活动中最基本和基础性的必要条件。然而，现在的一个关键问题是如何度量劳动投入。

　　显然，劳动投入的多少与投入使用的劳动者的数量有关。如在一定的生产过程中，投入使用的劳动者数量越多，劳动投入的总量越大。一般而言，劳动投入总量越大，生产活动规模也相应越大。当然，在具体的生产活动中，并非劳动投入越多越好。对于具体的生产活动，劳动要素、资本要素以及与其他有关要素的配置，需要遵循、符合生产活动的客观规律，需要遵循、符合一定生产活动的技术关系，而不是随意进行的。

　　现在核心的问题是，如何度量劳动投入。在经济学中，劳动投入并不是指投入使用的劳动者数量。这是因为不同劳动者进行劳动的时间长短，可能是不一致的。如有的劳动者一年平均每天工作 8 个小时，而有的劳动者一年平均每天工作只有 3 个小时，有的则可能更少。因此，劳动者数量的多少，并不能体现实际投入的劳动量的多少。因此，在经济学中，劳动投入是指投入使用的劳动者的有效劳动时间的总和。

　　可见，劳动投入不是关于劳动力数量的概念，而是关于有效劳动时间总和的概念。在现实中，劳动投入的主体自然是劳动者。但是，每个劳动者所进行的劳动时间的多少是不相同的。因此，单纯地计算劳动者的数量，并不能表明劳动投入的多少，而是需要通过所有劳动者的有效劳动时间的总和来体现的。例如，假设有一个企业拥有员工 100 名，每名员工每天有效工作时间是 8 小时，因此该企业每天的劳动投入总量是 m 小时。如果这 100 名员工中有 40 名每天有效劳动时间是 6 小时，有 60 名每天有效劳动时间是 8 小时，在这种情况下该企业每天的劳动投入总量是 x_1、x_2，…，x_m 小时。

　　事实上，对劳动投入的精确度量是非常困难的事情。这是因为不同劳动者的质量也是存在差异的，因此对劳动者的劳动时间进行简单的加总，实际上并不能准确度量劳动投入的水平。例如，对于生产相同的零件，熟练工 1 个小时可以生产 10 件，而学徒工 1 个小时只能生产 5 件。在这种情况下，熟练工的劳动效率是学徒工的 2 倍，由此可以说，熟练工劳动 1 个小时相当于学徒工劳动 2 个小时。

二　关于劳动者之间的差异性问题

　　将所有劳动者的劳动时间直接加总作为劳动投入度量的方法，实际上暗含了这样一种假设：所有劳动者的劳动效果是同质的，或者说所有劳动者的质量都是相同的。这意味着如果劳动者是同质的，则在所有劳动者的劳动时间总和中，任何等长的时间所对应的劳动成效性都是相同的。

　　然而，现实经济中劳动者彼此间存在差异是必然的事情，因此上面所说的暗含的假设，同现实是有很大差距的。例如，不同劳动者在学历、经验、知识、技能、体力、年龄、性别乃至习惯、毅力及信念等诸多方面，都可能存在不同，而这些不同会导致其劳动效果实际上是很不相同的。如前面所说的熟练工生产出的零件数量是学徒工的 2 倍，在这种情况下我们便有理由认为 1 位熟练工劳动 1 个小时，相当于学徒工劳动 2 个小时。因此，如果考虑劳动者的质量差异，就可以按 1 位熟练工劳动 1 个小时，等同于 1 位学徒工劳动 2 个小时计算。这意味着在考虑劳动者的质量差异时，有必要对劳动者的劳动时间按一定的标准进行折算。即把不同质量劳动者的劳动时间折算成同一标准下的劳动时间。这便是有关劳动投入度量的标准化问题。

三　劳动投入度量的标准化问题

　　如果不同劳动者在相同时间内的劳动效果是相同的，如单位时间内生产同一产品的数量与质量都是相同的，则认为这些不同劳动者的劳动时间是等效劳动时间。将劳动投入按等效劳动时间度量，这便是有关劳动投入度量的标准化问题。让全部的劳动者在相同的时间内都做相同内容的事情，以此来区别劳动者的质量，这种方式在现实中是不可能实现的，而且也是不科学的。因此，如何考虑劳动者之间的差异性，是度量劳动者质量的一个难点问题。

　　那么如何考虑劳动者之间的差异性？如果将劳动者的学历、体力、经历等差异性折算成一定的标准，其难度是很大的，并且是不科学的。为了使度量劳动投入的方法相对合理、相对简单以及有可操作性，一种可行的方法是从市场竞争的角度考虑劳动者质量的度量问题。在现实经济中，劳动者的具体差异可以是千差万别的。然而，从经济收益的角度看，在市场竞争的情况下，劳动者的质量是同其所取得的劳动报酬的水平有着密切关系的。

一般而言，劳动者质量越高，其所取得的劳动报酬相对越高。或者说，劳动者的质量高，应体现为其劳动的成效性也高，从而其所得到的劳动报酬也相应高。有关实际经验能够证明，在总体上劳动者的劳动报酬水平与其个人所受的教育水平、培训经历及从业经验等因素呈正向关系。因此，劳动者的质量，可以通过劳动者从市场上取得的劳动报酬的水平来度量。

当然，基于劳动者报酬水平体现劳动者质量的方法，并不是绝对科学、绝对合理的方法，是有相对性的。这是因为劳动报酬水平，同太多因素有关，如不同的职业、不同的行业、不同的地区乃至不同国家的劳动生产率水平等，甚至不同雇主对其雇员的不同态度。因此，现实经济中出现同劳而不同酬也是常有的情况。基于劳动者报酬水平以体现劳动力质量的方式，在宏观市场经济竞争条件下也只是具有相对的合理性。

四 基于劳动者报酬对劳动投入的折算问题

为了具有可比性，将单位时间取得的劳动报酬称为劳动报酬率。于是，可将具有相等劳动报酬率的劳动者视为有相同的劳动质量。或者说，劳动者取得的劳动报酬率越高，表明该劳动者质量越高，其对劳动投入的贡献越大。这种以劳动报酬率作为劳动者质量的度量标准，在完全竞争的市场经济中是具有相对合理性的。因此，在经济学中通常采用劳动报酬率作为度量劳动力质量的一种指标，同时作为折算劳动投入的权重或折算系数。

具体地说，可以利用劳动者在一定时间内所取得的劳动报酬数据来折算劳动投入。例如，技术工人因为技术水平高而劳动产出率高，由此其劳动报酬率相对高。现具体假设技术工人工资按 120 元/人·小时支付，而一般工人工资按 100 元/人·小时支付。由此可以按两类工人的劳动报酬率的比例关系折算劳动力质量的差异。设此折算系数为 φ，则：

$$\varphi = \frac{技术工人工资率}{一般工人工资率} = \frac{120\ 元/人·小时}{100\ 元/人·小时} = 1.2$$

$\varphi = 1.2$ 的含义是技术工人劳动 1 个小时相当于一般工人劳动 1.2 个小时。因此，1.2 为技术工人与一般工人劳动时间的折算系数，即技术工人每劳动 1 小时按一般工人的 1.2 小时计算。

现假定一个企业拥有上述技术工人 8 人、一般工人 12 人，1 天劳动时间为 8 小时，以一般工人的劳动时间作为劳动投入的度量标准。将该企业一天的劳动投入记为 L_G。在此情况下，L_G 计算如下：

$$L_G = 12 \text{人} \times 8 \text{（小时／人）} + 8 \text{人} \times 8 \text{（小时／人）} \times 1.2$$
$$= 172.8 \text{（小时）} \tag{7-1}$$

式（7-1）的意义是：如果将技术工人的劳动时间折算成一般工人的劳动时间，则劳动投入总量是 172.8 小时。

如果不考虑技术工人和一般工人的质量差别，即不考虑技术工人和一般工人劳动时间的折算系数问题，则该企业 1 天的总劳动投入量 $\bar{L}_G$ 计算如下：

$$\bar{L}_G = 12 \text{人} \times 8 \text{（小时／人）} + 8 \text{人} \times 8 \text{（小时／人）}$$
$$= 160 \text{（小时）}$$

可见，在不考虑劳动者质量差异的情况下，该企业 1 天的劳动投入总量为 160 小时，而不是 172.8 小时。

同样，也可以以技术工人的劳动时间作为劳动投入的度量标准。这时，一般工人折算为技术工人的劳动时间的折算系数 $\bar{\varphi}$ 计算如下：

$$\bar{\varphi} = \frac{\text{一般工人工资率}}{\text{技术工人工资率}} = \frac{100 \text{元／人·小时}}{120 \text{元／人·小时}} = \frac{5}{6}$$

在此情况下，该企业 1 天的劳动投入总量 L_T 计算如下：

$$L_T = 12 \text{人} \times 8 \text{（小时／人）} \times \frac{5}{6} + 8 \text{人} \times 8 \text{（小时／人）}$$

$$= 144 \text{（小时）} \tag{7-2}$$

式（7-2）的意义是：如果将一般工人的劳动时间折算成技术工人的劳动时间，那么劳动投入总量是 144 小时。

上述的计算结果表明，在考虑劳动者质量差异时，设定不同劳动者的劳动时间作为劳动投入的度量标准，由此得到的劳动投入总量是不同的。可见，在度量劳动投入时，是否考虑劳动者的质量差异，对劳动投入总量的度量结果是有影响的。

五　一种劳动投入标准化的折算方法

上面通过具体的例子说明了考虑劳动者差异情况下如何进行劳动投入标准化折算的问题。下面论述在一般情况下如何将不同类别劳动者的劳动时间进行标准化折算。

假设在某生产中的全部劳动者可以分为 n 类群体，其中同类群体内的劳动者被认为是同质的，即有相同的工资率。其中，第 i 类劳动者的数量为 L_i，该类人均劳动时间为 l_i 小时，人均工资水平为 w_i，$i=1$，2，$\cdots$，n。于是，第 i 类劳动者的工资率为 $\dfrac{w_i}{l_i}$。取其中第 j 类劳动者的劳动时间作为度量劳动投入的标准。于是，第 j 类劳动者的工资率 $\dfrac{w_j}{l_j}$ 为度量劳动投入的标准工资率。因此，第 i 类劳动者的工资率 $\dfrac{w_i}{l_i}$ 同第 j 类劳动者的工资率 $\dfrac{w_j}{l_j}$ 的比值为 $\dfrac{w_i/l_i}{w_j/l_j}$。$\dfrac{w_i/l_i}{w_j/l_j}$ 为第 i 类劳动者的劳动投入，折算为第 j 类劳动者的劳动投入的折算系数。由于第 i 类劳动者的劳动时间总量为 l_iL_i，$\dfrac{w_i/l_i}{w_j/l_j}$ 为折算系数，因此，以第 j 类劳动者的劳动时间作为标准折算后的全部总劳动投入，记为 $\bar{L}$，则 $\bar{L}$ 的计算如下：

$$\bar{L}=\sum_{i=1}^{n}l_iL_i\frac{w_i/l_i}{w_j/l_j}=\frac{1}{w_j/l_j}\sum_{i=}^{n}w_iL_i。\qquad(7-3)$$

如果不考虑劳动者的差异，即认为劳动者都是同质的，则全部劳动者的劳动时间总量记为 L，则 L 的计算如下：

$$L=\sum_{i=1}^{n}l_iL_i。\qquad(7-4)$$

可见，未进行标准化折算的劳动投入总量式（7-4）和标准化折算后的劳动投入总量式（7-3）是不相同的。

如果需要考虑劳动投入中的劳动者质量的差异性对度量劳动投入的影响，则需要劳动者按一定属性特征进行交叉分类的数据，一类是交叉分类的劳动者数量的数据，另一类是同样交叉分类的劳动者劳动报酬的数据。

总之，劳动投入是以投入的劳动者的劳动总时间为计量的，而劳动者的质量差异体现为对不同劳动者的有效劳动时间赋予不同的权重。如以劳动者的劳动报酬作为劳动质量水平体现指标时，劳动投入就是以不同劳动者的劳动报酬在总报酬中的权重作为劳动者有效劳动时间的调节系数。当然，也可以用除了劳动报酬之外的其他指标作为折算劳动投入时间的折算系数，对此需要进行科学性、合理性、可行性等方面的综合考虑，而不能一概而定。如何科学而可行地度量劳动投入还是没有得到很好解决的问题。

第二节　人口老龄化对劳动投入的影响及作用机制

劳动投入时间的总量，是由投入的劳动者的数量及每个劳动者的劳动时间共同决定的，即增加劳动者数量或增加劳动者的劳动时间，都可以起到增加劳动投入的效应的。事实上，劳动者的质量也是影响劳动投入的重要因素，因为高质量的劳动者的劳动产出率相对高，实际是相当于提高了劳动投入的强度。因此，人口老龄化对劳动投入的影响，可以通过上述三种作用机制产生影响，即人口老龄化对劳动力数量、对劳动者投入的劳动时间以及对劳动者质量的影响。

一　人口老龄化对劳动力数量的影响：劳动力稀缺性提高

人口老龄化程度的提高，意味着经济中老年人口比重上升。因此，相较而言，如果暂不考虑未成年人口比重的因素，则必然意味着在总人口中劳动年龄人口比重相对乃至绝对下降。与此效应相对应的是，老龄经济中劳动年龄人口是相对（相对老年人口）减少甚至绝对减少的，由此导致劳动年龄人口稀缺性提高。而劳动年龄人口稀缺性的提高，等同于劳动力稀缺性的提高。

老龄经济中的劳动力稀缺性提高，既有因生育率下降而直接导致劳动力供给数量减缓的原因，也有人口老龄化程度提高，劳动力相对老年人口比重下降而导致劳动力稀缺性提高的原因。在老龄经济中，对生产而言，劳动力供给减缓可导致劳动力价格趋于上升。而劳动力相对于老年人口比重下降，则意味着可以为老年人口提供服务的劳动力数量减少，即对老年人口而言劳动力的稀缺性同样是上升的。因此，劳动力数量相对减少，也是导致劳动力提供养老服务价格上升的基本因素之一。总之，人口老龄化既导致经济中的劳动力数量相对减少，也导致劳动力稀缺性上升，进而导致劳动力价格有长期提高的内在趋势。

二　人口老龄化对劳动者的劳动时间的影响

关于人口老龄化影响劳动者的劳动时间，所涉及的问题是复杂的。对此需要从宏观和微观两个层面来看。首先看微观个人或家庭层面的情况。对个人或家庭而言，人口老龄化的微观表现是个人预期寿命不断延长，即个人老龄化，或者表现为一个家庭中的老年人口的数量不断增多。

在微观层面，个人老龄化或家庭老年人口增多，对经济活动中劳动者投入劳动时间的影响是增加还是减少，同多方面的因素有关。一个重要的影响因素是劳动者个人或家庭对其生活水平的预期或要求水平。如果个人预期自己的寿命更长，或家庭中老年人口增多、寿命更长，由此产生为了保持现在及未来的生活水平不下降，个人要加强劳动强度，以取得更多的收入而为养老有更多储蓄的动力。而这种加强劳动强度的形式也是多方面的，如可以是单纯地加班加点而延长劳动时间，也可以是自我进行更多的人力资本投资以提高其劳动能力而取得相对更高的劳动报酬率。

另一个重要的影响因素是健康。如果劳动者个人或家庭中的成员都是健康的，在经济中可以产生增加劳动投入的效应。这是因为健康的老年人，不仅可以分担其家庭中劳动者的一些负担，还可以成为劳动力队伍中的一员，从而增加经济中的劳动投入。对健康的劳动者自身而言，可以有相对更多的精力和体力从事劳动，由此不仅增加劳动收入，而且增加经济中的劳动投入。

但如果劳动者个人或家庭中的成员不是健康的，是需要他人照料的，这种情况则可能产生减少经济中劳动投入的效应。这是因为当家庭中的老年人身体健康出现问题，特别是不能生活自理时，需要家庭中的劳动者花费相对多的时间进行照护，由此导致其投入经济活动的劳动时间或劳动成效性下降。在经济中，这是不利于增加劳动投入的效应的。在现实生活中，较多地存在因家庭中有需要照护的老年人，而使家庭中的主力劳动者不得不放弃现时的工作，回到家庭照护老年人的情况。甚至还有因此家庭而陷入贫困境地的情况出现，这便是因老、因病而返贫的情况出现。

然而，从宏观看，人口老龄化对应着老年人口比重上升，即在总体上增加了劳动力对老年人口的照护负担，对应着老年供养比提高。这意味着人口老龄化有提高对劳动力时间占用的效应，而这种效应不利于提高对生产性经济活动的劳动投入水平。但健康因素也是影响宏观总体劳动投入的重要因素。如果劳动力和老年人口的总体健康水平是不断提高的，既有利于劳动力增加劳动投入，也有利于老年人口参与经济活动甚至成为劳动力队伍中的成员。

然而，如果仅就劳动力数量而言的劳动投入，人口老龄化总体上是不利于劳动投入增长的。这主要是因为人口老龄化对应的是经济中劳动年龄人口比重相对乃至绝对下降。这种效应对应经济中劳动力数量的相对乃至绝对减少，从而相对乃至绝对减少劳动投入。

三　人口老龄化对劳动者质量的影响

人口老龄化对劳动者质量的影响，似乎难以给出确定性的结论，但这种影响的确是存在的。这一问题似乎和如何应对人口老龄化有关。一般而言，劳动者的质量直接同劳动者所受的教育、培训、职业经历乃至个性和价值观念等多方面的因素有关。例如，就劳动者个人而言，如果劳动者能够意识到人口老龄化对其个人乃至社会带来的挑战，由此可能导致劳动者个人注重加强对自我的人力资本投入，其中包括健康投入，则人口老龄化的效应是有利于提高劳动者质量的。如果这种对人口老龄化的应对，不仅是个人行为，而且是社会行为，如政府和社会各方面都加大对全民的人力资本投入，那么这种应对人口老龄化的效应有利于全社会劳动者质量的提高。

然而，从客观性方面看，人口老龄化的结果最终会导致养老及社会保障费用比例不断提高，由此直接或间接地压缩了可以用于人力资本投资的费用比例，因此产生不利于提高劳动者质量的效应。同时，人口老龄化的结果最终会导致储蓄与投资的空间下降，不利于经济增长潜力的提高，而总收入增长减缓最终也不利于人力资本投入的增长。

总之，人口老龄化对劳动者质量的影响是复杂的，其中有直接性影响，也有间接性影响，既有有利的影响，也有不利的影响。因此，如何应对人口老龄化，这是一个关键性的问题。只有积极而有效地应对人口老龄化，才能最大限度地降低人口老龄化的负面影响。

四　劳动力稀缺性提高的若干效应

劳动力稀缺性的提高，由此产生的效应是广泛而深刻的。对此可从以下五个方面展开分析。

第一，对生产方面而言，劳动力价格上升而增加企业用工成本，企业用工成本增加到一定程度后，或迫使企业进行产业转型或转移，如可能转向资本和技术密集型产业以减少人工需求，或转移生产地以降低用工成本。这些效应的综合结果容易导致老龄经济中劳动投入下降。这种劳动投入下降，既有劳动年龄人口数量相对减少的效应，也有老龄经济中劳动力稀缺性提高而导致用工成本提高的效应。这些效应特别是对劳动密集型产业的影响相对更大。

第二，对老年人口而言，劳动力稀缺性提高将导致劳动力对老年人口服务价格的上升。这不仅增加了老年人的养老成本，而且当人口老龄化提高到一定程度时，可能出现有钱买不到服务的情况。人口老龄化的效应，在总体上对应的是劳动力供给能力下降。

第三，人口老龄化容易导致结构性的劳动力短缺与就业困难并存的局面。人口老龄化提高劳动力成本，由此产生促进相关产业向技术或资本密集型方向发展的压力和动力。而这一效应的结果是提高对劳动力质量的要求，如果现实不能及时满足对高质量劳动力供给的需求，不仅难以满足产业转型与升级的需要，而且容易产生低质量劳动力就业难的问题，即产生劳动力短缺和就业困难并存的情况。

第四，人口老龄化增加产业与企业转型成本。一方面，在劳动力稀缺背景下，如果企业不能承受转型成本带来的冲击，企业将在竞争中处于不利地位甚至被淘汰。另一方面，人口老龄化增加的经济社会压力，最终要由企业与劳动者承担。企业提高养老金支付水平及向社会保障系统支付更多的费用，不利于企业提高竞争力，增加企业转型的成本与难度。这实际上是人口老龄导致资源向非生产领域增加配置的效应。

第五，人口老龄化增加劳动服务型产业发展的制约。人口老龄化导致对人工服务领域的需求，如医疗、护理、照料等需求的增加。经济中并非所有的产业都适合向技术与资本替代劳动的方向转变，存在大量对单纯人工服务的需求。人口老龄化条件下的劳动力数量减少将导致劳动力供给趋紧，显著增加对劳动服务型产业发展的约束。

第三节　人口老龄化对劳动要素的若干影响

一　人口老龄化导致劳动力赡养负担加重

在第一章已经表明，人口老龄化程度是用老年人口比重这一变量体现的，用老龄化率 α_R 表示。而劳动力的赡养负担是用老年供养比这一指标表示的，老年供养比即老年人口数量与劳动年龄人口数量之比。根据第一章的式（1-14）和式（1-15），若 N_L 为劳动年龄人口数、N_R 为老年人口数，则 $\frac{N_R}{N_L}$ 为老年赡养比。

人口老龄化程度上升同增加劳动力的赡养负担是正向关系的。对此可进行下面的数学式变换而清晰地展现：

$$老年供养比 = \frac{N_R}{N_L} = \frac{N_R/N}{N_L/N} = \frac{\alpha_R}{\alpha_L} \tag{7-5}$$

在式（7-5）中，α_R 表示老年人口占总人口的比重，即老龄化率。可见，当 α_L 既定时，即劳动年龄人口既定时，老年供养比和老龄化率 α_R 呈正向关系。因此，老龄化率 α_R 上升即导致老年供养比上升，意味着劳动力的赡养负担加重。劳动力的赡养负担加重也不利于劳动投入增加。例如，当一个家庭中有需要人照护的老年人时，家庭中劳动力的负担加重，有可能减少外面劳动的时间，而不得不花费相对更多的时间来照护家庭中的老年人。而这种微观效应的宏观结果，就是减少总体的劳动投入。

二 人口老龄化存在增加劳动投入的内在机制

当一个国家或地区的法定退休年龄一经确定，则该社会的劳动年龄人口数量在法定方面便是被确定的。但是，一旦退休年龄被确定，劳动年龄人口数量的变动便是由生育率的情况决定的。虽然老年人口是在劳动年龄人口之前的人，理论上并不影响劳动年龄人口的数量，但是从人口结构的相对角度看，即相对于老年人口而言，与人口老龄化对应的是劳动年龄人口比重是相对下降的。同时，人口老龄化对应老年供养比的提高，即加重劳动力的赡养负担，因此相对甚至绝对影响劳动者的工作时间，因而对劳动投入产生影响。

但是，如果劳动者个人有对预期寿命不断延长的预期，则此人在从业工作期间增加工作时间，以获取更多收入而进行养老储蓄。这便是人口老龄化也导致劳动投入增加的内在机制。而这种内在机制，不是通过增加劳动者的人数实现的，而是通过增加劳动者的劳动工作时间来实现的。现假设 β 是经济中的劳动参与率，即经济中的实际劳动力数量由下面关系式决定：

$$L_\beta = \beta N_L \qquad (7-6)$$

式（7-6）中，L_β 表示劳动参与率为 β 情况下的实际劳动力数量（实际从业人员数量）。如果假定这些劳动力是同质的，那么 L_β 也体现劳动时间的总和，即劳动投入。如果假定了每个劳动力每小时的劳动效果是一致的，那么劳动投入的多少就取决于劳动者数量的多少。

现假定 γ 表示劳动投入时间系数。$\gamma = 1$ 表示劳动力的劳动时间是相同的情况，并设定这是标准的情况。假定 $\gamma > 1$ 时表示劳动力的劳动时间超过了标准情况。如假设标准情况是劳动力每天工作 8 小时，实际劳动时间为每天 9 小时，则 $\gamma = 9/8 = 1.125$。如果实际劳动时间为每天 7 小时，则 $\gamma = 7/8 = 0.875$。因此，考虑到实际劳动时间因素的劳动投入表达式为：

$$L_\beta = \gamma\beta N_L \qquad (7-7)$$

人口老龄化的微观效应是个人预期寿命延长。如果个人预期其寿命是延长的, 那么可能产生激励劳动力在从业期间增加工作时间, 以获取更多收入而进行养老储蓄。则对此行为对应的结果是 $\gamma > 1$ 的情况出现, 这时意味着由式 (7-7) 决定的劳动投入是增加的。可见, 人口老龄化可以产生劳动力对寿命延长的预期而增加劳动投入的效应。

注意, 上述结论是在其他条件不变的情况下得出的结论。如果劳动年龄人口是减少的, 则对劳动投入是增加还是减少, 取决于 γ 增加和 N_L 减少二者相抵后的结果的情况。

对式 (7-7) 两边取对数, 并求关于时间 T 的导数, 得到下面的表达式:

$$\frac{d\ln L_\beta}{dT} = \frac{d\ln N_L}{dT} + \frac{d\ln\gamma}{dT} + \frac{d\ln\beta}{dT} \qquad (7-8)$$

显而易见, 式 (7-8) 中 $\frac{d\ln L_\beta}{dT}$ 为劳动投入增长率。式 (7-8) 表明, 劳动投入的增长率同三个因素有关, 一是劳动年龄人口数量增长率 ($\frac{d\ln N_L}{dT}$), 二是劳动投入时间系数增长率 ($\frac{d\ln\gamma}{dT}$), 三是劳动参与率增长率 ($\frac{d\ln\beta}{dT}$)。

因此, 如果假设劳动参与率 β 不变, 则 $\frac{d\ln\beta}{dT} = 0$。于是, 在此情况下, 劳动投入增长率 $\frac{d\ln L}{dT}$ 是正值还是负值, 取决于 $\frac{d\ln\gamma}{dT} + \frac{d\ln N_L}{dT}$ 是大于零还是小于零。例如, 如果每个劳动者的劳动时间从每天 8 小时提高到 9 小时, 则劳动时间系数增长率为 12.5%。因此, 如果 $\frac{d\ln N_L}{dT} > -12.5\%$, 即劳动年龄人口增长率不低于 -12.5% 时, 劳动者延长劳动时间的结果会导致总劳动投入增加。可见, 如果劳动者每天从工作 8 小时提高到 9 小时, 即每天增加 1 个小时的劳动时间的效应是较大的。

三   生育率下降型的人口老龄化导致劳动投入减少

生育率下降也是导致出现人口老龄化的重要原因。在实现经济中, 老龄年龄人口决定不了劳动年龄人口，但是未成年人口是决定劳动年龄人口的变量。由于未成年人是成年人的前期基础，因此生育率下降意味着在未来一定时期内劳动年龄人口的增加是减缓的。这是因为生育率下降，会导致新出生人口减少，意味着在一定时期后进入劳动年龄人口的数量将减少。总的来看，如果人口老龄化伴随着生育率下降，最终导致经济中的劳动年龄人口减少，从而对应劳动投入减少是符合逻辑关系的。

第四节 老龄化率影响劳动投入的关系式

通过前面的分析可以看到，人口老龄化对劳动投入的影响是复杂的，而不是单纯的劳动者数量增加或减少的问题。概括地说，人口老龄化对劳动投入的影响，同人口老龄化影响劳动者的心理预期、退休年龄、劳动质量乃至养老保障系统（涉及养老储蓄）等多方面的因素有关。而为了简单明了分析人口老龄化对劳动投入的影响，一种分析方法是建立劳动投入同体现人口老龄化因素变量的关系式。

一 劳动投入与人口老龄化的关系

为了理论分析的方便性，先假设不考虑劳动者之间的质量差异。即在下面的理论分析中，仍然假定劳动者之间是同质的。这种假设旨在分析主要、核心、本质性的问题。而在解决实际具体问题时，可适当增加劳动者的质量因素，使劳动投入接近于现实情况。

无论怎样，假设劳动者质量无差异，即意味着劳动者数量可以作为度量劳动投入的变量。设劳动投入以变量 L 表示，则在劳动者无差异的假设情况下，劳动者数量即可视为劳动投入 L。同时，假定劳动者数量等同于劳动年龄人口的数量。于是，根据式（1-17），在劳动者无差异的假设情况下，劳动者数量即可视为劳动投入 L，因此有下面的关系式成立：

$$N_L = \alpha_L N = L \tag{7-9}$$

其中，N 为一定社会（国家或地区）的总人口，α_L 为劳动年龄人口比重。而根据式（1-16）有下面的关系式成立：

$$\alpha_L = 1 - \alpha_R - \alpha_Y \tag{7-10}$$

其中，α_R 为老龄化率，是体现人口老龄化因素的重要变量，α_Y 为未成年人口比重。于是，将式（7-10）代入式（7-9），可以得到下面的关系式：

$$L = N_L = (1 - \alpha_R - \alpha_Y)N \tag{7-11}$$

式（7-11）的特殊性是在劳动力同质的假设下，劳动投入等于劳动年龄人口数。因此，式（7-11）是将劳动投入同人口老龄化因素相关联的关系式。

但是，在现实经济中，劳动年龄人口并不是真正的劳动投入。劳动投入是由投入使用的劳动力数量和劳动时间构成的。因此，式（7-11）的成立是有前提条件的，即要求劳动力同质的前提假设条件。

一般而言，当进行有关的理论分析时，如果不需要严格区别，劳动年龄人口可以被认为是劳动力数量，这是有一定的合理性的。但是，当需要进行有关的实际测算时，是否可以将劳动年龄人口数量认定为劳动力数量，是需要非常慎重的，而不能简单地设定，否则实际测算的误差会比较大。因此，严格地说，当没有劳动力同质的假设情况下，劳动投入 L 与劳动年龄人口之间实际是函数的关系，故可将此函数设定为下面的形式：

$$L = L(N_L) \tag{7-12}$$

然而，需要注意的是，式（1-17）所体现的劳动年龄人口数量与老龄化率变量之间的关系，是统计核算性质的关系，而不是内生性的决定与被决定的关系。这是因为劳动年龄人口是在老年人口之后出生的人口，是由未成年人口及生育率的情况决定的，而不是由老年人的情况决定的。因此，现实中是不能通过决定老年人比重来决定劳动年龄人口的。因此，式（1-17）只是核算性的关系式。

同样，劳动投入与人口老龄化的关系，并不是关于劳动者数量或劳动年龄人口数量如何受到人口老龄化因素影响的，而是有关人口老龄化对劳动者行为影响的问题。这是因为劳动者行为与劳动投入有关。例如，如果劳动者预期自己可能更长寿，为了确保其退休后的生活水平不下降，就要加大现期的工作量而增加收入以提高储蓄。可见，在宏观上这种行为的结果是导致劳动投入增加，而这一结果归因于人口老龄化的效应。但是，劳动者的数量或劳动年龄人口数量是不受老年人口数量影响的，因为老年人口是在劳动年龄人口之前已经存在的人口。

二 人口总量既定下的老龄化率对劳动投入的影响

前面已经指出，老年人口是劳动年龄人口之前已经存在的人口，因此老年人口在逻辑上不存在对劳动年龄人口以及未成年人口数量的影响。那么应该如何分析人口老龄化对劳动投入的影响？从理论上讲，在多变量的因素分析中，如果需要分析其中某一变量对另一变量的影响，则需要把除了这两个变量的其他变量都暂时视为不变。例如，设一个含有 n 个自变量的函数如下面的形式：

$$Y = F(X_1, X_2, \cdots, X_n) \tag{7-13}$$

如果要分析 X_1 对 Y 的影响，一种方法是将 $i = 2$，$\cdots$，n 的 X_i 暂时视为不变，然后考察 X_1 变动时相应的 Y 是如何变动的。对此，在数学上可用偏导数的概念来体现这种效应，即表示为 $\frac{\partial Y}{\partial X_1}$。

按此思想，可以分析老龄化率 α_R 对劳动投入 L 的影响，即表达式为 $\frac{\partial L}{\partial \alpha_Y}$。对这种分析意义的直观理解是，当总人口 N 既定时，不同老龄化率下的劳动投入是不同的。例如，对总量为 100 人的人口而言，老龄化率为 10% 所对应的老年人为 10 人，而老龄化率为 20% 所对应的老年人为 20 人。可见这种情况下的老龄化率对劳动投入是有影响的。不同的老龄化率实际上对应的是不同的人口年龄结构。在总人口数量既定的情况下，可以存在不同的人口年龄结构，而不同的人口年龄结构所对应的劳动投入以及经济增长潜力是不同的。因此，分析老龄化率同劳动投入的关系是非常重要的问题。

三 老龄化率同劳动投入的弹性关系

如果在中国有 14 亿人口的情况下，老年人口比重上升一个百分点对劳动投入有怎样的影响？这便是有关人口老龄化对劳动投入弹性的问题。对此问题的分析，有助于了解人口老龄化对经济增长的影响，以此有助于制定相关的应对策略。

设 L 为劳动投入，老龄化率为 α_R，则劳动投入对老龄化率的弹性系数表达式为 $\dfrac{\partial \ln L}{\partial \ln \alpha_R}$。因此，老龄化率同劳动投入的弹性关系，就需要计算出 $\dfrac{\partial \ln L}{\partial \ln \alpha_R}$ 的表达式。为此，先对式（7 - 12）两边取对数，得到下面的表达式：

$$\ln L = \ln(1 - \alpha_R - \alpha_Y) + \ln N \qquad (7-14)$$

然后对式（7 - 14）两边求关于老龄化率的偏导数，得到下面的关系式：

$$\frac{\partial \ln L}{\partial \alpha_R} = \frac{\partial \ln(1 - \alpha_R - \alpha_Y)}{\partial \alpha_R} + \frac{\partial \ln N}{\partial \alpha_R} \qquad (7-15)$$

因为假定了 N 是不随 α_R 变化的，所以 $\dfrac{\partial \ln N}{\partial \alpha_R} = 0$。由式（7 - 16）得到下面的表达式：

$$\frac{\partial \ln L}{\partial \alpha_R} = \frac{-1}{1 - \alpha_R - \alpha_Y}$$

于是

$$\frac{\partial \ln L}{\partial \ln \alpha_R} = \frac{-\alpha_R}{1 - \alpha_R - \alpha_Y} = -\frac{\alpha_R}{\alpha_L} \qquad (7-16)$$

其中，α_L 为劳动年龄人口比重，α_R 为老年人口比重。就一般情况而言，劳动年龄人口比重大于老年人口比重是常见的情况，即 $\alpha_L > \alpha_R$ 成立。因此，这意味着 $\dfrac{\alpha_R}{\alpha_L} < 1$ 成立。式（7 - 17）表明劳动投入对老龄化率的弹性系数为负值，即表明老年人口比重上升将导致劳动投入下降。

根据式（7 - 16）表现的劳动投入对老龄化率的弹性系数的具体情况，可以说，老年人口比重上升 1%，劳动投入则下降 $\dfrac{\alpha_R}{\alpha_L}\%$。由于 $\left|\dfrac{\alpha_R}{\alpha_L}\right| < 1$，表明如果老年人口比重上升 1%，则劳动投入下降的幅度小于 1%。例如，$\alpha_R = 0.135$，$\alpha_L = 0.685$，则 $\dfrac{\alpha_R}{\alpha_L} \approx 0.197$。其意义是：在此情况下，老年人口比重 α_R 上升 1%，劳动投入 L 将减少 0.197%。

总之，上述分析结果表明，如果单纯就劳动投入与人口老龄化因素而言，在保持其他相关因素变量不变的条件下，人口老龄化程度的提高对劳动投入有负向作用关系。

第五节　劳动投入与有关因素的关系

按经济学中对劳动投入的定义可知，劳动投入规模与投入使用的劳动者数量和劳动者的劳动时间有关。而从一定国家或地区的宏观经济层面上看，劳动者数量是同劳动年龄人口情况有密切关系的。一般而言，劳动年龄人口数量越多，参与经济活动的劳动者数量相应越多，从而有利于增加劳动投入。这意味着对于既定的劳动年龄人口而言，要增加经济中的劳动投入总量，其中一个关键点是提高劳动参与率，即调动劳动年龄人口实际参与经济活动的积极性，使尽可能多的劳动年龄人口加入劳动力队伍当中。

一　劳动投入、劳动年龄人口及劳动参与率的关系

如果设 L 为一定国家或地区的劳动投入总量，设 N_L 为劳动年龄人口数量，β 为劳动参与率，则通过上述分析可知，L 是关于 βN_L 的函数，且 L 同 N_L 及 β 是增函数关系，即 N_L 及 β 提高，则 L 相应提高。对此，可以表示为下面的函数形式：

$$L = L(\beta N_L) \tag{7-17}$$

实际上，式（7 – 17）只是表明了劳动投入同劳动年龄人口和劳动参与率的函数关系。劳动参与率和劳动年龄人口之积 βN_L，其结果是实际参与经济活动的劳动力数量。但是，劳动力数量并不是严格意义上的劳动投入。劳动投入是劳动时间总量的概念。因此，当 L 表示劳动投入时，是不能写成 $L = \beta N_L$ 的，而只能写成 L 是关于 βN_L 的函数形式。

二　劳动投入与劳动时间的关系

从前面的分析知道，劳动投入同劳动者的劳动时间长短是有直接关系的，即如果劳动者增加了劳动时间，其效应也是增加劳动投入。可见，劳动投入也是关于劳动者劳动时间的函数。因此，如果设 T_L 为一定时间内劳

动者的人均劳动时间，则式（7 - 17）可以表示为下面的函数形式：

$$L = L(\beta N_L, T_L) \qquad\qquad (7-18)$$

　　如果 T_L 的增加是在既定退休制度下进行的，如由一天工作 8 小时延长至一天工作 9 小时。这种劳动时间的增加实际上是增加了劳动强度。因此，T_L 也是体现劳动者劳动强度的变量。

三　劳动投入与退休制度的关系

　　如果劳动时间的延长是通过提高退休年龄的方式实现的，如退休年龄从 60 岁提高到了 65 岁，而劳动者一天工作时间仍为 8 小时，则这种效应既扩大了劳动年龄人口的范围，也起到了增加劳动投入中劳动时间的作用。于是设 D_L 为退休制度因素变量，则 D_L 也是影响劳动投入 L 的因素。因此，式（7 - 18）可以进一步表示为下面的函数形式：

$$L = L(\beta N_L, T_L, D_L) \qquad\qquad (7-19)$$

其中，D_L 是因退休制度变化导致劳动时间增加的变量。

四　劳动投入与劳动者质量的关系

　　劳动者质量的提高，可以起到实际劳动投入总量增加的效应。对此需要考虑劳动力内部人员结构因素的问题。具体地说，在一个国家或地区的劳动力中，有不同类型的劳动者。这些不同类型劳动者的劳动时间成效性是不同的。因此，如果考虑到劳动者之间的素质差异情况，那么对劳动投入的计算需要按一定的标准进行折算。而这种折算实际上是比较复杂的，一般需要对劳动者有关交叉分类的相关信息，如有关交叉分类的人员数据和有关交叉分类的报酬数据等。

　　但无论怎样，劳动者质量的确是影响劳动投入的重要因素。因此，在必要时需要在劳动投入的函数式中加入体现劳动者质量因素的变量。如设 H_L 为体现劳动者质量因素的变量，则式（7 - 19）可以进一步表示为：

$$L = L\ (\beta N_L,\ T_L,\ D_L,\ H_L) \qquad\qquad (7-20)$$

　　实际上，劳动者质量因素变量 H_L 可以是一种独立的函数，即 H_L 可以是关于人力资本投入、健康投入和相关保障投入的函数。或者说，这里的

变量 H_L 可能包含多个影响劳动投入质量的变量。

五　劳动投入与老龄化率的关系

从一个国家或地区的宏观经济层面上看，老龄化率指老年人口占其总人口的比重。因此，老龄化率本身就是体现人口结构的一个重要指标。对此，在第一章有关人口结构部分中已经进行了有关讨论，并得到了劳动年龄人口 N_L 同老龄化率 α_R 的关系式 $N_L = (1 - \alpha_R - \alpha_Y) N$。

可见，劳动年龄人口与老龄化率是有关系的。对劳动投入而言，老龄化率对劳动投入也是有影响的。因此，可将老龄化率变量的因素加入劳动投入函数的表达式中，即劳动投入可以表现为下面的函数形式：

$$L = L\left(\beta N_L,\ T_L,\ D_L,\ H_L,\ \alpha_R\right) \qquad (7-21)$$

虽然式（7-21）没有给出具体的函数形式，但是式（7-21）清楚地展现了与劳动投入有关的多种影响因素，即劳动投入同劳动年龄人口、劳动参与率、劳动时间、退休制度、劳动者质量和人口老龄化等因素有关。因此，式（7-21）提供了分析劳动投入影响因素的一种框架。

第六节　中国人口总量减少的效应

中国目前出现生育率不断下降的趋势，由此引发一些观点。如有观点认为如果中国没有足够的人口，无以形成庞大的消费市场，就没有足够的劳动力供给，甚至房地产市场就缺少接盘者，从而对中国经济将造成极为不利的影响；也有观点认为，中国人口危机渐行渐近，带来的经济社会问题日益严峻。不难看出，这些观点主要是基于对中国人口总量增长减缓甚至下降而产生的担忧。

事实上，一个国家或地区的劳动力数量是否能够满足其经济发展的需要，主要与其产业发展模式有着密切的关系，或者说同产业结构情况有密切的关系，即不能简单地根据人口总量或劳动力的绝对数量做出劳动力够与不够的评判。可以想象，如果当前中国产业结构和产业水平同发达国家是一样的，那么中国现有近9亿劳动力资源显然是绝对过剩的，而不是劳动力不足。

现实情况是，目前中国产业发展水平与欧美日等发达国家相比尚有较大的差距，中国产业发展对劳动要素的依赖性依然较大。虽然预期未来中国劳动力总量将趋于减少，但是总量规模依然巨大且将是长期的。据预测，到 2050 年中国有 7 亿多 15—64 岁的劳动年龄人口，这意味着届时中国劳动年龄人口仍比美国、日本和英国的人口总和还多。随着中国总体科学技术水平和产业科技含量不断提高，中国经济对劳动力需求从数量型不断转向质量型是必然的趋势。由此可以判断，中国劳动力数量的减少乃至总人口的减少，不会对中国经济发展产生明显不利的影响。

然而，劳动力减少会产生预期效应，即虽然中国劳动力总量够用并不是问题，但是劳动力总量减少的一个效应是提高劳动力资源稀缺性的预期，由此导致劳动力价格上升而影响经济的诸多方面。这种效应既有不利的一面，也有积极的一面。不利方面主要是增加企业用工成本而降低企业原有的竞争力。积极方面则主要是促使企业向通过技术与资本替代劳动方向转型，有利于提高产业水平和提升增长质量。事实上，劳动力稀缺性变化的影响是复杂的，如个别领域性的技术与资本替代劳动的结果可能是减少该领域的就业量。但是，如果技术发展能够实现产业扩展，其结果可以是增加就业容量。因此，在经济和产业层面应对人口变化是一个综合性问题。

目前中国人口问题的关键在于人口结构，而不是总量问题，即人口结构主要表现为人口老龄化。现实中经济增长乃至经济发展的状况，在很大程度上并不主要取决于人口总量的多少。人口老龄化深刻影响中国总人口中劳动年龄人口与非劳动年龄人口的比例关系，由此对应经济资源配置关系的变化，这是人口老龄化影响经济社会发展的基本机理。因此，如果能够保持中国人口结构不断趋向合理，那么中国人口总量减少实际是非常有利的事情。

第 八 章

人口老龄化对资本要素的影响

在现实经济中，资本投入和劳动投入一样，都是进行任何生产活动不可缺少的必要条件。特别是在现代经济中，资本投入对经济增长的作用已经明显高于劳动投入的作用。因此，人口老龄化对资本投入有怎样的影响，是涉及人口老龄化应对经济增长的重要问题。本章主要讨论人口老龄化对资本投入有关影响的问题。

第一节　资本投入的概念及其度量

首先是有关资本投入的概念与度量的问题。事实上，度量资本投入比度量劳动投入更为困难。其困难不仅来自在现实经济中获取资本数据相对更为困难，而且缘于现行度量资本投入的基本理论与方法尚处于非常薄弱、很不充分的状态。资本的重要性是显而易见的，但是资本的形态、功能以及存在方式等是千姿百态的，因此对资本的分类、归纳乃至度量都是非常困难的。为此，经济学中的资本概念是高度凝缩的理论性概念。

一　资本及资本投入的概念

一般而言，资本概念的含义是非常广泛的。因此，有必要指出这里所说的资本概念的含义，即资本是经济学中生产函数范围内的概念。生产函数中的资本是指在生产活动中所使用的有关实物资本存量（Capital Stock），如供生产之用的有关机器设备、基础设施等固定资产及相关工具性的资产。生产过程中或者说生产函数中的资本投入，则是指对一定资本存量在生产中的使用。而没有被使用的资本存量实际上是不能作为生产函数中资本投入的。

二　理解资本投入概念的要点

对资本投入概念的理解，是度量资本投入的重要基础。因此，下面指出有关理解生产函数中资本投入概念的要点。

首先，生产函数中的资本概念属于生产工具范畴。在现实经济的生产过程中，产品生产需要工具，如机器设备、场地、厂房、运输工具等。这些资本要素的特点是耐用品，对其使用的结果一方面是可生产出所需要的产品，另一方面是对其自身的损耗。但这种损耗通常是逐次、渐进性的，而不是一次性的。而为了度量资本使用出现的损耗，需要考虑资本的折旧问题。

因此，基于渐次损耗及需要折旧的生产工具性特点，可以作为评判某要素投入是否资本投入的基本依据。这也是区别资本投入与原材料投入（中间投入）的有效方法。生产中投入的原材料是构成总体生产要素投入的重要内容，但是原材料投入与资本投入的根本区别是，原材料投入是随着生产过程的完成而转移到产出成果中，而资本投入在生产过程中没有任何部分转化到产出成果中，如生产过程完成后用于生产的机器设备、厂房还存在，并且对其使用的结果是逐次的磨损与消耗。因此，资本投入与原材料投入是不同的概念。

其次，生产函数中的资本投入是资本使用的概念，即生产函数中的资本投入不是单纯的资本存量的概念。虽然资本投入首先是一种资本存量，但是只有当该资本存量进入被使用的状态时，才可以成为生产函数中的资本投入。换句话说，如果资本是处于闲置而不被使用的状态，则这时的资本是没有生产作用的，因而对产出是没有影响的，因此也就不能作为生产函数中的资本投入部分。为此，目前经济学界普遍采用资本服务量作为资本投入内容。根据美国哈佛大学教授乔根森（1989）的说法，资本服务量是指资本存量所提供的服务量。因此，生产函数中的资本投入主要对应的是可提供资本服务的资本存量的概念，即指处于实际使用状态的资本存量的数量。在宏观经济层面，资本使用率或资本利用率可视为资本服务量与总资本存量水平的比率。因此，如果有对总资本存量水平和资本使用率的估计，也可以得到对生产函数中资本投入的一种估计。

三　度量资本投入的难点

度量资本投入的一个难点在于如何对不同类型的资本投入加总。同度量劳动投入面临的难点类似，具体的资本存量是有差异性的。不同资本的用途、功能、作用、形态及效能等诸多方面或有很大的不同。如何对千姿百态的资本存量进行加总计算，到目前还是一个没有得到较好解决的问题。目前普遍采用的以固定资产积累的数额作为资本存量的估计，虽然这种方法不失是一种可行的方法，但是其存在的缺陷也是明显的，即这种方法没有考虑固定资本质量的差异，更没有考虑不同固定资本功效的差异。同时，固定资产利用率问题也没有在生产函数的实际运用中给予充分的测算或估计，由此导致现实经济生产函数中对资本投入的度量普遍存在较大的误差。

第二节　关于资本投入度量的有关问题

一　关于资本投入的质量问题

目前，如何识别固定资本的质量差别仍是难以解决的问题。在现实经济中，不同资本设备的能力通常是不同的。例如，现今价值几千元的计算机，比20世纪价值几万元的计算机，在功能上已超过几倍、几十倍甚至更多。然而，在固定资本积累的价值核算中，即使按不变价进行折旧计算，其固定资本的价值量仍长期存在。例如，2000年价值20000元的计算机，按0.05的折旧率计算，到2020年仍有大约7000多元的固定资产价值。然而在现实经济中，2000年的计算机到2020年时或已经不存在了。或许2020年价值3000元的计算机的功效已经远远超过2000年的计算机的功效。因此，按固定资产积累的价值核算方法，如永续盘存法（Perpetual Inventory Method），实际上难以和现实中是否依然存在以及实际功效等情况相一致。或者通俗地说，价值量依然存在的资本积累，在现实经济中或已经不存在，或已经处于被闲置不用的状态。

因此，基于固定资产积累的价值作为资本投入的计量结果，实际上可能与现实经济的资本实物存量已经对应不上了，即固定资产积累核算上的结果同现实经济中的资本实物存量是脱离的。因此，基于固定资产积累统计体系核算的资本投入，未必是真实资本存量的反映，甚至不能实际反映在使用的资本投入的情况。如果对此类问题没有认识，没有相应的数据处理，由此建立的生产函数及其对全要素生产率的相关测算，必然是存在较大误差的。

二 关于资本投入标准化的度量问题

总的来看，如何将众多不同的资本投入折算成统一标准的资本投入是目前经济学依然难以解决的问题。对此，可借鉴劳动投入标准化折算的方法讨论资本投入的标准化折算问题。归纳起来，解决资本投入标准化的核心要点如下。第一，明确资本投入是处于使用状态的资本存量。第二，将资本存量的价值量作为度量资本投入的基本单位。第三，进行资本投入标准化度量的理论依据是：基于不变价计算的等量资本存量，其产出的成效性是相同的。第四，资本质量差异的处理在于将资本投入按不同类别分类，而同类别中的资本投入是同质的。

将资本存量按不变价的价值量计量，需要引入资本报酬的概念。资本作为生产要素，同劳动要素一样在生产过程中是存在要素报酬的。这里的资本报酬是指生产函数中因资本投入对产出的贡献而取得的报酬，即对要素贡献的报酬。在现实经济中，资本报酬表现为资本的租金或租赁价格。而对资本质量的考虑，需要按一定的多种特征分类的资本报酬数据。具体假设如下：

假设在某生产中的全部资本投入可以分为 n 类，其中同类中的资本投入是同质的。设第 i 类资本投入的数量 K_i，其资本价格为 p_i，$i=1$，2，…，n。取其中第 j 类资本投入作为度量资本投入的标准。于是，第 i 类资本价格 p_i 同第 j 类资本价格 p_j 的比值 $\dfrac{p_i}{p_j}$，为第 j 类资本投入为标准的折算系数。由于

第 i 类资本投入总量为 $\frac{p_i}{p_j}K_i$，因此，以第 j 类资本投入为标准折算后的资本投入总量为 $\bar{K}$，则 $\bar{K}$ 的计算式如下：

$$\bar{K} = \sum_{i=1}^{n}\frac{p_i}{p_j}K_i = \frac{1}{p_j}\sum_{i=}^{n}p_iK_i \qquad (8-1)$$

如果不考虑资本的差异，即认为所有资本投入都是同质的，则全部资本投入总量记为 K，则 K 的计算式如下：

$$K = \sum_{i=1}^{n}K_i \qquad (8-2)$$

可见，由全部资本投入加总而得到的资本总量，实际上暗含着诸多条件假设。而这些暗含的假设是否与现实经济相符是不得而知的，因此如何正确科学地估计资本投入仍需要深入研究。

三　投资与资本的关系

投资是资本的来源。从理论上讲，投资是资本存量关于时间的导数，即 $I = \frac{dK}{dt}$。其中，I 表示投资，K 为资本，T 为时间。T 期的资本水平与其滞后一期，即 $T-1$ 的资本水平之间有下面的关系式：

$$K_T = K_{T-1} \times (1-D) + I_T \qquad (8-3)$$

其中，K_T 为 T 期资本存量，K_{T-1} 为滞后一期的资本存量，I_T 为 T 期的投资，D 为折旧率。

而实际上，如何界定投资也是存在广泛争议的。在生产率研究领域，索洛将投资的定义限定在有形资产。索洛忽略了不同劳动投入间的可替代性，从而否定了人力资本投资。同时，索洛将有形资产对经济增长的贡献视为资本存量的增加，实际上也是忽略了不同类型资本投入之间的可替代性。因此，在索洛的测算方法中，一些可能是属于劳动或资本要素对经济增长贡献的部分，归结于生产率"余值"的增长。

在理论上，投资本义是对期待未来收益的投入。而这种投入不仅体现在对有形的固定资产投资方面，也体现在对无形的人力资本投资方面。例如，在培训工人方面增加投入，结果是导致工人技能水平提高，从而在原有的工人数量和小时数情况下产出水平实现增加。这种效果等同于提高固定资产积累水平。根据乔根森（1995）的研究成果表明，人力资本的投资，特别是通过接受正规教育进行人力资本投资，对战后美国经济增长发挥了很重要的作用。

同时还有资本投入利用率的问题。显然，资本在现实经济中并不是始终发挥效应的，也会有闲置的时候。而闲置的资本对产出增长是没有直接作用的。可见，产出能力以及生产率水平是同要素投入的利用率有关的。在一些经济学家的研究中，用劳动的失业率近似代替资本的闲置率，是经常被采用的方法。而乔根森等认为用某类资本（动力设备）的闲置率近似代替资本的闲置率更好，这是因为假定资本间的比例关系要比假定劳动就业与资本利用之间的间接性比例关系更为合理。

以上所述旨在表明，对生产函数的估计、运用以及对劳动投入和资本投入数据的处理，特别是对全要素生产率的计算，是学术上非常严谨的问题。并不是随意从有关年鉴上取得相关数据就可以进行相关计算的。没有严谨的理论作为基础的测算，其结果必然是误导性的。

第三节   人口老龄化与资本配置的关系

一   概述

人口老龄化对资本配置的影响，是人口老龄化影响经济增长的一个非常重要的环节。人口老龄化影响资本配置，从而影响资本投入，是人口老龄化影响经济增长的另一种重要机制。本节旨在展现人口老龄化如何通过资本投入影响产出，并建立体现人口老龄化因素的变量同资本配置的定量关系。

老年人作为人口的一个重要组成部分，必然是要参与产出（国民收入）分配的。当不考虑人口老龄化因素时，老年人口是不作为独立的影响因素的。因此，这种情况无法反映人口老龄化对资本配置的影响。然而，当人口老龄化成为经济中重要的问题时，即老年人口比重不断提高到一定程度后，配置给老年人的产出越来越多，从而对经济产生的影响愈加显著，这时就需要将人口老龄化因素独立出来。或者说，在老龄经济中人口老龄化对资本配置的影响不能再被忽视。

经济产出需要在老年人口与劳动力之间进行配置。因此，人口老龄化的结果必然对应着经济资源越来越多地向老年人口分配。配置给老年人口的资源是用于老年人口消费的，因而不再产生对经济的投资作用。事实上，在实体经济层面，无论是怎样的养老制度，最终结果都是划出一定的经济产出成果用于老年人的养老。而用于老年人养老的产出成果，最终都是供老年人消费之用，因此不是投资的部分。

二　产出的初次配置

设 T 时经济产出总量为 $Y(T)$，其中分配给老年人口的部分记为 $Y_R(T)$，T 表示时间。假定暂不考虑未成年人口的因素。因此，在 $Y(T)$ 中扣除 $Y_R(T)$ 之后的部分，便是可用于劳动力支配的部分。将剩余的部分记为 $Y_L(T)$，从而在 $Y_R(T)$、$Y_L(T)$ 和 $Y(T)$ 之间有下面的关系式：

$$Y_R(T) + Y_L(T) = Y(T) \qquad (8-4)$$

式（8-4）表明产出 $Y(T)$ 用于劳动力和老年人口的配置。于是，在产出成果层面上老年人口人均收入水平为 $\dfrac{Y_R(T)}{L_R}$。显然，经济中总人均收入水平为 $\dfrac{Y(T)}{N}$。这里 N 为总人口数量，L_R 为老年人口数量。为了方便起见，总人口 $N(T)$ 简记为 N，$Y_R(T)$ 简记为 Y_R。

三　养老水平系数与产出配置

现定义变量 θ 如下：

$$\theta = \frac{Y_R}{L_R} \Big/ \frac{Y}{N} \qquad (8-5)$$

其中，θ 是老年人口的平均收入水平与经济中总人均收入水平之比，称为养老水平系数。由于 θ 是老年人口的平均收入水平与经济中总人均收入水平之比，因此如果 θ 大于 1，表明老年人口的平均收入水平，或者说是养老收入水平高于总体人均收入水平；如果 θ 小于 1，表明老年人口的平均收入水平，或者说是养老收入水平低于总体人均收入水平；如果 θ 等于 1，表明老年人口的平均收入水平，或者说是养老收入水平等于总体人均收入水平。可见，θ 可以体现养老的水平。

θ 与替代率的概念有相似之处，但也有不同。替代率在养老保障领域是一个常见的概念，它是指老年人口的养老收入水平同劳动力收入水平的比率，而且其收入主要是指货币性收入。θ 同样是关于养老人均收入的一种比率，但 θ 与替代率的不同点主要体现在两个方面。首先，式（8-5）中分母是全体人均收入水平，而不是劳动力的人均收入；其次，式（8-5）中，收入 Y 及 Y_R 是实体经济产出意义上的收入概念，而不是货币性收入的概念。但是 θ 与替代率都是体现养老水平的指标。

一般情况下，一个劳动者在退休后的养老收入（养老金）低于其在职劳动岗位上的收入水平。因此，在现实中一般情况下是 $\theta<1$。实际上，θ 既是养老水平的一种体现，也是对产出在老年人口与劳动力之间进行配置的一种度量。对此，由式（8-5）可进一步得到下面的表达式：

$$\theta = \frac{Y_R}{L_R} / \frac{Y}{N} = \frac{Y_R N}{Y L_R} = \frac{Y_R}{Y (L_R / N)} \qquad (8-6)$$

在式（8-6）中，L_R/N 是老年人口占总人口的比重，实际上就是老龄化率 α_R，记 $\alpha_R = \frac{L_R}{N}$。因此，由式（8-6）可以得到下面的表达式：

$$\theta = \frac{Y_R}{\alpha_R Y} \qquad (8-7)$$

式（8-7）表明，在人口老龄化程度既定的情况下，即 α_R 既定的情况下，当 θ 一定时，$\frac{Y_R}{Y}$ 便既定。这时有下面的关系式成立：

$$\frac{Y_R}{Y} = \theta \alpha_R \qquad (8-8)$$

式（8-8）实际表明了 θ 也是决定总产出 $Y(T)$ 在劳动力和老年人口之间的配置关系。因为式（8-8）表明 α_R 在既定以及 θ 既定的情况下，则 $\frac{Y_R}{Y}$ 既定。而根据式（8-4）有下面的关系式成立：

$$Y_L(T) = Y(T) - Y_R(T) \qquad (8-9)$$

根据式（8-8）可得到下面的表达式：

$$Y_R(T) = \theta \alpha_R Y(T) \qquad (8-10)$$

式（8-9）表明，如果 $\dfrac{Y_R}{Y}$ 既定，则式（8-9）决定的 $Y_L(T)$ 既定。将式（8-10）代入式（8-9），可以得到下面的表达式：

$$Y_L(T) = Y(T) - \theta\alpha_R Y(T) = (1 - \theta\alpha_R)Y(T) \qquad (8-11)$$

于是，总产出 $Y(T)$ 可以表示为如下形式：

$$Y(T) = Y_L(T) + \theta\alpha_R Y(T) \qquad (8-12)$$

因此，当 $Y(T)$ 既定的情况下，只要 α_R 和 θ 既定，则 $Y(T)$ 在劳动力方面配置的 $Y_L(T)$ 以及在老年人口方面配置的 $Y_R(T)$ 就确定下来了，即老年人口得到产出的配置为

$$Y_R = \theta\alpha_R Y \qquad (8-13)$$

而劳动力得到产出的配置为

$$Y_L = (1 - \theta\alpha_R)Y \qquad (8-14)$$

可见，θ 和 α_R 这两个参数将决定产出在老年人口和劳动力之间的配置关系。然而，α_R 和 θ 这两个变量的意义是不同。首先，α_R 体现的是老年人口比重，是对人口结构的一种反映，而重要的是该变量是客观性的，是由人口结构决定的，不是由人的主观决定的变量。这意味着 α_R 不是政策性变量。其次，θ 体现的是养老水平，该参数是人为决定的。确定怎样的养老水平，在宏观层面主要是由相关制度或政策决定的。可见，θ 可以作为政策性变量。由此可以看到，确定怎样的养老水平是决定经济产出资源在劳动力和老年人口之间配置的关键性的决定因素。

假定老年人口对其得到的产出配置 $Y_R(T)$ 不再进行储蓄而全部用于消费，经济中只能对 $Y_L(T)$ 部分进行生产性投资。也就是说，在考虑人口老龄化因素后，可用于劳动力投资的产出部分是 $Y_L(T)$，而不再是全部的产出 $Y(T)$。

四　经济产出分配的两种极端情况

通过上面的论述可知，θ 实际也是决定经济产出在老年人口与劳动力之间分配的系数。对此有两种极端的情况：

首先，当 $\theta = 0$ 时，由式（8-14）可知有

$$Y_L(T) = Y(T)$$

即在这种情况下经济产出全部配置给劳动力，而对老年人口的配置量为零。

其次，当 $\theta = \dfrac{1}{\alpha_R}$，由式（8-13）可知有

$$Y_R(T) = Y(T)$$

即此时对应的情况是经济总产出全部配置给老年人口，而配置给劳动力的部分为零。在这种情况下，由于 $0 < \alpha_R < 1$，如果 $\theta = \dfrac{1}{\alpha_R}$，则意味 $\theta > 1$。也就是说，当 $\theta = \dfrac{1}{\alpha_R}$ 时老年人口的人均养老收入水平将高于人均国民收入水平。

上述是两种极端情况，在现实经济中显然是不可能发生的。但是对这两种情况进行分析，可以从理论上帮助理解人口老龄化效应。例如，在 $\theta = 0$ 的情况下，即劳动力占有全部的经济产出成果而老年人口占有量为零，那么这种情况容易理解为对经济增长极为有利的一种情况。这是因为，在这种情况下劳动力可用于再投入的资本积累水平将大幅度提高，从而对经济增长有利。而在 $\theta = \dfrac{1}{\alpha_R}$ 的情况下，即老年人口占有全部的经济产出成果而劳动力占有量为零，那么这种情况容易理解为对经济增长极为不利的一种情况。这是因为劳动力不占有任何产出的部分，而产出成果全部被老年人口的养老消费完毕，因此没有可用于再投入的资本，从而资本积累水平大幅度下降而对经济增长极为不利。

在上述例子中，前者是对经济增长是正效应，而后者对经济增长是负效应，那么可以猜想到在正负效应之间，应该存在一定适当的 θ，按这个 θ 来配置产出在劳动力与老年人口之间比例关系，可以到达对经济增长的作用效应为零。这就如同如果有一点在横轴的上方，而另一点在横轴的下方，这两点间的连线必将经过横轴（零值）。那么这个适当的 θ 在理论上是否存在？如果存在，又如何决定？这些问题将在下面的讨论中逐步展开。

第四节　人口老龄化对资本投入的影响

根据上述的讨论可知，养老水平的变动实际上决定总产出在劳动力和

老年人口之间的配置。而当养老水平保持不变时，则是由老年人口比重决定总产出在劳动力和老年人口之间的配置。虽然养老水平系数是政策性变量，是可以由人为因素控制的，但是政策变量也不是可以随意变化的。特别是有关养老水平的政策通常是由社会保障制度和经济发展水平等综合因素决定的，因此在一定的时间内应具有相对的稳定性。于是，问题的讨论转向当养老水平既定，而老龄化率变动对产出配置影响的问题。

实际上，上一节的讨论已经表明，人口老龄化对资本投入有内在的系统性影响，如式（8-13）和式（8-14）。对此，可进行下面的定量关系分析。

总产出 $Y(T)$ 中配置给劳动力部分的 $Y_L(T)$，由式（8-14）决定。为了论述方便，将式（8-14）写在下面，并重新标记为式（8-15）：

$$Y_L(T) = Y(T)(1 - \theta\alpha_R) \qquad (8-15)$$

为了分析人口老龄化的效应，先假定养老水平保持不变，然后看老年人口比重变化的效应。由式（8-15）可以看到，当 θ 保持不变时，$Y_L(T)$ 是由 α_R 决定的。由于 α_R 项前是负号，因此表明 $Y_L(T)$ 与 α_R 是负向关系，即当 α_R 上升时 $Y_L(T)$ 下降，当 α_R 下降时 $Y_L(T)$ 上升。

由式（8-15）可以看到，无论 θ 为多少，只要 θ 一定，则产出在老年人口与劳动力之间的配置关系为一定。也就是说，在考虑人口老龄化因素后，可用于劳动力投资的产出部分是 $Y_L(T)$，而不再是 $Y(T)$。$Y_L(T)$ 用于劳动力的消费和储蓄。由于已经假设老年人口在退休期不再进行储蓄，因此设劳动力的储蓄率为 s，则经济中的投资量 I 为

$$I = \frac{dK}{dT} = sY_L(T) - \delta K(T) \qquad (8-16)$$

由于 $Y_L(T)$ 是由式（8-15）决定的，因此将式（8-15）代入式（8-16）得到下面的方程：

$$I = \frac{dK}{dT} = sY(T)(1 - \theta\alpha_R) - \delta K(T) \qquad (8-17)$$

注意，这里的 s 是劳动力的储蓄率，即是不包括老年人口的储蓄率。

设 s' 为国民储蓄率，即为不区分劳动力与老年人的全体国民的储蓄率。而在 s 和 s' 间存在着转换关系，该转换关系的推导如下：由于实际的投资量是同一的，因此有

$$s'Y(T) = s[Y(T) - \theta\alpha_R Y(T)]$$

从而

$$s' = s(1 - \theta\alpha_R) \qquad (8-18)$$

或

$$s = \frac{s'}{1 - \theta\alpha_R} \qquad (8-19)$$

式（8-19）在有关测算中有实际应用。如果 s 和 s' 以及 θ 均保持不变，则由式（8-15）可知，当人口老龄化程度 α_R 上升时 $Y_L(T)$ 下降，由式（8-16）可以得出 I 下降的结论。如果 s' 以及 θ 均保持不变，则由式（8-19）可知，当 α_R 上升时 s 下降。而由式（8-19）可知，s 下降同样导致 I 下降。

总之，通过以上分析可以得出的基本结论是：在其他因素保持相对不变的情况下，人口老龄化水平提高将产生降低生产性资本积累水平的效应，即人口老龄化不利于资本积累的扩大。而人口老龄化不利于资本积累扩大的作用途径，既可以通过人口老龄化直接降低投资量而实现，也可以通过人口老龄化降低劳动力储蓄率而实现。前者体现为 α_R 提高的效应，后者体现为 s 下降的效应。

第 九 章

人口老龄化与技术进步的关系

在现代社会中，技术进步是非常重要的问题。当今人类社会所面临的诸多重大问题，都需要依靠技术进步才能解决。应对人口老龄化，同样离不开技术进步的支持。依靠技术进步是积极应对人口老龄化的必然选择。然而，在经济学中经济增长层面的技术进步的含义与现实中的技术进步的含义二者实际是有所不同的。本章主要从经济学的范畴，讨论老龄经济中人口老龄化与技术进步的关系以及有关的问题。

第一节　经济学中技术进步的含义

对技术进步概念的理解，首先涉及对"技术"概念的理解。在现实生活中，"技术"一词是很常见的。而经济学中的"技术"，同现实生活中的"技术"，二者概念的内涵是不尽一致的。经济学中的"技术"主要是以生产函数体现的，而现实生活中的"技术"则是非常具体的。

一　技术的概念

虽然"技术"一词人人皆知，但是要给"技术"下一个确切的定义，却不是一件容易的事。事实上，在不同的领域、不同的学科，甚至在不同的情景下，"技术"一词的内涵可能是不尽相同的。在经济学中，无论是科技进步、技术进步，还是全要素生产率增长率，这些概念都与"技术"有关。因此，一个基本问题是何为"技术"？

从字面意义上看，"技"主要指人所具有的某种特殊能力、才能。例如，如果说某人有技术，通常表明此人在某方面有专长、特长或才能，如可能具有制作某东西或从事某种事情的手艺、技巧、诀窍等。为此，与"技"相关的词语有技能、技艺、技巧、手艺等。"术"则主要指"道"，即有关运用"技"之"道"。通俗地说，"术"就是运用"技"的方式与方法。因此，从概括与抽象的综合方面看，"技术"主要指人们在生产劳动实践中积累起来的有关经验、知识、方法和技艺。

可见，无论怎样，"技术"一词是存在一些基本、相通的内涵的。概括起来技术的内涵主要有下面的一些特点。

（1）实用性。技术必然是有用的、是可以解决实际问题的，如具体的技术可以帮助人们解决在生产与生活中有关的具体问题。

（2）专业性。具体的技术都必然是针对特定问题的，即与特定的具体"专业"有关。专业不同，相应的技术或不同。俗话说"隔行如隔山"，即表明术业有专攻，表明各行的专业技术的差异性较大，需要专门学习。

（3）差异性。在同种技术内存在"水平"高低的差异问题。高水平技术的功效性、成效性，必然高于低水平技术的功效性、成效性。技术进步实际上就是技术水平不断提高的过程。

（4）时效性。一项具体技术的价值，同该技术本身所处的发展阶段有关。过去曾经被广泛使用的某种技术，经过一定时间后有可能被新的技术替代而失去其原有的价值。技术进步就是技术不断被发展、被更新、被替代的过程。

（5）学科性。在不同的学科中，技术的内涵可能是不尽相同的。如在经济学中，技术的内涵主要限定于生产活动的范围。确切地说，经济学中的技术是指将生产活动中的投入转变为产出的能力。因此，经济学中的技术水平一般是指生产能力的水平。

二　科学技术的概念

科学技术实际是科学与技术的统称，也常被简称为"科技"。事实上，严格地说，科学与技术，两者是彼此既有联系又有区别的不同概念。一般地说，"科学"是系统化的理论体系或知识体系，是指导人们探索客观规

律的系统性、体系性的学问。而"技术"，如前面所述，主要是指有关在
生产实践活动中具有可操作性的方式和方法。

　　然而，科学与技术彼此又有着非常紧密的关系，由此决定了两者必然
要充分地结合在一起。一方面，一定的科学为一定的技术运用与发展提供
理论与方法上的指导；另一方面，一定的技术是构成一定科学理论的重要
基础，是科学的具体体现与实现手段，同时技术的发展也反过来促进科学
的发展。因此，科学与技术彼此是相辅相成、相互促进、相互制约又相互
融合发展的关系。科学重在解决理论、道理、逻辑及事物内在关系层面的
问题，而技术则重在解决实际应用、操作方法、实现途径和运用技巧等有
关实践层面的问题。对此可以通俗地说，科学重在"理论"，技术重在
"实践"。因此，科学与技术的关系可归结为理论与实践的关系。

　　经济学中技术的含义同现实生活中科学技术的含义有很大的不同。经
济学意义的技术主要限于一定生产中将投入转变为产出的能力。相比之
下，现实中科学技术的含义是非常广泛的，不仅包括生产技术，而且包括
人类活动有关的所有科学与技术，是对各类具体科学与技术的总称。

三　经济学中技术进步的概念

　　首先明确，这里的"进步"，实际是"变化"的一种状态，即具有积
极意义的变化状态，意在表明这种"变化"是符合预期的、有积极作用的
"好"的变化。因此，"技术进步"属于褒义词，意在从积极的视角看待技
术的变化。但是，如果从学术的客观性和中性角度看，所谓的"进步"即
"变化"的一种情况。若采用中性的词语表述，技术进步等同于技术变化。
因此，技术进步的一般性含义指技术的变化。

　　然而，技术进步也存在"广义"和"狭义"之分。从广义上看，技术
进步也包含了科技进步，即广义的技术进步和科技进步是相通的概念。而
狭义的技术进步指单纯的技术进步，或纯技术进步。在经济学中，狭义技
术进步是通过生产函数来定义的。如设生产函数形式为

$$Y = F(K, L; T)$$

其中，Y 为产出，K 为资本投入，L 为劳动投入，T 为时间。由于"进步"
或"变化"是针对时间而言的事物状态的变化，因此需要体现技术变化的

生产函数需要显现时间的因素。

于是，由生产函数定义的技术进步率的数学表达式为$\frac{\partial \ln Y}{\partial T}$，其数学含义是产出 Y 关于时间 T 的对数偏导数。而$\frac{\partial \ln Y}{\partial T}$的经济意义是生产函数中除了时间变量 T 变化，其他变量如 K、L 均为不随时间变动时的产出相对变动率。如果在生产要素投入水平不变的情况下，产出却随时间的变化而变化，那么这种产出的变化显然只能理解为来自生产技术水平变化的原因。因此，$\frac{\partial \ln Y}{\partial T}$在经济学中体现的是纯技术进步率，是一种狭义技术进步率的概念。

然而，从人类的范围来看，科学与技术对人类社会的生存及发展有至关重要的作用。人类社会文明的进程，实际上是可以用科学技术进步的程度作为标志的。甚至可以说，人类社会文明的进程是由科技进步的进程决定的。科学技术的发展不仅使人类社会向纵深发展，而且不断拓展了人类活动的空间。人类活动范围的不断扩大，都是根源于科学技术的不断进步。事实上，人类社会的巨变，其动力正是来自科学技术的迅猛发展。

在经济学生产层面，生产技术水平的高低可以从数量与质量两个方面来体现。这里的数量是指一定生产技术所对应的产品的数量。对于一定的生产而言，不同的生产技术水平，体现为同质的产品数量不同。而在产品质量相同的情况下，相同投入下产品数量越多，对应的生产技术水平越高。技术水平提高的另一种表现则是产品的质量（包括产品的功效）水平提高。如在相同的生产条件和环境下，虽然产品数量没有变化，但是产品质量提高，产品的功能、功效提高，这也是技术水平提高的表现。

而在宏观经济层面，具体的科学技术进步效应不仅体现为相关生产的数量与质量方面的变化，也体现在对经济诸多方面的影响。如科技进步对就业的影响通常是人们所关注的问题。在经济学中，这种效应可体现为技术替代效应，如技术替代劳动的效应。先进机器设备的使用将产生减少人力的效应，在宏观上就是冲击原有的就业格局。但是从长期来看，科技进步的效应则主要是不断拓展人类实践的范围与空间，从而不断扩展就业空间。事实上，人类在过去百年时间里经历了人口激增的时代，然而人类社会的就业岗位总体是不断增加的。因此，科技进步在短期内或有"冲击效应"，而在长期则主要是"拓展效应"。

必须要注意到，科技进步是把"双刃剑"。科学技术在给人类社会带来巨大福利的同时，也带来诸多严峻的挑战。如当前人类赖以生存的生态和环境正受到巨大的改变，很大程度上这是伴随科学技术发展，人类开发大自然的能力不断提高的结果。

总体来说，科技进步、技术进步以及全要素生产率所涉及的技术的内涵，实际上是有所不同的，这些概念既有相同点，也有很大的不同。简而言之，科技进步涉及的技术主要是现实经济中科技与技术的发展；技术进步则主要是指经济学意义的抽象性技术的变化，其中生产函数是主要的描述方式；全要素生产率体现的技术则是从生产的投入产出方面展现的生产能力水平。可见，科技进步、技术进步以及全要素生产率所涉及的技术内涵是不尽相同的，因此当谈论"技术"时需要明确所论技术的背景与语义环境。

第二节　关于全要素生产率体现的技术及技术进步

一　概述

全要素生产率是经济学的一个学术名词。然而，"提高全要素生产率"已经成为现实经济工作的一个重要指导思想。为什么全要素生产率作为经济学的一个学术名词，能够超出学术领域而受到全社会的高度重视？简要的回答是：全要素生产率连接技术进步与经济增长，提高全要素生产率等同于依靠技术进步促进经济增长，是提高经济增长质量的具体表现。如果从长远来看，提高全要素生产率的意义则更为重大，即提高全要素生产率是经济增长不竭动力的唯一源泉，是实现经济可持续发展的必然选择。

全要素生产率的意义在于度量总体经济的技术水平，而有别于对个别具体技术水平的度量。在经济学中，全要素生产率的定义在形式上是总产出与总投入的比率，其本质上是对一定经济总体技术水平的度量。因此，全要素生产率增长率亦被称为技术进步率，是度量总体技术水平变动情况的重要指标。

全要素生产率的重要性源于其与经济增长有着直接的密切关系，即经济增长率等于要素总投入增长率与全要素生产率增长率之和。这表明全要素生产率增长率是经济增长率的直接组成部分，即全要素生产率增长率的任何变动，百分之百都归属于经济增长率的变动。因此，分析全要素生产率是研究经济增长问题的一种重要途径。

基于全要素生产率同经济增长的密切关系，经济增长的重要性决定了全要素生产率的重要性。经济增长的重要性是不言而喻的。而经济增长率等于要素总投入增长率与全要素生产率增长率之和这一结论表明，在生产方面经济增长的根源来自要素投入增长与提高全要素生产率。这两个根源对经济增长有着不同的意义。在人类生存的现实世界中，物质资源是有限的、稀缺的，因此要素投入增长终将受限、终有尽头。这意味着依靠要素投入增长的经济增长模式是不可持续的。于是，经济增长的不竭动力最终只能依靠全要素生产率的不断提高。

二 生产率的概念

全要素生产率首先是一种生产率，是特定情况下的生产率。因此，要正确理解全要素生产率的概念，首先需要了解生产率的概念及其有关要点。生产率概念的出现，源于人们在生产活动中对度量技术水平的需要。生产活动是人类赖以生存和发展的最基本前提和基础。如果没有生产活动，人类的一切都无从谈起。然而要进行生产，就必须有投入，如投入一定的人、财、物等。投入是生产的源头，产出是投入的成果，而将投入转变为产出的方式、方法、手段等属于技术。

在经济学中，投入（Inputs）是指一定生产中所使用的人员、工具和原材料等有关的要素。要素（Factors）是指构成事物的基本单位。对于可以成为生产投入的要素，经济学中称为生产要素（Factors of production），如劳动者、固定资产及土地等都是属于不同类别的生产要素。产出（Outputs）是指投入经过一定的生产过程而形成的成果，如生产出来的产品或提供的劳务。因此，生产过程实际上是将投入的物即生产要素，同技术相结合而得到生产成果的过程。

在现实经济中，生产要素具有经济资源属性，因此是有限的、稀缺的。这意味着对生产要素的使用是有成本代价的，也就是要素投入是有成本代价的。于是，力争"少投入、多产出"便成为人们在生产活动中不懈努力追求的目标。而这一目标能否实现及其成效性如何，生产的技术水平是关键因素。可以说，没有技术便没有产出，有什么样的技术就有什么样的产出，一定的技术对应一定的产出。

技术不仅决定投入如何成为产出，而且决定一定数量的投入可以生产多少产出。特别是当投入既定时，技术就是决定产出的核心因素。实际上，生产的本质就是通过技术的运用使投入转变为产出的过程。人类赖以生存的客观世界就在那里，资源就在那里，而如何取得资源、如何生产出所需要的产品，决定性的因素在于技术。事实上，如果从人类社会发展的层面上看，生产的技术水平可以作为体现人类社会文明程度的重要标志。如可以用石器、青铜器、蒸汽机、计算机乃至当今网络信息等所体现的技术，作为划分人类社会不同程度文明发展阶段的标志。

因此，如何描述与度量技术是经济学中的一个至关重要的问题。一种基本思路是：既然技术决定了投入与产出的关系，那么产出作为投入的结果本身就是技术水平的一种反映。即对生产同一产品而言，如果对同样的要素投入采用不同的技术进行生产，则在产出质量相同的情况下，自然可以认为能够生产出更多数量产品的技术是水平更高的技术。显然这种评判技术水平高低的逻辑是合理的。而这一逻辑意味着，同一数量的要素投入所对应的产出数量的多少，可以作为评价技术水平的一种尺度。于是，单位投入所对应的产出的数量，便成为度量技术水平的重要指标，这一指标便是经济学名词——生产率。

生产率（Productivity）被定义为一定生产的产出数量与其投入数量之比。对此可用数学语言表述如下：设 Y 为一定生产的产出数量，Z 为生产 Y 所投入的一定要素的数量，A 为 Y 与 Z 之比：

$$A = \frac{Y}{Z} \tag{9-1}$$

则称 A 为要素投入 Z 的生产率。

在式（9-1）中，变量 Z 既表示要素投入的数量，也表示要素投入的种类，即不同种类的要素投入需要用不同的变量来表示。例如，某一生产的资本投入可以用 K 表示，劳动投入可以用 L 表示。其中，K 既表示资本要素，也表示一定的资本要素投入的数量；同样，L 既表示劳动要素，也表示一定的劳动要素投入的数量。

三　理解生产率概念的有关要点

由式（9-1）可见，生产率的定义在形式上仅是两个变量之比，即产出与投入之比。这表明生产率的定义形式是相对简单的。然而，这并不意味着生产率的含义及其计算也是简单的。实际上，由于生产率定义式中的投入与产出是一般性和抽象性的概念，而现实经济的投入与产出是具体、特定的，因此对现实经济中具体生产率概念的理解，特别是有关的计算，需要结合具体的实际情况而定，而不能仅是简单地按照生产率的定义形式套用。其中，对生产率概念的理解，关键在于理解投入、产出以及两者之间的关系。理解生产率概念的一些具体要点如下。

第一，生产率的属性是由要素投入的属性决定的，即生产率是针对一定的生产要素投入而言的，也就是说生产率概念具有要素投入针对性。其中，生产率定义式中要素投入的属性决定了生产率的属性。例如，如果生产率定义式中投入项是劳动投入，则相应的生产率为劳动生产率；如果生产率定义式中投入项是资本投入，则相应的生产率为资本生产率。因此，在式（9-1）中，生产率 A 被称为"要素投入 Z 的生产率"，其含义即生产率 A 是针对要素 Z 而言的。由于同一生产中生产要素可以是多种的，因此根据投入项所包含的要素投入情况的不同，可以有多种不同要素的生产率，如劳动生产率、资本生产率、能源生产率等。不同要素的生产率体现的是不同方面的技术水平状况。

第二，生产率定义式中投入与产出必须是因果关系，即生产率定义的投入与产出必须是处于同一生产过程的因果关系，其中投入是"因"，产出是"果"。理解此要点的重要意义在于懂得并非随意的产出与投入之比都是生产率。或者说，如果不具有因果关系的投入与产出，两者之比的结果是不能按生产率来理解的。例如，A 企业的产出与 B 企业的投入之比就不具有生产率的意义。

第三，生产率中投入与产出的因果关系，限定为由技术因素决定的关系。或者说，非技术因素决定的投入与产出的关系，并不属于生产率范围内的因果关系。这是因为生产率旨在度量生产的技术水平，因此必然要求投入与产出的关系是由技术因素决定的。否则，产出与投入之比的结果就不能真正体现技术水平。例如，生产者根据市场需求情况或利润最大化原则而人为决定的投入产出关系，便不是真实的技术关系。

第四，生产率中投入项可以是由多要素投入的组合构成的，而不限定为是单一要素投入，即生产率中投入项既可以由单一种类的要素投入构成，也可以由多种类的要素投入构成的。如果投入项是由多种类的要素投入构成的，那么投入项就是由多种要素投入综合在一起的总投入。而这里的总投入并不是指各种要素投入数量的代数之和。这是因为一定生产中要素投入可能是多种多样的，且不同要素投入的量纲或不同，因此不同要素投入之间不具有直接可加性。例如，某生产需要投入 1 吨铁、10 公升水、200 千瓦时电等要素，对这些要素投入的数量进行简单的代数求和计算，其结果是没有意义的。关于总投入的度量问题是全要素生产率计算中的一个核心问题，对此将在本书后面有关章节进行专门讨论，这里暂不赘述。

第五，生产率定义式中产出应是生产能力得以充分发挥情况下的产出，即生产率定义式中产出不仅要求是由技术关系决定的产出，而且要求是在生产能力得以充分发挥情况下的结果。否则，计算出的生产率同样不能真正体现相应的技术水平。例如，如果一个企业因为市场需求为零而其实际产出数量为零，这种情况并不表明该企业的生产技术水平为零。再如，一个国家或地区若干年份的 GDP 出现较大波动甚至下降，可能是受外部因素如石油危机冲击的结果，而不是生产能力水平下降的结果。因此，在计算生产率进行数据采集与处理时，应排除非技术性因素的影响，如市场需求、价格波动、利润目标乃至主观意愿等决策性因素对生产影响的因素。

第六，生产率定义式中投入与产出是实物量的概念，而非价值量的概念。由于生产率中投入与产出关系是生产的技术关系，因此必然要求投入与产出都是实物量的概念。理解这一要点对实际测算生产率是非常重要的，因为它涉及对投入和产出相关数据如何进行处理和实际计量的问题。例如，1 吨钢是实物量的概念，具体表明了钢的多少。如果投入或产出是按价值计量，比如产出是价值 1 万元的钢，这时并不能由此知道钢的实物量是多少，因为钢的价格不同，1 万元所对应的钢的数量是不同的。为了解决这一问题，要求在计算生产率时投入与产出都要按不变价（可比价）计算，即体现投入与产出都是实物量的意义。如果采用现价计算，则是犯了逻辑性错误，因为生产过程是实物量投入与产出的过程，而与价值和价格没有关系。

第七，纳入生产率定义式的投入与产出的关系，并不一定是决定与被决定的关系。也就是说，不能简单地将纳入生产率定义式计算的投入与产出，都可理解为投入项完全决定产出项的关系。这是因为，生产率定义式中投入项所包含的要素投入，不一定是决定产出的全部要素投入，而可能是与产出有关的部分要素投入。显然，局部要素投入不能完全决定产出，产出必然是由与之有关的全部要素投入共同决定。因此，只要计算生产率时投入项不是包含与产出有关的全部要素投入，投入与产出的关系就不构成"决定"与"被决定"的关系，而是一种"对应"的关系。

四　全要素生产率的定义

实际上，全要素生产率是生产率的一种特殊情况，即当生产率定义式中投入项包括了与产出有关的全部要素投入时，生产率即为全要素生产率（Total Factor Productivity，TFP）。全要素生产率旨在度量汇集了全部生产要素投入的总体生产技术水平，而与全要素生产率对应的是单要素生产率。显然，全要素生产率概念的核心词在"全要素"上。这里的"全要素"指包含了与产出有关投入的全部生产要素，而不是某单一或有限个要素的情况。

将全部要素投入的总体称为总投入，与总投入相对应的产出称为总产出。因此，全要素生产率的定义也可以表述为总产出与总投入之比，即有下面的定义：

$$全要素生产率 = \frac{总产出}{总投入} \qquad (9-2)$$

需要指出的是，式（9-2）中总产出与总投入都是实数，因此进行总产出与总投入之比计算是有意义的。于是，一个关键性的问题是：度量总投入与总产出的实数是如何确定的？对此，这实际上涉及度量全要素生产率的一个关键问题：如何将各种各样的要素投入，以及各种形式的产出，分别汇总成为总投入和总产出？并且，汇总后的总投入和总产出是由实数表示的。这里需要树立的概念是，总产出与总投入都分别对应一个实数。

对度量总投入结果的实数称为总投入指数，对度量总产出结果的实数称为总产出指数。因此，全要素生产率的定义也可表现为下面的形式：

$$全要素生产率 = \frac{总产出指数}{总投入指数} \qquad (9-3)$$

而对于式（9-2）和式（9-3）的全要素生产率的定义，可以用数学语言表述如下：设 Y 为一定生产的总产出，生产 Y 需要的全部生产要素有 n 类，记 X_i 为第 i 类要素投入的数量，其中 $i = 1, 2, \cdots, n$。设 Z 对全部 n 类生产要素投入构成的总体进行度量而得到的总投入，记 Z 为下面的表达式：

$$Z = Z(X_1, X_2, \cdots, X_n) \qquad (9-4)$$

设 A 为 Y 与 Z 之比：

$$A = \frac{Y}{Z} \qquad (9-5)$$

则称 A 为全要素生产率。

实际上，利用上述设定的变量，可以先给出生产率的一般性定义，然后考虑包括全部要素投入的情况从而得到全要素生产率的定义。具体定义如下：设生产要素投入的全集为 $\{X_1, X_2, \cdots, X_n\}$，$X_D$ 为其中的任意一个子集，并设 $Z = Z(X_D)$ 为 X_D 对应的投入指数，Y 为与生产要素全集 $\{X_1, X_2, \cdots, X_n\}$ 相对应的总产出，则称 $A = \frac{Y}{Z}$ 为要素集 X_D 的生产率。

在此定义中，单要素生产率及全要素生产率都是特殊情况下的生产率。具体情况是：（1）当 X_D 是全集时，此时 $Z = Z(X_D)$ 为总投入指数，$A = \frac{Y}{Z}$ 为全要素生产率；（2）当 X_D 是单一要素集合时，此时的 $A = \frac{Y}{Z}$ 为单要素生产率。

综上所述，理解全要素生产率概念的核心点在于生产率定义式中投入项应包含所投入的全部生产要素，即全要素生产率是全部要素投入综合在一起的生产率，体现的是全部要素投入综合在一起的总体生产技术水平。只有全要素生产率才能反映总体技术水平，单要素生产率或不包含全部要素的多要素生产率都不是反映总体技术水平的指标。

第三节 全要素生产率体现总体技术水平

在前面的论述中已经表明，全要素生产率的意义是体现一定生产的总体技术水平。这里首先需要明确，全要素生产率体现的技术水平是经济学意义的技术水平，确切地说是体现生产将投入转化为产出的能力水平，而并不是人们日常生活中所理解的"科学技术"水平。本节解释为什么全要素生产率体现的是经济学意义的总体技术水平。

一 全要素生产率与技术水平的关系

根据定义，全要素生产率是总产出与总投入的比率。对此可以用表达式 $A = \dfrac{Y}{Z}$ 表示，其中 A 为全要素生产率，Y 为总产出（总产出指数），Z 为总投入（总投入指数）。由于 Y 与 Z 都是实数，因此 A 的结果也必然是实数。于是可以得到下面的关系式：

$$Y = AZ \tag{9-6}$$

式（9-6）虽然简单，却有着非常重要的含义。首先，式（9-6）体现了投入与产出的一种特定形式的关系，即产出数量取决于总投入 Z 和全要素生产率 A 两种因素。其中，Z 作为总投入是由全部 n 类要素投入 X_1、X_2、$\cdots$、X_n 构成的。因此，Z 体现的是全部要素投入的因素。其次，式（9-6）表明若 A 值不变，则总投入 Z 的数值越大，即总投入水平越高，总产出 Y 的数值相应越大。这意味着在全要素生产率水平 A 值不变的情况下，提高总投入水平将会导致总产出水平提高。

下面重点分析，若总投入 Z 值不变，而全要素生产率 A 值变动的含义。对此，同样由式（9-6）可知，若 Z 值不变，那么 A 值提高，则总产出 Y 值相应越高。例如，如果具体给出 A 的两个不同数值 A_1 和 A_2，其中 $A_1 > A_2$，这时对相同的 Z 必然有下面关系式成立：

$$Y_1 = A_1 Z > Y_2 = A_2 Z \tag{9-7}$$

式（9-7）表明，对相同的总投入 Z 而言，如果 A 值不同将导致总产

出 Y 值也不同。A 值越大，则对相同的要素投入 Z，其所对应的总产出 Y 值必然越大。反之，若 A 值越小，则对相同的要素投入 Z，其所对应的总产出 Y 值必然越小。

由此表明，全要素生产率 A 值越高，其所对应的生产将要素投入转变成产出的能力越强，即体现出总体生产技术水平相应越高。同样，A 值越小，其所对应的生产将要素投入转变成产出的能力越弱，即体现出总体生产技术水平相应越低。这一分析结果显示，A 值体现了总体技术水平。

同时根据式（9-6）可知，当总投入 Z 值不变时，A 值与总产出 Y 值是一一对应的关系，即给定一个 A 值，就有相应的 Y 值。同样，给定一个 Y 值，对保持不变的 Z 值而言，也有相应的 A 值。因此，A 值同生产的技术水平是一一对应的关系。由此表明，将全要素生产率水平视为体现技术水平的指标是合理的。为此，全要素生产率在经济学中亦称为技术水平系数。

二　全要素生产率是体现总体技术水平的适宜指标

全要素生产率与单要素生产率的意义是不同的。全要素生产率是体现总体技术水平的适宜指标，而单要素生产率则不具有这样的意义。实际上，单要素生产率水平的高低，既不反映总体技术水平的情况，也不反映单要素本身的重要性程度。单要素自身对生产是否重要，主要取决于其在生产中的作用性如何，与其生产率水平没有关系。这是因为一种要素对生产的重要性有多高，是由生产的技术关系决定的，而不是由该要素投入所对应产出的数量（单要素生产率）多少决定的。如同一台生产设备，虽然设备中的一个螺丝没有多少经济价值，但缺少它或使整个设备无法正常工作。

对此可通过一个具体事例说明相关问题。例如，假设 1 个劳动者可以依靠机械化生产工具实现对 100 亩农田的耕作。这时，大量的资本要素投入是实现其生产的关键。而对此进行生产率度量，其结果必然是劳动生产率很高，资本生产率很低，这显然是因为劳动投入数量少（只有 1 个人），而资本投入数量很大的结果。对于出现这样的结果，显然不能因为资本生产率低就认为生产中资本要素的重要性不高，或是认为资本技术水平低。

事实与这种认识是恰恰相反的，正因为投入的资本数量大、性能强、功效高，如从手工变成机械化，才可以使少量劳动者耕种大量农田的任务得以完成。因此这时的劳动生产率水平，并不能说明劳动者的技术水平高（实际上是资本技术水平高）。同样，资本生产率低，也不能说明资本要素的技术水平低。这一事例反映的情况说明，基于单要素生产率水平识别总体技术水平是不恰当的。

实际上，在现代经济生产过程中各种技术已经融合在一起，很难识别出哪种技术更为重要、作用更大。现代生产的全过程需要各类要素及各类技术实现有机配合，需要全部要素发挥其应有的功效。对单要素生产率的测算，如对劳动生产率或资本生产率的测算，实际上仅是从特定要素方面考察其单位投入所对应的产出数量，并不能反映总体生产率的情况。随着现代经济的快速发展，特别是科学技术在生产中的重要性不断提高，现代经济增长的动力机制出现了重大转变，即现代经济增长越来越依靠技术和资本要素的推动，劳动要素的贡献作用下降。因此，单纯的劳动生产率状况已经不能有效地反映总体技术水平了。总的来看，全要素生产率才是评判总体技术水平的适宜指标。

第四节　人口老龄化对技术进步的影响

目前关于人口老龄化对技术进步的影响，已经得到了广泛的重视。然而，从现有的研究成果看，目前对这一问题的研究还没有成熟的定论。关于人口老龄化对技术进步的影响，依然是需要加强研究的领域。

一　有关的研究现状

实际上，关于人口老龄化与技术进步关系的问题，首先要区别技术进步的含义。可以有两个方面的人口老龄化与技术进步关系的问题。一方面是技术进步是狭义的技术进步的概念。另一方面则是技术进步体现为全要素生产率水平提高的技术进步的概念。后者的技术进步的含义实际上是关于广义技术进步的含义。

人口老龄化对狭义技术进步或者说对具体技术发展的影响，实际上是难以定论的。这是因为具体技术的适用范围不同、技术特点不同以及技术功能的需求不同，都可能导致人口老龄化对具体的技术发展需求是不同的。根据现有的文献显示，人口老龄化对具体的技术进步有不利影响似乎是主要的结论。如袁蓓、郭熙保在其《人口老龄化对经济增长影响研究评述》中谈到，Canton、Groot 和 Nahuis（2002）在既得利益基础上证明，人口老龄化不利于新技术采用，从而不利于生产率提高。其理由是不同年龄段的人口采纳新技术的成本不同，由于新技术产生收益具有时滞性，老年人在新技术收益产生前或已去世，但是仍要承担采用新技术牺牲休闲的机会成本，所以对新技术采用持反对意见。由此他们认为，人口老龄化加大了持反对意见人的比例，不利于技术进步。然而，Alders（2005）认为出生下降造成劳动力稀缺诱导下一代人力资本投资增加。而技术进步依赖于雇员平均人力资本水平，更高的人力资本水平将导致更好的技术被采用。Pekka（2013）等的研究成果表明，在低技能领域人口老龄化对生产率有负面的影响，而在高技能领域人口老龄化对生产率则是正向作用。这或许是因为低技能领域更多的是依靠体力，而高技能领域则主要依靠智力或经验的积累。Pecchenino（2003）等认为，美国在过去几十年里出生率下降，人均寿命延长，但是生产率增长已经放缓，其原因可能是越来越多原本是用于年轻人的资源转移到老年人身上。

可以看出，上述研究成果是有很大局限性的。事实上，在现实中新技术产生的机制往往不取决于老年人的态度，而取决于年轻人的创新动力和创新动机。人类重大技术进展和人们特别是年轻人的好奇心及创业激情有关。从这个方面看，人口老龄化或不利于具体的技术进步，因为老年人不愿意改变现有习惯使用的技术，不愿意接受新的技术和新的产品，接受新的技术产品对老年人的精力和认知能力都是考验。但是，也应该看到此问题的另一面，这就是老年人的需要问题的解决，是亟须技术进步的。甚至可以说，只有技术进步才能解决老年人的有关问题，如老年人的许多辅具需要加入更多智能化技术，智能机器人对老年人的帮助会越来越大。

实际上，人口老龄化产生的许多需求是通过技术进步才能解决的。从需求方面看人口老龄化是有利于技术进步的。而技术进步的主体是年轻的劳动者，而非老年人，因此技术进步的源泉来自劳动者方面，来自劳动者的创新精神和能力。而从人口老龄化所形成的社会压力以及对年轻劳动者造成的照护老年人的负担方面看，这种压力和负担有激励年轻劳动者进行技术创新的作用。因此，老龄经济中有促进技术进步的有利因素。不过人口老龄化背景下资源倾向于老年人口使用，或许是影响创新活动的一种不利条件。

二   人口老龄化对技术进步不利的影响

在广义的技术进步方面，人口老龄化与技术进步的关系实际涉及的是人口老龄化与经济增长的有关问题。技术进步是实现经济长期稳定增长的根本所在。然而，技术进步需要以大量的研发（R&D）投入、教育投入以及各类人力资本投入为基础。而人口老龄化显著增加经济社会负担，从而制约为促进技术进步而增加相关投入的能力。人口老龄化对技术进步的影响，取决人口老龄化对经济社会增加负担的具体情况。如果人口老龄化对经济社会所增加的负担，是在经济社会可以承受的范围内，则人口老龄化不会对技术进步产生太大的影响。但是，人口老龄化对经济社会所增加的负担是巨大的，是一个国家或地区难以承受的，必然对技术进步有明显的不利影响。

首先，人口老龄化不利于相关投入增长。技术进步需要以大量的研发投入、教育投入以及各类人力资本投入为基础。人口老龄化提高国民收入中的消费比例，增加经济社会资源占用，在一定程度上直接或间接地挤压技术进步相关投入的增加。

其次，未来技术进步对人才需求的特征与人口老龄化条件下人口结构特征不匹配。人口老龄化伴随着劳动年龄人口的大龄化，而这一特征不适应未来技术更新不断加快、技术强度不断趋高的发展趋势。未来经济增长对技术进步的依赖度不断增强，产业发展的技术含量及技术强度不断提高，从而对相关技术性从业人员的知识、智力与体能提出更高的要求。技术进步导致目前一些技术更新频率很快的领域，如电子信息技术、计算机软件开发、航天航空、海洋探测等，对从业人员年轻化倾向的要求明显提高。人口老龄化总体上降低年轻劳动力的供给，长期看可能成为一些高强技术发展的约束性因素，不利于技术进步。

最后，大龄化的劳动力队伍在求知、求新、求变直至创新等方面的主观能动性、适应性都趋于弱化，不利于技术进步。随着人口老龄化程度的不断提高，劳动力队伍的平均年龄也随之提高，对此可以称为劳动力队伍出现老化的现象。在技术进步频率不断加快的背景下，对于平均年龄不断趋向提高的劳动力队伍而言，是不利于技术进步的。

三　人口老龄化对技术进步有利的影响

事实上，人口老龄化也存在对技术进步有利的方面。如在人口老龄化背景下，劳动力要素的稀缺性是上升的，因此劳动力要素的价格总体将呈现不断上升的趋势。而这种情况的出现，将迫使企业寻求对劳动要素进行替代的激励。因此，当企业寻求以技术替代劳动时，这种动力实际是来自人口老龄化的效应。或者说，为了适应老龄经济的发展要求，企业倾向于以技术替代劳动的技术进步的动力出现。在这种情况下，人口老龄化实际上起了有利于技术进步的作用。

如果在实际的某种生产过程中，劳动要素是不可替代的，这将迫使企业寻求可以导致劳动生产率提高的技术出现。在此情况下，劳动投入没有减少，但劳动投入的产出效率提高了。此效应实际上也属于人口老龄化对技术进步所产生的积极效应。

四　人口老龄化对技术进步影响的复杂性

从上面的论述中可以看到，人口老龄化对技术进步的影响存在正反两方面的作用。因此，综合起来，人口老龄化对技术进步的影响是复杂的。但是，应对人口老龄化需要依靠技术进步，这一结论却是非常明确的。

在老龄经济中，劳动力的比重相对乃至绝对下降，必然导致劳动力的稀缺性不断提高，因此经济中产生以技术和资本替代劳动的激励是必然不断提高的，这将促使技术进步加快提升。然而，在相应的劳动力队伍中，人口老龄化对劳动力队伍总体质量以及对技术进步有不利的影响。因此，人口老龄化对技术进步的最终影响具有复杂性，需要从具体的技术种类层面进行分析，难以对笼统的技术的影响一概而论。

第五节 人口老龄化对全要素生产率增长率的影响

全要素生产率的定义为总产出与总投入之比，而全要素生产率增长率体现了总体技术水平变动的情况。如设 Y 为一定生产的总产出，Z 为总投入，A 为全要素生产率，则 A 为 Y 与 Z 之比为全要素生产率。即 A 为下面的表达式：

$$A = \frac{Y}{Z} \tag{9-8}$$

在总量水平上，总投入可以分为资本投入和劳动投入两大类，用 K 表示资本投入，用 L 表示劳动投入，且上述变量都随时间的变动而变动，时间变量用 T 表示。于是，总投入 Z 可以表示为：

$$Z = Z(K, L) \tag{9-9}$$

对式（9-8）两边取对数，得到下面的关系式：

$$\ln A = \ln Y - \ln Z \tag{9-10}$$

对式（9-10）两边求时间 T 的导数，得到下面的关系式：

$$\frac{d\ln A}{dT} = \frac{d\ln Y}{dT} - \frac{d\ln Z}{dT} \tag{9-11}$$

由式（9-10）可以得到下面的关系式：

$$\ln Z = \ln Y - \ln A \tag{9-12}$$

对式（9-12）两边分别求要素 K 和 L 的对数偏导数，分别得到下面的关系式：

$$\frac{\partial\ln Z}{\partial\ln K} = \frac{\partial\ln Y}{\partial\ln K} - \frac{\partial\ln A}{\partial\ln K} \tag{9-13}$$

$$\frac{\partial\ln Z}{\partial\ln L} = \frac{\partial\ln Y}{\partial\ln L} - \frac{\partial\ln A}{\partial\ln L} \tag{9-14}$$

对式（9-9）求时间 T 的导数，得到下面的关系式：

$$\frac{d\ln Z}{dT} = \frac{\partial\ln Z d\ln K}{\partial\ln K dT} + \frac{\partial\ln Z d\ln L}{\partial\ln L dT} \tag{9-15}$$

将式（9-15）代入式（9-11），得到下面的关系式：

$$\frac{d\ln Z}{dT} = \frac{\partial\ln Z d\ln K}{\partial\ln K dT} + \frac{\partial\ln Z d\ln L}{\partial\ln L dT} \tag{9-16}$$

将式（9 - 13）和式（9 - 14）分别代入式（9 - 16），得到下面的关系式：

$$\frac{d\ln A}{dT} = \frac{d\ln Y}{dT} - \left(\frac{\partial \ln Y}{\partial \ln K} - \frac{\partial \ln A}{\partial \ln K}\right)\frac{d\ln K}{dT} - \left(\frac{\partial \ln Y}{\partial \ln L} - \frac{\partial \ln A}{\partial \ln L}\right)\frac{d\ln L}{dT} \quad (9-17)$$

对式（9 - 17）进行整理得到下面的关系式：

$$\frac{d\ln A}{dT} = \frac{d\ln Y}{dT} - \frac{\partial \ln Y}{\partial \ln K}\frac{d\ln K}{dT} + \frac{\partial \ln A}{\partial \ln K}\frac{d\ln K}{dT} - \frac{\partial \ln Y}{\partial \ln L}\frac{d\ln L}{dT} + \frac{\partial \ln A}{\partial \ln L}\frac{d\ln L}{dT}$$

整理得：

$$\frac{d\ln A}{dT} = \frac{d\ln Y}{dT} - \frac{\partial \ln Y}{\partial \ln K}\frac{d\ln K}{dT} - \frac{\partial \ln Y}{\partial \ln L}\frac{d\ln L}{dT} + \frac{\partial \ln A}{\partial \ln K}\frac{d\ln K}{dT} + \frac{\partial \ln A}{\partial \ln L}\frac{d\ln L}{dT}$$

记 A_{KL} 表示下面的关系式：

$$A_{KL} = \frac{\partial \ln A}{\partial \ln K}\frac{d\ln K}{dT} + \frac{\partial \ln A}{\partial \ln L}\frac{d\ln L}{dT} \quad (9-18)$$

于是，$\frac{d\ln A}{dT}$ 可以表示为下面的形式：

$$\frac{d\ln A}{dT} = \frac{d\ln Y}{dT} - \frac{\partial \ln Y}{\partial \ln K}\frac{d\ln K}{dT} - \frac{\partial \ln Y}{\partial \ln L}\frac{d\ln L}{dT} + A_{KL} \quad (9-19)$$

A_{KL} 实际是关于全要素生产率同要素投入数量变化是否有关的问题。如果技术变化同要素投入的数量变化是没有关系的，在此情况下，A 关于要素投入的偏导数为零，即有下面表达式成立：

$$\frac{\partial \ln A}{\partial \ln K} = 0; \quad \frac{\partial \ln A}{\partial \ln L} = 0$$

于是，由式（9 - 18）可知 $A_{KL} = 0$。在此情况下，式（9 - 19）可以表示为下面的形式：

$$\frac{d\ln A}{dT} = \frac{d\ln Y}{dT} - \frac{\partial \ln Y}{\partial \ln K}\frac{d\ln K}{dT} - \frac{\partial \ln Y}{\partial \ln L}\frac{d\ln L}{dT} \quad (9-20)$$

如果技术变化同要素投入的数量变化没有关系，这种情况等同于生产是规模收益不变的。因此，式（9 - 20）成立的必要条件为生产是规模收益不变的。在式（9 - 20）中，$\frac{d\ln A}{dT}$ 为全要素生产率增长率，$\frac{d\ln Y}{dT}$ 为总产出增长率，即在宏观经济层面上为经济增长率，$\frac{d\ln K}{dT}$ 为资本投入增长率，$\frac{d\ln L}{dT}$ 为劳动投入增长率。同时，$\frac{\partial \ln Y}{\partial \ln K}$ 为资本产出弹性系数，$\frac{\partial \ln Y}{\partial \ln L}$ 为劳动产出弹性系数。

式（9－20）表明，全要素生产率增长率$\frac{d\ln A}{dT}$同资本投入增长率$\frac{d\ln K}{dT}$，以及劳动投入增长率$\frac{d\ln L}{dT}$有关。由式（9－20）可知资本投入增长率以及劳动投入增长率这两项前面都是负号，这意味着如果资本投入增长率以及劳动投入增长率下降是有利于提高全要素生产率增长的。然而，生产要素投入数量的增长率下降，在技术水平不变的情况下，对相应的产出增长是不利的，因此其综合结果是难以确定的。

如果加入人口老龄化因素，则人口老龄化程度提高的综合效应是降低经济增长率，即降低式（9－20）中的总产出增长率$\frac{d\ln Y}{dT}$。这一结果来自第十章的结论。同时，第十章的结果还表明，人口老龄化程度提高，还有降低资本投入增长率和降低劳动投入增长率的效应。因此，由式（9－20）实际是难以得出随着人口老龄化程度提高，全要素生产率增长率$\frac{d\ln A}{dT}$是增加还是降低的确定性结论。而这一结论意味着，人口老龄化对全要素生产率增长率的影响，或者说对技术进步率的影响，实际上是同如何应对人口老龄化有密切的关系。对此问题的深入分析，需要建立全要素生产率同人口老龄化的内生性关系才能解决。

第 十 章

人口老龄化对总产出的影响

人口老龄化对劳动投入、资本投入以及技术进步的影响，最终导致人口老龄化对总产出产生影响。而人口老龄化对总产出的影响，实际上也是人口老龄化对经济增长的影响。人口老龄化对经济增长的影响，是人口老龄化影响经济的至关重要的基础性问题。为此，本章利用总量生产函数，在总量层面上具体分析人口老龄化对总产出（经济增长）的影响。

第一节　引入老龄化率变量的总量生产函数

总产出是宏观经济层面的产出，体现的是一个国家或地区经济增长的情况。如在现实经济中，一定国家或地区的 GDP 就是对总产出的实际度量。因此，GDP 增长率也被称为经济增长率。

一　关于总量生产函数

在经济学中，总产出是由总量生产函数决定的。总量生产函数即关于总产出与生产要素投入关系的数学表达式。生产函数是体现一定生产系统中产出量与要素投入量之间关系的数学表达式。

总量生产函数是宏观经济层面的关于总产出的生产函数，是道格拉斯于 1928 年提出来的。因此，总量生产函数中的产出，对应的是国家或地区层面上的总产出，在国民经济核算中对应的是地区生产总值，即 GDP。由于 GDP 是最终产品，不包括中间产品，因此总量生产函数中是不含有中间投入的。总量生产函数中的生产要素投入分为两大类，即资本投入与劳动投入。总量生产函数的一般形式通常写成下面的形式：

$$Y = F(K, L) \tag{10-1}$$

其中，Y 为总产出，K 为资本投入，L 为劳动投入。函数关系 $F(K, L)$ 则体现了生产的技术关系。

生产函数反映的是由生产技术决定的生产要素投入与产出量之间的关系，而不是经济行为决定的实际产出量。例如，在一定的生产技术水平下，生产一定的产品需要投入多少的原材料、资本设备、劳动力，以及需要怎样的条件等，都是由生产这种产品的特定技术性关系决定的，而与该产品的价格及生产者的主观愿望没有关系。

在经济学中，生产函数（10-1）中的劳动投入 L，并不是经济中的劳动力数量，更不是人口数量，而是实际参加生产活动的劳动力所投入的劳动时间总量。对此，在前面的有关劳动投入章节中已经进行了较多的论述。生产函数表明，在一定的生产技术水平下（即生产函数关系既定），产出 Y 的变动将来自 K 与 L 的变动。

然而，在既定的 K 与 L 的情况下，如果产出随着时间而出现变动，则唯一可以解释的原因就是生产技术水平出现了变动。这种情况可以表述为生产要素投入不变，而产出随时间变动而变动。在数学上，这就是产出关于时间的偏导数，即 $\dfrac{\partial Y}{\partial T}$，或以相对增长率的形式体现为 $\dfrac{\partial \ln Y}{\partial T}$，称 $\dfrac{\partial \ln Y}{\partial T}$ 为技术进步率。

总量生产函数的出现，同经济增长问题的研究有着密切的关系。截至目前，对经济增长问题的研究，大部分仍然是建立在总量生产函数基础之上的。由于总量生产函数对应的是国家或地区层面上的投入与产出关系，因此总量生产函数中资本投入与劳动投入都是被高度凝缩化的变量。其中，资本投入是指国家或地区层面上的生产活动所投入使用的各种工具的总和，即本质是总资本投入的概念。这里的资本包括生产活动中所使用的机器设备、厂房、土地、计算机等，这些都是资本的具体形式。劳动投入是指国家或地区层面上劳动者从事生产活动的时间总和，即本质是总劳动投入的概念。对一个国家或地区而言，土地基本是不变的，因此土地一般不作为生产要素投入的变量出现在总量生产函数中。

总产出则是以 GDP 为核心内容的，因此总量生产函数中的产出本质上是一个国家或地区的总产出概念，而非单一种类产出的概念。根据国民经济核算体系的内容可知，GDP 的内容包括了近乎无限种类的产品与服务。因此，用一个变量 K 表示资本投入，并不表明总量生产函数中的资本投入是单一种类的资本投入，而本质上是由众多具体资本投入的汇总。

二　关于部门生产函数

同总量生产函数相对应的是部门生产函数，即指产业部门层次上的生产函数。部门生产函数与总量生产函数的最大区别是，部门生产函数包括中间投入，而总量生产函数不包含中间投入。部门生产函数的生产要素投入一般分为三大类，即资本投入、劳动投入和中间投入。部门生产函数通常写成下面的形式：

$$Y = F(K, L, X) 。 \tag{10-2}$$

其中，Y 为产出，K 为资本投入，L 为劳动投入，X 为中间投入。

提出部门生产函数的必要性，是因为仅基于总量生产函数进行经济增长根源的分析，无法识别产业发展与产业结构变动对经济增长的影响，而产业发展是推动经济增长的直接动力。事实上，经济增长并不是直接表现为总产出的增长，而是首先表现为各产业的增长。总量增加值是各产业增加值之和。利用总量生产函数的分析，实际上要求或者说隐含着各产业部门的增加值函数都是完全相同的，而且对于各产业部门的劳动和资本投入之间的技术关系也必须是完全相同的。这些情况实际上容易导致基于总量生产函数分析经济增长根源时得出不当甚至是误判性的结论。

鉴于总量生产函数存在的诸多局限性，产业部门的产出增长问题应该通过部门生产函数进行。部门层次产出增长的根源是基于把部门产出的增长率分解为中间投入、资本和劳动投入以及部门全要素生产率增长率的贡献之和。其中，部门的中间投入的差别往往是导致部门产出差别的主要原因。因此，对部门产出问题的研究，中间投入通常是至关重要的变量，且不能忽视。由于本章讨论的主题是总量层面的经济增长与人口老龄化的关系，因此本章的研究是建立在总量生产函数基础之上的，而没有涉及部门生产函数问题。

三　加入老龄化率变量的劳动投入表达式

人口老龄化的变动，是通过老龄化率 α_R 的变动体现的。因此，老龄化率 α_R 的变动如何影响 K 与 L，进而影响总产出 Y 的变动，这是定量分析人口老龄化影响经济增长的一种重要途径。

总产出的增长即经济增长，是总产出变动与时间变量有关的概念。因此，为了体现时间的因素，可以将式（10 - 1）的总量生产函数所隐含的时间显现表示，即将资本投入、劳动投入分别表示为 $K(T)$、$L(T)$ 的形式，其中 T 表示时间。因此，体现时间的总量生产函数的一般形式亦可表示为下面的形式：

$$Y(T) = F[K(T), L(T); T] \tag{10-3}$$

在第一章的讨论中已经知道，经济中的人口可划分为未成年人口、劳动年龄人口和老年人口三类群体，因此总人口是这三类人口之和。劳动投入 $L(T)$ 是同劳动年龄人口 $N_L(T)$ 有密切关系的，而 $N_L(T)$ 可表示为下面的表达式：

$$N_L = (1 - \alpha_R - \alpha_Y)N \qquad [式（1 - 17）]$$

N_L 是 $N_L(T)$ 的简写形式。其中，α_Y 为未成年人口占总人口的比重，α_R 为老年人口占总人口的比重。

在第七章中已经讨论了劳动年龄人口和劳动投入的区别和联系。在理论上，当忽略劳动年龄人口和劳动力的差异时，并假设劳动者同质时，劳动时间一致时，可以直接用劳动年龄人口替代劳动投入。如式（7 - 11）所表示的关系式：

$$L = N_L = (1 - \alpha_R - \alpha_Y)N \qquad [式（7 - 11）]$$

由于本书的关注点在于分析人口老龄化因素的作用效应，因此为讨论方便与突出重点，在下面的讨论中暂时忽略未成年人口的因素，而仅考虑由劳动年龄人口和老年人口所构成的人口。而在实际有关测算时，可另行处理未成年人口的因素。实际上，未成年人也是需要由劳动力供养的人口，在一定程度上未成年人口可视为老年人口的一部分，因此暂时忽略未成年人口的因素而得出的结论，并不会对分析人口老龄化效应产生系统性的影响。

在忽略未成年人口之后，一定社会中的总人口 N 由老年人口 N_R 和劳动年龄人口 N_L 组成，即在时间 K 时有下面关系成立：

$$N_L(T) + N_R(T) = N(T) \qquad (10-4)$$

现实中，如前面已经讨论过的，劳动年龄人口同劳动力是有区别的。但是，劳动投入来源于劳动力，而劳动年龄人口是劳动力的主要来源。因此，为了讨论问题的方便，暂以劳动年龄人口作为劳动投入的表示，即有下面的假设：

$$L(T) = N_L(T)$$

这样的假设，并不影响人口老龄化对总产出作用效应的本质。于是，在考虑人口老龄化因素后，劳动投入 L 和劳动年龄人口 $N_L(T)$ 可以表示为下面的关系式：

$$L(T) = N_L(T) = [1 - \alpha_R(T)]N(T) \qquad (10-5)$$

其中，$\alpha_R(T)$ 为老年人口比重，$N(T)$ 为总人口。这里再次强调，式（10-5）只是核算式，而不是劳动年龄人口的内生决定式，即不是先有总人口，再有劳动年龄人口比重，由此决定有多少劳动年龄人口。事实上，是未成年人口、劳动年龄人口和老年人口共同决定了总人口的数量。因此，对式（10-5）的理解是：在既定总人口数量为 $N(T)$ 的情况下，不同的老年人口比重所对应的劳动年龄人口数量情况。

将式（10-5）代入总量生产函数式（10-3），即得到下面形式的总量生产函数：

$$Y(T) = F\{K(T), [1 - \alpha_R(T)]N(T); T\} \qquad (10-6)$$

式（10-6）是劳动投入中加入了老龄化率变量的总量生产函数表达式。注意，在式（10-6）中还没有考虑资本投入 $K(T)$ 加入老龄化率变量的因素。这一问题在下面讨论中解决。

四　隐含老龄化率变量的资本投入关系式

在第七章中已经论述了人口老龄化影响资本配置的效应，即人口老龄化程度的提高，有降低资本积累和投资水平的效应，而这种效应必然引发总产出的变动。因此，人口老龄化因素可以通过资本投入而对总产出产生影响。

　　然而，直到目前，上述论述的人口老龄化通过劳动要素和资本要素对总产出的影响，依然还是定性的。在式（10 – 6）的总量生产函数中，还并没有体现出人口老龄化因素与资本投入 K 之间的关系。为了分析人口老龄化通过对资本投入的渠道而影响总产出，需要建立资本投入 K 与老龄化率 α_R 的关系式。

　　根据式（8 – 15）的结果，因人口老龄化对产出的配置有影响，使 $Y_L(T)$ 部分成为劳动力可支配的资源，剩余的 $Y_R(T) = \theta\alpha_R Y(T)$ 部分是配置给老年人的资源。其中 $Y_L(T)$ 的表达式如下：

$$Y_L(T) = Y(T)\left[1 - \theta\alpha_R(T)\right] \qquad [式（8 – 15）] \qquad (10 – 7)$$

　　由式（10 – 7）可以看到，当养老系数水平 θ 保持不变时，总产出 $Y(T)$ 中配置给劳动力部分的 $Y_L(T)$ 将由老龄化率变量 α_R 决定。假定老年人对其养老资源 $Y_R(T)$ 不再进行储蓄而全部用于消费。因此，经济中只能对 $Y_L(T)$ 部分进行生产性投资。式（10 – 7）表明，如果 α_R 提高将导致 $Y_L(T)$ 下降，这便是人口老龄化对资本投入的影响。也就是说，在考虑人口老龄化因素后，可以配置给劳动力的资源部分是 $Y_L(T)$，而不再是全部的产出 $Y(T)$。$Y_L(T)$ 用于劳动力的消费和储蓄。由于已经假设老年人口在退休期不再进行储蓄，因此设劳动力的储蓄率为 s，于是经济中的投资量为

$$I = \frac{dK}{dT} = sY_L(T) - \delta K(T) \qquad [式（8 – 16）]$$

　　可见，在考虑人口老龄化对资本配置的影响后，总量生产函数中的资本投入 K 是与人口老龄化因素有关的变量，即 K 与老龄化率 α_R 有关。于是，将式（10 – 7）的 $Y_L(T)$ 代入式（8 – 16），即有下面的关系式：

$$I = \frac{dK}{dT} = s\left[Y(T) - \theta\alpha_R Y(T)\right] - \delta K(T) \qquad (10 – 8)$$

其中，s 是劳动力的储蓄率，即是不包括老年人口的储蓄率。

　　式（8 – 16）和式（10 – 8）实际上都是 K 关于 T 的微分方程。因此，式（8 – 16）和式（10 – 8）中的 K 与 α_R 之间不是直接显现的关系，或者说，K 与 α_R 是隐函数的关系。若要直接表现 K 与 α_R 的关系，则需要求解该微分方程。由于直到目前总量生产函数 $Y(T)$ 的函数还不是具体的，因此无法求解这个微分方程。但是，如果对式（8 – 16）的微分方程求解，得到的关于 K 的解中必定含有参数 α_R。因此，K 与 α_R 之间的关系可以抽

象地表示为下面的形式:

$$K(T) = K[\alpha_R(T)] \quad [或简写成 K = K(\alpha_R)] \qquad (10-9)$$

于是,式(10-9)可以作为隐含老龄化率变量的资本投入关系式,其中的 K 是微分方程(10-8)的解。

五　包含老龄化率变量的总量生产函数

通过以上的分析,同时将式(10-7)和式(10-9)代入总量生产函数,即可以得到包含老龄化率变量的总量生产函数,即:

$$Y(T) = F\{K[\alpha_R(T)], [1-\alpha_R(T)]N(T); T\} \qquad (10-10)$$

其中,$[1-\alpha_R(T)]N(T)$ 体现的是劳动投入,$K[\alpha_R(T)]$ 体现的是资本投入,这两类投入表达式中均含有老龄化率变量 α_R。式(10-10)可以分解为下面的方程组形式:

$$\begin{cases} Y = F(K, L; T) \\ K = K[\alpha_R(T)] \\ L = [1-\alpha_R(T)]N(T) \end{cases}$$

其中,$K[\alpha_R(T)]$ 由微分方程(10-8)的解决定。式(10-10)表现的包含老龄化率变量 α_R 的总量生产函数,为定量分析人口老龄化对总产出的影响,或者说分析人口老龄化与经济增长的关系,提供了重要的研究工具基础。

第二节　老龄化率通过劳动投入影响总产出的分析

本节暂不考虑人口老龄化因素对资本配置的影响,以简化分析的复杂性,即先单纯地分析人口老龄化因素通过对劳动投入影响总产出的情况。而在下一节,再考虑人口老龄化因素通过资本投入对总产出的影响。

分析的核心目的,是分析老龄化率 α_R 对式(10-10)的总量生产函数 $Y(T)$ 有怎样的影响。为此,需要具体计算 $\dfrac{\partial \ln Y}{\partial \ln \alpha_R}$ 的结果。显然,$\dfrac{\partial \ln Y}{\partial \ln \alpha_R}$ 的意义是总产出关于 α_R 的弹性系数,体现 α_R 的变动对总产出 Y 的影响。

在此需要明确的是，对人口老龄化因素影响总产出的考察，是在既定的总人口的情况下进行的，即考察总人口一定，不同人口老龄化程度下的产出情况。

一 定性的逻辑判断

首先从逻辑方面进行定性的判断，即判断人口老龄化变量 α_R 对总产出 $Y(T)$ 的影响。如果只关注 α_R 对总产出 $Y(T)$ 的影响，则可以将除了 α_R 之外的其他变量暂时固定下来。而对于既定的时间 T，总人口 $N(T)$ 是既定的。

因此，在既定的总人口之下，如果老龄化率 α_R 水平越高，则由式（10 - 5）可知，劳动投入水平 L 越低。再由总量生产函数可知，如果劳动投入水平越低，则在总量生产函数既定情况下，对应的总产出水平越低。于是，按此逻辑可以得出的基本判断是：人口老龄化水平越高，在其他条件不变的情况下，总产出水平相应越低。可见，人口老龄化因素通过对劳动投入而产生的对总产出的影响是负向的。

二 对 $\dfrac{\partial \ln Y}{\partial \ln \alpha_R}$ 的计算

老龄化率变量 α_R 对总产出 Y 的影响，在数学上可用 $\dfrac{\partial Y}{\partial \alpha_R}$ 体现。而 $\dfrac{\partial \ln Y}{\partial \ln \alpha_R}$ 的意义是总产出 Y 关于老龄化率 α_R 的弹性系数。由于假设了 K 不受 α_R 的影响，因此 $\dfrac{\partial K}{\partial \alpha_R} = 0$。现对（10 - 10）式求 α_R 的偏导数，得到下面的表达式：

$$\frac{\partial Y}{\partial \alpha_R} = \frac{\partial F[K, (1 - \alpha_R)N]}{\partial \alpha_R} = \frac{\partial Y}{\partial L} \frac{d[(1 - \alpha_R)N]}{d\alpha_R}$$

即

$$\frac{\partial Y}{\partial \alpha_R} = \frac{\partial Y}{\partial L}\left[-N + (1 - \alpha_R)\frac{dN}{d\alpha_R}\right] \quad (10 - 11)$$

由于总人口 N 对老年人口比重 α_R 而言是既定的，即总人口 N 不是由

老年人口比重 α_R 决定的，因此 $\dfrac{dN}{d\alpha_R} = 0$。于是，式（10 – 11）的结果为下面的表达式：

$$\frac{\partial Y}{\partial \alpha_R} = -\frac{\partial Y}{\partial L}N \qquad (10-12)$$

对式（10 – 12）变形得到下面的表达式：

$$\frac{\alpha_R}{Y}\frac{\partial Y}{\partial \alpha_R} = -\frac{\alpha_R}{Y}\frac{\partial Y}{\partial L}\frac{L}{L}N$$

即

$$\frac{\partial \ln Y}{\partial \ln \alpha_R} = -\frac{\partial \ln Y}{\partial \ln L}\frac{\alpha_R}{L}\frac{N}{L}$$

即

$$\frac{\partial \ln Y}{\partial \ln \alpha_R} = -\frac{\partial \ln Y}{\partial \ln L}\frac{\alpha_R}{(1-\alpha_R)N}N$$

因此

$$\frac{\partial \ln Y}{\partial \ln \alpha_R} = -\frac{\alpha_R}{1-\alpha_R}\frac{\partial \ln Y}{\partial \ln L} = -\frac{1}{1/\alpha_R - 1}\frac{\partial \ln Y}{\partial \ln L} \qquad (10-13)$$

式（10 – 13）便是计算 $\dfrac{\partial \ln Y}{\partial \ln \alpha_R}$ 的结果。下面对式（10 – 13）的结果进行具体的分析。

三 结果分析

注意到在式（10 – 13）中，$\dfrac{\partial \ln Y}{\partial \ln \alpha_R}$ 为总产出 Y 关于 α_R 的弹性，而其中的 $\dfrac{\partial \ln Y}{\partial \ln L}$ 为总产出 Y 关于劳动投入 L 的弹性。由于 $0 < \alpha_R < 1$，因此 $(1-\alpha_R) > 0$，从而得到 $\dfrac{\alpha_R}{1-\alpha_R} > 0$ 成立。于是，可以得出式（10 – 13）中 $\dfrac{\partial \ln Y}{\partial \ln L}$ 前面的系数 $-\dfrac{\alpha_R}{1-\alpha_R} < 0$ 的结论。

由于 $\dfrac{\partial \ln Y}{\partial \ln L}$ 为劳动产出弹性，通常是大于零的。因此，由式（10 – 13）

可以得出的结论是：$\dfrac{\partial \ln Y}{\partial \ln \alpha_R} < 0$，即总产出 Y 关于老龄化率 α_R 的弹性系数为负。这一结果的经济意义是：老龄化率水平提高，将产生降低总产出水平的效应。

同时，$\dfrac{\partial \ln Y}{\partial \ln \alpha_R}$ 的绝对值为 $\dfrac{1}{1/\alpha_R - 1} \dfrac{\partial \ln Y}{\partial \ln L}$。其中，$\dfrac{1}{1/\alpha_R - 1}$ 为关于 α_R 的增函数。因此，在劳动产出弹性系数 $\dfrac{\partial \ln Y}{\partial \ln L}$ 既定的情况下，α_R 提高则意味着 $\dfrac{\partial \ln Y}{\partial \ln \alpha_R}$ 的绝对值越大。这表明人口老龄化程度越高，其对总产出的负向影响越大。

例如，当假设一个社会中 65 岁以上年龄人口比重为 14% 时，14 岁以下未成年人口比重为 18%。为了利用式（10 - 13）计算，需要将则 14 岁以下未成年人口视为老年人口的一部分，即 $\alpha_R = 0.14 + 0.18 = 0.32 = 32\%$。假设劳动产出弹性系数为 0.4，即 $\dfrac{\partial \ln Y}{\partial \ln L} = 0.4$。于是，按式（10 - 13）可以计算出 $\dfrac{\partial \ln Y}{\partial \ln \alpha_R} \approx -0.188$。这一结果表明，在老龄化率为 32%（视未成年人为老年人）的情况下，人口老龄化程度提高 1%，可以产生降低 0.188% 的产出效应。

如果 65 岁以上年龄人口比重为 20%，14 岁以下未成年人口比重依然为 18%。则 $\alpha_R = 0.20 + 0.18 = 0.38 = 38\%$。假设劳动产出弹性系数依然为 0.4，即 $\dfrac{\partial \ln Y}{\partial \ln L} = 0.4$。于是，按式（10 - 13）可以计算出 $\dfrac{\partial \ln Y}{\partial \ln \alpha_R} \approx -0.275$。可见，在人口老龄化水平进一步提高的情况下，人口老龄化程度提高 1%，可以产生降低 0.275% 的产出效应。这表明随着人口老龄化程度提高，每单位老年人口比重上升所产生的降低总产出的效应越大。

总之，以上的定量分析的结论表明，在忽略人口老龄化对资本投入的效应时，人口老龄化因素通过对劳动投入而对总产出的影响是负向的，而且人口老龄化程度越高，其对总产出的负向影响越大。

第三节 老龄化率通过资本投入影响总产出的分析

为了更接近于现实情况，本节不再忽略人口老龄化因素对资本投入的影响，即设定人口老龄化对劳动投入和资本配置均产生影响，从而人口老龄化因素既通过劳动投入，也通过资本投入对总产出产生影响。总量生产函数依然采式（10-10）的形式：

$$Y(T) = F\{K[\alpha_R(T)], [1 - \alpha_R(T)]N(T)\}$$

为了在下面的计算过程中书写的简便性，在不影响理解的情况下将有关变量略去不写，如对 $Y(T)$ 只写为 Y，对 $K[\alpha_R(T)]$ 只写为 K，等等。

一 考虑人口老龄化对资本配置影响情况下的 $\dfrac{\partial \ln Y}{\partial \ln \alpha_R}$ 计算

由于考虑到资本受人口老龄化因素的影响，这时 $\dfrac{dK}{d\alpha_R}$ 不再为零。首先对式（10-10）计算 $\dfrac{\partial Y}{\partial \alpha_R}$，得到下面的表达式：

$$\frac{\partial Y}{\partial \alpha_R} = \frac{\partial F}{\partial K} \frac{dK}{d\alpha_R} + \frac{\partial F}{\partial L} \frac{dL}{d\alpha_R} \tag{10-14}$$

在式（10-14）中，$\dfrac{dK}{d\alpha_R}$ 体现的是老龄化率变量 α_R 对资本 K 的影响。而资本 K 与投资有关，投资 I 由式（10-8）表示，即：

$$I = \frac{dK}{dT} = s[Y(T) - \theta\alpha_R Y(T)] - \delta K(T)$$

其中，$\dfrac{dK}{dT}$ 为投资。同时，α_R 也是时间 T 的函数，$\dfrac{d\alpha_R}{dT}$ 存在且其意义是老龄化率 α_R 关于时间 T 的变化率。因此，有下面关系式成立：

$$\frac{dK}{dT} \bigg/ \frac{d\alpha_R}{dT} = \frac{dK}{d\alpha_K} \tag{10-15}$$

因此，可将式（10 - 15）中$\dfrac{dK}{d\alpha_K}$的表达式代入式（10 - 14），得到下面的关系式：

$$\frac{\partial Y}{\partial \alpha_R} = \frac{\partial F}{\partial K} \left(\frac{dK}{dT} \middle/ \frac{d\alpha_R}{dT} \right) - \frac{\partial F dL}{\partial L d\alpha_R} \qquad (10 - 16)$$

而

$$\frac{dL}{d\alpha_R} = \frac{d(1 - \alpha_R)N}{d\alpha_R} = -N$$

因此，（10 - 16）式实际为下面的表达式：

$$\frac{\partial Y}{\partial \alpha_R} = \frac{\partial F}{\partial K} \frac{dK}{dT} \middle/ \frac{d\alpha_R}{dT} - \frac{\partial F}{\partial L} N \qquad (10 - 17)$$

对式（10 - 17）可以进行下面的变换：

$$\frac{\alpha_R}{Y} \frac{\partial \ln Y}{\partial \ln \alpha_R} = \frac{\alpha_R}{Y} \frac{\partial F dK}{\partial K dT} \middle/ \frac{d\alpha_R}{dT} - \frac{\alpha_R}{Y} \frac{\partial F}{\partial L} N$$

$$\frac{\partial \ln Y}{\partial \ln \alpha_R} = \alpha_R \frac{\partial \ln Y}{\partial K} K \frac{dK}{K dT} \middle/ \frac{d\alpha_R}{dT} - \alpha_R \frac{\partial \ln Y}{\partial L} \frac{N}{L} L$$

$$\frac{\partial \ln Y}{\partial \ln \alpha_R} = \alpha_R \frac{\partial \ln Y}{\partial \ln K} \frac{dK}{K dT} \middle/ \frac{d\alpha_R}{dT} - \alpha_R \frac{\partial \ln Y}{\partial \ln L} \frac{N}{L}$$

$$\frac{\partial \ln Y}{\partial \ln \alpha_R} = \frac{\partial \ln Y}{\partial \ln K} \frac{d \ln K}{dT} \frac{\alpha_R}{\dfrac{d\alpha_R}{dT}} - \alpha_R \frac{\partial \ln Y}{\partial \ln L} \frac{N}{(1 - \alpha_R)N}$$

$$\frac{\partial \ln Y}{\partial \ln \alpha_R} = \frac{\partial \ln Y}{\partial \ln K} \frac{d \ln K}{dT} \frac{1}{\dfrac{d \ln \alpha_R}{dT}} - \frac{\alpha_R}{1 - \alpha_R} \frac{\partial \ln Y}{\partial \ln L} \qquad (10 - 18)$$

这时，可对式（10 - 8）进行下面的变换：

$$\frac{dK}{K dT} = \frac{s(Y - \theta \alpha_R Y)}{K} - \delta$$

$$\frac{d \ln K}{dT} = s(1 - \theta \alpha_R) \frac{Y}{K} - \delta \qquad (10 - 19)$$

于是，可将式（10 - 19）代入式（10 - 18），得：

$$\frac{\partial \ln Y}{\partial \ln \alpha_R} = \frac{1}{\dfrac{d \ln \alpha_R}{dT}} \left[s(1 - \theta \alpha_R) \frac{Y}{K} - \delta \right] \frac{\partial \ln Y}{\partial \ln K} - \frac{\alpha_R}{1 - \alpha_R} \frac{\partial \ln Y}{\partial \ln L} \quad (10 - 20)$$

式（10 - 20）便是所需要的$\dfrac{\partial \ln Y}{\partial \ln \alpha_R}$的表达式。注意到式（10 - 20）中

的储蓄率 s 是劳动力的储蓄率，式（8-19）表明 s 为表达式：$s = \dfrac{s^{'}}{1 - \theta\alpha_R}$

其中 $s^{'}$ 为国民储蓄率。将上述 s 的表达式代入式（10-20），得到下面的表达式：

$$\frac{\partial \ln Y}{\partial \ln \alpha_R} = \frac{1}{\dfrac{d\ln\alpha_R}{dT}}\left[s^{'}\frac{Y}{K} - \delta \right]\frac{\partial \ln Y}{\partial \ln K} - \frac{\alpha_R}{1 - \alpha_R}\frac{\partial \ln Y}{\partial \ln L} \qquad (10-21)$$

式（10-21）表明，国民储蓄率 $s^{'}$ 同老龄化率的关系是重要的问题，即涉及老龄化率对国民储蓄率是正向影响，还是负向影响的关系。而关于国民储蓄率同人口老龄化的关系，将在第十四章进行讨论。为了上述讨论有明确的结果，这里先直接引用第十四章的研究结论，即式（14-13）如下：

$$s = 1 - \frac{c_L}{y} - \frac{c_R}{y}\frac{R}{L} \qquad (14-13)$$

在式（14-13）中，s 是国民储蓄率，即式（10-21）中的 $s^{'}$。c_L 为劳动力的人均消费水平，c_R 为老年人口的人均消费水平，y 为劳动力的人均产出水平，R 为老年人口数量，L 为劳动力数量。因此，$\dfrac{R}{L}$ 体现了人口结构。对 $\dfrac{R}{L}$ 可以进行如下的变换：

$$\frac{R}{L} = \frac{\alpha_R N}{(1 - \alpha_R)N} = \frac{\alpha_R}{1 - \alpha_R} = \frac{1}{1/\alpha_R - 1} \qquad (10-22)$$

将式（10-22）代入式（14-13），得到下面的表达式：

$$s^{'} = 1 - \frac{c_L}{y} - \frac{c_R}{y}\frac{1}{1/\alpha_R - 1} \qquad (10-23)$$

将式（10-23）代入式（10-21），得到下面的表达式：

$$\frac{\partial \ln Y}{\partial \ln \alpha_R} = \frac{1}{\dfrac{d\ln\alpha_R}{dT}}\left[\left(1 - \frac{c_L}{y} - \frac{c_R}{y}\frac{1}{1/\alpha_R - 1}\right)\frac{Y}{K} - \delta \right]\frac{\partial \ln Y}{\partial \ln K} - \frac{\alpha_R}{1 - \alpha_R}\frac{\partial \ln Y}{\partial \ln L}$$

$$(10-24)$$

下面对式（10-24）表现的 $\dfrac{\partial \ln Y}{\partial \ln \alpha_R}$，进行必要的解释。

二　对 $\frac{\partial \ln Y}{\partial \ln \alpha_R}$ 表达式的解释

在式（10－24）中，$\frac{d \ln \alpha_R}{dT}$ 是老龄化率 α_R 的增长率。在人口老龄化不断提高的背景下，老龄化率 α_R 的增长率为正数是符合实际的情况。因此，这里可以假定 $\frac{d \ln \alpha_R}{dT} = \rho$ 为大于零的常数。在式（10－24）中，$\frac{\partial \ln Y}{\partial \ln K}$ 和 $\frac{\partial \ln Y}{\partial \ln L}$ 分别是产出关于资本和产出关于劳动的弹性系数。在生产函数理论中，这些弹性系数通常被视为常数。特别是在规模收益不变的情况下，二者弹性系数之和为 1。于是，分别记 $\frac{\partial \ln Y}{\partial \ln K} = a$；$\frac{\partial \ln Y}{\partial \ln L} = b$。这里仅假定 a 和 b 是大于零的常数。

在式（10－24）中还有 $\frac{Y}{K}$ 项，该项可以写成 $1 \Big/ \frac{K}{Y}$ 的形式。$\frac{K}{Y}$ 的意义是一定宏观经济中资本水平和产出水平的比率，而该比率在经济学中有着特别的解释。卡尔多（1961 年）描述过经济增长的几个主要特征事实，他发现对大多工业化国家而言，在过去一个世纪中，劳动、资本、产出的增长率大体都是常数，从而资本—产出比近似都是常数，即基于早期的现实经济中数据经验表明，一个国家或地区的资本水平与产出水平的比率 $\frac{K}{Y}$ 大体是常数。在多数国家，$\frac{K}{Y}$ 的值在 2—3，比如美国的资本存量大约是年度 GDP 的 2.5 倍（Mankiw，1994）。这里可以放宽 $\frac{K}{Y}$ 为常数的假设，仅假定 $\frac{Y}{K}$ 与老龄化率 α_R 没有关系。于是，可以记 $\frac{Y}{K} = \lambda$ 是与 α_R 无关的值。

根据上面的分析与设定，这时的式（10－24）可写成下面的形式：

$$\frac{\partial \ln Y}{\partial \ln \alpha_R} = \frac{1}{\rho} \left[\left(1 - \frac{c_L}{y} - \frac{c_R}{y} \frac{1}{1/\alpha_R - 1} \right) \frac{Y}{K} - \delta \right] a - \frac{\alpha_R}{1 - \alpha_R} b \quad (10-25)$$

或表示为下面的形式：

$$\frac{\partial \ln Y}{\partial \ln \alpha_R} = \left(1 - \frac{c_L}{y} \right) \frac{a\lambda}{\rho} - \frac{a\delta}{\rho} - \left(b - \frac{c_R}{y} \frac{a\lambda}{\rho} \right) \frac{1}{1/\alpha_R - 1} \quad (10-26)$$

三 基本结论分析

在式（10-25）中，等号左边为 $\dfrac{\partial \ln Y}{\partial \ln \alpha_R}$，意义是总产出关于老龄化率的弹性系数。而式（10-21）右边是具体表达式，并且可以看到在等号右边的表达式中只有 α_R 是变量，其他变量都是可以视为固定或不变的常数。

可见，式（10-25）可以分为两个部分：

$$\frac{\partial \ln Y}{\partial \ln \alpha_R} = K_\alpha + L_\alpha \qquad (10-27)$$

其中，K_α 和 L_α 分别为下面的表达式：

$$K_\alpha = \frac{1}{\rho}\Big[\,\big(1 - \frac{c_L}{y} - \frac{c_R}{y}\frac{1}{1/\alpha_R - 1}\big)\lambda - \delta\,\Big]a \qquad (10-28)$$

$$L_\alpha = -\frac{1}{1/\alpha_R - 1}b \qquad (10-29)$$

可见，K_α 体现的是老龄化率通过资本投入影响产出弹性的部分，L_α 体现的是老龄化率通过劳动投入影响产出弹性的部分。由式（10-28）可以得出的结论是，当 α_R 提高时，K_α 将趋于变小，即 K_α 是关于 α_R 减函数。同样，L_α 也是 α_R 的减函数。因此，总的结论是：总产出关于老龄化率的弹性系数 $\dfrac{\partial \ln Y}{\partial \ln \alpha_R}$ 是 α_R 的减函数。

上述分析的基本结论是：老龄化率对总产出是负向影响关系，且人口老龄化水平越高，对产出的负向影响幅度越大。一方面，老龄化率提高，产生降低资本积累水平效应，即降低资本投入；另一方面，老龄化率提高，也产生降低劳动投入效应。因此，老龄化率提高的最终结果是降低总产出水平。总产出关于老龄化率的弹性系数由式（10-21）表示，而老龄化率对总产出关于老龄化率的弹性系数的影响由式（10-23）表示。

第四节 经济增长率与老龄化率关系的公式

经济增长率是度量经济增长的一个重要指标。因此，本节旨在建立经济增长率与老龄化率关系的公式。由此可以利用此公式进行人口老龄化影响经济增长的有关测算工作。

一　经济增长率与老龄化率关系公式的推导

总量生产函数采用式（10 – 10）的形式，即：

$$Y(T) = F\{K[\alpha_R(T)], [1 - \alpha_R(T)]N(T); T\}$$

对式（10 – 10）的总量生产函数求时间 a 的导数，得到下面的表达式：

$$\frac{dY}{dT} = \frac{\partial Y}{\partial K}\frac{dK}{dT} + \frac{\partial Y}{\partial L}\frac{dL}{dT} + \frac{\partial Y}{\partial T}$$

由于

$$\frac{dL}{dt} = -N\frac{d\alpha_R}{dT} + (1 - \alpha_R)\frac{dN}{dT}$$

以及

$$I = \frac{dK}{dt} = s[Y(T) - \theta\alpha_R Y(T)] - \delta K(T)$$

于是

$$\frac{dY}{dT} = \frac{\partial Y}{\partial K}[s(Y - \theta\alpha_R Y) - \delta K] + \frac{\partial Y}{\partial L}[-N\frac{d\alpha_R}{dT} + (1 - \alpha_R)\frac{dN}{dT}] + \frac{\partial Y}{\partial T}$$

进一步整理得：

$$\frac{d\ln Y}{dT} = \frac{\partial \ln Y}{\partial K}[sY(-\theta\alpha_R) - \delta K] + \frac{\partial \ln Y}{\partial L}[-N\frac{d\alpha_R}{dT} + (1 - \alpha_R)\frac{dN}{dT}] + \frac{\partial \ln Y}{\partial T}$$

$$\frac{d\ln Y}{dT} = \frac{\partial \ln Y}{\partial K}K[\frac{sY(1 - \theta\alpha_R)}{K} - \delta] + \frac{\partial \ln Y}{\partial L}NL[-\frac{d\alpha_R}{LdT} + (1 - \alpha_R)\frac{dN}{NLdT}] + \frac{\partial \ln Y}{\partial T}$$

$$\frac{d\ln Y}{dT} = \frac{\partial \ln Y}{\partial \ln K}[\frac{sY(1 - \theta\alpha_R)}{K} - \delta] + \frac{\partial \ln Y}{\partial \ln L}\frac{N}{L}[-\frac{d\alpha_R}{dT} + (1 - \alpha_R)\frac{d\ln N}{dT}] + \frac{\partial \ln Y}{\partial T}$$

由于 $\dfrac{\partial \ln Y}{\partial \ln K}$ 和 $\dfrac{\partial \ln Y}{\partial \ln L}$ 分别是产出关于资本和产出关于劳动的弹性系数。在生产函数理论中，这些弹性系数通常被视为常数，分别记 $\dfrac{\partial \ln Y}{\partial \ln K} = a$ 和 $\dfrac{\partial \ln Y}{\partial \ln L} = b$，其中 a 和 b 是大于零的常数。而 $\dfrac{d \ln N}{dT}$ 为总人口增长率，记 $\dfrac{d \ln N}{dT} = n$。因此，上面 $\dfrac{d \ln Y}{dT}$ 的表达式可以简写为下面的形式：

$$\frac{d \ln Y}{dT} = a\left[\frac{sY(1 - \theta \alpha_R)}{K} - \delta \right] + b\, \frac{N}{L}\left[-\frac{d\alpha_R}{dT} + (1 - \alpha_R)n \right] + \frac{\partial \ln Y}{\partial T}$$

$$(10 - 30)$$

由于 $\dfrac{N}{L}$ 可以写成下面的形式：

$$\frac{N}{L} = \frac{N}{N - N_R} = \frac{1}{1 - N_R/N} = \frac{1}{1 - \alpha_R} \qquad (10 - 31)$$

将式（10 – 31）代入式（10 – 30），因此式（10 – 30）变为下面的表达式：

$$\frac{d \ln Y}{dT} = a\left[s(1 - \theta \alpha_R)\frac{Y}{K} - \delta \right] + b\left[n - \frac{\alpha_R}{1 - \alpha_R}\frac{d \ln \alpha_R}{dT} \right] + \frac{\partial \ln Y}{\partial T} \quad (10 - 32)$$

根据上一节的讨论可知，$\dfrac{Y}{K} = \lambda$ 是与 α_R 无关的值；$\dfrac{d \ln \alpha_R}{dT}$ 为老龄化率增长率。在人口老龄化不断提高的背景下，老龄化率增长率为正数是符合实际的情况。因此，为了简化分析，这里假设老龄化率 α_R 的变动是向正的某一常数进行的。因此，可以假定 $\dfrac{d \ln \alpha_R}{dT} = \rho$ 为大于零的常数。于是，式（10 – 32）可以写成下面的形式：

$$\frac{d \ln Y}{dT} = a\left[s(1 - \theta \alpha_R)\lambda - \delta \right] + b\left[n + \left(1 - \frac{1}{1 - \alpha_R}\right)\rho \right] + \frac{\partial \ln Y}{\partial T} \quad (10 - 33)$$

在式（10 – 33）中，$\dfrac{d \ln Y}{dT}$ 为总产出增长率，即经济增长率。$\dfrac{\partial \ln Y}{\partial T}$ 为技术进步率。式（10 – 33）即是经济增长率与老龄化率的关系公式。

二 利用关系公式的分析

现在分析式（10 – 33）的总产出增长率 $\dfrac{d \ln Y}{dT}$ 与老龄化率 α_R 的单调性

关系。为了书写方便，记 $y = \dfrac{d\ln Y}{dT}$，$y_A = \dfrac{\partial \ln Y}{\partial T}$。于是式（10 - 33）可以写成下面的形式：

$$y = a\left[s(1 - \theta\alpha_R)\lambda - \delta \right] + b\left[n + (1 - \frac{1}{1 - \alpha_R})\rho \right] + y_A \quad (10 - 34)$$

在式（10 - 34）中，由于 ρ、b、a、s、λ、θ 等都是大于零的值，且与老龄化率 α_R 无关。为了便于论述，对式（10 - 34）中有关项作如下的标记：

$$E = 1 - \theta\alpha_R \quad (10 - 35)$$

$$F = 1 - \frac{1}{1 - \alpha_R} \quad (10 - 36)$$

因此，式（10 - 34）变为下面的形式：

$$y = a(sE\lambda - \delta) + b\left[n + F\rho \right] + y_A \quad (10 - 37)$$

通过式（10 - 35）可见，如果老龄化率 α_R 增大，E 将减小，F 也减小。这表明，如果不考虑 y_A 受老龄化率 α_R 的影响问题，通过式（10 - 37）可见，当老龄化率 α_R 增大时，得出经济增长率将减小的结论。

总之，在不考虑人口老龄化对技术进步率影响的情况下，由以上分析得到的基本结论是：人口老龄化程度的提高，将产生降低经济增长率的效应。特别是式（10 - 37）提供了测算人口老龄化对经济增长潜力的重要理论基础。

第十一章

人口老龄化对经济平衡增长路径的影响

经济平衡增长路径是索洛增长模型中的概念，旨在描述经济增长潜力变动的路径。本章通过建立含有老龄化率变量的经济平衡增长路径方程，分析人口老龄化因素对经济增长潜力的影响。利用改进的索洛增长模型，可以分析人口老龄化多方面对经济增长的影响，从而得到一些有意义的启示。

第一节　含有老龄化率的经济平衡增长路径方程

本章的讨论，是在第六章第三节所介绍的索洛增长模型基础上展开的。因此，本章中的有关变量及基本公式均来自第六章第三节所介绍的索洛增长模型。在索洛增长模型中，经济平衡增长路径方程决定的人均有效劳动的资本水平变动轨迹，是决定经济增长潜力的路径。因此，人口老龄化对经济增长潜力影响的分析，可归结为老龄化率 α_R 对索洛增长模型中的 k^* 的影响。

在老龄经济的背景下，人口老龄化体现为老年人口比重不断上升。因此，假定 $\frac{d\alpha_R}{dt} \neq 0$，并且 $\frac{d\alpha_R}{dt} > 0$ 是合理的。如果假设 $\frac{d\alpha_R}{dt} = 0$，则意味着老年人口比重随时间的推移是恒定不变的，这显然是不符合人口老龄化背景的情况。因此在以下推导中，始终假定 $\frac{d\alpha_R}{dt} > 0$ 成立。

在考虑人口老龄化因素后，索洛增长模型中的人口与劳动力就不再是同一的变量。具体地说，在老龄经济的背景下，索洛增长模型的人口应改为劳动力，而不再是总人口的概念。如同上一章所述，在暂不考虑未成年人口的情况下，进入索洛模型的劳动投入与人口的关系是由下面表达式决定的：

$$L(t) = [1 - \alpha_R(t)]N(t) \qquad [式（10 - 5）]$$

可将式（10 - 5）简写为下面的形式：

$$L = (1 - \alpha_R)N \qquad (11 - 1)$$

对式（11 - 1）的含义，不是表明劳动投入 L 是由人口老龄化程度变量 α_R 和总人口 N 决定的，而是表明 L 同 α_R 及 N 的核算关系。确切地说，是一种情景设定的关系。如表示为，当总人口为 N，老龄化率为 α_R 时，所对应的劳动投入是多少。对于既定的总人口 N，不同的老龄化率为 α_R 对应有不同的劳动投入。显然，对于既定的总人口 N，老龄化率为 α_R 越高，对应的劳动投入 L 越少。这类似于情景模拟。用 L 直接表示劳动投入，实际上暗含了劳动力是同质的假设。

由于在索洛增长模型中有效劳动平均资本量的表达式为

$$k = K/AL$$

于是，将式（11 - 1）所决定的 $\dfrac{d\alpha_R}{dt} > 0$ 代入 $k = K/AL$ 中，得到下面的表达式：

$$k = K/A(1 - \alpha_R)N \qquad (11 - 2)$$

在式（11 - 2）中实际上含有时间变量 T，这是因为对增长率的分析必然涉及时间变量。现对式（11 - 2）两端对时间 T 求导数，得到下面的表达式：

$$\frac{dk}{dT} = \frac{\dfrac{dK}{dT}A(1 - \alpha_R)N - K\left\{\left[\dfrac{dA}{dT}(1 - \alpha_R)N - A\dfrac{d\alpha_R}{dT}N + A(1 - \alpha_R)\dfrac{dN}{dT}\right]\right\}}{A^2(1 - \alpha_R)^2 N^2}$$

即

$$\frac{dk}{dT} = \frac{\dfrac{dK}{dT}}{A(1 - \alpha_R)N} - \frac{K\dfrac{dA}{dT}}{A^2(1 - \alpha_R)N} + \frac{K\dfrac{d\alpha_R}{dT}}{A(1 - \alpha_R)^2 N} - \frac{K\dfrac{dN}{dT}}{A(1 - \alpha_R)N^2}$$

$$(11 - 3)$$

根据索洛增长模型中的假定：$\dfrac{d\ln A}{dT} = g$，$\dfrac{d\ln N}{dT} = n$，代入式（11 - 3）

并整理得：

$$\frac{dk}{dT} = s\left(\frac{Y}{A(1-\alpha_R)N} - \frac{\theta\alpha Y}{A(1-\alpha_R)N}\right) - \frac{\delta K}{A(1-\alpha_R)N} - \frac{gK}{A(1-\alpha_R)N}$$

$$- n\frac{K}{A(1-\alpha_R)N} + \frac{K\frac{d\alpha}{dT}}{A(1-\alpha_R)^2 N} \qquad (11-4)$$

注意到 $f(k) = \dfrac{Y}{A(1-\alpha_R)N}$，以及 $k(t) = \dfrac{K}{A(1-\alpha_R)N}$。因此，式（11-4）可写成下面的形式：

$$\frac{dk}{dT} = sf(k) - s\alpha_R\theta f(k) - \left[(\delta+g+n)k - \frac{k}{1-\alpha_R}\frac{d\alpha_R}{dT}\right] \qquad (11-5)$$

式（11-5）即是分析人口老龄化因素如何影响经济平衡增长路径的重要表达式。

注意，式（11-5）是一种微分方程。而对于对满足 $\dfrac{dk}{dT}=0$ 的式（11-5）的解 $k(t)$，记为 k^*。若 k^* 满足式（11-5），且有下面关系式成立：

$$sf(k^*) - s\alpha_R\theta f(k^*) - \left[(\delta+g+n)k^* - \frac{k^*}{1-\alpha_R}\frac{d\alpha_R}{dT}\right] = 0 \qquad (11-6)$$

则式（11-6）的方程称为包含有人口老龄化因素变量的经济平衡增长路径方程。

第二节 人口老龄化因素对经济平衡增长路径的影响

从传统索洛增长模型中知道，经济平衡增长路径是由实际投资项和持平投资项共同决定的。因此，对人口老龄化因素如何影响经济平衡增长路径的分析，可归结为人口老龄化因素对实际投资项和持平投资项的影响分析。

一 老龄化率对实际投资项的影响

由式（11-6）可知，在传统的索洛模型中，实际投资项为 $sf(k)$，而在加入人口老龄化因素后，实际投资项变为 $sf(k)-s\theta\alpha_R f(k)$，即原来的实际投资项发生了变化。由于 α_R、s、θ 和 $f(k)$ 均为大于零的值，因此 $s\theta\alpha_R f(k)$ 也必为大于零的值。因此，这一结果意味着 $sf(k)-s\theta\alpha_R f(k)$ 比原来实际投资项 $sf(k)$ 减少了 $s\theta\alpha_R f(k)$。

可以将 $sf(k)-s\theta\alpha_R f(k)$ 变为下面的形式：

$$sf(k)-s\theta\alpha_R f(k)=sf(k)(1-\theta\alpha_R) \tag{11-7}$$

其中，因为 $\theta\alpha_R>0$，所以 $1-\theta\alpha_R<1$。即 $sf(k)(1-\theta\alpha_R)$ 是相当于对 $sf(k)$ 乘上了一个小于1的系数 $(1-\theta\alpha_R)$，因此有

$$sf(k)-s\theta\alpha_R f(k)=sf(k)(1-\theta\alpha_R)<sf(k)$$

对此，由图 11-1 可清楚地看到加入 α_R 后的影响效应：在老龄经济的背景下，实际投资项曲线 $sf(k)$ 水平将下降，即比原来降低了 $s\theta\alpha_R f(k)$，从而导致标准索洛增长模型（没有考虑人口老龄化因素效应）从原来的 k^* 移向 k^{**}。k^{**} 就是引入人口老龄化因素变量 α_R 而对经济平衡增长路径水平所起的作用。如图 11-1 所示，人口老龄化因素所起的是降低经济平衡增长路径水平的负向作用。

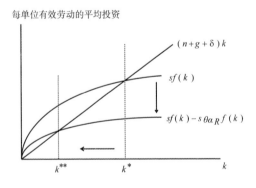

图 11-1 人口老龄化因素对平衡增长路径的负效应

二　老龄化率对持平投资项的影响

再来看对持平投资项的影响效应。在标准的索洛增长模型中，持平投资项为$(n+g+\delta)k(T)$，通过式（11-5）可以看到，在考虑人口老龄化因素后持平投资项已经变为下面的表达式：

$$\left[(\delta+g+n)k(T)-\frac{k(T)}{1-\alpha_R}\frac{d\alpha_R}{dT}\right]$$

即多出了一项，为$-\dfrac{k(T)}{1-\alpha_R}\dfrac{d\alpha_R}{dT}$。

由图11-2可以看到这种改变的效应：在考虑人口老龄化因素后，持平投资项的直线斜率由原来的$n+g+\delta$变为下面的表达式：

$$\left[(\delta+g+n)-\frac{1}{1-\alpha_R}\frac{d\alpha_R}{dT}\right]$$

如果老龄化率α_R是处在不断提高的状态中的，则意味$\dfrac{d\alpha_R}{dT}>0$，即

$$\frac{1}{1-\alpha_R}\frac{d\alpha_R}{dT}>0$$

这意味着在考虑人口老龄化因素后，持平投资项的直线斜率比原来降低了β，β为下面的表达式：

$$\beta=\frac{1}{1-\alpha_R}\frac{d\alpha_R}{dT}$$

即人口老龄化因素产生提高经济平衡增长路径水平的效应。其几何意义表现为，原直线$(n+g+\delta)k(T)$与横轴正方向之间的夹角变小。而如果老龄化率α_R是下降的，则$\dfrac{d\alpha_R}{dT}<0$，这表明直线斜率比原来上升β，也就是原直线表现为与横轴正方向的夹角变大。显然，在人口老龄化程度不断提高的现实背景情况下，$\dfrac{d\alpha_R}{dT}>0$是主要的情况，也就是说在持平投资项中，人口老龄化因素对经济平衡增长路径的正向效应是主要的情况。

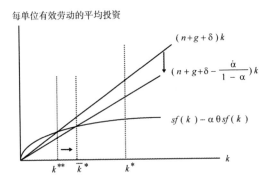

图 11 - 2   人口老龄化因素对平衡增长路径的正效应

具体看图 11 - 2 表明的几何意义。由于 $\dfrac{d\alpha_R}{dT} > 0$ 是主要的情况，因此在持平投资项里，持平投资项直线斜率由原来的 $n + g + \delta$ 下降为下面的表达式：

$$\delta + g + n - \frac{1}{1-\alpha_R} \frac{d\alpha_R}{dT}$$

其效应是在图 11 - 1 中使 k^{**} 位置的点将向右移动到 $\bar{k}^{*}$。

因此可以看到，如果 $\dfrac{d\alpha_R}{dT} > 0$，则人口老龄化因素可以通过在持平投资项中的作用效应，产生一定的对经济平衡增长路径水平正向上升的效应，而不完全是负向的下降效应。

三   综合结果

上述的分析表明，最后的平衡增长路径的位置是老龄化的正向作用效应与负向作用效应相互抵消后的结果。而这样的结果说明，在考虑人口老龄化因素后，人口老龄化程度的提高（即 α_R 的提高）对经济平衡增长路径水平具有正负两方面的效应。经济平衡增长路径的最终决定，是正负两方面效应的净结果。具体来说，一方面，老龄化率 α_R 的提高，对实际投资项水平起降低的作用，从而使 α_R 提高起降低经济平衡增长路径水平的效应；另一方面，老龄化率 α_R 的提高，对持平投资项水平起降低的作用

（因为 $\dfrac{d\alpha_R}{dT} > 0$），从而对经济平衡增长路径水平起提高的正效应。而考虑人口老龄化因素后的经济平衡增长路径水平 $\bar{k}^*$ 究竟是比 k^* 增加了还是减小了，取决于正效应与负效应相抵后的结果。

第三节　人口老龄化因素作用效应的经济意义理解

一　负向作用效应的理解

对上述分析可从经济意义上进行进一步的理解。在加入人口老龄化因素后，实际投资项由 $sf(k)$ 变为 $sf(k) - s\theta\alpha_R f(k)$。现在来看 $\theta\alpha_R f(k)$ 的含义。由于有下面关系式成立：

$$\theta\alpha_R f(k) = \theta\alpha_R N \cdot \frac{f(k)}{N}$$

其中，$f(k)$ 是一种产出水平，即是单位有效劳动的产出水平。因此，$f(k)/N$ 是一种人均产出水平。$\alpha_R N$ 是老年人口的数量，θ 体现的是经济产出用于配置给老年人口的比例系数，因此 $\theta\alpha_R f(k)$ 可理解是产出 $f(k)$ 中配置给老年人的部分。

也就是说，$\theta\alpha_R f(k)$ 就是老年人口的收入部分。但对劳动力而言，$\theta\alpha_R f(k)$ 就是劳动力对产出出让给老年人的部分。由于 $\theta\alpha_R f(k)$ 是用于老年人的消费，因此该部分不能形成资本积累。如果老龄化率 α_R 越大，意味着 $\theta\alpha_R f(k)$ 的数值就越大，表明用于配置给老年人的产出资源就相对越多，但对形成资本积累的再生产就越不利。由此不难理解，在图11−1中表现为 α_R 的升高起降低经济增长平衡路径水平的作用，即表明人口老龄化程度的提高对资本积累水平提高是不利的，从而有对经济增长不利的作用效应。

二　正向作用效应的理解

人口老龄化因素对经济增长平衡路径水平所起的正向作用，体现在加入人口老龄化因素后的持平投资项中含有 α_R 变量的表达式部分。由于持平投资项为下面的表达式：

$$(\delta + g + n - \frac{1}{1-\alpha_R}\frac{d\alpha_R}{dT})k(T)$$

因此，人口老龄化因素的作用体现在 $\frac{1}{1-\alpha_R}\frac{d\alpha_R}{dT}k$ （T）上。

　　注意，在持平投资项中 $\frac{1}{1-\alpha_R}\frac{d\alpha_R}{dT}k(T)$ 前面的符号为负，即与 n、g 和 δ 前面的符号是相反的。由于持平投资项的含义是体现由于劳动力数量、技术水平和折旧水平增长而用于对资本积累进行补偿的部分，以使得资本水平处在经济平衡增长路径上，因此 $\frac{1}{1-\alpha_R}\frac{d\alpha_R}{dT}k(T)$ 前的负号表明该项的作用与其他项的作用相反。

　　对 $\frac{1}{1-\alpha_R}\frac{d\alpha_R}{dT}k(T)$ 的意义理解是，由于老年人口退出劳动力市场而出让了一部分资本给现有劳动力，从而有增加资本积累的效应。老龄化率的上升，意味着劳动力数量的相对下降（在总人口 N 不变的情况下，α_R 的上升就是劳动力绝对数量的下降），而劳动力数量的相对下降意味着现有劳动力的人均资本水平的相对上升，从而对劳动力的人均产出水平产生正向的增加效应。

　　如果说人口老龄化对经济平衡增长路径水平有降低的负作用是容易理解的，那么人口老龄化还具有提高经济平衡增长路径水平的正向效应似乎是个意外的结果。如果这样的结果可以出现，至少说明在理论上存在着人口老龄化对经济增长有利的可能性。而这种可能性是来自老年人退出劳动力市场，从而让出一部分的资本使用，增加了在职劳动力的人均资本水平。如果这种在职劳动力的技术水平高于退出劳动力市场的老年人的技术水平，就导致在职劳动力的人均资本水平的产出效率提高，进而增加产出。这仅是理论上的一种情况，还是在现实中确有可能发生的情况，对此仍需进行深入的考察。

第四节　人口老龄化因素对经济增长的零作用状态

正如在前面已经谈到的，如果老龄化对经济平衡增长路径水平可以存在正效应，也可以存在负效应，那么是否存在一个零效应状态，在这个零效应状态上人口老龄化因素对经济平衡增长路径没有影响效应。以下就来讨论这个零效应状态应该怎样确定，以及与之有关的相关因素。

一　零效应状态的决定

在标准的索洛增长模型中，或者说在未考虑人口老龄化因素时，经济平衡增长路径应满足下面的方程：

$$(n + g + \delta)k = sf(k) \qquad (11-8)$$

其中，关于 k 的解记为 k^*。而在引入人口老龄化因素后，经济平衡增长路径方程为式（11-6），该方程可写成下面的形式：

$$(1 - \alpha_R \theta)sf(k) = (\delta + g + n)k - \frac{k}{1 - \alpha_R}\frac{d\alpha_R}{dT} \qquad (11-9)$$

对满足方程式（11-9）关于 k 的解记为 $\bar{k}^*$。

现对式（11-9）变形为：

$$(\delta + g + n)k = sf(k) + \frac{k}{1 - \alpha_R}\frac{d\alpha_R}{dT} - \alpha_R s\theta f(k) \qquad (11-10)$$

令

$$\Delta j = \frac{k}{1 - \alpha_R}\frac{d\alpha_R}{dT} - \alpha_R s\theta f(k) \qquad (11-11)$$

则式（11-10）可进一步写成：

$$(n + g + \delta)k = sf(k) + \Delta j \qquad (11-12)$$

比较式（11-12）和式（11-8）可以知道，当 $\Delta j = 0$ 时，式（11-12）和式（11-8）将完全一样，也就是此时人口老龄化因素对原经济平衡增长路径的作用效应为零。因此，Δj 是大于零、等于零还是小于零，成为一个关键问题。

二　零效应状态的分析

从图 11-3 可以看到，当 $\Delta j > 0$ 时，曲线 $sf(k) + \Delta j$ 在曲线 $sf(k)$ 的上方，即由方程（11-9）所确定的平衡点 $\bar{k}^*$ 大于原平衡点 k^*，表明人口老龄化因素提高了经济平衡增长路径的水平。

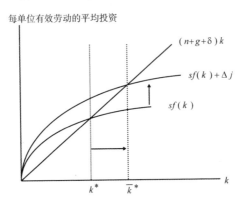

图 11-3　$\Delta j > 0$ 的情况

由图 11-4 可见，当 $\Delta j < 0$ 时，曲线 $sf(k) + \Delta j$ 在曲线 $sf(k)$ 下方，平衡点 $\bar{k}^*$ 小于原平衡点 k^*，即原平衡点 k^* 减小，表明老龄化因素降低了经济平衡增长路径的水平。

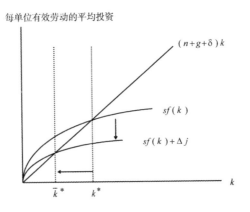

图 11-4　$\Delta j < 0$ 的情况

当 $\Delta j = 0$ 时，曲线 $sf(k)+\Delta j$ 与 $sf(k)$ 相同，在图 11 – 5 中表现为两条曲线重合在一起，即 $\bar{k}^*$ 与 k^* 重合，表明人口老龄化因素没有改变原来的经济平衡增长路径。

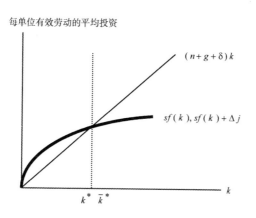

图 11 – 5　$\Delta j = 0$ 的情况

因此问题可以归结为对 Δj 是大于零、等于零还是小于零的考察。首先考察使 Δj 等于零的情况：

令 $\Delta j = 0$，则由式（11 – 11）可得：

$$\frac{k}{1-\alpha_R}\frac{d\alpha_R}{dt}-\alpha_R s\theta f(k) = 0 \qquad (11 – 13)$$

因此，只要使式（11 – 13）成立，引入的人口老龄化因素对原经济平衡增长路径就没有影响。以下分析使式（11 – 13）成立的情况应是怎样的。

三　养老水平系数的效应

由于方程（11 – 13）中包含了多个变量，如果从纯粹的数学角度来看，使式（11 – 13）成立可以是多个变量的各种组合情况。但从现实经济背景来看，在式（11 – 13）中 α_R 为老龄化率，这是由人口变动的因素所决定的，是客观性的变量，因此在现实中不可能通过调节 α_R 来使式（11 – 13）成立。而这里的 k 应是满足平衡增长路径方程（11 – 8）的解

k^*，因此也是不可调节的。于是，使式（11 – 13）成立的可考虑变量只有 θ 和 s。但是，由于索洛模型中已假定劳动力的储蓄率 s 是外生给定的，同时储蓄率 s 也不是能由政策随意调整的。可见，唯一可用于调整的因素只有 θ。因此，以下主要讨论如何确定 θ 以使式（11 – 13）成立。

对 k^* 进行讨论的意义还在于，θ 是养老水平系数，对 θ 的确定即是对养老水平的确定。而在现实经济中对养老水准的确定是具有很强政策性的因素，或者说是具有一定的外生性。因此确定对 θ 进行讨论，有助于在政策意义上得到某些启发。

由式（11 – 13），容易解得 θ 应满足以下表达式：

$$\theta = \frac{k}{sf(k)} \frac{1}{1 - \alpha_R} \frac{d\ln\alpha_R}{dT}$$

对满足上述表达式的 θ 记为 θ_0，即

$$\theta_0 = \frac{k}{sf(k)} \frac{1}{1 - \alpha_R} \frac{d\ln\alpha_R}{dT} \tag{11 – 14}$$

同时，满足方程（11 – 14）的 k 也就是在经济平衡增长路径上，因此对上述方程的 k 可记为 k^* 或 $\bar{k}^*$，但无论是怎样的记法，满足上述方程的 k 即理解为是在经济平衡增长路径上。

θ_0 是养老水平系数对 k^* 产生正效应或负效应的分界点。为此称 θ_0 为养老水平系数临界值。由于 $Y_R(t) = \theta\alpha_R Y(T)$，因此当按 $Y_R(t) = \theta_0\alpha_R Y(T)$ 来配置给老年人时，人口老龄化因素对经济平衡增长路径的作用效应为零。

当 $\theta = \theta_0$ 时，有 $Y_R(T) = \theta_0\alpha_R Y(T)$ 和 $Y_L(T) = Y(T) - \theta_0\alpha_R Y(T)$，因此有

$$\frac{Y_R(T)}{Y_L(T)} = \frac{\theta_0\alpha_R Y(T)}{Y(T) - \theta_0\alpha_R Y(T)} = \frac{\theta_0\alpha_R}{1 - \theta_0\alpha_R} = \frac{1}{\dfrac{1}{\theta_0\alpha_R} - 1} \tag{11 – 15}$$

因此也可以说，当经济产出按式（11 – 15）比例关系安排 Y_R 和 Y_L 时，人口老龄化因素对经济平衡增长路径的作用效应为零。

以上是关于 $\Delta j = 0$ 的情况。现在考察 $\Delta j < 0$ 时的情况：

如果 $\Delta j < 0$，则要求有

$$\frac{k}{1 - \alpha_R} \frac{d\alpha_R}{dT} - \alpha_R s\theta f(k) < 0$$

则

$$\frac{k}{1-\alpha_R}\frac{d\alpha_R}{dT} < \alpha_R s\theta f(k)$$

由于 α_R、s 和 $f(k)$ 均大于零，因此需要满足

$$\theta > \frac{k}{sf(k)}\frac{1}{1-\alpha_R}\frac{d\ln\alpha_R}{dT} = \theta_0$$

上式表明，如果 $\theta > \theta_0$，则有 $\Delta j < 0$。

同理可以讨论 $\Delta j > 0$ 的情况：如果 $\Delta j > 0$，则要求有

$$\frac{k}{1-\alpha_R}\frac{d\alpha_R}{dT} - \alpha_R s\theta f(k) > 0$$

即要求满足以下关系

$$\theta < \frac{k}{sf(k)}\frac{1}{1-\alpha_R}\frac{d\ln\alpha_R}{dT} = \theta_0$$

上式表明，如果 $\theta < \theta_0$，则有 $\Delta j > 0$。

综上所述，可以得出如下结论：

（1）当 $\theta < \theta_0$ 时，$\Delta j > 0$，即人口老龄化因素变量的引入起提高 θ_0 水平的作用；

（2）当 $\theta > \theta_0$ 时，$\Delta j < 0$，即人口老龄化因素变量的引入起降低 α_R 水平的作用；

（3）当 $\theta = \theta_0$ 时，$\Delta j = 0$，即人口老龄化因素变量的引入对 α_R 水平的作用效应为零。

四　养老水平与经济增长的关系

对任意的养老水平系数 θ 都必属于上述三种情况之一，因此以上的结果可以说明，确定怎样的养老水平，人口老龄化因素对经济增长的影响效应是不同的。而从理论上说，如果养老水平可以由决策者任意决定，那么就可以分别设计出不同的养老水准，使在这不同的养老水准下人口老龄化因素可以对经济增长起正向作用，或负向作用，或零作用。

在人们的通常理解中人口老龄化主要对经济增长起负向作用，而这里出现了人口老龄化因素可以对经济增长起正向作用时的情况，这是令人感兴趣的一种情况。这实际上已经回答了此问题，当 $\theta = \theta_0$ 时，人口老龄化因素对原来经济平衡增长路径水平没有影响效应；当 $\theta < \theta_0$ 时，人口老龄

化因素对经济增长起正向作用。显然，θ 取值越小，$\theta < \theta_0$ 成立的可能就越大，但 θ 取值越小意味着养老标准越低。这说明通过降低 θ 取值来达到老龄化有利于经济增长的结果，是以牺牲老年人口的利益为代价的。因此，可以分析 θ_0 的变动对经济增长的影响效应。

（一）提高 θ 的效应

根据方程（11 - 10）可有如下关系：

$$(\delta + g + n)k = sf(k)(1 - \alpha_R\theta) + \frac{\alpha_R}{1 - \alpha_R}\frac{d\ln\alpha_R}{dT}k \qquad (11 - 16)$$

式（11 - 16）表明，如果 θ 提高，则实际投资项 $sf(k)(1 - \alpha_R\theta)$ 将下降，也就是图 11 - 1 所示的负效应情况，即降低 k^* 水平。式（11 - 16）也表明，s 的增加可以提高 k^* 的水平。也就是说，提高 s 和降低 θ，具有一定的抵消老龄化对经济增长的负效应。

（二）$\theta = 0$ 的情况（产出用于养老的配置量为零）

如果 $\theta = 0$，这时由式（11 - 16）有

$$(\delta + g + n)k = sf(k) + \frac{\alpha_R}{1 - \alpha_R}\frac{d\ln\alpha_R}{dT}k$$

在人口老龄化程度不断提高情况下有 $\frac{d\ln\alpha_R}{dT} > 0$，因此有

$$sf(k) + \frac{\alpha_R}{1 - \alpha_R}\frac{d\ln\alpha_R}{dT}k > sf(k)$$

即此时具有提高 k^* 水平的效应，对此可参照图 11 - 3 的情况。

（三）$\theta = \frac{1}{\alpha_R}$ 的情况（产出用于养老的配置量为 100%）

如果 $\theta = \frac{1}{\alpha_R}$，则由式（11 - 16）有

$$(\delta + g + n)k = \frac{\alpha_R}{1 - \alpha_R}\frac{d\ln\alpha_R}{dT}k$$

这时整个实际投资项为零，从而将极大降低 k^* 的水平。对此在图 11 - 1 中可表现为 $sf(k)$ 曲线趋向于与横轴重叠，即 k^* 的水平将极大降低。

通过上述的讨论可以看到，从理论上讲养老水平的确定对经济增长有密切的影响作用。基本结论是：养老水平系数越高对经济增长潜力的负向作用越大，而当养老水平系数低过一定水平（养老水平系数临界值）后，养老水平系数降低则对经济增长潜力有提高的效应。

五　养老水平系数临界值 θ_0 的估计

（一）θ_0 的计算公式

那么应如何估计 θ_0，以下进行有关的讨论。由于

$$\frac{k}{f(k)} = \frac{K}{AL} \bigg/ \frac{Y}{AL} = \frac{K}{Y}$$

而 $\dfrac{K}{Y}$ 是资本产出份额。因此，将上式代入（11-14）式中可得 θ_0 的计算公式如下：

$$\theta_0 = \frac{K}{sY} \frac{1}{1-\alpha_R} \frac{d\ln\alpha_R}{dT} \tag{11-17}$$

其中，$\dfrac{d\ln\alpha_R}{dT}$ 为 α_R 的增长率。同前面所述一样，在人口老龄化不断提高的背景下，α_R 的增长率为正数是符合实际的情况，故同样假定 $\dfrac{d\ln\alpha_R}{dT} = \rho$ 为大于零的常数。于是有下面的关系式：

$$\theta_0 = \frac{K}{sY} \frac{1}{1-\alpha_R} \rho \tag{11-18}$$

（二）有关参数的处理

如前面所述，$\dfrac{K}{Y}$ 大体按常数处理，这对于利用式（11-16）来估计 θ_0 带来了很大的方便。

在 $\dfrac{K}{Y}$ 一定的条件下，通过式（11-17）可以看到 θ_0 与 α_R 和 s 的关系。首先看 θ_0 与 α_R 的关系。式（11-17）表明，α_R 值越大，θ_0 就越大。这说明人口老龄化程度越高，要求 θ_0 的取值水平就越高，而 θ_0 值越高，表明

满足 $\theta < \theta_0$ 的 θ 值的范围就越大，因此越容易实现老龄化结果对经济增长有利情况的出现。对此可这样理解：由于劳动力的退出具有增加现有劳动力人均资本占有水平的效应，因此人口老龄化程度的提高在一定程度上具有加强劳动力的这种退出补偿效应。

其次看 θ_0 与 s 的关系。式（11 - 17）表明，θ_0 与 s 呈反向关系，即 s 越小，θ_0 越大；s 越大，θ_0 越小。实际上，这表明在 θ_0 与 s 之间存在相互替代的效应。对此可这样理解：

由式（11 - 14）可知下面的表达式成立：

$$\frac{\alpha_R}{1 - \alpha_R} \frac{d\ln\alpha_R}{dT} k = \alpha_R \theta_0 sf(k)$$

其中，$\alpha_R \theta_0 sf(k)$ 为老龄化对实际投资项的影响，$\chi = \dfrac{\alpha_R}{1 - \alpha_R} \dfrac{d\ln\alpha_R}{dt} k$ 为老龄化对持平投资项的影响，当二者相等时相互抵消，这时老龄化效应为零。因此当 χ 为不变时，s 较小时，θ_0 就要相应较大；s 较大时，θ_0 就要相应较小，才能使 χ 与 $\alpha_R \theta_0 sf(k)$ 相等。

（三）θ_0 的模拟测算

为对 θ_0 的取值区间有一个大体的了解，可按式（11 - 18）对 θ_0 进行模拟测算。需要确定如下变量的取值：资本与产出比率 $\dfrac{K}{Y}$、劳动力储蓄率 s、老龄化率增长率 b、老龄化率 α_R。

为此可按表 11 - 1 的三个方案进行测算。其中测算方案一按 θ_0 可能的低值水平进行测算，测算方案二按 θ_0 可能的适中水平进行测算，而测算方案三按 θ_0 可能的高值水平进行测算。

表 11 - 1　　　　　　　　　　θ_0 的模拟测算

	K/Y	s	b	α_R	θ_0
测算方案一	2	0.2	0.01	0.1	0.111
测算方案二	2.5	0.25	0.02	0.15	0.235
测算方案三	3.0	0.20	0.03	0.2	0.563

　　表 11 - 1 的测算结果表明，养老水平系数的临界值是相对较低的。如 θ_0 可能的低值水平在 10% 左右，而高值水平也不超过 60%。如果实际中的养老收入水平在国民人均收入的 60% 以下，这种情况似乎是少见的。而如果实际中的养老水平系数高于 60%，则意味着人口老龄化因素对经济增长起负向作用就是明确的。因此从这个角度来看，实际中人口老龄化因素对经济增长起负向作用应是主要的情况。

第三篇

老龄经济中的国民储蓄与消费

储蓄是经济中十分重要的问题。在宏观层面,储蓄是一个国家或地区的投资基础,体现经济增长的潜力。在微观层面,储蓄是个人或家庭的未来消费,体现其生活水平的保障能力。因此,人口老龄化对储蓄有怎样的影响,是人口老龄化对经济增长以及对居民生活有怎样影响的一个关键问题。为此,本篇讨论老龄经济中的国民储蓄与消费有关问题。

第十二章讨论有关储蓄的基本问题,如涉及储蓄的基本内涵、实体经济的储蓄、金融经济的储蓄以及人口与储蓄的基本关系等问题。人口老龄化对宏观和微观两种层面的储蓄都有着深刻的系统性的影响。

第十三章从储蓄的供给与储蓄的需求两方面讨论人口因素与储蓄关系的基本理论。主要内容涉及人口老龄化因素同储蓄供给和储蓄需求的关系、人口老龄化下的储蓄供给与储蓄需求的均衡、人口老龄化与国民储蓄关系的理论与实证分析等。

第十四章对中国的国民储蓄问题进行理论与实证的分析。如涉及"中国储蓄之谜"问题、国民储蓄率的实际计算、投资与中国经济增长的关系、国民储蓄率与人口结构的关系、人口红利的经济学意义以及人口老龄化对国民储蓄率的影响等方面的内容。

第十五章在宏观层面上分析人口老龄化引发的代际收入变动对总量消费(储蓄)的影响。内容涉及人口老龄化影响消费的机制、养老水平与老年人口比重变动的基本效应、代际收入分配变动对总量消费与储蓄的影响等。

第十六章讨论人口老龄化背景下的个人储蓄问题。主要基于生命周期理论的消费决策模式,建立分析微观个人(家庭)储蓄行为的数理分析模型,并以此为基础分析个人储蓄的决定机制及其影响因素。

第十二章

储蓄的基本问题

对储蓄问题不能一概而论。首先需要明确所考虑的"储蓄"是什么层面的内涵,如是宏观层面的储蓄还是微观层面的储蓄,是实体经济层面的储蓄还是资金层面的储蓄。不同层面的储蓄的内涵和形式等是不尽相同的。在宏观经济中,储蓄的本质是决定经济产出的配置结果,即决定积累与消费的结果,是深刻影响经济增长的基本因素。微观层面的储蓄,则决定个人或家庭收入及资产的配置,决定个人与家庭现实乃至未来的消费行为。宏观储蓄是有关宏观实体经济的问题,微观储蓄则是有关微观个人或家庭资金层面的问题。本章讨论有关储蓄的基本问题,如有关储蓄的基本内涵、实体经济的储蓄、金融经济的储蓄以及人口与储蓄的基本关系等问题。

第一节　储蓄的基本内涵

在现实生活中,储蓄的概念似乎是人人皆知的。例如,孩子把大人给的零花钱放入"存钱罐",是孩子进行的一种储蓄;公司的职员将其工资收入的一部分存入银行,是成年人进行的一种储蓄;企业将产品销售收入的一部分留作生产基金,是企业进行的一种储蓄。类似的行为在现实生活中是不胜枚举的。但是,如果要对储蓄下一个统一、标准的定义却是十分困难的,因为在不同的情况下,储蓄的具体内涵可以是不同的。一般地说,储蓄的共性含义是保留、积攒、储存的意思。将某种有用、有价值的东西积攒起来,这是储蓄行为的基本特征,也是生活中非常普遍的行为。

然而，经济学上的储蓄概念有其特定的内涵。

一　经济学意义的储蓄概念

本书所述的储蓄并不是现实生活中某种具体形式的储蓄，而是经济学意义的储蓄。即在经济学中，储蓄指一定产出或收入用于消费后的剩余。经济学中对储蓄这样的定义，实际上是对现实经济中具体储蓄的一般性概括。这是因为储蓄共有的一般性特征，就是储蓄是可以在未来使用的剩余品，是留待后用之物。

具体地说，经济学意义上的储蓄，既以现实生活中的具体储蓄为基础，又有别于生活意义上的具体储蓄。例如，在居民看来，把其节余下来的资金存入银行而形成的存款是一种储蓄。对此，可视为这是现实生活中的一种狭义的储蓄概念。而经济学意义上的储蓄对象是产出或收入，而产出或收入是抽象化和一般化的概念。因此，经济学意义上的储蓄概念，实际是一种广义的储蓄概念。特别需要明确的是，经济学意义上的储蓄不是银行中的储蓄存款的概念。

由于现实经济主要由两个基本经济系统构成，一个是以产品生产或服务为核心内容的实体经济系统，另一个是以资金流通为核心内容的金融经济系统。相应地，储蓄分别存在于这两个经济系统中，即相应存在实体经济的储蓄与金融经济的储蓄。实体经济的储蓄以实物产出为主要内容，金融经济的储蓄以资金形式为主要内容。

二　理解储蓄概念的有关要点

对经济学意义的储蓄概念的理解，需要注意以下一些要点，这是深入理解和研究储蓄问题的重要基础。

第一，储蓄本身仍是一定的经济成果。由于储蓄的对象是一定的经济产出或收入，而无论是作为经济产出还是作为经济收入，都是经济成果的体现，因此储蓄作为经济产出或收入的消费剩余，自然仍是一定的经济成果。也就是说，经济成果既可以体现为产出形式，也可以体现为收入形式。对此如同一枚硬币的两个方面，从生产方面看经济成果是产出，而从收益方面看经济成果是收入。因此，储蓄既可以表现为产出形式，也可以表现为收入形式。在实际中以何种形式表述储蓄，主要取决于考察问题的需要，或考察问题的角度。这里强调明确储蓄依然是经济成果的意义在于表明，储蓄作为"剩余品"不是多而用不了的"过剩品"，而是"留而后用"的重要资源。

第二，不可将经济学意义的储蓄与银行储蓄存款等同。如上所述，经济学意义的储蓄本质是一定的经济成果，而经济成果的真正体现是实体经济中的生产成果，而不是经济中结余下来的货币。现代经济中的货币如纸币是由货币当局发行出来的，而经济成果是生产者生产出来的。货币的一种职能是度量财富的一种符号。但是，经济中货币的多少，并不代表实际存在的经济成果的多少。货币发行越多，以货币度量的生产成果的价值相对越低。相反，货币发行越少，以货币度量的生产成果的价值相对越高。货币发行量的多少，应当同经济增长的情况相关联，目的是使物价能够基本稳定。

总之，经济学意义的储蓄的对象是经过一定人力、物力与技术相结合的生产过程生产出来的经济成果，这种经济成果不是由货币当局"发行"出来的。明确经济学意义的储蓄与银行储蓄存款不同的意义在于，区别实体经济的储蓄与资金层面的储蓄，这两种储蓄的意义是不同的。经济成果既可以成为投资品（对储蓄的使用），也可以成为消费品，而被用于消费，或被损坏、失效。而存于银行的货币存款不存在损坏、损耗的问题，因为它只是计量价值的符号。但是货币存在贬值的问题。例如，原来存入银行时可以买两个茶杯的钱，取出时可能只能买一个茶杯了，这就是货币贬值的结果。

第三，实体经济的储蓄与资金形态的储蓄是分属于两种不同经济系统中的储蓄。而两种经济系统中的储蓄分别有不同的影响因素与运行机制。从计量的角度也能看到两种经济系统中的储蓄是不同的。对实体经济的储蓄进行计量，主要是国民经济核算问题，如涉及 GDP、国民收入、消费与投资的核算。而对金融经济中的资金形态的储蓄进行计量，主要是货币统计问题，如涉及银行存款、手持现金以及有关证券的统计。当然，由于实体经济与金融经济并不是截然分开的，而是存在密切的关系，因此实体经济的储蓄与资金形态的储蓄二者之间必然也存在内在的联系。明确实体经济的储蓄与资金形态的储蓄分属两种不同经济系统的意义在于，有利于分析影响不同储蓄的决定机制与影响因素，因为不同的经济系统有着不同的运行机制。

第四，提示人们在有关储蓄问题分析中首先需要明确储蓄的具体内涵。对储蓄有关问题的分析不能一概而论，而是首先明确所述储蓄的具体内涵。这是一个至关重要的环节，否则容易引起理解上的偏差甚至产生误导性结果。例如，要回答"人口老龄化对储蓄有怎样的影响"这一问题，首先需要明确这里的"储蓄"的具体含义是什么。是指宏观经济的国民储蓄？还是指微观经济的个人（家庭）收入中的储蓄？事实上，人口老龄化对不同层面的储蓄的影响效应是不同的。在不同的层面，或从不同的角度、范围或形式出发，可以有不同意义的储蓄。在储蓄有关问题分析中明确储蓄的具体内涵的意义在于，提高研究问题的针对性和有效性，以避免出现将不同的储蓄问题混为一谈。

例如，有人说人口老龄化提高储蓄率，也有人说人口老龄化降低储蓄率，那么究竟哪一种观点正确？对此问题的回答，首先需要明确前后两个储蓄率的具体含义是什么。是宏观实体经济的国民储蓄率，还是金融经济资金层面的储蓄率？储蓄率的含义不同，答案也是不同的。对于不同经济层面的储蓄问题，实际上涉及不同经济系统中的经济运行机制分析。如人口老龄化对国民储蓄的影响主要是宏观实体经济中的储蓄问题，而人口老龄化对资金层面的储蓄影响则主要是金融层面的储蓄问题。

第二节 储蓄概念的内涵之一：实体经济中的国民储蓄

一 国民储蓄的内涵

宏观储蓄与经济增长密切相关，因此在经济学中宏观储蓄是储蓄问题中的核心问题。宏观储蓄主要体现为国民储蓄。在宏观经济学中，将经济总产出（总收入）中扣除消费后的剩余部分称为国民储蓄，这便是国民储蓄的定义。

假定在一定时期内某地区的经济总产出为 Y，居民消费为 C，政府支出为 G（可视为政府消费），投资为 I，并且假定该经济系统是封闭的（不考虑进出口），则根据国民收入恒等式（National Income Accounts Identity）有下面的关系式：

$$Y = C + G + I \qquad (12-1)$$

即

$$Y - (C + G) = I \qquad (12-2)$$

在式（12-2）中，居民消费 C 与政府消费 G 之和为总消费。于是，$Y - (C + G)$ 的含义是经济总产出（Y）减去总消费（$C + G$）后的剩余部分，记

$$S = Y - C - G$$

则在宏观经济学中，S 被定义为国民储蓄（National Saving）。

注意，这里 Y 是经济的实际总产出的概念，在现实经济中它等同于实际 GDP。GDP 是度量一个地区在一定时间内经济实际总产出量的重要指标。其中，实际 GDP 中的"实际"表明对 GDP 的度量是按不变价计算的，以此剔除价格变动对 GDP 计量的影响。由此可见，如此定义的国民储蓄 S 是实际 GDP 的一部分，这表明国民储蓄 S 是实体经济层面的问题，而不是"资金""金融"或"货币"层面的问题。

由于测算的角度与方法不同，GDP 可以有不同的"身份"，如 GDP 可以表现为总产出、总收入和总支出（总需求）等形式。但无论怎样，GDP 在本质上是度量一定经济中的实际产出量。在国民经济核算体系（SNA）中，GDP 是指一定地区在指定时期内所创造出的最终产品或服务的价值总和，或者是全部产品或服务的增加值的总和。总之，GDP 是实物量的概念。相应地，国民储蓄 S 作为来自 GDP 中的消费剩余，自然是实际产出中的部分，因此其本质也是实物量。相比而言，微观的个人或家庭的货币性收入的储蓄则是金融储蓄层面的问题。

根据式（12-2）有如下关系式：

$$S = I \qquad (12-3)$$

式（12-3）的经济含义是：在封闭的经济系统中，宏观经济的储蓄数量等于投资数量。对此如何理解其经济含义？

式（12-3）的"储蓄等于投资"的关系，是在产出使用方面的核算

关系，而不体现现实经济中的储蓄供给与投资需求的行为关系。这如同一个人有了一笔收入，其支出后的剩余部分自然为储蓄，而这些储蓄用作了投资，那么该储蓄的数量自然等于投资的数量。但是这并不等于现实恰好就需要如此数量规模的投资。经济中所需要的投资，与可能提供的储蓄是不同方面的问题。因此，不能因为有式（12-3）的成立，就可以认为在任何时候都有储蓄等于投资。或者说，式（12-3）不是体现在现实经济中储蓄的供给与储蓄的需求始终是相等的关系，而是体现一种核算关系，即收入用于消费后的剩余自然就是储蓄。

二　国民储蓄率

国民储蓄率指总产出（总收入）中用于储蓄的比率，以小写字母 s 表示，即有下面的表达式：

$$s = \frac{S}{Y}$$

相应地，投资与总产出的比率称为投资率，以小写字母 i 表示。根据式（12-3）有下面的结果：

$$s = \frac{S}{Y} = \frac{I}{Y} = i \tag{12-4}$$

式（12-4）的含义是：在封闭的经济系统中，在经济总产出的使用方面，有储蓄率等于投资率的关系。再次强调，式（12-4）的成立仅限于在经济总产出的使用方面的核算关系，而并非在任何时候储蓄率都必然等于投资率。

三　私有部门储蓄与公有部门储蓄

设 T 为政府的税收，于是根据式（12-2）与式（12-3）可得到如下关系式：

$$S = (Y - T - C) + (T - G) = I \tag{12-5}$$

在式（12-5）中，$Y - T$ 的意义是经济产出成果扣除税收后的部分，此项可理解为宏观经济中的可支配收入。于是，$Y - T - C$ 乃是可支配收入中扣除消费后的剩余部分，此项为国民储蓄中私有部门的储蓄（Private

Saving），记为 S_P。即

$$S_P = Y - T - C \qquad (12-6)$$

值得注意的是，这里的 S_P 不是指经济中单个人的储蓄。如果把一定经济中的所有个人看成一个集合，那么称这个集合为私有部门。因此，S_P 是经济总产出（GDP）中的私有部门储蓄，属于非公有部门拥有的实体经济产出成果的储蓄。它不同于经济中的个人或家庭的货币储蓄，而是通过国民经济核算得到其测算结果。这意味着 S_P 并不等于经济中所有微观个人货币收入的储蓄之和，而是实际产出（实物量）的形式。

由于在现实经济中的税收 T，一方面来自居民的收入，另一方面来自企业的收入。或者说，经济中的纳税人可分为居民和企业两个群体。因此，私有部门储蓄可进一步分为居民储蓄和企业储蓄。对此可记居民储蓄为 S_H，企业储蓄为 S_F。因此，私有部门储蓄 S_P 可表示为居民储蓄和企业储蓄之和，有下面的关系式：

$$S_P = S_H + S_F \qquad (12-7)$$

税收 T 为政府收入，$T-G$ 就是公有部门的收入扣除政府消费后的剩余部分，称为公有部门储蓄（Public Saving），也可称为政府储蓄，记为 S_G。即

$$S_G = T - G \qquad (12-8)$$

因此式（12-5）表明，国民储蓄 S 可以表示为私有部门储蓄 S_P 与公有部门（政府）储蓄 S_G 两项之和，即有如下的关系：

$$S = S_P + S_G \qquad (12-9)$$

式（12-9）表明，国民储蓄是私有部门储蓄与公有部门储蓄之和，故国民储蓄可以通过计算经济中的私有部门储蓄与公有部门储蓄而得到。注意，这里的私有部门储蓄与公有部门储蓄，都是国民经济核算的结果，是 GDP 的组成部分，而非货币储蓄的含义。

由式（12-7）和式（12-9）可得：

$$S = S_H + S_F + S_G \qquad (12-10)$$

式（12-10）表明，国民储蓄也是居民储蓄、企业储蓄和政府储蓄之和。

四   开放经济系统的国民储蓄与投资关系

上面讨论了封闭经济系统的情况。如果经济系统是开放的，即存在进出口（以 EX 表示出口，以 IM 表示进口），则国民收入恒等式为

$$Y = C + G + I + EX - IM \tag{12-11}$$

得

$$Y - C - G = I + EX - IM$$
$$S = I + EX - IM$$
$$S - I = EX - IM \tag{12-12}$$

式（12-12）中，$S-I$ 为净国外投资（Net Foreign Investment），即储蓄与投资的差额；$EX-IM$ 称为贸易平衡项（Trade Balance），即出口与进口的差额，或称净出口。式（12-12）表明，在开放的经济系统中，产出成果使用方面的储蓄与投资可能不相等。如果储蓄大于投资，储蓄超出投资的部分表现为正的净出口。如果储蓄小于投资，表明储蓄相对投资有缺口，该缺口表现为由正的净进口弥补。

如何认识封闭经济系统的国民储蓄决定机制是一个基础性问题，因此下面主要以封闭经济系统为背景进行分析。事实上，可以通过式（12-11）和式（12-12）将封闭经济系统扩展为开放经济系统，从而成为研究开放经济系统下储蓄率问题的桥梁。

第三节   储蓄概念的内涵之二：金融经济中的金融储蓄

在现实经济中，经济的运行实际分为两个体系或者说是两个系统运行的，即实体经济系统和金融经济系统。而两个系统分别对应两个市场，即产品市场和货币市场。实体经济对应产品市场，金融经济对应货币市场。然而，无论是实体经济和金融经济，还是产品市场和货币市场，都是紧密联系而不可分割的。实体经济的活动必然对应相关资金的流动，而资金的流动也需要有对应的实体经济的活动。只有实体经济和金融经济、产品市

场和货币市场彼此相互适应、相互协调、相互稳定，总体经济才能正常运行，经济社会才能健康发展。

相应地，实体经济中有国民储蓄，金融经济也有相应的金融形式的储蓄，即金融储蓄。与实体经济中的国民储蓄不同，金融储蓄的对象不是实体经济中产出，而是货币和各种有价证券等金融性产品。因此，金融储蓄与国民储蓄是不同经济系统中的储蓄。

对于金融储蓄的核算，可以通过统计核算体系中的资金流量表进行。国家层面的资金流量表是国家统计部门编制的表现国民经济各机构部门之间一定时期资金往来或交易的流量和流向的数据表。如在资金流量表中，总储蓄指可支配总收入用于最终消费后的余额，各部门的总储蓄之和称为国民总储蓄。[①] 即有下面的核算关系：

$$总储蓄 = 可支配总收入 - 最终消费 \qquad (12-13)$$

而可支配总收入是在初次分配总收入的基础上，通过经常转移的形式对初次分配总收入进行再次分配。再分配的结果形成各个机构部门的可支配总收入。各部门的可支配总收入之和称为国民可支配总收入。即有下面的核算关系：

$$可支配总收入 = 初次分配总收入 + 经常转移收入 - 经常转移支出$$

$$(12-14)$$

值得注意的是，式（12-13）和式（12-14）都是资金层面上的概念。再有需要注意的是，个人或私人储蓄同提到的私有部门储蓄有截然不同的含义。首先，二者是不同经济层面上的储蓄，即前者是资金层面上的储蓄，也称为金融经济中的金融储蓄，而后者是宏观实体经济层面上的储蓄。私有部门储蓄是针对国民储蓄的一个构成部分而言。其中，国民储蓄是私有部门的储蓄与公有部门的储蓄之和。其次，个人或私人储蓄在具体形式上主要是资金形式的储蓄，而私有部门储蓄本质上是实际 GDP 的组成部分，是国民经济核算的结果，属于实体经济层面的储蓄。最后，个人或私人储蓄是个人收入的组成部分，而在现实中个人收入主要以货币收入为主，如个人的工资收入、劳务收入、利息收入或有关资产收入等。因此，不能简单地将所有个人或私人储蓄加总视为国民储蓄。

---

① 来自《中国统计年鉴 2020》中国民经济核算部分统计指标的解释。

因此，在研究储蓄相关问题时，要明确储蓄的内涵，特别是要明确所论及的储蓄是资金层面的储蓄，还是实体经济层面的储蓄，这是非常必要的，因为不同层面的储蓄是不同经济体系中的问题，如金融型的储蓄主要对应金融经济，而产出型的储蓄主要对应实体经济，即分别属于不同经济系统的问题。

第四节　人口对储蓄的意义

储蓄水平是由储蓄供给与储蓄需求两方面因素共同决定的。由于储蓄供给的主体是消费者，储蓄需求的主体是生产者，因此一定经济中的消费者与生产者的数量、结构及其行为等因素，必然对该经济中的储蓄状况有至关重要的影响。然而，无论是消费者还是生产者，他们都是人口中的成员。这意味着兼有消费者与生产者双重属性的人口状况，不仅与储蓄供给有关，而且与储蓄需求有关，从而人口因素对储蓄有着特殊的重要意义。事实上，无论是什么层面的储蓄，都是人的行为选择的结果。

一　人口与储蓄的关系

首先，人口与储蓄供给之间的关系，是由人口所具有的消费者属性决定的。在现实经济中，人人都是消费者，因为没有人是可以不消费而生存的。从这个意义上说，人口数量等同于消费者数量，人口结构也是一种消费者结构，因为不同的人特别是不同年龄的人，消费偏好往往是有差异的。因此，所谓的消费者就是处于消费状态的人口。相应地，作为消费者的人口，就是储蓄供给的主体，因为对产出或收入消费后的剩余就是储蓄，所以人口相关因素的变动必然对储蓄供给产生影响。

其次，人口与储蓄需求之间的关系，是由人口所具有的生产者属性决定的。生产活动是人类赖以生存的基本活动，而生产活动是由人来主导进行的，其中人口中的劳动力是任何生产活动都离不开的生产要素。一定数量的劳动力需要与一定数量的资本相结合，这是进行一切生产活动的基础。而人口变动必然对应劳动力资源的变动，从而影响资本积累与投资需求的变化，因此人口与储蓄需求同样有密切的内在关系。

同时，人口与储蓄需求有密切的关系，还体现在经济增长要求劳动力与资本之间有协调、匹配的关系。例如，在一定经济中，如果劳动力数量出现增长，但总资本水平不变，就意味着该经济中劳动力人均资本水平下降。这种情况等同于劳动力人均产出能力下降，即经济增长能力下降。因此，当一定经济中的劳动力数量处于持续增长状态时，为了保证劳动力人均资本水平不下降，甚至为了经济增长增速而要求劳动力人均资本水平有必要幅度的提高，那么就要求总投资有必要适度的增长。而所谓"总投资有必要适度的增长"，即要求对每新增的单位劳动力所进行配置的资本数量，应不低于原来的劳动力人均资本水平，也就是须满足边际劳动力投资水平不低于原来劳动力人均资本水平的条件。由此说明，劳动力数量的变动必然对投资需求有非常重要的影响。

以上的论述表明，人口对储蓄供给及储蓄需求两方面的影响是内在、系统性的。然而，对人口与储蓄关系的考察不能仅停留在人口总量层面上，因为人口中不同类别的群体在经济中的行为与作用是不同的。因此，在人口总量相同而人口结构不同的情况下，人口因素对储蓄的影响也是不同的。这意味着考察人口结构与储蓄的关系，同样是非常必要和重要的。由此涉及人口老龄化对储蓄的影响，因为不同程度的人口老龄化水平实际上对应着不同的人口结构。

二　劳动力与非劳动力对储蓄的不同意义

由于劳动力主要是来自劳动年龄人口，因此在以下的分析中，将劳动年龄人口视为对劳动力资源状况的一种度量。在现实经济中，一般意义的老年人与未成年人，是需要被赡养、抚养的人口，是不从事职业性生产活动的纯粹消费者。虽然在现实经济中的确存在一些老年人和未成年人参加经济活动的现象，但是这不是总体意义上的老年人和未成年人。总体意义上的老年人和未成年人都属于非劳动力，他们只消费而不从事职业性生产活动。因此，在未成年人口、劳动年龄人口及老年人口这种"三分天下"的人口结构中，将老年人口与未成年人口归为非劳动力群体的范围。

而在有关的经济分析中，人口年龄结构的本质是有关劳动力与非劳动力之间的数量比例关系问题。如人口结构与储蓄的关系，本质上就是劳动力与非劳动力的数量比例同储蓄的关系。而分析人口结构与储蓄关系的必要性在于，人口中的不同群体对储蓄的意义是不同的。例如，尽管人人都是消费者，但是处于劳动年龄阶段的消费者本身或是劳动力，而处于退休阶段的老年消费者是纯粹的消费者，这两类消费者的消费行为、消费习惯及消费方式等通常会有很大的不同，对储蓄的影响效应也是不同的。

处于劳动年龄人口中的劳动力，一方面是消费者，另一方面是经济产出成果的劳动者、生产者。因此，一定经济中的劳动力数量的变化不仅影响宏观经济中的消费，也影响宏观经济中的生产。其中，劳动力因素变动对生产方面的影响，最直接的就是对经济产出的影响。对此，可用有关产出与劳动投入关系的生产函数表述。而由于储蓄是经济产出的消费剩余，可以说储蓄的源头是经济产出。其道理是显然的，如果没有经济产出，就无从谈及消费与储蓄，也就没有之后的投资与发展。这意味着，劳动力对储蓄的意义不仅限于其作为消费者的影响，更在于劳动力对储蓄源头即经济产出的贡献。基于此，实际上可以认为劳动力不仅是产品的生产者，也是储蓄的生产者。与劳动力的意义不同，一般意义的老年人以及未成年人是纯粹的消费者，因此不具有劳动力对储蓄的正向影响效应，也就是非劳动力对储蓄主要是负向影响效应。

可以用数量关系简要说明劳动力与非劳动力对储蓄的不同影响，即储蓄是产出或收入用于消费后的剩余，有 $S = Y - C$。其中，S 为总储蓄，Y 为总产出，C 为总消费。产出 Y 是由生产函数决定的，即 $Y = Y(K, L)$。可见，生产函数的情况决定劳动投入变动对产出的影响。而非劳动力数量及其行为的变动，只对消费 C 产生影响，对产出 Y 没有直接的影响。总消费 C 和劳动力的数量及非劳动力的数量都有关，因此，可以将总消费 C 表示为 $C = C(L, R)$，R 表示非劳动力。于是，总储蓄 S 可以表示为下面的形式：

$$S = Y(K, L) - C(L, R) \tag{12-15}$$

通过式（12-15）可以看到，劳动力因素 L 变动，不仅对消费 C 产生影响，也对产出 Y 有直接的影响。而非劳动力因素 R 变动只对消费 C 产生影响。由于非劳动力数量 R 增加起提高总消费 C 的效应，式（12-15）表明非劳动力因此对储蓄的影响是负向的。

三　生产型人口与消费型人口

可见，区分人口中的不同群体对储蓄的不同影响效应是非常必要的，而不能泛谈人口对储蓄的影响。不同群体对储蓄的不同影响效应，本质上就是人口结构与储蓄关系的问题。因此，为便于分析与论述人口结构与储蓄关系问题，可以将人口分为生产型人口与消费型人口两类。其中，劳动力属于生产型人口，老年人与未成年人则属于消费型人口。

区分生产型人口与消费型人口的意义在于：有利于认识人口结构变动对储蓄乃至对经济的影响。称劳动力为生产型人口，旨在体现劳动力在作为消费者的同时，也是产出即储蓄源头的生产者；称老年人与未成年人为消费型人口，旨在体现老年人与未成年人作为非劳动力，只消费而不从事生产所对储蓄产生的负效应。一定经济中的生产型人口与消费型人口的数量比例关系，是影响该经济储蓄状况的至关重要的因素。

第十三章

人口老龄化与宏观储蓄的基本关系

人口老龄化对宏观储蓄和微观储蓄都有着深刻的系统性的影响。由于人口老龄化是人口总量层面上的问题，人口老龄化与宏观储蓄的关系自然属于宏观经济层面的问题。本章的储蓄指宏观经济的国民储蓄。从国民储蓄的供给与需求两方面论述人口与宏观储蓄的关系以及人口老龄化与宏观储蓄的关系，是本章的主要目的。

第一节　人口老龄化因素同储蓄供给的关系

一　基本设定

在上一章的讨论中已经知道，宏观经济层面的储蓄对象是经济总产出或总收入。因此，如果将经济的总产出或总收入比喻为一块"蛋糕"，那么实体经济中的消费与储蓄的行为，就是有关如何划分这块"蛋糕"的问题，即"蛋糕"中的多大比例部分用于消费，多大比例部分用于储蓄。储蓄用于投资，投资形成资本积累，由此促进经济增长。因此，一定社会中的国民储蓄状况是评判其经济增长潜力的一个重要指标。

设一定社会（国家或地区）中的人口总量为 N，劳动力数量为 L，老年人口数量为 R，假定忽略未成年人口。于是，在这个社会中总人口等于劳动力数量与老年人口数量之和，即有下面的关系式成立：

$$N = L + R \qquad\qquad (13-1)$$

设 α 为老年人口占总人口的比重，即 $\alpha = \dfrac{R}{N}$，因此 α 为老龄化率。由

此可得到下面的关系式：

$$R = \alpha N \qquad (13-2)$$

以及

$$L = (1 - \alpha)N \qquad (13-3)$$

进一步假设劳动力群体的消费总和为 C_L，老年人群体的消费总和为 C_R。考虑到老年人与劳动力的人均消费水平存在差异，因此设 $\bar{c}_L$ 为劳动力的人均消费水平，亦称劳动力的人均消费倾向；$\bar{c}_R$ 为老年人的人均消费水平，亦称老年人的人均消费倾向。于是，根据定义有下面的关系成立：

$$\bar{c}_L = \frac{C_L}{L} > 0, \quad \bar{c}_R = \frac{C_R}{R} > 0$$

因此，总消费水平 C 是劳动力群体的消费 C_L 与老年人群体的消费 C_R 二者之和，即有下面的表达式：

$$C = C_L + C_R \qquad (13-4)$$

即

$$C = \bar{c}_L L + \bar{c}_R R \qquad (13-5)$$

现将式（13-2）和式（13-3）代入式（13-5），得到下面的表达式：

$$C = \bar{c}_L (1 - \alpha)N + \bar{c}_R \alpha N$$

整理上面表达式可以得到下面的关系式：

$$C = [\bar{c}_L + (\bar{c}_R - \bar{c}_L)\alpha]N \qquad (13-6)$$

在式（13-6）中，α 是老龄化率，也是体现人口结构的变量，N 是体现人口总量的变量。因此，式（13-6）是体现消费总量同人口结构与人口总量关系的表达式。式（13-6）的经济意义是：一定社会中的消费总量是关于其人口结构与人口总量的函数。

二 含有老龄化率变量的国民储蓄关系式

由于消费与储蓄之间存在着密切的关系，可利用式（13-6）建立人口因素同国民储蓄的关系式。设 S 表示该社会的国民储蓄，Y 表示总收入或总产出，于是有下面的表达式：

$$S = Y - C \qquad (13-7)$$

根据式（13 -5）有 $C = \bar{c}_L L + \bar{c}_R R$，因此得到下面的关系式：

$$S = Y - C = Y - \bar{c}_L L - \bar{c}_R R \qquad (13 - 8)$$

或根据式（13 -6）得到下面的关系式：

$$S = Y - [\bar{c}_L + (\bar{c}_R - \bar{c}_L)\alpha] N \qquad (13 - 9)$$

式（13 -9）的经济意义是：总量储蓄 S 是关于老龄化率 α 与人口总量 N 的函数。需要说明的是，由于式（13 -9）是从消费方面表现储蓄与人口及人口老龄化因素变量的关系，式（13 -9）实际上是体现储蓄供给与人口及人口老龄化因素的关系表达式。

三　消费倾向的作用

利用式（13 -9）可以分析老龄化率 α 变动对总量储蓄 S 的影响效应。根据式（13 -9）可知，老龄化率 α 对总量储蓄 S 的影响是正向的还是负向的，同 $\bar{c}_R - \bar{c}_L$ 的正负性有关。可具体分为下面的情况：

（1）若 $\bar{c}_R > \bar{c}_L$，即老年人均消费水平大于劳动力人均消费水平。这时有 $\bar{c}_R - \bar{c}_L > 0$，根据式（13 -6），老龄化率 α 提升对总消费 C 的影响是正向的，但根据式（13 -8）可知总消费 C 的提高对总储蓄 S 的影响是负向的。因此，老龄化率 α 提高的结果必然是对总储蓄 S 有负向影响。这意味着在老年人平均消费水平大于劳动力平均消费水平的前提下，人口老龄化程度提高，若其他条件不变，则经济中总量储蓄供给的水平是降低的。

（2）若 $\bar{c}_R < \bar{c}_L$，即老年人平均消费水平小于劳动力平均消费水平。这时有 $\bar{c}_R - \bar{c}_L < 0$，根据式（13 -6），老龄化率 α 提高对总消费 C 的影响是负向的，但根据式（13 -8）可知总消费 C 的下降对总储蓄 S 的影响是正向的。这意味着在老年人平均消费水平小于劳动力平均消费水平的前提下，人口老龄化程度越高，若其他条件不变，则经济中总量储蓄供给的水平是越高的。

（3）若 $\bar{c}_R = \bar{c}_L$，即老年人均消费水平等于劳动力人均消费水平。这时有 $\bar{c}_R - \bar{c}_L = 0$，根据式（13 -6）和式（13 -9），老龄化率 α 对总消费 C 以及总量储蓄 S 没有影响。这意味着在老年人均消费水平与劳动力人均消费水平相等或相差不大的情况下，经济中总储蓄供给的水平与人口结构无关，而只与人口总量有关。

可见，劳动力与老年人在人均消费水平（人均消费倾向）方面的差异性，是影响人口及人口老龄化与消费水平关系，以及影响人口及人口老龄化与储蓄供给关系的一种重要因素。

第二节 人口老龄化因素同储蓄需求的关系

一 人口因素与储蓄需求的关系式

储蓄需求来源于经济中生产者的投资需求。从大类方面看，经济中有两种基本的生产性储蓄需求：一是资本积累的需求，二是资本折旧的需求。生产者的生产规模需要扩大，由此产生扩大投资和资本积累的需求。这种需求等同于生产者对生产投入的需求。资本折旧的需求则是来自在生产过程中产生的生产设备的损耗。生产设备的损耗需要及时补充，否则就是生产能力的下降。因此，折旧也是另一形式的投资需求，即对资本折旧的需求。根据式（6 - 2）已经论述过的有关内容，折旧与投资的关系有下面的关系式表示：

$$I = \frac{dK}{dT} + \delta K \qquad (13 - 10)$$

在式（13 - 10）中，δ 为折旧率，T 为时间，K 为资本，I 为投资。$\frac{dK}{dT}$ 是资本关于时间的导数，实际是净投资。

储蓄的对象是经济产出，而产出是由在生产过程中的资本、劳动与技术相结合而形成的生产成果，对此可以表现为由下面的生产函数决定：

$$Y = F(K, L) \qquad (13 - 11)$$

在式（13 - 11）中，Y 为总产出，L 为劳动投入，函数关系则体现了技术水平。式（13 - 11）中的 L 可按式（13 - 3）来表示。

$$L = (1 - \alpha)N$$

因此，将式（13 - 10）和式（13 - 11）联立表明，当考虑人口结构（如人口老龄化）与人口总量因素时，经济中的产出将与人口结构及人口总量有关。或者说，经济中的人口结构与人口状况决定了劳动力的状况。具体来看，需将 $L = (1 - \alpha)N$ 展现的关系式，同式（13 - 10）及式（13 - 11）联立，由此可以得到体现人口老龄化变量 α 和人口总量 N 同投资需求 I 之间关系的方程组：

$$\begin{cases} I = \dfrac{dK}{dt} + \delta K \\ Y = F(K, L) \\ L = (1 - \alpha)N \end{cases} \qquad (13 - 12)$$

式（13 - 12）展现的方程组，便是体现从生产者方面决定的投资需求关系式，也就是储蓄需求关系式。

二　含有劳动力人均资本水平的储蓄需求关系式

资本与劳动力结合的关系，可以用劳动力人均资本水平来体现。因此，一定经济中的劳动力人均资本水平 k，可以表示为下面的表达式：

$$k = \frac{K}{L}$$

劳动力人均资本水平 k 是一个重要的经济指标，因为在既定的技术水平，劳动力人均资本水平 k 越高，表明生产能力水平越高。因此，为了保证一定的生产能力不下降，保持 k 不断提高或至少是保持 k 不变，通常是对现实经济的要求。

如果经济中的劳动力数量是不断增加的，要保持 k 不变，必须要求 K 相应增加。否则，K 不变而 L 增加，则 k 必下降。这意味着劳动力数量增加导致对资本需求增加，因此年轻型劳动力人口比重不断提高的人口结构，同国民储蓄率提高在理论上是有一致性关系的。对此可以通俗地说，为了使劳动力人均资本水平不下降，劳动力数量的增长必然要求相应资本水平增加，否则劳动力人均资本水平必然下降。

由于 $k = \dfrac{K}{L}$，于是有 $K = kL$，式（13 - 10）可以表示为下面的关系式：

$$\frac{dK}{dT} = L\frac{dk}{dT} + k\frac{dL}{dT}$$

即

$$\frac{dK}{dT} = kL\frac{d\ln k}{dT} + kL\frac{d\ln L}{dT}$$

因此，式（13 - 10）可进一步展现为下面的关系式：

$$I = \frac{dK}{dT} + \delta K = kL\frac{d\ln k}{dT} + KL\frac{d\ln L}{dT} + \delta kL$$

即

$$I = kL(\frac{d\ln k}{dT} + \frac{d\ln L}{dT} + \delta) \qquad (13 - 13)$$

在式（13 - 13）中，$\frac{d\ln k}{dT}$ 的含义是劳动力的人均资本增长率，$\frac{d\ln L}{dT}$ 的含义是劳动力数量增长率。因此，式（13 - 12）的方程组可以有另一种表现形式：

$$\begin{cases} I = kL(\frac{d\ln k}{dT} + \frac{d\ln L}{dT} + \delta) \\ K = kL \\ Y = F(K,L) \\ L = (1 - \alpha)N \end{cases} \qquad (13 - 14)$$

可见，储蓄需求关系式是由一组方程来表现的，即由式（13 - 14）展现的方程组表现的劳动力人均资本水平、劳动力数量等生产性因素，以及人口老龄化与人口总量等因素共同决定的。

第三节　人口老龄化下储蓄供给与储蓄需求的均衡

一　储蓄供给与储蓄需求的均衡

储蓄的实际水平，是由储蓄供给与储蓄需求的均衡关系状态决定的。而储蓄供给与储蓄需求实现均衡，要求储蓄供给与储蓄需求相等，即应有如下的关系成立：

$$I = S \qquad (13 - 15)$$

在宏观经济层面，储蓄变动引发投资变动，投资变动引发产出变动，这些作用关系实际是关于经济增长与储蓄关系的问题。建立储蓄同经济增长、消费的关系，以及建立储蓄同人口结构的关系，需将上述方程联立在一起，由此形成下面联立的方程组：

$$\begin{cases} I = \dfrac{dK}{dT} + \delta K \\ Y = F(K,L) \\ S = Y - C \\ C = C(\alpha, N) \\ L = (1 - \alpha)N \\ I = S \end{cases} \qquad (13-16)$$

在式（13-16）中，前两个方程即决定 I 和 Y 的方程，体现的是储蓄需求的方程；第三个、第四个方程即决定 S 和 C 的方程，体现的是储蓄供给的方程；第五个方程体现的是人口与人口结构的方程，对储蓄供给与储蓄需求两方面均有影响；第六个方程是要求储蓄供给与储蓄需求相等。

可见，方程组（13-16）综合了人口因素对产出的影响与对消费的影响，也反映人口因素对储蓄供给的影响。而为了更直接地体现人口因素的这种影响，可将生产函数与消费函数代入消费行为决定的储蓄供给方程，得到如下表达式：

$$S = F(K,L) - C(L,R) \qquad (13-17)$$

式（13-17）即体现了生产因素与人口因素对储蓄影响的关系式。其中 K、L 及生产函数体现了生产因素，而 L 与 R 是体现人口的因素。L 与 R 可以进一步表现为以老年人口比率 α 以及以总人口数量 N 表示的关系式，由此可以得到人口老龄化因素同储蓄供给与储蓄需求的关系式，这里不再进一步展开讨论。

二　基本结论

通过以上的分析表明，生产型人口 L 与消费型人口（老年人口）R 数量变化对储蓄的影响有两种途径：一是对消费 C 产生影响而影响储蓄；二是对产出 Y 产生影响而影响储蓄。其中，通过对产出（经济增长）途径的影响效应，与产出是资本型、劳动型或技术型的情况有关；通过对消费途径的影响效应，与劳动力及非劳动力之间的消费倾向的差异情况有关。

劳动力及非劳动力之间的消费倾向差异导致对储蓄的影响差异，属于消费者行为差异范畴的问题。而老龄化率 α 与人口总量 N 的变动导致对储蓄的影响，则属于人口结构与人口数量对储蓄影响的问题。如果劳动力与非劳动力的消费行为既定，消费者与生产者的数量及结构变动，同样对储蓄有至关重要的作用。这实际就是产生人口红利的机理所在，因为在其他有关因素不变的情况下，只要通过人口结构的变动，即生产型人口和非生产型人口的数量比例关系变化，就可以实现国民储蓄率的变动。基本结论是，年轻型的人口结构有利于提高国民储蓄率，由此有利于经济增长潜力的提升。

第四节　人口老龄化与国民储蓄关系的理论分析

本节分析在由劳动力与老年人构成的经济中，劳动力数量与老年人口数量变动对储蓄的影响效应。这时可将总人口分为劳动力与老年人口两部分。因此，劳动力数量的变动，或老年人口数量的变动，就是人口结构的变动。

一　老年人口数量与储蓄的关系

（一）宏观储蓄总量是关于老年人口数量的减函数

根据式（13-8），一定经济的储蓄供给 S 与老年人口数量 R 有下面的关系式：

$$S = Y - \bar{c}_L L - \bar{c}_R R \qquad (13-18)$$

由于 $\bar{c}_R$ 为老年人的人均消费水平，是大于零的变量，由式（13-18）可知：储蓄供给 S 是关于老年人口数量 R 的减函数。然而，这一结论的成立需有一前提条件，即式（13-18）中除 S 与 R 之外的其他变量为既定。

如果老年人口数量 R 对产出 Y 没有影响，那么上面的结果是容易理解的。这是因为，在其他条件不变的情况下，老年人口数量增多，老年人消费总量必然增多，产出的剩余（储蓄）必然相应减少。因此，在此情况下，储蓄供给 S 是关于老年人数量 R 的减函数这一结论是成立的。

由于在生产函数中没有显示产出 Y 是老年人数量 R 的函数，可以说在现有的生产函数中产出与老年人口数量没有表现为有直接的关系。然而，这并不能由此简单地说老年人口数量与经济产出没有关系。这是因为在传统的生产函数 $Y = F(K, L)$ 中，主要体现的是产出 Y 与生产要素 K 和 L 的生产技术层面的关系，重点不在于表现 K 和 L 是怎么决定的。K 和 L 怎么决定是另一层面的问题。

在人口老龄化的过程中，不仅劳动力的数量与人口结构有关，资本积累水平也是同人口结构有关的，即老年人口越多，产出用于消费越多，由此减少储蓄，即减少投资而影响产出。老年人口数量与经济产出的关系实际涉及人口老龄化与经济的关系，是一个非常复杂的问题。例如，在总需求不足的情况下，老年人口消费需求的增加，是有利于提高经济增长的。然而从现有的研究成果看，人口老龄化对经济增长的影响总体上是负面的。因此，即使考虑老年人口数量对实际产出的影响，其结论也主要是老年人口数量增加对产出是负向影响。这意味着，即使从综合的角度看，储蓄供给 S 是关于老年人数量 R 的减函数这一结论仍是成立的。

（二）宏观储蓄率是老年人口数量的减函数

设 s 为一定宏观经济的储蓄率，根据式（13 - 18），s 有下面的表达式：

$$s = \frac{S}{Y} = 1 - \frac{C}{Y} = 1 - \bar{c}_L \frac{L}{Y} - \bar{c}_R \frac{R}{Y} \qquad (13-19)$$

由于在式（13 - 19）中，老年人口数量 R 视为与其他变量无关，容易计算出 $\frac{\partial s}{\partial R}$ 有如下的结果：

$$\frac{\partial s}{\partial R} = -\bar{c}_R \frac{1}{Y} \qquad (13-20)$$

由于 $\bar{c}_R$ 及 Y 均大于零，根据式（13 - 20）有 $\frac{\partial s}{\partial R} < 0$ 成立。

因此，宏观储蓄率是老年人口数量的减函数。其经济意义是：随着老年人口数量增加，宏观储蓄率将下降。

以上的分析结果表明，无论是对宏观储蓄总量还是对宏观储蓄率，均表现了老年人口增加的负向作用。由此表明，人口老龄化对宏观储蓄（国民储蓄）是产生负向作用的。从这个方面说，人口老龄化不利于经济增长潜力的提高。

二　劳动力数量与储蓄的关系

劳动力对储蓄的影响，同老年人对储蓄的影响有质的不同。这是因为劳动力在作为消费者的同时也是生产者。这意味着劳动力数量变动时，不仅影响 $S = Y - C$ 关系式中的消费 C，而且影响其中的产出 Y。对 $S = Y - C$ 关系式而言，老年人口数量变动只影响消费 C。这是为什么在对式（13 - 19）求 s 关于老年人人口数量 R 的偏导数时，可以视老年人口数量 R 与其他变量无关的原因。而劳动力数量变动对储蓄影响的效应，需要考虑对产出与消费两方面的影响。

（一）当劳动力人均产量处于上升阶段时，宏观储蓄总量是关于劳动力数量的增函数

下面所述的结果表明，劳动力数量变动对储蓄的影响效应与老年人口数量变动的效应是不同的。即当劳动力人均产量处于上升阶段时，宏观储蓄总量供给是关于劳动力数量的增函数。

劳动力数量变动，既影响消费也影响产出，对此可用生产函数理论进行下面的分析。按生产函数的理论有 $Y = Y(K,L)$，即产出 Y 是劳动力 L 的函数。将 $Y = Y(K,L)$ 代入式（13 - 8），得到如下的关系式：

$$S = Y(K,L) - \bar{c}_L L - \bar{c}_R R \qquad (13 - 21)$$

由于劳动力数量 L 出现在生产函数 $Y(K,L)$ 中，因此劳动力数量 L 变动对储蓄供给 S 的影响效应并非可以简单地得到判断。式（13 - 21）表明，劳动力数量 L 变动对储蓄的影响效应，不仅取决于 $\bar{c}_L L$ 项，而且与其对 $Y(K,L)$ 的影响有关。现对式（13 - 21）求微分得：

$$dS = dY(K,L) - \bar{c}_L dL - \bar{c}_R dR$$

$$dS = \frac{\partial Y}{\partial K} dK + \frac{\partial Y}{\partial L} dL - \bar{c}_L dL - \bar{c}_R dR$$

$$dS = \frac{\partial Y}{\partial K} dK + \left(\frac{\partial Y}{\partial L} - \bar{c}_L\right) dL - \bar{c}_R dR \qquad (13 - 22)$$

在式（13 - 22）中，第一项 $\frac{\partial Y}{\partial K} dK$ 为资本数量变动对 S 的影响，第二

项 $(\frac{\partial Y}{\partial L} - \bar{c}_L)\, dL$ 为劳动力数量变动对 S 的影响,第三项 $-\bar{c}_R dR$ 为老年人口数量对 S 的影响。

值得注意的是,在式(13-22)中 $\frac{\partial Y}{\partial L}$ 的经济意义是劳动力的边际产量或边际收入。$\bar{c}_L$ 为劳动力平均消费水平,因此 $\frac{\partial Y}{\partial L} - \bar{c}_L$ 的经济意义是劳动力的边际产量与劳动力平均消费水平的差值。可见,$\frac{\partial Y}{\partial L} - \bar{c}_L$ 是一个重要的因素。这是因为,如果 $\frac{\partial Y}{\partial L} - \bar{c}_L > 0$,就意味着劳动力数量增量 dL,对储蓄供给 S 是正向影响关系,即式(13-22)中储蓄增量 dS 是关于劳动力数量增量 dL 的增函数。

反之,如果 $\frac{\partial Y}{\partial L} - \bar{c}_L < 0$,就意味着劳动力数量增量 dL 对储蓄供给 S 是负向影响关系,即式(13-22)中储蓄增量 dS 是关于劳动力数量增量 dL 的减函数。因此,劳动力的边际产量 $\frac{\partial Y}{\partial L}$ 同劳动力的人均消费 $\bar{c}_L$ 两者间的大小比较,成为一个关键性问题。

事实上,这一问题在经济学理论中已有清晰的论述,即有关经济学理论中边际产量与平均产量关系问题。对此,可按图13-1展现的边际产量曲线与平均产量曲线的关系进行说明。

如图13-1所示,在生产开始初期即第一阶段,边际产量与平均产量都是递增的,但是边际产量大于平均产量。随着生产的继续,边际产量达到最高点,之后边际产量下降,但仍高于平均产量。继而边际产量曲线与平均产量曲线相交于平均产量曲线的最高点。在相交后,平均产量开始递减,边际产量小于平均产量。当边际产量为零时,总产量达到最大,以后当边际产量为负数时,总产量就会绝对减少。

上述理论表明,在生产过程中的一定初期阶段(图13-1中的第一阶段),边际产量是大于平均产量的。即在此阶段,有 $\frac{\partial Y}{\partial L} > \frac{Y}{L}$ 成立。而当平均产量达到最高后,边际产量开始小于平均产量。因此,判断 $\frac{\partial Y}{\partial L} > \frac{Y}{L}$ 是否成立的一个重要标准是:看平均产量是否出现由升转降的拐点。

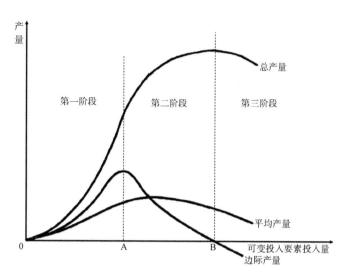

图 13 - 1 总产量与平均产量、边际产量之间的关系

如果平均产量始终处于上升状态,则意味着边际产量大于平均产量,即有$\dfrac{\partial Y}{\partial L} > \dfrac{Y}{L}$成立。其道理在于,平均产出是随边际产出而变动的,如果边际产出(新增一个劳动力所导致产出的增量)大于平均产出,则平均产出继续提高;如果边际产出小于平均产出,则平均产出下降。因此,只要平均产量持续上升而没有出现下降的情况,则可认为边际产量仍处于大于平均产量的过程中。

劳动力的平均产量在收入方面就是劳动力的人均收入。因此,按照标准的消费理论,消费是收入的函数,且单位收入所产生的消费小于单位收入,即劳动力的人均消费小于劳动力的人均收入。由此可推得这样的结论:当劳动力平均产量处于上升阶段时,劳动力的边际产量大于劳动力的平均产量,而劳动力的平均产量即劳动力的平均收入,劳动力的平均收入大于劳动力的人均消费水平,按上述逻辑关系便有$\dfrac{\partial Y}{\partial L} > \bar{c}_L$成立。

上述结论的经济意义是:如果经济的劳动力人均产出水平处于上升阶段,而没有出现下降的情况,则意味着经济中劳动力的边际产出水平大于劳动力的平均消费水平,即经济中有$\dfrac{\partial Y}{\partial L} - \bar{c}_L > 0$成立。这也就意味着在此状况下的经济中，式（13－22）中的 dL 项为正，也就是储蓄供给 S 与劳动力数量变动呈正向关系。其经济意义是：在处于劳动力人均产出水平上升阶段的经济中，劳动力数量增加具有提高储蓄供给水平的效应。

（二）当劳动力人均产量处于上升阶段时，宏观储蓄率是关于劳动力数量的增函数

劳动力数量对宏观储蓄率的影响，体现为宏观储蓄率 s 关于劳动力数量 L 的偏导数 $\frac{\partial s}{\partial L}$ 的情况。如果 $\frac{\partial s}{\partial L} > 0$，表明宏观储蓄率 s 是关于劳动力数量 L 的增函数；如果 $\frac{\partial s}{\partial L} < 0$，表明宏观储蓄率 s 是关于劳动力数量 L 的减函数。

下面对式（13－19）求关于劳动力数量 L 的偏导数 $\frac{\partial s}{\partial L}$。其中，产出 Y 是关于 L 的函数，其他变量 R、$\bar{c}_L$、$\bar{c}_R$ 与 L 无关，因此有下面的计算结果：

$$\frac{\partial s}{\partial L} = -\bar{c}_L \frac{Y - L\frac{\partial Y}{\partial L}}{Y^2} + \bar{c}_R \frac{R}{Y^2}\frac{\partial Y}{\partial L}$$

$$\frac{\partial s}{\partial L} = -\bar{c}_L \left(\frac{1}{Y} - \frac{L}{Y^2}\frac{\partial Y}{\partial L}\right) + \bar{c}_R \frac{R}{Y^2}\frac{\partial Y}{\partial L}$$

$$\frac{\partial s}{\partial L} = \bar{c}_L \frac{1}{Y}\left(\frac{\partial Y}{\partial L}/\frac{Y}{L} - 1\right) + \bar{c}_R \frac{R}{Y^2}\frac{\partial Y}{\partial L} \qquad (13-23)$$

在式（13－23）中，$\frac{\partial Y}{\partial L}$ 的经济意义是劳动力的边际产量，当经济处于生产过程中的一定初期阶段，边际产量大于平均产量，即在此阶段，有 $\frac{\partial Y}{\partial L} > \frac{Y}{L}$ 成立。这意味着在此阶段有 $\frac{\partial Y}{\partial L}/\frac{Y}{L} - 1 > 0$ 成立。因此，根据式（13－23）可以得到这样的结论：劳动力人均产量上升阶段，有 $\frac{\partial s}{\partial L} > 0$ 成立。该结论的经济意义是：当经济中劳动力人均产量处于上升阶段时，宏观储蓄率与劳动力数量呈正向关系。

第五节 中国劳动力增长与国民储蓄正向关系的实证分析

通过以上的分析可知，考察一定经济中的劳动力人均产量是否出现由升转降的情况，是评判该经济中劳动力边际产出是否大于劳动力人均消费水平的一个重要判断标准。如果中国劳动力边际产出仍大于劳动力人均消费水平，则表明中国劳动力数量增长仍具有提高储蓄水平的作用。本节对1978—2020 年中国劳动力人均产量数据进行实证分析。

一 基本数据情况

中国经济的实际情况是，自 1978 年改革开放以来，中国经济呈现高速增长，不仅 GDP 总量快速增长，人均 GDP（视为人均产出）也快速增长。按可比价计算，1978—2020 年中国人均 GDP 年均增长 8.2%。由于人均 GDP 中的人员是含有非劳动力的人口，如果以就业人员数量作为劳动力数量的度量，无计算结果表明 1978—2020 年中国劳动力人均 GDP 年均增长 7.5%。

上述的结果说明，无论是按全部人口的人均产量度量，还是按劳动力的人均产量度量，中国人均产量都是显著的正增长，即 1978—2020 年的数据经验表明，改革开放的 40 多年，中国经济始终处于劳动力人均平均产量上升期，尚未出现由升转降的拐点。因此，上面的理论表明，1978—2020 年中国劳动力边际产出是大于劳动力人均消费水平的，因此中国劳动力数量增长与储蓄是正向关系的结论成立。

二 中国劳动力人均产量总体持续上升

图 13 - 2 展现了 1978—2020 年中国从业人员人均产出水平。其中，产出是 GDP，并按 2020 年可比价计算。从业人员是国家统计局公布的各年度就业人员数量。计算人均产出值时从业人员数采用的是年中数，即采用上年年底从业人员数量与当年年底从业人员数量的平均值。这里的从业人

员是实际参加经济活动的劳动者，是比经济活动人员更适宜的指标。

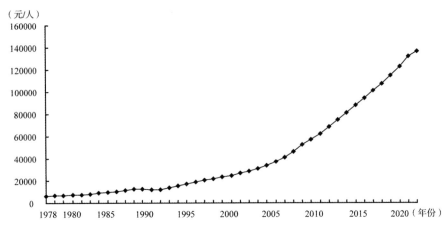

（元/人）

图 13 - 2　1979—2020 年中国从业人员人均产量计算

资料来源：根据《中国统计年鉴 2021》数据整理并计算而得。

图 13 - 2 显示，除 1990 年外，1978—2020 年，中国从业人员的人均产量水平是持续增高的。1990 年出现从业人员的人均产量负增长，主要来自从业人员的统计口径问题。即便如此，1990 年的人均产量下降，并不说明之后的中国从业人员的人均产量出现系统性变化。中国从业人员人均产量在 1990 年后是持续上升的。

因此，从中国的实际数据可以得出：自改革开放以来，中国劳动力边际产量大于平均产量是成立的。否则，人均产出水平不可能提高。这表明依据中国实际数据经验，$\frac{\partial Y}{\partial L} - \bar{c}_L > 0$ 是成立的，由此证明，在中国的现实经济中，宏观经济的储蓄供给与劳动力数量呈正向关系。由于上述的 S 是宏观经济的总量储蓄，因此按照式（13 - 22）表明的结论是：在其他条件不变的情况下，国民储蓄随劳动力数量增加而增加，随老年人口数量的增加而减少。

表 13 - 1 给出了 1982 年与 2010 年的中国劳动年龄人口与非劳动年龄人口的数据，这两年均为中国进行人口普查的年份。改革开放以来，中国劳动力快速增长，即 $dL > 0$。因此，按上述的结论，中国劳动力的快速增长对提高储蓄供给起到积极的正向作用。具体地看，1982—2010 年，中国

15—64 岁的劳动年龄人口年均增长 1.69%，非劳动年龄人口（包括老年人和未成年人）是负增长，年均增长率为 -0.49%。虽然其间老年人口年均增长 3.1%，但未成年人口年均增长率为 -1.5%，而且由于未成年人口数量大，因此导致非劳动年龄人口数量是负增长。于是，由式（13 - 22）可得出的结论是：1982—2010 年，中国劳动力数量的增长以及非劳动力数量的下降，均产生了提高中国国民储蓄供给的效应。

表 13 - 1　　　　　　　　　1982 年与 2010 年中国劳动年龄人口与
非劳动年龄人口　　　　　　　　单位：万人

年份	总人口	劳动年龄（15—64 岁）	非劳动年龄人口
1982	101654	62517	39137
2010	133972	99850	34122
年均增长率（%）	0.99	1.69	- 0.49

表 13 - 1 数据显示，1982—2010 年中国劳动年龄人口增速远高于非劳动年龄人口的增速。1982 年与 2010 年均是中国人口普查年份，因此这两年的数据比非普查年份的数据有更高的可靠性。因此，上述的理论与实证均表明劳动力比重不断提高的人口结构是导致中国国民储蓄率不断提高的一个重要原因。

然而，这一结论在未来是难以成立的，因为中国人口结构已经出现了深刻变化，即在人口老龄化背景下，劳动年龄人口增长出现减速乃至绝对减少，而非劳动年龄人口增长呈现快速增长。15—64 岁的劳动年龄人口在 2010 年与 2020 年出现了负增长，其间年均增长率为 - 0.30%，而非劳动年龄人口的年均增长率为 2.65%（见表 13 - 2）。

表 13 - 2　　　　　　　　2010 年与 2020 年中国劳动年龄人口与
非劳动年龄人口　　　　　　　　单位：万人

年份	总人口	(15—64 岁) 劳动年龄	非劳动年龄人口
2010	133972	99850	34122
2020	141212	96871	44341
年均增长率（%）	0.53	- 0.30	2.65

表13-2的数据意味着，劳动力数量增长减缓乃至减少，导致国民储蓄需求是下降的，这预示着2010年后的中国国民储蓄出现下降的情况。而事实上也的确如此，实际的统计数据支持了上述的判断。

三   人口老龄化将深刻改变未来储蓄供给的局面

2012年中国人口结构出现了拐点性的变化。根据国家统计局的数据，2012年年末中国15—59岁劳动年龄人口为9.3727亿人，比上年减少345万人，占总人口的比重为69.2%，比2011年年末下降0.60个百分点，这是中国15—59岁劳动年龄人口比重首次下降。

21世纪中国人口结构的变化特点是，劳动年龄人口比重下降，非劳动年龄人口比重上升。因此按本章提出的理论，这样的人口结构变化的效应将是降低国民储蓄，而且这种人口结构变化的效应具有双重性。一方面劳动年龄人口比重下降将产生降低国民储蓄的效应，另一方面非劳动年龄人口比重上升将产生降低国民储蓄的效应，因此最终的效应是这两种效应的叠加。

第十四章

国民储蓄率与人口红利的概念与度量

宏观经济中的国民储蓄对投资乃至对经济增长都有着非常重要的意义。而国民储蓄同人口结构存在怎样的关系是至关重要的问题。如果国民储蓄同人口结构有内在的关系，就意味着国民储蓄是难以通过政策因素被改变的。在本章的讨论中可以看到，理论模型和实际统计数据都支持国民储蓄与人口结构有内在关系这一结论。本章主要对中国的国民储蓄问题进行理论与实证分析，如涉及对"中国储蓄之谜"问题、国民储蓄率的实际计算、投资与中国经济增长的关系、国民储蓄率与人口结构等问题的分析，并对人口红利的概念进行定量表示，以及讨论人口老龄化对国民储蓄率的影响等有关问题。

第一节　国民储蓄率的计算及中国储蓄之谜问题

一　国民储蓄率的计算公式

根据中国国家统计局所采用的国内生产总值支出法的计算公式，国内生产总值有下面的表达式：

$$国内生产总值＝最终消费支出＋资本形成总额＋货物和服务净出口$$

$$(14-1)$$

在式（14-1）中，最终消费支出是居民消费与政府消费之和。因此，式（14-1）中最终消费支出的意义，等同于国民收入恒等式中居民消费 C 与政府支出 G 之和。如果以 Y 表示国内生产总值，C 表示最终消费支出

（注意，这里的 C 与国民收入恒等式中居民消费 C 的意义有所不同），I 表示资本形成总额，$EX - IM$ 表示货物和服务净出口，EX 表示出口，IM 表示进口，则式（14 – 1）可以写为下面的表达式：

$$Y = C + I + EX - IM \tag{14 – 2}$$

于是，国民储蓄 S 为下面的表达式：

$$S = Y - C = I + EX - IM \tag{14 – 3}$$

由于 $s = \dfrac{S}{Y}$ 为国民储蓄率。因此，国民储蓄率的一种计算公式为：

$$s = \frac{S}{Y} = \frac{Y - C}{Y} = \frac{I + EX - IM}{Y} \tag{14 – 4}$$

式（14 – 4）表明，国民储蓄率可用支出法 GDP 与最终消费支出的差值，同支出法 GDP 的比率得到估计；或者用资本形成总额与货物和服务净出口之和，同支出法 GDP 的比率得到估计。因此，式（14 – 4）就是国民储蓄率的计算公式。

二 中国国民储蓄率的计算及结果分析

利用《中国统计年鉴 2021》的数据及式（14 – 4），便可计算出 1978—2020 年的中国国民储蓄率，见表 14 – 1。为了便于展现表 14 – 1 的数据变动趋势情况，根据表 14 – 1 绘制了曲线图（见图 14 – 1）。

表 14 – 1　　　　　　**1978—2020 年中国的国民储蓄率**　　　　单位:%

年份	国民储蓄率	年份	国民储蓄率	年份	国民储蓄率	年份	国民储蓄率
1978	38.1	1989	36.0	2000	36.1	2011	49.4
1979	36.3	1990	36.7	2001	37.8	2012	48.9
1980	34.6	1991	38.1	2002	38.8	2013	48.6
1981	33.4	1992	40.2	2003	41.9	2014	47.7
1982	33.6	1993	41.5	2004	44.6	2015	46.3
1983	32.7	1994	41.5	2005	45.7	2016	44.9

续表

年份	国民储蓄率	年份	国民储蓄率	年份	国民储蓄率	年份	国民储蓄率
1984	34.3	1995	40.7	2006	47.5	2017	44.9
1985	35.0	1996	39.7	2007	49.1	2018	44.7
1986	35.2	1997	40.1	2008	50.0	2019	44.2
1987	37.3	1998	39.3	2009	49.8	2020	45.7
1988	38.0	1999	37.1	2010	50.7		

资料来源：根据《中国统计年鉴2021》表3-10的数据计算。

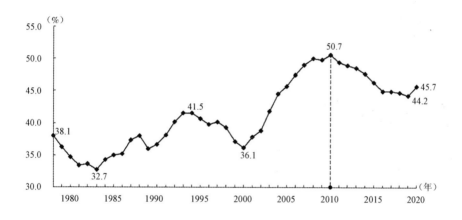

图14-1 1978—2020年中国国民储蓄率

资料来源：同表14-1。

从图14-1可以看到，1978—2020年，中国国民储蓄率没有低于32.7%，在绝大多数年份处于35%以上的高水平，呈现显著的波动性不断升高的趋势。特别是2000—2010年，中国国民储蓄率呈现持续上升的趋势，到2010年达50.7%，成为改革开放以来中国国民储蓄率的最高值。

1978—2000年中国国民储蓄率处于明显波动的状态，1983年为32.7%，是改革开放期间国民储蓄率的最低值；1994年上升至41.5%，是2000年之前的最高值。2000年后，中国国民储蓄率出现了持续储蓄的上升趋势，即从2000年的36.1%持续上升至2010年的50.7%，提高了14.6

个百分点。2000—2010 年中国国民储蓄率持续上升的趋势，使中国储蓄问题成为世界关注的一个焦点问题，被称为"中国储蓄之谜"（Chinese Saving Puzzle）。

然而，2010 年以后，中国国民储蓄率出现了连续下降的态势，2019 年下降到 44.2%，2020 年小幅回升到 45.7%。虽然 2010 年以后中国国民储蓄率是下降趋势，但是依然处于较高的水平。无论怎样，2010 年是中国国民储蓄率的"拐点"性年份。而中国人口结构的"拐点"以及中国经济增长的"拐点"，均出现在 2010 年。可见，2010 年对中国经济而言是一个特殊的年份。

三　关于"中国储蓄之谜"问题

自 1978 年改革开放以来，中国经济实现了快速增长。然而，伴随着经济增长的过程，国民储蓄率不断上升，高储蓄率、高投资率、低消费率已成为自改革开放以来中国宏观经济的重要特征。尽管多年来中国政府出台了多方面的旨在提高消费对经济增长贡献的措施，试图扭转经济增长过于依靠投资驱动的状况，但是高储蓄率、低消费率的基本局面始终没有显著改变。长期存在的中国高储蓄率现象被国内外学术界称为"中国储蓄之谜"。如何解释中国的高储蓄率现象，不仅是经济理论问题，而且是关系到如何理解中国经济及政策选择的重要问题。

事实上，即使 1983 年中国国民储蓄率为 32.7%，是 1978 年以来中国国民储蓄率的最低水平，但是同国际情况相比，依然是较高的国民储蓄率水平。如图 14-2、图 14-3 和图 14-4 所示，1970—2020 年美国国民储蓄率为 13.7%—23.8%，1971—2020 年德国国民储蓄率为 18%—29%，1996—2019 年日本国民储蓄率为 23.7%—31.6%。可见，中国国民储蓄率的最低值都高于这三个国家国民储蓄率的最高值，改革开放以来中国一直处于高储蓄的状态，只是 2010 年以后有所缓解。

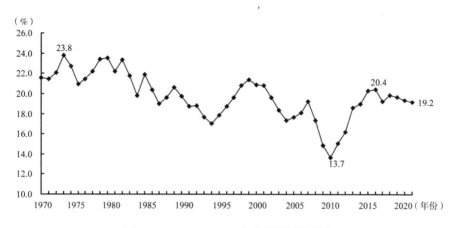

图 14 - 2　1970—2020 年美国国民储蓄率

资料来源：世界银行 2021 年数据库（https：//api. worldbank. org/v2/zh/indicator/NY. GNS.

ICTR. ZS? downloadformat = excel）。

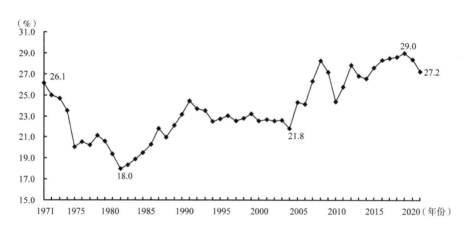

图 14 - 3　1971—2020 年德国国民储蓄率

资料来源：同图 14 - 2。

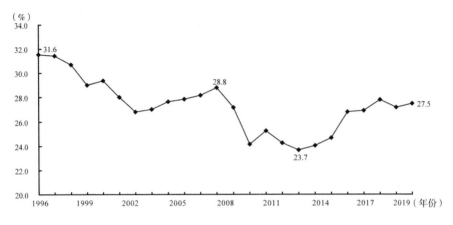

图 14 - 4　1996—2019 年日本的国民储蓄率

资料来源：同图 14 - 2。

第二节　中国经济增长、投资增长与
人口结构"拐点"的重合

一　中国经济增长的"拐点"与人口结构的"拐点"均出现在 2010 年

图 14 - 5 是 1979—2020 年中国年度 GDP 增长率曲线，从经济增长趋势形态方面看，2010 年将中国经济增长形态分为特征鲜明的两个阶段。第一阶段是 1978—2010 年，第二阶段是 2010—2020 年。第一阶段是中国经济呈现显著波动性的高速增长阶段，其间中国 GDP 年均增长率为 10.1%，是同期世界上经济增长速度最快的国家。第二阶段是中国经济呈现持续下降的阶段，2010 年既是第一阶段的末年，也是第二阶段的起始年。

第二阶段中国 GDP 年均增长率下降至 6.8%，比第一阶段下降约 3.3个百分点，降幅是非常显著的且 2010 年后是持续下降的（仅 2017 年除外）。特别是 2012 年之后，中国年度 GDP 增长率开始进入低于 10% 的区间。从中国改革开放以来经济增长的大趋势上看，2010 年无疑是中国经济增长趋势转变的"拐点"的年份。

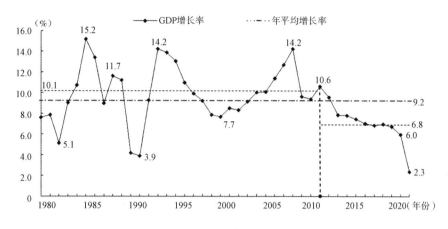

图 14-5　1979—2020 年中国年度 GDP 增长率

资料来源:《中国统计年鉴 2021》表 3-4。

2019 年中国年度 GDP 增长率下降至 6.0%,2020 年下降至 2.3%。2020 年中国年度 GDP 增长率下降幅度如此之大,主要是因为 2019 年年底新冠肺炎疫情暴发导致全球经济萎缩的结果,但这并不是当时中国经济增长真实潜力的体现。在 1992—2000 年,中国年度 GDP 增长率出现持续下降的情况,但这是在高速经济增长情况下的下降,是防止经济过热而有意为之的结果,GDP 年度增长率从 14.2% 下降至 7.7%。因此,1992—2000 年与 2010—2020 年的中国经济增长率持续下降是很不相同的情况。

如图 14-6 所示,在 2010 年之前,中国 15—64 岁劳动年龄人口比重总体上呈现不断上升的态势。具体地说,中国 15—64 岁劳动年龄人口比重,1982 年为 61.5%,1990 年升至 66.7%,2000 年升至 70.1%,2010 年升至 74.5%,成为中国改革开放以来的最高值。2010 年中国 15—64 岁劳动年龄人口比重比 1982 年高出 13 个百分点。然而,2010 年后中国人口结构出现了拐点性变化,即劳动年龄人口占总人口的比重出现下降,且这种下降是持续性的。到 2020 年,中国 15—64 岁劳动年龄人口比重下降至 68.6%,比 2010 年下降了 5.9 个百分点。

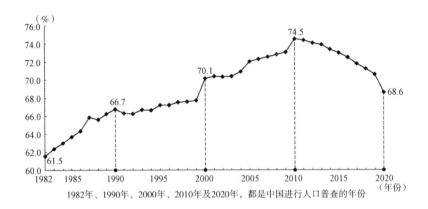

图 14 - 6 1982—2020 年中国 15—64 岁劳动年龄人口比重曲线

资料来源:《中国统计年鉴 2021》表 2 - 4。

图 14 - 6 实际上也是对中国人口红利状况的一种直观体现。1982—2010 年中国 15—64 岁劳动年龄人口比重总体上是持续上升的,这表明在此期间中国劳动力资源是非常显著地不断增加的状态,而劳动力的稀缺性是不断下降的。劳动力资源不构成经济的约束条件,使得经济增长主要取决于投资增长的情况。因此,在劳动力供给非常充分的人口红利背景下,经济增长表现为投资拉动型。

二 2010 年中国出现三个“拐点”

根据上述情况自然产生一个问题:中国改革开放后持续了 30 多年的高速经济增长的拐点、国民储蓄率的拐点及人口结构的拐点均出现在 2010 年,这是一种巧合吗?对此问题的回答,涉及对改革开放后的 30 年里,中国经济实现高速增长的原因的探究。或者说,需要回答是什么因素导致了 1978—2010 年中国经济实现了高速增长。

毫无疑问,成功地实施了改革开放,可以说是位居首位的重要因素。由于改革开放,使全国工作重心转移到经济建设方面,使劳动者的积极性得以释放。然而,政策层面的因素并不是这里要讨论的主要问题。改革开放的政策固然很重要,甚至是首要性的问题,但是政策主要解决的是什么“可以干”和什么“不可以干”的问题,是属于决策层面的问题,如果仅停留在政策层面认识中国实现快速增长的原因则是远远不够的。这是因为任何的经济增长，最终都要通过实实在在的生产要素的投入才能实现。

因此，从生产要素的层面探究经济增长的来源，同样是至关重要的问题，因为这种探究不仅可以对经济增长来源及方式进行识别，而且可以得到如何有效促进经济增长的经验与问题。

三　中国投资对经济增长的作用

基于上述的道理，下面对中国经济增长模式的分析，主要是从生产要素层面展开的。从生产要素层面看，目前学界持有的一种观点是：在改革开放后的前 30 年，即 1980—2010 年，中国拥有的数量巨大而成本低廉的劳动力资源，是其间中国经济实现高速增长的重要原因，学术上称中国经济增长获得了人口红利。如蔡昉（2020）认为：在改革开放的前 30 年，中国的高速增长伴随一个有利于增长的人口转变过程，可以说这个时期的经济增长来自人口红利。人口红利的确切内涵是需要进一步解释的。在深入解释这一概念之前，有必要先识别改革开放后中国经济增长模式的特征。

事实上，经济增长必然是来自多方面的生产要素投入的综合成果，并不是由单一性要素决定的。中国拥有数量巨大而成本低廉的劳动力资源，这并不意味着可以自动实现经济增长。经济增长需要劳动要素同资本、技术等要素相结合。而由于不同生产要素的作用不同，稀缺性不同，因此不同经济体的经济增长模式的特征，甚至同一经济体在不同时期的经济增长模式的特征，都可能是不尽相同的。

在现实经济中，一个国家或地区的经济增长模式的形成，通常与其所处的自然资源条件及人口状况等因素有密切的关系。在改革开放初期，中国拥有丰富而廉价的劳动力资源，但是总体上资本严重不足、技术水平较低。这种资源格局意味着，对经济增长的制约主要来自资本与技术方面。而此阶段过剩的劳动力资源，就如同"蓄水池"中的水，只有当资本这块可吸水的"海绵"投入经济时，一定数量的劳动力才能被吸纳到相应的经济活动中，由此实现经济增长。因此，改革开放后的中国经济增长与投资密切相关，即经济增长呈现显著的投资驱动特征。同时，数量丰富而价格低廉的劳动力资源成为显著的比较优势,由此决定了以往中国经济增长同时具有显著的出口拉动特征。即以投资和出口拉动经济增长的特征形成,是以中国曾拥有近乎无限供给的劳动力资源为基础的。

投资对经济增长作用的特殊性,体现为投资对需求与供给两方面均有重要的影响。在需求方面,投资是经济总需求的重要部分,是拉动经济增长的"三驾马车"之一。在供给方面,投资是资本积累的源泉,是提高产出能力的基本手段,是提高潜在经济增长能力的重要基础。这些理论上投资与经济增长的关系可以通过中国相关统计数据分析得到验证。

四 中国经济增长与投资数据的历史分析

改革开放以来中国经济实现快速增长,投资发挥了非常重要的作用,以至于"投资拉动"成为以往中国经济增长方式的一个显著特征。这一事实可以用中国统计数据的经验得以表现。即数据经验表明,在中国经济总量与投资总量之间,以及在中国经济总量增长率与投资总量增长率之间,都有着非常高的相关关系。

首先看图 14 – 7 展现的情况。该图是 1978—2020 年中国 GDP 总量与全社会固定资产投资总量的数据曲线图,数据按可比价计算,并经标准化处理。可以看到,两条曲线的相似度是很高的。计算结果表明,图 14 – 7 中的两个时间序列数据之间的相关系数高达 0.99。然而,不难发现,在图 14 – 7 中两条曲线相似度很高的部分,主要出现在 1978—2010 年。可以明显看出,两条曲线在 2017 年和 2018 年有明显较大的差距。

其次看中国 GDP 与投资在增长率层面关系。图 14 – 8 是 1979—2020 年中国 GDP 增长率与全社会固定资产投资增长率的数据曲线图,同样是按可比价计算,并经标准化处理①可以看到,1979—2020 年中国 GDP 增长率与全社会固定资产投资增长率之间存在较为明显的趋同变动趋势。二者相关系数为 0.735,在增长率层面有这样高的相关系数,表明经济增长和投资有密切的关系。

---

① 这里中国 GDP 增长率与投资实际增长率均为按可比价(剔除价格上涨因素)计算的增长率,其中投资价格减缩因子采用全国固定资产投资品价格指数。

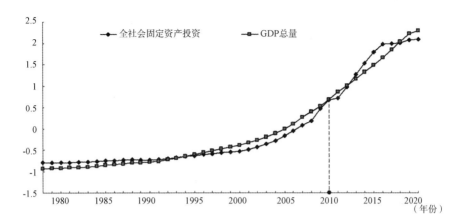

图 14 - 7　1978—2020 年中国全社会固定资产投资总量与 GDP 总量数据曲线

（经数据标准化处理）

资料来源：各年份中国统计年鉴。

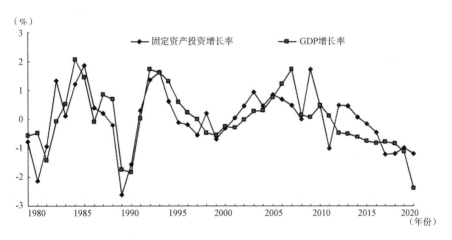

图 14 - 8　1979—2020 年中国 GDP 增长率和全社会固定资产投资增长率

资料来源：同图 14 - 7，按可比价计算。

由图 14 - 8 还可以看到，1979—2008 年，中国 GDP 增长率与全社会固定资产投资增长率之间存在几乎完全趋同的变动趋势。而在 2009 年后，中国 GDP 增长率与全社会固定资产投资增长率的变化趋势呈现较明显的不一致性。这表明在 2009 年后中国投资拉动型的经济增长方式开始出现了变化，2010 年后经济增长和投资增长的不一致性更加明显。这实际是中国经济进入转型期的一种重要预示。而促使中国经济转型的原因，除了和当时外部经济环境的变化（2008 年发生美国次贷危机，之后引发持续多年的国际金融危机）有关外，也同中国已经处于人口结构开始转变有密切的关系。

第三节　中国的国民储蓄率与人口结构的关系

一　中国经济增长、国民储蓄与人口结构的数据关系

根据以上所述可知，1980—2010 年，中国经济增长的模式可以归结为投资驱动型。而投资来源于储蓄。因此，下面进一步考察在此期间投资与储蓄的关系。重点考察两个问题，一是 1980—2010 年中国投资增长是否同国民储蓄率变动有关，二是 2010 年后中国经济增长率出现持续性下降是否同国民储蓄率的变动有关。

如图 14 - 1 所示，2010 年中国国民储蓄率达到最高值，之后呈现持续性下降，和中国 GDP 增长率在 2010 年出现拐点性下降的趋势是完全一致的。现在需要考虑的一个问题是，国民储蓄率和人口结构在数据方面有怎样的关系？

为此，将 1982—2020 年中国国民储蓄率曲线同 15—64 岁人口比重曲线放在一起，以便观察两条曲线的变化趋势（如图 14 - 9 所示）。两条曲线有相似度很高的变化趋势，特别是在 2010 年两条曲线均出现"拐点"，即两条曲线均在 2010 年达到最高值。而在此之后，两条曲线保持了基本相同的下降趋势。用计量经济方法，对两个时间序列数据进行计算的结果表明，相关系数为 0.898。这表明两个时间序列数据之间的相关性是很高的。

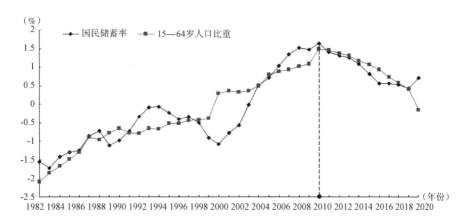

图14-9　1982—2020年中国国民储蓄率和15—64岁人口比重数据曲线

资料来源：数据经标准化处理。

以上数据表明，改革开放以来中国经济增长趋势的拐点，国民储蓄率的拐点，同中国人口结构变化的拐点，基本是同步出现的，即均出现在2010年。这是一种巧合，还是国民储蓄率同人口结构有内在的关系？如果国民储蓄率同人口结构有内在的关系，则意味着以往中国经济增长是和人口结构有关系的。其基本的逻辑关系是，经济增长同投资有关，投资同国民储蓄有关，国民储蓄同国民储蓄率有关，而国民储蓄率同人口结构有关。可见，按此逻辑最终可以归结为中国的人口结构有利于经济增长。这是不是说此期间的中国经济增长同人口红利有关？如果可以得出中国经济增长与人口红利有非常重要的关系，那么如何延续人口红利就成为非常重要的现实问题。

二　国民储蓄率与人口结构内在关系的公式

事实上，现行的人口红利是基于人口数量考察劳动力与经济增长关系而认识的，即现行的人口红利的含义是指劳动力数量相对快速增长而形成有利于经济增长的一种人口结构。这实际是人口数量视角下人口红利为传统意义或一般意义的人口红利。下面构建体现经济增长与人口结构关系的数学模型，通过数学表达人口红利的经济学意义。

（一）基本理论

现代宏观经济增长理论表明，资本积累是决定一定经济区域（国家或地区）总产出增长（经济增长）的一个重要因素。而资本积累的增长来自投资增长，投资增长受制于国民储蓄率。因此在经济学中，国民储蓄率的水平通常被视为体现一定经济区域经济增长潜力的指标。

国民储蓄率与经济增长的关系可以通过数学关系式表示。设 Y 表示一定经济区域的总产出量（如 GDP），K 表示资本存量，L 表示劳动投入。根据生产函数理论，Y 是 K 和 L 的函数，一般形式的生产函数可表现为下面的形式：

$$Y = F(K, L) \tag{14-5}$$

总产出 Y 分为总消费 C 和总投资 I，即 $Y = C + I$。其中，总产出 Y 中用于投资的比例为 s，即 s 就是宏观经济意义的国民储蓄率。总投资 I 为资本存量关于时间变化的增量，在数学上等于资本存量关于时间的导数 $\dfrac{dK}{dT}$，其中 T 表示时间。总投资 I 由下面的关系式决定：

$$I = \frac{dK}{dT} = sY - \delta K \tag{14-6}$$

在式（14-6）中，δ 为折旧率。

式（14-5）和式（14-6）表明，除国民储蓄率 s 之外，如果关系式中的其他变量均保持不变，则国民储蓄率 s 决定总产出 Y 的水平。其逻辑关系是：国民储蓄率 s 提高，将导致总投资 I 的水平提高，进而导致资本存量 K 提高，即生产函数中的 K 提高，由此导致总产出 Y 增加。可见，只要能够建立起国民储蓄率同人口结构的关系，就能建立起总产出同人口结构的关系，也就是建立经济增长与人口结构的关系。

（二）国民储蓄率与人口结构关系的公式

在经济学中，国民储蓄是总产出用于消费后的剩余部分。由于 C 为总消费，因此在不考虑进出口的情况下（或假定视该经济区域为全球经济体系中的经济体），国民储蓄 S 的表达式为：

$$S = Y - C \tag{14-7}$$

需要强调的是，现实经济中的实际产出一定是供需两方面因素共同作用的结果。产出一定是由生产方面生产出来的，但是生产者的实际生产量是依据需求情况决定的。或者说，需求只是影响生产者对产出数量和结构的决策。因此，需要明确式（14-7）是体现需求方面的关系式。其中式（14-7）中的产出 Y 是由生产方面决定的，即由式（14-5）决定的。而在式（14-7）中需求者（消费者）决定的是消费水平 C。因此，储蓄 S 是需求方面（或说是支出方面）决定消费 C 后的剩余。储蓄 S 提供给生产方面由此形成生产性投资。

国民储蓄率 s 是国民储蓄与总产出的比值，即 s 可以表示为下面的形式：

$$s = \frac{S}{Y} = \frac{Y-C}{Y} \tag{14-8}$$

总产出 Y 是来自生产者的成果。设生产出 Y 的经济体中的劳动力数量为 L，劳动力的人均产出水平为 y，则总产出 Y 可以表示为下面的表达式：

$$Y = yL \tag{14-9}$$

假设劳动力的人均消费水平为 c_L，因此劳动力的总消费 C_L 为下面的表达式：

$$C_L = c_L L \tag{14-10}$$

假设该经济体中老年人口的人均消费水平为 c_R，老年人口数量为 R，因此老年人口的总消费 C_R 为下面的表达式：

$$C_R = c_R R \tag{14-11}$$

假定只考虑该经济体中的劳动力群体和老年人口，暂时忽略未成年人口，则总消费 C 是劳动力群体和老年人口这两类人口消费之和，即有下面的关系式成立：

$$C = C_L + C_R = c_L L + c_R R \tag{14-12}$$

如果考虑未成年人，则未成年人可视为包含在老年人口中，因为未成年人在经济行为方面同老年人是一样的，即都是没有经济属性劳动行为的纯粹消费者。而为了分析的简便性，这里省略了对未成年人的考虑，这样的省略并不会影响分析的结论。

结合上面的各关系式，将式（14-12）代入式（14-8）可以推导出国民储蓄率 s：

$$s = \frac{Y-C}{Y} = 1 - \frac{C}{Y} = 1 - \frac{c_L L + c_R R}{yL} = 1 - \frac{c_L}{y} - \frac{c_R}{y}\frac{R}{L}$$

即

$$s = 1 - \frac{c_L}{y} - \frac{c_R}{y}\frac{R}{L} \qquad (14-13)$$

式（14-13）就是决定国民储蓄率的公式。该公式表明在保持劳动力人均水平、劳动力和老年人平均消费倾向不变的情况下，国民储蓄率是由人口结构因素决定的。人口结构变量在式（14-13）中是由$\frac{R}{L}$体现的。

第四节　人口红利的数学表示及其经济学意义

一　人口红利的数学体现

在式（14-13）中，$\frac{R}{L}$是老年人口数量与劳动力数量之比，这实际是体现人口结构的变量。因此，式（14-13）就是关于国民储蓄率同人口结构关系的公式，即体现的是国民储蓄率 s 与人口结构变量$\frac{R}{L}$的关系式。而实际上，式（14-13）也是体现人口红利的数学关系式。

式（14-13）的重要性在于，当劳动力的人均产出水 y，劳动力的人均消费水平和老年人口的人均消费水平都不变时，人口结构变量$\frac{R}{L}$便可以决定国民储蓄率的水平。即如果劳动力数量增长大于老年人口数量增长，这时对应的是$\frac{R}{L}$趋于变小的情况，式（14-13）$\frac{R}{L}$项前面为负号，由此得到国民储蓄率 s 同$\frac{R}{L}$是反向关系。即$\frac{R}{L}$减少的结果对应的是国民储蓄率 s 提高。进一步分析可以看到，这种国民储蓄率增大的效应完全是人口结构变化产生的，即$\frac{R}{L}$减少是人口年轻化的结果，即经济中劳动力数量增长大于老年人口数量增长的结果。

二　人口结构影响经济增长的机制

由上述的分析可以得到人口结构影响经济增长的机制是：人口结构变量（老年人口数量与劳动力数量之比）$\frac{R}{L}$影响国民储蓄率s，国民储蓄率s影响投资I，投资I影响资本存量K，资本存量K影响总产出Y。同时，人口结构变化还直接影响劳动力数量及稀缺性，因此人口结构变化也具有直接影响劳动投入进而影响总产出的作用。对此，可以通过图14–10展示人口结构影响经济增长的机制。其中，图14–10中的人口结构是以老年人口数量与劳动力数量之比为变量体现的。

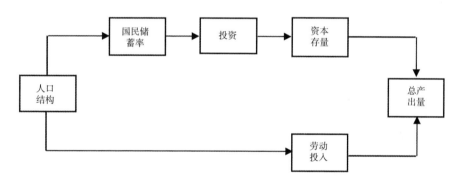

图 14 – 10　人口结构影响经济增长的机制

三　年轻化的人口结构对国民储蓄率的影响——产生人口红利

利用体现国民储蓄率同人口结构关系的式（14–13），可以清楚地解释人口红利的含义。

首先，式（14–13）清楚地表明，人口结构变量$\frac{R}{L}$的变动对国民储蓄率s有直接的影响。其次，由于式（14–13）中的系数$\frac{c_R}{y}$始终必然为正，

国民储蓄率 s 与人口结构变量 $\frac{R}{L}$ 是负向关系。即若 $\frac{R}{L}$ 增大，则 s 减小；若 $\frac{R}{L}$ 减小，则 s 增大。

因此，$\frac{R}{L}$ 变小，在其他变量保持不变的情况下，国民储蓄率 s 将增大，而 s 增大即经济增长潜力提高。而 $\frac{R}{L}$ 变小，对应的 $\frac{L}{R}$ 增大，即劳动力增长高于老年人口增长的情况。其经济意义是：经济增长潜力的提高可以只通过提高劳动力在人口中的占比而实现，并不需要改变经济中的其他条件。这意味着通过人口结构的变化，就能使经济增长获得"不期而得""坐而获利"的效果，这等同于经济增长获得了意外"红利"。学术上称此种情况下的经济增长获得了人口红利。

式（14－13）中的 $\frac{R}{L}$ 实际上也是体现人口老龄化或年轻化程度的指标。例如，如果比值 $\frac{R}{L}$ 是不断提高的趋势，则在现实中主要对应的是老年人口数量增长超过劳动力数量增长的情况，与此对应的是人口老龄化。如果比值 $\frac{R}{L}$ 主要是不断下降的趋势，则在现实中主要对应的是劳动力数量增长超过老年人口数量增长的情况，与此对应的是人口年轻化。可见，人口红利对应的是人口年轻化的情况。这表明，人口红利的本质是来自人口结构年轻化过程中所产生的有利于经济增长的一种情况。而这种人口结构年轻化的作用，一是通过提高国民储蓄率而促进经济增长，二是通过增加劳动力数量而促进经济增长。

上述的效应便是经济增长中的人口红利效应。这意味着经济中除了人口结构（劳动力数量和老年人口数量的比例关系）年轻化，而其他因素均不变，可以得到国民储蓄率的提高，即经济增长潜力提高。这视为一种"红利"，是人口结构变化产生的人口红利。即只有人口结构年轻化，经济中的其他各参数均可以不变，便可以产生提高国民储蓄率的效应，这如同"天赐"经济增长的动力一样，因此可以视之为"红利"。这是来自人口结构年轻化的"红利"，故称为人口红利。

第五节　人口老龄化对国民储蓄率的影响

人口老龄化对国民储蓄率的影响，可以归结为人口结构与国民储蓄率关系的问题。对此，式（14 - 13）实际上已经展示了两者之间的关系，即体现为国民储蓄率 s 与 $\frac{R}{L}$ 的关系。人口老龄化对应的是 $\frac{R}{L}$ 提高，而式（14 - 13）表明，其结果是在其他参数不变的情况下，国民储蓄率 s 下降。可见，人口老龄化对国民储蓄率的影响是内生性的。

一　人口老龄化与国民储蓄率的基本关系与相关条件

式（14 - 13）揭示了国民储蓄率受到人口老龄化影响的基本关系。当仅是考察两者的基本关系时，需要将其他有关参数或变量暂时视为不变。从式（14 - 13）可以看到，国民储蓄率受到人口老龄化怎样的影响，不仅同人口老龄化变量大小有关，而且同其他有关参数的情况有关。式（14 - 13）表明，国民储蓄率同劳动生产率 y、劳动力人均消费倾向 c_L、老年人口人均消费倾向 c_R 有关。

例如，如果劳动生产率 y 是提高的，将对国民储蓄率起正向的提高作用。因此，在现实经济中如果劳动生产率水平是处于不断提高的状态，则在人口老龄化程度不断提高的过程中，也许实际上并不是表现为国民储蓄率下降的情况。即实际的国民储蓄率是由多方面因素的综合效果决定的，而不是由人口老龄化因素唯一决定的。

如令 $\alpha = \frac{R}{L}$，则根据式（14 - 13）有下面的关系式成立：

$$\frac{\partial s}{\partial \alpha} = -\frac{c_R}{y}$$

可见，国民储蓄率受到人口老龄化因素影响的大小，是同其他因素如劳动生产和老年人口平均消费倾向有关的。

二　人口老龄化的"人口负利"效应

人口老龄化程度提高而对国民储蓄率产生的负向影响，可以视为人口老龄化对经济产生的负面效应，对此效应可称为人口负利。此概念的内涵是与人口红利的内涵相对应的，或者说人口负利是人口红利的反向效应。

由于 $\frac{R}{L}$ 也是体现人口结构的一种变量，因此利用式（14 - 13）还可以分析人口老龄化背景下人口结构变化的效应。现假定经济中的劳动力数量增长慢于老年人口数量增长，因此老年人口数量与劳动力数量的比值 $\frac{R}{L}$ 趋向不断增大。这时根据式（14 - 13），容易得出如果 $\frac{R}{L}$ 增大，在其他变量保持不变的情况下，国民储蓄率 s 变小的结论。其经济意义是：在人口老龄化的过程中，人口结构变量 $\frac{R}{L}$ 趋向增大，因此经济中如果其他因素不变化，则经济增长潜力必然趋于下降。而经济增长潜力的这种下降，仍然是"不期而得"的，是"坐收负利"的情况，也就是等同于经济增长获得了意外负效应。可见，这里所说的人口负利，本质上是来自人口老龄化过程中所产生的不利于经济增长的一种情况。这一结论表明，人口老龄化本质上具有不利于经济增长的内在机制。而这种机制有两个传导途径：一是通过人口老龄化降低国民储蓄率而不利于经济增长，二是通过降低劳动力供给与提高劳动力稀缺性而不利经济增长。

总之，人口负利的含义指：当人口结构老龄化时，在其他任何条件都不变的情况下，国民储蓄率自动降低，而这种降低同样是不期而得的，因此人口老龄化有降低经济增长潜力的内在机制，称为人口负利。即式（14 - 13）中老年人口数量增速超过劳动力数量增速时，该表达式体现的人口负利的数学表述。

三　人口老龄化主要对应人口负利

简而言之，人口年轻化对应的是人口红利，而人口老龄化对应的则是人口负利。然而，从人的生命周期视角看，任何的年轻劳动力最终都将成为退休的老年人。因此，从人类生命周期的时间长度，或从经济的长周期乃至无限的远期看，在一定时期表现出的人口红利，必然意味着在未来的某个时期出现人口负利。其道理在于，现期相对多的劳动力终将成为远期相对多的老年人。而由于当前人类社会主要面临的是预期寿命不断延长的局面，因此人口老龄化意味着未来的人口负利效应或相对更为严重。

21 世纪是老龄经济的世纪，因此在未来的老龄经济中，人口负利是主要的趋势。但是，这一结论主要是基于传统意义的人口红利的结果，所谓传统意义这里指基于人口数量。于是，一个具有现实意义的重要问题是：传统意义的人口红利是基于劳动力数量变化的人口结构来定义的，那么是否存在有别于劳动力数量变化的新型人口红利有待认识和挖掘？这一问题等同于是否存在其他视角下的人口红利，如人口质量、人口健康的视角？对这一问题，将在后面章节进行讨论。

第十五章

人口老龄化对消费的影响

总产出或总收入在老年人口与劳动力之间的分配，体现着代际收入分配。代际收入分配实际是产出或总收入基于人口结构的一种分配。随着人口老龄化的快速进展，代际收入之间的均衡性和差距状况不仅是影响老年人的福利水平，也是影响经济运行的重要因素。本章主要在宏观层面分析人口老龄化引发的代际收入变动对总消费（储蓄）的影响。

第一节　人口老龄化影响消费的机制

宏观经济层面上的总需求可以分为消费、投资与出口三大需求。可见，消费需求是总需求的一个重要组成部分。在改革开放的 30 多年里，中国经济的高速增长主要依靠投资与出口需求的拉动，而消费需求拉动经济增长的作用相对较弱。因此，转变中国经济增长方式的一个关键，就是要提高消费需求对中国经济增长的促进作用。在此背景下，人口老龄化对消费需求的影响对中国经济增长是具有重要现实意义的问题。

一　养老的本质与养老制度无关

老年人的消费需求，一个很重要的内容是养老的需求。而养老的实现过程实际上就是劳动者将其生产成果的一部分出让给老年人消费的过程。总体上看，老年人和在职的劳动者是上代人与下代人的关系，因此养老实现过程的本质实际是一种代际交易，即在上代人（老年人）与下代人（年轻人，即劳动者）之间进行的一种交易。

从实体经济的层面看，这种交易与养老制度无关。即无论是怎样的养老方式和养老保障制度，养老的实现最终是由年轻人（劳动者）为老年人提供产品或服务。因此，在养老的实现过程中，在年轻人和老年人之间存在供给与需求的关系。这种供给与需求的关系存在于两个市场，一个是产品（包括服务）市场，另一个是金融（资金）市场。

在产品市场，劳动者提供产品或服务给老年人，因此劳动者是产品市场中的供给方面，老年人是产品市场的需求方面。而在金融市场，老年人的养老储蓄是一种重要的资金来源，因此老年人的养老储蓄是金融市场中的资金供给方面。对老年人而言，养老的实现过程就是以养老金换取年轻人生产并提供的产品或服务，于是年轻人得到收入（资金）。

因此，老年人的养老行为，或者说老年人的消费行为，是通过上述两个市场而现实的。可见，老年人是需求者还是供给者，取决于老年人是处在哪个市场中。若处于产品市场，老年人是需求者；如处于金融市场，老年人是供给者。随着在人口老龄化过程中老年人口的不断增加，老年人的需求必然是影响经济越来越重要的因素。

二　人口老龄化影响消费的基本机制

实际上，上述所说的两个市场即产品市场和金融市场是理论性和抽象性的。在现实生活中，当老年人具体实现购买年轻人的产品或服务时，实际上是老年人和年轻人同时完成了在两个市场上的交易行为。即上代人支付了资金，下代人支付了产品或服务。若将这一过程放到宏观经济层面来看，这便是上一代人用资金换取下一代人的劳动成果的过程，而本质上则是一种代际交换。

如果老年人用于购买劳动者产品或服务的资金，是来自老年人在年轻时工作收入的储蓄，那么这种养老储蓄就是一种重要的资本来源。于是，人口老龄化可以通过养老储蓄而对实体经济与金融经济都有重要的影响。对此，人口老龄化影响消费的基本机制，可以分为宏观和微观两个层面的问题。

在宏观层面，人口老龄化对应老年人口比重上升，由此导致老年人口的消费总量、消费结构以及消费的实际内容发生变化，由此影响经济总需求进而影响宏观经济。而在微观层面，个人老龄化表现为个人预期寿命的不断延长，由此影响个人作为劳动者时的消费预期、消费行为及消费倾向。其结果是影响个人和家庭的消费需求，而微观所有个人和家庭的消费总和最终构成对宏观经济的影响。如上所述的人口老龄化影响消费的机制如图 15 - 1 所示。

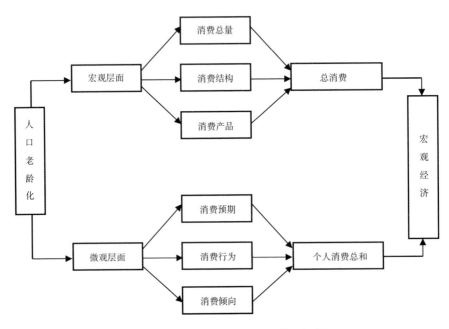

图 15 - 1　人口老龄化影响消费的机制

第二节　养老水平与人口老龄化程度变动的基本效应

一　基本假定

经济中的总消费是所有消费者的消费总和。在人口老龄化的背景下，老年人口是重要的消费群体，因而对总消费进而对总需求都有重要的影响。现将经济中的消费者划分为劳动力和老年人口两个消费群体，因此总消费是劳动力群体消费与老年人口消费之和。需要明确有关假设条件如下：

（1）设经济中的劳动力群体收入总额为 Y_L，劳动力平均消费倾向为 c_L（$0 < c_L < 1$）；

（2）设经济中的老年人口收入总额为 Y_R，老年人平均消费倾向为 c_R（$0 < c_R < 1$）；

（3）设经济总收入为 Y，则有 $Y = Y_L + Y_R$。这表明经济总收入（总产出）Y 被划分为两个部分，一部分用于劳动力群体的消费，另一部分用于老年人口的消费。

（4）设经济中的劳动力数量为 L，老年人口数量为 R，总人口数量为 N，则有 $N = L + R$。

平均消费倾向是指收入中用于消费的比率。注意，平均消费倾向与平均消费水平不是同一概念。平均消费水平指人均消费水平，即针对人数而言，其单位是元/人。而平均消费倾向是针对收入而言，即一定收入中用于消费的比率，其单位是无量纲的，如 100 元中有 60 元用于消费，因此平均消费倾向是 60 元比 100 元，结果是 0.6，即没有量纲。

根据上面的假定可知，劳动力群体的消费总量为 $c_L Y_L$，老年人群体的消费总量为 $c_R Y_R$。因此，在只考虑劳动力和老年人组成的经济中，可以得到下面的总量消费表达式：

$$C = c_L Y_L + c_R Y_R \tag{15-1}$$

二　总收入在劳动力与老年人群体之间的配置

式（8-5）曾给出的养老水平系数的定义 θ 为：

$$\theta = \frac{Y_R}{R} \Big/ \frac{Y}{N} \tag{15-2}$$

由式（15-2）定义的 θ 是老年人口的平均收入水平与经济中总人口的平均收入水平的比率，体现了老年人群体平均收入的相对水平，称 θ 为养老水平系数。为方便论述，现将式（15-2）的关系式转换如下：

$$\theta = \frac{Y_R}{R} \Big/ \frac{Y}{N} = \frac{Y_R}{Y} \frac{N}{R} = \frac{Y_R}{Y} \frac{1}{(R/N)} = \frac{1}{\alpha} \frac{Y_R}{Y} \tag{15-3}$$

式（15 - 3）中的 α 为 $\alpha = \dfrac{R}{N}$，是老年人口占总人口的比重。因此，由式（15 - 3）可得：

$$Y_R(T) = \theta\alpha Y(T) \qquad （T \text{ 表示时间}） \qquad (15 - 4)$$

由于 $Y = Y_L + Y_R$，因此根据式（15 - 4）可以得到总量产出 $Y(T)$ 的一种表达式：

$$Y(T) = Y_L(T) + \theta\alpha Y(T) \qquad (15 - 5)$$

即：

$$Y_L(T) = Y(T) - \theta\alpha Y(T) \qquad (15 - 6)$$

由于老龄化率 α 和总产出或总收入 Y 是既定的，因此由式（15 - 6）可知，只要 θ 一定，产出 Y 在老年人与劳动力之间的配置关系即为一定。按式（15 - 5），$Y_L(T)$ 是 $Y(T)$ 中配置给劳动力的部分，$Y_R(T) = \theta\alpha Y(T)$ 是配置给老年人的部分。

现假定老年人对其养老收入 $Y_R(T)$ 不再进行储蓄，而是全部用于其消费。因此，经济中只能对 $Y_L(T)$ 进行投资。也就是说，在考虑人口老龄化因素后，可用于劳动力进行投资的产出部分是 $Y_L(T)$，而不是全部的产出 $Y(T)$。

设劳动力的储蓄率为 s，则经济中的投资量为

$$\frac{dK}{dT} = sY_L(T) - \delta K(T) \qquad (15 - 7)$$

$\dfrac{dK}{dT}$ 是投资 I 的另一种表现形式，即有 $I = \dfrac{dK}{dT}$。将式（15 - 6）代入式（15 - 7），得到下面关系式：

$$\frac{dK}{dT} = s\left[Y(T) - \alpha\theta Y(T) \right] - \delta K(T) \qquad (15 - 8)$$

注意：这里的 s 是劳动力的储蓄率，即不包括老年人的储蓄率。由式（15 - 8）可知，如果其他参数不变，老年人口比重 α 上升，则 $\dfrac{dK}{dT}$ 将减少，即投资量减少。

三　总消费与老年人口比重的关系

根据前面的讨论可知，以下关系成立：$Y_R = \theta\alpha Y$ 及 $Y_L = (1 - \theta\alpha)Y$，将

此关系式代入式（15 - 1）中得到

$$C = c_L(1 - \theta\alpha)Y + c_R\theta\alpha Y$$

即

$$C = [c_L + \theta\alpha(c_R - c_L)]Y \qquad (15 - 9)$$

式（15 - 9）就是表示总量消费水平 C 与老年人口比重 α 之间关系的公式。按式（15 - 9）所表示的关系，α 对 C 有怎样的影响，$c_R - c_L$ 这一项的正负性是一个关键的因素。具体情况如下：

（1）如果 $c_R - c_L < 0$，则在式（15 - 9）中 $\theta\alpha(c_R - c_L)$ 为负，在这种情况下老年人口比重 α 或养老水平系数 θ 提高，将导致 $c_L + \theta\alpha(c_R - c_L)$ 减少。这样，对于相同的收入总量 Y，$c_L + \theta\alpha(c_R - c_L)$ 的减少意味着总消费水平 C 降低。

（2）如果 $c_R - c_L > 0$，则在式（15 - 9）中 $\theta\alpha(c_R - c_L)$ 为正，在这种情况下老年人口比重 α 或养老水平系数 θ 提高，结果将是导致总消费水平 C 提高。

（3）如果 $c_R - c_L = 0$，则老年人口比重 α 或养老水平系数 θ 的任何变化，对总消费不产生任何影响。

可见，对 c_R 和 c_L 大小的判断是非常关键的因素。无论是从实际经验，还是从经济学理论上都可以表明，劳动力的平均消费倾向 c_L 应小于老年人口的平均消费倾向 c_R。也就是 $c_L < c_R$ 成立是主要的。对此可从以下两个方面进行说明。

首先，消费倾向随收入水平增加而递减，如果老年人口的人均收入水平低于劳动力人均收入水平，那么就应有 $c_L < c_R$ 成立。此结论在西方国家是普遍成立的。高收入者具有相对较低消费倾向，就可以得出劳动年龄人口的平均消费倾向低于老年人口的平均消费倾向这一结论，即 $c_L < c_R$ 成立。

其次，还可以从生命周期与永久收入假说理论上说明 $c_L < c_R$ 成立的理由。用最简洁的方式来表述生命周期与永久收入假说的理论：消费者试图使其一生的消费水平都是平稳的，消费水平取决于其收入中的永久性部分而不是全部收入。由于消费者在退休后的收入水平下降，为了保持其原有的消费水平，就必须提高消费倾向，即必须保证 $c_L < c_R$ 成立才能使消费水平基本稳定。

另外，中国的有关数据也在一定程度上支持了上述结论，具体见本章第五节的内容。因此，通过以上的分析可以判定：$c_R - c_L > 0$ 是可能的情况。于是，式（15 - 9）中的 α 项的符号被视为正号。这表明，如果收入总量（总量产出）不变，总消费水平 C 将随 α 的提高而增加。这说明人口老龄化程度提高将产生提高消费需求的作用。注意：这一结论是以收入总量（产出总量）Y 既定为前提的。

四　人口老龄化对总消费影响的复杂性

上述结论成立的一个重要前提，是老年人口比重对总产出 Y 没有影响。然而，事实上这一前提条件在现实经济中并不是严格成立的。现实经济中的实际产出（或收入），是由需求与供给共同决定的。老年人口比重 α 的变化如何影响产出，实际上是很复杂的问题，与经济中的具体条件有关。以下通过 α 对产出 Y 影响的几种可能性进行分析，由此可以看到 α 变动对总消费 C 的影响是复杂的。

老年人口比重 α 对总量消费 C 的影响，可以用 $\dfrac{\partial C}{\partial \alpha}$ 来体现。对式（15 - 9）求总消费 C 关于 α 的微分，可得到下面关系式：

$$\frac{\partial C}{\partial \alpha} = \theta(c_R - c_L)Y + [c_L + \theta\alpha(c_R - c_L)]\frac{\partial Y}{\partial \alpha} \qquad (15 - 10)$$

由于 $c_R - c_L > 0$，因此可对式（15 - 10）进行如下的分析：

（1）当 $\dfrac{\partial Y}{\partial \alpha} < 0$ 时，必有 $\dfrac{\partial C}{\partial \alpha} > 0$。其意义是：如果老龄化率 α 的提高起增加产出的正作用，则 α 也将起提高总消费水平 C 的正向作用。

（2）当 $\dfrac{\partial Y}{\partial \alpha} < 0$ 时，虽然式（15 - 10）中 $\theta(c_R - c_L)Y$ 为正，但 $\dfrac{\partial C}{\partial \alpha}$ 可能为正也可能为负，这种情况需要进一步分析：

情况一：$\dfrac{\partial Y}{\partial \alpha} < 0$，但这时 $\dfrac{\partial Y}{\partial \alpha} > \dfrac{-\theta(c_R - c_L)Y}{c_L + \theta\alpha(c_R - c_L)}$，故得 $\dfrac{\partial C}{\partial \alpha} > 0$。也就是说，在这种情况下，老龄化率 α 的提高将使 C 的值增加。这种情况所对应的经济是老龄化率 α 的提高使消费 C 增加，但由于式（15 - 10）中 $[c_L + \theta\alpha(c_R - c_L)]$ 这一项的系数 $\dfrac{\partial Y}{\partial \alpha} < 0$，故这种情况下消费 C 的增加程度比（1）中情况消

费 C 的增加程度要小。

情况二：$\dfrac{\partial Y}{\partial \alpha} < \dfrac{-\theta(c_R - c_L)Y}{c_L + \theta\alpha(c_R - c_L)}$，这时得 $\dfrac{\partial C}{\partial \alpha} < 0$。在这种情况下，老龄化率 α 的提高将使消费 C 减少。

通过上述讨论可以看到，老年人口比重变动对总消费水平的影响是复杂的。即根据不同的条件，人口老龄化程度变动既可能对消费需求起正向作用，又可能对消费需求起负向作用。因此，如何识别现实经济中的具体条件，成为判断人口老龄化因素效应的关键。

第三节　代际收入分配变动对总量消费与储蓄的影响

收入是影响消费的重要因素，对此许多消费理论都有论述。在老龄社会中，随着人口老龄化程度不断提高，老年人口成为越来越重要的消费群体。以下分析总收入在劳动力群体与老年人口群体之间的分配比例关系变动，由此对总量消费的影响。

一　基本理论

凯恩斯消费理论、生命周期理论、永久收入假说、无限期界模型和世代交叠模型等，都是当前经济学中的经典消费理论。然而，在这些消费理论中都基本遵循同一个假定，即"消费者无差异"。在这样的假定下，收入与消费都可以用单一变量表现，而不涉及收入结构产生的差异性，从而可以单纯分析收入与消费的关系。这样的做法的确可以给分析带来方便，但实际上却忽略了不同消费者之间的差别对总消费的影响。

应当把经济中的人口按劳动力和老年人区分。在下面的分析中，变量意义与条件假设同上一本节相同。并假定劳动力群体的平均消费倾向小于老年人群体的平均消费倾向，即 $c_L < c_R$ 成立。

设 $\sigma = \dfrac{Y_L}{Y}$（$0 < \sigma < 1$），则 σ 为劳动力群体的收入占总收入的比率。σ

的大小体现了总收入在劳动力群体与老年人群体之间的分配比率。这实际上是一种代际收入的分配比率，即是关于总收入中的多大比例部分成为劳动力群体的收入，多大比例部分成为老年人群体的收入。因此，σ 被称为代际收入分配系数。由于 $Y_L = (1 - \alpha\theta)Y$，可将此式代入 $\sigma = \dfrac{Y_L}{Y}$，故得到下面的表达式：

$$\sigma = (1 - \alpha\theta) \tag{15-11}$$

二 代际收入分配系数 σ 的计算

由 $Y_R = Y - Y_L$ 及 $Y_L = \beta Y$，代入（15-1）式并整理，可得（15-1）式的另一表达式：

$$C = [(c_L - c_R)\sigma + c_R]Y \tag{15-12}$$

或写成：

$$C = [\sigma c_L + (1 - \sigma)c_R]Y \tag{15-13}$$

记 $\sigma c_L + (1 - \sigma)c_R = \bar{c}$，则（15-13）式可简写为：

$$C = \bar{c}Y \quad [\bar{c} = \sigma c_L + (1 - \sigma)c_R] \tag{15-14}$$

式（15-14）中 $\bar{c}$ 就是总体居民的平均消费倾向。由于 $c_L < c_R$ 及 $0 < \sigma < 1$，故 $\bar{c}$ 乃是 c_L 与 c_R 的加权平均值，因而 $c_L < \sigma c_L + (1 - \sigma)c_R < c_R$ 成立。也就是说，总体居民的平均消费倾向 $\bar{c}$ 大小介于 c_L 与 c_R 之间。

平均消费倾向 $\bar{c}$ 有确切的含义：$\bar{c}$ 是劳动力与老年人两类群体平均消费倾向的加权平均值，因此 $\bar{c}$ 含有总收入的代际分配的结构效应。

由公式 $\sigma c_L + (1 - \sigma)c_R = \bar{c}$ 解出 σ，可得代际收入分配系数 σ 的测算公式：

$$\sigma = \frac{c_R - \bar{c}}{c_R - c_L} \tag{15-15}$$

式（15-15）表明，σ 可以由全体人口、劳动力和老年人的平均消费倾向来确定，这提供了估算 σ 的一种方法。式（15-15）说明，如果能够估计出老年人口群体、劳动力群体和全体人口的平均消费倾向，那么就能得到总收入在老年人口与劳动力这两类群体之间的分配情况，也就是两代人之间的分配情况。

三　代际收入分配系数对总量消费与储蓄的影响

首先，根据 $C = [(c_L - c_R)\sigma + c_R]Y$，对于相同的 Y 及不同的 σ 会得到不同的 C 值。由于储蓄 S 与消费 C 的关系是 $S = Y - C$，这说明即使对于相同的总收入水平 Y，由于收入分配结构不同，消费总量 C 的水平也将不同，从而储蓄 S 的水平也不同。这从理论上证明了，老年人群体与劳动力群体之间的代际收入差距，对消费水平进而对储蓄水平有直接的影响。

其次，由于 $c_L - c_R < 0$，同样根据 $C = [(c_L - c_R)\sigma + c_R]Y$，总消费 C 是收入分配系数 σ 的减函数。因此，在收入 Y 一定的情况下，消费 C 随 σ 的增大而减小，随 σ 的减小而增大。σ 增大表示劳动力占有总收入相对更大的比重。因此，这一结论表明：如果经济的总收入一定，劳动力群体在总收入中的比重越高，总消费水平相对越低，总储蓄水平相对越高；老年人群体在总收入中的比重越高，总消费水平相对越高，总储蓄水平相对越低。如果老年人均收入水平不变，老年人口数量增加将导致老年人群体收入增加，因此 β 值的水平下降。这意味着在上述条件的情况下，人口老龄化程度提高具有增加消费而降低储蓄水平的效应。

第四节　不同代际收入分配的变动
对消费与储蓄的影响

一　基本假定

经济中不同群体增加收入，会对总量消费产生不同的作用。假定总收入 Y 有一个增量 ΔY，那么实现这个 ΔY 可以有三种方式：一是劳动力群体增加收入，老年人的群体收入不增加；二是老年人群体增加收入，劳动力群体的收入不增加；三是老年人和劳动力两个群体的收入都增加。

问题是：对于同一增量 $\Delta Y > 0$，三种不同的收入增长方式对总消费 C 所产生的作用是否一样？对式（15-1）求微分，得：

$$dC = c_L dY_L + c_R dY_R \tag{15-16}$$

从式（15-16）可以看到：

第一种方式：$dY_L = \Delta Y$，$dY_R = 0$，这时由式（15-16）可知 C 的增加量为 $c_L \Delta Y$。

第二种方式：$dY_R = \Delta Y$，$dY_L = 0$，这时由式（15-16）可知 C 的增加量为 $c_R \Delta Y$。

由于 $c_R > c_L$ 及 $\Delta Y > 0$，故 $c_R \Delta Y > c_L \Delta Y$。这一结论的意义是：由 Y_R 增加而 Y_L 不变所导致 C 的增加量，要大于由 Y_L 增加而 Y_R 不变所导致 C 的增加量。这在现实经济中的实际意义是：对同一笔收入，给低收入者所导致消费的增加量要大于给高收入者所导致消费的增加量。

容易证明，在第三种方式中，当老年人和劳动力两个群体的收入都增加时，由此导致消费的增加量介于 $c_L \Delta Y$ 与 $c_R \Delta Y$ 之间。

由以上分析可得出的结论是：对同一收入增量，分配给老年人群体还是分配给劳动力群体，导致的消费增加效应不同；如果 $c_R > c_L$，即老年人的消费倾向大于劳动力的消费倾向，则分配给老年人群体所产生的增加消费的效应最大，分配给劳动力群体对增加消费的效应最小。这样的结论对政策的指导意义是：如果能够确定老年人的消费倾向相对较大，那么增加老年人群体的收入具有相对较高的增加消费的效应。

二　代际收入分配系数的变动对消费与储蓄影响的弹性分析

代际收入差距对消费的作用，可以用 $\dfrac{\partial C}{\partial \beta}$ 度量。从式（15-12）可得消费 C 关于 σ 的偏导数：

$$\frac{\partial C}{\partial \sigma} = Y(c_L - c_R) \qquad (15-17)$$

由于根据前面的假定有 $c_L - c_R < 0$，因此 $\dfrac{\partial C}{\partial \sigma}$ 为负值。这表明，消费 C 随 σ 的降低而增加，随 σ 的升高而减少，即随劳动力收入比重的增大，消费水平将下降。此外，还可以进一步计算出消费 C 对 σ 的弹性系数。

消费 C 对 σ 的弹性系数为 $\dfrac{\partial \ln C}{\partial \ln \sigma}$。于是，由式（15-17）可得：

$$\frac{\partial \ln C}{\partial \ln \sigma} = \frac{\sigma}{C} \frac{\partial C}{\partial \sigma}$$

$$= \frac{\sigma}{C} Y(c_L - c_R)$$

$$= \frac{\sigma}{Y[(c_L - c_R)\sigma + c_R]} Y(c_L - c_R)$$

$$= \frac{\sigma(c_L - c_R)}{(c_L - c_R)\sigma + c_R}$$

$$= \frac{\sigma(c_L - c_R) + c_R - c_R}{(c_L - c_R)\sigma + c_R}$$

即

$$\frac{\partial \ln C}{\partial \ln \sigma} = 1 - \frac{c_R}{\bar{c}} \qquad [\bar{c} = (c_L - c_R)\sigma + c_R] \qquad (15-18)$$

由于 $\bar{c} < c_R$，因此 $\frac{\partial \ln C}{\partial \ln \sigma} = 1 - \frac{c_R}{\bar{c}} < 0$。这说明在其他条件不变的情况下 σ 的变动方向与消费 C 的变动方向是相反的，即当 β 下降时 C 上升，σ 上升时 C 下降。其实，式（15-17）就已揭示了这一情况。弹性系数值的大小取决于 c_R 与 $\bar{c}$ 之比值的大小。

式（15-18）同样也具有这样的政策意义：是否以增加老年人的收入水平作为刺激消费的方式，其成效如何，一个重要的评判指标就是：老年人的平均消费倾向 c_R 与总体居民的平均消费倾向 $\bar{c}$ 之间差距的大小，这个差距越大，弹性系数的绝对值就越大，缩小代际收入差距对提高的消费作用就越大。

三　收入总量变动效应与收入分配系数变动效应间的替代关系

一般而言，消费是收入的函数，即收入水平变动将导致消费水平变动。换句话说，如果收入水平不变，消费水平也将保持不变。现在的问题是，在考虑总收入水平不变的情况下，如何实现总消费水平提高？这就需要考虑收入结构变动的效应。

如前所述，同一经济总收入 Y，对劳动力群体与老年人群体的分配不同，所对应的总消费水平也将不同。即如果保持 Y 不变，通过改变 σ 可以起到使消费 C 变动的效应。反之，如果保持 σ 不变，通过改变 Y 也可以使消费 C 产生同样的变动效应。因此，在 σ 与 Y 之间存在替代关系。

在式（15-16）中令 $dC=0$，可以得到下面的关系式：

$$\frac{dY_L}{dY_R} = -\frac{c_R}{c_L}$$

$\frac{dY_L}{dY_R}$ 就是保持总消费 C 不变时劳动力群体对老年人群体的收入边际替代率。Y_R 与 Y_L 之间的替代关系，可以以转化为收入总量 Y 与代际收入分配系数 σ 之间的替代关系来体现。即保持 Y 不变时，改变 σ 可以使消费 C 变动；同样，保持 σ 不变时，改变 Y 同样也可以使消费 C 产生等量的变动，即在 σ 与 Y 之间有替代关系。

可以证明，保持总消费水平不变的 σ 与 Y 的边际替代率为下面的表达式：

$$\frac{dY}{d\sigma} = \frac{Y}{\sigma} \cdot (\frac{c_R}{\bar{c}} - 1)$$

证明：由（15-12）式得：$dC = (c_L - c_R)Yd\beta + [(c_L - c_R)\beta + c_R]dY$。令 $dC=0$，得：

$$[(c_L - c_R)\beta + c_R]dY = -Y(c_L - c_R)d\sigma$$

得：

$$\frac{dY}{d\sigma} = \frac{-(c_L - c_R)Y}{[(c_L - c_R)\sigma + c_R]} = -\frac{Y}{\sigma} \cdot \frac{(c_L - c_R)\sigma + c_R - c_R}{[(c_L - c_R)\sigma + c_R]}$$

经整理，得：

$$\frac{dY}{d\sigma} = \frac{Y}{\sigma} \cdot (\frac{c_R}{\bar{c}} - 1) \quad [\bar{c} = (c_L - c_R)\sigma + c_R] \qquad (15-19)$$

$\frac{dY}{d\sigma}$ 即为 Y 对 σ 的边际替代率，证毕。

由于 $\bar{c} < c_R$，故式（15-19）的 $dY/d\sigma$ 为正。这说明要保持消费水平不变，σ 与 Y 的变动方向必须一致，即当 σ 提高时，必须相应地提高总收入水平 Y 才能保持消费水平不变。而 σ 的上升意味着收入的两极分化程度加剧，按照前面的理论这将引起消费需求下降，因此要保持消费不变，就要通过适当提高总量收入水平 Y 来弥补。当 σ 下降时，消费需求将上升，

因此适当降低 Y 便可使消费水平不变。因此，收入分配比例关系的改变可以起到替代收入的效应。

由式（15-19）可推导出保持消费水平不变时 Y 对 σ 的替代弹性：

$$\frac{dY}{Y} \Big/ \frac{d\sigma}{\sigma} = \frac{c_R}{\bar{c}} - 1 \quad \left[\bar{c} = (c_L - c_R)\sigma + c_R \right] \quad (15-20)$$

由式（15-20）可见，Y 对 σ 的替代弹性的大小同样与 c_R 和 $\bar{c}$ 差距之大小有关，这个差距越大，弹性就越大。

第五节　人口老龄化与经济总需求关系分析

在宏观经济层面上，总需求可以表示为下面的形式

$$Y = C + I + G + NX \quad (15-21)$$

其中，C 为消费、I 为投资、G 为政府购买、NX 为净出口。在下面讨论人口老龄化效应时，将总消费 C 分为老年人口消费（记为 C_R）、劳动力消费（记为 C_L），则有

$$C = C_L + C_R$$

产出按一定比例分配给老年人口，形成老年人口的收入 Y_R，供养老消费之用，余额 Y_L 成为劳动力收入。劳动力和老年人口的消费由各自的消费倾向和收入水平决定。老年人口消费和劳动力消费分别由对应的消费倾向和收入总量决定，即由如下系列关系决定：

$$C_L = c_L Y_L$$

$$C_R = c_R Y_R$$

$$Y_R = \theta \alpha Y$$

$$Y_L = Y - Y_R$$

将上述各方程联立起来，即形成包含人口老龄化因素的从需求方面描述宏观经济的数理经济模型：

$$Y = C + I + G + NX$$
$$C = C_L + C_R$$
$$C_L = c_L Y_L$$
$$C_R = c_R Y_R \qquad (15-22)$$
$$Y_R = \theta \alpha Y$$
$$Y_L = Y - Y_R$$

由上述关系可得

$$Y = c_L (Y - \theta \alpha Y) + c_R \theta \alpha Y + I + G + NX$$
$$Y(1 - c_L + c_L \theta \alpha - c_R \theta \alpha) = I + G + NX$$
$$Y = \frac{I + G + NX}{1 - c_L - (c_R - c_L)\theta \alpha} \qquad (15-23)$$

因为 $c_R - c_L > 0$，因此由式（15-23）可以看到，如果 I、G 和 NX 不受 α 影响，当 α 增大时 Y 值将增大。这表明，如果其他条件不变，老龄化程度的加深将提高总需求水平。

α 对总需求的作用效应大小可用 Y 对 α 的弹性系数来具体度量。Y 对 α 的弹性的计算如下：

$$dY = \frac{(I + G + NX)(c_R - c_L)\theta d\alpha}{[1 - c_L - (c_R - c_L)\theta \alpha]^2}$$

$$\frac{\alpha}{Y}\frac{dY}{d\alpha} = \frac{(c_R - c_L)\theta \alpha}{1 - c_L - (c_R - c_L)\theta \alpha}$$

即

$$\frac{d\ln Y}{d\ln \alpha} = \frac{1}{\dfrac{1 - c_L}{(c_R - c_L)\theta \alpha} - 1} \qquad (15-24)$$

由于 $c_L < c_R < 1$，且在一般情况下 $\theta \leqslant 1$，因此有 $1 - c_L > c_R - c_L$，且 $\dfrac{1}{\theta} \geqslant 1$，

于是有 $\dfrac{1 - c_L}{(c_R - c_L)}\dfrac{1}{\theta} > 1$ 成立，而 $\alpha < 1$，因此有下式成立：

$$\alpha < \frac{1 - c_L}{(c_R - c_L)\theta}$$

$$\frac{1 - c_L}{(c_R - c_L)\theta}\frac{1}{\alpha} - 1 > 0$$

也就是式（15 - 24）的结果为正号。

式（15 - 24）的结果为正号表明，老龄化率 α 的提高将导致 Y 的增加，当 α 提高百分之一时，产出 Y 将相应增长百分之 u，其中 u 为下面的表达式：

$$u = \frac{1}{\dfrac{1 - c_L}{(c_R - c_L)\theta\alpha} - 1}$$

以上的讨论实际上是假定了老龄化对投资需求没有影响。但是，如果老龄化的结果是导致用于消费的比重过大，以致可以利用储蓄资源成为制约因素时，投资需求将由储蓄的多少来决定。如果忽略折旧，这种关系由下述方程给出：

$$I = sY_L \tag{15 - 25}$$

由于 $Y_L = Y - Y_R$ 及 $Y_R = \theta\alpha Y$，从而得 $Y_L = Y - \theta\alpha Y$，代入式（15 - 25）得：

$$I = s(1 - \theta\alpha)Y \tag{15 - 26}$$

将消费需求和投资需求两方面的关系代入总需求方程得：

$$Y = c_L(1 - \theta\alpha)Y + c_R\theta\alpha Y + s(1 - \alpha\theta)Y + G + NX$$

经整理，得：

$$Y = \frac{G + NX}{1 - c_L - s + \alpha\theta[s - (c_R - c_L)]} \tag{15 - 27}$$

这时，式（15 - 27）是结合了消费需求与投资需求两方面效应的结果。可以看到，α 增大时对产出 Y 起提高作用还是起降低作用，一个关键因素是 $s - (c_R - c_L)$ 的结果是正值还是负值。如果 $s - (c_R - c_L) > 0$，α 增大对产出 Y 起降低作用；如果 $s - (c_R - c_L) < 0$，α 增大对产出 Y 起提高作用；如果 $s - (c_R - c_L) = 0$，α 对产出 Y 不起作用。

从这三种情况来看，$s - (c_R - c_L) > 0$ 的情况可能更符合实际些。这是因为：$s - (c_R - c_L) > 0$ 意味着 $s > c_R - c_L$，而 $c_R - c_L$ 是老年人口和劳动力人口平均消费倾向的差，这个差在实际中可能不会很大，如一般很难想象二者的差会达到20%以上，而储蓄率 s 在实际中一般高于20%甚至更高。由此可以判断 $s - (c_R - c_L) > 0$ 的情况可能是普遍的。这意味着老龄化对产出起降低的作用可能是相对普遍的事情。

同样可以求得 Y 对 α 的弹性为下面的结果：

$$\frac{d\ln Y}{d\ln \alpha} = \frac{1}{\dfrac{c_L + s - 1}{\alpha \theta \left[s - (c_R - c_L) \right]} - 1} \qquad (15-28)$$

式（15-28）的符号是正值还是负值直接关系到在这种情况下老龄化率的变动效应。通过以下的讨论可以看到，式（15-28）的符号在理论上讲可以是正也可以是负。

假设 $s - (c_R - c_L) > 0$。由于

$$\frac{c_L + s - 1}{\alpha \theta \left[s - (c_R - c_L) \right]} - 1 = \frac{c_L + s - 1 - \alpha \theta \left[s - (c_R - c_L) \right]}{\alpha \theta \left[s - (c_R - c_L) \right]}$$

因此，式（15-28）的符号取决于上式分子的符号。令

$$\alpha_0 = \frac{s + c_L - 1}{\theta \left(s + c_L - c_R \right)} \qquad (15-29)$$

容易判断出：

（1）当 $\alpha > \alpha_0$，$\dfrac{d\ln Y}{d\ln \alpha} < 0$ 成立；

（2）当 $\alpha < \alpha_0$，$\dfrac{d\ln Y}{d\ln \alpha} > 0$ 成立。

由于式（15-29）的 α_0 的表达式中包含 θ 变量，可以看到，如果把 θ 作为政策变量来控制，只要 θ 取适当的值就有可能使上述三种情况式成立。如当 $s = 0.45$，$c_L = 0.6$，$c_R = 0.8$，$\theta = 0.8$ 时，满足 $\alpha s - (c_R - c_L) = 0.45 - (0.8 - 0.6) = 0.25 > 0$ 的条件；因此按式（15-29）的计算结果为

$$\alpha_0 = \frac{s + c_L - 1}{\theta \left(s + c_L - c_R \right)} = \frac{0.45 + 0.6 - 1}{0.8 \left(0.45 + 0.6 - 0.8 \right)} = 0.25$$

也就是说，在上述取值情况下，当 $\alpha > 0.25$ 时，$\dfrac{d\ln Y}{d\ln \alpha} < 0$ 成立，这时 α 的提高对 Y 起降低的作用；当 $\alpha < 0.25$ 时，$\dfrac{d\ln Y}{d\ln \alpha} > 0$ 成立，这时 α 的提高对 Y 起增加的作用。

可见，将老龄化对投资需求影响作用的引入，使老龄化对总需求的影响作用变得复杂，其结果不像对消费需求影响那样明确。

现对式（15-28）和式（15-24）的数值进行比较。由于有下面的关系：

$$\frac{c_L + s - 1}{\alpha\theta\left[s - (c_R - c_L)\right]} - \frac{1 - c_L}{(c_R - c_L)\theta\,\alpha}$$

$$= \frac{(c_L + s - 1)(c_R - c_L) - \left[s - (c_R - c_L)\right](1 - c_L)}{\alpha\theta\left[s - (c_R - c_L)\right](c_R - c_L)}$$

$$= \frac{s(c_R - 1)}{\alpha\theta\left[s - (c_R - c_L)\right](c_R - c_L)}$$

显然 $c_R - 1 < 0$，因此在 $s - (c_R - c_L) > 0$ 的假定下，上式的结果为负。这表明有下面的关系式成立：

$$\frac{c_L + s - 1}{\alpha\theta\left[s - (c_R - c_L)\right]} < \frac{1 - c_L}{(c_R - c_L)\theta\,\alpha}$$

即在 $s - (c_R - c_L) > 0$ 的假定下有下面的关系式成立：

$$\frac{1}{\dfrac{c_L + s - 1}{\alpha\theta\left[s - (c_R - c_L)\right]} - 1} > \frac{1}{\dfrac{1 - c_L}{(c_R - c_L)\theta\alpha} - 1}$$

这说明在 $s - (c_R - c_L) > 0$ 成立的情况下，考虑 α 对消费和投资两个方面需求影响作用的效应要大于仅考虑消费一个方面需求的作用效应。

第十六章

人口老龄化背景下的个人储蓄问题

　　前面讨论的主要是宏观经济层面人口老龄化背景下的国民储蓄问题。本章讨论人口老龄化背景下的个人储蓄问题。这两种储蓄实际上是很不同的问题，因为前者是宏观实体经济层面的问题，而后者是微观资金层面的问题，即两者是分属于不同经济体系中的问题。本章主要基于个人生命周期理论的消费决策模式，建立微观个人（家庭）储蓄行为的数理模型，并以此为基础分析在人口老龄化背景下个人储蓄的决定机制及其影响因素。其中，人口老龄化的效应体现为个人寿命不断延长所对应的退休期时长度不断延长的效应。

第一节　基于生命周期与永久收入
决策的个人储蓄

　　按个人生命周期理论的假定，一个人的一生可以分为两期，第一期是作为劳动者的工作期，第二期是作为老年人的退休期。在第一期，作为劳动者的个人通过劳动取得收入。取得收入后，个人需要决定其收入中的多少比例部分用于消费，而剩余的部分用于个人的储蓄，该储蓄是用于个人在第二期作为老年人时的消费支出。在第二期，作为退休老年人的个人是不再参加职业劳动的退休者，退休期的生活费用是来自其个人在工作期时的储蓄，即在第二期支出储蓄，或者说在第二期个人是负储蓄。

　　上述的假定表明，如果一个人处于其生命周期的第一期则为劳动者，如果处于第二期则为退休的老年人。这意味着，经济中的总人口是由劳动者和老年人组成的，即忽略未成年人。在下面的分析中，假定个人储蓄行为是按上述的生命周期理论的消费决策模式进行的，以此建立个人储蓄决策的数理模型。

一　基本分析与有关假定

假定个人决定其储蓄与消费的行为，是按生命周期与永久收入假说的理论进行的。即消费者以一生的预期总收入做消费安排，并试图使其一生的消费水平都是平稳的，消费水平取决于其个人收入中永久性的部分而不是全部收入。这里的个人永久性收入主要来自经济增长的成果，即体现为来自个人的劳动收入，并假定个人劳动收入的实际增长率等于实际经济增长率。这样的假定实际上意味着个人的收入增长是经济增长的体现，而把个人其他方式取得的收入如股票、债券、赠与以及偶然所得取得的收入不作为个人的永久性收入，这相当于假设这些收入不对消费水平产生实质性影响。个人一生的全部收入包括诸如股票、债券等其他的收入。假设中对个人消费决策的影响不是个人的全部收入，而是个人的永久性收入。

由于永久性收入主要指劳动收入如工资收入，体现的是经济增长的情况，因此假设个人是依据永久性收入进行消费与储蓄的决策，实际上暗含着个人是依据经济增长率来进行消费和储蓄决策的。也就是没有考虑个人额外的收入对消费决策的影响。而这种情况实际上也是等同于假定实际利率为零，因为收入增长率等于经济实际增长率，也就是通货膨胀率为零。

在经济学中，实际利率是名义利率与通货膨胀率的差值。而这里的名义利率与通货膨胀率是有一定的广义性的。换句话说，这里的名义利率可理解为代表使个人收入变动的各种因素综合作用的结果，而不宜理解为银行的存款利率。例如，如果一个人因购买股票而取得了收益，这种效果等同于在一定程度上提高了储蓄的名义利率；反之，如果一个人因购买股票而赔了钱，这种效果等同于在一定程度上降低了储蓄的名义利率。对通货膨胀可理解为代表使个人收入的实际购买力发生变动的各种因素综合作用的结果。例如，政府进行价格补贴，在效果上等同于在一定程度上降低通货膨胀水平。总之，若某种因素对个人收入起正向作用，则其效应等同于提高了实际利率；若某种因素对个人收入起负向作用，则其效应等同于降低了实际利率。

如果实际利率为零，其言外之意是表明个人收入主要来自经济增长。因为实际利率为零，意味着除个人劳动收入之外的其他各种影响其购买力的正负因素相抵结果为零。例如，一个人在某时期得到了一次意外财富，然而在另一时期却蒙受了财产损失，两者相抵结果的净值几乎为零。因此，其实际财富最终还是取自其劳动收入。在现实经济中，实际利率为零的意义是：将个人一生中各种正负收入相抵，其收入最终还是来自个人的劳动收入，即来自经济的实际增长。

实际利率为零的假定并非没有意义，而是有重要的现实意义。即假定实际利率为零，相当于假定个人生活水平的提高最终是依靠经济增长实现的，而这一假定是非常符合实际的。这是因为人类生活水平的提高，最终是靠实体经济增长的成果，而不是名义货币收入水平的提高。从长期来看，现实经济中的财富是来自劳动成果，即来自真实的经济增长。因此，劳动收入是个人最可靠的收入来源。或者说，假定广义的实际利率为零，体现的是在现实经济中劳动成果是财富的根本来源。

基于上述考虑，在以下的分析中可以不再单独考虑社会保障及储蓄贴现等因素的影响。虽然这些因素对个人收入有一定的影响，但是这些因素的影响效应最终可归结为广义实际利率的变化而得到体现。例如，如果社会保障系统增加了老年人的养老金水平，这个效果可视为储蓄收益率的提高，即相当于提高了实际利率的水平。下面讨论的核心问题是个人储蓄率 s 是如何被决定的，即个人如何决定其收入用于消费与储蓄的比例。

二　个人在工作期的消费与储蓄

首先明确有关变量的设定：设个人的工作期时长为 T_1，退休期时长为 T_2；工作期的初始收入为 w（以刚参加工作时的收入为基数）；收入的实际增长率为 a；通货膨胀率为 p；储蓄的名义利率为 r；个人的储蓄率为 s。实际利率为名义利率 r 与通货膨胀率 p 的差值，即 $r-p$。按永久性收入进行消费与储蓄的决策，等同于假定实际利率为零。因此，在下面分析中首先以实际利率为零作为前提条件。而关于实际利率为非零情况的分析将随后进行。

由于假定工作期第一年的个人收入的基数为 w，收入年增长率为 a，因此工作期第一年的年收入为 $w(1+a)$。相应地，在个人储蓄率为 s 情况下第一期个人储蓄为 $sw(1+a)$，个人消费为 $(1-s)w(1+a)$。同理，工作期第二年的个人年收入为 $w(1+a)^2$，储蓄为 $sw(1+a)^2$，消费为 $(1-s)w(1+a)^2$。依此类推，形成如下的时间序列数据：

	个人的年收入	个人的年储蓄	个人的年消费
第一年：	$w(1+a)$	$sw(1+a)$	$(1-s)w(1+a)$
第二年：	$w(1+a)^2$	$sw(1+a)^2$	$(1-s)w(1+a)^2$
………	………	…………	…………
第 T_1 年：	$w(1+a)^{T_1}$	$sw(1+a)^{T_1}$	$(1-s)w(1+a)^{T_1}$

$$(16-1)$$

设 W 为个人一生的劳动总收入，则 W 为上述个人的年收入时间序列数据之和，有如下表达式：

$$W = w\sum_{i=1}^{T_1}(1+a)^i = w\frac{1-(1+a)^{T_1}}{1-(1+a)} = w\frac{(1+a)^{T_1}-1}{a} \qquad (16-2)$$

由于假定实际利率为零，因此个人工作期的各年度储蓄之和就是实际储蓄的总和。设 S 为储蓄总和，则有如下表达式：

$$S = sW = sw\frac{(1+a)^{T_1}-1}{a} \qquad (16-3)$$

设 C 为工作期的消费总和，则有如下表达式：

$$C = (1-s)W = (1-s)w\frac{(1+a)^{T_1}-1}{a} \qquad (16-4)$$

由于上述分析中的收入是剔除了价格变动因素影响的实际收入，因此相应的消费也是剔除了价格变动因素影响的实际消费。

三　个人在退休期的消费与储蓄

由于在退休期间的个人消费是来自工作期的储蓄 S，退休期的年均消费水平为 $\dfrac{S}{T_2}$。而工作期的年均消费水平为 $\dfrac{C}{T_1}$，因此按一生消费水平稳定的原则，要求工作期的消费水平与退休期的消费水平相等，即要求 $\dfrac{S}{T_2} = \dfrac{C}{T_1}$

成立。

根据式（16-3），退休期的年均消费水平$\frac{S}{T_2}$的表达式如下：

$$\frac{S}{T_2} = sw\,\frac{(1+a)^{T_1}-1}{a}/T_2 \qquad\qquad (16-5)$$

根据式（16-4），工作期的年均消费水平$\frac{C}{T_1}$的表达式如下：

$$\frac{C}{T_1} = (1-s)\,w\,\frac{(1+a)^{T_1}-1}{a}/T_1 \qquad\qquad (16-6)$$

根据$\frac{S}{T_2}=\frac{C}{T_1}$的要求，需满足式（16-5）与式（16-6）相等，即有下面关系式成立：

$$sw\,\frac{(1+a)^{T_1}-1}{a}/T_2 = (1-s)\,w\,\frac{(1+a)^{T_1}-1}{a}/T_1 \qquad (16-7)$$

四　个人储蓄率的决定

化简式（16-7），得到关于s的如下表达式：

$$s = \frac{T_2}{T_1+T_2} = \frac{1}{T_1/T_2+1} \qquad\qquad (16-8)$$

式（16-8）为按生命周期理论及永久收入决策模式而得到的决定个人储蓄率的公式。这是决定个人储蓄率的一个重要表达式。

式（16-8）表明，在实际利率为零的条件下，只有个人工作期时长与退休期时长这两个因素即决定个人储蓄率，因为其他变量均未出现在公式中。式（16-8）中的T_1/T_2是工作期时长与退休期时长的比率，称为两期时长比率。例如，如果工作期为40年，退休期为20年，那么两期时长比率为2。

式（16-8）揭示了决定个人储蓄率的一种重要机制，即个人工作期时长与退休期时长的比率是决定个人储蓄率的主导性因素，因为在式（16-8）中个人储蓄率只同工作期时长与退休期时长的比率有关。

对个人而言，实际利率为零的假定实际上意味着个人不期望通过除劳动收入（经济增长）之外的方式取得财富的思想。因此对式（16-8）的一种通俗解释是：如果个人期望一生的消费水平稳定，而且只期望通过劳动而不是通过财富升值实现收入增加，那么个人储蓄率的决定将主要取决于其工作期时长与退休期时长的比率，并且与其初始收入水平及其增长率（经济增长）等因素无关。

第二节　工作期与退休期时长变动效应分析（一）

人口老龄化的微观现象是个人预期寿命不断延长。由此反映为在工作期时长不变的情况下，退休期时长是不断延长的。因此，人口老龄化对个人储蓄率的影响，反映为退休期时长的变动对个人储蓄率的影响。这是下面首先需要进行分析的问题。

一　退休期时长变动的效应：个人寿命延长为例

根据式（16-8），如果个人工作期时长 T_1 不变,[①]而预期寿命延长即 T_2 增大，将导致 $\dfrac{T_1}{T_2}$ 减小，导致个人储蓄率 s 提高。例如，如果一个人的一生是从20岁工作到60岁退休（工作期为40年），而退休期为20年，那么根据式（16-7）可计算出此人的储蓄率应为 $\dfrac{1}{3}\approx33\%$。但是，如果此人预期寿命延长10年，即退休期时长增加到30年，则储蓄率将上升到 $\dfrac{3}{7}\approx43\%$，即提高10个百分点。

个人储蓄率 s 关于退休期时长 T_2 的弹性为 $\dfrac{\partial \ln s}{\partial \ln T_2}$。根据式（16-8），可以计算出该弹性系数为下面的结果：

$$\frac{\partial \ln s}{\partial \ln T_2}=\frac{1}{1+\dfrac{T_2}{T_1}}>0 \qquad (16-9)$$

---

① 对于中国而言，个人的退休年龄由国家法定退休年龄决定，分别是男性60岁、女性55岁。由于国家已经规定了法定退休年龄，可以视作中国个人的工作时间，即 T_1 就是不变的。

T_1 与 T_2 均大于零，因此由式（16-9）可知 $\frac{\partial \ln s}{\partial \ln T_2} > 0$ 成立。于是，式（16-9）的结果表明，个人储蓄率 s 关于退休期时长 T_2 的弹性大于零。这一结果意味着个人储蓄率将随退休期时长增加而提高，随退休期时长缩短而降低。基本结论是：个人寿命延长将产生提高个人储蓄率的效应。

但是，式（16-9）可以变形为下面的表达式：

$$\frac{\partial \ln s}{\partial \ln T_2} = \frac{T_1}{T_1 + T_2} < 1 \qquad (16-10)$$

式（16-10）的结果表明，个人储蓄率 s 关于退休期时长 T_2 的弹性系数是小于 1 的，即表明退休期时长的变动率引发个人储蓄率的变动率小于退休期时长的变动率。

二　工作期时长变动的效应：以延迟退休或提前退休为例

另一种情况是，由于个人预期寿命延长，而采取个人延迟退休的政策，即工作期时长 T_1 增大。则由式（16-8）可知，个人储蓄率 s 将下降。但是，中国普遍存在提前退休的现象，这是工作期时长 T_1 减小的情况，由式（16-8）可知此效应导致个人储蓄率 s 提高。例如，如果一个人从 20 岁工作到 55 岁退休，即工作期缩短为 35 年，而退休期仍为 20 年，那么根据式（16-8）可计算出该人的储蓄率约为 36%，即比工作期为 20 年情况下的储蓄率提高约 3 个百分点。反之，如果延迟退休，在其他条件不变的情况下则产生降低储蓄率的效应。

个人储蓄率 s 关于工作期时长 T_1 的弹性为 $\frac{\partial \ln s}{\partial \ln T_1}$，根据式（16-8）计算得到下面的结果：

$$\frac{\partial \ln s}{\partial \ln T_1} = -\frac{1}{1 + \dfrac{T_2}{T_1}} \qquad (16-11)$$

式（16-11）表明 $\frac{\partial \ln s}{\partial \ln T_1} < 0$，由此可知，个人储蓄率将随工作期时长缩短而提高，随工作期时长增加而降低。

上述结论表明：在其他条件不变的情况下，提前退休将产生提高个人储蓄率的效应，延迟退休将产生降低个人储蓄率的效应。

然而，针对人口老龄化的情况而言，现实中主要是个人寿命的延长，工作期时长延长，即延迟退休。这意味着 T_1 和 T_2 都在增大。根据式（16-8）和式（16-11）可知，T_2 增大将导致个人储蓄率 s 提高，而 T_1 增大将导致个人储蓄率 s 下降。因此，T_1 和 T_2 都在增大对个人储蓄率 s 的影响，取决于两者效应相抵的结果。

现假设 T_1 和 T_2 的增量分别为 ΔT_1 和 ΔT_2，于是 $\frac{\partial \ln s}{\partial \ln T_1}$ 与 $\frac{\partial \ln s}{\partial \ln T_2}$ 的绝对值是增大还是减小，将取决于下面表达式的结果：

$$\Delta T = \frac{T_2 + \Delta T_2}{T_1 + \Delta T_1} - \frac{T_2}{T_1} \tag{16-12}$$

如果 $\Delta T > 0$，对应 $\frac{\partial \ln s}{\partial \ln T_1}$ 与 $\frac{\partial \ln s}{\partial \ln T_2}$ 的绝对值减小；如果 $\Delta T < 0$，对应 $\frac{\partial \ln s}{\partial \ln T_1}$ 与 $\frac{\partial \ln s}{\partial \ln T_2}$ 的绝对值增大；如果 $\Delta T = 0$，对应 $\frac{\partial \ln s}{\partial \ln T_1}$ 与 $\frac{\partial \ln s}{\partial \ln T_2}$ 的绝对值不变。下面对式（16-12）进行如下整理：

$$\Delta T = \frac{T_2 + \Delta T_2}{T_1 + \Delta T_1} - \frac{T_2}{T_1} = \frac{T_2 T_1 + \Delta T_2 T_1 - T_1 T_2 - \Delta T_1 T_2}{(T_1 + \Delta T_1) T_1} = \frac{\Delta T_2 T_1 - \Delta T_1 T_2}{(T_1 + \Delta T_1) T_1}$$

$$\tag{16-13}$$

式（16-13）表明，ΔT 的正负号情况将由式（16-13）的分子项决定。如果下面表达式成立：

$$\Delta T_2 T_1 - \Delta T_1 T_2 > 0 \tag{16-14}$$

则要求满足下面的关系式：

$$\frac{\Delta T_2}{\Delta T_1} > \frac{T_2}{T_1} \tag{16-15}$$

因此，如果式（16-15）成立，根据式（16-8），即意味着个人储蓄率 s 增大，但是 $\frac{\partial \ln s}{\partial \ln T_1}$ 与 $\frac{\partial \ln s}{\partial \ln T_2}$ 的绝对值减小。其经济意义是：若退休期时长的增幅与工作期时长的增幅之比，大于退休期时长与工作期时长之比，则个人储蓄率将提高，但是个人储蓄率关于退休期时长的弹性系数的绝对值变小，个人储蓄率关于工作期时长的弹性系数的绝对值也变小。

同理，如果满足下面的关系式：

$$\frac{\Delta T_2}{\Delta T_1} < \frac{T_2}{T_1} \qquad (16-16)$$

根据式（16-8），即意味着个人储蓄率 s 减小，但是 $\frac{\partial \ln s}{\partial \ln T_1}$ 与 $\frac{\partial \ln s}{\partial \ln T_2}$ 的绝对值增大。其经济意义是：若退休期时长的增幅与工作期时长的增幅之比，小于退休期时长与工作期时长之比，则个人储蓄率将下降，但是个人储蓄率关于退休期时长的弹性系数的绝对值增大，个人储蓄率关于工作期时长的弹性系数的绝对值也增大。

若满足下面的关系式：

$$\frac{\Delta T_2}{\Delta T_1} = \frac{T_2}{T_1} \qquad (16-17)$$

根据式（16-8），即意味着个人储蓄率 s 不变，$\frac{\partial \ln s}{\partial \ln T_1}$ 与 $\frac{\partial \ln s}{\partial \ln T_2}$ 的绝对值同样是不变的。其经济意义是：若退休期时长的增幅与工作期时长的增幅之比，大于退休期时长与工作期时长之比，则个人储蓄率不变，同时个人储蓄率关于退休期时长的弹性系数的绝对值，以及个人储蓄率关于工作期时长的弹性系数的绝对值也不变。

三　工作期时长与退休期时长变动效应的比较

由式（16-11）与式（16-9）相比可得：

$$\frac{\partial \ln s}{\partial \ln T_1} \Big/ \frac{\partial \ln s}{\partial \ln T_2} = -1 \qquad (16-18)$$

式（16-18）的结果表明，$\frac{\partial \ln s}{\partial \ln T_1}$ 与 $\frac{\partial \ln s}{\partial \ln T_2}$ 互为反向，但绝对数值相等。这表明，在其他条件不变的情况下，工作期时长的单位变动对个人储蓄率的影响效应，与退休期时长的单位变动对个人储蓄率的影响效应是互为反方向的，但是变动的幅度是相等的。

第三节　包含多因素的个人储蓄数理分析模型

假设实际利率为零，实际上相当于只考虑经济增长或者说是劳动收入作为永久性收入为基本背景下的个人储蓄率决定情况。为了考察更多因素的影响效应，下面考虑实际利率为非零情况下决定个人储蓄率的公式。实际利率非零，即意味着除劳动收入之外，其他有关的多种收入因素将对个人的消费与储蓄产生影响。

一 工作期的情况

假定实际利率 $r-p$ 不为零，那么工作期第一年的储蓄本金 $sw(1+a)$ 到工作期结束时，连本带息变为 $sw(1+a)(1+r-p)^{T_1}$。[①]相应地，工作期第二年的储蓄为 $sw(1+a)^2$，到工作期满时得到的本金与利息收入为下面表达式：

$$sw(1+a)^2(1+r-p)^{T_1-1}$$

如此下去，到工作期的最后一年，即 T_1 年份得到的本金与利息收入为下面表达式：

$$sw(1+a)^{T_1}(1+r-p)$$

因此，工作期的储蓄和实际利息收入总和 S_1 为下面表达式：

$$S_1 = sw\sum_{i=1}^{T_1}(1+a)^i(1+r-p)^{T_1+1-i} \qquad (16-19)$$

由式（16-19）可得：

$$S_1 = sw(1+a)(1+r-p)^{T_1}\frac{1-\left(\dfrac{1+a}{1+r-p}\right)^{T_1}}{1-\dfrac{1+a}{1+r-p}} \qquad (16-20)$$

二 退休期的情况

S_1 用于退休期的消费，于是退休期的年均消费水平为 $\dfrac{S_1}{T_2}$。按工作期与退休期消费水平相等的原则，个人储蓄率由 $\dfrac{S_1}{T_2}=\dfrac{C}{T_1}$ 关系决定。这里的 C 为个人工作期的消费，仍由式（16-4）决定。退休期是作为老年人的纯粹

---

① 注：其中 $1+r-p>0$，$1+v>0$。

消费期，在此阶段老年人不再通过劳动取得收入，而是动用储蓄。事实上，总储蓄是分为若干年来消费的，同样存在再储蓄与通货膨胀因素的问题。为了简化分析，假定在退休期当中出现的储蓄收益及通货膨胀因素，都折算到工作期的名义利率与通货膨胀率之中。这种假定实际上是认为退休期的储蓄的购买力是稳定的。因此，根据 $\frac{S_1}{T_2} = \frac{C}{T_1}$ 的关系，要求有下面关系式成立：

$$\frac{sw(1+a)(1+r-p)^{T_1}}{T_2} \frac{1-\left(\frac{1+a}{1+r-p}\right)^{T_1}}{1-\frac{1+a}{1+r-p}} = \frac{(1-s)w(1+a)}{T_1} \frac{(1+a)^{T_1}-1}{a}$$

$$(16-21)$$

三　个人储蓄率的决定

对式（16-21）化简，得到下面的表达式：

$$s\left(\frac{T_1}{T_2} \frac{a\left[(1+a)^{T_1}-(1+r-p)^{T_1}\right]}{\left[(1+a)^{T_1}-1\right]} \frac{1+r-p}{a-(r-p)} + 1\right) = 1 \quad (16-22)$$

令

$$B = \frac{a\left[(1+a)^{T_1}-(1+r-p)^{T_1}\right]}{(1+a)^{T_1}-1} \frac{1+r-p}{a-(r-p)} \qquad (16-23)$$

则由式（16-4）得到下面的表达式：

$$s = \frac{1}{\frac{T_1}{T_2}B + 1} \qquad (16-24)$$

式（16-24）是本章推导出的另一重要关系式。该式揭示了含有工作期时长（T_1）、退休期时长（T_2）、收入增长率（a）、名义利率（r）及通货膨胀率（p）等因素情况下的个人储蓄率决定机制。

将式（16-24）与式（16-8）进行比较，可见在式（16-24）中出现了因子 B。因子 B 含有收入增长率、名义利率与通货膨胀率等变量，因此式（16-24）比式（16-8）包含了更多地影响个人储蓄率的因素。由此表明，在实际利率非零的条件下，个人储蓄率不仅与工作期时长同退休期时长之比率有关，而且与收入增长率、名义利率及通货膨胀率等其他因素有关。

四　对因子 B 的分析

对式（16-23）进行分析，可以发现有 $B>0$ 成立。主要原因是：首先，针对改革开放以来的中国经济，收入增长率 v（经济增长率）大于零成立，即 $1+a>1$ 成立，于是 $(1+a)^{T_1}-1>0$ 成立。其次，在经济快速增长及有显著正向通货膨胀的中国经济中，名义利率大于收入增长率与通货膨胀率之和的情况尚未出现，因此 $a+p-r>0$ 成立是主要情况。这些条件将确保 $B>0$ 在中国经济中是成立的，至少是常见的情况。

现在问题的核心归结为：根据式（16-24），如何判断工作期时长与退休期时长之比率、收入增长率、名义利率及通货膨胀率这些变量对个人储蓄率有怎样的影响。显然，由于因子 B 的存在，工作期时长与退休期时长之比率对个人储蓄率的影响效应分析，与式（16-8）所面临的情况不同，即个人储蓄的决定不再完全取决于工作期时长与退休期时长的比率。关于工作期时长、退休期时长、收入增长率、名义利率和通货膨胀率等因素对个人储蓄率影响效应的严格数理分析，将在下一章进行。然而这里首先指出的是，式（16-23）体现了这些因素同个人储蓄率的数理关系，从而成为进一步分析这些因素与个人储蓄率数量关系的重要基础。

第四节　工作期与退休期时长变动效应分析（二）

本节分析在实际利率非零条件下的工作期与退休期时长变动对个人储蓄的影响效应。而退休期时长的延长等同于个人寿命延长。

一　退休期时长变动的效应

退休期时长变动对储蓄率 s 的定量影响效应，以储蓄率 s 对退休期时长 T_2 的弹性 $\frac{\partial \ln s}{\partial \ln T_2}$ 反映。由于在因子 B 的表达式中不含有 T_2，因此 $\frac{\partial B}{\partial T_2}$ 为

零。这时有下面关系：

$$\ln s = -\ln(\frac{T_1}{T_2}B + 1) \qquad (16-25)$$

对式（16-25）求关于 T_2 的偏导，推导如下：

$$\frac{\partial \ln s}{\partial T_2} = -\frac{1}{\frac{T_1}{T_2}B + 1} \cdot \frac{\partial(\frac{T_1}{T_2}B)}{\partial T_2} = -\frac{T_1 B}{\frac{T_1}{T_2}B + 1}\left(-\frac{1}{T_2^2}\right)$$

于是有

$$\frac{\partial \ln s}{\partial T_2} = \frac{T_1 B}{T_1 T_2 B + T_2^2}$$

从而有

$$\frac{\partial \ln s}{\partial \ln T_2} = T_2 \frac{\partial \ln s}{\partial T_2} = \frac{T_2 T_1 B}{T_1 T_2 B + T_2^2} = \frac{1}{1 + \frac{T_2}{T_1 B}}$$

即

$$\frac{\partial \ln s}{\partial \ln T_2} = \frac{1}{\frac{T_2}{T_1 B} + 1} \qquad (16-26)$$

由于式（16-26）中的右端的各变量均为正值，因此储蓄率 s 对退休期时长 T_2 的弹性 $\frac{\partial \ln s}{\partial \ln T_2}$ 为正值，这表明退休期延长将导致个人储蓄率提高。但是，式（16-26）表明 $\frac{\partial \ln s}{\partial \ln T_2}$ 是关于 T_2 的减函数，这意味着退休期延长对储蓄率提高的边际效应是递减的。

二　工作期时长变动的效应

由于在因子 B 中也含有工作期时长的变量 T_1，按式（16-24）计算 $\frac{\partial \ln s}{\partial \ln T_1}$ 变得十分复杂。这也说明在加入诸多因素后，工作期时长变量 T_1 的变动对个人储蓄率的影响趋于复杂化。对 $\frac{\partial \ln s}{\partial \ln T_1}$ 的具体计算过程如下：

由于 $\ln s = -\ln\left(\dfrac{T_1}{T_2}B + 1\right)$，有：

$$\frac{\partial \ln s}{\partial T_1} = -\frac{1}{\dfrac{T_1}{T_2}B + 1}\left(\frac{B}{T_2} + \frac{T_1}{T_2}\frac{\partial B}{\partial T_1}\right)$$

$$\frac{\partial \ln s}{\partial T_1} = -\frac{1}{\dfrac{T_1}{T_2}B + 1}\left(\frac{B}{T_2} + \frac{T_1}{T_2}\frac{\partial B}{\partial T_1}\right)$$

因此，对 $\dfrac{\partial B}{\partial T_1}$ 的计算是一关键问题。由于 B 为如下表达式：

$$B = \frac{a\left[(1+a)^{T_1} - (1+r-p)^{T_1}\right]}{(1+a)^{T_1} - 1}\frac{1+r-p}{a - (r-p)}$$

为了简化书写，令 $1+a = A$，$1+r-p = R$，则

$$B = \frac{(A^{T_1} - R^{T_1})}{A^{T_1} - 1}\frac{aR}{A - R}$$

令 $B_1 = \dfrac{(A^{T_1} - R^{T_1})}{A^{T_1} - 1}$，则

$$B = B_1\frac{aR}{A - R}$$

因此有：

$$\frac{\partial B}{\partial T_1} = \frac{aR}{A - R}\frac{\partial B_1}{\partial T_1}$$

由于 $B_1 = \dfrac{(A^{T_1} - R^{T_1})}{A^{T_1} - 1}$，可以依此求 $\dfrac{\partial B}{\partial T_1}$。因为该计算过程较复杂，所以这里略去具体计算过程而只给出结果是：

$$\frac{\partial B}{\partial T_1} = \frac{aR}{(A - R)(A^{T_1} - 1)^2}\left[A^{T_1}(R^{T_1} - 1)\ln A + R^{T_1}(1 - A^{T_1})\ln R\right]$$

由于 $\dfrac{\partial \ln s}{\partial \ln T_1} = T_1\dfrac{\partial \ln s}{\partial T_1} = -\dfrac{T_1}{\dfrac{T_1}{T_2}B + 1}\left(\dfrac{B}{T_2} + \dfrac{T_1}{T_2}\dfrac{\partial B}{\partial T_1}\right)$，将上面关于 $\dfrac{\partial B}{\partial T_1}$ 的等式代入，即可得到关于 $\dfrac{\partial \ln s}{\partial \ln T_1}$ 的计算结果。由于此代入计算与整理的过程较复杂，需占较长的篇幅，这里略去过程而直接给出结果如下：

$$\frac{\partial \ln s}{\partial \ln T_1} = -\frac{1}{1+\dfrac{T_2}{T_1 B}} \left\{ 1 + \frac{T_1}{(A^{T_1} - R^{T_1})(A^{T_1} - 1)} \left[\begin{array}{l} (A^{T_1}(R^{T_1} - 1)\ln A - \\ \\ (A^{T_1} - 1)R^{T_1}\ln R] \end{array} \right. \right\}$$

$$(16-27)$$

在式（16-27）中，由于 $1+a=A$，$1+r-p=R$，式（16-27）还可以具体表达为下面的关系式：

$$\frac{\partial \ln s}{\partial \ln T_1} = -\frac{1}{1+\dfrac{T_2}{T_1 B}}(1 + T_1 D)$$

其中 D 为下面表达式：

$$D = \frac{(1+a)^{T_1}[(1+r-p)^{T_1} - 1]\ln(1+a) - [(1+a)^{T_1} - 1](1+r-p)^{T_1}\ln(1+r-p)}{[(1+a)^{T_1} - (1+r-p)^{T_1}][(1+a)^{T_1} - 1]}$$

综上所述，在实际利率为零的情况下，即 $r=p$，此时有 $R=1$，$B=1$。并且

$$A - R = 1 + a - 1 - r + p = a$$

则（16-27）式可化简为

$$\frac{\partial \ln s}{\partial \ln T_1} = -\frac{1}{1+\dfrac{T_2}{T_1}}$$

可见，式（16-27）包含实际利率为零的情况。

然而，在一般情况下，即在实际利率非零情况下，个人储蓄率对工作期时长变动的弹性由式（16-27）决定，而由式（16-27）可见，该弹性与名义利率、通货膨胀率及收入增长率等因素有关，由此工作期时长 T_1 变动对储蓄率影响的效应变得非常复杂。

由上述分析得出的主要结论是：即使在引入经济增长率、名义利率和通货膨胀率这些因素之后，只要这些因素一经确定，式（16-24）中的 B 项也将确定。由此，因子 B 成为工作期时长与退休期时长比率决定个人储蓄率的干扰项，具体表现为式（16-24）与式（16-8）的不同。

第五节　中国个人储蓄率及预期寿命延长效应测算

式（16-24）提供了测算个人储蓄率的一种方法，并且包括了比式

(16-6)更多的有关影响因素。本节利用中国有关统计数据,按此公式对中国个人储蓄率进行测算,以期得到对中国个人储蓄率数据经验的一种估计。可以利用的数据主要是1982年及2010年中国人口普查资料。式(16-24)所需要的主要参数是个人工作期长 T_1、退休期时长 T_2、名义利率 r、通货膨胀率 p 以及收入增长率 a。

一 关于个人工作期长 T_1、退休期时长 T_2 的数据

根据中国人口普查数据,1982年中国人口平均预期寿命是67.77岁,2010年上升至74.83岁,比1982年提高约7.06岁。按2010年中国退休制度,普遍实行的是男60岁退休、女55岁退休,因此平均退休年龄是57.5岁。劳动年龄人口起始年龄为15岁。于是,中国个人的工作期时长约42年,即 T_1=42年。由于中国预期寿命不断提高,因此到2010年时的退休期时长有所增加。1982年中国平均预期寿命与平均退休年龄的差值为10.27,意味着此年份时中国人口的退休期平均时长约为10.27年,即1982年时 T_2=10.27年。2010年中国平均预期寿命与平均退休年龄的差值为17.33,意味着到2010年时中国人口的退休期平均时长提高至17.33年,即2010年时 T_2=17.33年。因此,1982—2010年中国人口退休期平均时长的增量为 ΔT_2=7.06年。

二 关于名义利率 r、通货膨胀率 p 等其他数据

计算现实经济中广义的名义利率增长率是十分困难的问题。为此,本节主要以1982—2010年中国一年期银行存款利率的年均值体现。计算结果是,此期间年均利率约为 r=0.04。

关于通货膨胀率 p 的数据是基于这样的考虑,通货膨胀率以1982—2010年中国居民消费价格指数的年均增长率为体现,计算结果是 p=0.058。由此可估算出在此期间中国实际利率为 $r-p$=-0.018。

关于个人收入增长率 a 的数据,考虑到这里的个人收入主要体现经济增长的情况,因此个人收入增长率采用的是按可比价计算的1982—2010年中国人均 GDP 的年均增长率数据,计算结果为 a=0.075。

因此，按式（16-24）计算所需相关参数归纳如下：1982—2010 年，$a = 0.075$，$r = 0.04$，$p = 0.058$，$T_1 = 42$ 年，1982 年时 $T_2 = 10.27$ 年，2010 年时 $T_2 = 17.33$ 年。

三　有关计算

于是，根据式（16-23）可计算出因子 B 值，$B = 0.813$。根据式（16-23）可知 B 值与退休期时长 T_2 无关。根据式（16-24），可计算出 2010 年的个人储蓄率 $s_{2010} = 33.7\%$，1982 年的个人储蓄率为 $s_{1982} = 23.1\%$。可见，1982—2010 年中国个人储蓄率提高了 10.6 个百分点。

如果不考虑收入增长率、名义利率和通货膨胀率因素的影响，则可按式（16-8）计算出只由工作期时长与退休期时长之比率决定的个人储蓄率，记为 $\bar{s}$。根据式（16-8）可计算出 1982 年的个人储蓄率为 $\bar{s}_{1982} = 19.6\%$，2010 年的个人储蓄率为 $\bar{s}_{2010} = 29.2\%$。

而 $\bar{s}$ 与 s_1 的比率是有重要意义的指标。该指标可理解为，不考虑收入增长率、名义利率和通货膨胀率因素时计算出的个人储蓄率，占考虑这些因素时计算出的个人储蓄率占比。例如，1982 年该比率为 $\dfrac{\bar{s}_{1982}}{s_{1982}} \approx 85\%$，即可以理解为 1982 年时个人储蓄率（23.1%）中的 85% 归结为工作期时长与退休期时长之比率的贡献，而增长率、名义利率和通货膨胀率因素的综合贡献约占 15%。2010 年该比率为 $\dfrac{\bar{s}_{2010}}{s_{2010}} \approx 86.8\%$，即可以理解为 2010 年时个人储蓄率（33.7%）中的 86.8% 归结为工作期时长与退休期时长之比率的贡献，而增长率、名义利率和通货膨胀率因素的综合贡献约占 13.2%。

四　结果分析

上述的测算结果表明，工作期时长与退休期时长之比率是影响个人储蓄率的主导性因素，收入增长率、名义利率和通货膨胀率因素对个人储蓄率影响的综合效应相对较小。

　　为展现退休期延长对个人储蓄的影响，现模拟由预期寿命延长而导致退休期延长的效应。假定 2010 年的中国预期寿命仍为 1982 年的 67.77 岁，即 2010 年的 $T_2 = 10.27$，则计算出的个人储蓄率为 s_{1982}。而事实上，2010 年的中国预期寿命提高到了 74.83 岁，实际上计算出的个人储蓄率为 s_{2010}。因此，$s_{2010} - s_{1982}$ 体现的是由预期寿命延长而导致的个人储蓄率变化的情况。相应地，$\bar{s}_{2010} - \bar{s}_{1982}$ 体现的是在不考虑收入增长率、名义利率和通货膨胀率因素影响下的由预期寿命延长而导致的个人储蓄率变化的情况。

　　因此，由预期寿命延长而导致退休期时长延长对 1982—2010 年中国个人储蓄率提高的贡献率为：

$$\frac{\Delta s}{\Delta s} = \frac{\bar{s}_{2010} - \bar{s}_{1982}}{s_{2010} - s_{1982}} = \frac{29.2\% - 19.6\%}{33.7\% - 23.1\%} \approx 90.6\%$$

　　在上述理论框架下的测算结果表明，1982—2010 年在中国个人储蓄率的增长中，由预期寿命延长而对中国个人储蓄率提高的贡献率达到 90.6%。虽然这一结果是在只考虑有限几个变量情况下得出的，没有纳入全部可能的影响因素，因而可能存在过高估计其效应的问题，但是这一结果在一定程度上可以体现中国预期寿命延长对个人储蓄率有重要的影响效应，即工作期时长与退休期时长之比率是影响个人储蓄率的主导性因素。

第四篇

老龄经济与产业发展

宏观经济是由具体的各种产业组成的。因此，经济增长实际上是通过具体的产业增加值的增长而实现的。这意味着人口老龄化对产业发展的影响，是人口老龄化影响经济增长更为直接和具体的途径。因此，人口老龄化与产业发展的关系是至关重要的问题。本篇开始讨论人口老龄化对产业发展影响的有关问题。

第十七章论述产业有关的基本概念和基本理论。如涉及有关产业、行业、部门的基本概念及其同宏观经济的关系。本章旨在为深入讨论人口老龄化与产业发展关系提供有关的理论基础。

第十八章讨论人口老龄化与老龄产业的基本关系，在此基础上，讨论老龄产业的概念与有关问题。如涉及狭义和广义的老龄产业概念及其特性，对老龄产业特殊性的认识，以及发展老龄产业的有关内容与关键点等问题。

第十九章讨论促进老龄产业发展的机制与策略问题。人口老龄化在带来严峻挑战的同时，也产生一定促进发展的机遇。其中，规模不断扩大的老年人口成为越来越重要的消费群体，老年人的消费需求成为推动老龄产业发展的重要动力。

第二十章从老年人口作为需求者的角度分析其消费潜力，提出了估计老龄产业消费潜力的一种方法。本章旨在对老龄产业的规模及其对经济增长的作用，提供一种可行的估计方法。

第十七章

有关产业的基本问题

宏观经济是由具体的各类产业组成的。因此，人口老龄化对产业的影响，是人口老龄化影响宏观经济及经济增长直接和具体的途径。本章讨论有关产业的基本问题，旨在为讨论老龄经济中产业发展相关问题，提供有关的理论基础。本章主要论述产业、行业、部门等基本概念，讨论产业及其同宏观经济的关系、基于集合理论对产业的认识以及产业结构与工业化进程等方面的内容。

第一节　产业概念及产业发展问题

在具体讨论人口老龄化对产业影响的相关问题之前，首先需要明确什么是产业以及产业有关的基本理论。现实经济中，产业是很常见的概念，而与之相似的概念还有行业和部门等。那么产业、行业及部门这些概念的内涵是什么？彼此之间有何联系和区别？产业同宏观经济、微观经济又有怎样的关系？老龄经济中的产业发展有何特点？对这些问题的回答，首先需要了解什么是产业。

一　产业的概念

单纯就"产业"一词而言，在现实中它是一个多义词，其具体的含义需要结合具体的背景情况而定。如在生活中有人说"张三很富有，他有很大的产业"。这里的产业，指财产之意，而不是国民经济中的产业概念。

当产业用作财产之意时，并不是指普通、一般性的财产，而是指生产性的财产，如可用于从事生产经营活动的土地、房屋、工厂及设备等。实际上，产业性的财产基本等同于可用于从事生产经营活动的资本。

在经济学中，产业的概念并不是上述所说的生产性财产之意，而是有关从事某类经济活动主体的集合。如在产业经济学中，产业被定义为按一定相同属性划分归类的经济活动主体的集合。从这一定义可以看出，经济学中的产业是由一定的经济活动主体构成的。

经济活动主体是指在现实经济中，有主观能动性的经济活动组织机构，如各种类型的公司、企业、机构，也包括从事生产经营活动的个人，等等，这些都是经济活动主体。因此，不具有主观能动性的物质财产，如生产工具、技术、资金以及产品等都不是经济活动的主体，也自然不能成为产业的主体。可见，经济学中的产业概念，是完全没有任何财产之意的，而是针对经济活动主体如何进行归类的问题。

但是，产业的划分还是同产业生产活动所依赖的生产工具、技术或财产属性特征有关的，可以说这些特征即为产业的特征或产业的属性。因此，产业的分类可按产业所主要依靠的技术类别、工具类别、产品类别或资产类别等多方面的属性进行划分，即对有某种同类属性的经济活动主体归为同一产业。

对经济活动主体按某种同类属性进行归类，实际是划分产业的一个核心要点。而这个核心要点表明，经济学中任何产业的主体都是由经济活动主体构成的，并且同一产业中的经济活动主体具有某种相同的属性。因此，可以通俗地说，产业是按"物以类聚"的原则对经济活动主体进行归类的结果。例如，钢铁产业都是与生产和经营钢铁有关的经济活动主体构成的，化工产业都是由与生产和经营化工有关的经济活动主体构成的。因此，农机公司、法律事务所、建筑公司等都不是从事与钢铁或化工有关的主体，因此这些主体都不属于钢铁产业，也不属于化工产业。

二　规模性是对产业的一种基本要求

上述的产业概念实际都是学术性的、抽象性的、概括性的，实际上是提出了划分产业的一般性原则，即同一产业中的主体都具有某方面的同类属性。然而在现实经济中，如何具体划分产业，或者说如何在现实经济中解决划分产业的"可操作性"问题，仍是非常复杂的问题。

例如，如果在现实中具有某同类属性的企业，总共才有几个企业，那么这种情况下称为产业是没有意义的。这意味着在现实经济中，能够被称为产业的经济活动主体的集合，不仅要求具有某种相同的属性，而且需要满足其他的一些具体的条件。其中，相关经济活动主体应具有规模性，这是一种附加的评判产业是否成立的基本标准。

关于产业的规模性是非常重要的问题，因为产业的规模性是决定一个产业在国民经济中的地位和作用的问题。产业的规模性可以体现在多个方面，如经济活动主体的数量、产量、产值以及从业人数等，都可以作为评价经济活动主体规模性的指标。若某类相同属性的经济活动主体的数量、产值或从业人数量等都达不到相应的规模，那么这种情况下将这些经济活动主体的集合视为产业是没有实际意义的。

度量产业规模的有关指标值可以采用绝对数值，也可以采用相对数值。例如，2020 年全国第三产业增加值 553977 亿元，这是体现全国第三产业规模的绝对数值；而 2020 年全国第三产业增加值占国内生产总值的比重为 54.5%，这是体现全国第三产业规模的相对数值。第三产业增加值占国内生产总值的比重超过了一半，足以表明第三产业在全国经济中已经具有非常重要的地位。但是就一般情况而言，具体产业规模的评价标准如何确定，需要具体问题具体分析，是难以给出统一标准的。

三　产业概念的多维性及其本质内涵

产业实际上是介于宏观经济与微观经济之间的经济活动主体的集合。因此，产业的范围小于宏观经济，但大于具体的经济活动主体。可以说，产业经济是介于宏观经济与微观经济之间的一种中观经济。

于是，可以从宏观和微观两种视角来理解产业的概念。如果从宏观经济层面看，产业是对宏观经济按某种属性进行系统性分解的结果，如按分工或产业出现的次序，宏观经济可以分为三大产业，即第一产业、第二产业、第三产业。这三大产业增加值之和就是 GDP。若按产品或服务的种类分解宏观经济，可以分为更为具体的产业，如农业、工业、建筑业、交通运输业、商业以及钢铁、水泥、棉花、苹果等各种产业。

如果从微观经济层面看，产业是对微观经济按某种属性进行系统性组合归类的结果。例如，所有从事钢铁生产与经营活动的各类企业或机构的组合构成了钢铁产业，从事纺织生产与经营活动的各类企业或机构的组合构成了纺织产业，等等。

从多维度表述产业在现实经济中是常见的情况。如可以从产业的技术性、工具性、战略性、先进性、重要性等多个方面，对相关产业进行重新归类组合，由此形成新的产业概念。如目前可以经常见到有关产业的这样一些表述："开拓战略性新兴产业""加快高新技术产业园区建设""着力发展技术密集型产业""促进劳动密集型产业转型"，等等。可见，这里的战略性新兴产业、高新技术产业、技术密集型产业以及劳动密集型产业等，是对若干具体产业从不同维度出发而进行组合的结果。如目前技术密集型产业主要有微电子与信息产品制造业、航空航天工业、原子能工业、机器人工业等，劳动密集型产业主要有服装、家电、鞋类、玩具、物流、餐饮、美发、家政等。同时，产业的概念还常见于具体的产品领域，如汽车产业、钢铁产业、石油产业、冰箱产业、羽绒服产业，甚至还有拉面产业，等等。

不难发现，上述所说的产业的概念并不都是处在同一层面上的。如战略性新兴产业涉及的是战略层面的产业问题，高新技术产业涉及的是技术层面上的产业问题，汽车产业涉及的是具体产品领域的产业问题，信息技术产业涉及的是技术性层面的产业问题。

那么产业的本质内涵究竟是什么？事实上，任何产业都有一个共同的核心特点，即属于同一产业的主体是生产者的集合，并且这些生产者都具有某种相同的属性。这意味着产业不是消费者的集合，即消费者不是产业中的成员。

第二节　产业概念的有关问题

由上一节的讨论可以知道，对某种具有相同属性的经济活动主体进行归类是产业概念的核心内涵。然而，对产业概念的理解，仅限于此还是不够的。对产业概念的深入理解，还需要注意下面一些问题。

一　狭义的产业概念和广义的产业概念

狭义的产业概念是限于生产领域或生产层面上的概念，即经济活动主体的对象是被限定在生产领域的，如生产性的企业、公司及个体生产者等。而广义的产业概念不仅包括生产领域中的经济活动主体，也包括非生产领域中的经济活动主体，如教育、医疗、公共服务以及社会性组织等各类活动主体。

事实上，目前在国民经济核算中，对第三产业的分类包含教育、卫生和社会工作、公共管理、社会保障和社会组织等。这些经济活动主体都是与社会公共服务有关的事业性主体，而不是标准意义的生产领域中的主体。

社会公共服务性的经济活动主体一般是不以营利为目的的主体，是与国计民生息息相关的社会性、公共性、福利性的经济活动主体。而狭义的产业概念中的主体主要是以营利为目的的。因此，教育和医疗等这些具有公共服务性质的活动主体是不属于狭义的产业概念的。如果将教育、医疗列入生产性领域，即以营利为目的，那么就违背了其公共服务属性，这样对社会发展是很不利的。因此，有时会将教育和医疗的经济活动主体的归类称为"行业"，以表明同生产性和营利性的产业概念的区别。

二　现实中的产业主要是狭义的产业概念

在现实经济中，当人们谈到产业时主要指狭义的产业概念，即主要指生产领域中以营利为目标的主体。将非生产性领域的经济活动主体如教育、医疗、社会工作、公共管理等也纳入产业的范围，主要是为了国民经济核算和统计的需要。这样可以使得全部经济活动主体都纳入国民经济核算和统计中，从而使得对经济活动总量的计算是完整的，而不会产生统计上的系统性误差。但是在现实中，当人们提到要大力发展产业经济时，通常指生产领域中的产业。非生产领域中的"产业"，实际上许多是一种"事业"。为此，在中国，非生产领域中的产业实际是用行业或部门的概念来体现的。因此，如果没有特别说明，本书中的产业概念都是指生产领域中的产业概念。

三 需求者、消费者及政府都不是产业的主体

产业概念的核心意义在于强调生产领域中存在一些有相同属性的经济活动主体，这些主体可以是相关的生产者、经营者或相关服务者。值得注意的是，产业中的经济活动主体都是经济中的供给者，而不包括需求方面的消费者。或者说，需求者、消费者，是不属于产业范围内的经济活动主体，因此需求者、消费者自然都不是产业的主体。同样，政府也不是狭义的产业概念中的供给者，因此政府也不是产业中的主体。然而，由于政府地位的特殊性，政府担负着对产业进行管理、规范、干预乃至引导和主导等职责。明确政府不是产业的主体，也不能成为产业的主体，是非常重要的。以上所述旨在表明，产业及构成产业的活动主体是经济中供给方面的构成因素。

四 产业的市场性及市场经济机制

产业的市场性指产业的产生、生存与发展，通常是市场经济机制作用的结果，而不是人为的主观意志的结果。所谓的市场经济机制是由供给与需求两方面因素共同决定的。产业的市场性含有两方面的意义：第一，经济中存在着一定规模的相应需求，是促成产业形成与发展的基础。即一个产业的出现、形成与发展，必然根源于市场的需求。现实中存在特定的需求，并且是有一定规模的特定需求，这是特定产业形成与发展的根本基础。第二，产业不是凭人的主观意志就能出现、形成和发展的，因为产业存在的基础是满足现实中消费者的需求。消费者的需求不是由生产者方面或供给者方面的主观意愿决定的。这意味着产业的出现与发展是有其客观性的，通常是经济社会发展到一定阶段的产物。

因此，产业的产生与发展，必须存在与之对应的市场需求，由此决定了促进产业发展的机制必然是市场经济机制，即是以消费者为需求方面、生产者为供给方面，供需双方共同决定生产与消费行为的经济机制。这意

味着虽然需求者不是产业的主体，但是产业的发展必然基于需求，因此产业发展是有关供需双方的问题。而供需双方的均衡调节机制主要是市场经济的机制。政府可以参与、引导、监管甚至主导相关产业的发展，但是无论怎样，政府始终不是产业的主体。政府需要遵循经济发展的客观规律和市场经济的机制，不能既是"运动员"又是"裁判员"。如何处理好政府与市场的关系，始终是一个至关重要的永恒问题，但这不是本书的主题，因此对此问题不再进行深入讨论。

五　产业的关联性

产业的关联性指任何的产业都不是完全独立存在的，而是产业与产业之间必然在技术、产品或原材料等多方面存在相互依赖、相互连接甚至是直接性的投入与产出的关系。如从大的产业层面看，第一产业、第二产业、第三产业都是按照生产的分工规律依次发展的。特别是现代经济中，任何产业都不是独自封闭的系统，而是产业之间存在高度关联性。从宏观经济层面看，产业也是对总体经济活动进行分工的结果，其中分工本身就是体现产业间的技术或产品的关联性。因此，国民经济中各产业之间既有彼此相对独立的一面，即每个产业都专注于特定的生产活动，也必然有彼此相互依赖、相互依存的一面。因此，任何产业的发展都是系统性问题。

产业之间有一类特别重要的关联性是投入与产出的关系，即某个产业的产出是另一些产业的投入，或者说某个产业的投入是来自某些产业的产出。在国民经济核算中，可以通过编制《投入产出表》来具体体现一定现实经济中的产业或生产部门之间的投入产出关系。目前中国的《投入产出表》由国家统计部门编制。

而在产业经济学中，是用产业链的概念来体现产业间的关联性的。产业链指各个产业或生产部门之间通过某种相关的技术、产品或地域布局等方面形成了环环相扣的链条式关联关系，一般包括价值链、企业链、供需链和空间链四个方面的内容。在现代经济中，产业链的关系通常需要在全球范围内形成，而不是局限于一个地区的内部或一个国家的内部。

六　产业的划分与考察经济活动主体的方式有关

事实上，产业是基于特定方式划分经济活动主体类别的结果。这种归类的结果是人为进行的，是在某种理论上或按某种视角划分的，而不是对经济活动主体进行的实体性拆分或实体性组合。因此，产业分类情况对经济活动主体并不产生直接的影响。如果从生产的技术层面看，可以划分出高新技术产业、传统技术产业及手工技术产业等。如果从生产要素层面看，可以划分出资本密集型产业、劳动密集型产业以及技术密集型产业等。如果从社会分工出现的顺序层面看，可以划分出第一产业、第二产业和第三产业。而在现实经济中，政府基于对国民经济管理的需要，通常按产品相关或技术相关的属性而将国民经济划分为各种不同类型的产业（或行业），而这种划分并不是实体性的拆分或组合。

第三节　关于三次产业的概念及产业的细分化

一　关于三次产业的概念

三次产业的划分是产业划分的最高层次。这种划分是根据人类社会生产力发展水平的进程而进行的，是出现劳动专业化分工的结果，也是人类社会发展的必然产物。可以说，生产技术发展导致劳动专业化分工是出现产业的必要条件。而专业化分工的意义在于，可以让每个人做自己擅长的事，以此提高整个社会的劳动生产率。

在人类社会的初期，人类社会生产力水平是非常低的，经济活动是以自我劳动、自我消费的方式进行的，根本谈不上产业的概念。当人类社会发展到一家一户、男耕女织的小农经济时代时，依然是没有产业概念的，因为这种自给自足的经济活动方式还谈不上经济活动的专业化分工。随着人类社会生产力水平的不断发展，人们逐渐发现如果每个人都做自己擅长的事，可以使平均社会劳动时间极大缩短，生产效率显著提高。随着生产力水平的不断提高，使生产活动按专业化分工方式进行得以实现。于是，生产的专业化分工开始出现，并逐渐形成规模化的社会分工。这种专业化、规模化的社会分工的结果就是产业的出现。

如果从人类进行生产活动的历史发展顺序来看，到目前人类社会有三次大的产业分工，或者说是三次大的产业划分。

1. 第一次产业

在人类社会的初期，人们从事的生产活动主要是直接从自然界获取成果，如耕种、狩猎、捕鱼等。因此，在经济理论上，对直接从自然界获取成果的产业称为第一次产业，简称第一产业（primary industry）。由于第一次产业的生产活动主要是直接和自然界打交道，其生产成果是直接从自然界获取的食物，因此第一产业的产出成果实际是原始、初级的产品。

2. 第二次产业

在第一产业出现后的漫长时间里，随着生产力水平的进一步提高，人们逐渐意识到，改善生产工具不仅可以提高同自然界直接打交道的能力，而且可以极大提高对初级产品再加工的能力而提高初级产业的使用功能和效率。于是，为第一产业提供更为有效的生产工具逐渐形成了产业，这就是工业和建筑业的出现，也就是第二次产业的出现，简称第二产业（secondary industry）。可以说，第二产业是为第一产业提供产品和技术而形成的。第二产业的出现，不仅极大地提高了第一产业的生产效率和生产率，而且使初级产品加工的能力也得到了极大的提高。如机械化的实现，使得原来需要成千上万人才能完成的农业耕作，变成了几个人利用机器就可以完成的事情。

3. 第三次产业

随着第二产业的不断发展，第二产业内容特别是工业品种类不断丰富，由此第二产业本身也产生了广泛的需求。于是，在第一产业、第二产业的基础上，为这两个产业提供各种服务的经济活动逐渐出现并形成专业化和规模化，这便是第三次产业的出现，简称第三产业（tertiary industry）。可见，三次产业是依次形成的，是按人类社会分工依次出现并不断发展的结果。而支撑这一结果的实现，实际是人类社会生产力不断提高的结果。如果用简要的词语分别概括三次产业的产品特征，则第一产业是"自然"产品，第二产业是"工具"产品，第三产业是"服务"产品。

总之，产业是社会生产活动分工的结果，是人们追求生产的专业化、效率化和最优化的结果，是生产活动复杂化、专业化的结果，也是人类文明不断进步的结果。在现代科学技术高度发达的当今时代，经济活动的内容更加高度复杂化和高度融合化，因而导致单个劳动者、单个企业乃至单个产业，甚至单个国家都无法独立完成某类产品的全部生产过程，而只能通过分工合作完成。因此，当今经济中的社会分工不仅无法避免，而且产业与产业之间也形成了无法分割的有机整体。这种产品、技术和产业形成的关联性和有机整体性，成为当今全世界需要形成经济一体化的内在动力。其中，第二产业有特别的重要意义，因为该产业的产品可直接影响第一和第三产业的水平。

二　产业的细分化

基于上述的三次产业的划分，是按产业出现的历史顺序划分的，因此实际上是最高层次上的产业划分。而随着人类社会的不断发展，仅停留于三次产业的划分，已经远远不能满足经济管理和经济分析的需要。因此，目前产业的概念可以从不同层面、不同场景、不同角度和不同范围划分和理解。按一定属性划分归类的经济活动主体的集合来划分产业的方式，是基于产业经济学的理论。

从国民经济行业管理的角度看，对产业的具体界定，还需要制定具有可操作性的标准，而不能局限于抽象的理论。在《国民经济行业分类与代码》中对产业进行了界定，认为产业是指从事相同性质的经济活动的所有单位的集合。按目前中国国家统计局划定的三次产业的具体定义是：① 第一产业是指农、林、牧、渔业（不含农、林、牧、渔服务业）。第二产业是指采矿业（不含开采辅助活动），制造业（不含金属制品、机械和设备修理业），电力、热力、燃气及水生产和供应业，建筑业。第三产业即服务业，是指除第一产业、第二产业以外的其他行业。目前按中国的统计体系，第三产业具体包括：（1）批发和零售业，（2）交通运输、仓储和邮政业，（3）住宿和餐饮业，（4）信息传输、软件和信息技术服务业，

---

① 资料来源：中国国家统计局网站，http://www.stats.gov.cn/xxgk/tjbz/gjtjbz/201804/t20180402_1758923.html。

（5）金融业，（6）房地产业，（7）租赁和商务服务业，（8）科学研究和技术服务业，（9）水利、环境和公共设施管理业，（10）居民服务、修理和其他服务业，（11）教育，（12）卫生和社会工作，（13）文化、体育和娱乐业，（14）公共管理、社会保障和社会组织，（15）国际组织，（16）农、林、牧、渔业中的农、林、牧、渔服务业，采矿业中的开采辅助活动，制造业中的金属制品、机械和设备修理业。

上述对三次产业的划分，严格地说主要是基于国民经济产业和行业管理的需要，其中第三产业的一些构成部分已经不是经营性或生产性的产业概念了，而是经济中一种门类的概念。具体地说，其中的教育，卫生和社会工作，以及公共管理、社会保障和社会组织等，不是具有生产性或经营性意义的产业，而是经济中行业或门类的概念。将这种公共性或非营利性的行业划归为第三产业，主要是基于国民经济行业管理的需要，以及方便进行国民经济核算。

第四节　产业、行业、部门及宏观经济的关系

一　行业的概念

行业主要是从管理或职业层面对具有相同属性或相同类型的经济活动主体分类的集合。实际上，这里的行业是行当的意思，是职业属性之意，而不是生产属性的概念。例如，如果说钢铁产业，即强调是从生产领域看钢铁业；而如果说钢铁行业，则强调是从管理或职业（行当）的层面看钢铁业。再如，在现实生活中如果想表达张三从事的职业，可以说"张三从事餐饮行业工作"；而如果想表达张三从事的工作的生产领域，则可以说"张三从事餐饮产业工作"。事实上，人们在现实生活中往往并不在意，或根本没有注意到"产业"与"行业"概念之间这种微妙的差别。

二　行业、产业及部门的联系及区分

在现实中，很多时候人们通常对产业与行业的概念并未进行非常严格

的区分，而是相互通用。如钢铁产业和钢铁行业所涉及的主体是相同的，只是钢铁产业体现的是生产性概念，钢铁行业体现的是职业或行业管理性概念。具体地说，钢铁产业是从钢铁的生产行为和生产技术层面对钢铁业的称呼，而钢铁行业则是从组织、管理或职业属性的层面对钢铁业的称呼。而在一些场合下，用"钢铁产业"还是用"钢铁行业"，差别并不大。

产业和行业有一个重要的区别，行业可以是包括非生产性的行业，即行业包括生产性和非生产性两类行业。如教育、卫生和社会工作、公共管理、社会保障和社会组织等，都不是产业的概念，而是非生产性的行业的概念。例如，教育行业和教育产业是不同的概念，二者的内涵有很大的区别。如果称教育行业，则意味着此时的教育是非营利性，即教育不以获取经济利益为目的。如果称教育产业，则意味着这里的教育是产业化的教育，是以获取经济利益为目的的教育。在中国现行的统计中，将教育、卫生和社会工作、公共管理、社会保障和社会组织等这些行业归于第三产业，只是基于国民经济核算的需要而划分的。从理论上讲，这些行业不是标准意义上的产业。

部门则是产业中或行业中的具体组织单位。如在产业中或行业中，企业、公司及某种形式的组织机构等都可以是产业或行业中的部门。一般而言，产业是大于行业的概念，而行业是大于部门的概念。如可以说第一产业，但是不能说第一行业。大的产业一般可以进一步细分出分产业，或细分出行业，产业或行业中都包含有部门。

三　产业经济、宏观经济、微观经济之间的关系

产业经济是产业层面的经济。微观经济是具体经济活动主体层面的经济，如企业、公司甚至个人层面的经济。相对于宏观经济与微观经济而言，产业经济是介于二者之间的中观经济。

微观经济是产业经济和宏观经济的基础，也可以说是产业经济和宏观经济的具体样本。若从统计学的意义上讲，宏观经济是由微观经济全部个体样本组成的总体。而产业经济则是由微观经济部分个体样本组成的。因此，在产业经济、宏观经济、微观经济彼此之间存在密切的联系。

在经济学中，宏观经济对应的生产函数是总量生产函数，而产业（包

括部门）对应的生产函数是产业的生产函数。这两类生产函数是有非常大的区别的，对需要有所认识。其中，两类生产函数的最大区别是，产业的生产函数包括中间投入，而总量生产函数不包含中间投入。

产业生产函数的要素投入一般分为三大类，即资本投入、劳动投入和中间投入。产业生产函数通常写成下面的形式：

$$Y = F(K, L, X; T) \tag{17-1}$$

其中，Y 为产出，K 为资本投入，L 为劳动投入，X 为中间投入，T 表示时间。而总量生产函数则表现为下面的形式：

$$Y = F(K, L; T) \tag{17-2}$$

其中，Y 为宏观经济的总产出，K 为总资本投入，L 为总劳动投入，T 表示时间，没有中间投入。

产业生产函数本质上表述的是特定产业部门的投入与产出的关系。由于产业的产出不是最终产品，而是作为另一产业的投入，因此宏观经济中各产业的投入与产出都是相对的关系，即本产业的投入是来自其他有关产业的产出，而本产业的产出是另一些有关产业的投入。在产业生产函数中，中间投入是非常重要的一个变量。这是因为在现实中，一个产业的产出是同中间投入的情况有密切关系的。例如，对一些产业而言，芯片是非常重要的中间投入，如果没有足够的芯片投入，产业的产出将会受到严重的限制。实际上，产业之间的差别，往往不是产业的资本投入或劳动投入的差别问题，而是中间投入存在差别的问题。中间投入实际上也是区别产业差别的重要因素。特别是一些对产业特别重要的中间产品，实际是决定产业发展"卡脖子"性质的因素。因此，在产业生产函数中，中间投入是不能忽略的因素。

自 20 世纪 90 年代以来，基于产业部门研究经济增长问题开始受到经济学家们的重视。这是因为仅基于总量生产函数进行经济增长根源的分析，无法识别产业发展与产业结构变动对经济增长的影响，而产业发展是推动经济增长的直接动力。事实上，经济增长并不是直接表现为总产出的增长，而是首先表现为各产业的增长。总量增加值是各产业增加值之和，而总量经济增长率是来自各部门产出增长率的加权和。而利用总量生产函数的分析，实际上要求或者说隐含着各产业部门的增加值函数都是完全相同的，而且对于各产业部门的劳动和资本投入之间的技术关系也必须是完全相同的。这些情况实际上容易导致基于总量生产函数分析经济增长根源时产生不当甚至是误判性的结论。因此，利用产业研究宏观经济问题，一个关键问题是要区别不同产业之间的差异性。

四　产业与事业的关系

根据上面的论述可见，产业是存在相关的供给与需求主体的，是通过市场经济机制实现资源配置和发展的。因此，产业是一个经济属性的概念，而不是事业属性的概念。或者说，从事产业的行为是属于经济活动的范畴，而不属于发展事业的范畴。产业是通过获取经济利益作为产业发展动力的，而事业则不是以经济利益为目标的。事业通常指个人、群体及组织具有一定目标的系统性活动。如老龄事业主要指以保护老年人利益、提高老年人生活和生命质量的有组织的系统性活动，是一种公益性事业。相关比较而言，老龄产业则属于经济属性的问题，是产业经济发展的问题。在现实经济中，任何的产业都要经历形成、发展、成熟、衰退等过程。而公益性的事业则需要"永葆青春"。明确产业是经济属性的问题，旨在明确包括老龄产业在内的任何产业发展问题同事业发展问题，都是不同性质、不同领域中的问题。

五　产业概念的泛化

由于在现实经济中如何对一定经济活动主体进行归类，并不具有统一性和规范性，由此导致产业的具体含义通常也不是统一的，因此直到目前仍难以给出关于什么是产业的一种统一分类的标准。事实上，产业概念的具体内涵同所处的经济层面、不同的角度、不同的学术领域或不同的场景等多方面因素有关。目前，产业概念的使用已经出现泛化的情况，如绿色产业、环保产业、生态产业、节能产业以及长寿产业，这便是产业概念的泛化现象。

所谓产业概念出现泛化的现象，即指在现实中已经被广泛运用的"产业"概念，已经不是严格意义上经济学定义的产业概念。在现实经济中，目前出现的普遍现象是，对凡是有一定规模性、系统性、组织性的生产活动事情，都常冠以"产业"之名。例如，在某深山中的一个村庄，村长组织村民种植茶叶的生产行为，村长称为发展茶叶产业，养猪称为发展养猪产业，等等。甚至，村庄里有较多的长寿老年人，村长便提出打造长寿产业。在现实生活中，这样对产业的提法是未尝不可的。但是，这些情况下的产业概念，并不是严格意义上的经济学的产业概念。

第五节　基于集合理论对产业的认识

在产业的经济学定义中可以看到，产业被定义为是一类"集合"。这意味着集合里应具有符合一定条件要求的元素。可见，产业的概念可以从集合理论的层面进行理解。事实上，无论怎样，经济活动主体（如企业）都是构成产业的基本元素。因此，可以利用集合理论认识产业的内涵。经济活动主体是集合的元素，而产业、行业及部门等，都是以经济活动主体为元素构成的各类集合，这些元素的全集就是宏观经济。因此，所有产业增加值之和就是 GDP（地区生产总值）。或者说，GDP 等于所有产业增加值之和。

一　构成产业的基本元素：经济活动主体

经济活动主体是构成产业的基本元素。为此，首先需要明确什么是经济活动主体。而首先涉及的则是经济主体的概念。经济主体指在经济活动中能够自主确定行为目标、行为方式且能自负其责，并具有获取经济利益能力的主体。从现实中看，经济活动主体可分为政府、机构、企业、自然人这四类。而从宏观经济学层面看，机构的一部分可归为企业，另一部分可归为政府。如在中国，一部分事业单位有代理政府管理的职能，也有一部分事业单位实际上具有企业的职能。因此，宏观经济学中的经济活动主体主要分为三大类：政府、企业和个人。

然而从现实的经济法律关系方面看，政府是经济管理的主体，而不是具有生产经济活动的主体。因此，从生产与经营活动的层面看，政府不是产业性的经济活动主体。如中国的经济活动主体要有各类企业、事业单位、社会团体、农村承包经营者、个体工商户和公民个人等。因此，从生产与经营活动的层面出发，本书将经济活动主体界定为企业和个人。其中，政府作为经济管理的主体，具有对市场运行和经济关系进行管理、调节和监管的职能；企业是具体从事生产活动、经营活动的经济性组织，是产品和服务的提供者；个人是劳动要素的提供者，同时又是消费者。

二　宏观经济、产业、行业、部门及经济活动主体的关系

由以上的论述可知，构成产业集合的基本元素是经济活动主体，而经济活动主体是由企业和个人构成的。其中，对这里的企业概念可以理解为是宽泛性的，即包括具有企业性质的一些机构，如中国经济中一些具有企业性质的事业单位。

为此，可以假设一定经济中共有 n 个经济活动主体，n 为非负整数，即 $n \geq 0$；设元素 a_i 表示这 n 个经济活动主体中的第 i 个主体，$i = 1, 2, \cdots, n$。由此可以得到由这 n 个经济活动主体组成的集合 A 如下：

$$A = \{a_1, a_2, \cdots, a_i, \cdots, a_n\} \qquad (17-3)$$

于是，式（17-3）定义的集合 A 是由全部 n 个经济活动主体组成的总体。A 中各个元素要求是彼此不同的，即当 $i \neq j$ 时，有 $a_i \neq a_j$ 成立。

这时，可以对 A 中的元素按某种关系构建不同的集合，而这些集合必然是 A 的子集。而不同的子集又可以依据某种关系构建不同类别的子集，由此形成依次包含与被包含的关系，其关系表示如下：

宏观经济 ⊇ 产业 ⊇ 行业 ⊇ 部门 ⊇ … ⊇ 经济活动主体（企业和个人）

根据第二章的内容，可以对 A 中的元素进行特征标记。如假设 $j = m$ 表示经济活动主体的第 m 类特征，其中 j 为非负整数，即 $j = 1, 2, \cdots, m$，$m \geq 0$。若 $m = 0$，则表示此经济活动主体中没有按任何的特征分类。而 m 的具体数值是多少，实际上取决于如何设定经济活动主体的特征分类，对此需要根据具体问题的情况而定。

将 a_i 和 x_j 相结合，可以实现对一定经济中第 i 个经济活动主体 a_i 附加更多特征信息的标识，具体可以写成 $a_i(x_1, x_2, \cdots, x_m)$ 的形式。$a_i(x_1, x_2, \cdots, x_m)$ 的意义是：表示第 i 个经济活动主体 a_i 具有 m 类特征，这些

m 类特征具体数值分别是 x_1、x_2、$\cdots$、x_m。于是，对于体现具有 m 类特征的经济主体集合 A 可以表示为下面的形式：

$$A = \{a_i(x_1,\ x_2,\ \cdots,\ x_m)\} \tag{17-4}$$

其中，a_i 表示一定经济中的第 i 个经济活动主体，i 为非负整数，即 $i = 1$，2，$\cdots$，n；j 表示第 j 类特征，x_j 表示经济活动主体的第 j 类特征的具体数值，这里的 m、n 均为非负整数。

三　国民经济行业分类中行业彼此没有交集

从国民经济行业管理的角度看，对产业或行业的界定必须是非常明确的，并且所划分的产业或行业是没有交集的，或者说交集是空集。对此，可以用集合的方式进行表示。

设集合 A 是由全部 n 个经济活动主体组成的总体。a_i 表示第 i 个经济活动主体。设 A_j 为按某种相同属性分类的产业或行业中的第 j 个产业或行业，并假设可以分解出 k 个产业或行业，那么 j 的取值是从 1 到 k。于是，A 可以表示为下面的形式：

$$A = A_1 \cup A_2 \cup \cdots \cup A_k$$

并且

$$A_1 \cap A_2 \cap \cdots \cap A_k = \Phi$$

这里 Φ 表示空集。

只有国民经济行业分类中的行业彼此没有交集，才能正确核算国民经济行业，否则就会出现重复计算的问题，不能反映国民经济的实际情况。因此，如何进行国民经济行业分类是非常重要的问题。

第六节　产业结构与工业化进程的关系

一　产业结构的概念

如前面所述，结构是指一定总体或总量的内部构成问题。"结构"是经济分析中经常出现的概念，如产品结构、收入结构、消费结构乃至经济结构，等等。简而言之，"结构"问题即"构成"问题。实际上，结构分析是加总分析的一种反向分析，即把一定的总体或总量分解成为若干个分部分或分量，然后分析这些分部分或分量之间的各种关系。其中，考察分部分或分量之间的数量比例关系，是常见的分析结构问题的一种方式。

　　一般情况下，对产业结构的度量是按各产业增加值之间的比例关系来进行的，如考察各产业增加值占总产出的比重。实际上，各产业增加值的比重仅是体现产业结构的一个方面，即产值比例的关系，而产业结构更深层次的关系并不能通过这种简单的方式体现出来的，如产业之间存在的技术依赖关系、产品依赖关系以及发展模式及转型依赖关系等。例如，农业增加值在 GDP 中的比重越来越低，但这并不表明农业不重要，因为如果没有农业的产出，整个产业结构就会崩塌。总体上看，经济发展的过程就是产业发展和产业结构不断变动的过程。因此，产业结构的状况既是经济结构的一种体现，也是经济发展水平的一种反映。

二　产业结构变化与工业化进程的评判

　　工业的出现是人类生产能力出现革命性突破的标志，因此对工业的出现也称为工业革命。工业革命开始于 18 世纪 60 年代的英国。工业革命是以机器取代人力为特征的，由此人们可以进行大规模生产，大规模提高生产率。机器的发明与运用，是工业成为独立的物质生产部门的关键。因此，人类生产活动的工具的先进性如何，可以代表人类文明进步程度的标志。随着科学技术的进步，19 世纪末至 20 世纪初，开始进入现代工业的发展阶段。20 世纪 40 年代后期，生产过程的自动化成为工业进程的主要特征，出现了采用电子控制的自动化机器和按生产线进行生产的方式。20 世纪 70 年代后期开始，以微电子技术为中心的计算机广泛运用，使信息化推动工业乃至整个经济进一步快速发展。总的来看，若按生产工具来划分工业进展时代，大致可以分为蒸汽机时代、电气化时代和信息化时代。

　　目前在现实经济中对工业化进程的评判，一种主要方式是依据产业结构的情况进行的。或者说，产业结构是目前评价总体经济发展水平乃至经济发展阶段性的一种重要视角。而目前常用的度量产业结构的指标是各产业增加值占 GDP 的比重。事实上，经济增长乃至经济发展的过程，也是产业结构不断变化的过程。在人类经济发展的初期，显然农业是主导性产业，相应的产业结构特征主要表现为以农业为主的第一产业比重是最高的。同经济发展的阶段性相对照，第一产业比重最高的三次产业结构是初级型的产业结构。随着工业技术的不断进步与发展，国民经济中的工业产值比重不断提高，由此开启人类经济的工业化进程。通过对世界范围内工业化国家的历史数据进行分析和研究，目前可以将工业化的进程按产业结构的变化过程进行划分。

具体可划分为五个阶段：（1）前工业化时期。该时期产业结构的主要特征是农业产值比重最高。（2）工业化初期。工业产值比重开始超过农业产值比重，第三产业产值比重相应提高。（3）工业化中期。工业产值比重持续占据首位，第三产业产值比重显著上升，第一产业产值比重显著下降。（4）工业化后期。第三产业产值比重开始位居首位，工业中信息产业增长加快。（5）后工业化时期。第三产业产值比重持续占据首位，并呈现不断提高态势。

三　技术进步与产业结构

影响产业发展的因素是多方面的，其中一个重要因素是技术进步。一方面，随着技术的发展，一些新的产业产生，也有一些产业被淘汰。另一方面，技术进步的水平也决定着产业发展的水平，决定着产业的投入产出率。特定产业的发展水平可以用该产业的投入产出水平体现，如相关的指标可以用产业的生产率指标进行度量。如产业的劳动生产率及产业的全要素生产率等都是具体的度量指标。生产率（Productivity）被定义为一定生产的产出数量与其投入数量之比。劳动生产率是针对劳动要素的生产率，即产出与劳动投入之比。当生产率定义式中的投入项包括与产出有关的全部要素投入时，生产率即为全要素生产率（Total Factor Productivity，TFP）。全要素生产率旨在度量汇集了全部生产要素投入的总体生产技术水平。这里的"全要素"指包含了与产出有关投入的全部生产要素，而不是某单一或有限个要素的情况。

事实上，经济增长并不是直接表现为总产出的增长，而是首先表现为各产业的增长。总量增加值是各产业增加值之和。在经济学中，产业生产是用产业生产函数表述的。产业生产函数即部门生产函数，其本质上是特定产业部门的投入与产出的关系。由于部门产出不是最终产品，而是作为另一部门的投入，因此宏观经济中各部门的投入与产出都是相对的关系，即本部门的投入是来自其他有关部门的产出，而本部门的产出是另一些有关部门的投入。

产业部门生产函数的要素投入是包括中间投入的，这是产业生产函数与总量生产函数的不同之处。在测算一个国家或地区的总量生产率时，中间投入是不能作为总投入中要素投入的。一个国家或地区的总产出是指其生产的最终产品，即不包括中间产品。相应地，总量生产函数中的要素投入是不包含中间投入的。这是为什么总量水平的生产函数表现为 $Y = F(K, L)$，其中 Y 为产出、K 为资本投入、L 为劳动投入，而不含有中间投入的原因。而在产业部门的生产层面上，一个部门的产出或是其他部门的中间投入，部门水平的生产函数表现为 $Y = F(K, L, X)$，其中 X 为中间投入。因此，在部门生产率的测算中要素投入一般分为资本投入、劳动投入和中间投入三类。可见，总量生产函数没有中间投入，而产业部门生产函数含有中间投入，这是二者的主要不同。

由于不同产业所依赖的要素投入和技术类型是不同的，不同产业的技术变化对产出的影响也是不同的。在产业结构方面，表现为技术变化对产业结构有重要的影响。一般而言，技术进步不仅有提高生产率的效应，还有技术替代和技术拓展效应等。具体的技术进步的效应不仅体现为相关生产的数量与质量方面的变化，也体现在对经济诸多方面的影响。如技术替代劳动，先进机器设备的使用将产生减少人力使用的效应，在宏观上就是冲击原有的就业格局。但是从长期来看，技术进步的效应则同时不断拓展人类实践的范围与空间，从而不断扩展就业空间。事实上，在过去的百年时间里经历了人口激增，然而就业岗位总体是不断增加的。因此，技术进步在短期内或有"冲击效应"，而在长期则主要是"拓展效应"。因此，技术进步不仅对产业结构、产业布局有重要影响，而且对就业总量和结构也有重要的影响。

第十八章

人口老龄化对产业发展的影响

宏观经济是由具体的产业构成的，因此人口老龄化对宏观经济的影响，一种重要和基本的途径是通过人口老龄化对产业的影响而实现的。本章主要讨论人口老龄化对产业发展的影响，主要涉及人口老龄化与产业的基本关系、人口老龄化影响产业发展的基本途径、人口老龄化与产业结构变化以及人口老龄化背景下产业发展的应对措施。

第一节　人口老龄化与产业的基本关系

一　概述

任何产业的发展都离不开需求和供给两方面因素的作用。而人口老龄化使老年人口成为对经济中供给与需求双方均有重要影响的因素。人口老龄化与产业发展的基本关系，本质上同人口与经济的基本关系是一致的。这是因为经济中需求和供给两方面的主体，最终都是由人口构成的。其中，作为需求主体的人口为消费者，而作为供给主体的人口为生产者。

在需求方面，每个人都需要消费，因此每个人都必然是消费者。在供给方面，生产者是供给的主体，而生产者的主要源泉是劳动年龄人口，同人口的总量及年龄结构状况有关。其中，一些非劳动年龄人口如部分健康老年人和部分未成年人，在现实中事实上成为劳动力的一部分。总之，一定社会中人口状况对供需双方都必然有内在的影响。

在现实经济中，由于人口中存在不同收入水平、不同年龄、不同消费习惯以及不同身体健康状况等各种不同的因素，不同消费者的消费需求水平和需求内容也必然是不尽相同的，即消费需求存在广泛的差异性，由此成为经济中需要发展不同产业的根本原因。不同产业存在的意义，就是为了满足消费的差异性，以做到"专业有分工"。例如，对食品的需求对应有食品产业，对服装的需求对应有服装产业，对住房的需求有房地产业，对出行的需求有交通产业，等等。

人口老龄化同产业发展的关系，是老龄经济所具有的特殊性问题，是人口老龄化背景下需要给予高度重视的问题。这是因为在老龄经济中，人口老龄化的常态化结果是老年人成为越来越重要的消费主体，老年人的消费需求对相关产业发展的影响也必然越来越大。

然而，以往老年人的一些需求如养老需求及其他有关服务的需求，并没有及早促使相关的产业出现，如老龄产业的出现。其中一个很重要的原因是，在非老龄经济的状态中，或者说人口老龄化程度还不高的情况下，养老和老年人的相关需求并没有形成一定的规模，导致没有针对老年人需求的产业出现，或没有形成产业应有的规模。

事实上，人类总体进入老龄社会是在21世纪初期，到目前也只有20年左右的时间。由此决定了针对老年人需求的产业，必然是不成熟的。但是，应该看到人口老龄化的长期趋势，即从长远的发展来看，人口老龄化是不可逆转的常态，老年人口的比重必将长期不断提高。因此，老年人口也必然是越来越重要的消费群体。可见，人口老龄化与产业发展的关系将更多地表现为长远性的关系，对此需要有预见性的认识。

总之，人口结构的变化必然对需求与供给关系产生深刻的影响，而且这种影响是内在的和系统性的，而非随机的和偶然性的。人口老龄化是人口结构的一种深刻变化，直接改变消费者和生产者的数量比例关系，因此人口老龄化必然对供给和需求都有重要的影响，而且这种影响也必然体现为对产业发展产生重要的影响。但是，人口老龄化对不同产业的影响或是不同的，对某些产业可能是带来发展机遇，而对某些产业则可能带来严峻的挑战。

二　人口老龄化对产业需求方面的影响

在现实经济中，需求既是产业形成的源头，也是促进产业发展的动力。特别是在现代经济中，供给能力通常是相对充分的，而需求不足往往是约束经济增长的瓶颈。因此在现代经济中，任何的需求点都成为企业积极寻求的对象。而产业存在的价值，就在于可以规模性地满足经济中相应的需求。如果没有需求，产业就失去了存在的意义，更无从谈到产业的发展。

然而，需求毕竟是来自人的需求，是来自消费者的需求，因此经济中需求的总量及其结构，必然与人口的总量与结构有着非常密切的关系。首先，人口数量往往意味着需求数量、需求潜力。因此，拥有一定数量规模的人口，是实现经济增长的必要基础性因素。其次，人口结构意味着需求存在差异性。少年儿童、劳动力以及老年人，在生活中的需求必然是有许多差异的。而这种需求的差异性，对不同产业发展的影响必然是不同的。因此，评判一个国家或地区经济增长和发展的潜力，人口状况通常是非常重要的影响因素。

人口老龄化直接体现为一定社会中老年人口占总人口的比重不断提高，而这种情况的本质是直接改变了总人口中的生产性人口（劳动年龄人口）和非生产性人口（老年人口）之间的比例关系，即人口老龄化对应的是非生产性人口比例的上升。这种人口结构的变化有着非常深刻的经济意义，即人口老龄化改变需求结构以及经济资源配置结构，而需求结构和资源配置结构的变化必然影响产业发展和经济增长。

在需求结构方面，老年人口增加对应纯粹消费人口增加，劳动年龄人口相对或绝对减少，由于老年人口和劳动年龄人口在消费能力、消费行为、消费倾向等方面都存在差异，由此导致需求结构出现深刻变化。特别是，老年人口不仅是非生产性人口，而且是需要劳动力照护、赡养的人口，由此成为劳动力的负担而在一定程度上降低劳动力的生产效率。因此，在相同条件下，若保持老年人口的人均消费水平不变，那么老年人口比重上升即意味着老年人口的需求占总需求的比重，以及老年人口消费占总消费的比重均是上升的。

可以肯定的是，人口老龄化导致老年人口需求成为影响总需求的越来越重要的因素。或者说，在人口老龄化背景下，老年人口消费对资源配置的影响越来越大。而这些效应反映在产业方面，就是老年人口成为对产业发展有越来越重要影响的需求主体。然而，老年人口的需求究竟怎样影响产业发展，是同老年人口需求的具体内容有直接关系的。因此，老年人口对产业发展的影响并不是均等的，而是有所侧重的。

总的来看，人口老龄化对产业需求的影响，同老年人口的数量、收入、消费行为（消费倾向）和消费偏好等多方面的因素有关。关于老年人口的数量、收入、消费行为（消费倾向）对消费的影响，实际上在第十四章已经讨论过，因此这里主要讨论老年人口需求内容的问题。不同的需求内容，对应着对不同产业的需求。

这实际是有关老年人口特有需求的问题。老年人口作为人口的成员，首先具备一般人口所具有的普通需求，如对于健康的老年人，吃、穿、用、行等方面和普通人基本是一致的。但是，老年人口同普通人口的根本区别在于生理机能方面出现的衰老、退化，即年老体衰，由此老年人的一些需求是有其特殊性的，如在养老、医疗、照护、出行等方面同年轻人的需求有明显差异。对老年人的特有需求，还可以进一步将老年人口划分为不同年龄段的老年人口，如划分为低龄老年人、中龄老年人和高龄老年人。不同年龄层次的老年人口群体的不同需求，也是人口老龄化影响不同产业发展的因素。

三 人口老龄化对产业供给（生产者）方面的影响

同样，人口老龄化对产业供给（生产者）方面也是有深刻影响的。劳动力是供给方面的主体要素，劳动年龄人口是劳动力的来源，而人口老龄化的效应是提高老年人口比重，与之对应的则是相对或绝对地降低劳动年龄人口比重，相对或绝对地降低劳动力供给和提高劳动力稀缺性，因此人口老龄化必然影响劳动供给。

产业的真正主体是供给者（生产者）而非需求者，因为经济中产品与服务最终是由生产者生产并提供的。有相应的需求，但是现实中没有相应的生产者提供相应的供给，经济中同样不能形成产业。经济中具备怎样的相应的生产能力，是产生怎样的相关产业的基本前提条件。

人口老龄化对供给方面的影响，源于人口老龄化对劳动要素有着重要的影响。在供给方面，劳动要素在任何生产中都是不可或缺的要素。虽然在现代经济中技术和资本要素能够起到不断替代劳动要素的作用，但是无论怎样，劳动要素作为"活"的要素最终都是必不可缺的。总的来看，人口老龄化对供给方面的影响主要是负面的。

人口老龄化背景下劳动力供给形势的变化是影响产业发展的直接性因素。而其影响程度同产业自身的产品、技术及发展模式等因素有重要的关系。如果一个产业是劳动密集型产业，那么在人口老龄化背景下劳动力供给能力下降或导致生产能力下降，而劳动力稀缺性上升则导致用工成本提高，由此增加产业内的企业用工成本而降低竞争力。同时，人口老龄化导致消费结构变化而引发经济资源配置关系变化，也会在不同程度或不同方面影响产业的发展。

由于劳动力是供给方面的基本生产要素，因此有关劳动力因素的变化对企业乃至对产业而言都是非常重要的问题。如果企业用工成本增加过大而使企业难以承受，其结果可能是：企业寻求技术或资本替代劳动，或者企业开辟新的产品或服务领域，或者无法应对而破产。而无论怎样，人口老龄化对产业发展的影响都是深刻的，如存在发展模式转型、降低生产成本及产品结构升级换代等方面的压力。

四　人口老龄化对产业发展带来的机遇

人口老龄化在带来挑战的同时，产生了以老年人为主体的需求市场的扩大，由此形成了促进相关产业发展的机遇。

首先，人口老龄化具有促进产业结构调整与相关产业发展的机遇。人口老龄化导致劳动力稀缺性提高、劳动成本上升，促使企业向技术与资本密集方向转型，有利于促进产业升级、提高总体产业结构水平。同时，人口老龄化催生新的产业形成，其中，以老年人口为服务对象的产业体系是未来重要的产业，如老龄产业。由于老年人口的需求是广泛的，涉及国民经济的各个产业和行业，因此所涉及的老龄产业的内容必然是广泛的。

其次，从养老及社会保障方面看，老年人口不断扩大是增加全社会负担的不利因素。但是，从经济的需求方面看，规模不断扩大的老年人口是经济中越来越重要的消费群体，是促进消费、扩大内需的重要主体，由此成为推动相关产业发展的重要机遇。因此，从经济的需求方面看，老年人口是积极的、正向的因素。

对中国而言，人口老龄化伴随的机遇或相对更多、更重要。来自多方面的对中国人口预测的结果均表明，未来中国拥有 4 亿—5 亿的老年人口是大概率的情况。因此，是积极还是消极看待规模越来越大的老年人口，是一个至关重要的问题。积极应对人口老龄化，就是不仅要看到人口老龄化的负面效应，而且要善于发现其中的机遇，并抓住机遇促发展，使人口老龄化的负面效应降至最低。显然，数亿的老年人口无疑形成了规模巨大的消费市场。而充分挖掘这一消费市场，不仅可以满足老年人的消费需求，提高老年人的福祉，而且可以促进相关产业发展，甚至成为新的经济增长点。这就要求将人口老龄化以及老年人口的巨大需求，放到经济增长的框架中来考虑。

第二节   人口老龄化对不同类型产业发展的影响

一   产业类型的划分

一种常用的产业分类方式是按生产要素的分类划分的。如根据劳动力、资本和技术三种生产要素在产业中的集中程度，把产业划分为劳动密集型、资本密集型和技术密集型的产业。

劳动密集型产业（labor intensive industry）是指生产过程投入的所有生产要素中劳动要素比重较大，且生产的实现主要依靠劳动要素的作用，而对技术和设备的依赖程度相对较低的产业。从成本方面看，用于劳动者工资的比重相对较大。例如，常见的劳动密集型产业主要有各类基建、纺织品、服装、家电、箱包、鞋类、玩具、家具、塑料制品、五金、物流、客运、餐饮、美发、家政等。

资本密集型产业（capital intensive industry）是指生产过程投入的所有生产要素中资本要素比重较大，且生产的实现主要依靠资本设备的作用。从成本方面看，表现为单位劳动力占用的固定资本相对较大。例如，钢铁业、装备制造业、石油化工、重型机械工业、电力工业等，都是资本密集型产业。资本密集型工业主要分布在基础工业和重加工业，一般是国民经济的重要基础产业。

技术密集型产业（technology‐intensive industry）又称知识密集型产业，是指生产过程投入的所有生产要素中对技术和智力要素依赖的程度要远大于对其他生产要素的依赖程度。从成本方面看，表现为技术投入和智力投入的成本比重相对最大。例如，微电子与信息产品制造业、航空航天工业、原子能工业、机器人工业、现代制药工业、新材料工业等。

二　人口老龄化对劳动密集型产业的影响

人口老龄化对劳动密集型产业的影响是非常深刻的。这主要是因为人口老龄化对应的是劳动力稀缺性的提高，由此导致劳动力价格上升即用工成本提高。这意味着劳动密集型产业的劳动力成本提高，是人口老龄化对劳动密集型产业的首要影响。

人口老龄化程度的提高，即意味着经济中老年人口比重上升。因此，相较而言，如果未成年人口比重不变，则必然意味着劳动年龄人口比重相对乃至绝对下降。与此对应的是，经济中劳动年龄人口是相对减少的，因此劳动年龄人口稀缺性必然是提高的。而这种劳动力稀缺性的提高，也等同于降低劳动力供给的能力。市场经济遵循"物以稀为贵"的原则，因此只要劳动力稀缺性提高，就会产生劳动力价格上升的内在动力。

中国劳动密集型产业的形成得益于改革开放后中国拥有相对过剩的劳动力资源，由此中国经济增长在30多年里获得了人口红利。长期以来，中国劳动密集型产业主要集中在建筑、纺织、服装、玩具等产业。2000年后随着中国人口老龄化，劳动力稀缺性不断提高，劳动密集型产业受到较大影响，导致在中国南部沿海一带的外资投资的劳动密集型企业纷纷撤厂而转向东南亚一些低劳动力成本的国家。特别是自2008年国际金融危机以来，许多日本和韩国企业将工厂迁至东南亚，其中以越南为主要基地的居多。

因此，人口老龄化对劳动密集型产业的另一种影响是迫使相关企业进行产业转型或转移，有可能迫使其转向资本和技术密集型产业以减少人工需求，也有可能进行生产地的转移以降低用工成本。如果劳动密集型企业不能有效地应对人工成本的上升，则可能导致该企业营利空间缩小甚至倒闭。

人口老龄化的综合影响可能是容易导致在老龄经济中劳动投入的比重下降。而这种劳动投入下降，既有劳动年龄人口数量相对减少的效应，也有老龄经济中劳动力稀缺性提高而导致用工成本提高的效应。

三　人口老龄化对资本密集型产业的影响

相比人口老龄化对劳动密集型产业的影响，人口老龄化对资本密集型产业的影响小些。但是总体上看，人口老龄化对资本密集型产业同样是有一定影响的。首先，人口老龄化同样对资本密集型产业的劳动力成本有影响，即提高用工成本，只是由于对资本密集型产业而言，劳动要素在总体成本中占比相对较小，因此相对而言人口老龄化对资本密集型产业的影响小些。其次，人口老龄化对资本密集型产业的影响，并不限于劳动力成本方面，也可能产生对其产品需求方面的影响。

人口老龄化导致老年人口的需求占经济总需求的比重越来越高，由此必然直接或间接地影响包括各种类型产业的需求状况，其中也包括对资本密集型产业的影响。而一种潜在的可能在未来显现的一个重要问题是，养老基金对资本密集型产业的介入。在老龄经济背景下，全社会的养老基金趋向不断增加，同时资金层面的居民储蓄率不断提高，由此导致未来中国经济中资金供给增长是长期性的。面对规模越来越大的养老基金，资本密集型产业对吸纳养老基金作为资本投入或是有利多方面的选项，如目前美国许多企业是由养老基金会控股的。因此，如果养老基金能够进入资本密集型产业，则人口老龄化对资本密集型产业的影响将是巨大的。

四　人口老龄化对技术密集型产业的影响

人口老龄化对技术密集型产业的影响，有类似于人口老龄化对资本密集型产业影响的效应。事实上，现代的技术密集型产业与资本密集型产业是同为一体的，是难以独立分离的。这是因为现代技术并不是独立存在的，而是依附或依托于具体的资本设备的，如计算机技术是依托于计算机设备而体现的。现代的一些技术密集型产业如航空航天工业、原子能工业、机器人工业等，都是以大量技术含量极高的资本设备为基础的。

此外，人口老龄化对技术密集型产业的影响，实际可以归结为人口老龄化对技术进步的影响。人口老龄化对技术进步的影响目前尚未深入研究而得到广泛认同的结论，但是人口老龄化对技术进步的不利影响是明显存在的。例如，人口老龄化程度的不断提高，会产生劳动力队伍平均年龄提高的效应，这是不适应现代科学技术发展的。劳动力队伍平均年龄提高，一方面是由于人口结构；另一方面是因为教育年限延长。随着个人受教育程度的普遍提高，高学历者越来越多，占人口的比重也越来越高。如一个人连续上学直至博士毕业，大约 30 岁。现代科技发展日新月异，技术更新换代的频率在不断加快，这使得劳动力的适应年龄越来越年轻化，如目前一个程序员的最佳工作年龄一般不超过 35 岁。

第三节　人口老龄化对产业结构的影响

从长期来看，人口老龄化对产业结构有着非常深刻的影响。这主要是因为人口老龄化对总需求有重要的影响。在人口老龄化背景下，老年人口成为越来越重要的需求主体，而老年人口的需求具有特殊性、分散性和差异性等多方面的特点，导致产业发展为适应人口老龄化需要细分以及产业升级。人口老龄化对产业结构的影响主要表现在以下几个方面。

一　人口老龄化促进产业的细分

老年人口的需求涉及国民经济各产业的各个方面。其中，以老年人为服务对象的相应产业，几乎涵盖了一二三产业，尤其是涉及第三产业的服务业，如养老服务、老年卫生保健、老年日常生活用品、老年金融、老年保险、老年房地产、老年文化娱乐、老年教育、老年咨询服务等都是与老年人口的需求有密切关系的。

随着老年人口的不断增加，老年人口的各种具体的需求都有可能促使相关产品生产或服务的提供而形成相对独立的主要为老年人服务的产业。例如，随着生物、医疗、信息等科学技术的进步，为老年人提供产品与服务的手段与方式越来越多，由此可以带动健康、服务等相关产业的发展。

这些都将对产业的不断细分产生作用。可见，人口老龄化为老龄产业发展提供了重要的机遇。

二   人口老龄化促进产业结构升级和转型

随着经济社会的发展，老年人在经济中的需求地位不断提高，老年人的需求内容不仅趋向多样化，而且相应需求的产品和服务的质量不断提高。这就要求相关产业的发展需要不断升级或转型，以适应不断增长的老年人的需求。为此人口老龄化要求相关产业不断升级或转型。

首先，人口老龄化有提升劳动力稀缺性的效应，导致劳动要素价格上升，形成企业寻求对劳动替代的压力。而这种压力可以转变为企业向依靠技术进步、提高资本效率方向转型的内在动力，从而促进产业结构升级。同时，这种效应也兼有改变产业发展模式的效应，既有利于产业向资本和技术密集型方向发展，也有利于挖掘劳动力潜力，提高劳动生产率的效应。

其次，人口老龄化的结果是增加经济中"消费型"人口，由此扩大消费特别是服务型消费，而非"物质型"消费。这实际上为促进绿色发展提供了重要机遇。一般而言，消费即消耗。如果消费增长主要以大量消耗物质资源为代价，那么这样的经济增长方式是不可持续的。因此，以扩大消费拉动经济的增长方式，应以促进非物质性消费的绿色消费为基础。为老年人提供的服务就是属于非"物质型"的绿色消费，因此为应对人口老龄化的服务产业发展，是产业结构升级的一种重要表现。

再次，在科学技术快速发展的当今时代，特别是以信息技术和人工智能技术为代表的现代科学技术，为提高对老年人口的服务水平提供了有效途径。如智能机器人、老年人服务网络智能化信息系统等需求，可以带动相关高技术产业的发展，由此推动产业结构的升级。

最后，随着老年人口在总人口中的比重不断增加，老年人口的需求对产业的影响还表现为产业需要进行必要的转型。其中，为适老化提供产品和服务的产业比重将不断扩大。

三　人口老龄化将深刻影响产业结构变化的内在动力

以往中国产业结构的形式，都是以中国拥有丰富而廉价的劳动力资源为基础的。如中国在国际产业竞争中的比较优势，主要是基于中国劳动力资源的比较优势。因此，出口成为以往拉动中国经济增长的一个重要动力，关键在于中国有以人工成本低廉为比较优势的加工贸易出口模式。而随着人口老龄化的不断发展，中国劳动力资源的稀缺性不断提高，由此将深刻影响以往形成的国际贸易比较优势。因此，在未来国际竞争中中国产业的优势将不再来自人工成本低廉，而必须转变为依靠以技术进步为基本动力的发展模式。这意味着为了适应人口老龄化带来的基本约束，需要深刻转变经济增长方式，由此对产业发展的基本内在动力产生深刻影响。然而，现实经济中的压力并不一定能够转变为现实中的动力。因此，不能简单地认为人口老龄化可以成为发展的动力。

四　人口老龄化也增加产业转型升级的难度

人口老龄化促进产业向技术或资本密集型方向发展，特别是未来以高新技术为主导的产业发展，将不断提升对劳动力质量的要求。然而，目前中国劳动力总体素质偏低，从农村转移出来的劳动力占多数，难以满足未来产业转型与升级的需要，因此容易出现符合质量要求的劳动力短缺情况。另外，中国劳动力数量规模大，产业由劳动密集向技术或资本密集转型的同时也将转移出一部分劳动力，特别是质量相对低的劳动力更容易被转移出来，因而可能出现大量低素质的劳动力因不能胜任岗位要求而无法实现就业。这种劳动力短缺与就业困难并存是结构性问题，短时期内难以有效解决。因此，解决人口老龄化下的就业问题是十分艰巨的战略性问题。而这些都增加了相关产业转型或升级的难度。

同时，人口老龄化增加产业与企业转型成本。人口老龄化使劳动力稀缺性提高，增加了产业向技术与资本替代劳动转变的动力。然而，产业转型需要付出巨大的成本。如果企业不能承受转型成本带来的冲击，企业将在竞争中处于不利地位甚至被淘汰。人口老龄化增加的经济社会负担，最终要由企业与劳动者承担。企业提高养老金支付水平及向社会保障系统支付更多的费用，不利于企业提高竞争力，增加企业和产业转型成本与难度。

五　人口老龄化增加劳动服务型产业发展的制约

人口老龄化导致增加对护理、照料等人工服务的需求。经济中并非所有的产业都适合向技术与资本替代劳动转变，而是存在大量的对纯人工服务的需求。劳动服务型产业对解决就业、增进社会福利及稳定社会都具有重要的意义。然而，人口老龄化条件下劳动力数量减少将导致劳动力供给趋紧，显著增加对劳动服务型产业发展的约束。

第四节　人口老龄化背景下产业发展的应对措施

一　加强人口老龄化是经济问题的认识

人口老龄化对经济社会发展的影响是全方位的。尤其需要强调人口老龄化对经济运行带来的深刻影响，即人口老龄化是经济属性的重大问题，而不是单纯的老年人问题或社会问题。对此，特别是政府和企业要有充分的认识。而从产业发展方面看，提高企业适应和积极应对人口老龄化的认识和意识是首要的问题。为此，企业需要充分认识到，人口老龄化对劳动力供给、劳动力成本、市场需求、企业和产业发展模式、产品和产业结构等诸多方面，都有深刻的系统性的影响。因此，相关企业需要做好如何适应人口老龄化不断深化背景下发展战略与策略的准备。

促使企业向技术与资本替代劳动转型，有利于提升产业水平和提高增长质量。事实上，劳动力稀缺性变化的影响是复杂的，如个别领域性的技术与资本替代劳动的结果可能是减少该领域的就业量。但是，如果技术发展能够实现产业扩展，其结果可以是增加就业容量。因此，在经济和产业层面应对人口变化是一个综合性问题。

实际上，发展老龄产业包括发展银发经济或银发产业，指向都是经济领域，而非养老和社会保障领域。这样说并不意味着养老和社会保障的问题不重要，而只是表明发展老龄产业与之是不同属性的问题，即发展老龄产业是经济属性的问题，而养老与社会保障是事业属性的问题。

老龄产业的核心内容是"产品"与"服务"，即满足适老化要求的"产品"与"服务"。发展老龄产业旨在将适老化产品与服务的提供引向产业领域，并主要通过市场经济的机制来解决，而不是通过社会保障或老龄事业的形式来解决。适老化产品指适合老年人使用的实物品，而适老化服务不仅包括针对老年人身体提供的照护之类的服务，也包括针对适老化需求而提供的更为广泛的有关服务，如有关老年心理、老年健康、老年体育健身、老年文化娱乐、老年旅游乃至金融与法律等多方面的服务。

要将老年人口视为可以开发利用的资源来看待，而不是作为负担来看待。这是积极应对人口老龄化的一种思想精髓，即视老年人口为积极、正面的因素，而非消极、负面的因素。而在此积极性的视角下，规模巨大的老年人口就是可以促进相关产业发展乃至拉动经济增长的一种动力。发展老龄产业，就是需要将老年人口作为有拉动经济增长效应的积极和正面性的因素。因此，需要将发展老龄产业放在经济增长和经济发展的大局中来理解其意义，而不只是解决老年人的问题。

二　适应人口老龄化背景下的需求变化

人口老龄化已经成为不可逆转的大趋势，因此 21 世纪人类经济社会发展的背景已经远不同于 20 世纪，人类已经无法回到年轻型人口结构的时代。因此，人类经济社会中一些重要基本关系已经并将不断出现质的变化。人口老龄化将成为经济运行的基本背景，未来的经济是一种老龄经济。从产业层面看，经济中对产业发展的需求将呈现多样化、分散化和差异化的基本趋势。其中，老年人口成为越来越重要的消费群体。总的来看，人口老龄化必然催生老龄产业的出现和发展，这是老年人口不断增长的需求所导致的，是老龄经济的现实背景所决定的。各产业的发展都要高度重视人口老龄化背景下的需求变化，只有这样才能把握住人口老龄化背景下的发展机遇，克服不利因素，使产业更好地发展。

老龄健康需求是老年人的重要需要，因此老龄健康产业乃至整体健康产业成为国民经济重要产业的内在市场动力。所谓健康产业是从事满足人们健康需求的经济活动主体的集合。目前健康产业主要涉及医疗产品、保健用品、营养食品、医疗器械、保健器具、健康管理、健康咨询等多个与人类健康紧密相关的生产和服务领域，而随着经济与科技发展以及人口老龄化的发展进程，健康产业的内涵将不断扩大。同时，健康产业发展还有助于开发中国的"人口健康红利"。因此，随着中国老年人口数量的不断增加，发掘老年人的红利，保持老年人健康，促进老年人参与经济活动，是积极应对人口老龄化的重要措施。

三 加强技术进步，适时进行产业发展模式转型

人口老龄化因素进一步增加了依靠技术进步促进经济增长的重要性与迫切性。在人口老龄化过程中，劳动力稀缺性不断提高，劳动成本不断增加，必然成为妨碍经济增长的重要影响因素。以技术替代劳动是人口老龄化过程的必然选择。因此，依靠技术进步促进经济增长是一种长期战略性选择。

在人口老龄化背景下，积极发展资本与技术密集型产业，逐步有序地减少劳动密集型产业，是产业乃至具体企业发展的重要方面。而如何实现这一过程的技术路线是非常重要的。根据中国现有经济基础与条件，特别是劳动力总量水平依然较高的情况下，维持现行产业发展的模式，保持适度的劳动密集型产业的存在，在一定时期内仍是非常必要的。中国的人口结构也决定了在一定时期内解决劳动力就业仍是突出问题。在这个过程中，要处理好短期内劳动就业压力大与长期劳动力结构性短缺的关系。在一定的短期内，劳动力总量仍处于供过于求的状态，但在此期间将伴随局部性的劳动力结构性短缺。因此，为应对长期的人口老龄化效应同时解决好短期现实经济问题，进行经济增长方式转变与产业结构调整的时机、力度及技术路线是非常关键和重要的。对此，要根据中国不同的地区、不同的城乡、不同的阶段以及不同的具体问题等，分别采用不同的应对措施，而不适宜采用统一的标准。

依靠技术进步促进经济增长，是应对人口老龄化的长期性战略选择。不断加大科技投入的力度，提高技术进步及劳动生产率水平，必须以提高

劳动力质量为基础。因此从长远来看,提高教育水平,促进全民教育,提高人口素质,建立终身学习的机制等是非常重要的措施。良好的劳动力素质将有利于劳动力及时转型及企业用人的选择,因此有利于克服人口老龄化的不利影响。

目前在短期内,重点要加强农村基础教育及职业培训教育。从长期趋势方面看,随着科学技术水平的不断提高、产业结构的不断升级,对高素质劳动力的需求将不断提高。而现行的大量富余劳动力主要来自农村,难以满足对高质量劳动力的需求。因此,如何加强对农村劳动力基本素质的培养是至关重要的问题。

四 提高劳动参与率

人口老龄化对劳动力市场的一个主要效应是降低劳动力供给能力,提高劳动力稀缺性,由此提高用工成本。对此,需要深入挖掘现有劳动力资源,充分利用现有劳动力资源。而一个具体的措施是提高劳动参与率,即提高劳动年龄人口中实际参与经济活动人口的比例。劳动参与率是经济中实际从事劳动的劳动力数量同劳动年龄人口数量之比。在劳动年龄人口中有些人由于各种原因并未实际参加工作,即没有成为真正的劳动力。

第十九章

老龄产业的概念和基本理论

老龄产业的出现与人口老龄化的快速进程有着直接的关系。然而，老龄产业不同于一般性的产业，因为它不是国民经济管理层面上可以单独核算和统计的产业。事实上，老龄产业与传统产业的一个重要区别是，老龄产业的概念是基于老年人口的需求而定义的产业，而不是基于对生产者归类而形成的产业。老年人的需求涉及方方面面，因此老龄产业与国民经济中各个产业都有着密切的关系。本章主要讨论人口老龄化与老龄产业的基本关系，在此基础上论述老龄产业的概念及有关问题，讨论狭义和广义的老龄产业概念及其特性，以及老龄产业的特殊性和发展老龄产业的基本内容与关键点等有关问题。

第一节 银发经济、银发产业、老龄产业及养老产业有关概念

一 关于银发经济和银发产业的概念

"银发经济""银发产业"乃至"老龄产业"，这些概念的内涵既有相同性，也有区别。银发经济（Silver Economy）以及银发产业（Silver Industries）均是来自国外的翻译词语。这里的银发（Silver）代指老年人，银发经济指以满足老年人特有需求为核心内容的经济。事实上，银发经济概念的内涵是广泛的，即凡是与满足老年人特有需求的有关经济活动，都属于银发经济的内容。

相对银发经济的概念而言，银发产业是相对狭窄的概念。银发产业是以满足老年人特有需求为核心内容的产业。银发产业既然是一种产业，那么就应该具有产业概念的属性，如市场性、规模性和营利性等。从经济学的层面看，产业是经济的一个组成部分，因此银发产业应是银发经济的内容。可见，银发经济的概念要大于银发产业的概念。如按产业经济学对产业的定义，银发产业的定义应是具有满足老年人特有需求属性的经济活动主体的集合。

经济活动的内涵比产业活动的内涵相对更为宽泛，如经济活动并不强调市场性和规模性。因此，只要是与满足老年人特有需求的有关经济活动，就属于银发经济的内容，而不论其活动规模的大小和活动的机制。而属于银发产业的经济活动首先需要有一定的规模性、营利性和专业性。但是，如果将银发产业视为广义的，这就如同将产业概念用于宽泛化来理解，则可以将银发产业与银发经济视为同义。因此，在现实中具体使用二者概念时通常并不进行严格的区别，而是视实际情况而定。

国外银发经济或银发产业的概念，有一个重要的意义是将老年人作为经济中积极的因素来看待的，旨在挖掘老年人的需求促进相关产业乃至经济增长。同时，国外在谈到银发经济或银发产业时的老年人，并不限于退休的老年人，而是泛指年龄在50岁以上的人。可见，国外银发经济或银发产业的内涵所涉及的人员范围，比人口老龄化涉及的老年人的范围更为广泛。因此，银发经济或银发产业涉及的需求相对大于退休老年人的需求。

二　老龄产业的定义

"银发"一词实际上是老年人的代名词，意指上了年龄的老年人。而在中国，是以"老龄"代替"银发"所指代的老年人。因此在中国，主要是用"老龄产业"一词指代"银发产业"，甚至指代"银发经济"的概念。目前中国关于"老龄产业"的概念，实际上有多种不同的称谓，如"老年产业""老龄市场"及"老年市场"等。

按照前面对产业的定义，可以对老龄产业下这样的定义：老龄产业是以满足老年人特有需求的经济活动主体的集合。由此定义可以看出，老龄产业和银发产业的内涵是一致的，只是名称有所不同而已。此定义看上去是简单的，但产生的问题是复杂的。即如何将具有满足老年人特有需求这一相同属性的经济活动主体划分出来？或者说，在现实经济中哪些经济活动主体具有满足老年人特有需求的属性？

实际上，上述对老龄产业的定义是抽象性的、理论性的，在现实经济中还缺乏可操作性。例如，如何具体识别一个经济活动主体（如企业）是否具有满足老年人特有需求的属性，并不是简单的问题。首先涉及的问题就是如何对老年人的需求进行界定。在现实中，老年人的需求有许多是和年轻人的需求是一致的，如衣、食、住、行等。显然，不能因为老年人去餐馆吃了顿饭，就将餐饮业划归为老龄产业的主体；也不能因为老年人购买了一件衣服、一个面包或一处房产，就将从事相关生产或服务的企业都划归为老龄产业的主体。

将老龄产业概念中老年人需求界定为老年人特有的需求，那么这个"特有"又应该如何界定？这依然是个复杂的问题。但是，老年人的确有和年轻人不一样的需求，即老年人特有的需求是存在的，如老年人因年老体弱需要人照护。因此，为了强调老年人的需求有其特殊性，的确需在老龄产业定义中表明老年人需求是老年人特有的需求。

实际上，在现实中能够满足老年人特有需求的经济活动主体的集合，显然不是局限于现实经济中某一特定的产业，而是必然涉及国民经济的各个产业和行业，即一二三产业以及各个行业。因此，从现实的国民经济产业或行业管理的层面看，按上述对老龄产业所下的定义，是难以进行核算和统计的。同时，也很难根据这样的定义进行老龄产业或行业管理。

如果从国民经济行业管理的角度出发，将老龄产业作为国民经济中一种可进行管理的具体行业，那么对老龄产业的界定就必须有明确可执行的评判标准。但是，要制定评判老龄产业的标准，难度是很大的，因为按目前对老龄产业的定义，是无法划分独立并且与其他产业没有交集的产业的。为此，本书不再对"银发经济""银发产业"和"老龄产业"进行严格区别，而是统一采用"老龄产业"一词。

三　老龄产业的特殊性：基于老年人口需求定义的产业

出现对老龄产业具体划分的困难，根源在于这样定义的老龄产业是从需求主体方面表述的，而不是基于生产者方面的具体的产品、服务或技术定义的。一般性的产业的界定，都是基于生产者所从事的具体生产领域、具体产品、具体依靠的技术或具体服务的内容而划分的。如钢铁产业是围绕钢铁这一核心产品的生产与经营的活动主体来界定的，因此在现实中是相对容易界定和识别的。这是因为钢铁这一产品的属性特征是非常明晰、可识别的。再如食品产业也是容易识别的，因为食品这一产品的属性特征是明了的、容易鉴别的。总之，现行的产业界定是基于生产者方面的某种属性特征进行的，而不是基于需求者方面的因素界定的。

而老龄产业的概念是基于老年人的需求而提出的，这同一般意义上的产业的概念是不同的。可以看到，现实中的各产业，包括国民经济管理层面的各行业，都是从具体生产者的产品属性进行定义的。因此可以说，老龄产业是从需求者方面出发定义的，而一般产业是从供给者方面出发定义的。由于需求涉及国民经济中各个产业或行业，因此对老龄产业的认识并不能按以往一般产业的含义来理解，不能按以往国民经济行业管理的视角看待老龄产业，而是需要采用新的视角来理解老龄产业。这个新视角就是从需求方面来理解老龄产业，甚至需要从需求方面来考虑如何度量老龄产业。

四　老龄产业概念的重要意义

事实上，目前提出的老龄产业概念的意义，并不是基于对国民经济行业管理的需要，而是基于人口老龄化大背景下产业发展的需要。而这一现实背景就是进入 21 世纪后，人口老龄化进程不断加快，老年人口已经成为现实经济中数量规模越来越大的消费群体，以至于老年人口的需求及其行为已经成为深刻影响产业发展乃至经济增长无法忽视的因素。因此，提出老龄产业的概念，实际是旨在突出当前和未来老年人口对经济和产业发展的重要性。而如何具体识别老龄产业则是另一层面的问题，对此需要有一个从学术和现实相结合不断进行探讨的过程。

以往的产业划分是基于生产的产品、服务或技术的类别进行的，因此产业的主体必然是生产者。而老龄产业概念的提出，是基于需求方面，是基于消费者，因此老龄产业概念的产生机理同一般产业的划分机理是不同的。而基于需求方面和消费者出发而对产业的划分，必然涉及国民经济的各个领域，包含各个产业领域。这是因为消费者的需求是广泛的，是必然涉及国民经济各个领域和各个产业领域的。因此，如何对基于需求方面和消费者划分的产业进行分类和度量，是有待解决的新问题。

事实上，从需求者的需求内容来划分产业，是划分产业的一种新视角，这是 21 世纪老龄经济背景下所需要的一种新视角。之所以出现老龄产业的概念，是因为人类经济发展阶段中遇见了新问题，即人口老龄化问题，由此提出了如何在人口老龄化背景下认识产业和划分产业的问题。因此，老龄产业概念的提出不仅具有重要的现实意义，也具有重要的学术意义，是经济学发展需要解决的问题。

五　关于评判老龄产业的标准

如何评判一个经济活动主体（如企业）是否归属老龄产业，这是一个难点问题。如果一个企业的产品或提供的服务，满足了老年人的需求，那么这个企业是否就可以归属于老龄产业？这一问题实际上是难以从生产者方面界定的。例如，是否要求一个企业的产品百分之百都必须卖给老年人，才可以将该企业划归为老龄产业？如果不能要求百分之百，那么要求多大比重的产品卖给老年人，才可以划归为老龄产业？

在现实中，由于老年人与年轻人的需求在很多方面是相同的，因此在很多的时候是难以区分哪些产品是"专为"老年人提供的。一些名义上为老年人提供的产品及服务，实际上也可以用于一般消费者的消费。而一些名义上并不是专为老年人提供的产品与服务，但实际上可能主要是用于老年人的消费。由此产生的一个问题是：为老年人提供的产品（种类、数量或价值）占全部产品的比重，是否可以作为评判一个企业属于老龄产业的一种标准？

如果不能以企业产品的多少用于满足老年人需求作标准，那么是否可以用企业有明确的以老年人为服务对象的主观性与目的性作为评判标准？对此，在现实经济中似乎也是难以行得通的。在现实中，一个企业的产品实际上可能是多数用于满足老年人的消费，但这一结果的产生可能并非来自企业的主观意愿，而可能是来市场需求选择的结果。例如，老年人对轮椅有需求，老年人群体的数量增加导致老年人群体对轮椅需求量增加。一种情况是企业意识到老年人群体对轮椅需求量增加，明确以老年人为服务对象进行轮椅的生产与销售。另一种情况是企业没有意识到老年人群体对轮椅需求量增加，但通过市场感觉到轮椅需求量增加，因而同样增加对轮椅的生产与销售。两种情况的结果都是满足了老年人对轮椅的需求，不同的是前者企业有明确的主观性，后者企业则是无意识的行为，这时该如何界定企业的老龄产业属性？这实际涉及对这样一个问题的判断：为老年人提供产品或服务的主观性、目的性，是否作为企业属于老龄产业的一个标准？

事实上，一些企业为老年人提供特定的产品，主要是出于市场竞争的经营策略。在当今竞争十分激烈的市场经济中，按不同年龄群体的需求将市场细分，是企业经常采用的一种经营方式。在现实中，对老年人提供照料的服务机构，实际上也可以为其他人员提供照料服务。因此，基于产品与服务的具体内容来评判一个企业是否归属老龄产业，同样是困难的。

综上所述，评判老龄产业的困难来自老年人口需求的广泛性，涉及的具体内容实际覆盖国民经济的各个产业领域。这意味着老龄产业实际是以老年人为需求主体的众多相关产业构成的。因此，对老龄产业的评判与度量最终需要回到老年人口需求这个核心问题而展开。

六　养老产业的概念及其同老龄产业的关系

在上面的论述中已经明确了老龄产业是以老年人口需求为核心内容划分的产业，而不是以供给主体的生产内容划分的产业。显然，养老需求是老年人口众多需求中的一种重要和主要的需求。因此，养老产业的定义可以是以满足老年人口的养老需求为主要内容的产业。

然而，养老需求并不是老年人的唯一需求，或者说老年人还有许多的需求并不都属于养老的范畴。如除了养老需求，有些老年人还有学习、健身、就业甚至创业的需求。这些需求实际上已经超出了单纯的养老目的。然而，老年人的学习、就业和创业等行为虽然不属于养老的范畴，但是基于老年人进入生理上的衰老阶段，老年人的非养老性需求也的确不同于劳动年龄人口的劳动力行为。因此，将有关老年人的非养老性需求纳入老龄产业是适宜的。

可见，老龄产业的内容比养老产业的内容更为丰富。可以说，养老产业属于老龄产业中，但老龄产业的内容并不是都属于养老产业，即养老产业是老龄产业的一个子集，并且是老龄产业的真子集。

第二节　狭义与广义的老龄产业及其特殊性

一　狭义的老龄产业

不能否认，在现实社会中的确存在老年人所特有的需求，如老年人由于失能、失智而需要长期护理与照料的需求。老年人在身体机能及精神心理等多方面，同处于工作期的劳动力的情况相比都会趋向不断变差。因此，在一定的范围内，老年人特有的需求还是能够识别和鉴定的。为解决老年人这些特殊需求的养老专业机构无疑是属于老龄产业中的主体。因此，一种狭义的老龄产业的内涵是：老龄产业是能够明确界定的，为满足老年人特有的需求而提供相关产品与服务的产业。

老年人"特有"的需求，专指老年人所独有的需求，即非老年人所不具有的需求。对这种需求可以称为适老化需求，即适合于老年人的需求。至此，可以得到对老龄产业概念认识的一些"窄"范围的共识，即老龄产业是以满足老年人特有需求而提供适老化产品与服务的产业。其中，提供适老化产品与服务的企业或经营者为老龄产业的供给主体，老年人口为老龄产业的需求主体，而老龄产业的核心内容是适老化的产品与服务。

二　广义的老龄产业

即便从狭义的老龄产业看，老龄产业也并不是传统意义上独立的产业，因为狭义的老龄产业的定义依然是从需求方面出发的，而满足适老化需求的内容必然涉及国民经济的各个产业和部门。而对不能明确界定是老年人特有需求的情况，可以提出一种广义的老龄产业概念，即老龄产业是以老年人为服务对象的产业。对此可以通俗地理解为，老年人消费的产品或服务都是老龄产业的内容。这意味着广义的老龄产业内涵所涉及的产品与服务的内容基本涵盖了国民经济的各个产业及行业。

而从人口老龄化对总体经济影响效应的角度看，对老龄产业发展潜力的分析需要按广义的老龄产业内涵来理解。在人口老龄化成为常态化的背景下，老年人口无疑成为越来越重要的消费群体。因此，现实经济中需要明确围绕老年人为需求对象的产业发展具有非常重要的意义，以此鼓励国民经济各产业和行业都来为老年人口提供适老化的产品与服务。如果将老龄产业的内涵局限于狭义的范畴，那么将严重低估人口老龄化对产业乃至对整体经济发展的影响。当然，不断深入研究老龄产业的内涵是非常必要的，如果其内涵不清楚、不明确，就会在实践中对老龄产业扶持与优惠政策的制定与实施带来困难。

必须要看到，老龄产业是深刻影响相关产业乃至经济发展的一种非常重要的力量。事实上，可从不同的层面、角度、范围来界定老龄产业，而不必要寻找唯一确定的老龄产业的定义。对老龄产业内涵的界定可依据不同的目的而有所不同。

三　老龄产业的一般性特点

老龄产业作为产业，同样具有产业的一般共性。首先是规模性。作为一种产业，首先要求其产业产值达到一定的规模，对此可用产业产值占经济总量（如 GDP）的比重作为度量指标。同时，也要求同类企业的数量达到一定的规模。产业是一些具有相同经济活动特征的组织集合，且要求同类企业的数量达到一定的规模。因此，按产业的规模性要求，老龄产业的产值规模及企业数量规模都应达到一定的标准，如果规模过小则无法称为产业。其次是市场性。产业的存在及发展是由供给与需求两方面主体状况决定的，而联结供给与需求关系的基本机制是市场，即通过市场实现供需协调、均衡发展，这是产业发展的重要基础。老龄产业的生存与发展同样要求存在与老年人生活有关的生产（供给）与需求的市场。最后是经济性，或者说是营利性。产业是经济的核心组成部分，而构成产业的具体主体是企业，而获取经济利益或者说取得利润，是企业生存与发展的基础。如果企业不能通过生产经营活动取得应有的经济利益，则企业是无法生存的，更谈不上发展了。事实上，老龄产业作为产业而存在是有其特殊性的。

第三节　充分认识老龄产业的特殊性

充分认识老龄产业的特殊性是发展好老龄产业的重要前提。从产业的角度看，老龄产业有其特殊性，是与制造业、建筑业、金融业、房地产业等竞争性产业有显著不同的产业。

一　老龄产业的需求主体是特定的群体即老年人口

老龄产业的需求主体是特定的，即老年人口。由此决定了老龄产业的产品与服务的具体内容应符合老年人消费特点的需求。一般而言，老年人在身体、心理等方面都和正当年的劳动力有明显的差别。

首先，老年人随着年龄的增长，机体各组织结构和器官功能逐渐衰退，如视力下降、记忆力减退、味觉嗅觉迟钝、动作协调性变差、肌肉萎缩、反应能力差、认知能力下降等。

其次，老年人退休后的活动范围与工作时期相比会有大幅缩小，生活社交圈子变得越来越窄，其心理需求也相应发生变化。老年人的心理特征表现为心理安全感下降，适应能力减弱，出现失落感、自卑感、孤独感和空虚感等。由于记忆能力的衰退和思维能力的退化，老年人对新事物的接受能力比较低，学习和理解一项新事物需要更长的时间，对社会和生活环境的适应能力减弱，也容易产生自卑情绪，在精神上会感到孤独和空虚，与时代渐渐有了脱节感。

最后，老年人消费行为也会出现变化。如老年人在消费中通常有较为谨慎、成熟和理性的消费特征，追求实用便捷。老年人的购物行为具有实用性、习惯性和廉价性等特点。但是，由于老年人的认知能力和思维能力逐渐减弱，同时相对落后于社会的新鲜事物，因此也容易导致老年人不能正确辨别购买风险，容易产生从众心理和非理性消费行为，甚至出现被欺骗上当。

总之，老年人有相对独特的身体、心理和精神状况，因此在产业发展中应充分注意研究老年人的生理特征和心理特征以及行为模式，以强化适老产品满足老年人的实际需求。

二　老龄产业的需求主体的收入增长具有被动性

作为纯粹的消费者而非劳动力，老年人的收入具有被动性，支付能力相对较弱。由此决定了老龄产业的发展不是完全由老年人自身收入水平决定的。以老年人为需求主体，这一特点决定了老龄产业的发展状况同老年人的收入及行为特点有密切的关系。老年人是不再从事职业劳动的退休者，其收入主要来自自我储蓄与养老金。而养老金的增长主要是由养老金制度及相关制度安排的。这意味着老年人的收入增长具有被动性，也意味着老年人的养老需求实际受养老金制度及相关制度的直接或间接的影响。因此，老龄产业的发展在很大程度上不是由老年人自身因素主导的，而是直接或间接地受相关制度的影响，如老龄产业的发展与相关社会保障制度的状况紧密相关。在目前中国老年人总体可支付能力还相对较弱的情况下，如何既满足老年人的消费需求，又能使企业获得相适宜的利润，是老龄产业能否健康发展的一个难点和关键性问题。

三　老龄产业本质是一种综合产业体系

老龄产业的主体是由国民经济的各个产业或行业构成的，而不是现行统计体系的某个特定产业或行业。这是因为所有的产业或行业的产品或服务的内容，都可能涉及老年人。目前老龄产业涉及诸如老年产品与用品，适老化地产、设施与设计，老年生活照料，老年健康服务，老年体育健身，老年文化娱乐，老年金融服务，老年旅游等诸多产业领域。可见，老龄产业并不是严格意义上的独立产业或行业，而是以老年人为供给对象，为老年人提供产品或服务为内容的所有相关企业。因此，老龄产业本质是涉及一二三产业的综合产业体系，从事老龄产业的主体可以是三次产业中的任何企业或社会机构，并不专属于特定的产业或行业，老龄产业所涉及的产品与服务内容可以纵贯国民经济各个行业、各个领域。

四　老龄产业需要政府的大力扶持

老龄产业的特殊性决定了其不仅是产业，也是需要多方面特别是政府大力扶持的产业。老年人涉及养老保障体制、退休金制度、医疗保健及家庭生活照料等多方面的问题，因此老龄产业的发展必然涉及经济社会体制、制度及政策的多方面支持，需要大力地培育、引领和扶持，而不能完全靠市场经济来解决其发展的问题。老龄产业的健康发展有利于促进社会和谐，政府应大力扶持。

同时，老龄产业的特殊性也决定了其发展及管理具有复杂性。如老年人的医养与康养机构，就涉及社会保障方面的民政部门、医药方面的卫生部门以及文体方面的文体部门的多头管理问题。同时，对老龄产业的主体难以进行明晰的界定，也容易导致扶持老龄产业发展的有关政策的效力和精准性变差，甚至完全失效。而客观上对老龄产业的明晰界定又是非常必要的，因为对老龄产业扶持政策的有效性通常和界定养老产业的主体有关。如对老龄产业机构的减免税，需要明确哪些机构在适用范围。因此，一个解决办法是按养老服务的有关项目内容、老年人为对象，而非按机构的性质。

第四节　发展老龄产业的内容与关键点

老龄产业涉及的内容是非常广泛的。对此需要从微观和宏观两个层面来看。从微观层面看，就是从老年人个体的特有需求方面来考察其需求内容。

一　微观层面的老龄产业发展

总的来看，老年人的基本需求内容主要有养老需求、看病需求、用品需求、康养需求、医养需求、旅游需求、娱乐需求、精神和心理需求、学习需求、融入社会需求，等等。这些内容都可以从产业发展的层面进行开发及大力发展。

从目前国内外的实践经验看，目前老龄产业的主要内容涉及养老服务、老年用品、老年房地产、老龄健康、老年教育等。一些具体的内容如下：

（1）养老服务业主要包括居家养老与社会养老两大方面。居家养老主要包括日常的家务服务、简单的医疗照料服务、订餐送餐服务、应急服务等内容。社会养老的服务主要由相关的专业服务机构进行全方位的统一提供。目前西方国家在养老服务业方面，呈现逐渐由家庭养老模式向社会养老模式发展的趋势。

（2）老年用品与服务主要是生产适于老年人日常生活用品的有关产品以及相关服务。目前在西方国家，老年人生活产品这一市场已备受众多企业的关注。如今"涉老科技（gerontechnology）"成为一种重要的理念，即把更多的高科技成果应用于老年人的日常生活用品，如针对老年人需求特点的智能机器人的开发。

（3）老年房地产业主要涉及按符合老年人特点开发的，适于老年人的住宅、公寓、养老院、护理院及养老社区等地产，同时配套相应的市场化的服务管理体制。在老年住宅方面，欧洲各国政府都制定了一些标准，以便进行行业规范和监督管理。

（4）老龄健康业主要涉及以增进老年人健康为主要内容的相关产业。例如，适合老年人的健身活动机构、运动康复机构、健身器材产品以及简单医疗性的养生服务等。

（5）老年教育业的主要形式是依托于社区的各类老年学校或老年大学。主要包括以老年人为招生对象的书法、绘画、音乐、舞蹈、健康、生活、美食等学习机构。如欧洲的一些老年学校是由国家投资开办的，学校的各项开支直接列入政府财政预算。

（6）老年卫生保健业是主要为老年人提供医疗保健服务的相关产业，如涉及老年人护理、老年人医疗药品及康复医疗器械研发等内容。西方国家为老年人提供的卫生保健服务，通常和养老院及老年护理院的服务相结合进行。

事实上，老龄产业的具体内容是随着时代的发展而变化的，绝非限于上述内容。老龄产业的具体内容实际上是无法精准预测的，也是无法精准规划的，而是随着现代科学技术的快速发展以及老年人需求变化而动态变化的。重要的是，老龄产业的概念表明可以用产业化的方式解决不断变化的老年人口的需求问题。这是市场经济机制解决老年人口所需的基本思路。

二   宏观层面的老龄产业发展

在宏观层面上，老年人特有的需求难以从老年人的个人层面解决，而是需要从宏观的公共层面出发才能解决，如适老设施的改造及维护，相关适老设施的规划、设计和建设等。因此，解决老年人特有的需求需要纳入公共管理和公共建设的范围才能有效解决。

在中国，限于当初经济基础条件的有限性以及对人口老龄化准备不足等多方面的原因，在过去的基础设施建设方面考虑适老化的因素较少。如一些老旧楼房没有电梯，医院及公共场所缺少适老化辅助设施，公共交通系统缺乏对残障老年人（包括残疾人）出行的辅助设施和服务，在适老化住宅和社区建设方面存在诸多问题。因此，在老龄经济中如何确定投资方向，是公共政策设计需要给予高度重视的问题。

宏观层面的老龄产业发展问题，或者说总体的老龄产业发展问题，不仅需要市场经济机制，还需要国家层面的发展老龄产业的战略、规划和具体的扶持政策。促进发展老龄产业的战略旨在解决老龄产业发展中有关概念、目标、定位、原则、思路、主体、路径、范围、内容、规范、导向、机制、体制等多方面的问题。而规划和相关扶持政策是国家战略的具体落实手段，能使总体的老龄产业发展工作按规范化、系统化和科学化的要求进行。

三　发展老龄产业的关键点

发展老龄产业不是养老保障事业属性的问题，而是经济领域中供给与需求的经济属性问题。而发展老龄产业的关键点在于建立符合市场经济机制的、可以调动老龄产业供需主体双方积极性的机制。老龄产业发展的根本动力，是来自市场的供给与需求。因此，如何引导、调动企业主体的积极性，同时挖掘、释放老年人口为需求主体的消费潜力，是发展老龄产业的关键点。

在供给方面，重点是鼓励相关企业进行自主性适老化产品与服务的研发、生产和销售网络拓展。政府给予相关指导与扶持，如在税收、补贴、用地、审批及信息平台建设等方面给予政策支持。在需求方面，重点是增加老年人口的收入、完善相关社会保障制度、建立老年人无障碍消费机制、保障老年人消费利益。发展老龄产业与发展养老保障体系是相辅相成的，但二者是不同领域的问题，彼此不能替代，对此要有清楚的认识。

第二十章

老龄产业发展的机制与策略

人口老龄化在带来严峻挑战的同时，也产生一定促进发展的机遇。其中，规模不断扩大的老年人口成为越来越重要的消费群体，老年人的消费需求成为推动老龄产业发展的重要动力。本章主要论述促进老龄产业发展的机制与策略问题。

第一节　老龄产业发展的市场经济机制

一　市场经济机制的内涵

老龄产业的出现，首先是因为在人口老龄化背景下老年人口不断增多，由此老年人口成为经济中越来越重要的需求主体。因此，作为越来越重要的需求主体，老年人口必然对经济产生越来越深刻的影响。而解决需求问题的一种有效机制是市场经济机制。所谓市场经济机制就是由供给和需求关系决定资源的配置，以达到供给与需求的有效均衡，即供给方面（生产者）通过市场了解和掌握需求情况，为需求方提供产品或提供服务。在现实经济中，老年人口的很多需求都是可以通过市场经济机制得以有效解决的。

通过市场经济机制解决老年人需求的必要性，不仅是因为市场经济机制有多方面的优势，如相对公平、竞争、效率等，也在于老年人需求的多样性、差异性和分散性是难以通过计划、制度安排或福利分配的方式得以满足的。从总体上看，老年人的个体差异是千差万别的，如在身体状况、收入水平、家庭情况、消费习惯、地区差异以及主观意识等多方面都可能存在广泛的不同，导致老年人的需求类别及水平也必然是有很大差别的。而老年人需求的这些差异性，是难以通过统一的社会保障系统或政府提供的福利解决的。解决老年人口个性化需求的有效机制是市场经济机制。

二　市场经济机制与社会保障及政府的关系

然而，在强调老龄产业的市场经济机制的同时，并不是说老龄产业的发展同社会保障体系和政府的扶持没有任何的关系。事实上，老龄产业与社会保障体系建设、政府的支持以及老龄事业的发展等都有极为重要的关系。这主要是因为老龄产业并不是完全竞争性的产业，老年人口的需求主体同在职的劳动力的需求主体相比有很多不足之处。在现实经济中，由于老年人口购买力不足、信息不畅、精力不够以及节约习惯等因素，很容易出现老年人口的实际消费需求得到抑制的情况。而只有将与老年人有关的社会保障体系以及老龄事业的发展做好、工作做到位，发展老龄产业才有坚实的基础，才能更有效地提高老年人口的消费意愿，老年人才敢于消费。

这里需要明确需求（demand）和人们生活中的需要（want）是不同的概念。经济学中需求主体是限定在有支付能力者的范围内，或者说是限定在买得起的人群范围内。如果不具有支付能力，即购买不起，那只能称为需要而不能称为需求。因此，老年人口的需求是指老年人口有支付能力的需求，而不是老年人的需要。产业发展的一个重要基础是要有一定的需求，仅有供给而没有相应的需求，产业发展就失去了重要的基础。然而在现实经济中存在诸多因素不利于老年人口收入水平的提高。

第二节　政府主导型的老龄产业发展机制

当前中国老年人口的支付能力是偏弱的。因此，提高老年人口的支付能力，健全社会保障体系，提高老年人口的消费意愿，是利用人口老龄化的机遇扩大消费需求、扩大内需、发展相关产业的一个关键性问题。而这些问题的解决，不是靠市场经济机制可以完成的，而主要是通过政府主导下的各种制度监督和社会保障制度建设与不断完善才能实现。

因此，市场经济机制并不是万能的，市场也有失效的时候。特别是老龄产业具有的特殊性决定了老龄产业的发展需要政府来主导。在很多情况下，需要政府发挥促进老龄产业发展的主导作用。

归纳起来，老龄产业的特殊性主要表现为：（1）需求主体的特殊性：老年人是老龄产业的需求主体。（2）支付能力的特殊性：老年人收入增长具有被动性。（3）产业范围的特殊性：老龄产业涉及各个产业。（4）涉及多方面体制与政策。发展老龄产业不仅是发展相关产业的问题，而且是涉及养老金制度、养老保障体制、医疗卫生体制以及民生政策等多方面的问题，涉及民政、医疗、旅游乃至资源、土地等多方面的政府部门。这些关键环节是需要政府来主导解决的，而不是靠市场经济的机制来解决的。

老龄产业的特殊性决定了老龄产业不仅是产业，也是需要多方面特别是政府大力扶持的事业。老年人涉及养老保障体制、退休金制度、医疗保健及家庭生活照料等多方面的问题，因此老龄产业的发展必然涉及经济社会体制、制度及政策的多方面支持，需要大力的培育、引领和扶持。同时，老龄产业的特殊性也决定了其发展及管理具有复杂性。如老年人的医养与康养机构，就涉及社会保障方面的民政部门、医药方面的卫生部门以及文体方面的文体部门的多头管理问题，而这些只有政府才能担当。老龄产业是涉及各产业的一种综合经济体系，涉及面非常广泛，因此需要政府发挥必要的组织、规范、协调和管理的作用。但是，政府不能越位，特别是政府自身不能成为发展老龄产业的主体，这是特别需要注意的问题。

老龄产业的核心内容是产品与服务，即满足适老化要求的产品与服务。发展老龄产业旨在将适老化产品与服务的提供引向产业领域，并主要通过市场经济机制来解决，而不是通过社会保障或老龄事业的形式来解决。适老化产品指适合老年人使用的实物品，而适老化服务不仅包括针对老年人身体提供的照护之类的服务，也包括针对适老化需求而提供的更为广泛的有关服务，如有关老年心理、老年健康、老年体育健身、老年文化娱乐、老年旅游乃至金融与法律等多方面的服务。这些是需要政府认识到的问题。

第三节　以发展老龄产业促进经济增长

发展老龄产业，实际上是将老年人口视为可以开发利用的资源来看待，而不是作为负担来看待。这是积极应对人口老龄化的一种思想精髓，即视老年人口为积极、正面的因素，而非消极、负面的因素。而在此积极性的视角下，规模巨大的老年人口就是可以促进相关产业发展乃至拉动经济增长的一种动力。发展老龄产业，就是需要将老年人口作为有拉动经济增长效应的积极和正面性的因素。因此，需要将发展老龄产业放在经济增长和经济发展的大局中来理解其意义，而不只是解决老年人的问题。

人口老龄化对供给与需求两方面的影响，最终都将转化为对产业发展的影响。需求方面的主体是消费者，因此消费者的需求水平决定了相关产业发展的空间。供给方面的主体是生产者，因此生产者的生产能力是决定产业发展的基础。需求可以调动供给，供给也可以创造需求，因此需求和供给二者是相辅相成又相互制约的关系。经济增长和产业发展的过程，实际就是供给与需求彼此适应、均衡提升的过程。而在当今"科学技术是第一生产力"的现代经济中，"供给创造需求"已经成为现代经济增长的一种重要机制。

老龄产业发展需要供给创造需求的机制。正是由于现代科学技术的发展，使经济增长机制发生了深刻变化，即经济增长的机制逐步从"需求决定"向"供给创造需求"转化。特别是在信息化和智能化快速发展的背景下，老年人在获取知识方面的弱势短板不断显现出来，老年人不可避免地成为时代的"落伍者"。在这种情况下，老年人除了日常生活需求外，更高的需求是不明确的，即老年人对自身的需求在现代科技发展背景下是越来越不清楚、不明确的，而只有企业将相关产品制造出来，并实际让老年人使用，才可能让老年人产生需求。这便是"供给创造需求"的机制。因此，未来老龄产业发展的一个关键，就在于企业是否能"造出"老年人的需求，这是未来老龄产业发展的一个关键环节。

老年人的思想相对保守、接受新事物比较慢，特别是对现代最新科技成果的接受能力相对较差。现在常见的场景是孙子孙女教爷爷奶奶如何使用手机、如何上网、如何使用微信等。因此，老年人的需求在现代科学技术发展水平下是难以靠老年人自身明确的。通常是只有通过供给方先创造产品，并给老年人演示，老年人才明白该产品是否对其有用。这便是供给创造需求的道理。因此，在人口老龄化背景下，供给创造需求的机制是非常重要的。

从长期来看，人口老龄化的最终效应将是劳动力稀缺性相对乃至绝对提高，经济中劳动投入增长率将相对乃至绝对下降。因此，在注重提高技术进步和资本投资增长的同时，充分利用老年人口资源成为非常重要的问题。这就需要考虑建立老年人口就业机制的问题。劳动年龄人口的就业就其个人来说是长期性和系统性的问题，而老年人口的就业具有相对短时性和临时性的特点。事实上，在很多情况下老年人口的就业是弥补劳动年龄人口就业所不及之处，也就是弥补劳动年龄人口就业的空缺，而不会与劳动年龄人口就业产生系统性冲突。在很大程度上，老年人口的就业与劳动年龄人口的就业具有互补性。同时，老年人口以往从业经验的传授，有时也可起到提高在职劳动力就业能力、降低劳动力培训成本的作用。甚至在一些情况下，需要建立老年人口志愿性就业的机制，即为一些愿意充当志愿者的老年人口提供必要的条件。在现实中，许多老年人口就业只是出于精神需求，而非为经济利益。在未来人口老龄化程度越来越严重的情况下，如何充分利用越来越多的老年人口资源，是非常重要的问题。建立老年人口就业的机制与市场，是需要继续深入研究和不断实践的问题。

第四节 政府促进发展老龄产业的基本策略

本节提出的促进发展老龄产业发展的策略，是从政府的立场出发的，而不是基于企业或产出主体的自身。老龄产业发展中的许多问题，并不是企业或产业自身能够解决的，有时也不是市场经济机制能够解决的。因此，从政府角度出发来解决老龄产业发展的有关问题是非常必要的。

一　建立老年人收入增长的有效机制

产业发展的一个重要基础是需求，需求是产业形成的源头，仅有供给而没有相应的需求，产业发展就失去了重要的基础。需要并不等同于需求，需求是指有购买力为支撑的需要，没有支付能力的需要只能是一种欲望。当前中国老年人口的支付能力不足，无法形成经济中真正有效的需求。因此，提高老年人口的支付能力是利用人口老龄化机遇扩大消费需求、发展相关产业的一个关键性问题。由于老年人不再是经济活动的主体，经济地位下降，在现行经济制度的框架内，老年人是国民收入分配中的弱势群体，处于被支配的地位。因此，建立有效的老年人收入增长的机制，调整国民收入分配向老年人倾斜是应采取的政策方针。

二　加强对老龄产业概念的解读与宣传

老龄产业是以满足老年人特有需求而提供适老化产品与服务的产业经济以及相关的经济活动。理解老龄产业的概念有如下要点：（1）老龄产业以企业和老年人口为主体，其中企业为生产者、供给者，老年人口为消费者、需求者；（2）以适老化的产品与服务为核心内容；（3）以市场经济机制为主，政府扶持为辅；（4）发展老龄产业是发展产业经济、促进经济增长的经济属性问题，不是老龄事业属性问题，不是社会保障属性问题，更不是社会福利属性问题；（5）在老龄产业中，老年人口是积极、正面的因素；（6）老龄产业是以老年人为服务对象的一种综合产业经济体系，而不是行业管理中的具体行业，其涉及的产品与服务内容涵盖一二三产业；（7）老龄产业有其特殊性，即它不是完全竞争性的经济，因此需要政府在必要时弥补市场经济机制失效之处，需要在收入分配、养老保障、卫生医疗等相关体制和政策方面给予相应的配套支持。（8）发展老龄产业是长期问题，而非短期问题，为此政府需要制定专门的发展老龄产业的中长期规划。总之，老龄产业在中国是一种新型产业经济，对其概念与内涵需要深入理解和广泛宣传。

三 加强对发展老龄产业意义的理解

谈发展老龄产业，并不意味着养老及其相关的社会保障等方面的工作就不重要了。事实上，只有做好养老及其相关的社会保障工作，发展老龄产业才有坚实的基础，才能更有效地提高老年人口的消费意愿。然而，老年人口的需求是广泛的，不仅有对养老的需求、对社会保障的需求，而且有规模巨大的对适老化产品与服务的需求。而老年人对适老化产品与服务的需求，并不是养老与社会保障范畴的问题，更不是养老与社会保障能够解决的问题，而是属于产业经济范畴的问题。因此，关于满足老年人对适老化产品与服务的需求问题，需要纳入产业经济领域乃至总体经济体系中来解决。

四 发展老龄产业的关键点是政府构建平台、调动供给双方积极性

老龄产业的特殊性决定了发展老龄产业应以市场经济为主导，但是并不意味着可以完全依靠市场经济，而是需要政府进行必要的培育、引领和扶持。老龄产业是涉及各产业的一种综合经济体系，涉及面非常广泛，因此需要政府发挥必要的组织、规范、协调和管理的作用。但是，政府不能越位，特别是政府自身不能成为发展老龄产业的主体，这是特别需要注意的问题。

在供给方面，重点在于鼓励企业进行自主的适老化产品与服务的研发、生产和销售网络拓展。政府应给予相关产业发展方向的指导，并给予适当的扶持，如在税收、补贴、用地、审批等多方面给予优惠政策。

在需求方面，重点在于增加老年人口的收入、完善相关社会保障制度、建立老年人无障碍消费机制、保障老年人消费利益。目前中国适老化产品市场发展很不完善，而老年人追求健康的意愿非常强烈，因此一些不法者乘机利用适老化产品行骗老年人。为此，加强对老年人消费利益的保护，尽快发展正规的适老化产品市场具有紧迫性。

总之，只有充分调动以企业和老年人口为主体的供需双方的积极性，

并建立双方利益的保护机制，而不是政府单方面的"自弹自唱"，中国老龄产业才能真正健康发展。

五 大力发展老龄健康产业和全民健康产业

老龄健康产业是老龄产业的重要组成部分。健康需求是老年人的重要需要之一，因此老龄健康产业乃至整体健康产业有望成为国民经济重要产业的内在市场需求动力。所谓健康产业是从事满足人们健康需求的经济活动主体的总合。目前健康产业主要涉及医疗产品、保健用品、营养食品、医疗器械、保健器具、健康管理、健康咨询等多个与人类健康紧密相关的生产和服务领域，而随着经济与科技发展以及人口老龄化的发展进程，健康产业的内涵将不断扩大。同时，健康产业发展还有助于开发中国的"人口健康红利"。因此，随着中国老年人口数量的不断增加，发掘老年人的红利，保持老年人健康，促进老年人参与经济活动，是发展老龄产业和积极应对人口老龄的重要措施。

六 建立识别老龄产业主体的行业标准

老龄产业主体涉及国民经济的各个行业，对其识别是非常复杂的，但又是非常必要的。如果不能有效识别，支持老龄产业发展的有关政策就容易打折扣。例如，在目前已经出台的一些具体优惠政策中，适用对象通常是养老机构，而对涉老产品和服务则难以制定有效的扶持政策。因此，对老龄产业主体的识别事关老龄产业发展的激励问题，是至关重要的。养老机构是老龄产业的供给主体，对此是容易识别的，但这仅是老龄产业中供给主体的一部分，而不是全部。例如，从事涉老产品与服务的企业，都有归属老龄产业供给主体的属性，同时这些企业通常或具有从事其他产品生产与服务的属性。这需要建立有效的识别老龄产业的行业标准，并具体落实可行的识别方法。一种思路是按主体从事的业务内容或项目内容进行识别，而不是简单地按主体所在的行业属性归类。

七   政府应加强居家养老和社区养老模式的建设

居家养老是老年人养老的最主要模式，目前发达国家也是如此，如美国的养老模式也主要是以居家养老为主、机构养老为辅。有数据表明，在美国真正进入机构养老的只有20%，其余都是居家养老。美国居家养老的服务内容主要包括家务服务、简单的医疗照料服务、老年送餐服务、定期探视服务、电话联系服务、应急支持系统等。在欧洲及日本等国，居家养老同样是最主要的模式。近几年中国老龄产业在居家养老和社区养老方面的发展还很不够，因此政府应以居家养老、社区建设为核心推动老龄产业发展。机构养老模式的充分发展，主要按市场经济模式进行，政府主要在市场环境和机制建设方面发挥作用。

八   探索适合中国国情的老龄产业发展国家战略

如何释放老龄产业发展的潜力是一个核心性问题。西方国家发展老龄产业的经历为中国提供了一定可借鉴的经验。然而，中国特殊的国情决定了不存在可以照抄照搬的国际经验。一是人口规模不同。中国是人口大国，中国老年人口的总量比美国、日本、英国、法国和德国等国老年人口的总和还多。二是经济发展水平不同。中国还是发展中国家，未富先老是重要的特征。三是情况复杂。中国人口老龄化进展的区域差异、城乡差异很大，中国老年人传统的消费观念与行为同国外有显著差别，情况错综复杂。因此，必须积极探索适合中国国情的老龄产业发展模式。

促进中国老龄产业发展是综合性问题，需要从国家战略与规划、相关金融与财税政策、国民收入分配与社会保障制度等多方面进行大力支持，需要营造有利的政策环境，如在计划、审批、用地、财税及融资等方面制定相关的鼓励政策，吸引更多资本进入老龄产业。支持老龄产业发展的政策着力点有两个方面，一是供给方面，二是需求方面。供给方面要注重降低供给成本，提升满足老年人需求多样性的能力，开创供给创造需求的局面；需求方面要注重提高老年消费者的支付能力、降低消费成本、减少消费障碍。从长期来看，需要建立老年人收入增长与经济增长相关联的机制。

第五篇

老龄经济与养老保障

人口老龄化带来的最直接的问题就是养老问题。其中，人口老龄化对养老保障制度的影响，不仅限于对养老问题有重要的影响，而且对经济运行也有重要的影响。人口老龄化对养老保障制度的影响，是其影响经济的一种重要作用途径。从根本上看，养老的本质不是"钱"的问题，而是代际关系的问题，是代际交换的问题，同时也涉及实体经济与金融经济关系的问题。

第二十一章讨论人口老龄化背景下的养老问题。首先从历史出发看养老问题，在此基础上按人类寿命水平划分社会时代，讨论关于两期世代交叠的分析模式，指出养老的本质是代际交换，并讨论两个层面的养老问题：个人养老与宏观养老。只有个人养老和宏观养老相协调，社会养老才有真正的保障。

第二十二章讨论养老与养老模式及保障制度问题。首先论述养老模式的变化、养老金与老年人收入问题以及现收现付制与基金制的养老金制度问题，其次论述和证明了人口老龄化导致现收现付和基金制不可持续的机理。

第二十三章讨论人口老龄化对不同养老金系统的影响、具体涉及人口老龄化对现收现付制养老金系统的影响，对基金制养老系统的影响以及对名义账户制的影响的讨论与分析。

第二十四章讨论基于三期世代交叠的代际交换问题。具体讨论了分三期的个人家庭世代交叠的分析模式、分三期的宏观世代交叠的分析模式、在分三期交叠模式下对有关问题的分析。

第二十五章讨论建立全要素贡献型的养老金来源制度问题。首先分析了现代经济增长要素贡献的特征对养老金制度的影响，然后给出劳动要素贡献趋于下降的实证数据，分析养老金增长困难的系统性问题，最后提出建立基于全要素贡献型养老金制度的方法。

第二十一章

老龄经济中的养老问题

21 世纪，养老成为人类的总体问题。事实上，在人类漫长的发展过程中，养老成为人类的总体问题只是最近几十年以来才出现的，即在过去漫长的绝大部分时间里养老主要是个例问题，而非总体问题。因此，在应对当今已经出现的全面性、总体性和普遍性的养老问题时，人类实际上并没有太多的经历和经验。本章首先从人类的历史进程来看养老问题的变化，在此基础上分析人类寿命不断延长对养老问题的影响，探究养老问题的本质和关键，明确宏观层面的总体养老与微观层面的个人养老之间的差异性和不同意义。

第一节 养老成为人类的总体问题

一 人类发展历史过程中的养老问题

自有人类以来，就有养老问题的存在。但是，不同时代的养老所面临的情况是很不相同的。原始社会的人类总体平均寿命只有 15 岁。[1] 这对原始社会的人意味着，他们是不必考虑养老问题的，因为处于此时代的绝大部分人活不到需要养老的年龄。原始社会的人类寿命短暂，主要是因为当时人类的生产能力非常低下，难以抵抗自然灾害、疾病及野兽的侵袭，以至于绝大多数人活不到壮年。因此，在人类总体寿命很短的时代，养老是

---

① 张元：《现代生命科学与工程》，浙江大学出版社 1995 年版，第 220 页。

不需要人们过多考虑的问题。

人类从诞生至今已有数百万年的历史，人类进入文明进程亦有六七千年的时间。然而，在人类十分漫长的发展历程中，人类寿命的提高在过去是极为缓慢的过程。因此，在人类历史上的绝大部分时期里，可以说人类总体是不存在养老问题的，养老是非常稀少的个例问题。这种情况直到 19 世纪都没有出现明显的根本性改变。数据显示，到 1900 年人类总体平均预期寿命仅上升至 40 岁。[①] 并且，这一结果还是在 18 世纪中期发生工业革命后，人类生活水平得到明显改善的背景下才出现的情况。相比之下，中国过去的人口平均预期寿命比世界平均水平还低许多。数据显示，直到新中国成立的 1949 年，中国人口平均预期寿命仅为 35 岁，[②] 远低于当时世界总体人口平均预期寿命的水平。

1900 年人类总体平均预期寿命只有 40 岁，这一数据意味着即使以 40 岁作为老年人的年龄标准，那么就人类总体而言，在 20 世纪之前都还没有达到老年人的年龄标准。由此可以说，若将人类作为总体，那么在 20 世纪之前养老始终不是人类的总体问题。

养老不是人类的总体问题，并不是说人类从来没有养老现象的存在，而是表明养老是人类的个例问题。或者说，在很长的历史时间内，养老只是个别少数人才能经历到的问题，而绝大多数人是活不到需要养老的年龄的。尽管在人类过去的各个时代都曾有高寿的人，但是针对当时代的人类总体而言，这些高寿的人仅是极其稀少的个例现象，而不是总体现象。如中国古代曾有言道：人活七十古来稀。

二　21 世纪的养老已经成为人类的永久性总体问题

事实上，在 20 世纪 70 年代之前，养老始终都不是人类的总体问题。来自联合国的数据显示，直到 1973 年人类总体平均预期寿命才达到 60.05 岁。这意味着，若以 60 岁作为退休年龄，那么 1973 年世界人口总体退休后的生命余年只有 0.05 年。这一数据表明，1973 年之前的人类总体是不

[①] 张元：《现代生命科学与工程》，浙江大学出版社 1995 年版，第 220 页。

[②] 数据来自国家统计局：《新中国成立 70 周年经济社会发展成就系列报告之二十》，第八段。

存在养老问题的。或者说，至少在 20 世纪 70 年代之前，养老对人类总体而言始终是个例问题，而不是总体问题。[①]

然而，进入 21 世纪后，人类总体平均预期寿命呈现快速提升的趋势。来自联合国的数据显示，2000 年人类总体平均预期寿命已经上升至 67.55 岁，2020 年进一步上升至 73 岁。因此，若以 60 岁作为退休年龄，那么到 2020 年人类总体的退休后的生命余年已经延长至 13 年。

根据以上的数据可以计算出，公元 0—1900 年，人类总体平均预期寿命年均提高幅度仅有 0.01 岁，而 2000—2020 年，人类总体平均预期寿命年均提高幅度为 0.2725 岁，大约是 20 世纪前的 27 倍。可见，进入 21 世纪后，人类总体平均预期寿命提高速度是非常显著的。而中国人口的平均预期寿命提升速度更快。2000 年中国人口平均预期寿命为 71.40 岁，2010 年达到 74.83 岁，2018 年进一步提高至 77 岁。[②] 可见，21 世纪后中国人口的平均预期寿命水平已经明显超过了世界平均水平。

21 世纪的养老已经成为人类的总体问题，意味着养老已经是当今时代每个人都需要面对的问题。来自多个国际组织机构（如联合国、世界银行及国际货币基金组织等）的预测结果均显示，21 世纪人类将始终处于不断深化的人口老龄化背景下。因此，养老已经成为人类的永久性总体问题，成为深刻影响人类社会发展的重大经济和社会问题。

第二节　按人类寿命水平划分的社会时代

一　按人类总体平均预期寿命水平划分的人类社会时代

实际上，人类总体寿命的水平是体现人类文明进步程度的一种重要评价尺度。这是因为人类总体寿命水平的提高情况，同经济社会发展水平有着非

---

① 本段数据来自世界银行 2021 年数据库（https://data.worldbank.org.cn/indicator）。

② 数据来自国家统计局：《新中国成立 70 周年经济社会发展成就系列报告之二十》，第十九段。

常密切的关系，是经济社会发展取得成果的重要表现。因此，不同时代的人类总体的寿命水平，可以成为度量人类文明进步程度的一种重要标准。

在 20 世纪前，人类总体寿命没有超过 40 岁，由此可以形象地认为在 20 世纪之前，人类总体只经历了青年时代，没有经历过中年时代，更谈不上经历老年时代。因此，可称 20 世纪之前的人类时代为青年社会时代。

从 20 世纪初至 20 世纪 70 年代，人类总体寿命虽然有明显提高，但是还没超过 60 岁。对此可以形象地认为在此阶段时期人类总体经历到了中年时代，但是没有经历到老年时代。因此，可称 20 世纪初至 20 世纪 70 年代的人类时代为中年社会时代。

从 20 世纪 70 年代至 20 世纪末，人类总体寿命为 60—67 岁，因此称此阶段的人类时代为轻度老龄社会时代。进入 21 世纪后，人类总体已经有了完整的生命周期经历，即人类总体经历到了真正的老年期，因此称 21 世纪后的人类时代为老龄社会时代。图 21 - 1 具体展示了上述按不同时期人类总体寿命水平划分的人类不同社会时代的情况。

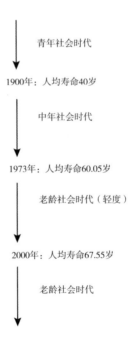

图 21 - 1   按不同时期人类总体寿命水平划分的人类社会时代

从图 21-1 还可以看出，人类文明进程在青年社会时代停留了数千年的时间，在中年社会时代停留了约有一百年的时间。到目前，人类社会已经进入了老龄社会时代。可见，21 世纪是人类文明进程的重要转折期，即人类总体在 21 世纪开始进入不断深化的老龄社会时代。因此，21 世纪是人类发展史上的重要转折阶段。

对老龄社会时代的另一种说法是长寿时代。长寿是人类总体平均预期寿命不断延长的结果。长寿的人不断增多，其结果完全等同于人口老龄化程度不断提高，即老年人口占总人口的比重不断提高。因此，人类的老龄社会时代的开启，同时也是人类长寿时代的开启。"长寿时代"和"老龄社会"对应的社会形态和内容是相同的，只是两个概念所体现的内容重点有所不同。"长寿时代"是强调人的寿命更长，而"老龄社会"强调的是人口结构的问题，即人类社会中老年人口比重超过了一定程度并不断提高的问题。而随着人口老龄化程度的不断提高、长寿老年人数量的不断增多，老龄社会时代还可以进一步划分出中度、高度及超高度等不同程度的老龄社会时代。

二　世界不同地域的人类寿命差异性很大

2019 年，日本人口的平均预期寿命是 84.36 岁，位居世界各国首位。而同年中非共和国人口的平均预期寿命只有 53.28 岁，比日本低 31.08 岁。可见，虽然当前世界人类总体的平均预期寿命，已经使人类总体进入老龄化社会，同时养老也已经成为人类总体问题，但是从地区差异方面看，世界范围内的人口老龄化进程是很不一致的。

2019 年，有人口平均预期寿命统计数据的国家或地区有 197 个。在这197 个国家或地区中，有 183 个国家或地区的人口平均预期寿命超过了 60岁，所占比例为 92.9%。而在 1960 年，只有 70 个国家和地区的人口平均预期寿命在 60 岁以上，在这 197 个国家或地区中仅占 35.5%，即 2019 年比 1960 年提高了 57.4 个百分点，年均提高约 0.97 个百分点。可见，自 20世纪 60 年代以来，世界范围内的人口平均预期寿命提高速度是较快的。

表 21-1 给出了按间隔 5 年期的 1960—2019 年 197 个国家或地区中，人口平均预期寿命超过 60 岁的国家或地区的数量情况。1960—2019 年，

人口平均预期寿命在 60 岁以上的国家或地区的比例呈现较快增长趋势，年均增长率为 1.66%。

表 21 – 1　　　　　　　1960—2019 年人均预期寿命超过 60 岁的
国家或地区的数量和比例

年份	人均预期寿命超过 60 岁的国家或地区数（个）	占 197 个国家或地区的比例（%）
1960	70	35.5
1965	87	44.2
1970	94	47.7
1975	107	54.3
1980	113	57.4
1985	128	65.0
1990	137	69.5
1995	141	71.6
2000	147	74.6
2005	155	78.7
2010	166	84.3
2015	177	89.8
2019	183	92.9

资料来源：2021 年世界银行数据库（https：//data.worldbank.org.cn/indicator）。

由 21 – 2 可以看到，在 1960 年之前，日本、美国的人口平均预期寿命水平已经远超 60 岁。1960 年美国的人口平均预期寿命为 69.77 岁，日本为 67.67 岁，中国仅为 43.73 岁，世界平均为 52.58 岁，而中非共和国只有 36.25 岁。到 2019 年，日本的人口平均预期寿命上升至 84.36 岁，位居世界首位，美国上升至 78.79 岁，中国上升至 76.91 岁，世界平均上升至 72.74 岁，中非共和国上升至 53.28 岁。可见，这些国家的人口平均预期寿命均显著提高。1960—2019 年，中国人口平均预期寿命提高了 33.18 岁，是增幅最大的国家，日本提高了 16.69 岁，美国提高了 9.02 岁，世界平均提高了 20.16 岁，中非共和国提供了 17.03 岁。

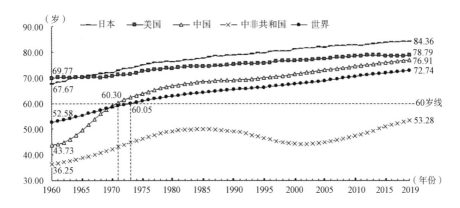

图 21 - 2　1960—2019 年四国及世界人口平均预期寿命

资料来源：同表 21 - 1。

第三节　关于两期世代交叠的分析模式

人口老龄化表现为老年人口超过一定程度并持续不断增多的过程。而这一过程可以描述为劳动年龄人口不断进入老年期阶段的过程，同时也是老年人寿命期不断延长的过程。如果在同一时间内，劳动年龄人口进入老年期的人数多于进入工作期的人数，那么结果必然是总人口中老年人口相对越来越多。可见，人口老龄化的过程可以体现为处于工作期的人口数和处于退休期的人口数变动的情况。据此可以建立一种人口动态变化的分析模式。

在现实经济中，劳动年龄人口是分布在不同年龄段上的，因此不同年龄的劳动年龄人口进入老年期阶段的时间点也是不同的。如果对现实中这一动态过程进行真实构建，则必然是非常复杂的问题，以至于建立这样一个与实际完全一致的人口动态变化模型是不可能的事情。

因此，为了揭示人口老龄化过程的本质，突出重点和把握关键性因素，下面借助两期世代交叠模型（OLG）进行人口动态变化分析模式。所谓两期，指假定经济中每个人的一生都划分为两期，第一期为工作期，第二期为退休期。这样的假设，实际等同于只考虑经济中的劳动力和老年人，而暂不考虑成年人。同时为了分析的简便性，这里将劳动年龄人口视为劳动力。

现设经济运行处于某一时间 t。于是，在 t 时的人口可分为劳动力和老年人这两种状态，即处在 t 时的任意一人，或是作为从事职业劳动的劳动力，或是作为进入退休期的老年人。如果某人作为劳动力，则此人处在两期生命周期中的第一期即工作期；如果某人作为老年人，则此人处在两期生命周期中的第二期即退休期。同时还进一步假定，从 t 时起处于不同期（工作期或退休期）的人都将整体进入下一期。

现设 t 时的劳动力数量为 L_t，由于每个人都只生活两期，当 L_t 进入下一期时即成为退休的老年人。由 t 进入下一期，表示为 $t+1$。这时，$t+1$ 时的老年人是由 t 时的人过来的，因此 $t+1$ 时的老年人数即 L_t。注意，在 $t+1$ 中的数字 1 代表的是劳动力的一个工作期，而不是一年或几年的概念。例如，一个人如果从 20 岁参加工作到 60 岁退休，则工作期是 40 年，在这种情况下的数字 1 所表示的一个工作期是 40 年。而处于 $t+1$ 的人再进入下期，即变成 $t+2$ 时就意味着此人去世，因为每人只生存两期。

因此，按上述假定的模式，t 时的老年人数量为 L_{t-1}，而 L_{t-1} 是在 $t-1$ 时的劳动力数量。同样，这里的 $t-1$ 表示 t 时之前一个时期。而由于假设一个人只生存两期，因此 L_{t-1} 数量的老年人在进入 $t+1$ 时去世。而在 $t+1$ 时则有 L_{t+1} 数量的新生劳动力出现（出生并长大成劳动力），而 L_t 即成为 $t+1$ 时的老年人数量。依此类推，如此持续下去。这个过程可用表 21 - 2 和图 21 - 3 表示。

表 21 - 2 **两期世代交叠过程示意**

	t	t + 1	t + 2	…
一期：劳动（年轻人）	L_t	L_{t+1}	L_{t+2}	…
二期：退休（老年人）	L_{t-1}	L_t	L_{t+1}	…
总人口	N_t	N_{t+1}	N_{t+2}	…

在表 21 - 2 中，t 时经济中劳动力数量为 L_t，老年人数量为 L_{t-1}，因此 t 时的总人口数为 N_t 由下面表达式决定：

$$N_t = L_t + L_{t-1} \qquad (21-1)$$

在（21-1）式中实际是忽略了未成年人。如果不忽略未成年人，则未成年人可以被视为老年人的一部分，因为在经济行为上老年人和未成年人都是需要劳动力供养的人。

到 $t+1$ 时，出现新生的劳动力数量为 L_{t+1}，而 L_t 成为 $t+1$ 时的老年人数量。L_{t-1} 则在进入 $t+1$ 时已经去世。这时，$t+1$ 时经济中总人口数量为 N_{t+1} 由下面表达式决定：

$$N_{t+1} = L_{t+1} + L_t \tag{21-2}$$

依此类推，即形成 $t+2$、$t+3$、…，这样的过程。

图21-3 可以相对直观地体现上述所描述的两期交叠过程。在图21-3中，t 时工作期的劳动力数量为 L_t，并假定这些劳动力工作期为 m_t 年。也就是经过 m_t 年后到 $t+1$ 时，数量为 L_{t+1} 的新生劳动力出现，L_t 在进入 $t+1$ 时后便成为退休的老年人，而数量为 L_{t-1} 的老年人在进入 $t+1$ 时之前已经去世。而两期的交叠性体现在同一期上既有劳动力存在，也有老年人存在。

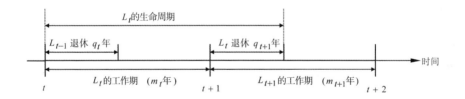

图21-3　两期世代交叠过程

具体地说，t 时的劳动力 L_t 在进入其生命周期的第二期（退休期）时，也跨进了 $t+1$ 时劳动力的第一期（工作期），而 L_t 的寿命期是在 t 和 $t+1$ 之间。也就是在 L_{t-1} 退休 q_t 年的时段内既有退休老年人 L_{t-1} 存在，也有劳动力 L_t 存在。同样，L_t 退休 q_{t+1} 年的时段内既有退休老年人 L_t 存在，也有劳动力 L_{t+1} 存在具体。

老龄化率 α 也是分析人口老龄化和养老问题时常用的变量。由前面有关章节的论述可知，老龄化率 α 的定义是老年人口占总人口的比率。因此，在两期世代交叠分析模式中，t 时的老年人口数为 L_{t-1}，总人口数为式（21-1）决定的 N_t。因此 t 时的老龄化率记为 α_t，则 α_t 由下面表达式决定：

$$\alpha_t = \frac{L_{t-1}}{N_t} \tag{21-3}$$

根据式（21-1），有 $N_t = L_t + L_{t-1}$ 成立，因此有下面关系式成立：

$$\alpha_t = \frac{L_{t-1}}{L_t + L_{t-1}} \tag{21-4}$$

对式（21-4）进行整理可以得到下面的关系式：

$$\frac{L_{t-1}}{L_t} = \frac{\alpha_t}{1-\alpha_t} \tag{21-5}$$

式（21-3）、式（21-4）和式（21-5）成为后面分析人口老龄化影响各种养老金制度效应的基础。

第四节 养老的本质是代际交换

一 什么是养老

首先明确养老的概念。在现实生活中，养老不仅是很常见的概念，同时也是与每个人、每个家庭都密切相关的问题。顾名思义，养老就是供养老年人之意，使老年人能顺利度过晚年的生活。然而，与养老相关的问题是多方面的，如涉及养老的主体、模式、养老金来源与支出以及养老保障制度等。

这里首先需要明确的一个问题是：养老是老年人自己养自己的问题吗？如果现实中每个老年人的养老，都是自己养自己，或都是自己的家庭养自家的老年人，那么养老就是不需要广泛讨论的问题了。显然，老年人自己养自己，以及自己的家庭养自家的老年人，在现实中都是难以做到的。这是由老年人的特点所决定的，即所谓的老年人是按人的生命自然规律进入年老体衰而不断丧失劳动能力阶段的人。在此阶段，老年人是需要由他人供养的。虽然老年人可能很富有，自己可以支付一生养老的所有费用，即便如此也不是真正意义上的自我养老。这是因为退休的老年人已经是不再从事职业劳动的纯粹消费者，其所消费的产品和服务是来自当期劳动力的劳动成果。富有的老年人，只是用其财富兑换相应的产品和服务。如果现实经济中没有或劳动力不提供给老年人所需要的产品和服务，老年人的财富就无法兑现。

可见，从老年人养老所需要的产品和服务的角度看，养老的实现最终需要劳动力参与。因此，对养老之意的更深刻解释是：养老是劳动力供养老年人之意，而不是老年人自己养自己之意。如果养老是老年人自己养自己之意，那么不仅不符合"供养"两字的含义，也不符合人的生命客观规律乃至道德伦理。

二　"供养"的含义

"供养"在现实中含有的意思是多方面的，如供养可以是赡养、抚养、养育、养活等意思。简而言之，供养涉及"养"与"被养"双方面关系的问题，即至少涉及两个以上的主体之间关系的问题，而不是单一主体的问题。至于是赡养，还是抚养，同"养"与"被养"之间的主体关系情况有关。例如，赡养特指晚辈人对长辈人的供养，如子女为父母提供衣、食、住、行及照护等行为或费用，子女的这些行为即属于赡养。抚养特指长辈人对晚辈人提供的供养。如父母对子女的成长提供费用和帮助等行为，就是父母对子女提供的抚养行为。而一般意义上的供养主要是养育、养活之意，并不在意突出"养"与"被养"之间的主体关系。例如，"福利院供养了许多残疾人"，此说法并不体现供养者和被供养者之间有怎样的特定关系。

总之，养老是指他人对老年人的供养问题，而不是老年人自己养自己的问题。如果是年轻的下一代人对老年人提供养老，那么这里的"养老"主要是赡养之意。这里的"他人"是广义的，可以是老年人自己的子女或家庭中的其他成员，也可以是社会的养老机构甚至是政府的相关机构等。简而言之，这里的"他人"是指除了被供养的老年人之外的所有可能的人或机构。但是，养老问题的关键并不在于是"供养"还是"赡养"的用词问题，关键是养老和被养老二者主体之间的关系问题。

三　老年人为什么需要由他人来供养？

明确养老是需要由他人进行的供养老年人的行为，旨在体现养老必然不是老年人单方面的问题，而是涉及多方面主体的问题。这主要是由老年人的一些特殊性所决定的。而对老年人的特殊性的了解，需要回到老年人的定义上。

在前面有关的讨论中已经知道，老年人是进入人的生命周期中退休期的人。而处于退休期的老年人有两个基本经济特征，一是非劳动者，二是纯粹的消费者。作为非劳动者，表明老年人是不再从事职业性劳动的人。这里的职业性劳动指能够创造经济增加值的劳动。如果劳动能够创造经济增加值，那么表明其劳动的成果具有用于社会性的使用价值和价值，也就产生了可以用于交换的劳动成果，因此是 GDP 中的内容。

例如，如果老年人自己给自己或家人做饭吃，那么该劳动并不属于职业性劳动，因为这种情况下老年人的劳动成果没有产生社会性的使用价值和价值。但是，如果老年人是自己开了饭馆为社会提供饮食，那么这种行为就是职业性劳动的行为，因为这种情况下老年人的劳动成果产生了社会性的使用价值和价值。如果老年人真的有这样的职业性劳动行为，那么这时的老年人就不是标准定义下的老年人。从经济学的意义方面看，如果老年人虽然年龄进入了老年人的范围，但是依然从事职业性劳动，那么这样的老年人就不是标准意义的老年人，而是应该归类为劳动力或劳动者。因此，下面所谈到的老年人是指标准意义的老年人，而不是指还在从事职业性劳动的老年人。

然而，老年人又必然是消费者。老年人的退休生活过程也就是老年人不断消费的过程。老年人不再是劳动力，由此意味着老年人所用的消费品或接受的服务，必然是来自他人的劳动成果，而这里的他人必然就是劳动力。因此，劳动力是老年人消费品和服务的提供者。或者说，劳动力必然是老年人的供养者。

一个人的完整一生，必然要经历出生、成长、成年、衰老和死亡的过程，这是人的生命周期。进入退休期的老年人，随着年龄的不断增大，其身体会不断出现衰老、退化以致各种疾病，直至走完人生的旅程。基于生理衰老的原因，老年人不再从事劳动，这是必然的客观规律。因此，老年人的养老最终是需要由他人完成的，而不是能由自己完成的。

四 靠老年人之间的互助可以实现养老吗?

在现实中,一些健康的老年人依然可以从事许多体力或脑力劳动,甚至可以从事适当的全职的职业性劳动。更常见的是,在现实中一些老年人之间相互帮助、相互照料,甚至采用"抱团"式养老。那么一个问题是:老年人之间的互助式养老可以实现吗?

对此,需要从微观和宏观两个层面看。在微观的具体问题上,凡是可以解决老年人实际问题的行为都是属于帮助老年人养老的行为。但是,从养老的本质方面看,养老的实现归根结底是代际关系问题。从宏观的总体层面上看,无论现实中有多少健康的老年人,老年人都不会构成经济中规模性、系统性的劳动力成员。在退休的老年人中存在不少可以从事许多体力或脑力劳动,甚至职业工作的老年人,但这些并不是标准意义上的老年人的特征。

在当期的整个国民经济运行中,粮食、钢铁、汽车、飞机及轮船等产品的生产,包括医疗、照护等系统性、职业性的服务,必然是由当期的在职劳动力完成的,即总体上老年人的吃、穿、住、行以及就医和照护等多方面问题,必然是由当期的在职劳动力来提供产品和服务才能得以解决的。因此,养老最终是由当期的在职劳动力完成的,而不是老年人互助可以全面、系统性解决的问题。因此,从宏观层面上看,老年人的相互协助养老只是辅助性的养老行为,而不是真正的养老。真正的养老的实现,一定是下代人与上代人关系的问题,简称代际关系问题。

当然,老年人之间的互助式养老可以起到一定有效的辅助性作用,甚至是值得推广、仿效的一种养老方式。但是,明确老年人的互助养老不可以实现真正的养老,其意义在于明确养老的实现一定是代际关系问题。由此可以提示各方面,真正的养老的实现应重点解决的是各类代际关系问题。这是养老的本质问题。

五 有"钱"是否就可以实现养老?

在谈到养老问题时,许多人首先想到的是"钱"的问题。似乎只要有了足够的"钱",养老就不是问题了。于是,无论是在微观的个人层面,还是在宏观的国家层面，筹集养老金似乎是解决养老问题的"焦点"。当然，"钱"的确是非常重要的，因为在现代经济社会中，生活中称之的"钱"，学术上称之的货币，是现代经济系统运行的"血液"。离开了货币的流通，现代经济系统必然陷入停滞运行甚至崩溃的境地。

然而，事实上"钱"并不是是否能够实现养老的本质问题。或者说，养老的本质并不是"钱"的问题。在没有货币的远古时代，养老是通过家庭内的代际关系实现的，即年轻的一代供养年老的上一代，具体的方式是提供实物和具体服务。家庭中劳动力通过劳动取得实物成果，以此供养老年人和未成年人，如此代代相承。毕竟，任何人的生活最终需要的都是有关实物产品和具体服务。而在没有物质对应下的货币实际就是"废纸"。"钱"实际只是支付的一种手段，而不是养老的实际内容。

同样，老年人实现养老最终需要的是适用的产品与需要的服务，养老金只是获取这些产品与服务的一种媒介。老年人需要养老金是因为"钱"可以购买其所需要的物质以及服务。因此，表面上看，老年人有了足够的养老金就能实现养老。但是，从本质上看，老年人养老所真正需要的是相关的物质与服务。如果现实中没有足够的相应物质和提供的服务，那么就会出现有钱也购买不到老年人所需要的产品和服务。这意味着只有"钱"是不足以实现养老的，因此"钱"不是养老问题的本质。

六　养老的本质是有关代际交换的问题

在上面的分析中可以看到，老年人养老所真正需要的是相关的物质与服务。"钱"或者说养老金，其作用只是让老年人购买到其所需要的物质与服务的媒介。因此，老年人持有可供其消费的物质与服务，才是实现养老的核心问题。可见，一个重要的问题是：这些可供老年人消费的物质与服务是从哪里来的？

显然，无论是从微观的家庭看，还是从宏观的国家或地区看，现实经济中的成果，包括老年人所需的物质与服务，都是劳动力从事实际的生产活动的成果。而劳动力队伍中的主要成员显然是劳动年龄人口。按目前国际普遍采用的划分方法，劳动年龄人口被界定在15—64岁范围。虽然老年人中的一部分人，如一些处于退休期初期的低龄老年人（如年龄小于75

岁），能够从事适宜的有关劳动工作，但是这种类型的老年人劳动力不会对劳动力队伍的年龄结构产生系统性影响。老年人参与的劳动已经不可能是在全社会中起主导性作用的劳动，而是属于零散性的非系统性的劳动。

因此，现实生活中现期的经济产出成果，必然主要是来自现期属于劳动年龄人口中的劳动力。而老年人通过购买方式取得养老所需要的物质与服务，实际上是老年人同现期的劳动力进行的一种交换，即老年人用养老金换取劳动力的产品或服务，劳动力则用其生产的产品或服务换取老年人的养老金，即成为劳动力的收入。此交换过程如图 21 - 4 所示。

图 21 - 4　养老的代际交换示意

从本质上看，养老的实现就是代际交换的实现过程，因此养老问题即代际交换问题，即养老是实现当期劳动力和当期老年人之间进行的交换。而这种交换的本质是处于工作期的劳动力同处于退休期的老年人之间的代际关系问题。如果从宏观层面看，养老的代际交换能否实现，涉及年青一代人口数量与老年人口数量的比例关系是否匹配、协调的问题，进一步说涉及实体经济和资金层面的金融经济之间关系的问题。如果这些关系不匹配、不协调，老年人手里的钱就可能买不到相应的产品和服务。

由此进一步表明，"钱"并不是解决养老问题的本质性问题。如果人口结构中老年人数量和劳动者数量是匹配的，实体经济中存在的产品与服务量是充分的，那么在这种情况下即使老年人手中没有养老金，国家也可以通过直接发放养老金给老年人的方式以实现老年人养老。直接发放养老金的形式可以通过发行政府债券甚至直接增加货币发行的方式来实现。而由于现实中人口结构和生产能力是合适的、匹配的，因此政府这样做的结果并不会产生系统性风险。

为养老所进行的代际交换，同任何的养老制度无关，即无论任何养老制度，老年人的吃、穿、用等产品和服务必然是由年青一代的劳动力提供的。这里的"交换"指老年人延续其生命所需的吃、穿、用等消费品必须来自年轻人的生产成果,老年人通过其储蓄(老年人作为劳动力时的生产成果转化成资本)换取年轻人的生产成果的行为。通俗地说,养老就是老年人拿钱交换年轻人的生产成果的过程,而老年人的钱本质是根源于其曾作为年轻人时的生产成果。

因此,从养老的代际交换的本质属性看,老年人和老年人之间进行的互助式养老仅是辅助性的,而不是解决养老问题的根本所在。这是因为养老的本质一定是代际交换的问题,而不是发生在老年人和老年人之间的交换问题。特别是从宏观整体层面看更能明确这一问题,因为老年人的吃、穿、用等产品和服务的社会性、系统性的提供,必然是来自年青一代的劳动者。当老年人无力拿起水杯喝水,年轻人将水杯递给老年人时也是年轻人和老年人进行的一种交换。而从系统的角度看,养老必然是社会系统中一代老年人和下代年轻人之间进行的交换。

第五节 两个层面的养老问题:个人养老与宏观养老

一 概述

在现代社会中,养老实际上是为分两个层面的养老问题,即个人层面的养老问题和宏观层面的养老问题。个人层面的养老问题指个人和家庭如何实现养老的问题。宏观层面的养老问题指一个国家或地区的总体如何实现养老的问题。个人层面的养老问题对每个人和每个家庭都是非常现实、具体的问题。如一个家庭中有老年人,那么其养老金是否够用、老年人日常生活由谁来照料、得了疾病如何就医看病、是居家养老还是去养老院、是请住家的保姆还是请小时工护理,诸如此类的问题,对个人和家庭都是非常具体而现实的。

而宏观层面的养老问题是有关国家或地区总体层面上养老问题,是有关总体经济资源如何配置、养老保障制度如何建设和不断完善、养老基金如何筹集和发放、老年人权益如何得到有效保护等问题。可见,宏观养老是决定个人养老、家庭养老，乃至机构养老等微观养老的大环境、大背景的问题。个人养老面临许多问题的解决，不仅涉及个人和家庭的养老能力问题，而且涉及宏观养老的大格局的问题。许多个人养老无法解决的问题，必须从宏观层面上解决才可以。

二　个人养老的关键要素：收入、家庭与健康

对个人和家庭的养老而言，个人及其家庭成员所能做的只能是个人和家庭自身范围内的养老问题，而对宏观层面的养老问题则是无能为力的。因此，对个人和家庭而言，做好养老的工作有三类关键要素。第一类是收入问题，通俗地说就是解决好"钱"的问题；第二类是家庭的问题，即主要指家庭的代际关系问题；第三类是健康问题，即家庭成员特别是老年人要有良好的身体。

对个人和家庭的养老问题而言，"钱"是至关重要的问题，因为养老的最终实现必然需要通过钱来实现。有相对充分的钱可以使养老有更多的选择余地。一般来说，养老的钱来自两个方面，一是靠家庭的自我储蓄，即当老年人还处于劳动力的工作期时就要为自己退休后的养老进行储蓄；二是来自社会的养老保障制度，即通过养老金相关的制度安排取得养老金。因此，一个人年轻时多学本领、多劳动以及合理安排消费与储蓄的关系，以挣取更多的收入是重要的问题。

个人养老的代际关系问题主要是家庭内不同代人之间的关系。如父母生育和抚养了后代，即使不从养育之恩的伦理方面讲，而仅从公平的角度讲，父母对子女的养育，也需要子女对父母的养育给予回报。这种家庭内的代际交换，既出现在未成年期，也出现在成年期。当一个家庭有子女处于未成年期时，子女与父母是被抚养和抚养的关系。当子女进入成年期，父母则进入退休期，这时子女与父母是赡养和被赡养的关系。而抚养与被抚养、赡养与被赡养，都是子女与父母进行的代际交换。当然，在现实中这种家庭内部的代际交换是难以实现等量交换的。但是，至少从理论上讲是有其合理性的。

健康同样是重要的问题，甚至是更为重要的问题。健康不仅可以保证老年人有更好的生活质量，而且减少医疗方面的费用支出、节约家庭相关费用的支出。这不仅对于自己和家庭，而且对于社会，都是好事情。健康

还可以使个人积极参与相关的社会活动乃至劳动，从宏观上看就是可以产生人口健康的红利和老年健康的红利。

三　宏观层面上的养老是相对更为关键的问题

然而，在现实中个人和家庭的养老问题并不都是可以通过个人和家庭的努力能够解决的。这是因为个人和家庭所面临的一些养老问题是只能在宏观层面上加以解决的问题。如一个国家或地区的养老相关资源的配置、养老制度，甚至是有关人口结构的问题等，就不是个人和家庭可以解决的。很多实际的养老相关问题，只有通过政府或社会机构的努力才能解决。因此，宏观层面的养老问题，政府应发挥更大的作用。

养老的本质是代际交换，并且这种代际交换不仅发生在个人家庭的范围，而且发生在宏观经济的层面，发生在社会的范围。从宏观经济上看，养老的代际交换能否顺利实现，涉及实体经济和金融经济两大经济系统的关系是否协调、匹配的问题，即养老的顺利实现需要实体经济系统与金融经济系统彼此均衡、协调发展。否则，老年人的养老储蓄及其养老金或得不到实体经济的合适兑现，由此形成经济的系统性危机。

深入而正确地认识养老的本质是至关重要的问题。否则，解决人口老龄化背景下的养老问题可能就抓不住重点和关键点，由养老引发的相关经济与社会问题就难以从根本上解决。如以低龄老年人照护高龄老年人的养老模式只是辅助性、缓解性的措施，因为没有涉及代际关系，因此不是解决养老问题的根本出路。从长期来看，解决好养老问题的根本出路在于解决好代际关系，即解决好有关年青一代和老年人一代的各种关系问题。因此，聚焦代际关系应是制订应对养老相关问题的政策出发点。而在下面的分析中可以看到，宏观层面的养老关键是宏观经济中实体经济与资金层面的金融经济的关系问题。

四　宏观层面上的养老的关键是实体经济与金融经济的关系

宏观经济层面上的养老和个人养老是非常不同的问题。在现实中，养老必然是个人养老与社会养老的结合。前面假定的自己养自己的养老体系，是为了在理论上分析养老的本质以及养老的公平性的需要。在现实中，没有完整人生或没有完整家庭的人是常见的情况。因此，一个人若没有后代，或一个家庭因经济困难而无法实现前面理论分析中所假定的个人自我养老的能力，那么这种情况就必然需要借助社会的力量进行养老，如通过社会保障或社会救助的机制实现养老。因此，现代社会中的养老问题必然是社会性问题。

宏观层面上的养老问题指一个国家或地区范围内的养老问题，是养老的社会化问题。其中，宏观养老的核心内容是一个国家或地区的整体性养老问题。如宏观养老涉及养老金制度的建立，涉及养老保障体系的建设，涉及老年人口和劳动年龄人口的比例结构关系，涉及政府和社会相关机构等职能作用等多方面至关重要的问题。可以说，宏观养老是有关对个人微观养老的布局性问题，如果布局不合理，或实体经济不支持个人养老，那么个人或家庭即使有再多的钱也是不能实现正常养老的。

宏观层面的养老问题与个人和家庭的养老问题相比，实际是不同性质的问题。宏观层面的养老问题首先同人口结构有关，如现实中有多少数量的老年人口、劳动年龄人口和未成年人口，这些数量之间的比例关系，构成了一定社会中人口结构对养老是否可以支撑的问题。这时从宏观层面上看，老年人的养老所面对的不仅是家庭成员对自家老年人的养老问题，而且是有关总体人口的结构问题。如果供养比过高，则容易出现老年人难以买到服务的问题。

而最为重要的是，宏观层面的养老能否实现，是涉及现实经济中有关实体经济与金融经济关系问题。如养老金有怎样的购买力、受怎样因素的影响、如何取得养老金等，就不是个人或家庭可以解决的问题。包括老年人能够买到怎样的产品，得到怎样的服务，公共设施怎样，可以到哪里去养老，可以到哪里去看病，到哪里去旅游，等等。这些都是宏观经济的问题。

当宏观实体经济与金融经济不匹配时，老年人有钱也是无能为力的，可能买不到产品或服务。其中只有收入处于相对高等级的一部分老年人可以实现需求。但是，如果宏观实体经济与金融经济协调、匹配，即使老年人口缺少养老金也不是大的问题，政府可以直接印钞票给老年人都是可行的办法。

五　宏观层面上的养老涉及多方面的问题

宏观层面上的养老更为复杂，而涉及许多方面的问题。首先，在宏观层面上谁是养老的责任主体？是老年人本人，是其后代，是企业，社会机构，还是政府？其次，宏观层面上有怎样的养老方式或模式？是居家养老，社区养老，还是机构养老？最后，按什么生活水平标准养老？是满足老年人的基本生活标准，平均生活水平标准，还是高水平的生活标准？类似的问题会有很多，而许多问题需要逐一分析。

事实上，养老的责任主体是多方面的，老年人本人、家庭成员、政府以及相关社会机构等都可能成为老年人养老的责任主体。而不同的责任主体，对养老所承担的责任或义务范围可能是不同的。因此，对不同的主体而言，养老的内涵或是不同的。如对政府而言，首先宏观总体上的老年人养老问题，是制定怎样的养老相关制度的问题。对家庭而言，主要是家庭成员如何具体照护、赡养家庭老年人的问题。对企业而言，主要是为本企业员工提供养老金的问题。社会机构如社会保障机构、商业保险公司和福利或慈善机构等，则是从本机构的责任与义务角度担负不同的养老责任，也就是有不同的养老内涵。因此，养老的概念并不是单一性的，有不同层面的养老问题，有不同含义的养老。或者说，对不同的养老主体，养老的内涵或是不同的。而对有关养老模式和养老水平标准以及养老保障等方面的问题，将在后面各章展开讨论。

第二十二章

养老与养老模式及保障制度问题

养老模式及养老保障制度需要适应人口老龄化的情况，而养老模式和养老保障制度的变化也对经济产生深刻影响。因此，人口老龄化对养老模式及养老保障制度的影响，同样是人口老龄化影响经济的重要途径。本章主要论述养老模式、养老保障制度、老年人收入以及人口老龄化对现收现付制、基金制及名义账户制的影响等相关问题。

第一节　养老模式的变化

在老龄经济中，与养老相关的问题如养老模式及养老保障制度，已经成为影响广泛而深刻的重大现实问题。在人口老龄化程度不断提高的背景下，养老模式和养老保障制度的变化将深刻影响人类社会全方位和长远的发展。

一个老年人是通过家庭养老，还是通过社会机构养老，这就是有关养老模式的问题。一般而言，养老模式是有关老年人实现养老的方式、方法和途径。最常见的养老模式是家庭养老模式，即老年人主要通过家庭成员的帮助实现养老的模式。这实际上是家庭中下一代人供养上一代人的模式，如家庭中的成员为赡养家里的老年人而提供相应的资金、住所及所需要的产品和服务等。与家庭养老模式相对应的是非家庭养老模式，也称为社会养老模式，如通过社会机构（养老院、养老公寓等）养老的模式。目前，家庭养老和社会养老的模式并不是截然分开的，而是呈现融合发展的态势，如居家式社区养老、异地养老、候鸟式养老、旅游养老等多种模式。

　　一般地说，家庭中的老年人口在成为老年人之前，已经为抚养后代而有所付出。因此，作为回报，子女有责任和义务赡养父母。实际上，家庭养老的本质是典型的代际交换，即在家庭中下一代人与上一代人之间进行的抚养和赡养的交换。如果不按伦理看，这种交换是代际进行的相互补偿，即上一代人抚养了下一代人，因此下一代人需要赡养上一代人以作为补偿。

　　在现代的社会养老模式中，养老主要是通过社会保障制度进行安排的，如老年人需要的养老金主要由社会保障系统提供，政府和有关社会机构为老年人提供有关的福利。就一个社会而言，究竟是以家庭养老模式为主，还是以社会养老模式为主，在一定程度上并不是由个人的主观愿望所决定的，而是由经济发展的阶段性与客观性所决定的，即一个社会的养老模式的选择需要与经济发展的情况相适应。

　　在工业革命之前，即18世纪60年代之前，家庭养老是养老的主要模式。这是与当时自给自足的以小农经济为主要的生产模式相适应的。在自给自足的小农业经济条件下，土地是经济的基础。对一个拥有土地的家庭，可以通过在自家的土地上耕耘获得生活来源，并生儿育女、赡养老年人，如此代代相传。事实上在当前的一些欠发达国家中，家庭养老仍然是主要的养老方式。如在当前中国的农村，家庭养老事实上仍是一种主要的养老模式。过去在中国盛行的"养儿防老"的观念，正是基于特定的经济发展水平和发展模式而出现的。

　　19世纪后，随着工业化的快速发展极大促进了城市化进程，越来越多的人开始进入城市工作和生活。越来越多的人失去以土地为主要的生产资料，从而深刻改变了传统小农经济与自给自足经济的生产模式，因而也根本动摇了以家庭养老为核心的养老模式。在城市工作的人们没有了土地作为养老的基本保障，退休后就面临无经济收入的状态，从而引发了养老模式的社会化变革，即养老保障制度的产生。这种社会化变革不仅涉及养老，还涉及失业、疾病和伤残等多方面的保障问题，这便是社会保障制度产生的客观基础。因此，社会保障制度是经济与社会发展到一定水平阶段的产物，并不是基于个人的主观愿望。

　　从一般意义上讲，社会保障制度是一个国家为失去生活保障的社会成员给予一定帮助而建立的一种制度。社会保障制度起源于 19 世纪开始工业化进程的英国，但正式形成是在 19 世纪末的德国。而社会保障（Social Security）概念的首次出现，是在 1935 年美国的《社会保障法案》中。1944 年第 26 届国际劳工大会发表《费城宣言》，国际组织开始正式采纳社会保障这一概念。

无论怎样，为无劳动能力者和因年老失去工作能力者提供保障是社会保障的一个共有基本特征。目前的社会保障制度是社会性与经济性的结合。从社会意义上讲，社会保障制度可以对由于各种原因而失去生活保障的社会成员给予资金或服务上的帮助，因此具有保持社会稳定的作用；从经济意义上讲，社会保障制度可以对经济资源进行转移支付与再分配，因此具有明显的经济利益调节效应。

随着经济的快速发展，社会保障的经济性作用越来越显著。特别是在现代经济中，生产要素对产出的贡献性和重要性不断出现深刻变化，在生产要素的初次分配中要素收入差距不断趋向扩大。因此，社会保障制度担负再分配的作用越来越大。目前社会保障无论是从受益人口比例来说，还是从总支付额占国民收入的比例来说，规模都很大，社会保障制度实际上已成为一种重要的经济制度。例如，在西方发达国家，越来越多的经济资源是通过社会保障实现再分配的。

由表 22 - 1 可以看到，在 2017 年各国社会保障支出占 GDP 的比重，法国为 31.5%，意大利为 27.6%，奥地利为 27.3%，瑞典为 26.0%，德国为 25.4%，日本为 22.3%，英国为 20.5%，美国为 18.4%，荷兰为 16.6%。由此可见，社会保障对经济资源配置所起到的作用。

表 22 - 1　　　　　　　一些发达国家社会保障有关数据（2017 年）

国家	社会保障支出与GDP 之比（%）	养老支出与GDP 之比（%）	养老支出占社会保障支出的比重（%）
法国	31.5	13.6	40.2
意大利	27.6	15.6	47.6
奥地利	27.3	13	43.3
瑞典	26.0	7.2	27.5
德国	25.4	10.2	41.9

国家	社会保障支出与GDP之比（%）	养老支出与GDP之比（%）	养老支出占社会保障支出的比重（%）
日本	22.3	9.4	56.6
英国	20.5	5.6	38.4
美国	18.4	7.1	31.2
荷兰	16.6	5.2	27.6

资料来源：OECD，Social Spending（indicator），Pension Spending（indicator），https://data. oecd. org/socialexp/social – spending. htm#indicator – chart。

　　而养老保障在整个社会保障体系中可以说是重中之重的内容。这主要表现在，在几乎所有国家的社会保障体系中，养老保障资金占整个社会保障资金总额的比重通常都是最大的。人口老龄化程度最高的日本，其养老支出占其社会保障支出的比重达到56.6%，即日本的养老支出超过其社会保障支出的一半。意大利养老支出占其社会保障支出的比重为47.6%，奥地利为43.3%，德国为41.9%，法国为40.2%。这些国家的养老资金支出占其社会保障支出的比重都是很大的。

　　同时，社会保障支出也成为政府支出的重要内容。由表22 – 2可以看到，政府支出中社会福利占GDP的比重在欧元区17个国家的平均水平为50.8%。其中，德国为57.7%，法国为56.0%，奥地利为55.7%，瑞典为51.9%，英国为51.1%，美国为48.9%，荷兰为48.5%。

表22 – 2　　　　　　　　2019年欧盟一些国家政府支出中
社会福利占GDP的比重

国家	比重（%）
欧元区国家平均（17国）	50.8
德国	57.7
法国	56.0
奥地利	55.7
瑞典	51.9
英国	51.1

续表

国家	比重（%）
美国	48.9
荷兰	48.5

资料来源：OECD，General government spending（indicator），Social Spending（indicator），https：//data. oecd. org/gga/general－government－spending. htm#indicator－chart。

第二节　关于养老金与老年人收入的问题

随着人口老龄化程度不断提高，如何确保老年人收入合理地增长，成为养老保障的一个核心性问题。现行的国民收入分配机制不利于老年人的收入增长，难以保持养老保障体系的基本稳定。养老金是对老年人在过去工作期间所创造价值的回报，而不是国家和社会为他们提供的福利，老年人有权分享当下经济增长的成果。为了克服当下经济不利于老年人收入增长的局面，应当建立老年人收入增长与当下经济增长相关联的国民收入分配机制。

一　如何认识老年人的收入

一般意义上的老年人是不再从事职业劳动的退休者。因此，退休后的老年人所取得的收入（养老金）具有"非劳动收入"的属性。虽然退休的老年人不参加当期的劳动，但是却能分享当期的经济成果，参加国民收入的配，那么退休老年人这种"不劳而获"的收入，是否可以认为这是老年人获得的一种福利？

回答是否定的。国家和社会保障系统提供的养老金，是对老年人曾经对经济所作出的贡献的一种报偿，并不是国家和社会为他们提供的福利，更不是一种恩赐。其道理在于，老年人在作为职业劳动者时的经济成果并没有全部归其所有，如其所创造价值中有一部分用于抚养后代，有一部分用于储蓄投资而支持了企业与社会的建设，还有一部分通过纳税而成为政府财政收入。因此，养老金应当理解为对老年人曾经为过去的经济发展所作出的贡献的一种回报，由此可以认为老年人拥有对过去创造价值的剩余进行索取的权利，对此权利可简称"剩余索取权"。

如何给予老年人回报？主要涉及三方面的问题：一是主体，即谁应当对老年人的养老负责；二是标准，即按照怎样的标准确定老年人的养老水平；三是来源，即如何为老年人养老筹集资金。责任主体是容易明确的，即按"谁受益谁负责"的原则。受益的主体主要是家庭后代、企业、政府及社会。而养老水平的标准以及养老资金的来源，则是养老保障体系的核心问题。

认清老年人收入的主要来源以及老年人收入增长中存在的障碍是必要的。老年人的收入和养老金二者是不同的概念。这里的养老金特指从社会保障系统中支付给老年人的资金。目前，老年人的收入来源主要是：养老金（退休金）、储蓄与家庭赡养费、政府补贴与社会捐助、个人其他财富等。首先，养老金是老年人收入的主要部分，主要由退休及社会保障制度决定，有鲜明的政策性及规范性，但缺乏灵活性。其次，个人储蓄来源于工作时期的收入，由于通货膨胀等因素的影响，因此以个人储蓄的增值作为养老收入增长的主要来源不具有普遍意义。家庭提供的赡养费不仅取决于后代获得收入的能力，还取决于后代的"孝心"，而这些因素都不是由老年人的主观意愿决定的。再次，政府补贴与社会捐助是辅助方式，不是增加老年人收入的根本方法。同时，能获得多少补贴也不取决于老年人的主观意愿。最后，期望老年人拥有丰富的财富（如有价证券、珠宝、文物等），不具普遍意义。如果多数老年人拥有足够的财富确保养老，就不必建立养老保障体系了。

上述分析表明，老年人的收入主要受制于制度安排，是被动的，特别是缺乏与经济增长关联的机制。

二　现代经济有多方面的因素不利于老年人收入增长

首先，现代经济增长的动力来源不利于老年人收入增长。现代经济增长主要依靠技术进步与资本积累，这一特点使财富有向技术及资本持有者集中的内在倾向。初次收入分配由要素贡献决定，资本带来的利润主要由资本所有者获得，技术进步的收益主要由技术拥有者获得，劳动力则取得相应的劳动工资收入。老年人是生产过程的局外人，是非生产要素，因此不参与国民收入初次分配，不直接分享经济增长的成果。

其次，人口老龄化也不利于老年人收入增长。人口老龄化是老年人口比重不断上升的过程，意味着参与分享国民收入的老年人数量不断增加，相应地不利于提高老年人的人均收入水平。特别是，如果国民收入中用于老年人收入的部分不能适当扩大，那么人口老龄化将降低老年人收入水平。

最后，老年人的经济地位也不利于其收入增长。老年人不再是经济活动的主体，经济地位下降。虽然参加国民收入的再分配，但在现行的经济制度框架内，老年人在国民收入分配中是弱势群体，处于被支配的地位，缺乏"讨价还价"的能力。同时，老年人也缺乏其他增加收入的途径。劳动力可以通过提高劳动技能、劳动强度或延长工作时间等多种方式实现收入增长，而退休的老年人已无能为力。

在缺乏老年人收入同经济增长关联机制的情况下，多方面因素综合作用的结果是：经济中存在扩大在职劳动力与老年人口之间的代际收入非均衡增长的内在倾向。其中，老年人口处于收入增长不利的地位，而一些素质高、能力强的劳动力成为高收入者。然而，如果没有老一代人的贡献，就没有下一代人的发展。经济发展需要传承的过程。因此，如果不能让老年人及时分享经济增长的成果，就是对老年人的不公平。在未来越来越依靠科技进步推动经济增长的情况下，确保老年人收入与经济增长同步，不仅是老年人应享有的权利，而且是国家应尽的责任。

三　建立养老金与经济增长相关联的机制

养老的本质是一种代际交换，即无论是怎样的养老方式与保障制度，养老的实现最终体现为老年人以资本品（资金）换取下一代人的生产品（产品与服务）的过程。这一过程能否有效地实现，是金融经济与实体经济能否有效结合的问题。其中一个重要环节是：建立金融经济中老年人收入增长与实体经济中经济增长有效关联的机制，使养老金增长与经济增长相适应，从而根据经济增长决定养老水平的标准。一种基本方法是后面要谈到的建立基于全要素贡献型的养老金来源制度。

第三节 关于现收现付制与基金制的养老金制度

人口老龄化所引发的首要和最直接的问题就是养老。而在现代社会中，与养老问题有直接关系的是养老金制度。为了分析人口老龄化对养老金制度的影响，有必要先对有关现行基本的养老金制度有所了解。实际上，人口老龄化带来的一个重要挑战就是对现有养老金制度的影响。

养老金制度是关于养老资金筹集与支付等行为的制度的总称。养老金从哪里来、谁是受益者、受益多少、支付方式等，这些都是养老金制度要解决的核心性问题。从目前实际情况看，现收现付制与基金制是两种主要的养老金制度，其他养老金制度多数是在此基础上进行变化、组合或变通而形成的。

一 关于现收现付制

现收现付制（Pay As You Go，PAYG）是一种最为原始与基本的养老金制度，目前西方多数发达国家仍普遍采用。这实际上是现期劳动力供养现期老年人的一种养老金融资制度。在此制度下，在职的劳动者需按其工资收入的一定比例上缴至养老保障系统，即劳动者向养老保障系统缴纳劳动收入的一部分。现收现付的养老保障系统，将所有劳动者缴纳的资金汇聚一起，按一定规则支付给现期老年人。这种缴纳方式的结果，如同劳动者向一个蓄水池中注水一样，进入养老保障系统这个蓄水池中的资金合计在一起，作为向老年人支付的养老金。当老年人取得养老金时，并不知道其得到的养老金是来自哪个劳动者缴纳的资金。总之就是当期劳动者缴纳的资金合计在一起用于支付当期老年人口。这便是当期劳动者供养当期老年人口的养老金支付模式，称为现收现付的养老金制度，其运行机制如图22－1所示。

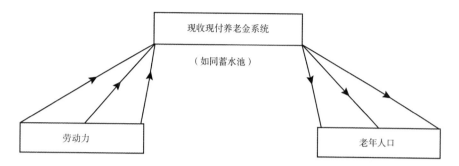

图 22 - 1　现收现付养老金制度运行机制

在这种制度下当期老年人的养老金来自当期劳动力缴纳的资金，实际上是当期劳动力供养当期老年人的一种养老金制度。当期劳动力未来所获取的养老金，则是来自当期劳动力的下一代向养老保障系统缴纳的资金，如此下去代代相传。这是一种下代人供养上代人的养老模式。可以看出，在现收现付养老金制中可取得的养老金总量，主要取决于三个方面的因素。一是与向养老金系统缴纳资金的人数多少有关，即与现行经济中在职的劳动力数量有关；二是与缴纳人的工资水平有关，即向养老金系统缴纳的劳动力工资水平越高，养老金系统所得缴纳资金的数量越高；三是与规定上缴养老保障系统的工资收入比例有关，这一比例越高，养老金系统所得缴纳资金的数量越高。

目前西方发达国家普遍采用的是受益基准制（Defined Benefit System，DB）的现收现付制，简记为"PAYG + DB"。虽然不同国家在受益基准制中的一些规则细节可能不尽相同，但总体原则是基本一致的，即主要是根据个人的工作年限和个人职业生涯的平均工资水平来决定一个人的退休金水平。

在"PAYG + DB"养老制度下，其规则决定了一个人可以取得养老金并不严格取决于个人向养老保障系统缴纳的资金。例如在这种制度下，个人缴纳的工资基数不是个人的全部收入，而主要是雇主支付给雇员的工资收入，即主要是在工资册中有关项目的工资收入。但事实上工资册标明的工资收入一般不是一个人的真实收入。因此，如果一个人有办法适度瞒报工资基数，就可以少向养老保障系统缴纳资金。而这样做的结果对其未来可获得的养老金的多少并不会有决定性的影响。原因就在于，在 DB 的规则下个人可以得到的养老金主要取决于其工作的年限和一生的平均工资水平，而这些和实际缴纳的资金并没有直接的严格关系。事实上，在"PAYG + DB"养老制度下，也很难核算出一个人一生实际缴纳资金的数量，这种核算在现收现付的制度下通常具有相对较高的成本。

从社会保障制度产生以来，"PAYG + DB"养老制度便是西方国家普遍采用的养老金制度。第二次世界大战后，西方国家经历了一段相当长的经济快速增长和劳动力供给充足的时期，因此"PAYG + DB"养老金制度在西方发达国家中有过辉煌的经历，给许多老年人带来了福利。这种颇具福利性色彩的养老金制度曾是发达国家引以为荣的养老制度。但是，随着人口老龄化问题的日趋严重，"PAYG + DB"养老制度在养老资金供给上不可持续的缺陷越来越明显地暴露出来，因此许多国家正面临如何对"PAYG + DB"养老制度进行改革的问题。

二　基金制

基金制（Fully Funded）是另一种目前普遍采用的养老金融资制度。在此制度下，同样要求当期劳动者按工资收入的一定比例向养老保障系统缴纳其工资收入。所不同的是，基金制的养老保障系统不是将劳动力缴纳的资金混在一起，而是分别为每个缴纳资金的劳动力建立个人账户，个人缴纳的资金实际进入个人账户。进入个人账户中的资金一方面可挣得储蓄利息，另一方面可通过资本运营而获得投资回报。对此，不同国家对个人账户资金的管理有许多具体不同的规定，如有些国家限定个人账户资金只能用于购买政府债券，而有些国家则允许其进入一定领域的证券市场。

在基金制下，个人缴纳的资金是实际进入个人账户，如果个人少向个人账户缴纳，也就意味着未来少支取养老金。可见，在基金制下个人企图逃避或少缴纳资金其实是没有意义的。基金制的养老保障系统的作用相当于一种强制性储蓄系统，比现收现付制具有相对强的缴纳激励机制。总之，这是一种变相的自己养自己的养老模式，其运行机制如图 22 - 2 所示。

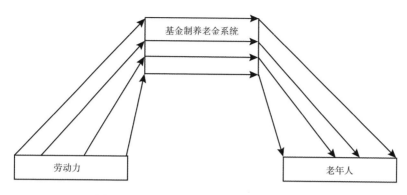

图 22 - 2　自己养自己的基金制养老金制度

　　基金制下养老金的支付水平，主要取决于个人账户中资金积累的多少。这里的资金积累包括缴纳的本金和所有收益的总和。基金制通常与缴纳基准制（Defined Contribution System，DC）相结合。这种养老制度可简记为 "F + DC"。而基金制的真正意义在于进行资本运作。这种运作不仅是为个人缴纳的本金进行积累与升值，也是为经济增长进行资本的积累。因此，基金制的真正收益性应主要来自其投资的收益性，即投资的收益性是衡量基金制是否成功的一个重要指标。同时由于基金制是 "自己养自己" 的一种养老制度，因此从理论上讲，基金制在制度设计上具有一定程度免受人口老龄化影响的效应。因此，基金制正成为一些国家改革养老制度的一种方向性制度。

三　评述

　　总的来看，养老金制度的改革并不简单。对于基金制本身的优劣性这里暂且不论，仅是要从现收现付制转向基金制，就存在巨大的转型成本问题。

　　可见，现行养老金的收入来源主要与劳动报酬有关，而与技术及资本要素报酬无直接关系。当然，养老金形成的基金可以进行各种投资而取得投资收益，但这不是养老金的初始来源和主要来源。在现实经济中，养老金的投资收益性并不是影响养老金制度可持续性的基本性、根本性的原因。直到目前，世界上还没有哪个国家的养老金系统是靠养老金的投资收益来维持的。如果养老金的投资收益能解决养老金来源的可持续性问题，各国就无须花费如此巨大的成本进行养老金制度改革了。

上述分析可以得到一个基本的结论：现行养老金制度下的养老金来源主要是来自劳动要素报酬的贡献，具体涉及劳动者的数量、工资水平、提取比例等因素。

第四节   现收现付制和基金制不可持续的机理

事实上，人口老龄化成为影响人类发展的重大因素，核心问题在于人类预期寿命不断延长所引发的各种问题。首先表现在人口老龄化对现行养老保障制度带来的深刻影响。现收现付制养老金制度，是适应年轻型人口结构而设计的，这是当今世界许多国家仍普遍采用的一种传统型养老保障制度。而人口老龄化最先引发的重大现实问题，就是导致现收现付养老金制度不可持续。对此，一些国家早在 20 世纪七八十年代就开始着力对本国养老金制度进行改革，以应对人口老龄化对传统养老保障制度的挑战。而此时人类总体尚未进入老龄社会。

当前许多国家出现的债务危机问题，追根溯源都与人口老龄化背景下养老金或社会保障资金来源出现危机有关。现收现付制的资金来源机制，在制度设计上与人口结构有直接关系。在现收现付制下，年轻型人口结构可以使老年人获得养老金"红利"，即得益于向养老金系统缴费的年轻人口相对较多，而分享养老金的老年人口相对较少。然而在不断深化的人口老龄化背景下情况是不断逆转的，即提供养老金的年轻人口相对乃至绝对减少，分享养老金的老年人口相对乃至绝对增多。当现收现付制的养老金系统出现入不敷出的局面时，该系统将难以维持下去。

一   现代养老金制度的不可持续性概述

当今世界各国的养老金制度在具体形式上是多种多样、纷繁复杂的。然而，这些看上去迥异不同的养老金制度，本质上基本都是以现收现付制和基金制为基础的。现行一些主流的养老金制度通常是现收现付制和基金制的结合形式或变通形式。如当前中国的养老金制度，或者称为养老保险制度，是由基本养老保险、补充养老保险和个人养老保险，即所谓"三支柱"体系构成的。其中，基本养老保险实行社会统筹与个人账户相结合的模式，这便是现收现付制与基金制的结合。补充养老保险主要是企业年金和职业年金。个人养老保险主要是个人储蓄性养老保险。总的来看，当前中国的养老金制度本质上是现收现付制和基金制的综合。

自从养老的社会保障制度诞生以来，现收现付制和基金制便成为经典的养老金制度。关于这两种制度优劣性分析的研究文献是较多的。如早在1958年萨缪尔森就对现收现付制的收益性进行了研究。他证明了在现收现付制下，个人能够对其上代人提供养老贡献，且退休时也能得到其下一代人的赡养，现收现付制的养老金制度就能够增进社会所有成员的福利。艾伦（1996）在萨缪尔森的研究基础上进行了扩展，认为现收现付制和基金制之间的最优选择，关键取决于工资增长率加上人口增长率是否超过金融资产的回报率。艾伦认为当退休者人数较少时现收现付似乎是低成本的，但是当人口老龄化程度提高时其成本就要上升。从养老金来源的可持续性角度来看，目前主流观点是普遍否定现收现付制，倾向支持基金制。不过巴尔（2000）则对普遍认为是基金制的一些优点提出了质疑，认为基金制未必就能解决现收现付制下存在的一些问题，如他质疑"基金制可以解决人口增长不足问题"。

事实上，中国对养老金制度问题的有关研究，目前主要集中在如何提高现行养老金制度的稳健性和运行效率方面，旨在尽可能延长现行养老金制度的有效性。当前一些具体的研究热点涉及延长退休年龄、改革养老金支出标准、建立养老金财务平衡监督机制等方面的问题。然而，从总体情况看，目前国内外关于养老金制度改革问题的研究，没有突破既有的现收现付制和基金制的框架。换句话说，当前对养老金制度改革问题的研究，仍主要局限于现收现付制和基金制这两种既有的基本制度框架内。

现行养老金制度不可持续的症结在于制度设计上存在系统性缺陷，当前几乎所有的制度设计都把养老金来源限定于单要素即劳动要素报酬的贡献，而对经济增长有越来越重要作用的技术与资本要素报酬则没有被纳入养老金的来源。这种制度设计主要适用于过去的人口结构和经济发展阶段水平，即在过去相对年轻的人口结构下，以及在劳动要素对经济增长有较大作用的经济发展阶段，以现收现付制和基金制为主导的养老金制度不仅没有财务危机的问题，而且老年人还可以享受相对年轻的人口结构的"红利"。这种"红利"体现为社会中劳动力数量相对多，即向养老保障系统缴纳资金的人多，而分享养老金的老年人相对较少，这种情况下老年人自然可以分享更多的养老金。然而，当人类社会发展到当今阶段，人口老龄化和现代经济增长动力出现重大转变，在此双重因素作用下现行养老金制度必然是不可持续的。

二 现收现付制不可持续的机理：来自人口结构的风险

下面通过建立高度简化的数学模型来说明现收现付制的机理。由于旨在解释机理，下面的模型构建中将一些非核心、非关键性的因素忽略。构建的模型旨在体现制度因素、经济因素及人口结构因素同养老金来源的基本关系。

所谓现收现付制，通俗地说就是当期年轻人供养当期老年人。当期年轻人向养老保障系统缴纳资金，养老保障系统再将这些钱支付给当期的老年人以供其养老。对此可将现收现付的养老金系统理解为一个水池子，不过这个池子里面装的不是水而是钱。这个钱是现期劳动力缴纳的资金。据此可建立如下的模型：假设在 t 时期经济中的劳动力数量为 $L(t)$，老年人口数量为 $L_R(t)$，劳动力人均工资水平为 $w(t)$，现收现付制的养老金缴费率为 $\theta(t)$。于是，在现收现付制下 t 时期进入养老保障系统的养老金总额 $W(t)$ 为

$$W(t) = \theta(t) \cdot w(t) \cdot L(t) \qquad (22-1)$$

由于是现收现付制，因此养老金总额 $W(t)$ 用于现期数量为 $L_R(t)$ 的老年人分享，于是 t 时期老年人的人均养老金水平 $v(t)$ 是养老金总额 $W(t)$ 同老年人口数量 $L_R(t)$ 的比率，即：

$$v(t) = \frac{W(t)}{L_R(t)} = \frac{\theta(t) \cdot w(t) \cdot L(t)}{L_R(t)} = \theta(t) \cdot w(t) \cdot \frac{L(t)}{L_R(t)} \quad (22-2)$$

式（22-2）虽然简单，却揭示了非常重要的经济意义。$\theta(t)$、$w(t)$、

$\dfrac{L(t)}{L_R(t)}$ 分别代表了 t 时期的养老金制度、经济和人口结构三方面的因素，因此式（22-2）体现了老年人的人均养老金水平同制度、经济和人口结构三方面因素的关系。

需要说明的是，这里的人均养老金水平 $v(t)$ 是一种理论上的老年人可分享的养老待遇水平，并不是实际支付给老年人的养老金。在上述模型中，养老金总额 $W(t)$ 是现收现付制养老金系统的收入，或者说是养老金的一种储备，而如何支出、使用这些养老金则是另一层面的问题。在现实经济中，养老保障系统一般并不是将当期全部的养老金收入支付给当期老年人，而是留有一定的"余地"。因此，这里的人均养老金水平 $v(t)$，实际是体现养老金系统收益性的一种指标，并不是实际支付给老年人的养老金。

下面分析人口老龄化对现收现付制的养老金来源有怎样的影响。显然，人口老龄化程度提高即意味着经济中的劳动力数量 $L(t)$ 减少，而老年人口数量 $L_R(t)$ 增大，这种情况将导致 $\dfrac{L(t)}{L_R(t)}$ 显著减小。于是由式（22-2）可知，在劳动力人均工资水平 $w(t)$ 和缴费率 $\theta(t)$ 不变的情况下，$\dfrac{L(t)}{L_R(t)}$ 显著减小将导致人均养老金水平 $v(t)$ 显著降低。其含义是：人口老龄化导致养老金系统的人均养老金水平降低。

在人口老龄化不断提高的过程中，若要不降低养老金系统的人均养老金水平 $v(t)$，就必须要提高 $w(t)$ 或 $\theta(t)$ 的水平。由于 $w(t)$ 体现的是经济因素，$\theta(t)$ 体现的是养老金制度因素，因此提高 $w(t)$ 或 $\theta(t)$ 的水平就意味着必须加快经济增长或提高劳动力的缴费率。然而，当经济增长难以满足应有的劳动力工资水平 $w(t)$ 增长时，或者提高缴费率 $\theta(t)$ 受限时，人口老龄化程度的不断提高便意味着现收现付制养老金系统的人均养老金水平不降低是不可能的。如果人均养老金水平下降至不足以供养当期的老年人时，而经济增长和养老金制度的客观事实无法改变，则意味着现收现付制养老金系统崩溃。

可见，现收现付制的不可持续性根源于劳动力数量与老年人数量比率的下降。通俗地说，向现收现付制养老金系统提供资金的劳动力数量减少，而参与分享养老金的老年人数量增多，由此导致老年人可分享的人均养老金水平下降。这种效应可谓以人口老龄化为主要特征的人口结构变化效应。因此，现收现付制的不可持续性，本质上是来自人口结构变化而产生的风险，对此称为人口结构风险。

三 基金制不可持续的机理：来自长寿的风险

基金制本质是自己养自己的养老模式，是制度约定下的一种强制性储蓄。由于一个人的生命周期实际上具有不确定性，因此从养老的角度看，当一个人的实际寿命超出其预期寿命时，基金制的养老模式便面临风险。对此可建立下面的模型分析：假设 s 为劳动力在工作时期养老保障系统要求的个人储蓄率（缴费率），w 为劳动力在工作时期的年均收入，不考虑通货膨胀因素和收益等因素。实际上，这里的 w 变动也可以体现通货膨胀因素和各种收益因素的影响。设工作期的时间长度为 T_L 年，退休期的时间长度为 T_R 年，则在整个工作时期进入个人账户的养老储蓄总额 S 为

$$S = s \cdot w \cdot T_L \tag{22-3}$$

式（22-3）中的养老储蓄总额 S 用于退休期的生活，因此劳动力在退休期的个人年均养老金水平 v 等于个人账户的养老储蓄总额 S 同退休期生活 T_R 年的比率，即

$$v = \frac{s \cdot w \cdot T_L}{T_R} = s \cdot w \cdot \frac{T_L}{T_R} \tag{22-4}$$

式（22-4）表明基金制下，个人平均的养老金水平同样是受三个因素影响的，即 s、w 和 $\frac{T_L}{T_R}$。显而易见，s 体现的是养老金制度因素，w 体现的是经济因素。现在需要明确 $\frac{T_L}{T_R}$ 的意义是什么？

根据前面的假设知 T_L 为工作期的时间长度，T_R 为退休期的时间长度。显然，如果 T_R 不断延长而 T_L 不变，则 $\frac{T_L}{T_R}$ 将不断下降。而 T_R 不断延长即表明人的实际寿命不断延长。根据式（22-4）可知，如果体现养老金制度因素的 s，以及体现的经济因素的 w 均保持不变，则 $\frac{T_L}{T_R}$ 下降必将导致个人养老金水平 v 下降。

　　上述分析表明，基金制的个人养老金水平是深受长寿因素影响的，即长寿因素产生了降低个人养老金平均水平的效应。由于基金制下的养老金是在个人作为劳动力的工作期时形成的。这便产生了个人养老储蓄总额是否可以支付其个人养老的问题。如果个人的实际寿命超出了预期，将导致劳动力工作期的储蓄不足以支持个人在整个退休期的养老，这便是基金制面临的长寿风险问题。考虑这种情况是很有现实意义的，因为人口老龄化的效应就在于人类预期寿命的不断延长，在此背景下准确预见个人预期寿命的长度变得越来越困难，从而难以确定工作期时应如何进行养老的储蓄。这表明，长寿因素可能导致工作期时的养老储蓄总额不足以支付个人退休期的养老生活，因此基金制下的自己养自己的养老模式未必可以真的实现。可见，长寿风险是导致基金制不可持续的重要原因。

第二十三章

代际交换:基于三期世代交叠模式的分析

在两期分析模式中,可以方便地体现世代交叠的情况,但是不便于体现代际交换的情况。由于养老的本质是代际交换的问题,因此如何将代际交换的过程纳入一定的生命周期分析模式中是重要的问题。本章首先建立了分为幼儿期、工作期和退休期三期世代交叠的生命周期分析模式,其次在此基础上讨论了宏观上的世代交叠分析模式,最后利用三期分析模式对有关问题进行讨论。

第一节　分三期的个人家庭世代交叠
模式的分析

一　概述

在人的一生中,可以划分为多个有显著不同特征的时期,如婴儿期、幼儿期、少年期、青年期、中年期、老年期及超老年期等。可以看出,这样的划分主要是按人在成长过程中出现的生理机能特征进行的。但是,从人的一生来看,人的生理机能特征的关键节点主要分三个阶段,即未成年期、成年期和老年期。任何一个有完整生命周期的人,都必须经历这三个不同生命状态的时期。

前面的两期分析模式中没有纳入未成年期,只有成年期和老年期,也就是分别对应的是工作期和退休期。在这种两期分析模式中,是不能反映代际交换情况的,因为在两期分析模式中所表现出的人生状态的变化是

"两进"和"一出"的情况。从人一出生便直接进入成年期,然后进入退休期,即"两进"的情况。退休期后就是退出人生(离开人世),即"一出"的情况。

如果分析有关代际交换的问题,则需要加入未成年期,因为未成年期是父母与子女进行代际交换的一个时期,表现为在未成年期上一代人(父母)抚养下一代人(子女)的过程,或者说在此时期上一代人付出给其下一代人。而在下一代人(子女)进入成年期后,上一代人(父母)进入老年期,表现为下一代人(子女)赡养上一代人(父母)的过程,或者说在此时期下一代人回报给上一代人。由此完成代际交换。可见,分三期的分析模式能够更为真实地反映人生的阶段性以及所发生的代际交换问题。

二　分三期的个人生命周期

由以上的论述可见,一个完整的人生需要依次经历未成年期、成年期和老年期这三种生命状态。未成年期是人生的第一阶段,是一个人从出生到长身体和学习的阶段。成年期是人生的第二阶段,这是一个人完成了第一阶段的幼年生活后进入职业生涯的劳动工作阶段。老年期是人生的第三阶段,这是一个人完成了工作期的职业生涯后进入退休养老的阶段。然而,从经济行为的特征方面看,未成年期、成年期和老年期分别对应的是幼年期、工作期和退休期。因此,在下面的论述中主要是按幼年期、工作期和退休期来表述分三期的个人生命周期,如图 23 –1 所示。

T_0 　T_1 　T_2 　去世
幼年期　工作期　退休期
A　B　C　D

图 23 –1　分三期的个人生命周期示意

在图 23 –1 中,幼年期的时长记为 T_0,工作期的时长记为 T_1,退休期的时长记为 T_2。其中,A 点表示个人生命的起点,即在此时间出生并进入成长阶段。B 点表示工作期的起始点,即在此时间成为劳动者,并开始进入工作期。C 点表示退休期的起始点,即在此时间成为退休的老年人,并开始进入老年人的退休期生活。D 点表示人生的终点,即在此时间去世。

相应地,在图 23 – 1 中线段 AB 的长度即 T_0,线段 BC 的长度即 T_1,线段 CD 的长度即 T_2。而线段 AD 的长度是个人一生的寿命时长,记为 T。T 是三段人生时长之和,即有下面的关系式:

$$T = T_0 + T_1 + T_2 \tag{23-1}$$

对 T_0、T_1、T_2、T 可以分别理解为幼年期的年数、工作期的年数、退休期的年数及寿命期的年数。

三 人类生命动态延续的过程

图 23 – 1 仅是展现了个人一生的三个阶段,没有体现人类生命动态延续的过程。事实上,人类生命延续的过程是个人代代相传的过程,如图 24 – 2 所示。

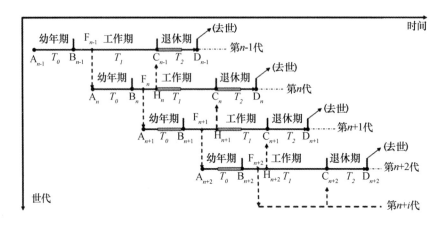

图 23 – 2　分三期的世代交叠的生命延续过程

假设图 23 – 2 是人类在第 n 代某个人的生命周期过程的一个截图。其中,第 n 代对应的水平线表示第 n 代人的生命时间线。在第 n 代的生命时间线上,A_n 点表示第 n 代的某人出生。为叙述方便,对此人取名为 N 君。于是,N 君经过 T_0 年到达 B_n 点。到 B 点表示 N 君结束了幼年期并开始进入工作期。N 君工作期的时间长度是 T_1,即线段 B_nC_n 表示。一个重要的事情需要表述的是,在工作期的时点 F_n,N 君生育下一代人,这是代际相传的开始,即 $n+1$ 代人出生,称为 N+1 君。N+1 君进入第 $n+1$ 代人的生命时间线开始其人生。N+1 君的生命轨迹暂不表述,接着看 N 君的生命轨迹。

回到第 n 代人的生命时间线上,N 君在经过生育时间点 F_n 后,继续其工作期的劳动。在工作期的时间点 H_n 开始赡养上一代人,即处于第 $n-1$ 代人的生命时间线上 C_{n-1} 点的人。这是因为 N 君是在第 $n-1$ 代人的生命时间线上的 F_{n-1} 时点出生的。N 君在 H_n 时点开始赡养上一代人是一种回报,即回报上一代人的养育。可见,工作期是个人劳动工作取得收入的时期,并且是生育抚养后代和赡养上代老年人的时期,因此是人生的关键时期。N 君到达 C_n 点后,即进入退休期并成为老年人。到 D 点,N 君去世,至此在第 n 代的生命时间线上 N 君完成了其人生的过程。

再来表述 N 君的下一代人 N+1 君的生命轨迹。N+1 君从第 $n+1$ 代生命时间线上的 A_{n+1} 点开始其人生。与 A_{n+1} 点对应的时间点,是第 n 代生命时间线上 N 君生育 N+1 君的时间点 F_n。当 N+1 君到达 B_{n+1} 点时,表示 N+1 君完成了其幼年期并开始进入工作期。当 N+1 君到达 F_{n+1} 点时生育下一代人,即 $n+2$ 代人出生,称为 N+2 君。N+1 君在 H_{n+1} 时点开始赡养 N 君,N 君在此时点退休,因此 H_{n+1} 时点与 C_n 时点是一致的。N+1 君经过 F_{n+1} 点和 H_{n+1} 点后直到 C_{n+1} 点开始进入退休期,即 N+1 君成为老年人。当 N+1 君到达 D_{n+1} 点时去世,即 N+1 君人完成了其一生的过程。

N+2 君将从第 $n+2$ 代生命时间线上的 A_{n+2} 点开始重复 N+1 君的人生经历,如此下去,重复上述的过程,因此不再赘述。之后的每代人都将经历这三期的人生阶段。在现实中,人类就是由数量巨大的如同 N 君一样的人组成的。每个人都同 N 君一样,重复着人生的三期人生阶段,这便是人类生生不息的过程。

四　人生中的代际交换与代际交叠的问题

图 23-2 显示,当 N 君进入其退休期的起始点 C_n 时,开始得到 N+1 君的供养,即在第 $n+1$ 代生命时间线上的 H_{n+1} 点对应于第 n 代生命时间线上的 C_n 点,也就是 C_n 点和 H_{n+1} 点处在同一时间点上。这种供养可以看

成 N 君因生育和抚养 N + 1 君，而得到 N + 1 君的回报。这种情况对应在现实生活中就是父母生育抚养孩子，等父母成为老年人时孩子赡养父母。而从学术的角度看，这是发生在两代人身上的代际交换，即是上代人与下代人之间的交换。

每个人在幼年期都会从父母（或抚养人）那里有所得，如身体发育成长、上学接受教育并提供监护安全保障。作为回报养育之恩，每个人在工作期必然要对父母（或抚养人）有所付，如提供赡养费并实际帮助、照护父母（或抚养人）。这种"得"与"付"发生在两代人之间，故为代际交换。下代人是"先得后付"，上代人是"先付后得"。这种代际交换是代代相传的，只有这样人类的生命才能得以持续延续。

从图 23 - 2 还可以看到，上代人的工作期和退休期，同下代人的幼年期和工作期是可以同时出现的，即可以出现在同一时间范围内。对此可见图 23 - 2 中时间生命线上有阴影表示的部分。为了便于观察，将图 23 - 2 中时间生命线上有阴影的部分截取出来，如图 23 - 3 所示。

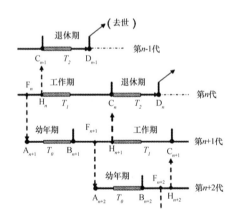

图 23 - 3　代际交叠幼年期、工作期和退休期

从图 23 -3 可以看到，在不同时间生命线上的阴影部分，是处在同一时间范围内的，即彼此相邻的不同生命时间线上的三期在时间上的投影是有重叠部分的。第 n - 1 代的退休期、第 n 代的工作期以及第 n + 1 代的幼年期，阴影部分是同时存在的；在第 n 代的退休期、第 n + 1 代的工作期以及第 n + 2 代的幼年期，阴影部分也是同时存在的。这意味着在阴影对应的时间内，同一时间点上至少可以有三代人同时存在。这种情况所表现的就是代际交叠的状态，即在一定的时期内可以有不同代处于不同期的人同时存在。而正是由于在同一时间点上有不同代且不同期的人存在，才使得代际交换成为可能。然而，从宏观层面上看，在同一时间点上不同代且不同期的人的数量，涉及代际交换的匹配性问题，这实际就是有关人口结构的适合性问题。

五　代际交换的形式和内容有多样性

抚育子女、赡养老年人，是中华民族的一种传统美德。然而，在不同地区、不同国家甚至不同的人群中，代际交换的形式和内容可能是不尽一致的。如世界上有些地区的传统习惯是老年人的养老并不依赖自己的后代，表现为孩子成年后孩子独立出去，由此开始其独立生活的一生。在这种情况下，代际交换的形式表现出是单向性的，即每个人只对孩子的生育和抚养负责，而孩子不必为父母的养老负责。但实际上，这也是一种代际交换，只是不是相互的双向交换，而是单向的代际交换。如果习惯上或传统上遵循每个人只负责抚养其孩子一代人，那么孩子从父母那里有所得，而孩子成为成年人后对其孩子有所付。可见，这里同样存在"所得"和"所付"，只是这种交换是向下代人传导的。如果每个人都为自己的下一代负责，这也是一种相对"公平"的代际交换方式。

第二节　分三期的宏观世代交叠模式的分析

下面考虑一个社会中人口分三期的世代交叠分析模式。本节分析一定社会的宏观总体性的分三期的世代交叠的演化情况。现假定在一定社会中每个人的一生都分为三期，第一期为幼年期，第二期为工作期，第三期为退休期。这种假定等同于假设该社会的人口是由未成年人、劳动年龄人口和老年人组成的。其中，将劳动年龄人口视同为劳动力，即劳动力与老年年龄人口在这里不作区分。

现针对一定社会中的经济设定某一时间点 t。在 t 时该经济中的人口有未成年人、劳动力和老年人这三种群体。也就是说，处在 t 时的任意一人，或是处于幼年期的未成年人，或是处于工作期的劳动力，或是处于退休期的老年人，三者必居其一。如果是此人是劳动力，则此人处在三期生命周期中的第二期；如果是老年人，则此人处在三期生命周期中的第三期；如果是未成年人，则此人处在三期生命周期中的第一期。

为了方便分析，同时还假定，从 t 时起处于不同期（劳动或退休）的人都将整体进入下一期。由图 23-4 可以看到在 t 时的劳动力是处于第 n 代时间线的工作期的时间段，设在此工作期的劳动力数量为 $L_n(t)$，即变量 $L_n(t)$ 表示在 t 时第 n 代人的劳动力数量。当 $L_n(t)$ 进入下一期时，即进入 $t+1$ 时，$L_n(t)$ 整体成为退休期的老年人，即 $t+1$ 时的老年人数量为 $L_n(t)$。注意，在 $t+1$ 中的数字 1 代表的是分三期人生中的一期，而不是一年或几年的概念。例如，一个人如果从 20 岁参加工作，到 60 岁退休，则工作期是 40 年，在这种情况下数字 1 所表示的一个工作期是 40 年。

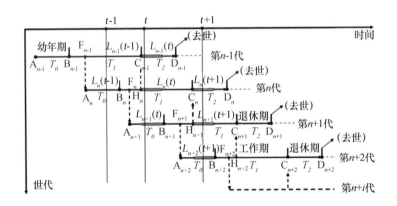

图 23-4　处于 t 时不同代人的交叠示意

因此，按上述的假定模式，t 时的老年人数量是由上一期的劳动力数量整体转变过来的。而 $L_{n-1}(t-1)$ 是在 $t-1$ 时的劳动力数量，也就是 t 时的老年人口数量。而在 t 时的老年人数量未成年人数量是 t 时 $n+1$ 代人，即 $L_{n+1}(t)$。

同样，这里的 $t-1$ 表示是 t 时之前一个工作期。由于只生存三期，$L_{n-1}(t)$ 数量的老年人在进入 $t+1$ 时去世。而在 $t+1$ 时则有 $L_{n+2}(t+1)$

数量的新生人出现（出生并长大成劳动力），而 $L_n(t)$ 成为 $t+1$ 时的老年人数量，依此类推。

这个过程可用表 23-1 直观表示。在表 23-1 中，在 t 时经济中拥有的年轻人数量为 L_t，老年人数量为 L_{t-1}，总人口数为 $L_t + L_{t-1} = N_t$，即忽略未成年人。而到 $t+1$ 时，出现新生的劳动力数量为 L_{t+1}，而 L_t 则成为 $t+1$ 时的老年人数量。L_{t-1} 则在进入 $t+1$ 时已经去世，这时 $t+1$ 时经济中的总人口数量为 $L_{t+1} + L_t = N_{t+1}$，依此类推。

表23-1　　　　　　　三期世代交叠过程示意

	$t-1$	t	$t+1$	$\cdots$
0 期：幼年期（未成年人）	$L_n(t)$	$L_{n+1}(t)$	$L_{n+2}(t)$	
一期：工作期（劳动力）	$L_{n-1}(t)$	$L_n(t)$	$L_{n+1}(t)$	$\cdots$
二期：退休期（老年人）	$L_{n-2}(t)$	$L_{n-1}(t)$	$L_n(t)$	$\cdots$
总人口	$N(t-1)$	$N(t)$	$N(t+1)$	$\cdots$

为分析老龄化率 α 对养老制度的影响效应，现需要明确老龄化率 α 的表达式。由于老龄化率 α 的定义是老年人占总人口中的比率，因此在三期交叠模型中，t 时的老龄化率记为 α_t，则

$$\alpha_t = \frac{L_{n-1}(t)}{N(t)} \qquad (23-2)$$

由于 $N(t) = L_{n+1}(t) + L_n(t) + L_{n-1}(t)$，可以得到下面的关系：

$$1 - \alpha_t = \frac{L_{n+1}(t) + L_{n-1}(t)}{N(t)} \qquad (23-3)$$

于是有下面关系成立：

$$\frac{L_{t-1}}{L_t} = \frac{\alpha_t}{1 - \alpha_t} \qquad (23-4)$$

式（23-4）是由老龄化率表示的劳动力增长率的表达式。

第三节　三期交叠模式的代际关系问题分析

实际上，在本书第十六章中已经讨论了个人寿命延长对个人储蓄率的

影响，得到的基本结论是：在个人寻求一生消费水平稳定为目标的情况下，个人寿命延长将产生提高个人储蓄率的效应。事实上，寿命延长对个人储蓄率的影响仅是问题的一个方面，其影响必然是多方面的。例如，如果个人收入水平不能适度增长，个人储蓄率提高的结果就是降低个人消费水平，也就是拉低了个人一生的生活水平。如果个人生活水平下降幅度过大，可能导致个人生活无法进行下去。一旦出现这种情况，养老就不是个人可以解决的问题了。

一　寿命延长导致为养老支付的劳动时间增加

在保持个人生活水平不下降的前提下，寿命延长意味着个人一生的消费总量水平必然增加。如假设一个人的年消费额（按不变价计算）是 c，寿命为 T 年，因此其一生的总消费额是 cT。显然，如果寿命年数 T 不断提高，则个人一生的总消费额 cT 也必然随之增加。这就相应要求在其工作期的收入水平增加。而如果是在自己养自己的体系中，由于个人工作期的时长是有限的，因此其收入水平的提高主要通过增加劳动强度实现。这实际是要求提高劳动生产率。而个人劳动生产率的提高，往往以全社会的劳动生产率提高为前提。这就需要以经济增长为基本前提。

个人工作期的时长一般不会随个人寿命的延长而任意增加。这一方面是因为工作期时长通常是由相关制度决定的，如退休制度通常明确规定了退休年龄。另一方面个人寿命具有不确定性，因此人们不会预先知道其寿命的长短来决定其职业生涯的时间。因此，在工作期时长相对确定而寿命期不确定的情况下，个人一生能获取多少收入以及如何进行储蓄和消费成为有风险决策的问题。而工作期中有多少时间是为养老准备的，寿命期的长度将是主要的决定因素。

如图 23 - 1 所示，T_2 为退休期的时长。首先考虑 $T_2 = 0$ 的情况。如果 $T_2 = 0$，表明此人退休后没有生命余年，因此无须养老，即没有养老的问题。事实上，人类历史上的绝大部分时间都是处于这种情况，也就是 1973 年之前人类总体所面临的情况。

如果 $T_2 > 0$，则意味着此人退休后有 T_2 年的生命余年，这时有养老问题出现。假定此人是生活在自己养自己的体系中，因此其退休后的生活费用必然来自其工作期的收入，即此人需要用 T_1 年的工作时间应对其退休后 T_2 年的生命余年。这时，退休期与工作期的时长之比为 $\frac{T_2}{T_1}$。对这个比值可以理解为，此人工作 T_1 年需要应对其退休后 T_2 年的生活。显然，如果退休期与工作期的时长之比越大，就表明工作期为应对退休期所支付的时间长度越长，即支付的时间成本越大。

在现实中，工作期时长 T_1 一般是相对固定的。因此，当个人寿命延长时，即 T_2 的数值增大，必然有 $\frac{T_2}{T_1}$ 增大的结果。可见，寿命延长具有增加为养老付出的工作期的时间成本的效应。

二 幼年期因素在分析养老问题中的作用

经济学中传统的生命周期理论是将个人一生划分为两期，即工作期和退休期，而没有单独划分出幼年期，而本章的三期分析模式与传统的两期分析模式相比增加了幼年期。增加幼年期旨在分析养老的代际交换问题，这是因为如果没有显现幼年期的存在，便无法明确体现养老的代际交换过程。

事实上，任何人在幼年期都不可能自己养自己，而必须由父母或其他抚养人进行抚养。因此，个人的幼年期是父母或抚养人付出劳动的过程。这里抛开伦理问题，而是基于等价交换原则进行分析。如果基于等价交换的原则，个人从幼年期成长为成年人后，需要回报父母或抚养人。这种回报主要是在个人的父母或抚养人进入退休期而成为老年人时进行。此时已经进入工作期的被抚养人需要对父母或抚养人提供赡养。从生命的整个周期来看，这实际上是在下代人和上代人之间发生的"交换"行为，即上代人用"抚养"换取其下代人的"赡养"。这里"抚养"的对象特指未成年人，"赡养"的对象特指老年人。这是发生在两代人之间的交换，因此称为代际交换。

由于"抚养"的行为出现在幼年期，如果在分析方式中不显现幼年期，这种代际交换的相关问题就难以体现和表述。这便是由二期生命周期分析模式扩展为三期生命周期分析模式的道理。事实上，无论是"抚养"

还是"赡养",代际交换的实际内容是多方面的。如不仅是抚养费与赡养费交换的问题,而且涉及具体的劳动服务、时间成本甚至精神慰藉等多方面的问题。

然而,从理论上讲,个人对父母和抚养人的赡养,本质上也是自己养自己的一种方式。对此可以这样理解:当个人在幼年期时,父母或抚养人的抚养可视为是一种垫付行为。当然,这里垫付的内容不仅包括抚养费,也包括父母或抚养人的劳动服务和花费的时间成本。个人成年后对父母或抚养人的赡养可视为是一种返还行为。这里返还的内容同样不仅包括抚养费,也包括其个人的劳动服务和花费的时间成本。因此,就个人一生的生命周期整体来看,这种效应等同于赡养父母或抚养人,就如同自己养自己。于是,这便涉及一个问题,就是代际交换的公平问题。

三 代际交换的公平问题

如果不考虑伦理的问题,代际交换实际上存在公平性问题。而这一问题最终涉及养老的实施主体问题,因此是有必要讨论的。事实上,任何的交换都存在公平的问题。交换的一般性原则是等价交换。而代际交换的内容是多方面的,因此代际交换的等价问题所涉及内容也必然是多方面的,如抚养和赡养的时间长度是否一样、抚养费和赡养费是否相等、付出的劳动彼此是否等量等。

什么是最合理、公平的养老?在理论上,最合理、公平的养老应是所有的人都是自己养自己。但这有一个问题,即如果个人寿命期长,那么相应要求工作期也应延长。而问题在于,人的工作期在前,退休期在后。待一个人知道其寿命后,工作期已经过去。可见,人都是自己养自己的模式是不可行的。

同时,假如每个人的劳动成果都能够储存、保留下来,而且这些被储存、保留下来的成果不腐烂、不被损坏、不失效,个人退休后可以用于消费。那么在这种情况下,就不存在社会养老的问题,即养老问题归结为个人的劳动、储蓄、消费的过程。每个人都要在年轻时将其劳动成果进行消费与储蓄的分配,储蓄起来的用于退休后的养老之用。因此,这里有储蓄率的问题。

　　问题在于这种理想的状态是不现实的。现实是劳动成果不可以无限期保留。为此需要将劳动成果转化为货币，即以货币形式保留下来，形成养老金。等到退休后再将这些为养老而储蓄的货币支取出来，以用于个人的养老。然而，问题在于货币本质是标记价值的符号，因此存在贬值的问题。如果养老金在个人的养老期不足以兑换成足够的实体经济的产品和服务养老时，其养老就存在问题。

　　因此，人类的代际交换实际上是很难做到等价交换的。首先一个原因是一个人的成长期是由客观规律决定的，如幼年期的时长是相对固定的，而退休期的时长则是相对不固定的。幼年期是每个人都必然要经历的时光。在未成年期，一个人需要经历长身体、受教育的过程，如上小学、中学乃至大学。在现实中，每个人接受教育的经历是不同的，如有人上学直到博士毕业才工作，而这一过程可能需要到 30 岁左右才能完成。而与此同时，也有人接受的教育程度比较低，如可能小学毕业或中学毕业后就参加工作。然而，无论怎样，幼年期在平均上是有相对固定时间期限的。因此，不妨假设幼年期的时长为 20 年。

　　问题在于，退休期的时间可能不是恰好 20 年，即退休期的时长可能小于 20 年，也可能大于 20 年。因此，如果按 60 岁作为退休年龄，那么当个人寿命达到 80 岁，才会出现幼年期和退休期的时间长度均为 20 年的情况。而当个人寿命不是 80 年时，就会出现大于或小于幼年期时长的问题。

　　因此，假设不考虑伦理的因素，也不考虑不同时代生活质量的差异性，而只以时间长短作为代际交换公平的评价尺度，那么幼年期和退休期的时间长度之比，即 $\frac{T_0}{T_2}$ 就是评价代际交换公平性的一个指标。个人寿命越短，等同于退休期的时长越短，享受到的下一代供养的时间就越短，因此个人得到的福利越少。反之，如果个人寿命越长，等同于退休期的时长越长，因此个人得到的福利越多。当 $\frac{T_0}{T_2} = 1$ 时，这是最公平的情况。当 $T_0 \neq T_2$ 时，$\frac{T_0}{T_2}$ 趋向于 1 是趋向公平的方向。这种趋向可以是从两个方面趋向于 1。

　　事实上，代际的一些不公平情况是由时代造成的。如在过去，人类的平均预期寿命比较短，达不到老年人的年龄标准就去世了，这时就不存在养老的问题。而21世纪后人类进入老龄社会时代，人类的平均预期寿命不断延长是基本趋势。因此，21世纪也是非长寿时代和长寿时代的代际转换过程。而这种社会状态的转变相应产生的一个问题是转换的经济社会成本。如何分摊这种经济社会成本是值得深入研究的问题。

四　举例：不同寿命期对应的退休期与工作期的时间之比

下面通过分别计算不同寿命期对应的退休期与工作期的时间之比，以直观认识该比值的情况。

举例1：如果工作期为40年，退休期为10年，幼年期为20年，即 $T_1 =$ 40年，$T_2 = 10$ 年，$T_0 = 20$ 年。这时，寿命期为70年。因此，退休期与工作期的时间之比为：

$$T_2 : T_1 = 10 : 40 = 1 : 4 = 0.25 = 25\% \qquad (23-5)$$

对式（23-5）的结果可以理解为，此人工作100天的时间用于支付25天的退休生活。

这时，$\dfrac{T_0}{T_2} = \dfrac{20}{10} = 2 > 1$，表明此人得到的代际交换的时间相对少。

举例2：如果工作期为40年，退休期为20年，即 $T_1 = 40$，$T_2 = 20$，$T_0 = 20$ 年。这时寿命为80岁。因此，退休期与工作期的时间之比为：

$$T_2 : T_1 = 20 : 40 = 1 : 2 = 0.5 = 50\% \qquad (23-6)$$

对式（23-6）的结果可以理解为，此人工作100天的时间用于支付50天的退休生活。可见养老负担增加。

这时，$\dfrac{T_0}{T_2} = \dfrac{20}{20} = 1$，表明此人得到的代际交换的时间是相等的。

举例3：如果工作期为40年，退休期为40年，即 $T_1 = 40$，$T_2 = 40$，$T_0 = 20$ 年。这时寿命为100岁。因此，退休期与工作期的时间之比为：

$$T_2 : T_1 = 40 : 40 = 1 : 1 = 1 = 100\% \qquad (23-7)$$

对式（23-7）的结果可以理解为，此人工作100天的时间用于支付100天的退休生活。可见，养老负担进一步增加。

这时，$\dfrac{T_0}{T_2} = \dfrac{20}{40} = 0.5 < 1$，表明此人得到的代际交换的时间相对多。

由上述分析可知,随着个人寿命的不断延长,个人工作期与退休期的时间比不断提高。这意味着为养老而工作的时间是随寿命延长而不断增加的。这是从时间方面体现的个人寿命延长的效应。

五 个人寿命延长影响个人生活水平

假设此人在工作期中每年的年均收入为 w,暂不考虑收入增长(经济增长)和通货膨胀等因素。因此,T_1 年工作时间的总收入为 $T_1 w$。由于是个人自己养自己的体系,$T_1 w$ 就是其一生的生活费用。

由于寿命为 T,此人一生的年均生活费水平记为 v_T,其结果如下:

$$v_T = \frac{T_1 w}{T} = \frac{T_1 w}{T_0 + T_1 + T_2} \qquad (23-8)$$

式(23-8)表明,个人一生的年均生活费用水平 v_T 是关于退休期时长 T_2 的减函数,即 T_2 增加,则 v_T 下降。因此,寿命延长表明其一生的年均生活费用水平越低。

例如,如果工作期 $T_1 = 40$,寿命 $T = 60$,则:

$$v_{60} = \frac{40w}{60} = \frac{2}{3}w \approx 0.667w$$

如果寿命 $T = 70$,则:

$$v_{70} = \frac{40w}{70} = \frac{4}{7}w \approx 0.571w \qquad (23-9)$$

如果寿命 $T = 80$,则:

$$v_{80} = \frac{40w}{80} = 0.5w \qquad (23-10)$$

如果寿命 $T = 100$,则:

$$v_{100} = \frac{40w}{100} = 0.4w \qquad (23-11)$$

可见,随着个人寿命的延长,其一生的年均生活费用水平随之下降,这意味着生活水平的下降。如果存在维持其生命的最低年均生活费用标准,不妨假设这个最低年均生活费用是年均收入水平的 50%,记为 $\bar{v}$,则 $\bar{v}$ 为下面的结果:

$$\bar{v} = w \times 50\% = 0.5w \qquad (23-12)$$

上述的结果表明：

（1）当寿命为 60 岁时，此人一生的年均生活费用水平 v_{60} 是高于最低年均生活费用 $\bar{v}$ 的，其一生的年均消费水平为 $0.667w$。

（2）当寿命为 70 岁时，此人一生的年均生活费用水平 v_{70} 仍然高于最低年均生活费用 $\bar{v}$，但是其一生的年均消费水平下降至 $0.571w$，即生活水平降低。

（3）当寿命为 80 岁时，此人一生的年均生活费用水平 v_{80} 刚好等于最低年均生活费用 $\bar{v}$。这意味着虽然其一生能够生活，但是年均消费水平已经下降至 $0.5w$，即刚好维持最低生活水平。

（4）当寿命为 100 岁时，此人一生的年均生活费用水平 v_{100} 已经不足以养活此人了，因为在此种情况下的年均消费水平下降至 $0.4w$，已经远低于最低年均生活费用 $\bar{v}$。这表明这种情况下此人已无法生存。

在上述假定的情况下表明，为了能在 80 岁后保持一种基本的生活水平，此人需要实现在工作期的个人收入适度增长，即 w 本身需要实现增长，或者实现更长的工作期时间。

上述分析表明，个人寿命不断延长对其一生的生活是有很大影响的。首先，增加养老负担，表现是为了保持一定的生活水平，需要有更多的劳动期的时间，或是需要增加收入，这同需要宏观经济实现增长是同义的，或是延长工作期的整体时间，即等同于延迟退休，或提高个人的储蓄率。

六　"抚养"和"供养"代际交换的时期差异问题

在现实中，人生跨越几十年，幼年期的生活水平和退休期的生活水平必然有很大的不同。因此，不同时代人的幼年期生活状态的差异性必然是巨大的，同样不同时代人的退休期生活状态也必然有很大的差异。这意味着在抚养"和"供养"的代际交换时，会出现时期差异的问题。这种差异不是指个人收入水平变动导致的生活水平的差异，而是时代发展导致的差异，是随着科学技术进步导致人类生产能力不断提高的结果。因此，代际交换涉及的是"时空"交换的问题。同时还涉及不同时期劳动收入、劳动价值的保值问题。

第二十四章

建立全要素贡献型的养老金来源制度

现代经济增长来源于投入的全要素（全部生产要素）的贡献，因此养老金的来源也应来自全要素的贡献。然而，在目前的现实中，养老金的来源在制度设计上主要是按劳动要素报酬为基数的。以劳动要素报酬为基数，导致这种获取养老金的机制必然受到人口老龄化的不利影响，这是养老金来源制度设计上存在的系统性缺陷。同时，现代经济增长动力的特点也导致这种养老金来源制度是不可持续的。长期来看，破解养老金增长困境的根本出路是建立基于全要素贡献的养老金来源机制，这便是本章所要讨论的主要内容。

第一节 现代经济增长要素贡献的特征
对养老金制度的影响

现代经济增长主要由技术及资本要素驱动，劳动要素的作用趋于弱化，由此导致现代经济中存在劳动要素报酬占总收入的份额难以提高的内在机制，这必然不利于养老金的增长。同时，单纯依靠劳动要素报酬贡献的养老金制度，意味着养老金增长不能直接分享技术及资本要素对经济增长贡献的成果。因此，现代经济增长动力机制成为影响现行养老金制度可持续性的又一重要因素。

一 关于现行养老金制度的可持续性问题

养老金制度是决定养老金如何获取与如何支付的相关制度，是现代社会保障制度的核心部分。因此，关于养老金制度的设计，在任何国家都是至关重要的问题。总的来看，当前存在一些基本形式的养老金制度，如现收现付制、基金制及名义账户制等。在具体实施过程中，各国或各地的具体情况不同，因此目前在世界范围内尚不存在广泛一致的养老金制度。然而，各具特色的不同养老金制度却均有一个基本相同的特征，即养老金的来源主要是劳动者报酬的贡献。或者从经济增长的层面看，当前养老金制度下养老金来源主要是经济增长中劳动要素报酬的贡献。在现实经济中通常表现为，一定的养老金制度要求劳动者按工资收入的一定比例，或者要求相关企业按支付工资总额的一定比例，提取相应的金额至养老保障系统，由此形成养老金的主要来源。可见，现行养老金来源的制度设计是以依靠劳动要素报酬的贡献为基本特征的。这意味着经济增长中劳动要素报酬因素与养老金状况有密切的内在关系。而劳动要素与经济增长密切相关，由此决定了经济增长的状况必然对养老金有重要的内在影响，即经济增长与养老金系统有重要的内在关系。

现代经济增长理论表明，经济增长主要源于资本要素、劳动要素及技术进步的推动。当前，现代经济增长的动力机制越来越表现为主要依靠技术进步与资本要素的推动，其中技术进步的作用愈加重要，而劳动要素的作用趋于弱化。那么，现代经济增长的动力机制表现出的这种特征对养老金制度意味着什么？显然，如果养老金的来源仅是依靠劳动要素报酬的贡献，也就意味着经济增长中的技术与资本要素报酬同养老金来源没有直接关系。对此，会产生两个结果：一是以技术与资本要素为主要驱动力的现代经济增长动力机制没有直接产生加强养老金来源基础的效应；二是由于劳动要素贡献的作用趋于弱化，现代经济中存在劳动者报酬占国民收入的份额难以提高的内在机制。而上述结果实际上涉及一个非常关键的问题：现代经济增长的动力机制对现行养老金制度的可持续性有怎样的影响？

目前有关养老金制度可持续性问题的研究，主要是缘于人口老龄化问题展开的，而非从经济增长动力机制的视角展开。基于劳动要素贡献的养老金来源机制设计决定了，劳动年龄人口的变动是影响养老金来源的重要因素。人口老龄化对应经济中劳动年龄人口的数量相对乃至绝对下降，与此同时需要领取养老金的人数上升，由此导致人口老龄化背景下传统养老金制度的可持续性问题凸显。早年发达国家实行现收现付制，曾给无数老年人带来福利。然而，当人口老龄化达到一定程度后，依靠现期劳动力缴费为基础的现收现付制已经显示出不可持续性，因此实行这种制度的发达国家不得不进行养老保障制度的重大改革。日本与欧洲发达国家的经济发展深受其人口老龄化的拖累，已是活生生的现实。

简而言之，目前对养老金制度可持续性问题的认识，主要是基于人口老龄化影响的效应，而不是从经济增长动力机制层面认识的结果。现在的问题是，如果现代经济增长动力机制导致劳动要素报酬在国民收入中的份额趋于下降，至少是难以提高的，那么是否意味着养老金供给源泉的减弱具有必然性、系统性，而不是偶然性、随机性的。也即此问题涉及现代经济增长动力机制与现行养老金制度可持续性的基本关系。然而，此问题至今尚未被引起广泛的注意，有关养老金来源制度的改革依然停留在劳动要素报酬贡献的范畴。为此，这里将主要从现代经济增长动力机制视角出发，分析主要基于劳动要素报酬贡献的现行养老金制度的可持续性问题。研究结果表明：在主要以技术与资本要素驱动增长的现代经济增长动力机制中，基于劳动要素报酬贡献的养老金来源机制有着系统性缺陷，现代经济增长动力机制本身或是导致现行养老金制度不可持续的另一重要原因。长期来看，破解养老金增长困难的根本出路是：建立基于全要素贡献的养老金来源机制。

二　要素收入分配

经济产出由生产能力决定，为此在经济学中可用生产函数表示，即下面的表达式：

$$Y = F(K, L)$$

其中，K 为资本要素，L 为劳动要素，生产函数关系则体现了生产的技术水平。对函数 $Y = F(K, L)$，如果同样数量与质量的 K 和 L 所对应的产出水平越高，表明函数所体现的生产技术水平越高。而产出需要有生产要素的投入，投入的要素即为生产所付出的成本，因此投入的要素需要取得回报，对此称要素报酬。经济学理论中，假定生产要素为资本与劳动，经济产出与要素报酬有下面的公式关系：

$$Y = MPL \times L + MPK \times K + EP \tag{24-1}$$

其中，*MPL*（Marginal Product of Labor）为劳动的边际产出，*MPK*（Marginal Product of Capital）为资本的边际产出。可见，式（24 – 1）中 *MPL* × *L* 为劳动要素报酬部分，*MPK* × *K* 为资本要素报酬部分，*EP*（Economic Profit）为经济利润。

长期的实践经验已经充分表明，现代经济增长越来越依靠技术与资本要素的推动，特别是技术进步是促进经济增长最为重要的动力源泉。这样的经济增长动力机制意味着，现行经济存在要素收入向技术及资本持有者集中的内在倾向，而劳动要素的贡献则趋于下降，即式（24 – 1）中 *MPL* × *L* 占产出 *Y* 的份额趋于下降。

三 现代经济增长动力机制对养老金制度的挑战

现行养老金制度的可持续性正面临严峻的挑战。目前已经被广泛认识到的，主要是人口老龄化对养老金制度的深刻影响。而这里要强调的是一种更为深刻的、内在的系统性缺陷，迄今尚未被广泛地认识到，这便是现行经济增长动力机制对现行养老金制度所产生的系统性缺陷，即现代经济增长动力机制产生弱化养老金来源基础的效应。其基本理论依据如下：

资本、劳动及技术是推动经济增长的三大要素。而长期的实践经验已经充分表明，现代经济增长越来越依靠技术与资本要素的推动，特别是技术进步正在成为促进经济增长最为重要的动力源泉，劳动要素的贡献则趋于下降。这样的经济增长动力机制意味着，现行经济存在要素收入向技术及资本持有者集中的内在倾向。现行养老金制度下养老金来源主要是劳动要素的贡献，不是来自资本与技术要素的贡献，因此劳动要素贡献趋于下降意味着养老金来源基础趋于减弱。这表明现代经济增长动力机制有不断弱化养老金来源基础的效应。更为重要的结果是，由于技术与资本要素报酬的贡献没有直接关联养老金系统，由此导致现行制度下的养老金增长不能及时享受技术与资本要素对经济增长带来的成果。

上述理论推断需要实证经验的证明。然而，目前在现实经济中难以取得与式（24 – 1）含义完全一致的统计数据，但是可以利用意义相近的其他数据进行分析。为此，下面分别采集了美国与中国的有关数据进行分析验证。

第二节　劳动要素贡献趋于下降的实证数据

经济增长理论表明，资本、劳动和技术是生产方面推动经济增长的三大要素。在当今主要以科学技术进步为主要推动力的现代经济中，经济增长越来越依靠技术和资本要素的推动，劳动要素的作用趋于弱化，与此对应的结果是初次收入分配中的劳动要素报酬比重难以提高甚至下降。对此，在现实经济中可以通过要素报酬占总收入（总产出）的比重变化情况得以反映。具体地说，可以利用式（24－2）所表现的国民经济核算体系中收入法 GDP（或 GDI）的关系式进行分析：

收入法 GDP（或 GDI）＝劳动者报酬＋生产税净额＋固定资产折旧＋

$$营业盈余 \qquad (24-2)$$

在式（24－2）中，劳动者报酬指劳动者从事生产活动获得的全部报酬；生产税净额指生产税减生产补贴后的差额，生产税指政府对生产单位从事生产、销售和经营活动，以及因从事生产活动使用某些生产要素（如固定资产和土地等）所征收的各种税收、附加费和其他规费。固定资产折旧指由于自然退化、正常淘汰或损耗而导致的固定资产价值下降，用以代表固定资产通过生产过程被转移到其产出中的价值。营业盈余指常住单位创造的增加值扣除劳动者报酬、生产税净额和固定资产折旧后的余额。①

利用式（24－2）计算出的劳动者报酬同 GDP（或 GDI）的比率，可以反映经济增长中劳动要素重要性的变化情况。而现行养老金主要来源于劳动者报酬，如果劳动者报酬在国民收入中的比重下降，意味着养老金来源基础被削弱。因此，劳动者报酬在国民收入中的比重可以视为体现现行养老金制度下养老金来源基础的指标。

---

① 本段中关于劳动者报酬、生产税净额、固定资产折旧、营业盈余的解释，来自《中国统计年鉴 2021》第三部分国民经济核算主要统计指标解释。

下面分析美国、英国、德国、日本和中国此方面数据的情况，旨在验证在近几十年的现实经济增长中劳动要素报酬占总收入（总产出）的比重倾向于下降的结论是否符合实际。美国、英国、德国、日本和中国都是当今世界最主要的国家，因此基于这些国家的数据经验分析得出的结论是有意义的。分析的重点是看数据表现出的长期趋势，而不在于几年内的短期波动。

一　美国数据的情况

由图 24 - 1 可以看到，1929—2018 年美国劳动者报酬占比总体上呈现先上升、后下降的长期变化趋势，1970 年前后大体是趋势转换的分界点。1929—1970 年，美国劳动者报酬占 GDI 的比重总体上呈现明显的上升趋势，1929 年为 49.5%，1970 年上升至 58.4%，提高了约 8.9 个百分点。1970—2018 年，美国劳动者报酬占 GDI 的比重总体趋势转向下降。虽然个别年份出现了波动，但总趋势呈现下降是明显的，从 1970 年的 58.4% 下降至 2014 年的 52.0%，下降了 6.4 个百分点。尽管 2018 年小幅回升至 52.9%，但是依然比 1970 年低约 5.5 个百分点。总之，在 20 世纪 70 年代后美国劳动者报酬占比波动性下降的趋势是非常明显的。

二　英国、德国及日本数据的情况

因受到数据资源的限制，其他国家的数据没有美国数据的样本期那么长。可获取的英国、德国及日本的数据样本期起点主要是 1970 年以后。由图 23 - 2 可以看到，1970—2018 年，英国劳动者报酬比重总体上呈现下降趋势，从 1975 年的 63.2% 下降至 2018 年为 49.4%，下降了 13.8 个百分点。由图 24 - 3 可以看到，德国同英国的情况大致相同，即劳动者报酬占 GDP 的比重呈现先上升后下降的总体变化趋势。由图 24 - 4 可以看到，1970—1977 年日本劳动者报酬占 GDP 的比重是上升的，然而在 1977 年后则呈现波动性下降的趋势。

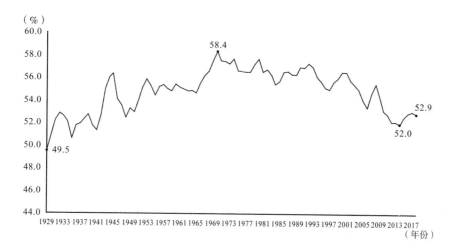

图 24 - 1　1929—2018 年美国劳动者报酬占美国

GDI（国内总收入）的比重

资料来源：根据 Wind 数据整理计算，图 24 - 2 至图 24 - 4 数据同此来源。

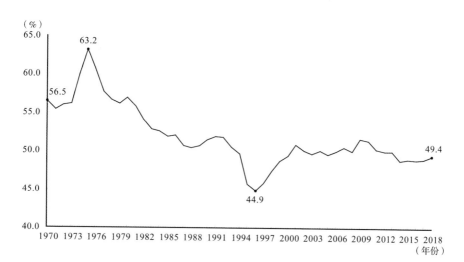

图 24 - 2　1970—2018 年英国劳动者报酬占 GDP 的比重

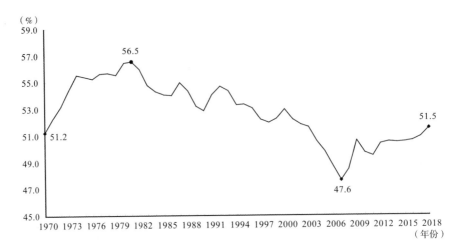

图 24 - 3　1970—2018 年德国劳动者报酬占 GDP 的比重

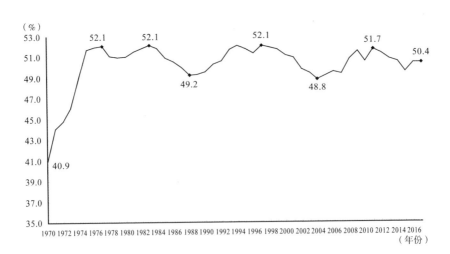

图 24 - 4　1970—2017 年日本劳动者报酬占 GDP 的比重

三　中国数据的情况

由图 24 - 5 可以看到，中国劳动者报酬比重自 1984 年起开始明显下降，从 1984 年的 53.8% 下降到 2007 年的 39.7%，下降 14.1 个百分点，下降幅度是很大的。虽然 2007 年之后出现回升，但是回升的幅度非常有限。2017 年，中国劳动者报酬比重为 47.5%，比 1984 年仍低 6.3 个百分点。

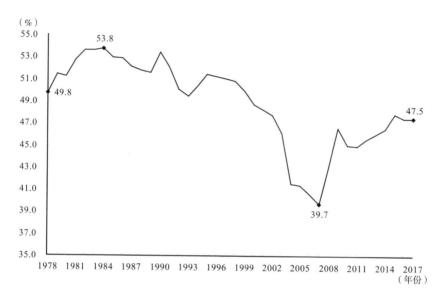

图 24 – 5　1978—2017 年中国 GDP 收入法中劳动者报酬比重
资料来源：根据各年份中国统计年鉴数据整理计算。

　　总的来看，上述数据分析的结果表明，本书基于经济理论推断出在现代经济增长动力机制作用下劳动要素报酬占总收入（总产出）的比重倾向于下降的结论，与数据经验的结论总体上是一致的。以上数据总体情况表明：美国自 1970 年以来，英国自 1975 年以来，德国自 1981 年以来，日本自 1977 年以来，中国自 1984 年以来，劳动者报酬比重总体上呈现明显下降趋势。因此，可以有如下的推断：由于现行养老金制度下的养老金来源主要是来自劳动要素的贡献，同技术和资本要素没有直接关系，因此劳动要素报酬在国民收入中的比重趋于下降意味着养老金来源基础趋于减弱，表明现代经济增长动力机制具有不断弱化养老金来源基础的效应。

第三节　养老金增长困难的系统性问题

一　老年人有权合理分享现代经济增长的成果

理论上，明确老年人有权合理分享现代经济增长成果是非常必要的。因为只有明确老年人分享现实经济增长成果的合理性和必然性，才能理直气壮地维护老年人的基本利益，有关的制度改革才有坚实的理论依据，并可以明确相关制度改革与机制建设的正确方向。对此，需要从生命周期的角度考察老年人及养老金的特殊性。人的生命周期可大体分为未成年期、工作期和退休期三个阶段。从经济层面看，处于未成年期和退休期者是非生产要素，他们只消费而不从事社会生产活动。一般意义上的老年人处于退休期，因此作为非生产要素是老年人的一种特殊性。但是，与未成年人不同的是老年人可以定期取得收入，即领取养老金。可见，养老金对老年人有"不劳而获"的属性。问题是：具有"不劳而获"属性的养老金，是国家与社会对老年人恩赐的福利吗？答案是否定的。对此，需考察老年人在其工作期所创造价值的使用情况。

当老年人处于工作期时，其劳动成果并没有全部归其所有。例如，其中的一部分用于抚养后代，或转化为投资，或支持企业与社会建设或成为政府的财政收入。事实上，经济社会发展必然是代际传承的过程，如果没有上代人创造价值的贡献，必然不会有下代人的生存与发展。因此，现实经济增长的成果实际上含有老年人过去劳动成果的贡献。本质上，养老金是老年人对其过去创造的价值的剩余部分所进行的补偿，而不是国家和社会对他们恩赐的福利。

基于上述的道理，即便不是基于道德伦理的原因，仅从社会公平的视角看，老年人必然拥有分享现实经济增长成果的权利。如果不能让老年人及时、合理地分享现实经济增长的成果，这便是对老年人的不公平。而如何在现实经济中落实老年人分享现实经济增长成果的权利，政府负有首当其冲的最大责任。然而，如何解决这一问题还存在理论上与实践上的障碍。例如，如何计量老年人过去创造的价值对现实经济增长的贡献，目前在理论上尚不清晰，甚至对此问题的存在还没有形成足够的认识。因此，当前首先需要加强此方面的有关理论研究，寻求理论创新，为建立新型养老金制度提供坚实的理论基础。

二　现行经济中存在影响养老金增长的系统性因素

所谓系统性影响因素，是指这些影响因素不是随机性、偶然性的，而是存在内在作用机制的因素。对这些系统性影响因素的应对，不是老年人个体如何进行理财、如何规避养老风险的问题，而是需要在国家层面统筹相关制度与机制建设。长期来看，核心问题是要建立可持续的新型养老金制度。

首先，现行养老金主要来源于劳动要素的贡献，而不是来自包括资本与技术在内的全要素的贡献，这是现行养老金制度的一个重要缺陷。由于现代经济增长中劳动要素贡献趋于下降，因此，单纯依靠劳动要素贡献的养老金增长陷入困境在发生机制上就具有必然性。在此，特别需要指出的是，当前破解养老金增长困境的根本出路在于，建立基于全要素贡献的养老金增长与经济增长相关联的机制。

其次，现行收入分配制度不利于养老金增长。初次收入分配是按要素贡献进行的，如资本的利润由资本所有者获得，技术进步的收益由技术拥有者获得，劳动力取得工资收入。老年人是已经从劳动力队伍退出的非生产要素，不参与初次收入分配，因此要素收入增长与养老金增长没有直接关联的机制。这意味着现行经济中缺乏老年人直接分享经济增长成果的机制。养老金的增长需要相关制度安排才能实现。然而，制度安排有很强的法律、法规及政策性，缺少灵活的弹性，难以做到适时合理应变。同时，老年人不再是经济活动的主体，缺乏"讨价还价"的能力，在收入再分配过程中处于被支配的不利地位。收入分配领域中存在的这些因素对养老金增长有明显的不利影响。

再次，人口老龄化降低养老金供给的能力。目前中国已进入人口老龄化快速发展期，劳动年龄人口比重呈现不断下降态势。由于在中国现行养老金制度下养老金主要来源于劳动要素的贡献，即来源于劳动收入形成的养老金缴纳，劳动年龄人口比重下降意味着可向养老金系统缴费的人口比重下降，由此降低养老金供给的能力。同时，人口老龄化导致参与养老金分配的老年人口数量不断增加，将不断增加总体的养老负担。如果国民收入中分配给老年人的部分不能实现合理适度增长，则养老金水平难以提高。在现实经济中，人口老龄化不利于养老金增长的效应已经体现为代际收入非均衡增长的倾向，即财富更多地向年青一代集中。

最后，老年人知识更新滞后增加了老年人增收及财富管理的难度。当今世界科学技术发展日新月异，现代信息社会背景下知识更新不断加快。限于精力与体力下降、思想相对保守、参与经济活动机会减少等多方面的原因，现代社会中的老年人难以适应快速发展的时代而易于成为时代的落伍者，由此深刻影响老年人增收及财富管理的能力。特别是当前金融工具创新层出不穷，老年人更是难以应对和把控。同时，通货膨胀风险、金融风险以及有关政策风险等都是老年人难以应对的。

当然，在现实经济中存在一些年轻人的收入尚不及老年人的退休金高的情况。比如，很多年轻人一个月辛苦工作的收入只有几千元，远不及一些退休者的上万元退休金。这似乎表明在现实经济中也存在收入分配在老年人与青年人之间尚"不平等"的现象。因此，对此问题需要从整体角度来看，即需要进行"整体"性比较，而不是"个例"比较。如果进行个例比较，合理的方式也是进行个人一生中劳动期和退休期的收入水平比较，而不是进行不同个体的收入比较。不同人的收入差距取决于太多的不同因素，如受教育程度及专业、从事的职业或行业、个人能力乃至机遇等。而就同一个人而言，其职业生涯期间的劳动年均收入通常高于其退休期的养老金年均收入。事实上，如果将在职劳动力群体作为一个整体，而将退休者群体作为另一个整体，那么在现实经济中的情况是：在职劳动力整体的平均收入水平是明显高于退休者整体的平均退休金水平的。对此，在学术上可用"养老金替代率"这一指标体现两个群体间的收入差距，即养老金替代率指劳动者养老金领取水平与退休前工资收入水平之间的比率。关于养老金替代率的测算，目前仍是一个复杂的问题，其中一个难点是如何确定收入的口径。多数学者测算的结果表明，目前中国的养老金替代率水平为40%—60%。

第四节　建立基于全要素贡献型养老金制度的途径

从长远看，建立基于全要素贡献的新型养老金制度是根本性出路。为此，需要全面深入研究基于全要素贡献的新型养老金制度的有关理论与实践问题，这是有重大理论与现实意义的课题。这一课题有待进行长期、深入的研究，短期内可考虑从以下三个方面入手。

第一，通过税收转移支付机制增加社保养老基金收入。老年人曾对家庭与企业作出贡献，因此家庭与企业应对老年人养老负有主体责任。税收的最终来源是经济增长，因此这种将税收与养老金直接相关联的方式，实际上是建立经济增长与养老金增长关联机制的一种具体实现方式。由于这种转移支付方式是在收税完成之后才进行的，不会增加个人与企业的负担，而只是税收的转移支付。同时，这一方式也是还富于民、实现结构性减税的一种有效途径。而关于提取比例的多少以及具体的操作程序等问题，则有待在实践中进一步探索。

第二，建立养老金增长同经济增长相关指数关联的机制。老年人养老的根本出路在于不断完善养老的社会保障制度。而这一制度的建设不能局限于现有的保障体系的框架内，而是需要将其放在经济增长与经济发展的大背景下考虑，即养老保障需要同经济增长动力机制相联系，让老年人及时共享经济增长的成果。经济增长是来自全要素贡献的结果，因此将养老金增长同经济增长相关联，在理论上意味着养老金增长是来自全要素的贡献。具体思路是，可将老年人养老金增长幅度的调整同经济增长率、劳动力收入平均增长率以及同有关价格指数增长率进行关联，由此建立适时动态调整老年人养老金增长的机制。

第三，建立国家社保基金会代表国家持有企业一定比例股权的制度或机制。该股权的收益作为养老金收入上缴至国家社保基金会。这是一种将养老基金投资于经济的思路。实际上，中国已经实施的划转部分国有资本充实社保基金的做法，已经具有全要素贡献型养老金的性质，因为国有资本就是来自全要素报酬的贡献。因此，探索建立全要素贡献型养老金来源制度的有关理论与实践问题，不仅可以为划转国有资本充实社保基金的做法提供理论支撑，而且有助于探索建立中国可持续的稳定的新型养老金制度。

以上建议旨在突破原有的制度框架，将经济增长中资本、技术包括劳动在内的全部生产要素的报酬，都作为提取养老金的基础。只有这样，养老金的增长才能同经济增长自动关联，才能保障养老金来源具有可持续性。建立全要素型养老金来源制度，可在先行试点获取经验的基础上逐步扩展。

第六篇

老龄经济与经济系统性风险

人口老龄化深刻改变经济资源的配置关系，包括既改变实体经济的资源配置关系，也改变金融经济的资产配置关系，因此人口老龄化对经济有内在的明确作用机制的系统性影响。而这种系统性的对经济的影响，是否成为经济的系统性风险，是至关重要的现实问题。为此，本篇探讨人口老龄化与经济的系统性风险有关问题。

第二十五章讨论系统的性态与系统性风险有关问题，内容涉及系统的基本概念与理论，系统性与系统性风险的概念与相关问题，论述经济的系统性风险有关问题。

第二十六章讨论老龄经济中实体经济与金融经济的系统性风险问题，内容涉及实体经济与金融经济的有关概念及其关系、实体经济与金融经济的关联机制、产品市场与金融市场的关联机制、老龄经济中实体储蓄率与金融储蓄率存在的互逆变动倾向以及老龄经济中实体经济和金融经济的系统性风险等有关问题。

第二十七章讨论养老、人口老龄化同实体经济及金融经济的关系问题，内容涉及实现养老需要解决的三个层面的问题、金融市场中养老储蓄的需求与供给、养老金对金融系统稳定性的影响、人口老龄化与房地产之间的关系以及老龄经济中收入差距问题的系统性风险等有关问题。

第二十八章讨论人口老龄化对财政稳定性的影响问题，内容涉及人口老龄化与财政的基本关系、影响财政收入的相关因素、财政政策的乘数效应和挤出效应、人口老龄化背景下的财政支出压力以及人口老龄化与财政系统性风险等有关问题。

第二十五章

系统与系统性风险

以人口老龄化为主要特征的人口结构的变化，是否会产生经济的系统性风险？这是一个至关重要的现实问题。而对此问题的分析，首先需要了解系统及系统性风险等有关的基本概念和基本理论。因此，本章首先论述系统有关的基本内容，在此基础上讨论系统的性态及经济的系统性风险有关问题。

第一节　系统的概念与理论

一　系统的概念

在现实生活中，提到"系统"或"系统性"的概念时，容易让人们想到的是：某种事物处于一种有条理性、秩序性及体系性的状态。的确，具有系统性特点的事物通常呈现这些现象。然而，这些特点还不是系统概念的核心内涵。那么什么是系统的概念？

"系统"一词来源于古希腊语，主要反映的是由部分构成整体的意思。系统作为一种观念，可以追溯到莱布尼兹的"自然哲学"、尼古拉的"对立物的统一"、帕拉赛塞斯的神秘医学以及马克思和黑格尔的辩证法[1]。而关于系统的一般性理论，目前公认是由贝塔兰菲在20世纪20年代提出的。

---

[1]　［英］L. 贝塔兰菲：《一般系统论：基础·应用、发展》，秋同、袁嘉新译，社会科学文献出版社1987年版，第8页。

在 20 世纪初期，针对将自然现象机械分解的研究方法，贝塔兰菲提出应把事物作为一个整体或系统来考虑，进而提出了存在适用于一般系统的原理及规律，并称其为"一般系统论"。1945 年他发表《关于一般系统论》一书，成为系统论正式产生的标志。

目前的系统论是关于系统的一般规律的科学，是关于各种系统的组成、结构、作用及发展规律的理论。认识与发展系统论的意义在于，人们可以根据系统本质属性的特点要求，使系统的某种功能达到优化，由此成为分析问题和解决问题的一种科学方法。

系统的存在是为了使系统所具有的特定功能得以有效发挥。如社会中教育系统的核心功能是培养学生，生物中消化系统的核心功能是消化食物吸收营养，经济中生产系统的核心功能是使生产活动有效进行，等等。系统论的基本观念，实际上也是对人们认识世界的一般方法的指导。然而，直到目前，关于系统本身的定义尚未完全统一。从不同的角度、不同的领域或不同的问题出发，对系统给出的定义可能是不尽相同的。目前，有关系统的定义不下几十种。但是，不管对系统这一概念的具体定义是怎样的，对系统内涵所具有的一些共性认识目前是有广泛相同性的。

简而言之，系统是由一定要素及关系构成的整体。要素，指构成系统的基本组成物。可以说，要素是构成系统的基本单位，如果没有构成系统的要素，就无从谈起系统的存在与否。关系，指构成系统的基本要素之间的各种关联性，以及系统与系统之间的关联性。任何系统内都存在要素之间各种各样的关系，要素是通过关系联结起来的整体。要素可以通过关系形成部分或称为子系统，部分与部分之间，或者说子系统和子系统之间再通过关系形成系统的整体。系统的整体是由全部要素组成的全体。由系统形成的整体，不是对有关要素的简单组合、拼接或堆放，而是由一定内在关系联结起来的有机整体。

要素之间存在关系，关系使要素构成整体。因此，要素、关系及整体是构成系统的三个必要条件，三者缺一不可。并且，三者之间是紧密相连、不可分割的关系。首先，任何系统都必须是由一定要素构成的系统，即要素是形成系统的起点。其次，构成系统的各要素彼此不是孤立存在的，而是通过某种存在的关系发生关联。最后，系统是由一定关系将各要素联结起来的有机整体。

二　关于系统理论

整体性或整体观是系统理论的核心性思想。系统的各要素在系统中都处于一定的位置上，起着各自不同的特定作用。如果将要素从系统整体中割离出来，要素将失去其应有的作用。因此，系统中各部分是相互依赖、相互依存及相互作用的关系。

系统中的关系有多种表现形式，如直接连接性的关系、层次性的关系、融合性的关系、平衡性的关系、制约性的关系以及逻辑性的关系等。而对系统的分析，首先要求从整体性出发，而不是从局部或个体出发，这是系统理论的一个核心要点，即系统理论表明：任何系统都是有机的整体，而不是由要素或局部的机械组合或简单相加而成的；系统的整体功能是各要素在分别孤立状态下所不具有的；系统常有"整体大于部分之和"的效应。因此，不能把系统的整体简单地理解为将系统各部分的组件放在一起就是整体，而是涉及联结各部分的组件之间的关联。系统中各个方面的关联的状况决定系统整体效应的情况。

在现实中，通常说系统是一个有机整体。那么何为"有机整体"？事实上，这里"有机整体"中的"机"字，体现的是机理、机制、机能之意，表明整体是有机理的整体、有机制的整体以及有机能的整体。在现实世界里，产生生命的物质基础是"有机物"，因为所有的生命体都包含有机化合物。总的来看，"有机"二字代表着有生机、有机理、有机制、有机能。相应地，有机整体就是有生机、有机能、有机制、有机理的整体。

然而，所有的有机整体成立的一个基本前提是，必须是以要素之间存在有效的关联性为基础。因此，关联性是有机整体及系统存在的前提条件。整体的存在性及其功能性，是由系统内部的各种关联的关系决定的。按照系统的整体观的要求，对任何系统的认识，都需要从系统的整体层面出发来考虑，而不是仅考虑局部或个体。

系统具有的功效发挥怎样，是由系统的整体决定的，而不是由局部决定的。对经济系统而言，就是经济系统运行的最优状态，是由经济系统的全部要素构成的整体决定的，而不是由部分要素决定的。因此，度量经济系统产出成效性的最合适指标是全要素生产率，而不是某个单要素生产率，如不是劳动生产率、资本生产率或能源生产率。

系统内部的关联性体现的是系统内部各种关联关系的总和。系统之所以能够成为"牵一发而动全身"的统一体，关键就在于存在系统内部关联性。任何系统的存在及其系统功能的发挥，都是由系统内部关联性的状况决定的。因此，系统内部关联性就是系统的"灵魂"所在。

举例说明，从系统的角度看收音机是一种声音的接收与播放的系统。收音机是由各种零部件构成的，这些零部件是构成收音机的要素。但是，将所有零部件归在一起的整体，并不是可以工作的收音机。而只有将这些零部件按一定的原理连接组合在一起，才能形成有可以接收声音和播放声音的收音机。可见，这里收音机的系统具有要素（零部件）、关系（各种连接）与整体（所有部件组合成一体）这三个特征。对一个系统状态的考察或评价，需要从多角度进行。其中，整体性、协调性、均衡性及稳定性是评价系统状态的重要视角。一个系统的良好性态，旨在为实现系统所具有的某种功能达到最佳。如生产系统是以生产产品为核心目标的系统，因此生产系统的最佳性态是为了使生产系统能够生产出更多、更好的产品。将经济作为一个系统来看，经济系统的良好状态是系统具有一些优化的性态，如在整体性、协调性、均衡性及稳定性等方面表现出有良好的性态。

第二节　系统性与系统性风险

一　系统性的含义

按系统理论，系统是由一定要素构成的有机整体。事实上，"有机整体"也就是系统性的整体。因此，有机性也可以视为系统性的另一种表述。具体地说，有机性或系统性表明构成系统的要素之间存在关联性。而关联性可以表现为秩序性、有序性、层级性、逻辑性等各种形式的内在关系。这种内在关系的总和就是系统性，或称为有机性。或者说，系统性是对构成一定事物的要素之间存在秩序性、有序性、层级性、逻辑性及整体性等关联性的各种关系的综合概括。

关联性是系统性中首要的性态，因为如果要素之间或事物之间没有任何的关联性，那么就谈不上其他任何的关系了。实际上，秩序性、有序性、层级性及逻辑性等，也是关联性的具体表现形式。因此，关联性是存在系统性的前提条件。

若从哲学的角度看，任何事物的发展变化都存在内因与外因。而内因实际就是事物存在内在系统性，它决定了事物发展变化的规律性。外因则是指与之有关的外部环境和条件。内因是根本，外因是条件，外因通过内因起作用。内因实际就是系统的内部因素的关联性，外因实际就是系统与外部因素的关系性。

在现实中，无论是自然世界，还是人类经济中的实际结果，最终都可归结为两部分结果的和，一部分是系统性的结果，另一部分是随机性的结果，即实际结果是系统性结果和随机性结果的综合结果。系统性的结果是由事物内因决定的结果，决定的是事物发展变化的内在趋势。随机性的结果是偶然性的结果，主要是由事物外部的不确定性和随机性因素作用的结果，它决定了实际结果离本来趋势的偏差。对此可以用数学方式来表示实际结果与系统性与随机性的关系。

假设系统性的关系可以用确定的函数关系表示，如表示为下面的形式：

$$Y = F(X) \tag{25 - 1}$$

在式（25 - 1）中，Y 表示由系统性联结的因素所决定的结果。若用 ε 表示随机性的结果。实际结果 Z 是系统性结果和随机性结果之和，有下面的表达式：

$$Z = F(X) + \varepsilon \tag{25 - 2}$$

在式（25 - 2）中，$F(X)$ 表示由系统性因素决定的部分，ε 表示由随机性因素决定的结果。如果加入时间维度，则 $F(X)$ 决定了 Z 的长期趋势，ε 决定了 Z 的短期波动。

二　系统性风险的含义

在现实中，系统性风险的概念在不同领域有着不同的内涵。如在证券投资领域，系统性风险是指由于全局性的因素引起的投资收益的可能变动。对此，在证券投资领域中系统性风险也称为不可分散风险，通常是由一定系统外的因素而引发的,因此系统性风险无法通过系统内自身因素的改变而有效分散,而需要从更大的系统或范围进行调整。这是证券投资领域中系统性风险的基本含义。

然而,基于系统理论的系统性风险的一般性含义是:在一定事物发展变化的过程中,存在由内在关联性因素构成对事物发展有潜在严重不利影响的隐患。进一步地说,系统性风险是有内在作用机制或传导机制的风险,是有一定路径或规律性的风险,而不是偶发的、随机性的风险。

正如式(25-3)所表现的意义,Z 的轨迹是由系统性因素 $F(X)$ 决定的,因此如果函数 $Y=F(X)$ 的性态不好,如 $Y=F(X)$ 函数的波动性高或极值很大,或 X 趋向某方向或趋向某值时 Y 的极限值趋向无穷大、无穷小或没有极限值等,都可以是系统性风险的表现。总之,系统性风险是有作用机制、传导机制以及因果关系的风险,而不是随机性和偶然性的风险。

系统性风险可以直观地表现为系统变化路径的安全性问题。如图24-1所示,一个人面临前进方向的选择,一条路径是通往康庄大道即路径A,一条路径通往陷阱即路径B。路径A和路径B都是客观存在的。如果这个人选择路径A,则此人的前进不存在系统性的风险,其面临的风险是随机性的,如可能路上有石头被绊倒。但是,如果此人选择的是路径B,则此人的前进存在系统性风险,因为此人在踏入路径B的起点时,系统性风险就已经出现了,即如果此人持续向前走,则结果必然是掉进陷阱。然而,如果此人及早意识到存在的系统性风险而返路,则可以避免掉入陷阱。

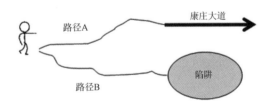

图25-1 路径A与路径B图示

而触发系统性风险的因素可以是多方面的,如可能是由构成系统的要素引发性,或是要素间或子系统间的关系引发性,或是系统外部环境引发性。因此，对一定事物发展状况的识别与评判是非常重要的问题。一定系统内在的变化规律或是客观的，但是能否识别系统的内在变化规律则是人为的，即同人的认识能力有关。如图 25 - 1 所示，如果路径 B 两边风景很好而选择路径 B，那么结果是走向陷阱；如果路径 A 两边风景不好但依然选择路径 A，那么结果是走向康庄大道。

三　局部最优与整体风险的问题

目前人们在经济学的研究中，往往关注如何取得最大的经济利益，如何取得最快的发展速度，以及如何取得最有效率的资源配置等问题。因此，有关最优化的理论备受青睐而得到广泛运用。如在经济学理论中，关于求解效用最大、利润最大、产出最大、收入最大或成本最小化等问题是非常普遍的。相较而言，经济学中对风险问题的关注似乎还不够重视。在当今经济学理论中，有关风险问题的理论尚不成体系，还没有系统性的经济风险理论或学科存在。

事实上，当人们在追求某方面的最优化的同时，也是风险不断增加与积累的过程。考察历次金融危机发生的起因不难发现，全面金融危机的产生多是局部经济系统追求利益最大化的结果所致。华尔街的金融精英们对其自身利益最大化的追求，或是更大金融系统不稳定的隐患。

人们认识与发展系统论的意义也与此目的有关，即人们可根据系统的本质属性的特点要求，谋求系统的某种功能达到最优化。然而，人们实际上常常忽略一个至关重要的问题，即在追求最优化的同时可能存在多种情况，对此以图 25 - 2 说明。

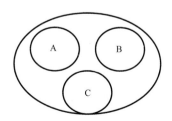

图 25 - 2　D 系统的构成

假定 D 系统由 A、B、C 三个子系统构成，这时，系统最优应是 D 系统最优。情况 1：若子系统 A 谋求最优，其结果或以 B 或 C 最差为代价。情况 2：若子系统 A 不稳定，在 A 谋求最优的过程中出现偏差，其结果使得 A 系统崩溃，进而 D 系统崩溃。如在现实经济中，金融系统是子系统。如果金融系统谋求最优收益，或是总体经济的风险。或是金融系统中某个子系统出问题，或导致整个金融系统的动荡。也就是说，在实际中如果出现偏差，最优不成，或面临更大的风险，如增加系统的震荡直至系统崩溃的风险，可谓"物极必反"的效应。

简而言之，经济系统的风险与一定经济系统运行的机制有关，与构成系统的元素形态有关，与系统的外部环境条件有关。而在现代经济中，关于金融系统和实体经济系统的关系，是经济系统性风险的核心问题。

第三节　经济的系统性风险问题

一　经济的系统性风险

按上述对系统性风险的定义，经济的系统性风险就是经济领域中的系统性风险。具体地说，经济的系统性风险指在某重要的经济领域中存在重大隐患，而且这些隐患是由内在的、明确趋势性的，且长期存在的因素所决定的。或者说，引发经济出现重大隐患的因素不是偶发、随机和短期的，而是内在和长期的。因此，经济系统性风险也就是经济系统性隐患。而这些隐患爆发的结果是导致现实经济出现严重问题，如经济增长陷入停滞甚至出现负增长，出现严重的通货膨胀，失业率大幅上升，政府债务出现危机，银行或金融机构出现倒闭，以至于发生严重的金融危机乃至经济危机。

二　人口老龄化对两种储蓄率影响方向的不一致性

例如，人口结构的变化对国民储蓄率的影响是系统性的。如在第十四章中推导出国民储蓄率同人口结构关系的式（14－13）如下：

$$s = 1 - \frac{c_L}{y} - \frac{c_R}{y}\frac{R}{L} \qquad (14-13)$$

在式（14-13）中，s 是国民储蓄率，c_L 劳动力的人均消费水平，c_R 为老年人口的人均消费水平，y 为劳动力的人均产出水平，R 为老年人口数量，L 为劳动力数量。因此，$\frac{R}{L}$ 是老年人口数量与劳动力数量之比，该比值也是体现人口结构的变量。

式（14-13）表明了国民储蓄率 s 是受人口结构因素 $\frac{R}{L}$ 的系统性影响的，即在实体经济层面，人口老龄化程度提高具有降低储蓄率（国民储蓄率）的效应。

而在金融经济系统中，人口老龄化程度提高具有提升储蓄率（个人或家庭储蓄率）的效应。如在第十六章推导出的个人储蓄率的决定公式：

$$s_P = \frac{1}{\dfrac{T_1}{T_2}B + 1} \qquad (16-24)$$

在式（16-24）中，s_P 表示个人储蓄率，T_1 为工作期时长、T_2 为退休期时长，因子 B 含义收入增长率、名义利率及通货膨胀率等变量，因子 B 由式（15-15）决定。

式（15-15）表明了个人储蓄率 s_P 是受退休期时长即寿命长度系统性影响的，即在金融经济层面，退休期时长增加，则个人储蓄率将提高。可见，人口老龄化的因素，在国民储蓄层面主要产生降低国民储蓄率的效应，而在金融经济方面则主要产生提高居民储蓄率的效应。

三 人口老龄化背景下经济的系统性风险简析

通过上面的分析可以看到，人口老龄化因素对实体经济和金融经济两个系统中储蓄率的影响方向是不一致的，而且这种影响是系统性的，是存在内在作用机制的。基本结论是：在金融经济系统中人口老龄化导致个人储蓄率趋于上升，在实体经济系统中人口老龄化导致国民储蓄率趋于下降。两个储蓄率的反向变动趋势，长期看或是经济的系统性风险。由此涉及两种经济体中储蓄率变动与经济的系统性风险的关系。

在经济学中，储蓄被定义为是产出或收入用于消费后的剩余。产出即经济中生产者的生产成果。收入是生产成果的另一种表述，当生产成果实现销售后该生产成果即为生产者的收入。如果不考虑实现销售这一环节时，产出等同于收入。特别是当考虑问题的核心不在于是否可以实现销售时，产出可视为收入。在经济学理论中，多数情况是把产出与收入视为等同。然而，如果考虑现实经济中实际情况，区分产出与收入的差别是必要的，因为在现实经济中产出和收入在表现形式上是不一致的。

生产成果作为具有特定功能或功效的产品（或服务），存在于实体经济中。而产出被实现销售后所形成的收入，通常是以资金形式存在于金融经济中，如生产成果实现销售收入而成为货币收入，如形成人民币元、美元、欧元或日元等形式。生产成果在现实经济中实现了销售，等同于被消费者承认了其价值，从而在金融经济系统中增加了与该生产成果对应的货币。而存在于实体经济中的产出，或是作为消费品，或是作为投资品。作为消费品的产出的特征是，不用于产生新的生产能力，而是被用于使用和消费，其最终的结果是被耗尽。作为投资品的产出是被用于投资，即用于再生产过程，其结果是产生新的生产能力。而作为投资品的产出，其之前的形式是储蓄，是没有被用于消费的产出。

因此，在实体经济系统中的产出，实现销售后就成为金融经济系统中的货币，成为金融性资产，即产出的存在形式出现了分离。在金融经济系统中，作为产出而形成的收入以货币形式进入价值表现的资产领域。如果对该笔资产不进行及时的投资，则等同于将其在经济中兑换其他产品的权力储存起来。于是存在这样的问题，待以后将该笔资产拿出来进行消费时，可能兑换不到当初的等值产品，即存在货币的贬值或升值的问题。这便是金融经济系统的一种系统性风险。而随着金融经济系统中资金量的不断积累扩大，相对于实体经济中的产出而言存在产出价格上涨的压力，即产生通货膨胀的风险。

第二十六章

老龄经济中实体经济与金融经济的
系统性风险

现代经济中的任何活动，都是在实体经济系统和金融经济系统这两大经济系统架构内进行的。人口老龄化对实体经济系统和金融经济系统都有非常深刻和系统性的影响，由此可以形成对经济有重大影响的系统性风险。因此，本章讨论实体经济与金融经济的基本关系问题。而只有实体经济与金融经济两大系统实现相互协调、相互匹配，总体社会的养老才能最终实现，经济才能实现稳定和可持续发展。

第一节　实体经济与金融经济及其关系

一　现代经济由实体经济系统与金融经济系统构成

现代经济是由两大经济系统构成的，即实体经济系统和金融经济系统。实体经济系统是以产品生产和服务提供为核心内容的经济系统，产品和服务是实体经济的核心对象。金融经济系统是以资金供给、资金获取、资金运作及资金流动为核心内容的系统，资金是金融经济的核心对象。

实体经济和金融经济构成了现代经济的主体框架和活动的空间。因此，现代经济中各种经济活动都是在这两大经济系统的架构内完成的。当然，实体经济和金融经济都不是各自独立运行的封闭系统，两者是高度融合在一起的密不可分的关系。而两大系统的协调性、匹配性、融合性等多方面的关系，将决定总体经济的运行质量以及经济运行的风险性。

（一）资金的概念

资金在现实经济中是常见的概念。然而，要对资金下一个全面的定义，并不是简单的事情，因为在不同的经济状态、不同的经济层面，资金的内涵是不尽相同的。一般而言，资金通常是以货币的形式表现的。传统的货币是在商品交易过程中固定充当一般等价物的商品。而随着经济的发展，货币可以不再是商品形式的一般等价物，而是能够被广泛接受的信用。如在现代社会中，货币是由货币当局（如一个国家的中央银行）发行的纸币或硬币，这种货币是由国家的信用作保证的。货币发行越多，以货币度量的生产成果的价值相对越低。而经济中货币的多少，并不代表实际存在的经济成果的多少。

根据货币的流动性不同，目前对货币的定义有不同的口径。如处于流通中的现金被称为 M0，即流通于银行体系之外的现金。通俗地说，M0 就是指百姓手中持有的现金。如果将货币的口径放大到除了 M0 之外，再加上单位的活期存款，称为 M1。在现实经济中，M1 的水平可以反映现实的购买力，体现居民和企业及各类单位资金松紧的状况，在一定程度上可以作为经济活动性及波动的一种先行指标，其流动性仅次于 M0。M1 是一般意义的货币概念。同时还有准货币的概念，主要是指单位定期存款、个人存款和其他存款。M1 加上准货币，称为 M2。此外，还有 M3、M4 等不同口径的货币定义，这里不再详述。

（二）关于实体经济

实体经济是人类赖以生存和发展之本的经济。这是因为人类的生存与发展首先是以物质生产为基础的。例如，人们的吃、穿、用、住、行等是人类生存的最基本所需，而这些都是以物质生产为基础的。因此，有关物质生产的活动包括相关的基本服务，必然是人类经济中最为核心的内容，也是实体经济最核心、最基础性的内容。

简而言之，实体经济是以产品和服务为核心内容的经济体系，金融经济是以资金运转为核心内容的经济体系。随着现代科学技术的快速发展，实体经济的内容和形式也在不断发生变化。现代科学技术的发展，对实体经济产生了巨大的影响，主要表现为传统实体经济的形式正在不断地被突破、打破，新的生产活动形态包括经济活动形态不断出现。但是，无论怎样变化，产品的生产和服务的提供始终是实体经济永恒的主题。

（三）关于金融经济

金融经济的核心对象是资金。或者说，资金是金融经济系统中的核心要素。资金的本质实际是一种信用的凭证，是具有配置相关资源与财富的一种公认权力。在现代经济体系中，实体经济中的任何生产活动，其背后必然对应资金的流动。资金如同现代经济体中的"血液"，经济的全系统都需要有资金的"血液"流动，经济系统才会富有活力。

因此，现代经济的正常运行是离不开金融经济系统的参与和支持的。实体经济中存在相应的生产链、供应链等问题，而这些"链"的背后必然有相应的资金链支撑。资金链的不畅乃至断裂，往往是导致实体经济运行受阻的重要原因之一。同时，金融经济的形式和内容，同样也是随着现代科学技术的发展而不断发展变化的。例如，数字货币就是依托于现代信息技术而出现的，这是不同于传统纸质货币的一种新型货币形式。同时，现代信息技术也催生了电子银行业务的出现，使传统的主要依靠银行柜台交易的方式出现了巨大变化。如目前网上银行、电话银行、手机银行、自助银行等交易方式已经得到广泛的普及。因此，金融经济系统自身也存在不断发展的问题。但是无论怎样，金融经济系统存在的意义是为实体经济系统服务的，这一点是不会改变的，是毋庸置疑的。

总的来看，现代科学技术的发展，特别是信息技术的快速发展，使实体经济系统和金融经济系统的融合更为容易、方便和深入。同时，这两个系统的高度融合，不仅使两个系统本身都产生巨大的变化，而且使总体经济的运行不断出现新的变化。事实上，实体经济系统和金融经济系统密切度不断增大，使实体经济系统在获得金融经济系统更有效率的服务的同时，经济的系统性风险实际也是在增加的。

二　实体经济与金融经济的基本关系

实体经济和金融经济二者是紧密相关的。其中，实体经济是本，金融经济是辅。人类经济运行的过程，是生产、分配、交换及消费的过程，并且这一过程是需要无限循环进行下去的。然而，在这种无限循环的过程中，资金是非常重要的媒介。特别是在现代经济中，如果没有资金的参与，实体经济的循环过程几乎是无法实现的。事实上，金融经济的出现是实体经济发展到一定阶段的产物，其核心目的是使实体经济的运行更为顺畅、更有效率，从而使实体经济能更好地发展。可以说，金融经济存在的意义就是为实体经济服务。

　　而现代经济的发展，必然要求实体经济和金融经济是相互协调、相互匹配和相互促进的关系。一方面，实体经济的活动规模及其内容，对金融经济有着相应的要求，即金融经济需要及时适应实体经济的发展以满足实体经济发展的需求。另一方面，金融经济的运行状况，对实体经济同样有至关重要的甚至是决定性的影响。这是因为金融经济实际上可以通过资金的流量和方向调控实体经济的运行。同时，金融经济本身也存在不断创新的问题，因此要求实体经济也要相应地适应金融经济的发展变化。

　　但无论怎样，金融经济是不能脱离实体经济而成为相对独立的自我运行系统的，更不能谋求金融经济自身的最大利益。否则，其结果必然是对实体经济产生严重的影响。反过来，如果实体经济出现严重问题，也必然影响金融经济的运行，最终必将导致金融经济陷入困境乃至崩溃。因此，在现代经济体系中，实体经济和金融经济是互为依存又互为制约的不可分割的关系。

　　鉴于实体经济系统和金融经济系统的关系是如此重要，以至于对二者关系的调控、监督和评判，是宏观经济管理层面上的一个重大问题。如果两大经济系统之间出现不协调、不匹配、不适应等情况，便是总体经济的重大隐患，而这种重大隐患也就是经济的重大系统性风险。这种风险爆发的结果，将对应严重的金融危机甚至经济危机。

第二节　实体经济与金融经济的关联机制

　　实体经济与金融经济之间存在多方面的关联机制，如通过生产活动、通过投资与储蓄行为、通过价格与利率渠道等而产生相互作用关系。下面首先分析实体经济与金融经济通过生产活动所产生的关联机制。

一　通过生产活动而产生的关联机制

人类的生产活动不仅产生了实体经济，而且在实体经济发展到一定水平后，也产生了为之服务的金融经济。其中，满足生产活动的需求，是实体经济与金融经济相关联的一个最为基本的原因，也是两个系统存在作用机制的基础。例如，一定的生产活动所需要有关的设备、人员及原材料等投入，而要实现这些投入，必须要有相应的资金才能获取所需要的生产要素，由此产生了资金需求。在现代经济中，如果没有金融经济的存在，人们不仅要回到"以物易物"的时代，而且"以物易物"的方式必然导致整个经济无法运行。

资金实际是实现实体经济同金融经济相关联的一种媒介。生产活动产生了资金需求，而金融经济体系可以多种方式满足实体经济的资金需求。如金融经济系统可以通过借贷方式，将一定量的资金借贷给生产者，由此满足了生产者从事生产活动所需要的资金。而有了资金的支持，生产者的生产活动得以开展。

假设生产者生产出产品并实现了产品销售而取得了资金收入。生产者将所取得的资金收入的一部分，用于归还金融经济系统的借贷资金（包括支付贷款的利息）。如果生产者在支付了所有生产成本后还有剩余的资金收入，这便是生产者的利润，即成为生产者的自有资金。而生产者对借贷所支付的利息，成为金融经济系统的收入。

可见，真正的经济活动的成果，是来自生产活动的有效成果，也是金融经济系统取得真正收益的源泉。而实体经济系统和金融经济系统的有效对接、有效匹配，是生产者的生产活动得以顺利进行的一个关键条件。金融经济系统的核心任务就是为实体经济系统提供有效的服务。生产者从事生产活动所产生的资金需求，实际是一种投资需求，因为这种资金的使用是以生产为目的的，而不是以消费为目的的。现实经济中资金量的大小，是同实体经济中的生产活动的规模大小有密切关系的。生产活动的规模越大，所需要的资金量相应也越大。

二　通过储蓄与投资产生的关联机制

从事生产活动的生产者得到的利润，是来自生产者生产成果转成收入后的剩余。从经济学的角度看，这种收入用于消费后的剩余就是一种储蓄。而这种储蓄，一方面是生产者进一步从事生产活动的基础，另一方面则是金融市场的一种资金供给，即储蓄成为进一步投资的基础。

生产成果被实现销售后成为的收入，实际上是出现了产出成果的实物量和价值量的分离。实物产出，一部分被用于消费，而消费后的剩余依然是实物量的形式，即以实物量形式存在的储蓄。而成为收入的价值量的储蓄成了金融经济系统的资金供给。事实上，经济中所有资金形式的储蓄，都可以进入金融经济系统而成为一种资金来源，资金的提供者则可以取得利息收入。金融系统需要对储蓄者的储蓄给予回报，即支付利息。可见，资金本身也是有价格的，利率就是资金的价格。但是在现实经济中，我们说的价格通常是指实体经济中的价格，而资金的价格称为利率。

可见，产出的实物量转变为销售收入进而转变成价值量的储蓄，这也是实体经济与金融经济发生联系的一种关联机制。或者说，实体经济中资金形式的储蓄成为金融经济的资金供给。

生产者在生产活动中所取得的收入，一部分是以工资的形式支付给其雇员。雇员得到的收入的一部分用于本人或家庭的消费支出，而其收入消费后的剩余额也是一种资金形式的储蓄，对此可称为居民储蓄。居民储蓄同样可以借贷给金融经济系统，由此居民可以取得利息收入。

三　通过价格和利率产生的关联机制

资金是价值量的概念，因此一定资金所对应的实物量的大小，不仅同实物本身的数量有关，也同实物本身的价格有关。这意味着一定生产活动所需要的生产成本，不仅和需要投入的生产要素有关，而且同要素价格有关。而生产的成果（产出）也存在产出价格的问题，即产品价格问题。产品价格是影响生产成果的资金形式的收入的一个重要因素。产品价格越高，同样产出成果的数量可获得越多的资金收入。

产出成果一旦形成资金收入的形式，即成为金融经济系统中的要素。产品的价格影响产品的资金收入，因此价格也成为影响金融经济系统的因素。或者说，实体经济可以通过价格因素影响金融经济，这便是实体经济通过价格关联金融经济的机制。这里的价格是指实体经济中生产的单位产品和提供的单位服务的价值度量。

而利率是金融经济中对资金价格的一种度量，反映的是资金使用或占用的成本。由于生产活动离不开资金的支持，因此对生产活动的需求本质上是一种投资需求。而这种投资需求的实现，最终离不开金融系统的支持，如从金融系统中借贷所需要的资金。利率是调解投资需求和借贷资金之间关系的因素。因此，利率也是联系实体经济和金融经济关系的一种机制。

通过上述的分析可见，生产活动、储蓄与投入、价格与利率，这些因素都是实体经济系统和金融经济系统相联系的基本渠道。在实体经济中，产品价格的基本决定机制是产品的供给与需求关系。而在金融经济中，资金价格（利率）的基本决定机制是储蓄的供给与需求关系。在实体经济的产品市场中，消费者是产品的需求方面，生产者是产品的供给方面。而在金融经济的资金市场中，消费者的储蓄是资金的供给方面，生产者对投资的需求而产生对使用储蓄的需求，因此生产者是资金（储蓄）的需求方面。

四　实体经济中产品市场的供给曲线与需求曲线

在经济学中，需求曲线描述的是需求产出数量与价格水平的关系。换句话说，需求曲线告诉我们在任何给定的价格水平下消费者愿意购买的产品的数量。在价格—产出坐标系中，需求曲线是一条随产出增加而价格减少的斜向下的曲线。实体经济中的总需求曲线一般用 AD 表示，如图 26 – 1 中的线段 AD。同样在产品市场中，生产者是产品的供给方面。在经济学中，供给曲线描述的是供给的产出数量与价格水平的关系。换句话说，供给曲线告诉我们在任何给定的价格水平下生产者愿意提供的产品的数量。在价格—产出坐标系中，供给曲线是一条随价格上升而产出增加的斜向上的曲线。实体经济中的总供给曲线一般用 AS 表示，如图 26 – 1 中的线段 AS。

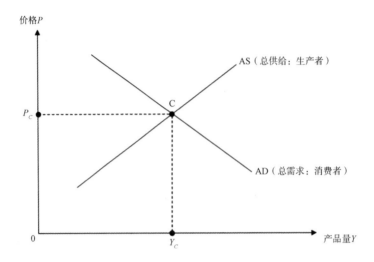

图 26 - 1　实体经济中的产品市场供给与需求曲线

五　金融经济中资金市场的供给曲线和需求曲线

而在金融经济中，消费者是储蓄的供给者，即资金的提供者。与此对应的是消费者将其收入如工资用于消费后的剩余部分进行储蓄，由此为金融经济提供了资金，即图 26 - 2 中的储蓄供给曲线 SS。储蓄供给的主体为消费者，当资金的价格即利率越高时，对消费者增加储蓄越有吸引力，因此储蓄供给曲线是斜向上的方向，即线段 SS。在金融经济中，生产者是储蓄的需求者，即生产者需要将储蓄转变为投资用于生产活动。而生产者对储蓄或者说资金的需求，随资金的价格即利率的上升而下降，因此储蓄需求曲线是斜向下方的曲线，即线段 SD。

六　实体经济系统和金融经济系统关联机制的分析

在实体经济的产品市场中，一般情况是价格上升导致消费者需求下降，而消费者需求下降对应消费者的储蓄增加。这种效应在金融经济的资金市场中是储蓄增加，即资金量增加，对应的是资金市场中利率下降，进而引发生产者的投资需求增加。可见，实体经济和金融经济的关系，可以通过实体经济的价格和金融经济的利率的变动而发生关联性。

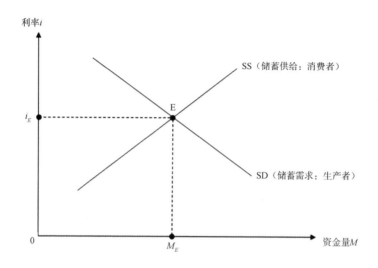

图26－2　金融经济中的资金市场供给与需求曲线

　　上述的分析只是对一般性产品的价格与产出关系的分析，旨在表明实体经济和金融经济的关系，可以通过价格和利率发生关联。在现实经济中价格和产出的关系是同具体产品的特性有关的，也是同消费者的消费行为和消费心理预期等具体情况有关的。总之，实体经济和金融经济可以通过一定的机制和渠道发生联系。

　　总的来看，基于生产的投资需求和价格因素是联结实体经济和金融经济的重要因素。在实体经济的产品市场中，生产者为产品和服务的供给方面，消费者为产品使用和服务的需求方面。因此，供给与需求两方面的因素共同决定产出水平。而在金融经济的资金方面，金融机构和消费者为资金的供给方面。其中消费者的储蓄（包括养老金储蓄）是金融市场中资金的重要来源。实体经济中生产者对资金的需求，以及金融经济中的资金供给，决定资金水平。

　　消费者与生产者在不同方面的角色作用是不同的。在储蓄方面，储蓄来自消费者的消费剩余，因此消费者为储蓄供给的主体，是储蓄供给方。储蓄用于投资以满足生产需要，因此生产者为储蓄需求的主体，是储蓄需求方。消费者为储蓄供给主体，意味着基于消费因素而对储蓄问题的分析，实际上是有关储蓄供给方面问题的分析。生产者为储蓄需求主体，意味着基于生产因素而对储蓄问题的分析，实际上是有关储蓄需求方面问题的分析。因此，对储蓄决定机制的完整分析，需要从储蓄供给与储蓄需求两方面展开。传统的以消费理论为基础的主流储蓄理论，实际上只是一种储蓄供给的理论，缺乏储蓄需求的理论。

生产对储蓄的需求，本质上源于生产对资本积累的需求。生产是人类赖以生存与发展的基本活动。生产不能凭空进行，而是以一定的资本投入为基础。资本积累来源于投资，投资来自储蓄，因此生产对储蓄有着天然的内在需求。生产者为了取得储蓄以进行投资，需要对储蓄供给者支付报酬。如果生产者的投资需求旺盛，愿意支付较高的价格（利率）获取资本（储蓄），则将产生激励消费者多储蓄的效应；反之，如果生产者的投资意愿低下，投资需求下降，导致资本（储蓄）价格下降，将产生降低消费者储蓄意愿的效应。而储蓄的实际水平由储蓄供给与储蓄需求两方面因素共同决定。

价格同样是联结两个系统关系的重要因素。这是因为，实体经济中要素的价格变动，必然会影响金融市场。原因在于生产要素价格的变动必然引起生产成本的变动，而成本是以资金度量的，由此涉及资金在产品市场与金融市场之间的流动。在其他条件不变的情况下，要素价格提高，意味着对于购买同质同量的生产要素的成本增加，相应的资金需求量增多。如果要素不可替代，那么就需要金融市场提供相对更多的资金，从而提高实体经济中生产者对金融市场的资金需求。因此，实体经济出现生产要素价格上涨的情况，从而产生增加金融市场的资金需求的效应。反之，如果生产要素价格降低，在其他条件不变的情况下，即意味着生产者购买同质同量的生产要素的成本下降，由此减少一定的资金需求，从而有减少金融经济中资金需求的效应。可见，实体经济中生产要素价格的下降具有降低金融经济中资金需求的效应。

所谓要素不可替代，等同的说法是要素的需求价格弹性稳定，也就是无论要素的价格如何变动，生产者对所需要的生产要素的数量是基本稳定的。在上一段的论述可见，若要素不可替代，则要素价格上涨与金融市场的资金需求呈正向的关系。然而，如果生产要素是可替代的，或者说要素需求价格弹性是可变的，那么一定生产要素的价格上涨将促使生产者寻求价格相对较低的替代要素。这时对金融市场的资金需求的影响将取决于生产者寻求替代品后的成本变化。如果替代的结果是比原成本下降，那么降低资金需求从而产生降低金融市场的资金需求的效应。如果替代的结果是比原生产成本上升，那么提高资金需求从而产生提高金融市场的资金需求的效应。

总之，要素价格变化对金融市场储蓄资金需求的影响是复杂的，与要素是否可替代、要素需求价格弹性大小及生产对要素需求的具体特点等多方面因素有关。

第三节　产品市场与金融市场的关联性分析

在现实经济中，实体经济和金融经济分别对应经济中的两类市场，即实体经济对应产品市场，金融经济对应金融市场。而两个市场是通过储蓄与投资发生联系的。在实体经济的产品市场，储蓄体现为产出用于消费之后的剩余产品，而这种剩余产品有待于转化为投资品的实物量。在金融经济的金融市场，实体经济的储蓄体现为收入用于支出之后的剩余资金。实体经济的产出品在成为储蓄品后，出现了实物量与价值量的分离。价值量转化为资金而进入金融市场。因此，产品市场与金融市场的储蓄分别属于不同层面的问题。在产品市场，产品价格是调节产品供给与产品需求均衡状态的重要变量；而在金融市场，资金价格（利率）是调节资金供给与资金需求均衡状态的重要变量。

一　金融市场与产品市场之间的关联性

金融市场与产品市场不是独立运行、毫无关联的，而是存在密切的相互作用的关系。这是涉及金融经济与实体经济相互作用关系的问题。其中，消费者行为与生产者行为同时对金融市场与产品市场产生作用效应，是金融市场储蓄与产品市场存在联动性的重要影响因素。

（一）消费者和生产者对两个市场关联性的作用

消费者与生产者同时在产品与金融两个市场有重要的作用，然而角色却是不同的。在产品市场，消费者是产品的需求者，生产者是产品的供给者；在金融市场，消费者是储蓄的供给者，也就是资金的供给者，而生产者是储蓄的需求者，也就是资金的需求者。由此决定了消费行为与生产行为的变化，对产品市场与金融市场均有重要的影响。

例如，如果消费者在产品市场中增加对产品的需求，其效应是消费者增加产品消费支出，在收入一定条件下则意味着减少储蓄，即减少对金融经济中的资金供给，降低消费者向金融市场增加储蓄供给的能力。然而，消费者增加产品消费需求而对生产者的影响是，由于消费需求增加使生产者增加产出而提供产出意愿，由此提升生产者的生产性投资需求，导致经济对金融市场的储蓄资金需求增加。可见，产品市场消费需求增加的结果是：消费者降低对金融市场的储蓄供给，即降低资金供给，由此产生利率下降的倾向；然而，消费者的消费需求扩大，导致生产者投资需求扩大，从而增加金融市场对储蓄的需求，即增加对资金的需求，资金需求增加导致利率上升。两方面的综合结果，可能是在既有储蓄供给减少的情况下，维持了原有的均衡利率水平。但是无论怎样，消费者对产品市场的需求变化，既影响金融市场的储蓄供给变化，也影响金融市场的储蓄需求变化。

金融市场储蓄供给与需求变化的影响又将传导到产品市场而产生影响。例如，金融市场的储蓄需求水平提升，将产生提高利率的激励以吸引更多的储蓄资金。而金融市场的利率提升，对产品市场中的消费者而言是促使其向金融市场增加储蓄供给的激励。由此产生减少产品消费的支出，而增加储蓄资金供给的效应。可见，产品市场消费需求增加而从金融市场传导回来的作用结果是：降低产品市场消费，增加消费者向金融市场提供更多的储蓄资金。而利率的提升则降低生产者的投资意愿，即抑制金融市场的储蓄需求的提高。

（二）产品价格和储蓄利率变动对两个市场关联性的作用

在产品市场中，消费需求的数量变化是影响消费总量的一方面因素。实际上，还存在另一方面的重要影响因素，即产品的价格。如果产品价格上升，如出现通货膨胀，即意味着需要用相对更多的资金，才能买到之前相同数量的产品，由此导致消费成本提高。然而，对产品价格上升的后续效应，难以给出一种明确的定论，因为这与其他因素的情况有密切的关系。如消费者的价格预期、产品的价格弹性以及消费习惯等因素，都是重要的影响因素。

而在金融市场中，利率相应的变动情况，对消费者行为有重要的影响。产品市场中价格提高，产生增加消费成本而相应减少消费的效应，由此有增加产品经济储蓄的效应。那么对金融市场有怎样的影响？对此仍然难以给出确定性的回答，其中与利率的变动情况有关。如果利率是可变的，那么通过提高利率的方式，可产生增加金融市场中储蓄供给的激励。这是因为，当利率水平高于通货膨胀率时，将增强产品市场的消费资金转为金融市场的储蓄资金的动力。但是利率水平上升，将导致金融市场中储蓄需求水平下降，即生产者对资金的需求水平下降，并产生提高均衡利率而减低均衡储蓄水平。而保持原有的均衡利率水平，需要减低储蓄需求水平，即提高利率，提高企业的贷款成本，从而减低企业的投资需求。

如果利率不可变或低于消费者对储蓄资金保值的预期水平，则产品市场的价格上涨并不能导致产品市场的消费资金转向金融市场。金融市场的储蓄资金供给减弱，同时将抑制生产者投资需求的提高，也就不利于生产者在产品市场的产出能力的提高。可见，产品市场的价格变动因素与金融市场的利率变动因素之间存在如何协调、匹配的问题。如果价格与利率是协调、匹配的，有利于产品市场与金融市场协调、均衡发展。否则，将不利于产品市场与金融市场协调、均衡发展，甚至成为经济系统性风险。

二　金融市场与产品市场的关联关系式

金融市场与产品市场的关联，可通过如下的数理关系式体现。首先，金融市场中的储蓄均衡状态需满足下面的方程：

$$S = S(r)$$
$$I = I(r)$$
$$S = I$$

其中，$S = S(r)$ 表示金融市场上的储蓄供给 S 是利率 r 的函数；

$I=I(r)$ 表示金融市场上的储蓄需求 I 是利率 r 的函数。$S=I$ 表示金融市场上实现储蓄供给与储蓄需求相等,这是金融市场储蓄达到均衡的条件。

其次,产品市场的储蓄均衡状态需满足如下的方程:

$$S=S(P)$$
$$I=I(P)$$
$$S=I$$

其中,$S=S(P)$ 表示产品市场上的储蓄供给 S 是价格 P 的函数;$I=I(P)$ 表示产品市场上的储蓄需求 I 是价格 P 的函数。$S=I$ 表示产品市场上实现储蓄供给与储蓄需求相等,这是产品市场储蓄达到均衡的条件。

金融市场与产品市场通过利率与价格的关系实现关联。或者说,金融市场上的利率 r 与产品市场上的价格 P 存在函数关系:$r=R(P)$。然而,利率与价格之间究竟是怎样的关系,实际上是复杂的问题。例如,在其他有关因素不变,如收入水平、消费者偏好、生产者行为及产品功效等因素不变的情况下,金融市场利率上升将产生储蓄资金增加的激励,而此效应对产品市场的影响是消费减少,购买需求降低,从而产生降低产品价格的效应。在这种情况下,经济中出现的是利率上升价格下降,即价格与利率呈反向作用关系,或者说价格是利率的减函数。反过来,价格下降,消费需求增加,购买增加导致储蓄资金供给减少,由此利率上升。

然而,如果产品市场的价格上升导致消费者的预期是通货膨胀发生,即意味着货币贬值。这时的消费者可能不再进行将收入变换为货币形式的储蓄,而是寻求实物产品的保值,即经济中出现价格越高越增加购买的行为。如果这时金融市场的利率维持不变,将产生减少储蓄的激励。因此,为保持金融市场必要的储蓄资金供给,将产生提高利率的压力,即导致利率上升。在这种情况下,利率与价格呈正向关系,或者说利率是价格的增函数。

因此,利率与价格之间的关系需具体情况具体分析。但无论怎样,假设利率与价格之间存在 $r=R(P)$ 的函数,那么产品市场对金融市场的影响由下面关系式体现:

$$S=S[R(P)]$$
$$I=I[R(P)]$$
$$S=I$$

函数 $r = R(P)$ 的反函数是 $P = R^{-1}(r)$, 因此金融市场对产品市场的影响由下面关系式体现:

$$S = S(R^{-1}(r))$$
$$I = I(R^{-1}(r))$$
$$S = I$$

金融市场与产品市场都实现均衡的情况是:

$$S(R(P)) = I(R(P))$$
$$S(R^{-1}(r)) = I(R^{-1}(r))$$

可见, 方程 $S(R(P)) = I(R(P))$ 与方程 $S(R^{-1}(r)) = I(R^{-1}(r))$ 联立, 构成关于 P 与 r 为变量的方程组。若该方程组存在关于 P 与 r 的唯一解, 即是金融市场与产品市场都实现均衡状态的均衡解。

第四节　老龄经济中实体储蓄率与金融储蓄率的互逆变动倾向

关于人口老龄化条件下的国民储蓄率的变动, 实际上在第十四章中已经有所讨论。其中得到的结论主要由式 (14-13) 来体现, 即

$$s = \frac{Y-C}{Y} = 1 - \frac{C}{Y} = 1 - \frac{c_L L + c_R R}{yL} = 1 - \frac{c_L}{y} - \frac{c_R}{y} \frac{R}{L} \qquad (14-13)$$

其中, s 为国民储蓄率; Y 为宏观经济的总产出, 如 GDP; C 为总消费; c_L 为劳动力的人均消费水平; c_R 为老年人口的人均消费水平; L 为劳动力数量; R 为老年人口数量; y 为劳动力人均产出水平, 即 $y = \frac{Y}{L}$ 为劳动生产率。在该分析中暂时忽略了未成年人口。如果要考虑未成年人口, 叮将未成年人口视为老年人口的一部分, 因为在经济行为方面未成年人口同老年人口具有相似性, 都是需要劳动力供养的非劳动性人口。

式 (14-13) 就是反映实体经济中人口结构同国民储蓄率关系的公式。该公式表明, 在保持劳动力人均水平不变以及劳动力和老年人平均消费倾向不变的情况下, 国民储蓄率是由人口结构因素决定的。人口结构变量在式 (14-13) 中是由 $\frac{R}{L}$ 体现的。

　　具体结论是，人口老龄化处于长期不断上升的情况下，老年人口与劳动力的数量比值 $\frac{R}{L}$ 将不断提高，由于 $\frac{R}{L}$ 项前的符号是负号，由式（14 - 13）可知，$\frac{R}{L}$ 提高的结果必然导致国民储蓄率 s 的水平下降。这便是人口老龄化导致国民储蓄率下降的情况。

　　然而，在金融经济的资金层面，人口老龄化对个人或家庭的影响是，居民个人预期寿命将不断延长。如果一个人预期其寿命越来越长，一种合理和理性的行为是增加为退休后生活的储蓄。因此，在第十六章中关于按生命周期理论及永久收入决策模式而得到的个人决定储蓄率的公式如下：

$$B = \frac{a\left[(1+a)^{T_1} - (1+r-p)^{T_1}\right]}{(1+a)^{T_1} - 1} \cdot \frac{1+r-p}{a-(r-p)} \qquad (16-23)$$

$$s_H = \frac{1}{\dfrac{T_1}{T_2}B + 1} \qquad (16-24)$$

　　式（16 - 24）中 s_H 为个人（家庭）储蓄率，T_1 表示工作期时长，T_2 表示退休期时长，a 表示收入增长率（可以视为经济增长率），r 表示名义利率，p 表示通货膨胀率。

　　根据第十六章的证明，当实际利率为零时，$r-p=0$，$B=1$。在此情况下，s_H 可以化简为下面的表达式：

$$s = \frac{T_2}{T_1 + T_2} = \frac{1}{T_1/T_2 + 1} \qquad (16-8)$$

　　式（16 - 8）表明，在实际利率为零的条件下，只有个人工作期时长与退休期时长这两个因素决定个人储蓄率。T_1/T_2 是工作期时长与退休期时长的比率，如果个人预期寿命延长，则 T_1/T_2 的值趋向变小，这一结果根据式（16 - 8）得到的结论是个人储蓄率增大。这一结论同布卢姆等[1]的观点是一致的。在标准的生命周期储蓄模型中加入健康和寿命变量后，布卢姆等学者发现寿命延长将导致储蓄在任何年龄都是提高的。

　　对个人而言，实际利率为零的现实意义是，在个人一生中并不期望通过除劳动收入（经济增长）外的意外收入作为取得财富的主要方式。在此

---

[1] David E. & David Canning & Bryan Graham, "Longevity and Life - cycle Savings," *Scandinavian Journal of Economics*, Vol. 105, No. 3, 2003.

情况下，如果个人期望一生的消费水平是平稳的，只期望通过劳动而不是通过财富升值实现收入增加，那么个人储蓄率将随着预期寿命的不断延长而不断提高。在第十六章已经证明，由各参数构成的 B 因子的主要情况是大于零的，在既定的各参数下，B 因子的数值既定，因此 B 因子的情况并不影响上述结论的成立。

上面的论述旨在表明：在人口老龄化背景下，国民经济宏观实体经济层面的国民储蓄率是趋向不断下降的；而在金融经济的资金层面，微观的居民储蓄率是趋向提高的。金融储蓄率的趋向不断提高主要基于两个因素，一是人口老龄化因素，二是收入因素。在人口老龄化背景下，个人预期寿命不断延长，将产生个人为应对越来越长的养老生活期，个人在劳动力时期就需要不断提高个人的储蓄率，以储蓄相对更多的资金进行养老之用。另外，随着收入水平的不断提高，但是消费增长不如收入增长得快，导致个人边际消费倾向是下降的。这是根据经典的凯恩斯消费理论得出的结论。因此，总的来看，金融经济的资金储蓄率将是不断提高的趋势。

从长期看，人口老龄化一方面对应实体经济中"消费型"人口扩大、消费率上升、国民储蓄率下降的局面，另一方面对应金融经济中个人与家庭储蓄率提高、金融性养老资产增加、金融市场中资金规模不断增大的局面。个人预期寿命延长意味着个人与家庭要为相对延长的退休期的生活而提高储蓄率，因此人口老龄化有提高个人（家庭）资金层面储蓄率的内在动力机制。以人口老龄化为主要特征的人口结构变化趋势，意味着长期的实体经济的宏观储蓄率将趋于下降，而长期的金融经济的微观个人（家庭）储蓄率将趋于上升。

以劳动力数量持续增长为主要特征的人口结构，实际上也决定了高储蓄是中国经济发展模式所需的一种必然性。在资本与技术缺乏，而劳动力资源丰富的背景下，中国经济选择依靠投资与出口拉动经济增长的模式，有一定的必然性。而这种选择结果，与人口结构有关。因此，中国经济发展的模式以及高储蓄现象的形成，同人口结构有千丝万缕的关系，也就具有由人口结构特征决定的必然性。

未来中国储蓄率变化的趋势，在很大程度上是由人口特征决定的。劳动力人均资本增长率、劳动力增长率及折旧率的变动是影响国民储蓄率的三个重要因素。由于劳动力人均资本水平是体现经济增长潜力的重要因素，因此从保持未来中国经济长期稳定增长的需要看，劳动力人均资本水平应主要呈现上升趋势，而不是下降趋势。资本折旧率下降的可能性不是很大，这主要是因为随着未来科学技术的加速发展，资本折旧率主要是提高的趋势。因此，可以预见未来能够导致储蓄率下降的可能因素，主要是劳动力增长率。而劳动力增长率的变化与人口年龄结构有直接的关系，因此中国人口年龄结构是影响未来国民储蓄率变化的至关重要的因素。而未来的人口结构将以人口老龄化为主要特征，因此人口老龄化将成为深刻影响储蓄供给与储蓄需求的主体，进而影响储蓄实际水平的重要因素。

由于人口结构因素是客观的，是无法在一定的短期内可以改变的，人口结构是影响储蓄的内在和客观的基础因素。从长远来看，中国改革开放30年间出现的高储蓄现象是中国经济发展过程中的阶段性现象，有一定的必然性。随着中国人口老龄化进程加快，中国将呈现以劳动力数量比重下降、老年人口比重上升为特征的人口结构转型，中国经济将呈现国民储蓄率下降而家庭储蓄率上升的长期趋势。在未来，中国曾经长期特有的高储蓄现象将不复存在。

因此，从长期来看，实体经济的国民储蓄率同金融经济资金层面的居民储蓄率呈现互逆的变动趋势。这是值得高度关注的问题。这种情况从长期来看是否造成经济的系统性风险，是需要深入研究的问题。

第五节　老龄经济中实体经济和金融经济的系统性风险问题

一　体现为价值量的产出与储蓄

实体经济中生产活动是最基本的经济活动。在宏观经济总量层面上，生产活动可以归结为通过一定的生产要素投入而取得产出的过程。总量层面上的投入和产出的关系，可以用总量生产函数表示，即

$$Y = F(K, L) \tag{26-1}$$

在式（26-1）中 Y 为总产出数量，K 为资本投入数量，L 为劳动投入数量，函数关系 $F(K, L)$ 则体现了生产的技术关系和技术水平。

　　注意，在生产函数中的产出 Y 是实物量，而不是价值量。这是因为生产函数所体现的是由生产技术关系决定的产出数量与要素投入数量之间的关系。这种关系同价值量的因素，如生产要素的价格及产出的价格因素没有关系。但是，一旦生产过程完成，即产品的生产得以实现，产品的销售是按价值量计算的，即生产出的产品是有价格的。设 P 为总产出 Y 的价格，于是总产出的价值量为 PY。当然，这里的总产出 Y 和总产出的价格 P 都是高度凝缩和抽象的。

　　如果考虑总量经济层面上的实物产出量，总产出 Y 可以采用不变价格计算。在这种情况下，按不变价计算出的 GDP，也是总产出的实物量的表现。而按现价值计算的名义产出量为 PY，也就是 PY 等于按现价计算的 GDP。

　　设 C 为总消费（实物量），总储蓄 S（实物量）为总产出用于消费后的剩余，即有下面的关系式：

$$S = Y - C \qquad\qquad (26-2)$$

　　式（26-2）中各项均是实物量的概念。然而，当总产出中的产品在实现销售后，在市场上获得了现价值的价值量。这时的产出在实现销售后就成为资金收入的概念，即这种产出所产生的收入是含有价格因素作用的。例如，如果产出的价格提高，则对相同数量的产出而言所取得的收入水平也相应提高。这种资金形式收入的提高是价格提高的原因。

　　在现实经济中，消费品和投资品分别有各自的价格。设 P_c 为消费品的价格，$P_c C$ 是现价计算的消费总量。现价的总产出 PY 与现价的总消费 $P_c C$ 的差值，就是现价的总储蓄，即有下面的表达式：

$$P_S S = PY - P_c C \qquad\qquad (26-3)$$

　　在式（26-3）中 P_S 是储蓄的价格，$P_S S$ 为资金形式的总储蓄。储蓄 S 的价格 P_S 是这样被决定：由于 PY 与 $P_c C$ 都是现价值，二者之差也为现价值，而储蓄 S 是实物量的值，P_S 可由下面的关系式决定：

$$P_S = \frac{PY - P_c C}{S} \qquad\qquad (26-4)$$

注意，这时的 $P_S S$ 是可以进入金融经济中资金市场的资金形式。

二　实体经济的储蓄进入金融经济

这时，$P_S S$ 作为现价的总储蓄的价值量，在理论上能够成为资金而进入金融经济。$P_S S$ 进入金融经济，作为金融经济中的储蓄，可以取得储蓄的利息收益为 $P_S S(1 + i_S)$，其中 i_S 是在储蓄期内的利率。如果储蓄 $P_S S$ 作为贷款投入实体经济中，则实体经济中有实际量为 S 的投资相对应。而 S 的名义量或者说是现价的价值量为 $P_S S(1 + i_L)$，其中 i_L 是在贷款期内的利率。这里有 $i_L > i_S$ 的关系，即 $i_L - i_S$ 是贷款利率和存款利率的差值，这是金融经济的营利部分。

三　金融经济的储蓄资金进入实体经济

储蓄 $P_S S$ 以资金形式进入金融经济，如果其作为贷款而投向实体经济，所进入实体经济的实物量依然是 S，这时储蓄转变为投资 I，因此有下面的关系式成立：

$$S = I = sY \qquad (26-5)$$

在式（26-5）中 s 为国民储蓄率，因此 sY 即国民储蓄而转变为投资。投资形成固定资产，则由下面关系式决定：

$$K = K_{-1} + I - \delta K_{-1} \qquad (26-6)$$

在式（26-6）中 K_{-1} 表示 K 的滞后一期，δ 表示折旧率。这时式（26-1）的资本投入 K 将由式（26-6）决定。

四　实体经济国民储蓄率与金融经济资金层面居民储蓄率联系式

下面讨论实体经济国民储蓄率在金融经济中有怎样的作用。为此，需要建立实体经济国民储蓄率同金融经济资金层面居民储蓄率是如何进入同一关系式的。假设先考虑一个人的收入与消费的情况。

（一）个人收入与消费的关系

设经济中第 j 个人的当期（如月或年）工资收入为 w_j，其储蓄率为 s_j，于是 $s_j w_j$ 为当期的储蓄额。在不考虑税收的因素的情况下，其当期可支配收入 v_j 的表达式为：

$$v_j = w_j - s_j w_j = (1 - s_j) w_j \qquad (26-7)$$

为了分析简单起见，假设个人消费函数符合凯恩斯消费函数的规则，并且可以具体设为下面的线性函数形式：

$$c_j = a_j + \beta_j v_j \qquad (26-8)$$

在式（26-8）中，c_j 是第 j 个人的当期消费额，a_j 为常数，β_j 为边际消费倾向，$0 < \beta_j < 1$。由于式（26-7）是关于第 j 个人的消费同其可支配收入 v_j 的表达式，于是将 v_j 的表达式代入式（26-8），得到下面的表达式：

$$c_j = a_j + \beta_j (1 - s_j) w_j \qquad (26-9)$$

（二）对所有劳动力的消费进行加总

式（26-9）是第 j 个人的消费 c_j 与其工资收入 w_j 的关系。对此，可以将该经济中当期所有劳动力的消费进行加总，得到下面的表达式：

$$P_L C_L = \sum_{j=1}^{L} c_j = \sum_{j=1}^{L} a_j + \sum_{j=1}^{L} \beta_j (1 - s_j) w_j \qquad (26-10)$$

式（26-10）中，$P_L C_L$ 表示经济中全体劳动力消费的现价总和，P_L 为劳动力消费价格指数，C_L 为劳动力的实际消费总和，L 为劳动力数量。假设 $P_R C_R$ 是当期老年人口的现价消费总和，P_R 为老年人消费价格指数，C_R 为当期老年人口的实际消费总和。于是，实体经济中宏观经济层面的现价总消费 $P_C C$ 为下面的表达式：

$$P_C C = P_L C_L + P_R C_R = \sum_{j=1}^{L} a_j + \sum_{j=1}^{L} \beta_j (1 - s_j) w_j + P_R C_R \qquad (26-11)$$

为了分析简便，假设经济中所有劳动力的收入按劳动力的人均工资收入 w 表示，并假设个人储蓄率 s_j 是劳动力的人均储蓄率 s_L，并设 $a = \dfrac{1}{L} \sum_{j=1}^{L} a_j$。于是，

$$\sum_{j=1}^{L} \beta_j (1 - s_j) w_j = \sum_{j=1}^{L} \beta (1 - s_L) w = L\beta (1 - s_L) w$$

则式（26-11）可以简化为下面的关系式：

$$P_C C = aL + L\beta(1-s_L)w + P_R C_R$$

假设劳动力工资收入 Lw 在总产出 PY 中所占比重为 θ，即

$$Lw = \theta PY \tag{26-12}$$

因此

$$P_C C = aL + \beta(1-s_L)\theta PY - P_R C_R \tag{26-13}$$

（三）进入金融经济的资金形式的储蓄

对产出而言，式（26-13）决定宏观消费后的剩余及储蓄 S，这时储蓄 S 可以视为进入金融经济的储蓄，即

$$S = M_S = PY - aL - \beta(1-s_L)\theta PY - P_R C_R$$

M_S 表示由实体经济的储蓄转化而金融经济的储蓄。而这些储蓄在金融经济中作为投资而出现在实体经济中，实际量为下面的表达式：

$$I = sY$$

其中 I 为实物量的投资。而投资的名义量为下面的表达式：

$$PI = sPY$$

因此，在实体经济中可用的名义投资量用货币量 M_S 度量，即有下面的关系式：

$$\frac{M_S}{PI} = \frac{PY - aL - \beta(1-s_L)\theta PY - P_R C_R}{PsY}$$

$$\frac{M_S}{PI} = \frac{1}{s} - \frac{aL}{sPY} - \frac{\beta\theta(1-s_L)}{s} - \frac{P_R C_R}{sPY} \tag{26-14}$$

在式（26-14）中，s 为国民储蓄率，s_L 为居民储蓄率。可见，式（26-14）将国民储蓄率同金融经济资金层面的居民储蓄率联系起来。人口老龄化下国民储蓄率 s 下降导致投资品价格升高，居民储蓄率下降导致投资品价格升高。对这种效应的分析可以利用式（26-14）进行。

（四）货币数量方程的引入

实体经济中，产生货币需求的效应有产出 Y，Y 越大，需要的货币量越大，对此有货币数量方程：

$$M \times V = P \times Y \tag{26-15}$$

在式（26 – 15）中，M 表示经济中的货币数量，V 表示货币流通速度，P 表示产出 Y 的价格。设 M_D 表示对货币的需求，则货币需求方程由下面表示式决定：

$$M_D = M(Y, P) \qquad (26 – 16)$$

式（26 – 16）的含义是，货币需求量同总产出 Y 有关，总产出越多，货币需求量越大；同时货币需求量同总产出的价格 P 有关，价格越高，货币需求量越大。而总产出 Y 是由生产方面决定的，即由下面的总量生产函数决定。

$$Y = F(K, L) \qquad (26 – 17)$$

资本水平 K 是由下面的关系式决定的：

$$K = K_{-1} - \delta K_{-1} + I \qquad (26 – 18)$$

在式（26 – 18）中 K_{-1} 为 K 的滞后一期，δ 为折旧率，投资 I 由国民储蓄率 s 和总产出决定，即

$$I = sY \qquad (26 – 19)$$

而总产出的价格水平的决定因素相对复杂，一方面同经济中货币供给有关，记货币供给为 M_S；另一方面同人们对价格的预期有关，记价格预期为 P^e。价格方程可以表示为下面的形式：

$$P = P(M_S, P^e) \qquad (26 – 20)$$

在实体经济中，国民储蓄 S 由下面关系式决定：

$$S = Y - C \qquad (26 – 21)$$

国民储蓄 S 是可用于生产的投资物。而国民储蓄 S 在实体经济中转变为投资，从而影响下一次的产出。

同时在金融经济中，资金量来自居民的储蓄和央行的货币发行。设 w 为居民的人均收入，s_H 为居民的储蓄率，居民数量为 L，则居民当期的储蓄数量 S_H 为

$$S_H = s_H wL \qquad (26 – 22)$$

假设居民的储蓄率与利率和银行的货币发行有关，即

$$s_H = s(i, B) \qquad (26 – 23)$$

在式（26 – 23）中 i 为利率，B 为货币发行量。于是，货币供给 M_S 为下面的表达式：

$$M_S = S_H + B \qquad (26 – 24)$$

居民储蓄是存量的概念，而非流量的概念，因此金融经济的资金量是各时期的货币之和，经济中总货币量 M 为下面的表达式：

$$M = \sum M_S = \sum S_H + \sum B \qquad (26-25)$$

实体经济中价格总水平 P 由下面的公式决定：

$$P = \frac{M}{Y} \qquad (26-26)$$

如果货币增长总是超过经济增长，长期看必是通货膨胀的趋势。这种趋势同人口结构没有直接的关系。而间接的关系可以体现在人口中居民的数量及其消费和储蓄行为。

从式（26-25）可以看到，经济中货币总量是存量的概念。因此，用货币存量度量一定时期的产出，如年度产出，必然存在价格不断上升的内在机制。而在老龄社会背景下，养老金总量不断扩大，其效应是不断扩大经济中的资金总量，即式（26-26）中 M 的水平。这便是人口老龄化或成为经济系统性风险的一种潜在因素。

第二十七章

养老及人口老龄化同实体经济及
金融经济的关系

在宏观层面上，老年人是否能顺利实现养老，一个核心问题是老年人是否能够得到养老所需要的相应产品和服务。而要达到这一目的，养老的问题并不只是有关"钱"的问题，而是涉及宏观经济层面上实体经济系统和金融经济系统彼此关系是否匹配、融洽的问题。可以说，养老的本质不是"钱"的问题，而是代际关系问题，以及实体经济与金融经济关系的问题。本章主要讨论养老及人口老龄化同实体经济及金融经济的关系。

第一节　实现养老需要解决三个层面的问题

一　养老涉及三个层面的问题

在现实生活中，一个老年人的养老必然涉及钱、物和储蓄。这实际表明了养老的实现涉及三个层面的问题：一是资金层面的问题，二是实体经济层面的问题，三是金融经济层面的问题。只有解决好这三个层面的问题，养老才能有效地实现。

个人或家庭的养老，尽其所能也只能解决资金层面的问题，即筹集养老所需要的"钱"。而后两个层面的问题都不是个人和家庭所能解决的，因为其实质是有关宏观层面上实体经济与金融经济的问题，这是只有政府和金融部门以及国家相关机构才能解决的问题。事实上，老龄经济中养老问题最终是需要通过人口结构的匹配性、资源配置结构的匹配性，以及相关制度、体制和政策的有效支持才能解决的。其中人口结构的匹配性，本质上是有关代际关系的匹配性问题。

（一）关于资金层面的问题

对个人而言，有"钱"才能养老，这是非常现实的问题。在现代经济中，人们所需要的产品和服务，几乎都是需要"钱"购买的。可见，"钱"是养老涉及的第一层面的问题。而"钱"是资金层面的问题，这意味着养老必然涉及资金问题。用于养老的资金一般称为养老金。因此，对于老年人而言，要想实现养老，手里是否有充分足够的养老金是现实和关键的核心问题。对具体的老年人而言，如果没有足够的养老金，其养老必然面临重重困难。因此，对于个人或家庭的养老问题，准备好足够多的"钱"是最为现实的重要问题。

当然，用于养老的"钱"的来源可以是多方面的。如来自老年人之前作为职业劳动者时的储蓄；老年人参加养老社会保障计划而获取的养老金；可以是政府或有关社会机构提供相关的福利补贴；其子女和家庭成员提供的资金，等等。

（二）关于实体经济层面的问题

实际上，除了准备养老钱，个人或家庭为老年人的养老所能做的事情并不是很多，因为同养老有关的许多事情是个人和家庭力所不能及的，而是同个人和家庭之外的宏观经济与社会有关。这便是养老涉及的第二层面的问题，即实体经济层面的问题。

凡是人类的生存，都需要有实实在在的产品和服务，老年人的生存也不例外。资金实际上仅是获取产品和服务的一种媒介，因此老年人有了养老金，还需要到实体经济中兑现，才能取得所需要的产品和服务，才能实现真正的养老。这意味着养老的实现必须要有实体经济的支持。

于是，实体经济是否能提供充分满足老年人需求的产品和服务，以及能够提供怎样的养老产品和服务，这便是有关实体经济的问题。老年人作为人口的成员，具有与一般居民相同的需求，但是老年人的特殊性也决定了老年人的特殊需求。因此，如何发展实体经济以满足老年人的特殊需求，这是实体经济发展过程中才能解决的问题。特别是在人口老龄化程度不断提高的当今时代，如何解决规模越来越巨大的老年人需求，对实体经济发展是一种非常严峻的挑战。

（三）关于金融经济层面的问题

养老的金融经济的问题，即第三层面问题。这一问题的实质是有关养老金与实体经济匹配和对接的问题。老年人能否实现真正的养老，还需要实体经济与金融经济实现有机的匹配，需要两个经济系统形成协调、相互支持的基本关系。一个非常现实的具体问题是，如何确保养老金在实体经济中进行支付时能够得到相应等值的兑现。

养老金的形成有其特殊性，即养老金首先是来自老年人作为劳动力的工作期时的劳动成果，其劳动成果变成资金形式的收入，对其收入进行消费后的剩余成为养老储蓄。当养老储蓄需要兑现成老年期时的产品或服务时，就存在养老储蓄是否保值的问题。可以说养老储蓄的支付是一种跨期性的支付。这种支付的成效性，不仅取决于养老金的储蓄收益，也取决于支付时期的实体经济状况，如支付时期的相关产品或服务的价格、种类和功能等因素。

因此，养老金的兑现，需要有相应产品和服务的支持，而此背后需要与之相适应的产品结构和人口结构。例如，老年人对护理员有大量的需求，并且老年人也有相应的支付能力，但在现实的人口结构状况下，没有足够的护理员可以满足所有老年人的需求，即人口结构不支持实体经济中有可以充分满足老年人需求的护理人员数量。在这种情况下，经济中会出现护理员的工资上涨，从而只有支付能力最高的若干老年人可以购买到护理服务。这种情况实际上是实体经济与金融经济不相匹配的情况。

事实上，实体经济与金融经济关系的协调性、匹配性是能否解决好宏观养老问题的核心性问题。此类问题不是个人和家庭可以解决的问题，而是涉及宏观经济和社会层面的问题。因此，需要建立或形成相关的制度、体制和机制，才有可能解决宏观层面的养老问题。在未来的人类社会中，老年人口或将占到总人口的三分之一，而这些老年人口绝大多数是不能劳动却需要消费的人口，这必然是老龄经济中非常复杂的问题。总之，一个国家或地区的宏观层面上的养老问题，绝不是只关系到"钱"的问题，而必然是有关实体经济和金融经济的系统性问题。

二 解决好养老问题的关键是处理好实体经济与金融经济的关系

养老不仅是一种需求，而且是一种刚性需求。这是因为人在进入老年期后，劳动能力减弱甚至完全失去劳动能力，因此养老的需求是必然的。而且养老的实现需要他人提供服务，不是自己可以解决自己养自己的问题。养老的实现实际上是需要用资金或者说是养老金，来换取实体经济中产品和服务的过程。因此，老年人对养老的需求，必然是分别存在于实体经济和金融经济中的。在实体经济中的养老需求，主要是对实物产品和具体服务的需求。而在金融经济中的养老需求，主要是对养老所需的资金的需求。

然而，实体经济与金融经济并不是独立无关的，而是彼此存在密切关系的。一方面，养老需求最终是对实体经济的产品与服务的需求；另一方面，在现代经济体系中，养老需求最终是用养老金的购买行为实现的，由此必然涉及资金的流动。在现代经济体系中，无论是实物性的消费品的交易，还是护理、医疗等服务性的交易，必然是通过资金交易的方式来实现的。因此，在现代经济体系中，实体经济活动的过程必然对应资金流动，离开相应资金流动的实体经济是无法运行的。由此决定了在实体经济中老年人的需求与金融经济中老年人对资金的需求两者间，必然存在不可分割的密切关系。

人口老龄化的结果不仅是老年人占总人口的比重不断提高，而且伴随老年人的需求占经济总需求的比重不断增大。相应要求金融经济中老年人对资金的需求不断增大，也就对养老金的需求不断增大。然而，老年人的特殊性是老年人不再是劳动者，而是单纯的消费者。因此，老年人自有的养老资金主要是来自其工作期作为劳动力时的收入。如果老年人在工作期时为养老储蓄，那么这种储蓄构成了老年人养老资金的一部分。但是问题在于，这种储蓄能否满足对其养老的需求。由于寿命的不断延长，老年人在工作期时的自我储蓄是否可以支持其养老，便是一个风险性问题，即存在不足以支撑养老的情况。因此，就需要社会保障体系发挥作用，即涉及社会保障体系如何满足养老资金需求。

三　养老的本质终究归于代际交换问题

当然，老年人工作期时形成的资金储蓄，也是对金融经济中资金的一种供给。这些储蓄保守的形式是存储于银行获得利息，而激进的方式是投资股市和各种基金。因此，养老金也是对金融经济有重要影响的因素。而养老的实现，最终归结为老年人和下代人之间的交换。这是因为老年人的基本生活用品，必然是由下一代的年轻劳动力生产并提供的。

一个国家或地区的系统的生产必然是由在职的劳动力为主体进行的，如机场的运营与管理、医院提供的医疗服务、海洋和太空探索以及大规模的粮食生产，等等。这些构成实体经济的主体活动内容，不是老年人可以完成的，而是由劳动力完成的。否则，老年人就不属于退休者之列的人员。低龄老年人照顾高龄老年人以及老年人之间的互相照料等，这些方式只是辅助性的养老方式，而不是根本性的养老方式。真正的养老，一定是代际问题，即下代人赡养上代人的问题，必然是代际交换的问题。

第二节　金融市场中养老储蓄的需求与供给

一　养老需要在两个市场上实现交易

养老的本质是一种代际交易，即上代人（老年人）与下代人（年轻人）进行的一种交易。这种交易与养老制度无关，无论是哪种养老保障制度，养老的实现必须是由年轻人从事生产和服务活动，并提供给老年人消费的过程。这种满足养老需求的交易存在于两个市场，一个是产品市场（包含服务市场），另一个是金融市场。在产品市场，劳动力提供产品或服务给老年人，因此劳动力是产品市场的供给方面，老年人是产品市场的需求方面。而在金融市场上，养老储蓄是一种重要的资金来源，老年人是储蓄资金供给方，劳动力是资金需求方。从宏观经济层面看，上述养老实现的过程涉及的是实体经济与金融经济的关系。

实体经济的核心是产品市场，这里的产品包括服务。在产品市场中，养老需求体现为老年人对生活所需的产品与服务的需求。具体的需求内容是非常丰富且特殊的，除了日常的生活需求，还包含老年人所有的特殊需求。老年人在实体经济中的需求，同其他人如劳动力的生活需求并无本质差别，即在产品市场，产品价格是调节产品供给与产品需求均衡状态的重要变量。

在金融市场，一般规则是资金价格（利率）是调节资金供给与资金需求均衡状态的重要变量。但在养老的金融市场中有其特殊性，即养老金本身是金融市场的一种资金供给。这种养老金的供给一方面来自劳动力为其未来的养老而进行的储蓄，另一方面来自老年人暂时不用的养老金剩余，这些剩余或是分阶段性的支出。

二　金融市场的储蓄均衡问题

在金融市场，资金价格（利率）的变动，对资金的供给与资金的需求两方面均有重要的影响，相应影响到养老储蓄资金的供给与需求。首先，在养老储蓄资金供给方面，利率上升意味着储蓄的回报增加，因此产生增加养老储蓄供给的激励；利率下降，意味着储蓄的回报减少，因此产生降低养老储蓄供给的效应。在金融市场，储蓄供给是利率的增函数。其次，在储蓄资金需求方面，经济中生产者是储蓄的需求者。生产者需要资金投入经济中以期获得新的投资机会并取得盈利。如果这种盈利是正的，宏观上就是实现了经济增长。在金融市场上，利率上升意味着生产者使用储蓄的成本增加，在其他条件不变的情况下，降低生产者对储蓄的需求；利率下降意味着生产者使用储蓄的成本减少，在其他条件不变的情况下，增加生产者对储蓄的需求。在上述分析中，金融市场的储蓄需求是利率的减函数。

储蓄的实际水平将由储蓄的供给与需求综合决定的。设 r 表示利率，$S(r)$ 表示金融市场的储蓄资金供给，$I(r)$ 表示储蓄资金需求。在金融市场其他条件不变的情况下，利率 r 越高，消费者的储蓄意愿就越强，因此储蓄供给曲线 $S(r)$ 是关于利率 r 的增函数，$S(r)$ 曲线呈向上的方向（见图 27-1）。在生产方面，在其他条件不变的情况下，利率 r 越高，生产者对储蓄使用的成本就越大，投资的意愿就越低，因此储蓄需求曲线 $I(r)$ 是关

于利率 r 的减函数，即 $I(r)$ 曲线呈向下的方向。$S(r)$ 线与 $I(r)$ 线的交点就是储蓄供给与储蓄需求的均衡点。在此处有 $S(r) = I(r)$，称此均衡点处的利率为均衡利率，对应的储蓄值为均衡储蓄水平。储蓄的均衡点决定了储蓄实际水平的变动方向，即实际储蓄水平具有向该均衡点靠近的内在动力。虽然储蓄的均衡水平只是一个理论上的值，但在现实经济中有其内在影响，即受储蓄供给与储蓄需求两方面因素的综合影响。或者说，理论上的均衡储蓄水平与均衡利率水平将决定实际储蓄水平与实际利率水平的变化方向。

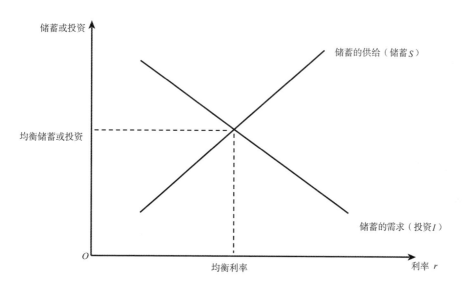

图 27-1　金融市场的储蓄均衡状态

从理论上讲，如果利率是灵活可变的，就意味着储蓄及利率终将可以达到均衡状态。这是因为如果经济处于储蓄的非均衡状态，就可以通过调整利率使消费者的储蓄供给等于生产者的储蓄需求，从而使储蓄的供给与需求达到均衡。因此，利率为灵活可变的假定即意味着经济中储蓄是可以达到均衡状态的。

然而现实经济中的利率并非可以随时且灵活变动的，因此储蓄供给与储蓄需求处于非均衡状态可能是常见的情况。如果利率不能通过市场供给与需求机制灵活变动，那么生产者的投资行为将如何选择？事实上，有关的经济政策可以帮助生产者实现投资计划，可在一定程度上改变储蓄水平。

三   产品市场中的储蓄均衡问题

在产品市场，消费者是储蓄的供给者，生产者是储蓄需求者，储蓄的供给与储蓄的需求共同决定产品市场的储蓄均衡状态。在图 27 – 2 中，P 表示产品的价格，$S(P)$ 表示由产品价格决定的消费者的储蓄供给，$I(P)$ 表示由产品价格决定的生产者对储蓄的需求。曲线 $S(P)$ 与曲线 $I(P)$ 的交点就是产品市场中储蓄供给与储蓄需求的均衡点。

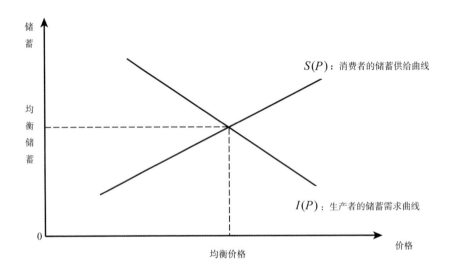

图 27 – 2   产品市场中储蓄的均衡状态

在其他条件不变的情况下，产品市场中 P 越高，消费者的消费意愿就越低，消费者储蓄的意愿越强。因此，在一般情况下，消费者的储蓄供给曲线 $S(P)$ 是关于价格 P 的增函数，即曲线 $S(P)$ 呈斜向上的方向。若其他条件不变，在产品的储蓄市场中，生产者是消费者剩余品（储蓄）的使用者，或者说是消费者剩余品（储蓄）的需求者。如果 P 越高，意味着生产者对消费者剩余品（储蓄）的使用成本就越大，生产者的投资意愿就越低。因此，生产者的储蓄需求曲线 $I(P)$ 是关于价格 P 的减函数，即曲线 $I(P)$ 呈斜向下的方向。

曲线 $S(P)$ 与曲线 $I(P)$ 的交点为均衡点，在此处有 $S(P) = I(P)$。在交点处的价格为储蓄品的均衡价格水平，在交点处的储蓄品数量为均衡储蓄产品水平。同样，在现实经济中，均衡储蓄水平是决定实际储蓄水平的重要因素，即在现实产品市场中，储蓄品的数量水平有向储蓄品的均衡水平方向变化的内在动力。

第三节　养老金对金融经济系统稳定性的影响

人口老龄化对金融经济系统的影响，既涉及对个人及其家庭资金储蓄的影响，也涉及金融市场和保险市场的影响。而这些影响是否会引发金融经济系统的某些系统性变化，进而形成系统性风险，这是非常重要的问题。其中，养老金长期储蓄的收益性是一个重要问题。总的判断是：随着人口老龄化程度不断提高，人口老龄化对金融经济系统有越来越重要的影响，不断增加金融经济系统不稳定的风险性。

一　人口老龄化导致养老性金融资产不断扩大

人口老龄化即老年人口比重不断提高，而与之对应的必然是养老性金融资产（如为养老的储蓄存款以及社会养老保障基金等）规模不断扩大，使其占整个金融资产的比重不断提高。因此，金融经济中通货膨胀、利率波动乃至金融危机等，必然直接影响养老性金融资产的价值及其安全性，导致在实际支付时并不能保障取得在实体经济中预期的相应产品或服务。即养老性金融资产存在贬值的风险。因此，养老性金融资产并不是对未来养老的一种绝对安全的保障。其中一个关键问题是，金融经济与实体经济是否相互匹配、相互对接。或者说，如何在实体经济层面上确保一定养老水平的实现，才能对未来养老有真正的保障。

在实体经济层面上，老年人口越多，意味着经济产出需要分给老年人口而用于其消费的比例将增加，与此对应的是经济产出可用于投资的比例将下降。于是，在实体经济与金融经济中，容易出现不协调的问题。一方面，金融市场上的资金将越来越多，特别是养老性金融资产越来越多；另一方面，人口老龄化导致实体经济中经济产出可用于生产性投资的比例相对减少。因此，未来老龄经济背景下的一种趋势是：金融系统中越来越多的资本对应着实体经济中相对减少的投资品，从而导致实体经济中产出流量同金融系统中资金存量不相匹配的情况趋于严重。由此成为诱发金融危机乃至经济危机的重要潜在因素。

二　人口老龄化的影响涉及金融市场和金融产品

未来人口老龄化对金融经济系统的重要影响，可以通过对金融市场、保险市场及房地产业对金融产生影响。而这些影响可能进一步引发金融结构调整和变化。首先，老龄经济中个人储蓄率趋于不断提高。在人口老龄化背景下，个人预期寿命趋向不断延长，为支付更长的退休期的消费必然增加个人在作为劳动力工作期时的储蓄。其次，老龄经济中收入增长相应带来储蓄增长。人口老龄化的过程也是经济发展的过程，经济增长带来相应的收入增加，因而增加居民的储蓄存款。最后，老龄经济中养老社会保障资金增加。人口老龄化导致政府支出中用于老年人口的比例增加，企业支付养老金的规模加大，从而使养老的社会保障资金规模不断扩大。

事实上，中国人口老龄化进程以及人口结构的现实情况表明，人口老龄化因素已经通过对社保基金、商业保险金及居民存款的渠道对金融经济系统产生重要影响。2024—2035 年是中国退休高潮不断提升期，其间中国社会保险的养老金支出压力必然是不断加大的。而在现行养老保险制度下养老金入不敷出时，必然将压力转嫁给国家财政，由此将给国家财政带来风险。

发展实体经济才是经济发展的真正内容。金融市场乃至金融体系本质上应该以为实体经济服务为核心，而不能脱离实体经济而独立自成体系运行。如果脱离实体经济，金融体系独立运行的结果必将是实体经济与金融体系相分离而无法匹配、对应，于是引发金融危机或对实体经济产生严重冲击。

随着人口老龄化程度不断提高，养老性金融资产规模将不断扩大，对金融系统的影响也将越来越大。一方面，存在养老性金融资产保值升值的问题；另一方面，存在规模庞大的养老性金融资产对金融系统稳定性影响的问题。不要使养老性金融资产成为金融市场上金融杠杆的一部分，更不能成为"热钱"。金融性养老资产参加资本运作，一方面使养老金承受很大的风险，另一方面成为影响金融市场稳定的重要因素。事实上，金融市场上局部利益的最大化，可能是金融经济系统总体利益的最小化，甚至可能导致整个金融经济系统的崩溃。对养老性金融资产进行资本运作的结果可能实现高额回报，但对整个经济系统的影响未必是良好的。因此，必须高度重视人口老龄化对金融体系和经济系统的影响。

第四节　人口老龄化对房地产市场的影响

如果提一个问题：在未成年人、中年人和老年人这三类人中，哪类人对住房的需求最大？这个答案应该是中年人，或者说是处于劳动工作状态的劳动年龄人口。老年人是已经完成了职业劳动生涯的人，完成了成家立业、结婚生子的人生任务，主要处于退休颐养天年的状况。而中年人是处于"上有老""下有小"的生活阶段。虽然老年人的住房需求不是中年人解决的重点问题，但是由于中年人对其自身家庭所承担的责任，特别是对更好生活的追求，住房必然是中年人的至关重要的需求。

中国是人口大国，其房地产问题具有高度复杂性。事实上，影响房地产市场发展状况的因素是非常多的，并不是只同人口结构有关。然而，人口结构的确实是影响中国房地产市场发展的重要而不可忽视的因素。可以判定的是：随着中国人口老龄化程度不断提高，在老年人口比重不断提高而劳动年龄人口比重趋于不断下降的人口结构下，对房地产发展的需求将相对乃至绝对下降。特别是随着中国生育率趋于下降，所对应的人口总量相对乃至绝对下降，从长期来看将导致经济中对房地产发展的需求趋于减少。

中国改革开放 40 多年来房价变化的情况和人口结构中劳动年龄人口比重变化的情况，总体上是基本一致的。因此，从基本的逻辑可以判断出，随着人口老龄化水平不断提高，劳动年龄人口比重相对趋于下降，老年人对住房的需求必然是小于中年人的。按此逻辑，人口老龄化程度的不断上升，对应的老年人口比重上升，劳动年龄人口相对乃至绝对下降，将产生降低住房需求的效应。这意味着人口老龄化的过程主要带来对房地产需求的减少。而由于房地产业与金融的密切联系，这一变动因素也必然传导到金融经济系统。

人口老龄化程度的不断提高，一个对应的结果是从劳动力队伍退出而成为退休者的老年人口速度，会快于进入劳动市场的劳动力人口的速度。而这种情况也会产生影响整体经济资产配置关系的变化。房地产的需求下降，导致房地产价格下降。而房地产开发企业主要依靠贷款来运营，个人则是依靠银行信贷购买住房。但是，房地产市场的价格波动会对银行信贷资产的安全性和营利性带来影响，房地产价格泡沫破灭甚至会引发金融危机，并进一步演变为经济危机。因此，人口老龄化对房地产业产生影响会波及金融经济系统，是人口老龄化对金融经济系统影响的重要方面。

随着人口老龄化程度的不断上升，房地产业作为国民经济支柱产业的地位将会受到削弱。由于房地产业的发展涉及诸多产业的发展，如建材、钢铁、能源、装修等多种行业，从而对经济增长的贡献也会减弱。在这种情况下，寻找新的经济增长点的压力会进一步增大。如果房地产业出现了剧烈波动，它对银行业必然产生严重不利的影响，如果政府监管不当，则会进一步威胁整个金融体系的安全。因此，适时采取有效对策调控房地产市场，消解房地产市场的泡沫，保持房地产业的健康稳定发展，对中国未来避免陷入因房地产业衰退而导致出现金融危机是非常必要的。

但是在现实一定的时期内，在中国人口总量依然很大的情况下，对房地产发展的需求在多长的时间内还能保持旺盛，也是难以明确判断的。一方面，在现有住房产权结构中，持有房屋产权的多数是目前已经或即将进入老年人口群体的人。而这代人赶上了"独生子女"的计划生育政策。因此，这代人特别是在体制内的人，面临的是如何让子女继承房产的问题。这部分人不会对发展房地产有太大的需求。另一方面，随着城镇化的发展，特别是大量体制外的新进城的居民，在现实一定的时期内对住房需求势必仍然较大。因此，两方面因素相抵，现实经济中对房地产发展的需求究竟是怎样的，对此进行明确判断还是困难的。

需要注意的是，导致房地产市场出现危机的具体因素，往往不是长期性的人口结构因素，而是经济增长和金融经济关系的问题。经济增长决定居民收入水平的增长，如果经济增长是长期下行趋势，意味着居民收入增长难以提高。当出现大量居民的收入增长不能使其按期还房贷时，或金融系统脱离实体经济而独自违规运行时，房地产市场"崩盘"的可能性是时时存在的。因此，保持必要速度的经济增长，合理调整收入分配结构，保持金融经济系统稳定，是防止房地产市场爆发危机的关键所在。

第五节　防止老年人财富缩水和代际收入差距扩大的系统性风险

在老龄经济中存在导致老年人财富缩水和代际收入差距扩大的系统性影响因素，因此确保老年人享有稳定、合理的养老水平，不是单纯的老年人个人如何理财的问题，而是需要在国家层面统筹相关制度与机制建设。养老金本质上是老年人对其过去创造价值的剩余索取，不是国家和社会对老年人恩赐的福利，老年人有权合理分享现代经济增长的成果。然而，现代经济增长机制以及现行收入分配制度不利于老年人收入增加，且这种不利的影响具有内生性，由此严重弱化老年人分享经济成果的能力。建立老年人收入增长与经济增长相关联的机制是应对养老至关重要的长效途径。

一　老年人财富的意义和内涵

老年人财富对养老有特别重要的意义，这是因为财富是老年人实现养老的具体手段。实际上，无论是怎样的养老方式与养老的保障制度，养老的本质都是一种代际交换，即老年人与下代人之间进行的财富与产品及服务的交换。由于老年人不再从事社会劳动，其生活所需的产品与服务，必须靠下代的劳动力提供。而为了取得所需的产品与服务，老年人需支付其财富。因此，养老实现的过程本质上也是老年人不断变现其财富换取劳动力提供的产品与服务的过程。

对老年人财富可以有广义与狭义两种理解。广义的老年人财富主要是指国家层面的可用于老年人养老的财富，如社会保障的养老基金。狭义的老年人财富主要是指老年人个人及其家庭可用于养老的财富。关于社会保障的养老基金等公共养老金的保值与升值，是国家主体责任的问题。其中，安全性是至关重要的问题。家庭资产可划分为金融资产和非金融资产。非金融资产主要由房地产和汽车等财产构成，而家庭金融资产的构成通常与一个国家或地区的经济发展水平及金融结构等因素有关。如美国家庭金融资产主要按交易账户、存款、债券、股票、投资组合基金、退休账户、人寿保险现金价值及其他金融资产等分类。目前中国家庭金融资产主要按通货、存款、债券、股票、基金、理财产品、信托产品及其他金融资产等分类。老年人个人财富的保值与升值，需要合理安排个人资产的配置。

二　经济中存在导致老年人财富缩水的系统性影响因素

现实经济中存在多方面的影响老年人财富实际水平的系统性因素，如果不能有效认识与防范这些因素，老年人财富缩水在所难免，仅凭老年人个人的理财是无法扭转大局的。所谓系统性影响因素，是指这些因素不是随机性、偶然性的因素，而是存在内在作用关系与作用机制的因素。

总体来说，社会财富的增加源于经济的不断增长，个人财富的增加源于劳动收入的不断提高。本质上，财富源头在于经济增长。如果没有经济增长，社会财富与个人财富的增加都必然是无源之水。而没有经济增长的财富变动，只能是财富从一部分人持有转向另一部分人持有，而财富这块"蛋糕"的总量不会扩大。穷国与富国的差距，根本原因在于经济发展水平的差异。因此，老年人经济利益的保障，最终要以经济发展为基础，由此归结为经济要增长。

进一步的问题是，老年人如何分享经济增长的成果。不同群体在经济中的地位及作用不同，分享经济增长成果的能力相应不同，即总体经济增长的结果不一定导致经济中所有人的收入可以自然实现同步增长，而是与不同群体在经济中获取经济成果的能力有关。老年人在分享经济成果能力上实际是弱势群体。这是老年人的一个特性决定的，即老年人是不再从事社会劳动的非生产要素。这一特性决定了经济中不利于老年人财富增加影响因素是系统性的。

三　老龄经济中导致代际收入差距扩大的因素

在老龄经济中，由于经济增长动力机制的转变，即资本要素和技术要素对经济增长的贡献趋向增大，资本要素和技术要素的报酬在初次收入分配中所占比重趋向不断扩大是有内在机制的。而在现行收入分配和养老金制度下，老年人口作为非劳动要素处于不利的地位。因此，在老龄经济中如何防止收入分配中代际收入差距过大是至关重要的问题。

（一）少数人占有财富比重过高的问题

收入差距扩大的结果，一方面抑制需求增长，另一方面影响消费的结构。在现实经济中，相对少数的高收入者在经济总财富中所占比重越来越大。但是由于高收入者相对是少数，他们对实体经济中产品或服务的需求总量并不大。由于高收入者掌握了越来越多的资金，而资金逐利的本性决定了在满足生活需求后，高收入者的资金主要流向可获取相对更高利润的市场。因此，现实经济中一些高收入者的资金流向主要不是实体经济，而是主要流向资本市场以及房地产市场。收入差距越大，流向资本市场与房地产市场的资金就越多，从而不断推动房价上涨。然而，高收入者并不是房子的真正需求者，而是旨在获取相对高额的利润。

因此，收入差距扩大同房价变动具有这样的逻辑关系：收入差距扩大，导致少数富有者的富余资金越多，流向资本市场及房地产市场的资金越多，从而产生推动房价上涨的动力。当然，现实经济中房价上涨的原因是非常复杂的，这里所述只是基于收入差距扩大的影响因素。由于现代经济增长机制存在扩大收入差距的内在机制，如何调节收入分配，特别是在二次分配中建立有效的缩小收入差距的机制是非常重要的问题。

（二）经济发展的内涵是发展实体经济

真正的经济发展的内涵是实体经济的发展。金融经济的发展需要以实体经济的发展为基础，并与实体经济相适用。金银自古以来存在世界上，是藏于世界的矿物质。但是，金银的多少并不决定人类生活水平的高低。

人类生活水平是由生产力水平决定的。原始社会自然就有大量的金银存在，但是现代社会与原始社会相比，生产力水平有天壤之别，因此两个时代的人类生活水平是存在巨大差异的。当今世界上发达国家与落后国家的经济水平差异很大，根源于实体经济中生产力水平的悬殊。因此，资金（包括金银）本身所体现的财富及财富的多少，是由实体经济中的财富状况所决定的。

以上所述意在表明，实体经济才是经济发展的真正内容，资本市场乃至金融体系本质上应该是围绕实体经济，为实体经济服务，而不能脱离实体经济而独立自成体系运行。如果脱离实体经济，金融体系独立运行的结果必将是实体经济与金融体系相分离而无法匹配、对应，最终引发金融危机乃至经济危机。因此，人们应该始终不能忘记：经济发展的真正内容是发展实体经济，金融经济是发展实体经济的支持体系。

基于个人消费的有限性特点决定了总量消费的情况是同人口结构有关的。在目前中国的收入分配结构或财富持有结构中，80%以上是中低收入者，由此决定了在目前的必需消费品和服务市场中，主要是来自中低收入者对生活的基本消费需求。实际上，广大的中低收入者是支撑中国经济发展的非常重要的基础，因为他们是实体经济最为广泛的需求者、消费者。但是，由于中低收入者的收入增长相对缓慢，对实体经济的产品或服务的需求增长就受到抑制。

（三）老龄经济中存在扩大代际收入差距的内在机制

收入差距扩大的结果，一方面导致少数富有者拥有越来越多的资金，对利润的追逐决定了资金主要流向利润高的市场，另一方面不利于总需求水平的提高。由此可以看出，收入分配及收入差距问题，实际上已是影响中国经济的非常重要的问题。目前中国经济中的许多问题实际上都与收入分配、收入差距问题有密切关系。而在老龄经济中人口结构趋向老龄化，更加不利于收入分配问题的解决，而是存在加大收入分配差距的内在作用机制。

在收入分配差距中，需要引起高度重视的一个问题是代际收入之间的差距。从长期来看，技术进步和资本要素在现代经济中对经济增长的贡献呈现不断扩大的趋势。因此，从初次的要素收入分配看，国民收入有不断扩大技术与资本要素收入份额的内在动力机制，而劳动要素报酬份额趋于不断降低。这时的老年人口是非生产要素，不参与初次国民收入分配。如果老年人的养老金收入不能同经济增长相关联，不能同要素收入报酬相关联，那么长期的结果必然是扩大代际收入差距。

第六节　未来中国人口结构下的通货膨胀与利率变动趋势

进入 21 世纪以来，中国已经进入以人口老龄化为主要特征的人口结构快速转型阶段。2010 年，中国人口结构出现了"拐点"性变化，即中国 15—64 岁劳动年龄人口比重出现了由升转降的转折点。而在此之后，中国 65 岁以上年龄人口比重加速提升。

一　基本判断

从长期来看，人口老龄化的人口结构变化，对中国经济社会发展的影响是极为深刻的。基本效应是：

第一，从长期来看，实体经济的国民储蓄率趋于不断降低，而金融经济中资金层面的居民储蓄率趋向不断提高。前者产生降低经济增长潜力的效应，后者产生消费需求不足、提高资金供给而增加通货膨胀压力的效应。

第二，人口老龄化导致实体经济的国民储蓄率下降和金融经济的居民储蓄率上升的互反变动，长期来看或是中国宏观经济中的一种潜在的严重系统性风险。当二者储蓄率相差过大时，经济中可能出现严重的通货膨胀或严重的金融危机。

第三，在 21 世纪不可逆转的人口老龄化背景下，养老基金趋向不断增加，同时伴随资金层面的居民储蓄率不断提高，导致未来中国经济中资金供给增长是长期性的，由此促使通货膨胀成为长期趋势。

第四，在人口老龄化背景下，养老基金不断增加及资金层面的居民储蓄率不断提高，长期来看经济中将是以资金供给增长大于投资需求增长为主的格局。同时，在人口老龄化背景下劳动力相对乃至绝对减少也不利于投资需求增长。因此，资金供给大于投资需求是长期性趋势。这意味着从长期来看，利率趋于下行是主要的趋势。

二　在人口老龄化为主要特征的人口结构下，通货膨胀将是长期趋势

通货膨胀是指一定经济中的价格出现全面、持续上涨的情况。其中，这里的价格主要是指经济中的各类产品（包括服务）的价格，而不包括资金的价格（利率）。经济中有不同的价格指数，以体现不同方面的价格变动情况。如体现居民日常消费品价格变动的指数是消费者价格数，即 CPI（Consumer Price Index）。而全面度量各类产品和服务价格变动的指数是 GDP 减缩因子（GDP Deflator），或称 GDP 平减指数，又称国民经济综合价格指数。由于 GDP 中包含了全社会的产品与服务的价格与数量，所以 GDP 减缩因子是反映国民经济中总体价格变动状况的指标。

通货膨胀在任何时间任何地方都是货币现象，其意在表明，货币过多是产生通货膨胀的基础。但是，这并不能表明导致通货膨胀的具体原因是什么。通货膨胀和资金层面的居民储蓄有比较复杂的内在关系。[①] 现实经验表明，消费价格提高意味着消费成本提高，由此可能产生降低消费者消费意愿而减少消费的行为。而在收入一定的情况下，消费与储蓄之间是此消彼长的互替关系，即消费增加则储蓄减少，消费减少即储蓄增加。因此，消费价格上涨的结果将产生降低消费而提高储蓄的效应。反之，如果消费价格降低，即意味着减少消费者的消费成本，由此可产生增加消费而减少个人储蓄的效应。可见，消费价格与储蓄呈正向关系。或者说，通货膨胀与居民储蓄是正向关系。而居民储蓄增加是增加货币供给的一个途径，因此货币供给增加也产生增加通货膨胀的内在动力。

目前，度量货币供给的主要指标是 M2。在当前中国货币供给度量中，M2 是由流通中货币、单位活期存款、单位定期存款、个人存款和其他存

---

① 李军：《家庭储蓄与通货膨胀数理关系及实证分析》，《数量经济技术经济研究》2016 年第 4 期。

款构成的。统计数据表明，个人存款在 M2 中所占比重是最高的，见表 27 - 1。

表 27 - 1		1995—2020 年货币供应量 M2 的构成			单位:%
年份	流通中货币	单位活期存款	单位定期存款	个人存款	其他存款
1995	12. 98	26. 50	5. 47	48. 83	6. 22
2000	10. 89	28. 60	8. 37	47. 79	4. 36
2005	8. 04	27. 86	11. 08	47. 21	5. 80
2010	6. 15	30. 58	14. 58	41. 79	6. 90
2015	4. 54	24. 26	20. 70	39. 65	10. 85
2020	3. 86	24. 75	17. 55	42. 66	11. 18

资料来源：本表原始数据来源于《中国统计年鉴 2021》表 18 - 1。

无论是经济理论，还是实践经验都表明，从长期来看，货币供应量与通货膨胀有明显的正向关系。其中，一般以 M2 与 GDP 之比作为一定经济中货币多少的度量指标。如中国的 M2 与 GDP 之比，1990 年为 0.81，2000 年上升至 1.34，2015 年达到 2.02，2020 年达到 2.15（见图 27 - 3）。

在现实经济中，一般性经验表明如果年均通货膨胀率在 3% 以下，是基本正常的、可以接受的通货膨胀率。而当年均通货膨胀率高于 5% 以上，才是显著的通货膨胀情况。1984—1996 年、2006—2007 年以及 2010—2011 年，中国分别出现了明显的通货膨胀，特别是 1985—1989 年和 1993—1996 年出现显著的通货膨胀（见图 27 - 4）。

自改革开放以来，实证分析的结果表明，中国通货膨胀主要同两大因素有关，一是货币供给，二是投资需求。为此，以 M2 同 GDP 的比率以及全社会固定资产投资 II 同 GDP 的比率，作为 GDP 价格指数的解释变量，利用 1978—2020 年样本数据进行回归分析估计，可以得到回归方程的判断系数高达 0.99，即拟合度是非常高的，而解释变量的显著性也是很高的。但是，货币供给变量的弹性系数和显著性都高于投资变量的弹性系数和显著性，这表明货币供给是影响 GDP 价格指数相对更重要的因素。

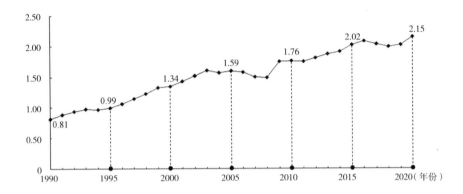

图 27 - 3　1990—2020 年中国 M2 与 GDP 之比

资料来源：根据《中国统计年鉴 2021》数据计算。

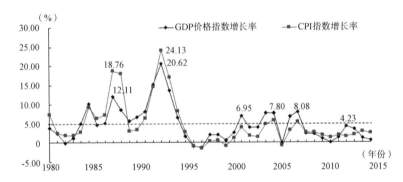

图 27 - 4　1980—2020 年中国 GDP 价格指数增长率与 CPI 指数增长率曲线

资料来源：根据《中国统计年鉴 2021》数据计算。

　　因此，未来随着人口老龄化背景下金融经济系统中资金量不断增加，包括养老基金和居民储蓄率的提高效应，将产生资金供给增加的内在动力，由此导致未来通货膨胀的动力是增加的、是内在性的。过去中国 M2 长期过快的增长，也是助长通货膨胀压力不断增大的重要因素。

三　从长期看，长期利率变动主要是下降趋势

　　自 20 世纪 90 年代以来，世界主要国家如美国和日本的利率呈现不断

下降的趋势，见图 27 – 5。虽然其间出现较大幅度回升的情况，但是总体的长期趋势是下降的。中国利率的变动趋势基本上与美国和日本的变动趋势相同。

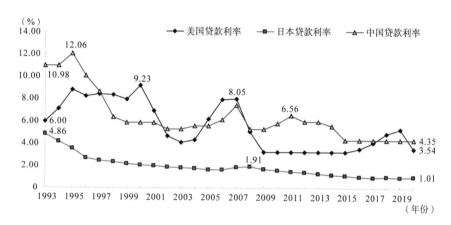

图 27 – 5　1980—2020 年中国、美国、日本的长期贷款率曲线
资料来源：2021 年世界银行数据库（https：//data. worldbank. org. cn/indicator）。

长期利率趋于下降主要有两个因素，一是资金量增加导致利率下降。资金稀缺性下降时的效应是资金价格即利率趋于下降。二是利率的高低也取决于投资需求的状况。在未来人口老龄化背景下，投资需求是趋于下降的，由此产生利率下降的内在倾向。这里需要强调的是，这里的利率是指长期利率，而非短期利率。在现实经济中，利率的波动性是同许多现实因素有密切关系的。而人口老龄化背景下的长期利率趋于下降，指的是人口老龄化背景下有关长期因素的作用效应，如人口老龄化背景下资金稀缺性趋于下降和投资需求水平的相对下降。然而，投资需求实际上同科技进步状况有关。如果科技进步出现重大变化，由此将产生供给创造需求乃至产业结构重大变化的效应，在此情况下投资需求或出现重大提升，相应产生长期利率提高的内在动力。

第二十八章

人口老龄化对财政稳定性的影响

一个国家的财政的重要性是不言而喻的。财政不仅与国家宏观经济有着密切的关系，而且与每个居民的生活息息相关。其中，政府的有关税收及支出的政策，既是财政政策的核心内容，也是政府干预经济运行的重要手段。在老龄经济中，人口老龄化因素对政府财政有怎样的影响是一个至关重要的问题。因此，本章主要讨论人口老龄化对政府财政及相关经济的影响。需要说明的是，本章的财政主要指国家政府的财政。

第一节　人口老龄化与财政的基本关系

一　关于财政的有关基本问题

首先需要了解财政有关的基本问题。财政是国民经济的重要组成部分，是政府履行其职能作用的重要基础，也是政府参与和调节经济生活的重要途径。财政主要包含财政收入与财政支出两方面的内容。

（一）财政收入

财政收入也称政府收入或公共收入，指政府按照有关法律法规的规定，为履行其职能而筹集的一切资金的总和。一般而言，政府主要有三种获取财政收入的方式：税收、借债和印发钞票。其中税收是政府获取财政收入的最主要方式，它是通过法律形式划定下来的政府收入，是政府财政收入中相对最为主要和稳定的部分。后两种收入方式主要是用于弥补财政赤字。借债主要是指政府面向公众借债，如向公众发售各类债券等。印发钞票是指政府开动印刷钞票的机器，简单地印发钞票。这种通过印发钞票获取的政府收入在经济学中称为铸币收入或铸币税。由于这种方式增发钞票会导致没有实物量对应的货币供给的增加，因此很容易引发通货膨胀。

（二）通货膨胀对财政收入的影响

通货膨胀具有改变资源配置格局的效应，因此通过印发钞票而获取的政府收入，类似于政府强行增收了通货膨胀税。称其为通货膨胀税，并不是政府真实征收的一个税种，而是从理论上讲的一种由于政府通过印发钞票导致通货膨胀而使货币贬值的结果，如同政府增加一种税收的效果，而为通货膨胀纳税的人就是每一位货币持有者。其基本原理是，政府通过大量印发货币可以提高政府控制货币的比例，也就是提高政府控制经济资源的比例，从而相当于提高了政府财政收入。在目前许多国家中，这种以印发钞票取得财政收入的方式是被法律严格禁止的。

（三）财政支出

财政支出也称公共支出或政府支出，指政府为履行其职能而支出的一切费用的总和。而在现实经济中，政府对财政支出的安排似乎比财政收入问题受到关注的程度相对更高，因为如何花钱更直接涉及各方面的利益。因此，政府的财政支出计划一般要受相关机制的约束。如在中国，政府的财政预算（财政收入与财政支出的计划）要通过人代会的审议和通过。但是，如何有效地进行财政监管仍是需要不断研究的问题。

（四）财政赤字

财政支出可以大于、等于或小于财政收入。当财政支出大于财政收入时称为财政赤字，当财政支出小于财政收入时称为财政盈余。当财政支出等于财政收入时称为财政收支平衡。稳定的财政政策应以收定支，收支平衡。但是，财政赤字有时是被政府作为刺激经济的一种经济政策来执行的。为此，对赤字政策一直存在很多争议，因为财政赤字过大被认为是一种财政风险，并有可能扩大为经济风险。

（五）财政政策的外部性

一个值得注意的问题是财政的外部性。所谓财政的外部性指由于政府的财政收入与支出行为及相关财政政策的实施，对财政作用对象之外者所产生的影响。在现代经济学理论中，财政的外部性是被广泛强调的。财政的外部性作用，在财政收入与财政支出的行为过程中，都是广泛存在的。从财政收入方面看，不同财政收入的总量规模与不同的财政收入结构，对应的是经济中不同的税赋负担和不同的负担主体，由此对经济中的生产者与经营者有不同的影响。如增税政策，有增加经济活动主体的成本效应；而减税政策，则有降低经济活动主体的成本效应。从财政支出方面看，不同的财政支出总量与结构，对应的是不同受益主体及利益分配格局的变动。财政支出政策的变动，在很大程度上是利益格局的重新调整。因此，政府的财政收入与财政支出，对经济与社会的发展都会产生直接或间接的影响。

（六）中国财政体制

税制同财政也有着重要的影响关系。目前中国财政体制主要是自 1994 年起开始实施的分税制财政体制。即在中央和地方政府之间，根据各自履行职能的需要，按照事权、财权、税权相统一的原则，将税种划分为中央税、地方税和中央与地方共享税，实行国税与地税机构分设，分别征税。

目前中国的一般公共预算收入指国家财政参与社会产品分配所取得的收入，是实现国家职能的财力保证。主要包括：（1）各项税收：包括国内增值税、国内消费税、进口货物增值税、进口消费品消费税、出口货物退增值税、出口消费品退消费税、企业所得税、个人所得税、资源税、城市维护建设税、房产税、印花税、城镇土地使用税、土地增值税、车船税、船舶吨税、车辆购置税、关税、耕地占用税、契税、烟叶税、环境保护税等。（2）非税收入：包括专项收入、行政事业性收费收入、罚没收入、国有资本经营收入、国有资源（资产）有偿使用收入和其他收入。财政收入按现行分税制财政体制划分为中央本级收入和地方本级收入。①

---

① 本段内容来自《中国统计年鉴 2021》第七财政部分的统计指标解释。

一般公共预算支出指国家财政将筹集起来的资金进行分配使用，以满足经济建设和各项事业的需要。主要包括：一般公共服务、外交、国防、公共安全、教育、科学技术、文化旅游体育与传媒、社会保障和就业、卫生健康、节能环保、城乡社区、农林水、交通运输、资源勘探工业信息等、商业服务业等、金融、援助其他地区、自然资源海洋气象等、住房保障、粮油物资储备、灾害防治及应急管理、债务付息、债务发行费用等方面的支出。财政支出根据政府在经济和社会活动中的不同职权，划分为中央财政支出和地方财政支出。①

二　财政与经济的基本关系

财政与经济彼此间有非常紧密的关系。首先，经济是财政的基础。财政的根本在于财政收入，而财政收入不是无源之水。财政收入来自经济活动所创造的价值。虽然财政收入是国家通过政权和法律关系来确立的，具有鲜明的无偿性和强制性，但是财政收入的基础必然是经济中生产与经营活动的成果。如果没有经济活动的成果，财政收入就没有了基础。因此，经济活动的水平将直接影响财政收入的水平。其次，财政对经济也有直接或间接的重要影响。事实上，政府的财政政策，具体包括财政收入政策与财政支出政策，是当前世界各国政府参与经济生活、干预经济生活的重要手段与具体途径。

财政政策对经济的影响，可以通过国民经济平衡式进行说明。国民经济平衡式表现为下面的关系式：

$$Y = C + I + G + NX \qquad\qquad (28-1)$$

其中，Y 为总产出（或总收入），C 为总消费，I 为总投资，G 为政府支出，NX 为净出口。

注意，式（28-1）表现的是经济总需求方面的内容，是产出实现后的使用方面的结果。实际产出的最终实现，是由生产方面的生产行为决定的。从经济学的层面说，总产出最终是由生产函数决定的。国民经济平衡式只是体现对总产出进行配置使用的结果。因此，式（28-1）各项的增

---

① 本段内容来自《中国统计年鉴2021》第七财政部分的统计指标解释。

加，如总消费增加或总投资增加而导致总产出的增加，并不表示经济中的实际产出增加，而只是表明总需求的增加。经济中的实际产出是否增加，还要取决于生产方面的实际生产能力。

总消费 C 是由总消费函数决定的，总消费函数可以表示为下面的形式：

$$C = C(Y - T) \tag{28-2}$$

其中，T 为税收，表示政府财政收入的来源，也是政府财政收入的表示。总收入减去税收即 $Y - T$，表明的是经济中的可支配的总收入。由式（28-1）和式（28-2）可知，政府的财政政策可由政府支出 G 和税收 T 这两个变量体现。

首先看财政支出的影响作用。由式（28-1）可知，政府支出 G 的增加是提高总需求水平的一个直接因素。即积极财政政策导致政府支出增加，具有直接导致总需求水平提高的效应。如政府支出增加 ΔG，总需求 Y 将同样增加 ΔG。

政府支出的增加导致总需求增加。在生产能力能够满足总需求的情况下，实际生产将按总需求的水平进行，即经济中的总产出（总收入）Y 增加。而由式（28-2）可知，Y 的增加导致总消费增加，进而导致总需求再次增加，由此引发总需求的系列性的不断提高的过程。这种现象便是积极财政政策所引发的财政乘数效应。

其次看财政税收政策的作用。通过式（28-2）可以看到，当总收入 Y 一定时，政府财政税收 T 增加，将导致经济中的国民可支配总收入 $Y - T$ 减少，而国民可支配总收入的减少将降低总消费，而总消费的降低又产生减少经济总需求的影响。因此，财政税收扩大的政策产生的是系列性降低收入的过程。

三　人口老龄化与财政关系的基本关系

人口老龄化同财政的关系是通过多方面的作用机制传导的。其中既有对财政收入方面的影响，也有对财政支出方面的影响。如人口老龄化对应着人口结构的变化，而人口结构变化必然对应税收结构和财政支出结构的变动。

首先，人口老龄化与财政的关系，可以通过人口老龄化与经济增长的关系发生联系。经济理论和实践经验均表明，财政收入的状况同经济增长的状况有着非常密切的关系。然而，人口老龄化总体上是不利于经济增长的，这一结论是具有普遍性的。因此，一个合乎逻辑的推断是：由于人口老龄化不利于经济增长，人口老龄化对经济增长的不利影响必然也对财政收入增长有不利的影响。可见，人口老龄化可以通过对经济增长的影响机制而影响财政收入。

其次，人口老龄化背景下的人口结构变化不利于财政收入增长。劳动年龄人口是经济活动中的主要主体，是基本生产要素即劳动力的主要源泉，同时是经济中最主要的纳税人主体。而与人口老龄化相对应的人口结构变化是劳动年龄人口相对乃至绝对减少，这种情况在现实经济中意味着经济中的纳税人主体相对乃至绝对减少。因此，人口老龄化程度不断提高下的人口结构显然是不利于税收增长的。或者说，基于劳动要素贡献的税收部分将受到人口老龄化的不利影响。

最后，从财政支出方面看，人口老龄化是导致养老负担加重以及相关福利支出增加的重要因素。因此，人口老龄化对财政支出的影响是不断增加财政支出的压力。从世界范围内看，人口老龄化实际上已经成为一些国家财政出现严重赤字的直接原因之一。在此方面，特别是欧洲一些国家的财政，已经深受人口老龄化的影响。如2010年希腊发生国家主权债务危机，虽然直接的原因表现是多方面的，但本质上同这些国家的人口老龄化状况有着密切的关系。这是因为在人口老龄化背景下，希腊的劳动力供给不足，国家的消费性增强，而生产性下降，同时其养老金及社会福利支出过大，从而导致国家财政入不敷出，不得不持续增加债务，却又不能及时偿还而产生危机。因此，人口老龄化实际上是导致欧洲债务危机发生的重要背景性、基础性因素。

综上所述，人口老龄化对财政收入与财政支出两方面都有明显的不利影响。对财政收入的不利影响，主要源于人口老龄化背景下劳动年龄人口比重的相对下降，导致潜在有效纳税人数量的相对减少。人口老龄化增加财政支出压力，主要源于老年人口数量增长而导致涉老支出压力的增加。事实上，随着人口老龄化程度的不断提高，人口老龄化将成为影响一个国家或地区财政稳定性及其可持续性的重要因素，对此需要政府给予高度重视。其中，人口老龄化对经济增长的不利影响，以及人口老龄化程度不断提高所对应的人口结构变化，都是不利于财政稳定的因素。

四　人口老龄化影响税收的量化表示

具体地说，财政收入与经济增长总体上是有正向关系的。如果经济增长下降，或者是经济活跃程度下降，将对财政收入产生不利的效应。在宏观经济层面上，人口老龄化总体是不利于经济增长的，因而人口老龄化最终对财政收入增长是不利的。

现设一定宏观经济中的财政税收为 T（体现财政收入），α_R 为该经济中的老龄化率，即老年人口占总人口的比重。人口老龄化与税收的关系，可用下面的函数关系表示：

$$T = T\big[Y(\alpha_R), \alpha_R\big] \tag{28-3}$$

其中，Y 表示总收入，$Y(\alpha_R)$ 表示 Y 是关于 α_R 的减函数，体现人口老龄化对经济增长有不利的影响。同时，T 是直接关于 α_R 的减函数，如体现为老龄化的人口结构对税收有不利的影响。

首先，关于 $Y(\alpha_R)$ 是 α_R 的减函数问题。对此，在本书第二篇已经充分论证了人口老龄化对经济增长的不利影响。人口老龄化程度越高，即 α_R 水平提高，对经济产出 $Y(\alpha_R)$ 的负向影响相对越大。因此，如果 $Y(\alpha_R)$ 是可导函数，则要求 $\dfrac{dY(\alpha_R)}{d\alpha_R} < 0$。同时，式（28-3）简明表现了通过经济产出而反映税收同人口老龄化的关系，即老龄化率提高对政府税收产生负向影响，有 $\dfrac{\partial T}{\partial \alpha_R} < 0$ 成立。

其次，关于式（28-3）中税收 T 也是老龄化率 α_R 的显性减函数问题。α_R 在此函数中是体现人口结构的一个变量。在其他条件不变的情况下，人口老龄化程度越高，对应着劳动年龄人口相对乃至绝对减少。在现实经济中，这意味着纳税人数量的相对乃至绝对减少，由此对税收产生负面影响。显然，年轻劳动力的减少不利于税收增长，这是人口老龄化背景下现收现付制不可持续的基本原因。

对式（28-3）两边求对数并进行关于老龄化率 α_R 的导数，可以得到下面的表达式：

$$\frac{d\ln T}{d\alpha_R} = \frac{d\ln T[Y(\alpha_R), \alpha_R]}{d\alpha_R} = \frac{\partial\ln T}{\partial\ln Y}\frac{d\ln Y}{d\alpha_R} + \frac{\partial\ln T}{\partial\alpha_R} \qquad (28-4)$$

在式（28-4）中，$\frac{\partial\ln T}{\partial\ln Y}$为税收入关于产出的弹性系数，对此可记此弹性系数为$e_Y$，即

$$e_Y = \frac{\partial\ln T}{\partial\ln Y} \qquad (28-5)$$

于是，式（28-4）可以写成：

$$\frac{d\ln T}{d\alpha_R} = e_Y\frac{d\ln Y}{d\alpha_R} + \frac{\partial\ln T}{\partial\alpha_R} \qquad (28-6)$$

式（28-6）可以进一步表达为下面的形式：

$$\frac{d\ln T}{d\ln\alpha_R} = e_Y\frac{d\ln Y}{d\ln\alpha_R} + \frac{\partial\ln T}{\partial\ln\alpha_R} \qquad (28-7)$$

在式（28-7）中，$\frac{d\ln T}{d\ln\alpha_R}$是税收关于老龄化率的综合弹性系数，$\frac{d\ln Y}{d\ln\alpha_R}$表示产出关于老龄化率的综合弹性系数，$\frac{\partial\ln T}{\partial\ln\alpha_R}$表示税收关于老龄化率的（纯）弹性系数，即其他条件不变情况下税收关于老龄化率的弹性系数。因此，式（28-7）清楚地反映了老龄化率通过对总产出（经济增长）的影响以及直接对税收的影响，而对总税收产生的影响。

因此，总税收关于老龄化率的综合弹性系数，取决于产出关于老龄化率的综合弹性系数，以及税收关于老龄化率的（纯）弹性系数这两者之和。可见，式（28-7）反映了人口老龄化因素对税收的影响，一方面取决于税收与老龄化的直接性影响，另一方面取决于老龄化对经济增长的影响。

这时，总量经济层面的可支配收入为$Y-T$。其包含有老龄化率α_R的表达式如下：

$$Y-T = Y(\alpha_R) - T[Y(\alpha_R), \alpha_R] \qquad (28-8)$$

可见，可支配收入$Y-T$也是受到人口老龄化影响的，并且其影响是非常复杂的。一方面，人口老龄化对经济增长的不利影响是明确的，即式（32-8）中$Y(\alpha_R)$关于老龄化率α_R的减函数。另一方面，上面已经论证了老龄化率α_R对税收T的影响是负面的。因此，$Y(\alpha_R)$与$T[Y(\alpha_R), \alpha_R]$的差值是增大还是减小，取决于老龄化率α_R对总产出

$Y(\alpha_R)$ 和总税收 $T[Y(\alpha_R),\alpha_R]$ 分别影响的大小。

上述分析旨在表明人口老龄化程度的变化对财政收入是存在量化影响关系的。总的影响是人口老龄化程度对税收起负向影响,而影响的程度同生产函数及税收函数的情况有关。

第二节　影响财政收入的因素以及人口结构的作用

为了分析人口老龄化对财政收入的影响,首先有必要分析影响政府财政收入的有关因素,在此基础上探索人口老龄化与这些影响因素的关系,由此可以得到人口老龄化影响财政收入乃至财政政策选择的影响。一般而言,影响财政收入的因素可归结为三类因素:一是制度性因素;二是经济性因素;三是人口结构性因素。

一　制度性因素

首先从制度方面看,可以说税收是在一定税收制度下的税收,即税制决定了税收的范围、方式、税种、税率以及课税的主体等决定税收的基本因素。如果税制不同,税收的局面可能是截然不同的。因此,税制的任何变化通常对税收格局会产生深刻的影响。

1994 年,中国政府实施分税制,这是中国财政收入格局变化的一个重要分界年份。1978—1993 年,中国经历的是有计划的商品经济时期的税制改革过程,主要内容包括涉外税制的建立、两步"利改税"和工商税制改革。1994 年之前,中国工商税制共有 37 个税种,按照经济性质和作用大致分为流转税、所得税、财产和行为税、资源税、特定目的税、涉外税、农业税七大类。

从图 28 - 1 可见,1978 年国家财政收入与 GDP 的比率为 30.8%,之后呈现持续走低的态势。到 1994 年,该比率已经降到 10.7%。1994 年实施分税制后,国家财政收入与 GDP 的比率不断下降的局面得到扭转。从 1996 年起国家财政收入与 GDP 的比率开始上升,2000 年已上升至 13.4%,2005 年上升至 16.9%,2010 年上升至 20.2%,2015 年上升至 22.1%,这

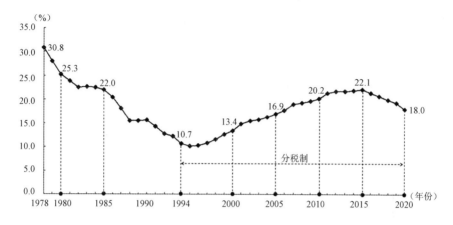

图 28-1　1978—2020 年国家财政收入与 GDP 的比率

是自 1994 年实施分税制后财政收入与 GDP 的比率最高的年份。2016 年后呈现不断下降的趋势，2020 年下降至 18.0%。2016 年后出现的财政收入与 GDP 的比率下降的局面，同国家实施减税降费的财政政策有关。可见，税制对财政收入的确有较大的影响。

二　经济性因素

税制确定后，财政收入的水平主要取决于经济活动的因素。因此，在相对稳定的税制下，对财政收入的影响因素应主要从经济方面来考虑。在一定的税制下，经济性因素对财政收入的影响作用可以说是决定性的。表现在经济对财政收入的影响是长期性的和相对稳定的。在一定税制下，如果经济活动水平高，相应的税收水平就高；如果经济活动水平低，相应的税收水平就低。其根本原因在于经济是税收的根本源泉，如果没有经济的发展，再好的制度也不会自己产生收入。因此从这个意义上讲，经济发展是决定税收的根本性因素。

（一）GDP 总量因素

GDP 总量与财政收入有密切的关系。从大的方面看，GDP 总量对财政收入有非常重要的影响，而且是一种长期的、相对稳定的影响因素。对此可通过实际的数据进行验证。图 28－2 给出的是 1978—2000 年中国财政收入同 GDP 经数据标准化处理的曲线，旨在表现两条曲线的形状。

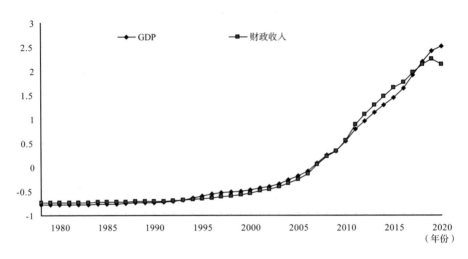

图 28－2　中国 GDP 和财政收入曲线（标准化处理）

从图 28－2 可以看到，两条曲线在总体趋势上是基本一致的，即表明财政收入总量是随 GDP 总量的上升而上升的。对两个变量进行计量分析的结果表明，其相关系数达到 0.995，可见相关性是很高的。但是，这样的表述并不表明在实际中对财政收入的预测就可用 GDP 来简单地估算。虽然这是一种可行的方法，但是这样做会忽略了许多应考虑的细节，因而估计结果的相对误差会大些。特别是对预测精度要求相对高、考虑问题要细时就更不合适，因此应尽可能避免使用 GDP 直接估计财政收入。这里所述旨在表明 GDP 总量和财政收入总量一般是有很高相关性的。

实际上，总的财政收入是各种税收和其他收入的和。因此，对组成总财政收入的各分项可分别进行预测，这样可对不同的分项收入考虑不同的影响因素。不同税种收入的影响因素是不一致的。比如营业税主要与商品流通和市场活跃程度有很大关系，企业所得税同企业生产与经营的盈利状况有直接联系，个人所得税同个人收入的情况密切相连等。因此，对财政收入的预测应首先建立在对财政收入决定因素的微观分析基础之上。

（二）产业发展与产业结构因素

产业发展与产业结构同财政收入有密切的关系。经济增长是指总产出的增长，因此经济增长同总的财政收入是对应的，即总的财政收入是与GDP 总量有较强相关性的。但是，具体到某个税种收入时，与之相关的因素可能就会更为具体，而不适合都由 GDP 来解释。因此在实际的预测中，关注产业的发展和关注产业结构的变化，比关注经济总量的变化可能会相对更有效。比如，农业税主要同农业经济的发展有密切关系，关税主要与进出口贸易的情况有密切关系，而营业税与经济中的生产经营活动特别是第三产业的发展状况有密切关系。特别是近几年高新技术产业的迅速发展，已经成为税源的新增长点。而新的产业发展会导致产业结构变化。因此考虑产业发展和产业结构的因素对财政收入是非常重要的。

（三）价格因素

通货膨胀与财政收入有密切的关系。总体价格水平的变动对财政收入也是有直接作用的。理论上，财政收入可以用 GDP 来解释，但财政收入同GDP 有很大的不同，财政收入并不是 GDP 的子集。实际上，财政收入是具有可支付能力的货币概念，而 GDP 是统计与核算上的概念，是产出实物量的概念。因此财政收入通常是以现价计算的。以现价计算的财政收入，主要取决于按现价计算的产出的价值，而不是按不变价计算的价值。现价计算的产出价值等于产出数量乘以产出价格，即 $Y = P \times Q$，其中 Y 为产出价值、P 为价格、Q 为产出数量。可见对现价计算的产出 Y 有两个影响因素，一是价格 P，二是产出数量 Q。由于 Q 增加的因素为经济增长，而 P 上升的因素为通货膨胀，从理论上讲，当 P 有较大变动时，即使 Q 变动不大，同样可以导致产出总价值有较大的变动。而财政收入主要取决于产出的现价。对此进行分析可以有助于理解为什么经济增长很快而财政收入增长相对缓慢，或者经济增长相对较慢而财政收入增长相对较快。

（四）时间因素

在分析财政收入的相关影响因素时，应充分注意时间因素的影响作用，即长期性因素和短期性因素。长期性因素是一种长时期存在的、相对稳定的影响因素，即从长期来看，这些因素将始终影响财政收入。短期性因素是一种仅在短期内存在的、相对波动的影响因素，即从短期来看，这些因素将主要短期性地影响财政收入。而财政收入的最终决定，是各种因素综合作用的结果。长期性因素决定财政收入的长期变动趋势，而短期性因素主要影响财政收入在短期内的波动性。

一般而言，财政收入应与经济增长有正向关系。但具体到一个现实经济中的一个特定时间，二者的关系并不总是表现为协调一致。具体而言，财政收入的增长率并不一定总是与经济增长率保持一致。也就是说，有时较高的经济增长率可能对应的是较低的财政收入增长率，而有时较低的经济增长率对应的是较高的财政收入增长率。而在老龄经济中，人口老龄化将成为影响财政收入增长的越来越重要的长期性因素。

三　人口结构及人口老龄化因素

在既定的税制和财政政策下，财政收入的形势总体上同经济运行的状况有最为重要的关系。但是经济运行的状况是同人口结构有密切关系的。人口因素是决定经济的基本性和基础性的因素。对此可以通过区域经济发展的情况得出判断。如经济发展水平高的地区，通常也是人口聚集程度高的地区。这是在世界范围内都普遍遵循的规律。如国际大都市都是人口数量高的城市或地区。

然而，这里要论述的不是人口总量与财政的关系，而是人口结构与财政的关系。显然，一个地区是年轻人相对多、老年人相对少，而另一个地区是年轻人相对少、老年人相对多，两个地区面临的人口结构是不同的。在相同的条件下，年轻人相对多的地区意味着劳动力相对多，经济增长相对有活力，纳税的经济活动主体相对多；而年轻人相对少的地区意味着劳动力相对少，经济增长相对缺乏活力，纳税的经济活动主体相对少。这意味着，在相同的条件下，相对年轻的人口结构比相对老化的人口结构，是更有利于财政收入增长的。

随着人口老龄化程度的不断提高，老龄经济中的财政收入受到人口结构变化的不利影响将越来越大，同时财政支出的压力也越来越大。因此，政府相关部门应充分认识到，以人口老龄化为主要特征的人口结构变化对财政有重大的影响。如何在老龄经济中保持财政的稳定性和可持续性，是需要政府相关部门高度重视的问题。

第三节　财政政策的效应及人口老龄化因素的影响

一　财政政策与乘数效应

从经济的总需求方面看，财政政策有两个途径发挥作用。一是通过政府支出途径，二是通过税收途径。即在其他条件不变的情况下，政府支出增加将提高总需求水平，当政府支出降低则降低总需求水平。可见，政府支出是影响总需求的一个直接影响。税收的作用则是通过消费函数间接发挥影响作用的。税收的增加将降低国民的可支配收入，从而导致消费的减少，消费水平的降低进而降低总需求水平。

但一定要注意，这样的分析仅是在没有考虑其他经济变量的情况下所得到的结论。政府支出的扩张将提高总需求水平，并不意味着实际产出就是一定增加的，而是同供给与需求所处的均衡水平，以及与价格和利率的状况有重要的关系。需求增加，并不等同于实际产出增加。只是在有效需求不足的情况下，扩大需求水平，才有可能实现产出增加。而且产出的增加一定是在产出能力的范围之内。

在有效需求相对不足的情况下，政府应经常关注其积极财政政策的效应是怎样的，如政府增加1元的支出，最终使产出增加多少，以便政府决策下一步的财政政策走向。对此，在经济学中可以用财政政策的乘数效应和挤出效应来度量。

所谓政府支出乘数（government - purchases multiplier）是指政府增加一个单位的支出而导致总收入（或总产出）变动的多少，即 $\Delta Y/\Delta G$。政府支出的乘数效应主要是通过消费的渠道实现的。其传导机制简述如下：当政府支出增加时，导致总需求水平的提高，从而引发产出水平即收入水平的提高，收入水平的提高又引发消费水平的提高，消费水平的提高又使总需求水平提高，进而促进产出即收入水平的提高，如此往复下去。

可以用数学手段严格地推导出政府支出乘数的计算公式。简要推导过程如下：

由于在总需求方面有下面的关系式成立：

$$Y = C(Y - T) + I + G \qquad (28 - 9)$$

对式（28 - 9）求微分，得到下面的关系式：

$$dY = d[C(Y - T)] + dI + dG \qquad (28 - 10)$$

由于考虑度量财政支出的效应，这时可视投资 I 是与财政支出 G 无关的变量。于是，对式（32 - 10）求关于 G 的导数时，

$$\frac{dY}{dG} = \frac{dC}{d(Y - T)} \frac{dY}{dG} + 1 \qquad (28 - 11)$$

由于式（28 - 11）中 $\frac{dC}{d(Y - T)}$ 为消费函数中消费关于可支配收入的导数，即边际消费倾向，为此可记边际消费倾向为 C'，即

$$C' = \frac{dC}{d(Y - T)} \qquad (28 - 12)$$

于是，式（28 - 11）可重新写成下面的表达式：

$$\frac{dY}{dG} = C' \frac{dY}{dG} + 1 \qquad (28 - 13)$$

对式（28 - 13）求解出 $\frac{dY}{dG}$，即得到下面的结果：

$$\frac{dY}{dG} = \frac{1}{1 - C'} \qquad (28 - 14)$$

式（28 - 14）为政府支出乘数的计算公式，其中 C' 为边际消费倾向。式（28 - 14）的经济意义是：当政府支出增加 ΔG 时相应收入增加为 $\Delta G / (1 - C')$。

同样可以计算政府采用增加税收政策的作用，对此是用税收乘数的概念来刻画的。所谓税收乘数是指政府增加一个单位的税收变动而导致总收入（或总产出）变动的多少。税收乘数计算公式的简要推导过程如下：

同样利用如下方程

$$Y = C(Y - T) + I + G$$

对式（28 - 9）求关于税收 T 的导数，得到下面的关系式：

$$\frac{dY}{dT} = \frac{dC}{d(Y - T)} \frac{d(Y - T)}{dT} = C' \frac{d(Y - T)}{dT} = C'\left(\frac{dY}{dT} - 1\right) = C' \frac{dY}{dT} - C'$$

$$(28 - 15)$$

由式（28 - 15）可解得：

$$\frac{dY}{dT} = \frac{-C'}{1 - C'} \qquad (28 - 16)$$

C' 为边际消费倾向。因此，只要知道经济中的边际消费倾向就可利用式（28 - 14）和式（28 - 16）进行这两个乘数的计算。例如，如果边际消费倾向为 0.6 时，通过式（28 - 14）可以计算出 $\frac{dY}{dG} = 2.5$。对此可这样理解，政府增加 1 元的支出，可增加 2.5 元的经济总需求。而通过式（28 - 16）可以计算出 $\frac{dY}{dT} = \frac{-0.6}{1 - 0.6} = -1.5$，即政府增加 1 元的税收，可减少 1.5 元的经济总需求。

二　人口老龄化对财政政策效应的影响

由于人口老龄化对经济增长和消费者行为均有影响，从而对财政政策的效应也有直接或间接的影响。例如，人口老龄化对经济增长的影响，体现为人口老龄化降低国民储蓄率，从而降低投资潜力而不利于经济增长潜力的提高。人口老龄化对消费者的影响则是多方面的，如人口老龄化改变了人对寿命的预期，由此改变消费者的储蓄行为，这便是改变消费与储蓄的关系。而这种改变也涉及对消费者消费倾向的变化。

假设消费者预期寿命越来越长，那么在这种预期下消费者会增加为养老储蓄的动机。如果这种情况是成立的，那么现实经济中将出现随着人类寿命不断延长，边际消费倾向会下降。而在上面的政府支出的乘数效应的分析中可以看到，边际消费倾向是影响政府支出乘数效应大小的一个关键因素。其总的结论是，消费者的边际消费倾向越大，则乘数效应越大；消费者的边际消费倾向越小，则乘数效应越小。因此，人口老龄化对消费者的边际消费倾向的影响，将直接影响财政支出政策的乘数效应。

由式（28 - 12）可知，边际消费倾向的表达式为：

$$C' = \frac{dC}{d(Y - T)} \qquad (28 - 17)$$

记 $\tilde{Y} = Y - T$，则 $\tilde{Y}$ 为可支配收入。于是，$C' = \frac{dC}{d\tilde{Y}}$。由式（28 - 8）可

知，可支配收入 $Y-T$ 由下面的表达式决定：

$$Y - T = Y(\alpha_R) - T[Y(\alpha_R), \alpha_R]$$

因此，$\tilde{Y}$ 的表达式如下：

$$\tilde{Y} = Y - T = Y(\alpha_R) - T[Y(\alpha_R), \alpha_R] \qquad (28-18)$$

式（28-18）表明，可支配收入 $\tilde{Y}$ 是受人口老龄化变量 α_R 影响的，并且受到两种途径的影响。一是受老龄化率 α_R 对产出 Y 的影响，二是受老龄化率 α_R 对税收 T 的影响。其中，老龄化率 α_R 对税后还有间接的影响，即老龄化率 α_R 对产出 Y 的影响又进一步影响税收。

这意味着如果在现实经济中人口老龄化对经济增长的影响主要是负面的，那么产出增长减缓或下降对税收的影响将主要是负面的，而人口老龄化程度的提高势必产生提高税收水平的压力，因此基于式（28-18）可以得到人口老龄化因素对可支配收入的影响主要是负面的结论。以上分析表明，老龄化率可以通过对总消费变动的影响，以及对可支配收入变动的影响而影响消费者的边际消费倾向。但是，这种影响的最终结果还要取决于经济中各种有关参数的情况。

第四节　人口老龄化背景下的财政支出压力

一　从欧洲主权债务危机看人口老龄化问题

进入 21 世纪后，世界范围内的人口老龄化进程不断加快。与此相对应的是，劳动年龄人口增长明显趋缓。甚至在一些国家或地区出现持续而显著的负增长。这种人口结构的变化，在欧洲各国表现得相对更为明显。而与这种人口老龄化为主要特征的人口结构变化相对应的经济形势是，欧洲国家普遍出现经济增长乏力的局面。可以说，人口老龄化背景下劳动力增长下降，导致欧洲国家普遍出现了其经济功能的消费性增强而生产性下降。

2008 年，美国发生了严重的次贷危机，由此快速波及欧洲和其他一些国家，最终演变成了国际性的金融危机。受此影响，包括中国在内的世界各国或地区的经济都受到了严重的冲击。2010 年 4 月，希腊政府由于财政赤字和公共债务过高，其主权信用评级被三大国际评级机构下调为垃圾级别，由此引发了希腊主权债务危机。这种主权债务危机也就是希腊的国家财政危机。

希腊财政危机出现后，其影响很快扩展到欧元区成员国及欧元区外围的冰岛和中东欧一些国家。其中，葡萄牙、爱尔兰、意大利、希腊及西班牙五国政府债台高垒，是深受影响的几个代表性国家。对这次欧洲主权债务危机目前简称欧债危机。虽然欧债危机发生的具体原因是复杂的，有其历史、体制等多方面的原因，但是在本质上都可以归结为这些国家的经济增长不足以支撑其庞大的消费支出与公共开支，导致国家财政长期入不敷出局面的结果。而出现这种结果的原因，实际上离不开欧洲国家都面临的一个深刻现实背景，即人口老龄化。事实上，正是人口老龄化背景下劳动力供给不足，使欧洲一些国家失去了"生产性"，而增强的是"消费性"。美国著名的经济史学家查尔斯·P.金德尔伯格在其所著的《世界经济霸权1500—1990》一书中指出：一个国家的经济最重要的就是要有"生产性"，这种"生产性"不仅是霸权国家盛衰的重要基础，也是一般国家经济繁荣与衰退的基础。

欧洲国家在相对快速的人口老龄化背景下，劳动年龄人口增长呈现显著减缓甚至是负增长。从图28-3可以看到，进入2000年以后，希腊、意大利、爱尔兰、葡萄牙及西班牙这五国的15—64岁劳动年龄人口增长率是明显趋于下降的，其中2006年后希腊和葡萄牙两国15—64岁劳动年龄人口增长率都是持续负增长，意大利自2011年后总体上是持续负增长，2015年后爱尔兰出现明显正增长，2018年后西班牙出现正增长。

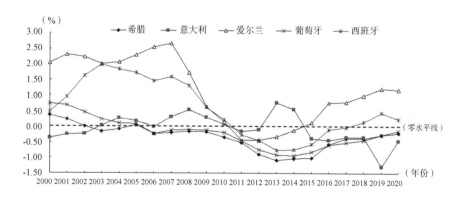

图28-3　2000—2020年欧洲五国15—64岁人口增长率

　　而这种劳动年龄人口变动的情况，同其经济增长率变动情况是基本相符的。如图 28 – 4 至图 28 – 8 所示，2000—2020 年，希腊、意大利、爱尔兰、葡萄牙和西班牙五国的 GDP 增长率变动和 15—64 岁人口增长率变动的趋势基本上是一致的。

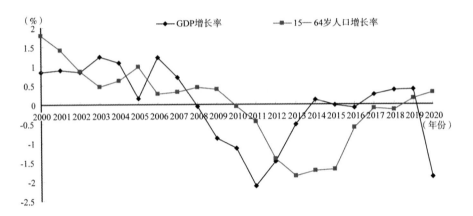

图 28 – 4　2000—2020 年希腊 GDP 增长率和 15—64 岁人口增长率

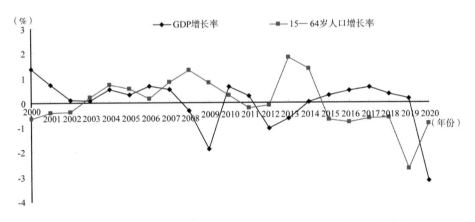

图 28 – 5　2000—2020 年意大利 GDP 增长率和 15—64 岁人口增长率

　　2000—2020 年，五国的 GDP 增长率和劳动年龄人口增长率均处于低水平的状态。通过对 GDP 增长率和 15—64 岁人口增长率所对应的数据进行计量经济学的分析，结果表明除了意大利，其他四个国家劳动年龄人口增长率的下降同 GDP 增长率的下降在总体方向上是一致的。其中，希腊的

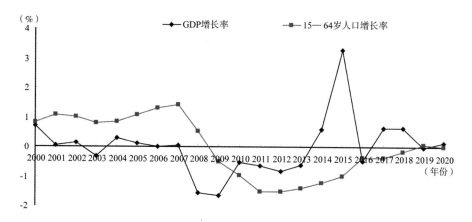

图 28 - 6　2000—2020 年爱尔兰 GDP 增长率和 15—64 岁人口增长率

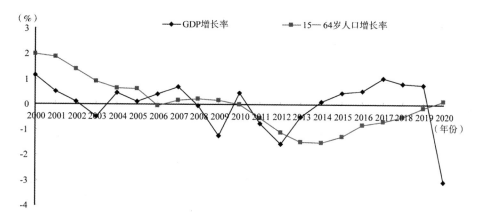

图 28 - 7　2000—2020 年葡萄牙 GDP 增长率和 15—64 岁人口增长率

GDP 增长率和 15—64 岁人口增长率之间的相关系数达 0.421，西班牙的 GDP 增长率和 15—64 岁人口增长率之间的相关系数达到了 0.339。这对于两个增长率之间的相关性而言是相对较高的。

二　人口老龄化影响财政的基本机制

总体上看，人口老龄化影响经济增长，而经济增长影响财政收入。因此，人口老龄化对经济增长的不利影响，也必然反映人口老龄化对财政收入增长有不利的影响。而人口老龄化对财政收入增长的不利影响，实现的

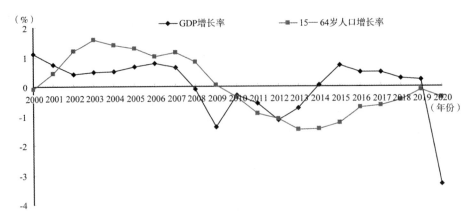

图 28 - 8　2000—2020 西班牙 GDP 增长率和 15—64 岁人口增长率

渠道是多方面的。

首先，人口老龄化导致总产出增长减缓，即经济增长的减缓，由此对总税收增长有不利的影响。其次，以人口老龄化为主要特征的人口结构的变化，不利于税收增长。例如，与人口老龄化相对应的劳动力数量的相对或绝对减少，对应的是纳税人的减少。在现实经济中，在职的劳动力是纳税的主力军。而退休的老年人基本不再是纳税人。相反，退休的老年人是税收福利的主要享受者。因此，老龄化的人口结构不仅不利于养老资金的供给，也不利于税收的增长。

关于人口老龄化对总产出的不利影响，可以用下面的函数关系表示：

$$Y = F[K(\alpha_R), L(\alpha_R)] \tag{28-19}$$

在式（28 - 19）中，α_R 表示老龄化率，$K(\alpha_R)$ 表示资本投入水平是老龄化率 α_R 的函数，$L(\alpha_R)$ 表示劳动投入水平是老龄化率 α_R 的函数。根据老龄化率 α_R 对国民储蓄率 s 是负向影响的关系，以及劳动投入水平 $L(\alpha_R)$ 也是受老龄化率 α_R 负向影响的关系，可以表明由式（28 - 19）决定的产出 Y 同老龄化率 α_R 是负向关系。因此，根据经济增长与财政收入（税收）的关系可以判定，财政收入与老龄化率是负向关系。

事实上，人口老龄化对财政收入增长的不利影响，相较于对财政支出的影响更为巨大，是更为重要的问题。随着人口老龄化程度的不断提高，人口老龄化导致为老年人支出的水平将不断增加是必然的趋势。其结果是，一方面财政支出中为老年人支出的比例部分将不断增多，为老龄社会建设的有关社会福利包括公共福利的支出必然越来越大。另一方面，政府财政实际是养老及社会保障的兜底保障。一旦社会的、企业的或有关制度性的养老金或养老保障系统出现问题，最终需要政府进行兜底保障。而政府担负的保障如果不能承担，其结果就是国家债务危机的出现乃至政府财政系统的崩溃。

而从式（28-1）体现的总需求关系看，人口老龄化导致财政支出 G 增加。或者说，人口老龄化导致 ΔG 的水平扩大。但是，这种情况下总需求是否会扩大变为复杂的问题，因此在考虑人口老龄化情况下，由生产方面决定的总产出水平与老龄化率是负向关系，这意味着实际产出受到人口老龄化因素的影响。即由于人口老龄化而导致的财政支出扩大的效应，将不会简单地按乘数原理实现。

三 中国的国情

表21-1的数据表明，当前发达国家的社会保障的资金规模是非常庞大的。2020年中国财政收入与GDP之比率为18%。这一数据表明，相对GDP而言，法国、意大利和日本等国的社会保障支出规模，都远高于中国财政收入与财政支出的规模。2020年中国财政支出与GDP的比率为24.2%（见图28-9），还不及意大利社会保障支出与GDP的比率高。这意味着中国财政中用于社会保障支出的规模，相对中国GDP而言是比较小的。

2015年后，中国财政支出大于财政收入的规模呈现明显扩大趋势。2015年财政赤字率（财政赤字与GDP的比率）为3.43%，2020年已经上升至6.18%（见图3-10）。稳定的财政政策应是以收定支，收支平衡。但财政赤字有时是被政府作为刺激经济的一种经济政策来执行的。因此，对赤字政策一直存在很多争议，财政赤字被认为是一种财政风险。

国际上评价财政风险通常有两个指标：一是赤字率，即财政赤字与GDP的比率；二是负债率，即政府负债余额与GDP的比率。按欧盟1997年通过的《稳定与增长公约》规定，欧元区各成员国的财政赤字不得超过当年各国GDP的3%，公共债务不超过国内生产总值的60%，否则将面临

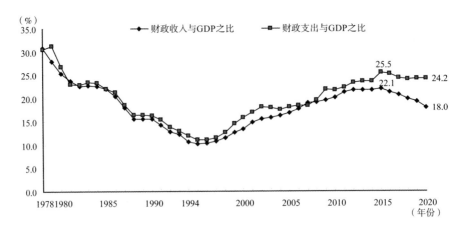

图 28 - 9　1978—2020 年中国财政收入与支出与 GDP 的比率

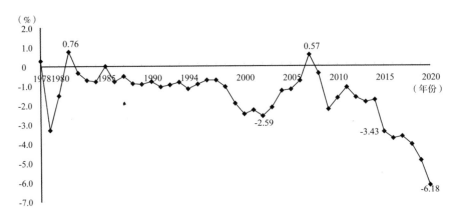

图 28 - 10　1978—2020 年中国财政赤字与 GDP 的比率

欧盟的巨额罚款。然而，就该公约实施后的情况看，欧元区两大经济体德国与法国的预算赤字经常超过 GDP 的 3%，其他国家也屡屡违反该公约，因此对该公约的执行是很困难的。到 2004 年，德国、法国等国的财政赤字已经连续 3 年超标。2005 年 3 月欧盟达成了《稳定与增长公约》的改革方案。该改革方案有三方面的特点：一是维持了 3% 的财政赤字和 60% 的债务上限；二是加强了公约执行的灵活性，允许成员国在一些"特殊情况"下超标，如在国防、科研、发展援助、维和行动等方面的支出过高而引起的财政赤字超标；三是把要求超标国家财政赤字水平恢复到规定的 3% 之内的期限从 1 年放松到 5 年。

自 21 世纪以来，国际上开始不断发生国家主权债务危机，如欧债危机，特别是美国也发生了主权债务危机，充分显示了政府财政的风险不仅存在，而且可以实际爆发而对经济社会产生重大影响。中国是从计划经济向市场经济转型的国家，经济发展的模式在很大程度上是政府主导型，其中财政起核心的作用。因此，中国财政稳定性问题具有极为重要的特殊意义，是确保中国经济社会可持续发展的至关重要的因素。

第五节　老龄经济中财政稳定性问题

以上分析表明，人口老龄化对财政的影响是系统性的，是存在内在作用机理的。这意味着在老龄经济中财政存在系统性风险。这里的财政系统性风险，指在当前及未来的老龄经济社会中，财政受到人口老龄化的系统性影响，而这些影响存在内在的由量变到质变的作用机制，使财政经济系统存在出现严重问题甚至崩溃的可能性。

这种风险既可以来自人口老龄化对财政收入的影响，也可以来自人口老龄化对财政支出的影响。如果财政经济存在这种系统性风险并不断扩大，出现财政危机乃至经济危机的可能性将不断增大，而爆发只是时间的问题。经济增长是财政收入的源泉，因此经济增长能否支撑财政收入的预期增长，以及能否支撑不断扩大的财政支出规模，是影响财政系统性风险的重要因素。

在中国未来老龄经济的背景下，随着人口老龄化程度的不断提高，老年人口数量规模必然越来越大。由此带来的是养老保障支出规模的扩大，以及医疗、教育、社会福利等方面支出规模的扩大，进而对财政支出的压力及财政的稳定性都产生重要的影响。

在财政收入方面，人口老龄化因素是不利于财政收入增长的。显然，人口老龄化对应的是在职的劳动力数量相对乃至绝对减少，因此其效应是减少与工资收入有关的税收，由此不利于财政收入增长。而劳动年龄人口减少及实际劳动力的减少，则导致是否提高税率以支持老年人生活的问题的出现。这似乎是两难的选择。简而言之，人口老龄化既不利于增加税收，因为年轻人数量减少导致纳税的工资基数减少，也面临提高税率的压力以支持老年人的生活。经济中的劳动力数量减少或导致劳动力储蓄总量上的减少，尽管劳动力个人的储蓄率是上升的。这是源于人口老龄化的不断提高，相对甚至绝对地降低劳动年龄人口比重的结果。

财政是对老年人养老与社会保障的底线，当制度性社会保障难以支持现实经济中的老年人养老时，则非常容易导致财政支出出现巨大的赤字，而不得不通过借债或其他方式弥补社会保障支出的不足。而财政的巨大赤字和债务率必然是经济中的潜在风险因素。

从图 28－11 可以看到，2007 年社会保障和就业支出比重在各项目支出中位居第三，占比为 10.94%，只排在一般公共服务和教育这两项支出比重的后面。

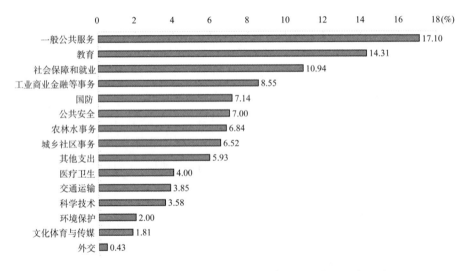

图 28－11　2007 年中国国家财政支出中各项目支出所占比重

2020 年，社会保障和就业支出所占比重已经明显提高，在各项目支出中位居第二，占比为 13.26%，仅排在教育支出比重之后（见图 28－12）。2020 年社会保障和就业支出比重比 2007 年提高了 2.32 个百分点。2020 年社会保障和就业支出总额大约是 2007 的 6 倍，其间的年均增长率为 14.8%。

目前中国财政支出结构中社会保障和就业支出的主要内容是：基本养

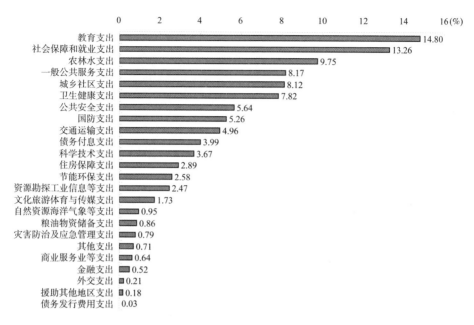

图 28 - 12　2020 年中国国家财政支出中各项目支出所占比重（%）

老保险基金补助支出、行政事业单位离退休支出、就业补助支出、最低生活保障支出、退役安置支出。其中前两项支出是所占比重相对较大的部分。2018 年，基本养老保险基金补助支出和行政事业单位离退休支出合计占社会保障和就业支出的比重约为 87%。[①] 而随着人口老龄化程度的不断提升，以养老金和退休金为主的社会保障支出的压力必然越来越大，由此对中国财政的稳定性产生严重的影响。

---

　①　根据财政部 2018 年上半年财政社会保障和就业支出情况的资料计算而得，原始数据来自中国财政部网站，http://sbs. mof. gov. cn/gongzuodongtai/201808/t20180829_3002269. htm。

第七篇

老龄经济与老龄健康

个人健康对本人乃至其家庭的重要性是不言而喻的。同样，一个国家或地区的国民健康水平，对该国家或地区的经济社会发展同样是至关重要的问题。特别是在老龄经济中，健康的老年人不仅意味着其可以拥有相对高质量的退休生活，而且可以在宏观上为经济增长乃至经济发展提供老龄健康红利。因此，提高国民健康水平，特别是提高老龄健康水平，是积极应对人口老龄化非常重要的具体措施。为此，本篇主要讨论老龄经济中的健康问题特别是老龄健康问题。

　　第二十九章讨论老龄经济中健康及老龄健康的有关概念和重要意义，包括健康的基本定义、健康与人口老龄化的关系、健康在老龄经济中的重要性、老龄健康的内涵及其经济意义，并引入老龄健康变量等方面的内容。

　　第三十章讨论人口健康红利问题，其中对人口红利问题进行再认识，并在此基础引出老龄健康红利和劳动力健康红利的概念，讨论人口健康红利的构成。这些红利实际上都是人口红利的延续。

　　第三十一章讨论老龄健康的经济学意义，内容涉及引入老龄健康因素对经济分析的意义、老龄健康的有关效应分析以及影响老龄健康的若干经济因素等方面的问题。

第二十九章

老龄经济中健康及老龄健康的意义

健康的劳动者不仅可以有充分的精力去实现其人生价值，而且对总体经济而言还可以产生有利于经济增长的健康红利。对老年人而言，健康老年人不仅可以享有相对高品质的退休生活，还可以为经济增长乃至经济发展提供老龄健康红利。因此，健康不仅对个人及家庭是极为重要的，而且对一个国家或地区的经济社会发展同样是至关重要的。

第一节　健康的含义及其与人口老龄化的关系

一　什么是健康

世界卫生组织将健康定义为"不仅仅是没有疾病或体质健强，而且是生理和心理的健康，以及适应社会的完美状态"。[①] 可见，健康不仅是有关个人体质的问题，还是有关人的精神乃至人与社会关系的问题。具体地说，人的健康包含三个方面的内容：一是人的身体健康，对此要求一个人在身体上没有疾病并拥有健强的体质。二是人的心理健康，对此要求一个人拥有健全的人格和健康的心理素质，没有心理和精神方面的疾病。三是人的社会性，对此要求一个人能够适应和融入社会中，能够进行正常的社会交往。

---

① World Health Organization, *Constitution of the World Health Organization*, Reprinted in Basic Documents, 37th ed. , Geneva, 1946.

上述三个方面的内容，是评价一个人是否健康的基本标准。简而言之，对一个人的健康性的评价，需要从身体、心理、社会三个方面进行。然而，在现实生活中，对后两个方面的评价通常是容易被忽略的。因此，这里强调健康的含义是三个方面的统一，而非单一性的体质问题，即人的心理及社会性状况，同样是评价一个人是否健康的重要标准。这意味着健康的劳动者不仅要求有良好的健康体质，而且要求有积极参与经济活动的健康心理和融入社会的良好能力。

显然，如果一个劳动者具有良好的心理和社会性状态，那么无疑是有助于提高该劳动者积极参与经济活动的劳动意愿的。在宏观层面上的意义，就是有助于提高劳动参与率，进而有助于提高总体经济中的劳动投入水平。同时，健康的劳动者相对更容易发挥出个人的潜能，甚至激发出个人更高的创造力。这些都是健康有利于经济的基本原理。

二　国民健康的概念

对一定社会（国家或地区）的总人口的健康状况，称为国民健康状况。可见，国民健康的概念是总体性的概念，而非个人健康问题。由于国民可以分为各类不同的国民，国民健康状况也可以分为不同的类别。例如，总人口可以分为未成年人口、劳动年龄人口和老年人口，因此相应有未成年人口的健康状况、劳动年龄人口的健康状况以及老年人口的健康状况。实际上，任何类别的人口都有健康状况的问题，而国民健康是人口健康状况的总体性概念。

一般而言，不同类别的人口健康状况对经济社会有不同的影响。如劳动年龄人口的健康状况，直接影响到劳动者的质量和劳动者能力发挥的成效性，也影响到实际可利用的劳动者的数量。非健康劳动者，不仅影响其个人劳动能力的发挥，而且容易增加其个人、家庭乃至社会的负担。显然，一个经常感冒发烧、体弱多病的劳动者，由于经常处于休病假状态，必然影响其劳动效率的发挥，也可能增加他人乃至社会的负担。

因此，如果一个国家或地区的国民健康状况不佳，必然不利于该国家或地区的经济社会发展。可见，一个国家或地区的国民健康状况，是影响其总体经济发展情况的重要因素。为此，Fogel（1991）进行了健康对经济增长的影响研究，他把人口健康和营养作为变量引入欧洲经济增长分析中，发现健康状况是影响欧洲经济增长率的一个重要因素。[①]

三　国民健康与人口老龄化的关系

国民健康与人口老龄化实际上有着非常密切的关系。这是因为人口老龄化以及老龄社会的出现，是根源于人类预期寿命不断延长的结果。而人类预期寿命不断延长的一个直接原因或者说重要基础，是人类健康水平的普遍提高。因此，可以说国民健康水平的普遍提高，是人类长寿的基础，而人类长寿的结果必然对应人口老龄化程度的不断提高。可见，国民健康与人口老龄化有着直接的重要关系。

但是，长寿和健康是不同的概念。在现实生活中可以看到这样的情况，一个人很长寿，但是并不健康。这意味着长寿并不是自然等同于健康的。或者说，一个人"活得久"，未必是"活得健康"。长寿只是体现了生命期的时间长度，但并不体现生命的质量。

健康是体现生命质量的重要因素。在现实中，健康有利于长寿，但是长寿不一定是健康的长寿。这意味着，人口老龄化既可以是健康的人口老龄化，也可以是非健康的人口老龄化。前者是健康老龄化，而后者是非健康老龄化。而实际上，是健康老龄化，还是非健康老龄化，对人类经济社会发展的影响是截然不同的。

健康在促进人口老龄化形成与深化的同时，有助于产生缓解人口老龄化的效应。这是健康老龄化的一种积极效应。显然，在现实生活中，一个健康的老年人并不需要他人对其提供太多的照护，其所消费的医疗资源也自然较少。而相比之下，一个疾病缠身的老年人，不仅需要他人的照护、陪伴，而且需要有大量医疗费用支出，占用较多的医疗资源，从而增加家庭乃至全社会的负担。

如果从宏观经济层面看健康的效应，国民健康水平较高，有助于提高劳动者工作效率，进而有助于提高劳动生产效率。同时，国民健康水平的

---

① Fogel, R. W., "New Sources and New Techniques for the Study of Secular Trends in Nutritional Status, Health, Mortality, and the Process of Aging", *National Bureau of Economic Research Working Paper Series on Historical Factors and Long Run Growth*, 26, May, 1991.

提高，也有助于降低社会医疗资源消耗水平。反之，如果国民健康水平较低，劳动者的能力发挥必然受限，相应的劳动生产效率也必然较低，同时也消耗较多的医疗资源。

事实上，无论是一个国家或地区的人均寿命水平，还是人口健康水平，都是同其经济社会发展水平有密切关系的。总的来看，国民健康水平和经济发展是相辅相成的关系。然而，人的生命客观规律决定了，人生必然归于衰老。不同的是，健康延缓衰老。可见，如何在人口老龄化的过程中不断提高人口的健康水平，是重大的现实问题。

第二节　健康在老龄经济中的重要性

老龄经济的基本特征是人口老龄化成为约束经济运行的重要因素。而这种约束性主要是来自老年人所具有的基本特殊性，如体能和精力下降、生理机能衰减、行动不便等，导致老年人趋向进入需要他人照顾、只消费而不劳动的状态。然而，健康老年人能够在很大程度上缓解上述不利情况，因此健康在老龄经济中有非常重要的意义。

一　健康有助于减少医疗费用支出和降低社会保障支出压力

人口老龄化对经济社会发展有显著的负面影响已经成为普遍性的共识。而人口老龄化之所以对经济社会发展有负面的影响，其中一个原因就是老年人因健康问题而增加经济社会负担，如需要增加家庭照护老年人的支出以及增加社会保障支出压力。按人的生命自然规律，当进入老年期后随着年龄的增长，人的生理功能将处于不断衰减的状态，这是具有必然性的。因此，老年人随年龄提高而身体状况趋于不断变差，这是不可避免的趋势。而与此趋势相应的是，在老年人的生活过程中，随着年纪增大而导致其医疗和照护费用不断增加也必然是自然的趋势。这种情况的结果，在宏观总体上就是增加经济社会的负担，其中包括增加经济中劳动者的负担。而在经济中的生产方面，由于老年人已经是不再从事职业劳动活动的纯粹消费者,人口老龄化在导致经济社会负担增加的同时,导致经济中劳动力资源的相对乃至绝对减少,由此对经济增长产生不利影响。

在上述背景下,健康的重要性凸显。如果能够不断提高老年人口的总体健康水平,则可以起到减缓或减弱人口老龄化的负面效应。同时,挖掘健康老年人口的潜力,还能使健康老年人成为劳动力队伍的补充,由此对经济增长产生有利的效应。另外,如果健康老年人口增多,也有助于减少对医疗资源的消耗。在现实中,非健康人口特别是一些长期慢性病患者,通常需要持续不断地治疗,从而消耗大量的医疗资源。因此,总人口中健康人口的比例若能够不断提高,则对减少消耗医疗资源是非常有利的。

然而,在老龄经济的现实背景下,老年人口比重必然呈现持续上升的趋势。随着人口老龄化程度提高,如果健康水平不变,老年人口占用或消耗医疗资源的情况必然是增加的。鉴于这种情况,如果在此过程中能够有效地提高老年人口的健康水平,不仅有助于提升老年人的生活质量,而且有助于降低老年人的医疗及照护等方面的支出,从而产生减缓社会保障支出压力的效应。因此,健康问题在老龄经济中有特殊的重要意义。

二 健康有助于提高劳动者的工作效率和劳动生产率

健康是一个人完成其人生目标的重要基本保障。一个人一旦失去了健康,则其追求人生目标的行动力将大打折扣,甚至一事无成。显然,健康的人比非健康的人会有更强、更多的体力和精力投入学习、工作和生活,追求人生目标的成功率自然会相对更大。

同理,在相同的条件下,一支健康的劳动力队伍的劳动生产率高于一支非健康的劳动力队伍的劳动生产率,这是符合常理的推断结果。而工作效率和劳动生产率的提高,则有助于提高个人或家庭增加财富的能力。相反,因病致贫、因病返贫的现象在现实中是常有的事情。在宏观层面上看,即使预期寿命相同,但是在不同的人口健康水平下,经济社会资源的配置情况必然是不同的。总的来看,人口健康水平具有提高个人工作效率和劳动生产率的效应，对老龄经济背景下促进经济运行效率乃至促进经济增长都是非常有益的。

三　健康有助于提高劳动力资源质量及其有效性

在现实经济中，劳动力资源的数量是按劳动年龄人口的数量度量的。如目前中国是将 15—59 岁的人口作为劳动年龄人口，因此这个年龄段的人口数量被视为中国劳动力资源的数量。然而，事实上劳动年龄人口并不是实际参加经济活动的劳动力，因为其中有伤残者、失能者甚至主观上根本就不想参加劳动工作者。因此，劳动年龄人口并不都是劳动力资源中的成员。而健康不仅有助于增加劳动年龄人口中的劳动力数量与质量，还可以使一些健康的老年人成为经济中的实际劳动力，由此产生扩大劳动力资源及提高劳动力质量与有效性的效应。老年人参加经济活动的前提是健康。

四　健康有助于提高经济社会发展的活力和创新力

人的体力与精力是保障人的生命潜能得以正常乃至超常发挥的重要因素，而保障人的体力与精力的基础就是人的健康。一个国家的国民拥有良好的健康状况，是保持国家经济社会发展充满活力和创新力的基础性条件。只有国民健康水平不断提高，国家和民族才能不断提高其经济社会发展水平，才能在国际竞争中立于不败之地。因此，不断提升人口健康水平是增强经济社会发展活力和创新力的重要基础。

五　健康有助于提高经济总需求

人们对健康的追求，本身就是一种重要的经济需求。特别是在老龄经济中，数量越来越多的老年人必然成为越来越重要的健康需求的消费群体。在现实中，客观上老年人对健康的需求要明显高于青壮年劳动力对健康的需求。因此，在人口老龄化背景下数量越来越多的老年人必然导致对健康需求总水平的提高，这将成为促进老龄健康产业发展的重要动力。事实上，在老龄社会中老龄健康产业乃至全民健康产业将成为国民经济中越来越重要的产业。简而言之，健康产生活力，活力产生需求。因此，健康必然有助于提高经济总需求。

六　健康是决定劳动年龄的重要影响因素

事实上，劳动年龄人口和老年人口的划分，同人口的总体健康水平是有着直接的密切关系的。如不同国家或地区对退休年龄的选择，其中一个重要的影响因素是总体的健康水平。如果总体健康水平较高，所确定的退休年龄相对较高；如果总体健康水平较低，则所确定的退休年龄也相对较低。在发达国家中，退休年龄趋向不断提高，是与国民总体健康水平不断提高相适应的。如日本在过去很长的一段时间内，男性退休年龄为 55 岁，1986 年提高至 60 岁，2006 年提高至 65 岁。2021 年 4 月 1 日，日本政府正式实施《改定高年龄者雇佣安定法》，这标志着日本社会开始进入 70 岁退休的时代。① 虽然这部法律在一定阶段内并不具有强制效应，但这足以表明退休年龄提高的趋势是不可避免的。而退休年龄的界定也是对劳动年龄人口的界定。因此，从这个意义上讲，健康也是影响人口结构度量以及人口老龄化程度的度量结果的重要因素。

第三节　老龄健康的内涵及其经济意义

一　老龄健康的内涵

以上所论的主要是一般性的人口健康问题。那么在老龄经济中，老龄健康有怎样的特别重要的意义？对此，首先明确什么是老龄健康。

老龄健康主要指老年人口作为整体的健康状况。就健康的一般意义来看，健康主要涉及身体、心理和社会三个方面的内容。因此，对老龄健康同样也需要从这三个方面进行评价。事实上，对老龄健康的评价，需要采

---

① 陈婷婷：《明起，日本正式进入 70 岁退休时代》，《广州日报》2021 年 3 月 31 日。

用相对全面性的健康评价指标体系，而不是单一的评价指标，即需要从多方面、多角度出发，评价老年人口的身体、心理及社会性的状况。或者说，老龄健康是由老年人口的预期寿命、身心状态及社会状态的综合情况决定的。

老龄健康的重要性，是与人口老龄化的时代背景紧密相连的。在老年人口比重越来越高的情况下，不断提高其中健康老年人口的比重，同样是至关重要的问题。老龄健康和人口预期寿命不断延长是有关但又不同的概念。人的健康有助于人的长寿，但是长寿不一定就是健康的长寿。

在现实中，很多老年人是带病长寿的，确切地说是带病生存。一些老年人虽然长寿，但是处于不健康的长寿状况，甚至是没有生活质量的长寿。可见，预期寿命的长短是反映老龄健康的一个重要指标，但不是全面性的标准性的指标，更不是唯一性的指标。

因此，可以说老龄健康水平的提高，有助于提升预期寿命，但是预期寿命的长短并不能完全体现老龄健康的状况。或者说，预期寿命越长并不表明老龄健康水平越高。人类预期寿命越长，老龄健康的重要性越大。只有人类在预期寿命不断延长的过程中能够保持与之相适应的老龄健康水平，才是健康老龄化所需要的人口结构变化状态。

二　老龄健康同经济的关系

在老龄社会中，老龄健康不仅关系老年人个人身体健康的问题，也关系国家总体的人力资源质量、家庭及经济社会的负担，并深刻影响资源配置关系及消费需求行为等。

在老龄经济中，老龄健康是需要被纳入经济学范畴进行深入研究的重要问题。健康与经济相关的问题诸如健康与经济增长的关系、健康与人的消费行为及预期的关系、健康与资产配置的关系、健康与劳动投入的关系、健康与劳动参与率的关系、健康与劳动力流动性的关系，等等。然而，在经典经济学中，尚未有关于人口老龄化以及以老龄健康作为经济变量而进行深入讨论的理论。

在考虑人口老龄化因素、人口年龄结构变动因素及老龄健康因素后，相当于增加了有关经济分析的约束条件，或增加了有关经济分析的变量。

同时，在老龄经济背景下，有关的条件假设也需要做出必要的修正。因此，如何将人口老龄化因素、人口年龄结构变动因素以及老龄健康因素引入相关的经济分析中，是影响经济学相关理论发展的重要问题。在人口老龄化日趋严重的现实背景下，老龄健康已经成为客观上深刻影响经济的重要因素。

三　老龄健康与人口老龄化

老龄健康与人口老龄化有着密切的关系。人类社会出现人口老龄化现象的一个重要原因是人类预期寿命不断延长，而人类预期寿命不断延长是老龄健康水平普遍得以提高的重要基础。从老龄健康的层面看，老年人的概念实际上是具有相对性的，即老年人的概念或者说老年人的年龄标准，就是建立在不同时代的老龄健康平均水平基础之上的。随着时代发展，老龄健康水平趋向不断提高，老年人口的年龄标准随之不断提高。

因此，总体上的老龄健康水平，实际上直接影响到人口老龄化在统计上的具体定义。目前，国际社会普遍公认的标准是，如果一定社会中 65 岁及以上年龄人口占该社会总人口的比重超过 7%，或 60 岁及以上年龄人口占该社会总人口的比重超过 10%，那么该社会为老龄社会。显然，假如老龄健康水平提高到足以将 70 岁以上年龄定义为老年人口，那么老龄社会的标准及人口老龄化的程度都将会有很大的变化。但是需要注意的是，老年人年龄标准的提高，并不是减少人口老龄化问题的方式。或者说，人口老龄化所产生的相关问题，不会因老年人年龄标准的不断提高而改变，因为人口老龄化产生问题的根源在于人类预期寿命的延长而产生的效应。老年人年龄标准的变动，对度量人口老龄化程度的影响是一次性的，但是人口老龄化相应的问题是依然存在的。因此，人口老龄化不是统计概念。人口老龄化问题所产生的效应是人类平均预期寿命不断延长的结果。

第四节　老龄健康变量的引入

一　健康老年人口比例系数

在经济方面，老龄健康水平的提高可使老年人口的一部分人成为劳动力队伍中的成员，也就是对劳动力队伍的重要补充，这是老龄健康的一种重要的经济效应。现在设 β_R 表示因为健康可使老年人口中的一些老年人成为经济中的劳动力的比例系数。对 β_R 可简称为"健康老年人口比例系数"。显然，β_R 介于 0 与 1 之间。

从身体健康情况看，什么样的老年人是健康老年人，是由一定的身体、心理和社会性的检测指标决定的。事实上，这样的检测指标可以说是医学上的检测健康老年人的标准。但是，从经济学的方面看，则不需要医学上的评价指标。如果在现实经济中，一个健康的老年人能够像劳动力一样参加经济活动，那么这个老年人就是健康老年人。具体地说，这里的健康老年人不只是纯粹的消费者了，而是可以作为劳动力成员的劳动者、生产者。

由于前面已经设变量 β_R 表示因为健康可使老年人口中的一些老年人成为经济中的劳动力的比例系数，β_R 实际上也是体现一定老年人口的老龄健康程度的一种变量。β_R 值越大，表明一定社会中健康的老年人数量越多，因此表明老龄健康水平相对越高。特别是当 $\beta_R = 1$ 时，表明全部的老年人都是健康的老年人。而当 $\beta_R = 0$ 时，表明老年人口中没有健康的老年人存在。

二　健康老年人口劳动参与率和老年人口劳动参与率

注意，β_R 是没有考虑到老年人的意愿问题的，即确切地说是将所有在体质上能够成为劳动力的老年人都作为 β_R 中的成员。而事实上，并非全部健康老年人都是百分之百地愿意参与经济活动的，或者说健康老年人中不是所有人都自愿完全放弃退休生活或部分放弃退休生活，而成为全职劳动者或兼职劳动者的。

因此，设 θ_R 是健康老年人中有意愿并实际参与经济活动的老年人的数量比率。于是，经济中同劳动力一样参与经济活动的健康老年人数量是 $\theta_R \beta_R R$。其中，R 为老年人口数量，$\beta_R R$ 是健康老年人口数。θ_R 实际上可称为健康老年人口的劳动参与率，而 $\theta_R \beta_R$ 体现的是对全体老年人口而言的参与经济活动的老年人口的数量比率，因此可称 $\theta_R \beta_R$ 是老年人口劳动参与率，即 θ_R 为健康老年人口的劳动参与率，$\theta_R \beta_R$ 为老年人口的劳动参与率。

三　健康老年人口和实际参与经济活动的健康老年人口

根据 β_R 的定义，设 R_H 为老年人口中健康老年人口数，则 R_H 为下面的表达式：

$$R_H = \beta_R R \qquad (29-1)$$

如果把参加经济性劳动的老年人口作为劳动力的组成部分，经济中老年人口的数量 R 可表示为两个部分的和，一部分是参与经济性劳动的老年人口 R_H，另一部分是不参与经济性劳动的老年人口 $R - R_H$。

由于 $R_H = \beta_R R$，$R - R_H = R - \beta_R R = (1 - \beta_R)R$。于是有

$$R = R_H + (R - R_H) = \beta_R R + (1 - \beta_R)R \qquad (29-2)$$

而 $R = \alpha_R N$，代入式（29-2）得

$$R = \beta \alpha_R N + (1 - \beta_R)\alpha_R N \qquad (29-3)$$

式（29-3）中 $\beta_R \alpha_R N$ 为总人口中的健康老年人口数，也就是可作为劳动力的部分，$(1 - \beta_R)\alpha_R N$ 为不能参与经济性劳动的老年人口部分。可见，式（29-3）是分析含有老龄健康因素及人口老龄化因素的表达式。而在健康老年人口数 $\beta_R \alpha_R N$ 中，有多少健康老年人实际成为参加经济性劳动的劳动力，还取决于参与率 θ_R，即总人口为 N 的老年人口中实际成为劳动力的数量 R_L 由下面表达式决定：

$$R_L = \theta_R \beta_R \alpha_R N \qquad (29-4)$$

由式（29-4）可知，如果总人口为 N，则老年人口中实际成为劳动力的数量 R_L 是由四个因素决定的，分别是总人口数 N、老龄化率 α_R、健

康老年人口比率 β_R 以及健康老年人口的劳动参与率 θ_R 共同决定的。式（29-4）实际上意味着，一定社会中的可以利用的劳动投入不仅同人口数量有关，而且同劳动参与率、老龄化率、人口健康状况等多方面的因素有关。

第三十章

人口健康红利问题

人口老龄化现象的出现，根源于人类预期寿命的不断延长。而人类预期寿命之所以不断延长，很重要的一个原因是人类健康水平普遍性不断提高。特别是在老龄经济中，健康不仅是影响人口老龄化的重要因素，而且是影响经济的重要因素。显然，群体性的健康的老年人规模的扩大，不仅可以节省医疗费用，而且扩大劳动力来源，因为健康的老年人可以同劳动力一样成为创造经济增加值的劳动者。因此，本章开始讨论人口老龄化背景下的人口健康以及人口健康红利等相关问题。

第一节　再论人口红利

一　再论人口红利的概念

传统的人口红利的概念，是基于劳动力与非劳动力的数量比例变化同经济增长的关系而界定的，即当一定经济中劳动力数量的增长快于非劳动力数量的增长时是有利于经济增长的。劳动力数量增长快于非劳动力数量增长，实际上对应的是人口结构向年轻化方向变动。因此，年轻化的人口结构变化所产生的有利于经济增长的情况，称为经济增长中的人口红利，即不需要经济中其他因素变化，只要人口结构向年轻化变动，便可以产生提高经济增长潜力的情况，如同经济增长获得了一种意外的红利。

上述可见，经济学中关于人口红利的概念是基于对经济增长有利的一种人口结构而提出的，而这种有利于经济增长的人口结构就是年轻化的人口结构，即劳动力的增长快于非劳动力的增长，是有利于经济增长的一种机遇。

二　体现人口红利的定量表达式

关于人口红利的概念，可以利用国民储蓄率与人口结构关系的数学表达式进行定量表述。实际上，在第十四章中已经给出了这个表达式，只是没有进行深入的论述。为了方便起见，下面直接将式（14 - 13）写在下面，并重新标记为式（30 - 1）

$$s = 1 - \frac{c_L}{y} - \frac{c_R}{y} \frac{R}{L} \qquad (30 - 1)$$

在式（30 - 1）中，s 表示国民储蓄率，c_L 表示劳动力人均消费水平，c_R 表示老年人口人均消费水平，y 表示劳动力的人均产出水，而人口结构变量体现为 $\frac{R}{L}$。其中，R 为经济中的老年人口数量，L 表示劳动力数量。因此，$\frac{R}{L}$ 是经济中的老年人口数量同劳动力数量之比，而该比例也是体现人口结构情况的一种指标。

式（30 - 1）的重要性在于，给出了国民储蓄率 s 同人口结构变量 $\frac{R}{L}$ 之间的定量关系。具体来看，各参数都不变时，即 c_L、c_R 和 y 都不变时，国民储蓄水平 s 将由人口结构变量 $\frac{R}{L}$ 这唯一因素决定。$\frac{R}{L}$ 项前面是负号，这表明国民储蓄水平 s 与人口结构变量 $\frac{R}{L}$ 之间是负向关系。因此，如果 $\frac{R}{L}$ 趋于变小，则国民储蓄率 s 将趋于增大；如果 $\frac{R}{L}$ 趋于变大，则国民储蓄率 s 将趋于减小。

如果 $\frac{R}{L}$ 趋于变小，经济中与之对应的情况是劳动力数量增长大于老年人口数量增长，这是人口结构向年轻化方向变动的情况。而这种情况意味着国民储蓄率水平的提高完全可以通过人口结构变化而实现，并不需要改变经济中其他因素的情况。即对于相同的参数 c_L、c_R 和 y，只要

$\dfrac{R}{L}$趋于变小，国民储蓄率 s 便可以得到提高。这便是经济增长中的人口红利效应。

国民储蓄率提高的效应等同于经济增长潜力的提高。而这种经济增长潜力的提高，是人口结构年轻化的效应产生的，而不需要经济中其他因素有所变化。为此，这种情况可视为是一种红利，且是由于人口结构变化产生的人口红利。可见，传统意义的人口红利来自年轻化的人口结构。

人口红利的本质是人口年轻化所产生的两方面有利于经济增长的效应，一是人口年轻化有利于提高国民储蓄率而有利于经济增长，二是人口年轻化有利于增加劳动投入从而有利于经济增长。因此，人口年轻化对经济增长所产生的人口红利效应如图 30－1 所示。

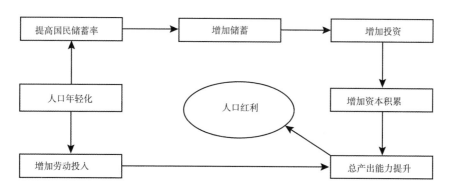

图 30－1 人口年轻化对经济增长产生人口红利效应

三 人口老龄化与人口负利

从人的生命周期看，年轻人最终都成为退休的老年人。因此，从经济的长时间周期乃至无限时间的远期看，一定时期表现出的人口红利必然意味着在未来某个时期的人口结构是不利于经济增长的，这便是人口老龄化对经济增长产生的不利影响。通过上述分析可见，一定时期的人口红利，在一定的远期将转变为人口负利。其道理在于，现期相对多的劳动力终将成为远期相对多的老年人。而年轻人口的增速不可能永久大于老年人口的增速，因为要实现这样的情况需要生育率保持不断提高的状态。这显然是不可能的事情。人口老龄化已经成为 21 世纪不可逆转的常态，因此在未来的老龄社会中人口负利是主要的趋势。由此可以推断，随着人口老龄化程度的不断提高，国民储蓄率将呈现总体上不断下降的趋势，即不排除未来个别年份的国民储蓄率出现回升的情况，但是国民储蓄率趋于下降是总的趋势。

四 传统人口红利的概念暗含劳动力同质和老年人同质的假设

以上得出的所有结论，实际上都暗含了一种假设，即所有的劳动力都是同质的，所有的老年人也都是同质的。或者说，只考虑了劳动力和老年人口的数量因素，而没有考虑其质量的因素。由于劳动力都是等同的，所以对所有的劳动力可以进行加总计算。同样，由于老年人也都视为等同，所以对所有的老年人也可以进行加总计算。于是，式（30-1）中的 L 是对劳动力进行加总的结果，R 则是对老年人进行加总的结果。

如果重点考察的是国民储蓄率同人口结构关系，这种假设是有其合理性的。这是因为，如果没有这样的假设，所有的因素都在变化，就不能清楚地考察国民储蓄率同人口结构的关系。但是，如果考虑劳动力彼此间存在异质性，以及老年人之间也存在异质性时，国民储蓄率同人口结构的关系会是怎样的？为此，下面分析当加入健康因素时，国民储蓄率同人口结构的关系会出现怎样的变化。

第二节 老龄健康红利问题

一 概述

上述结论主要是基于传统意义上人口红利的内涵所得出的。所谓传统意义的人口红利指基于劳动力数量考察问题的视角。于是，一个具有重要现实意义的问题是：传统意义的人口红利是基于劳动年龄人口数量变化的人口结构来定义的，那么是否存在有别于劳动年龄人口数量变化的新型的人口红利有待认识和挖掘？这一问题等同于是否存在其他视角下的人口红利？为此需要讨论有关人口健康红利的问题。本节讨论老龄健康红利问题。

现代经济增长理论表明，投资是影响经济增长的一种非常重要的因素。而决定投资增长潜力的基本因素是国民储蓄率。因此，在经济学中国民储蓄率是作为体现一个国家或地区经济增长潜力的重要指标来看待的。而在老龄社会中，人口老龄化导致社会福利支出增加而挤压储蓄空间，这一效应的结果是降低国民储蓄率从而影响投资潜力增长，进而影响经济增长潜力。但是，如果考虑人口健康因素，人口老龄化对经济增长的负面影响或可以减弱。下面拟从理论上证明，老龄健康能够在经济增长中产生老龄健康红利效应，即老龄健康有助于提升经济增长的潜力。这里的老龄健康红利，是建立在人口红利基础之上的。因此，对老龄健康红利概念的理解，需要以准确理解人口红利的含义为前提。

二　人口健康因素的考虑

如果不仅考虑人口数量的因素，也考虑人口质量的因素，例如考虑人口健康的因素，那么国民储蓄率同人口结构的关系将有所不同。在现实经济中，可以观察到这样的一些老年人，他们因为身体健康而同在职的劳动力一样继续参加职业劳动，如同当期的劳动力一样。这种情况在一些发达国家是比较常见的。如在一些发达国家中，七八十岁的老年人仍然作为职业的出租车司机、经营餐馆、进企业工作等，甚至竞选总统。因此，加入健康因素或许对人口红利的效应有更为深入的认识。事实上，如果考虑人类健康水平处于不断提高的情况，21世纪人类社会所面临的人口老龄化问题也许没有那样悲观。

三　关于老龄健康红利的概念

在老龄社会中，人口老龄化导致社会福利支出增加从而挤压储蓄空间，这一效应的结果是降低国民储蓄率从而对投资增长产生不利影响，由此影响经济增长潜力的提升。但是，如果考虑人口健康的因素，人口老龄化对经济增长的负面影响是可以减弱的。

需要指出的是，这里的健康因素并不能同其他有关影响人口质量的因素等同看待，因为在评价人口质量的诸多指标中，健康是有独特作用的因素。如对老年人口而言，健康是老年人口成为劳动力的最基础的必要条件。而人们的受教育程度以及具有的技能等，只能是建立在拥有健康的基础上才有意义，因此这些因素不是老年人口成为劳动力的必要条件。因此，加入健康因素对深入认识人口红利的意义是有重要意义的。

对于老年人口中因为身体健康而依然可作为劳动力的老年人，这里称为健康老年人。现假设 β_R 是老年人口中健康老年人的数量比例，并且假设这些健康老年人都实际加入劳动力的队伍中。由于这些健康老年人来自老年人口，其数量不会超过老年人口总量，于是 $0 < \beta_R < 1$。这时，老年人口中健康老年人的数量为 $\beta_R R$。于是，经济中实际可以利用的劳动力数量从 L 变为 $L + \beta_R R$，而实际的老年人数量则从 R 变为 $R - \beta_R R$。

进一步假定这些作为劳动力的健康老年人的消费行为同劳动力是一致的，即健康老年人的平均消费倾向是按 c_L 计算。于是，可以按照式（30 - 1）的推导过程重新推导，可以得到下面的关系式：

$$s = \frac{Y - C}{Y} = 1 - \frac{C}{Y} = 1 - \frac{c_L(L + \beta R) + c_R(R - \beta R)}{y(L + \beta R)} = 1 - \frac{c_L}{y} - \frac{c_R}{y} \frac{R - \beta R}{L + \beta R}$$

即

$$s = 1 - \frac{c_L}{y} - \frac{c_R}{y} \frac{R - \beta_R R}{L + \beta_R R} \qquad (30 - 2)$$

在式（30 - 2）中，各变量的意义同式（30 - 1）中各变量的意义是一致的。由式（30 - 2）可见，原来的人口结构变量 $\frac{R}{L}$，现在变为 $\frac{R - \beta_R R}{L + \beta_R R}$。由于 L 变为 $L + \beta_R R$，即式（30 - 2）中比式（30 - 1）中的 $\frac{R}{L}$ 项的分母数值是增大的；同时由于 R 变为 $R - \beta_R R$，即式（30 - 2）中比式（30 - 1）中的 $\frac{R}{L}$ 项的分子数值是减小的。这种结果必然导致有下面的关系式成立：

$$\frac{R - \beta_R R}{L + \beta_R R} < \frac{R}{L}$$

这意味着对于原来的老年人口数量 R 和劳动力数量 L 而言，在加入老龄健康因素后，式（30 - 2）决定的国民储蓄率必然大于由式（30 - 1）

决定的国民储蓄率。可见，在考虑老龄健康因素后，在式（30 - 2）情况下的国民储蓄率是增大的，相应的经济增长潜力得到提升。而这种经济增长潜力的提升完全是由于加入老龄健康的因素而产生的。因此，这种效应可归结为经济增长获得了老龄健康红利，或称为老年人健康红利。其经济意义是：在经济中其他因素都不改变的情况下，只要有健康老年人实际加入劳动力队伍，国民储蓄率就可以得到提升，由此增加经济增长的潜力，即经济增长获得了老龄健康红利。

四　老龄健康红利是人口红利的一种延续

老龄健康红利实际上是人口红利的一种延续。这是因为健康老年人加入劳动力队伍，等同于劳动力数量增加，也就形成了人口结构年轻化延续的状态，因此产生提高国民储蓄率的效应，而国民储蓄率提高即经济增长潜力提高。可见，老龄健康同样可以产生对经济增长的红利效应，即加入健康老年人因素可以导致经济增长潜力提升。而这种经济增长潜力的提升，并不需要经济中其他因素（经济参数）有所变化。因此，此效应同样是经济增长所获得的一种意外红利，这是人口红利的一种延续。可见，老龄健康红利的本质是因老年人健康而成为劳动力，进而产生有利于经济增长的一种情况。

五　人口老龄化背景下老龄健康红利的重要意义

人口老龄化背景下老龄健康红利有非常重要的现实意义。在人口老龄化背景下，老年人口比重不断提高是一种常态，如果能充分挖掘老年人的人力资源，不断提高健康老年人口比重，就可以取得老龄健康红利的效应。这表明，如果在老年人口中健康老年人的比重能够不断提高，则老龄健康红利的效应也会不断增大，由此经济增长潜力可以得到相应持久的延续。由此凸显了健康不仅对个人和家庭具有重要意义，而且具有重要的宏观经济意义。事实上，老龄健康的重要意义并不限于个人、家庭及经济增长，同时在减轻社会经济负担、节约医疗资源使用以及节省社会福利开支等各个方面，都具有非常重要的现实意义。

第三节　劳动力健康红利问题

一　什么是劳动力健康红利

以上分析是基于老年人的健康因素的考虑,由此得到了老龄健康红利的概念。事实上,可以同样考虑劳动力健康的因素,由此经济中也可以产生劳动力健康红利。为了考虑劳动力的健康因素,设 β_L 为劳动力的健康水平系数。如果 $\beta_L = 1$,则表明劳动力是基准的正常健康水平。如果 $\beta_L > 1$,表明劳动力健康水平高于基准的正常健康水平。例如,如果一个劳动力因健康状况非常好而经常延长其劳动时间,或提高其劳动强度,这时该劳动力的劳动量高于正常健康水平劳动力的劳动量,因此该劳动力的健康水平系数大于1,即这种情况下有 $\beta_L > 1$ 成立。如果 $\beta_L < 1$,则表明劳动力健康水平低于基准的正常健康水平。例如,如果一个劳动力因健康状况差而经常休病假,其可投入的劳动量低于正常健康水平劳动力的劳动量,这时该劳动力的健康水平系数小于1,即出现 $\beta_L < 1$ 的情况。可见, β_L 可作为体现劳动力健康水平的度量指标。

于是,将 $\beta_L L$ 视为数量为 L 的劳动力按一定标准进行折算后的劳动投入当量。或者说, $\beta_L L$ 表示按一定标准进行折算后的劳动力投入量。这时,经济中的劳动投入总量就是 $\beta_L L$,不再是劳动力的数量 L,老年人口与劳动力数量的比率 $\frac{R}{L}$ 变为 $\frac{R}{\beta_L L}$。因此,在考虑劳动力健康因素的情况下,式(30 - 1)的国民储蓄率 s 变为下面的表达式:

$$s = 1 - \frac{c_L}{y} - \frac{c_R}{y}\frac{R}{\beta_L L} \tag{30 - 3}$$

式(30 - 3)表明,当劳动力的健康系数 $\beta_L > 1$ 时,国民储蓄率 s 的水平同样可以得到“不期而得”的提高,由此产生促进经济增长潜力提高的效应。而这种情况下的经济增长潜力的提高,是基于劳动力健康水平提高的效应,因此可将此效应称为劳动力健康红利。可见,劳动力健康红利的本质是因劳动力健康水平提高而实际增加劳动投入,由此产生有利于经济增长的一种情况。

二　对劳动力健康系数的理解及其效应

实际上，劳动力的健康系数 β_L 可以广义地理解为劳动力的素质系数，即任何可以导致劳动力素质提高（如教育、培训等）而增加实际劳动投入的因素，都可以视为 β_L 的组成部分。因此，式（30-3）可以广义地理解为人口素质红利的效应。由于这里限于讨论健康问题，仍将 β_L 视为体现劳动力健康水平的系数。具体地说，$\beta_L L$ 体现的是因劳动力健康水平变化而对实际劳动投入影响的结果。若 $\beta_L > 1$，则实际劳动投入增加；若 $\beta_L = 1$，则实际劳动投入不变；若 $\beta_L < 1$，则实际劳动投入下降。

而劳动力健康系数 β_L 的提高，实际上可以起到相当于提高劳动参与率的效应。劳动力健康系数 β_L 的提高，表明劳动力总体的健康水平普遍提高，由此可以使一些原来身体不好而无法参加经济活动的劳动力，转变为因身体状况转好而使其可以实际参加经济活动的劳动力，即成为经济中的实际劳动者。而这种效应等同于增加了劳动投入数量，即 L 水平提高。可见，劳动力健康水平系数的提高，既有增加劳动力素质的效应，也有提升劳动参与率的效应。

第四节　人口健康红利的构成

一　人口健康红利是老龄健康红利和劳动力健康红利的综合

由上面的讨论可知，β_R 体现的是老龄健康红利的变量，β_L（$\beta_L > 1$）体现的是劳动力健康红利的变量。因此，如果将老龄健康因素和劳动力健康因素综合在一起考虑，人口结构的变量 $\dfrac{R}{L}$ 将变为 $\dfrac{R - \beta_R R}{\beta_L L + \beta_R R}$。于是，可以得到国民储蓄率 s 为下面的表达式：

$$s = 1 - \frac{c_L}{y} - \frac{c_R}{y} \frac{R - \beta_R R}{\beta_L L + \beta_R R} \qquad (30-4)$$

式（30-4）是体现老龄健康红利和劳动力健康红利对国民储蓄率影响的综合效应表达式，这种综合效应就是人口健康红利的效应。或者说，人口健康红利由老龄健康红利和劳动力健康红利构成，即健康不仅涉及老年人的健康，也涉及劳动力的健康。而劳动力的健康和老年人的健康都同国民储蓄率有关，进而同经济增长有关。

相对式（30-4）而言，传统意义的人口红利是一种特殊情况的人口红利。如果 $\beta_R = 0$，$\beta_L = 1$，式（30-4）中的人口结构变量 $\dfrac{R - \beta_R R}{\beta_L L + \beta_R R}$ 变为 $\dfrac{R}{L}$，即等同于式（30-1），也就是传统意义上的人口红利的情况。可见，式（30-1）是式（30-4）的特殊情况。如果 $\beta_L = 1$，$\beta_R \neq 0$，式（30-4）中的人口结构变量 $\dfrac{R - \beta_R R}{\beta_L L + \beta_R R}$ 变为 $\dfrac{R - \beta_R R}{L + \beta_R R}$，即等同于式（30-2），也就是老龄健康红利的情况。如果 $\beta_R = 0$，$\beta_L \neq 1$，式（30-4）中的人口结构变量 $\dfrac{R - \beta_R R}{\beta_L L + \beta_R R}$ 变为 $\dfrac{R}{\beta_L L}$，即等同于式（30-3），当 $\beta_L > 1$ 时对应的是劳动力健康红利的情况。

可见，式（30-4）包含了传统意义上的人口红利、老龄健康红利、劳动力健康红利等各种人口红利的情况。老龄健康红利与劳动力健康红利合起来，就是人口健康红利。而传统意义上的人口红利实际上是一种人口数量型的人口红利。

上述的分析表明，国民储蓄率的提高可以通过三种途径获得人口红利：一是通过人口结构的年轻化，即增加劳动力数量而获得传统意义的人口红利；二是通过提高老年人健康水平而增加参与经济活动的健康老年人数量，由此获得老龄健康红利；三是通过提高劳动力健康水平而导致实际劳动投入增加，由此获得劳动力健康红利。

二　人口健康红利起促进经济增长的作用

通过以上论述可知，无论是劳动力，还是老年人，其中任何群体人口健康水平的提高，实际上都能够产生提高国民储蓄率的效应，这便是人口健康红利的效应。同时，人口健康红利对劳动投入而言，也具有增加劳动投入的效应，即实际劳动投入 $\tilde{L}$ 为下面的表达式：

$$\tilde{L} = \beta_L L + \beta_R R \tag{30-5}$$

由于总产出 Y 是生产者的成果。设生产出 Y 的经济体中的劳动力数量为 L，劳动力的人均产出水平为 y，则总产出 Y 可以表示为下面的表达式：

$$Y = yL \tag{30-6}$$

其中 L 就是式（30-5）中的 $\tilde{L}$。因此，这时的经济总产出可以表示为下面的表达式：

$$Y = y(\beta_L L + \beta_R R) \tag{30-7}$$

进一步地考虑，如果劳动力的人均产出水平 y 也受劳动力素质提高的影响，即 y 随劳动力素质提高而提高，则 y 可以表现为下面的表达式：

$$\tilde{y} = \tilde{y}(\beta_L L) \tag{30-8}$$

于是，式（30-6）变为下面的形式：

$$Y = \tilde{y}(\beta_L L)(\beta_L L + \beta_R R) \tag{30-9}$$

进一步地考虑，如果劳动力的人均产出水平 y 也受劳动力健康水平的影响，即实际劳动生产率 $\tilde{y}$ 为下面的函数表达式：

$$\tilde{y} = \tilde{y}(\beta_L L + \beta_R R) \tag{30-10}$$

于是，式（30-6）变为下面的形式：

$$Y = \tilde{y}(\beta_L L + \beta_R R)(\beta_L L + \beta_R R) \tag{30-11}$$

注意，式（30-11）中的 $\tilde{y}(\beta_L L + \beta_R R)$ 是关于劳动生产率的函数。

可见，人口健康因素对经济增长的影响是多方面的。对经济增长而言，健康对老年人可产生老龄健康红利，对劳动力可产生劳动力健康红利。而对全民，则可以产生人口健康红利。这意味着在21世纪老龄社会的背景下，通过不断提高人口健康水平，可以取得多方面的人口红利以利于经济增长。这是具有非常重要现实意义的政策启示。

通过以上讨论表明，一方面随着中国老年人口数量的不断增加，提高老年人健康水平，促进健康老年人参与经济活动，是开发老龄健康红利和积极应对人口老龄的一种重要途径。另一方面不断提高劳动力的健康水平，提高劳动力的生产能力与效率，同样是经济增长中取得劳动力健康红利效应的一种有效措施。可见，促进全民健康是重大的现实问题

第三十一章

老龄健康意义的经济学分析

通过上一章的讨论可见，老龄健康不仅是老年养生、老年保健的问题，也是经济领域中的重要问题。一方面，在人口老龄化的现实背景下，老龄健康是影响总体人力资源质量、经济社会负担以及资源配置关系等经济诸多方面的重要因素；另一方面，经济发展水平、收入水平、资源配置以及健康及医疗相关投入等经济性因素对老龄健康有重要的影响。本章主要在老龄社会的背景下分析老龄健康因素对经济学相关理论的意义，在此基础上论述老龄健康因素与相关经济因素之间的基本关系。

第一节 引入老龄健康因素对经济分析的意义

通过上一章的分析可以看到，引入老龄健康因素后可以分析老龄健康红利的问题，由此对人口红利的认识以及老龄健康对经济增长的意义，都得到了进一步深入的理解。可见，引入老龄健康因素对有关经济分析是很有意义的。下面进一步分析引入老龄健康因素对有关问题研究的效应。

一 老龄健康因素对劳动投入分析的意义

在人口老龄化程度不断提高的现实经济中，老龄健康是影响有关经济分析的越来越重要的因素。其重要性首先体现在老龄健康因素对劳动投入的影响上。在考虑老龄健康因素后，健康因素能够将一些健康老年人视为劳动力的组成部分，由此影响劳动投入。

在现实经济中，劳动力的数量不仅包括处于正常劳动年龄人口的数量，也包括那些健康程度可作为劳动力的老年人口的数量。如在考虑老龄健康因素后，式（29－4）所表达的人口中实际成为劳动力队伍成员的健康老年人口数量是 $\theta_R\beta_R\alpha_R N$，经济中劳动年龄人口的数量为 $\alpha_L N$，因此经济中包含老年人口的劳动力数量 L 由如下关系式表示：

$$L = \alpha_L N + \theta_R\beta_R\alpha_R N \tag{31－1}$$

或写成下面的形式：

$$L = (1 - \alpha_Y - \alpha_R)N + \theta_R\beta_R\alpha_R N \tag{31－2}$$

式（31－1）或式（31－2）表明，经济中可投入的劳动力数量不仅包括正常的劳动年龄人口的数量，也包括那些因为健康可作为劳动力的老年人口的数量。因此，式（33－1）或式（33－2）提供了分析人口老龄化因素及老龄健康因素影响劳动投入的一种途径，进而提供了分析人口老龄化因素及老龄健康因素影响经济增长乃至相关经济问题的一种研究方式。

二 老龄健康因素对效用分析的影响

经济学是研究如何配置稀缺资源的学科。其中，基于效用最大化是经济学中决定资源配置的一个基本性原则。如在世代交叠模型中，假定每个人只生活两期，个人需要决定在两期中的储蓄与消费如何安排，目标是使其个人一生的效用函数 u $[u = u(c_{1t}) + (1 + \theta)^{-1}u(c_{2t+1})]$ 取得最大化。

随着老龄社会的不断深化，老龄健康将是一种重要的影响效用分析的因素，甚至老龄健康本身就是效用最大化的一个目标。老龄健康因素影响个人如何安排消费行为，包括在不同时期安排生活的消费与健康投入，目标是使其一生的健康水平处于预期理想的状态。

事实上，老龄健康投入是人力资本投入的一种方式，它与教育投入一样，都是对人本身素质提高的投入。对老龄健康投入的回报是，可以使劳动力在进入老年生活后能够健康地生活，并减少在老年生活时的医疗等相关费用的支出，减轻相关的家庭及社会的负担，延缓劳动能力的衰减而有利于提高劳动供给的能力，因此是非常重要的。

三　老龄健康因素对资源配置分析的影响

加大老龄健康的投入，不仅涉及个人及家庭的资产配置，更涉及国家宏观总体上的资源配置优化的问题。加大老龄健康的投入实际是一种公共属性的投入，对此政府及社会相关部门应担负相应的职责。例如，政府财政及社会保障系统应增加与促进健康特别是老龄健康的相关投入。这种投入在短期看是成本支出，增加资金压力，然而从长期来看，其效应可以在未来节省相关费用如医疗费用的支出。不仅如此，为老龄健康的投入是促进人自身发展的投资，具有增进总体人力资源质量而提高经济社会效益的效应。因此，老龄健康投入是涉及经济社会资源优化配置的重要问题。针对中国的一个具体现实问题是，中国老年人口收入水平较低，且中国农村老年人口较多，因此如何配置医疗资源是非常关键而复杂的问题。无论怎样，老龄社会的不断发展将使促进老龄健康成为优化配置相关资源的重要原则。

第二节　老龄健康的有关效应分析

一　老龄健康对老年人口年龄标准的影响

老龄健康与人口老龄化有密切的关系。人类社会出现人口老龄化现象的一个重要原因是人类预期寿命不断延长，而老龄健康水平普遍提高是重要的基础。老年人的概念实际上具有相对性，是建立在不同时代的老龄健康普遍水平基础之上的。随着时代发展，老年人口的年龄标准不是一成不变的，其中老龄健康的普遍水平是重要的决定性因素。

因此，总体上的老龄健康的普遍水平实际上直接影响到人口老龄化在统计上的具体定义。目前，国际社会普遍公认的标准是，如果一定社会中65岁及以上年龄人口占该社会总人口的比重超过7%，或60岁及以上年龄人口占该社会总人口的比重超过10%，那么该社会即为老龄社会。显然，假如老龄健康的普遍水平提高到足以将70岁以上年龄定义为老年人口，那么老龄社会的标准及人口老龄化的程度都将会有很大的变化。

然而，这里必须强调指出的是：人口老龄化是人口年龄结构的一种变化，其本质不是一个人口统计学概念。提高老年人口的年龄标准，可以在统计上降低老年人口的比重，形成人口老龄化程度降低的表面现象，但是无法掩盖，更不能消除人口老龄化引发的相关经济社会问题。

二　老龄健康对有效人口供养比的影响

人口供养比指一定社会中非劳动力（未成年人口与老年人口之和）人口数量同劳动年龄人口数量的比率，体现的是劳动力供养非劳动力的负担。可见按此定义，老年人口是不计入劳动力的。但实际上，一些身体健康的老年人仍可以作为经济中的劳动力。进一步说，老龄健康水平的普遍提高将使更多的老年人口具有从事经济性劳动的能力，从而与经济中的劳动力等效。如果将这部分老年人口纳入劳动力的统计中，由此得到的有效人口供养比将有所下降。

三　老龄健康对就业的影响

老龄健康水平的普遍提高可使部分老年人成为劳动力的一部分，从而增加劳动力供给的能力。一些老年人口成为劳动力的效应，不仅有利于减缓未来劳动力总量的减少，而且有利于减弱对未来劳动力稀缺性提高的预期，从而有利于抑制因非经济效益提高导致的用工成本大幅度上升。

老年人口的就业具有短时性和临时性的特点。在很多的情况下，老年人口的就业是弥补劳动年龄人口就业所不及之处，是弥补劳动年龄人口就业的空缺，而不会与劳动年龄人口就业产生系统性冲突。在很大程度上，老年人口的就业与劳动年龄人口的就业具有互补性。同时，老年人口以往从业经验的传授，有时也可起到提高在职劳动力就业的能力，降低劳动力培训成本的作用。在未来人口老龄化程度越来越严重的情况下，如何充分利用越来越多的老年人口资源成为越来越重要的问题。随着人口老龄化的发展，老年人口比重不断上升，老龄健康对总人口素质的影响权重将不断提高，从而影响到对总体人力资源质量的评价。促进老龄健康是增加老年劳动力供给的重要基础。

四 老龄健康因素对减缓人口老龄化的效应

人口老龄化对经济社会发展的影响是多方面且复杂的。如人口老龄化的一个直接效应是，随着老年人口的不断增多，弱病残的老年人也增加，需要照护的老年人口必然增加，由此增加家庭乃至社会的负担。显然，如果老龄健康水平有显著的提高，就可以减少对老年人口进行照护的工作量，家庭负担和社会支出压力也必然会得到相应减轻。

老龄健康水平的普遍提高有助于减少老年人口在医疗及相关照顾与照料费用的支出，从而有助于减轻个人、家庭、政府及社会保障系统等相关的资金负担。在中国未来家庭"少子化"的趋势下，增进老龄健康对家庭具有重要的现实意义。如果老龄健康水平的普遍提升而可以提高退休年龄，就可以在一定程度上缓解社会保障系统的财务压力。

事实上，人口老龄化带来的许多问题都是和老年人口的健康状况有关的。因此，如果能够显著改善老龄健康水平，就意味着需要人照护的问题可能变成老年人自我可以照护的问题，对许多老年病的医药费投入可能明显减缓。特别是老龄健康水平的提高，可以增加老龄健康红利的效应，由此产生有利于经济增长和降低经济社会负担的效应。而这些效应都是减缓人口老龄化对经济社会发展产生不利的效应。

五 老龄健康本身是一种重要的经济需求

提高老龄健康水平相关活动本身，也是扩大经济总需求的一种具体内容。事实上，对健康的需求通常是退休老年人看得最重、最为迫切和最为现实的需求。而如何正确引导、满足老年人对健康的需求，是至关重要的一项现实工作。

人口老龄化的结果意味着个人退休生活的时间将不断延长，能够在退休期内保持健康的生活是每个老年人的愿望。因此，促进老龄健康必然成为经济中的重要需求。一方面，为取得理想的健康生活，必然影响个人及家庭的储蓄与消费行为；另一方面，可成为促进相关产业发展的机遇。

然而在目前的现实中，存在一些非法人员利用老年人健康需求而进行的欺骗活动，如出售劣质保健产品等。这种情况一方面反映了老年人对健康的需求是广泛存在的，另一方面表明对老年人健康需求的管理和引导还存在诸多亟待解决的问题。为此，需要从国家和产业发展的层面解决此类问题。如果能充分利用好老龄健康的需求，不仅可以满足老年人对老龄健康的需求，而且可以利用此需求促进相关产业和经济增长。

第三节　影响老龄健康的若干经济因素

经验表明，人类总体健康水平的提高，与经济发展的状况有着非常密切的关系。一般而言，经济发展为提高及改善老龄健康水平提供了有利的条件，是促进老龄健康的重要基础。数据能够表明，老龄健康水平的提高与经济发展水平呈正向关系。然而，在不同的国家或地区，以及在不同的经济发展阶段，经济因素对老龄健康影响的具体情况可能是不尽相同的。影响老龄健康的经济因素主要有以下几个方面。

一　国家或地区的经济发展水平

促进老龄健康的发展离不开相应的投入。经济发展水平在总体上反映了可利用的财力、物力及人力，是促进老龄健康的基础。经济发展水平可用 GDP 总量及人均 GDP 等经济指标衡量。经济发展水平与老龄健康之间的关系，可通过对有关的经济指标与老龄健康指标进行统计关系分析，得到一定程度上的定量判断。在此有两方面的问题，一是总量水平上的老龄健康与经济指标之间的关系，二是个体层面上的老年人健康与经济因素的关系。

二　个人财富的因素

个人的财富水平与其健康水平是否存在相关性，是需要深入研究的问题。对此可以考察不同收入阶层的健康水平与其收入的关系。老年人口是特定的群体，在老年群体的内部同样存在不同的收入阶层。只有当个人的财富在一定水平之上，才有能力进行相关健康的投入。因此，老年人的财富水平是影响其生活质量乃至健康状况的重要因素。此方面的研究涉及老年人的个人健康与个人收入之间关系的判断，并可引申为收入差距（贫富差距）或贫困与老龄健康关系等多方面问题的研究。

三　政府财政政策的因素

在促进老龄健康发展方面，政府负有重要的责任。在医疗、保健、福利及相关的基础设施建设方面，应发挥财政政策的重要作用。为促进老龄健康的发展，在财政支出方面加大相应的支出力度，在财政收入方面实行相应的税收优惠政策。构建老龄健康的经济社会基本环境，需要由政府来主导。例如，在目前中国医疗资源还比较缺乏且分布不合理的情况下，发挥政府财政的资源配置与转移支付的作用，对促进老龄健康事业的发展是十分重要而关键的。

四　社会保障制度及相关经济制度与体制的因素

社会保障制度与相关经济制度与体制同老年人口的利益密切相关，对老年人口的身心健康有非常重要的影响。其中，养老保障制度规定了养老金的水平与支付方式，是社会保障制度的核心。因此，要以促进老龄健康作为不断完善社会养老保障制度的一个重要方向。针对不同类别的老年人口，如低收入的老年人口、农村老年人口以及现行保障体制外的老年人口等，相关经济体制与制度应以促进老龄健康作为一个重要的改革方向。

当前中国正处于医疗体制改革的关键时期，应把促进老龄健康作为医疗改革的一个重要目标。对老年人口提供的健康保障水平，应随着经济发展水平的不断提高而不断提升。当中国经济发展到适当阶段时，应在制度上规定对达到一定年龄的老年人实行优惠甚至免费的医疗服务。

参考文献

一 著作

党俊武：《老龄社会的革命》，人民出版社 2015 年版。

党俊武：《老龄社会引论》，华龄出版社 2004 年版。

高见：《老龄化、金融市场及其货币政策含义》，北京大学出版社 2010 年版。

葛剑雄：《中国人口发展史》，四川人民出版社 2020 年版。

郭未：《人口学》，社会科学文献出版社 2018 年版。

国务院发展研究中心课题组：《中国养老保障制度改革》，《中国社会保障体制改革》，王梦奎主编，中国发展出版社 2001 年版。

金人庆：《中国财政政策：理论与实践》，中国财政经济出版社 2005 年版。

李建新：《中国人口结构问题》，社会科学文献出版社 2009 年版。

李军：《北京市宏观经济与财政税收模型》，载《中国社会科学院数量经济与技术经济研究所经济模型集》，社会科学文献出版社 2001 年版。

李军：《经济模型理论与应用基础》，中国社会科学出版社 2008 年版。

李军：《全要素生产率经济学分析》，中国社会科学出版社 2021 年版。

李军：《人口老龄化经济效应分析》，社会科学文献出版社 2005 年版。

李军、刘生龙：《人口老龄化对经济增长的影响：理论与实证分析》，中国社会科学出版社 2017 年版。

李军、刘生龙：《中国储蓄之谜的系统解析：基于储蓄供需理论与人口结构视角》，中国社会科学出版社 2015 年版。

李军等：《人口老龄化与经济可持续发展研究》，华龄出版社 2014 年版。

李仲生：《人口经济学》，清华大学出版社 2009 年版。

刘黎明：《财政体制的理论与模型方法研究》，首都经济贸易大学出版社 2007 年版。

彭文生：《渐行渐远的红利——寻找中国新平衡》，社会科学文献出版社 2013 年版。

王国清：《财政学》，高等教育出版社 2006 年版。

王小鲁、樊纲：《中国经济增长的可持续性——跨世纪的回顾与展望》，经济科学出版社 2000 年版。

温勇主编：《人口统计学》，东南大学出版社 2019 年版。

熊必俊：《老龄经济学》，中国社会出版社 2009 年版。

余永定：《西方经济学》，经济科学出版社 2003 年版。

曾毅：《中国人口分析》，北京大学出版社 2004 年版。

曾毅等：《老年人口家庭、健康与照料需求成本研究》，科学出版社 2010 年版。

张车伟：《新中国人口学研究 70 年》，中国社会科学出版社 2019 年版。

张禾瑞：《近世代数基础》，人民教育出版社 1978 年版。

张智敏、唐昌海：《发展银发产业的经济学分析》，载《21 世纪的朝阳产业——银发产业》，华龄出版社 2001 年版。

赵云旗：《中国分税制财政体制研究》，经济科学出版社 2005 年版。

中国社会科学院语言研究所词典编辑室：《现代汉语大词典》，商务印书馆 2016 年版。

［美］彼得·德鲁克：《养老金革命》，沈国华译，机械工业出版社 2019 年版。

［英］查尔斯·古德哈特、马诺杰·普拉丹：《人口大逆转老龄化、不平等与通胀》，廖岷、缪延亮译，中信出版集团 2021 年版。

［美］戴维·罗默：《高级宏观经济学》，苏剑、罗涛译，商务印书馆 1999 年版。

［美］哈瑞·穆迪、詹妮佛·萨瑟：《老龄化》，陈玉洪、李筱媛译，江苏人民出版社 2018 年版。

［美］亨德里克·威廉·房龙：《人类简史》，白马译，北京时代华文书局

2020 年版。

［美］亨利·艾隆：《中国的社会保障改革：个人保障与经济增长》，《中国社会保障体制改革——'98 中国社会保障国际研讨会论文选》，徐滇庆、尹尊声、郑玉歆主编，经济科学出版社 1999 年版。

［美］魏克斯：《人口学概论》，侯苗苗译，中国社会科学出版社 2016 年版。

［美］詹姆斯·H. 舒尔茨：《老龄化经济学》，裴晓梅等译，社会科学文献出版社 2010 年版。

二 期刊

蔡昉：《人口转变，人口红利及经济增长的持续性》，《人口研究》2004 年 2 期。

蔡昉：《人口转变、人口红利与刘易斯转折点》，《经济研究》2010 年第 4 期。

蔡昉：《如何开启第二次人口红利？》，《社会科学文摘》2020 年第 6 期。

蔡昉：《未来的人口红利——中国经济增长源泉的开拓》，《中国人口科学》2009 年第 1 期。

蔡昉：《应对老龄化挑战的五大方略》，《人民论坛》2006 年第 2 期。

陈俊华、黄叶青、许睿谦：《中国老龄产业市场规模预测研究》，《中国人口科学》2015 年第 5 期。

单豪杰：《中国资本存量 K 的再估算：1952—2006 年》，《数量经济技术经济研究》2008 年第 10 期。

党俊武：《树立老龄经济新思维》，《老龄科学研究》，2020 年第 1 期。

董昕、刘强、周婧玥：《我国老龄产业发展现状与对策——一个文献综述》，《西部论坛》2014 年第 4 期。

杜海韬、邓翔：《流动性约束和不确定性状态下的预防性储蓄研究》，《经济学》（季刊）2005 年第 2 期。

方福前：《中国居民消费需求不足原因研究》，《中国社会科学》2009 年第 2 期。

房连泉：《建立可持续的基本养老保险待遇指数化调整机制研究——来自

国际案例的经验启示》,《人口学刊》2018 年第 5 期。

高博文等:《政府支出政策对老龄经济的作用机制研究》,《系统工程理论与实践》2021 年第 5 期。

龚六堂、谢丹阳:《我国省份之间的要素流动和边际生产率的差异分析》,《经济研究》2004 年第 1 期。

管萍、李正龙:《国外老龄产业发展对我国的启示》,《经济导刊》2010 年第 8 期。

杭斌、申春兰:《中国农户预防性储蓄的实证研究》,《中国农村经济》2005 年第 3 期。

胡秋明:《走向可持续的养老金制度——以国际经验的视角所作研究与分析》,《中国社会保障》2011 年第 10 期。

黄冠:《养老保障制度的设计逻辑——与李军教授商榷》,《探索与争鸣》2019 年第 10 期。

黄勇峰、任若恩、刘晓生:《中国制造业资本存量永续盘存法估计》,《经济学》(季刊)2002 年第 1 期。

江春、翁强:《经济增长、人口结构、金融市场对中国储蓄率影响分析——基于修正的生命周期模型的实证分析》,《区域金融研究》2009 年第 4 期。

李兵等:《老龄经济学分析:退休、消费、储蓄和宏观经济反应》,《上海经济研究》2004 年第 9 期。

李建民:《老年经济学与老龄化经济学》,《市场与人口分析》2001 年第 9 期。

李军:《家庭储蓄与通货膨胀数理关系及实证分析》,《数量经济技术经济研究》2016 年 4 期。

李军:《警惕人口老龄化引发经济系统性风险》,《探索与争鸣》2015 年第 12 期。

李军:《老龄经济学的宏观经济内涵及学科价值分析》,《老龄科学研究》2014 年第 3 期。

李军:《破解养老金困境亟待建立全要素贡献型养老金制度——兼回复相关质疑》,《探索与争鸣》2020 年第 6 期。

李军:《人口老龄化条件下的经济平衡增长路径》,《数量经济技术经济研究》2006 年第 8 期。

李军：《人口老龄化影响经济增长的作用机制分析》，《老龄科学研究》2013 年第 6 期。

李军：《收入差距对消费需求影响的定量分析》，《数量经济技术经济研究》2003 年第 9 期。

李军：《现行养老金制度系统性缺陷亟需纠偏——建立基于全要素贡献的养老金来源机制》，《探索与争鸣》2018 年 3 期。

李军、刘生龙：《储蓄率决定机制的数理分析及实证研究》，《学术研究》2014 年第 10 期。

李军、张丹萍：《国民储蓄率的决定机制与中国储蓄之谜分析》，《数量经济技术经济研究》2012 年 8 期。

李晓梅、郭正模、刘金华：《老龄产业的跨行业特征与统计规范探讨》，《人口与经济》2016 年第 1 期。

李杨、殷剑峰：《劳动力转移过程中的高储蓄、高投资和中国经济增长》，《经济研究》2005 年第 2 期。

林洪、敖芬芬：《国内总收入（GDI）指标基础性研究》，《统计与信息论坛》2017 年第 11 期。

林义，蹇滨徽：《OECD 国家公共养老金待遇自动调整机制的经验及启示》，《探索》2019 年第 2 期。

刘杰：《中国老龄化社会下养老产业发展研究》，《中国市场》2020 年第 8 期。

刘生龙、胡鞍钢：《基础设施的外部性在中国的检验（1988—2007）》，《经济研究》2010 年第 3 期。

刘生龙、胡鞍钢、郎晓娟：《预期寿命与中国家庭储蓄》，《经济研究》2012 年第 8 期。

刘生龙、王亚华、胡鞍钢：《西部大开发成效与中国区域经济收敛》，《经济研究》2009 年第 9 期。

刘文斌：《收入差距对消费需求的制约》，《经济研究》2000 年第 9 期。

刘晓雪、张熠：《名义账户制改革：争论与再思考——兼与李军教授商榷》，《探索与争鸣》2018 年第 5 期。

刘兆博、马树才：《基于微观面板数据的中国农民预防性储蓄研究》，《世界经济》2007年第2期。

罗楚亮:《经济转轨、不确定性与城镇居民消费行为》,《经济研究》2004
　年第4期。

[美]马丁·费尔德斯坦:《中国的社会养老保障制度改革》,《经济社会
　体制比较》1999年第2期。

穆光宗:《中国银发产业发展的市场潜力和战略取向》,《市场与人口分析》
　2000年第4期。

倪宣明等:《货币政策对老龄经济的影响机制研究》,《系统工程理论与实
　践》2021年第9期。

欧明青,倪宣明:《浅析老龄经济中的税收政策》,《数理统计与管理》
　2017年第7期。

彭松建:《当代西方人口老龄化经济学》,《经济科学》1987年第2期。

权衡:《收入分配差距的增长效应分析:转型期中国经验》,《管理世界》
　2002年第3期。

孙凤、王玉华:《中国居民消费行为研究》,《统计研究》2001年第4期。

孙涛、黄少安:《非正规制度影响下中国居民储蓄、消费和代际支持的实
　证研究——兼论儒家文化背景下养老制度安排的选择》,《经济研究》
　2010年第1期。

唐志红:《中国平均利润率的估计》,《经济研究》1999年第5期。

汪伟:《计划生育政策的储蓄与增长效应:理论与中国的经验分析》,《经
　济研究》2010年第10期。

汪伟、郭新强:《收入不平等与中国高储蓄率——基于目标性消费视角的
　理论与实证研究》,《管理世界》2011年9期。

汪雁:《对老龄产业内涵及性质的再思考》,《市场与人口分析》2004年第
　10期。

王德文、蔡昉、张学辉:《人口转变的储蓄效应和增长效应》,《人口研究》
　2004年第5期。

杨汝岱、陈斌开:《高等教育改革、预防性储蓄与居民消费行为》,《经济
　研究》2009年第8期。

余永定、李军:《中国居民消费函数的理论与验证》,《中国社会科学》
　2000年第1期。

袁蓓、郭熙保:《人口老龄化对经济增长影响研究评述》,《经济学动态》2009 年第 11 期。

臧旭恒、裴春霞:《预防性储蓄、流动性约束与中国居民消费计量分析》,《经济学动态》2004 年第 12 期。

张丹萍、李军:《中国区域老龄产业市场潜力测算与分析》,《老龄科学研究》2016 年 4 期。

张文范:《推进银发产业发展——在中国银发产业座谈会上的讲话》,《市场与人口分析》1997 年第 4 期。

朱国林、范建勇、严燕:《中国的消费不振与收入分配:理论和数据》,《经济研究》2002 年第 5 期。

三　其他

陈婷婷:《明起,日本正式进入 70 岁退休时代》,《广州日报》2021 年 3 月 31 日。

陈勇鸣:《老龄产业是中国经济新的内需增长点》,《学习时报》2012 年 6 月 18 日。

美国尼尔森公司:《中国高储蓄率成因剖析》,2010 年 12 月。

华建敏:《中国养老金发展报告 2011》,《中国证券报》2011 年 12 月 26 日。

李晴:《人口老龄化对贸易收支的影响》,博士学位论文,厦门大学,2009 年。

李深:《老年产业是朝阳产业》,《重庆晚报》2010 年 11 月 26 日。

李扬、殷剑峰、陈洪波:《高储蓄率是人口结构变化的必然结果》,《中国证券报》2006 年 4 月 14 日。

刘禹君:《中国老龄产业市场化发展研究》,博士学位论文,吉林大学,2017 年。

刘煜辉:《中国高储蓄辨伪》,《第一财经日报》2009 年 7 月 15 日。

陆杰华等:《人口老龄化背景下老龄产业发展研究》,国家应对人口老龄化战略研究,2012 年。

彭扬:《专家建议关注养老保险制度可持续性》,《中国证券报》2017 年 10

月 18 日。

孙成浩、耿强：《是谁拖累了中国的居民消费？—— 来自财政分权的视角》，2009 年南京大学经济学院工作论文。

杨宗传：《浅论老龄产业》，2007 年 9 月 21 日在赤壁市参加湖北省老龄产业理论研讨会发表的观点。

袁蓓：《人口老龄化对中国经济增长的影响》，博士学位论文，武汉大学，2010 年。

四 英文文献

Aaron, Henry J. , "The Social Insurance Paradox", *Canadian Journal of Economics and Political Science*, Vol. 32, No. 3, 1966.

Abel, A. B. , "Birth, Death and Taxes", *Journal of Public Economics*, Vol. 39, No. 1, 1989.

Alan Greenspan, "Aging Global Population: Testimony Before the Special Committee on Aging U. S. *Senate*, February 27, 2003", *Board of Governors of the Federal Reserve System (U. S.)*, Speech 21, 2003.

Alders, P. , "Human Capital Growth and Destruction: the Effect of Fertility on Skill Obsolescence", Economic Modelling, Vol. 22, No. 3, 2005.

Alpha C. Chiang and Kevin Wainwright eds. , *Fundamental Methods of Mathematical Economics*, New York: McGraw – Hill Education, 2005.

Ando, A. , and Franco Modigliani, "The 'Life – Cycle' Hypothesis of Saving: Aggregate Implications and Tests", *The American Economic Review*, Vol. 53, No. 1, 1963.

Ang, James, "Household Saving Behavior in an Extended Life Cycle Model: A Comparative Study of Chinaand India", *Journal of Development Studies*, Vol. 45, No. 8, 2009.

Arellano, M. , and Bond, S. , "Some Tests of Specification for Panel Data: Monte Carlo Evidence and an Application to Employment Equations", *Review of Economic Studies*, Vol. 58, No. 2, 1991.

Arellano, M. , and Bover, O. , "Another Look at the Instrumental Variables Estimation of Error component models", *Journal of Econometrics*, Vol. 68, 1995.

Atkeson, Andrew and Masao Ogaki, "Wealth – Varying Intertemporal Elasticities of Substitution: Evidence from Panel and Aggregate Data", *Journal of Monetary Economics*, Vol. 39, No. 3, 1996.

Aziz, J., and Li C., "Explaining China's Low Consumption: The Neglected Role of Household Income", IMF *Working Paper*, 2007.

Bai, Chong – en, Yingyi Qian and Hsieh Chang – tai., "The Return to Capital in China", *Brookings Papers on* Economic *Activity*, 2006.

Bailey, Martin J., "The Welfare Cost of Inflationary Finance", *Journal of Political Economy*, Vol. 54, No. 2, 1956.

Barro, R. J., and Gary S. Becker, "Fertility Choice in a Model of Economic Growth", *Econometrica*, Vol. 57, No. 2, 1989.

Barro, R. J., and Xavier Sala – I – Martin eds., *Economic Growth*, New York: McGraw – Hill Education, 1995.

Barro, R. J., "Economic Growth in a Cross Section of Countries", *The Quarterly Journal of Economics*, Vol. 106, No. 2, 1991.

Ben J. Heijdra, and Ward E. Romp, "Human capital formation and macroeconomic performance in an ageing small open economy", *Journal of Economic Dynamics & Control*, Vol. 33, 2009.

Blanchard, O. and Giavazzi, F., "Rebalancing in China: A Three Handed Approach", *CEPR Discussion Paper*, 2005.

Blanchard, Olivier J. and Francesco Giavazzi, "Rebalancing Growth in China: A Three – Handed Approach", *China & World Economy*, Vol. 14, No. 4, 2006.

Bloom, D. E., and Finlay, J., "Demographic Change and Economic Growth in Asian", *Asian Economic Policy Review*, No. 4, 2009.

Bloom, D. E., and J. G. Williamson, "Demography Transitions and Economic Miracles in Emerging Asia", *World Bank Economic Review*, Vol. 12, 1998.

Bloom, D. E., and R. B. Freeman, "Economic Development and the Timing and Components of Population Growth", *Journal of Policy Modeling*, Vol. 10,

1998.

Bloom, D. E., Canning, D., Mansfield, R. and Moore, M., "Demographic Change, Social Security Systems and Savings", *Journal of Monetary Economics*, Vol. 54, 2007.

Bloom, D. E., Canning, D. and Bryan Graham, "Longevity and Life – Cycle Savings", *Scandinavian* Journal *of Economics*, Vol. 105, No. 3, 2003.

Bloom, D. E., Canning, D. and Fink, G., "Implications of Population Aging for Economic Growth", *Oxford Review of* Economic *Policy*, Vol. 26, No. 4, 2010.

Bloom, D. E., Canning, D. and Malaney, P. N., "Demographic Change and Economic Growth in Asia", Center *for International Development Working Paper*, No. 15, 1999.

Bloom, D. E., Canning, D. and Malaney, P. N., "Population Dynamics and Economic Growth in Asia", *Population and Development Review*, No. 26, 2000.

Bloom, D. E., Canning, D. and Sevilla, J., "Economic Growth and the Demographic Transition", *NBER Working Paper*, December 2001.

Blundell, R. and Bond, S., "Initial Conditions and Moment Restrictions in Dynamic Panel Data Models", *Journal of Econometrics*, Vol. 87, 1998.

Bond, S., "Dynamic Panel Data Models: A Guide to Micro Data Methods and Practice, Department of Economicss", *CEMMAP Working Paper*, 2002.

Bosworth, B. P. ed., *Saving and Investment in a Global Economy*, Washington, D. C.: Brookings Institution, 1992.

Brown, T. M., "Habit Persistence and Lags in Consumer Behavior", *Econometrica*, Vol. 20, No. 3, 1952.

Carroll, C. D., and David N. Weil, "Saving and Growth: A Reinterpretation", *Carnegie – Rochester Conference Series on Public Policy*, Vol. 40, 1994.

Carroll, C. D., "How Does Future Income Affect Current Consumption?", *The Quarterly Journal of Economics*, Vol. 109, No. 1, 1994.

Cervellati, M. andSunde, U., "Life Expectancy and Economic Growth: the Role of the Demographic Transition", *Journal of Economic Growth*, Vol. 16, No. 2,

2011.

Chamon, Macos D. and Prasad Eswar S. , "Why are saving rates of urban households in China rising?", *American Economic JournalMacroeconomics*, Vol. 2, No. 1, 2010.

Cheng, K. , "Economic Implications of China's Demographics in the 21st Century", *IMF Working Paper*, Vol. 29, 2003.

Chow, George C. , "Capital Formation and Economic Growth in China", *The Quarterly Journal of Economics*, Vol. 108, No. 3, 1993.

Culter, D. , Poterba, J. and Sheiner, L. , "An Aging Society: Opportunity or Challenge?", *Brooking Paper on Economic Activity*, No. 1, 1990.

Dardanoniand Valentino, "Precautionary Saving Under Income Uncertainty: A Cross – Sectional Analysis", *Applied Economics*, 1991.

David E. Bloom, David Canning and Bryan Graham, "Longevity and Life – cycle Savings", *Scandinavian Journal of Economics*, Vol. 105, No. 3, 2003.

David E. Bloom, Jeffrey G. Williamson, "Demographic Transition and Economic Miracles in Emerging Asia", *World Bank Economic Review*, Vol. 12, No. 3, 1998.

DeatonAngus ed. , *Understanding Consumption*, New York: Oxford University Press, 1992.

Dubé, Jean Pierre, Günter J. Hitsch, and Peter E. Rossi. , "State Dependence and Alternative Explanations for Consumer Inertia", *The RAND Journal of Economics*, Vol. 41, No. 3, 2010.

Erik J. F Canton, Henri L. F de Groot and Richard Nahuis, "Vested interests, population ageing and technology adoption", *European Journal of Political Economy*, Vol. 18, No. 4, 2002.

Eva Moreno – GalbisandThepthida Sopraseuth, "Job Polarization in Aging Economies", *Labour Economics*, Vol. 27, 2014.

Faruqee, H. and Muhleisen, M. , "Population Aging in Japan: Demographic Shock and Fiscal Sustainability", *Japan and the World Economy*, Vol. 15, No. 2, 2002.

Fogel, Robert, and William. , "New Sources and New Techniques for the Study of Secular Trends in Nutritional Status, Health, Mortality, and the Process of Aging", *Historical Methods*, Vol. 26, No. 1, 1993.

Frankel, J. A., and Romer, D., "Doestrade cause growth?", *American Economic Review*, Vol. 89, No. 3, 1999.

Fry, Maxwell J., and A. Mason., "The Variable Rate – of – Growth Effect in the Life – Cycle Saving Model: Children, Capital Inflows, Interest and Growth in a New Specification of the Life – Cycle Model Applied to Seven Asian Developing Countries", *Economic inquiry*, Vol. 20, No. 3, 1982.

Fukuda, K., "A Cohort Analysis of Female Labor Participation Rate in the U. S. and Japan", *Review of Economics of the Household*, Vol. 4, No. 4, 2006.

Futagami, K. and Nakijima, T, "Population Aging and Economic Growth", *Journal of Macroeconomics*, Vol. 23, No. 1, 2002.

George Kudrna, Chung Tran and Alan Woodland, "Sustainable and Equitable Pensions with Means Testing in Aging Economies", *European Economic Review*, Vol. 141, 2022.

Gersovitz, Mark, "Saving and Nutrition at Low Incomes", *Journal of Political Economy* 1983, Vol. 91, No. 5.

Groezen, B. V., Meijdamy L. and Harrie A., "Serving the Old: Ageing and Economic Growth", *Oxford Economic Papers*, Vol. 57, 2005.

Guiso, L., Jappelli, T. and Terlizzese, D., "Hausing Finance Arrangements, Intergenerational Transfers and Consumption", *Economic Modelling*, Vol. 11, No. 2, 1994.

Hal R. Varian ed., *Microeconomic Analysis*, *Third Edition*, New York: W. W. Norton & Company, 1991.

Harry R. Moody, "Silver Industries and the New Aging Enterprise", *Generations*, Vol. 28, No. 4, 2004.

He, Xinhua and Yongfu Cao, "Understanding High Saving Rates in China", *China & World Economy*, Vol. 15, No. 1, 2007.

Higgins, Matthew, "The Demographic Determinants of Savings, Investment and International Capital Flows", *International Economic Review*, Vol. 39, No. 2, 1998.

Higgins, Matthewand J. G. Williamson, "Age Structure Dynamics in Asia and Dependence of Foreign Capital", *Population and Development Review*, Vol. 23, No. 2, 1997.

Horioka, C. Y. and Wan, J. M., "The Determinants of Household Saving in China: A Dynamic Panel Analysis of Provincial Data", *Journal of Money Credit and Banking*, Vol. 39, No. 8, 2007.

Hviding, K., and Mérette, M., "Macroeconomics Effects of Pension Reforms in the Context of Ageing: OLG Simulations for Seven OECD Countries", *Economic Development Working Papers*, No. 201, 1998.

Jeffrey Baldani, James Bradfield, and Robert W. Turner eds., *Mathematical Economics*, *Second Edition*, Nashville, Tennessee: South – Western College Pub, 2004.

John. B. Williamson, and Zheng Bingwen., "The Application of the Notional Defined ontribution Model for China", *China & World Economy*, May/Jun 2003.

Jones, C., "Sources of U. S. Economic Growth in a World of Ideas", *American Economic Review*, Vol. 92, No. 4, 2002.

Kelley, A. C. and R. M. Schmidt, "Saving, dependency and development", *Journal of Population Economics*, Vol. 9, No. 4, 1996.

Kinugasa Tomoko and Andrew Mason, "Why Countries Become Wealthy: the Effects of Adult Longevity on Saving", *World Development*, Vol. 35, No. 1, 2007.

Klaus Prettner, "Population Aging and Endogenous Economic Growth", *Journal of Population Economics*, Vol. 26, No. 2, 2013.

Kraay Aart, "Household Saving in China", *World Bank Economic Review*, Vol. 14, No. 3, 2000.

Kuijs, Louis, "Investment and Savings in China", *World Bank Policy Research Working Paper*, No. 3633, 2005.

Landau, D., "Government and Economic Growth in the Less Development Countries: An Empirical Study for 1960 – 1980", *Economic Development and Cultural Change*, Vol. 35, No. 1, 1986.

Lee, R. , Mason, A. and Miller T. , "Life Cycle Saving and the Demographic Transition: The Case of Taiwan", *Population and Development Review*, Vol. 26, 2000.

Lee, R. , Mason, A. and Miller T. , "Saving, Wealth and Population", *University of California at Berkeley*, 1998.

Leland, Hayne E. , "Saving and Uncertainty: The Precautionary Demand for Saving", *Quarterly Journal of Economics*, Vol. 82, No. 3, 1968.

Lewis, W. Arthur, "Economic Development with Unlimited Supplies of Labor", *Manchester School of Economic and Social Studies*, Vol. 22, 1954.

Li Hongbin, Jie Zhang and Junsen Zhang, "Effects of Longevity and Dependency Rates on Saving and Growth: Evidence from a Panel of Cross Countries", *Journal of Development Economics*, Vol. 84, No. 1, 2007.

Lindh, T. and Malmberg, B. , "Age Structure Effects and Growth in the OECD, 1950 – 1990", *Journal of Population Economics*, Vol. 12, No. 3, 1999.

Liu, S. L. and Hu, A. G. , "Demographic Change and Economic Growth: Evidence from China", *Economic Modeling*, Vol. 35, 2013.

Liu, S. L. and Hu, A. G. , "Household Saving in China: the Keynesian Hypothesis; Life – cycle Hypothesis and Precautionary Saving Theory", *The Developing Economies*, Vol. 51, 2013.

Loayza, N. , Schmidt – Heebbel, K. and Serven, L. , "Saving in Developing Countries: An Overview", *The World Bank Economic Review*, Vol. 14, No. 3, 2000.

Loayza, N. , Schmidt – Heebbel, K. and Serven, L. , "What Drive Saving across the World?", *Social Science Electronic Publishing*, 2000.

Loayza, N. , Schmidt – Heebbel, K. and Serven, L. , "What Drives Private Saving Across the World", *Review of Economics and Statistics*, Vol. 82, 2000.

Lucas, R. E. , "On the Mechanics of Economic Development", *Journal of Monetary Economics*, Vol. 22, 1988.

MacKellar, L. ed. , *Economic Impacts of Population Aging in Japan*, Edward Elgar Publishing, 2004.

Mankiw, N. Gregory, David Romer and David N. Weil, "A Contibution to the

Empirics of Economic Growth", *Quarterly Journal of Economics*, Vol. 107, No. 2, 1992.

Mankiw, N. Gregory, "Macroeconomics in disarray", *Society*, Vol. 29, No. 4, 1992.

Mankiw, N. Gregory ed. , *Macroeconomics*, *Fifth Edition*: *Changes in Saving*: *The Effects of Fiscal Policy*, New York: Worth Publishers, 2002.

Mankiw, N. Gregoryed. , *Macroeconomics*, *Fifth Edition*: *The Open Economy in the Short Run*, New York: Worth Publishers, 2002.

Mankiw, N. Gregoryed. , *Macroeconomics*, *Second Edition*: *Macroeconomics*, Second Edition, New York: Worth Publishers, 1994.

Marcel Mérette and Patrick Georges, "Demographic Changes and the Gains from Globalisation: An Overlapping Generations CGE Analysis", *University of* Ottawa *Working Paper*, March 2009.

Mark Kazarosian, "Precautionary Saving – A Panel Study", *Review of Economic Studies and Statistics*, Vol. 79, 1997.

Marshall, A. ed. , *Principles of Economics*, London: Macmillan, 1890.

Martin Feldstein, "Social Security, Induced Social Security, Induced Retirement, and Aggregate Capital Accumulation", *Journal of Political* Economy, Vol. 82, No. 5, 1974.

Masakatsu Mizuno, Akira Yakita, "Elderly Labor Supply and Fertility Decisions in Aging – Population Economies", *Economics Letters* Vol. 121, No. 3, 2013.

Mason, A. , "Saving, Economic Growth, and Demographic Dhange", *Population and Development Review*, Vol. 14, 1988.

Mason, P. , "Long – term Macroeconomic Effects of Aging Population", *Finance and Development*, Vol. 27, No. 2, 1990.

Maxime, F. and Mérette, M. , "Population Ageing and Economic Growth in Seven OECD Countries", *Economic Modeling*, Vol. 16, No. 3, 1999.

Meng, X. , "Private Sector Development and Labor Market Reform", *China's Third Economics Transformation.* Routledge, London, 2003.

Meng, X. , "Unemployment, Consumption Smoothing, and Precautionary Saving in Urban China", *Journal of Comparative Economics*, Vol. 31, No. 3, 2003.

Michael Cichon. , "Notional Defined Contribution Schemes: Old Wine in New Bottles", *International Social Security Review*, Vol. 52, No. 4, 1999.

Modigliani, F. , "The Life – Cycle Hypothesis of Saving and Intercountry Differences in the Saving Ratio", *Induction*, *Growth and Trade : Essays in Honour of Sir Roy Harrod*, 1970.

Modigliani, F. and Cao, S. L. , "The Chinese Saving Puzzle and the Life – Cycle Hypothesis", *Journal of Economic Literature*, Vol. 42, No. 1, 2004.

Modigliani F. , and Brumberg R. , "Utility Analysis and the Consumption Function: An Interpretation of Cross2 Section Data", *Journal of Post Keynesian Economics*, 1954.

Mundell Robert, "Inflation and Real Interest", *Journal of Political Economy*, Vol. 71, No. 3, 1963.

Murphy, K. M. and Topel, R. H. , "The Value of Health and Longevity", *Journal of Political Economy*, Vol. 114, No. 5, 2006.

Nicholas Barr, "Reforming Pensions: Myths, Truths, and Policy Choices", *IMF Working Papers*, 2000.

Ogaki, Masao, Jonathan Ostry and Carmen Reinhart, "Saving Behavior in Low- and Middle – IncomeDeveloping Countries: A Comparison", *IMF Working Paper*, 1995.

Oscar Bajo – Rubio ed. , *Macroeconomic Policy in an Open Economy: Applications of the Mundell – Fleming Model*, Nova Science Publishers, 2002.

Paul A. Samuelson, "An Exact Consumption – Loan Model of Interest With or Without the Social Contrivance of Money", *Journal of Political Economy*, December Vol. 66, No. 6, 1958.

Pekka Ilmakunnas, Tatsuyoshi Miyakoshi, "What are the drivers of TFP in the Aging Economy? Aging labor and ICT capital", *Journal of Comparative Economics*, Vol. 41, No. 1, 2013.

Perkins, D. H. , "Reforming China's Economic System", *Journal of Economic Literature*, Vol. 26, No. 2, 1998.

Peterson, P. G. , "Gray Dawn: The Global Aging Crisis", *Foreign Affairs*, 1999.

Prasad, E., and Rajan, R., "Modernizing China's Growth Paradigm", *IMF Policy Discussion Paper*, 2006.

Qi, Li and Penelope B. Prime, "Market Reforms and Consumption Puzzles in China", *China Economic Review*, Vol. 20, No. 3, 2009.

Qian, Y. Y., "Urban and Rural House Saving in China", *International Monetary Fund Working Paper*, 1988.

Qin, D., "Aggregate Consumption and Income in China: An Econometric Study", *Journal of Comparative Economics*, Vol. 15, No. 1, 1991.

Richard Kopcke, Geoffrey M. B. Tootell and Robert K. Triest eds., *The Macroeconomics of Fiscal Policy*, *The MIT Press*, 2006.

Robert J. Shiller, "Thrifty China, Spendthrift America", *Project Syndicate*, 2006.

Romer, D. ed., *Advanced Macroeconomics*, New York: McHraw-Hill, 2001.

Ronald Lee, Sang – Hyop Lee, and Andrew Mason, "The Demographic Dividend and Population Aging in Asia and the Pacific", *The Journal of the Economics of Ageing*, No. 8, 2016.

Roodman, D., "How to Do Xtabond2: An Introduction to 'Difference' and 'System' GMM in stata", *The Stata Journal*, Vol. 9, No. 1, 2009.

Rowena A. Pecchenino, Patricia S. Pollard, "Dependent Children and Aged Parents: Funding Education and Social Security in an Aging Economy", *Journal of Macroeconomics* Vol. 24, 2002.

Schrooten, M. and Stephan, S., "Private Savings and Transition: Dynamic Panel Evidence from Accession Countries", *Economics of Transitoin*, No. 13, 2005.

Sidra A. Butt, Emna A. Elhadjamor, Ingrid Pappel, Enn Õunapuu, Dirk Draheim, "A Knowledge Map for ICT Integration in the Silver Economy", *Procedia Computer Science*, Vol. 181, 2021.

Taylor, A., "Debt, Dependence and the Demographic Transition: Latin America into the Next Century", *World Development*, Vol. 23, No. 5, 1995.

Tyers, R. Golley, J. and Bain, I., "Projected Economic Growth in China and India: The Role of Demographic Change", *Working Papers in Economics and Econometrics*, Australian National University, 2006.

United Nations, "Department Of Economic And Social Affairs, Population Division", *World Population Prospects*, Table A. 31, 2019.

United Nations, "Report of the World Assembly on Aging", Vienna, 1982.

Valerija Rogelj and David Bogataj, "Social Infrastructure of Silver Economy: Literature Review and Research Agenda", *IFAC PapersOnLine*, 2019.

Wang, F. , and Mason, A. , "Demographic Dividend and Prospects for Economic Development in China", *Papers presented at the UN Expert Meeting on Social and Economic Implications of Changing Population Age Structures*, Mexico City, 2005.

Wei, Shang – Jin and Xiaobo Zhang, "The Competitive Saving Motive: Evidence from Rising Sex Ratios and Saving Rates in China", *NBER Working Paper*, 2009.

Wei, Z. and Hao, R. , "Demographic Structure and Economic Growth: Evidence from China", *Journal of Comparative Economics*, Vol. 38, No. 4, 2010.

Windmeijer, F. , "A Finite Sample Correction for the Variance of Linear Efficient Two – Step GMM Estimators", *Journal of Econometrics*, Vol. 126, No. 1, 2005.

Wu, Y. R. , "Is China's Economic Growth Sustainable? – A Productivity Analysis", *China Economic Review*, 2000.

Y. , Wan J. M. , "The Determinants of Household Saving in China: A Dynamic Panel AnalysisofProvincial Data, Journal of Money", Credit and Banking, Vol. 39, No. 8, 2007.

Yaari, M. E. , "Uncertain Lifetime, Life Insurance, and the Theory of the Consumer", *Review of Economics Studies*, Vol. 32, 1965.

Yongding Yu. , "The Consumption Function in the Chinese Economy", *Working Papers in Economics*, No. 6, 1993.

Yoo, G. K. , "Precautionary Behavior, Migrant Networks and Household Consumption Decisions: An Empirical Analysis Using Household Panel Data from Rural China", *Social Science Electronic Publishing*, Vol. 89, No. 3, 2007.

Young, A. , "Gold into Base Metals: Productivity Growth in the People's Republic of China During the Reform Period", *NBER Working Paper*, 2000.

Zellner, A. , "The Short – Run Consumption Function", *Econometrica*, Vol. 25,

No. 4, 1957.

Zhang Jie, Zhang Junsen and Lee Ronald, "Rising Longevity, Education, Savings and Growth", *Journal of Development Economics*, Vol. 70, No. 1, 2003.

后　记

　　首先衷心感谢中国老龄科学研究中心党俊武研究员，感谢他多年来对我从事人口老龄化研究工作的大力支持。回想起来，至少在五六年前，党俊武研究员就提出了希望我能写一本关于老龄经济学的书籍。然而，限于我的时间和能力有限，拖到现在才完成本书稿。如果没有他不断的鼓励和支持，本书或许至今不能完成。同时感谢北京大学人口研究所原所长郑晓瑛教授、南开大学经济学院原新教授，在以往同二位教授的合作研究过程中，我获益颇多，而这些获益对我完成本书有很大的帮助。另外，我的在读博士研究生吴雨桐提供了有关文献资料并进行了书稿校对工作，对此表示感谢。

　　特别感谢中国社会科学院创新工程学术出版资助项目对本书的资助。

　　人口老龄化是重大现实问题，将贯穿于整个 21 世纪，因此非常值得持续不断地深入研究。本书旨在抛砖引玉。限于本人能力有限，书中难免出现不当甚至错误。对此，文责自负，并请读者批评指正。

李　军

2022 年 3 月于北京